精選 明心寶鑑 講義

형민사

머 리 말

《明心寶鑑》은 "마음을 밝혀주는 보배로운 거울"이라는 冊名처럼 사람이 인생을 살아가는 데 있어서 자신의 마음을 비추어 줄 수 있는 필요한 격언을 儒家書를 비롯하여 佛家書와 道家書까지 망라하고 이를 채집하여 수록한 책이다.

이 책은 世間에 많은 통행본이 있으나 정확한 著述年代는 미상이었다. 그러나 1974년 成均館大 教授 李佑成 先生이 동해안에서 《明心寶鑑》清州本을 발견함으로 인해 명(明) 范立本이 편찬한 것이 증명되었다. 그리고 1637년 필사한 本과 1664년 태인(泰仁)에서 출간된 本은 모두 《明心寶鑑抄》라고 책명이 되어 있으므로 원본에서 초략한 것을 나타내었는데, 19세기 말엽에 대구에 살던 秋適의 20대손 秋世文이 김포부사 許傳에게 《명심보감》 서문을 부탁하며 《명심보감》을 편찬한 사람을 秋適으로 써 줄 것을 요청하여 秋氏家乘에 의거하여 추적이 저술하였다는 서문을 기록함으로 인하여 마침내 抄 字를 생략하여 원본으로 인식하게 하였다. 이후에 1971년 大邱仁興書院의 목판본이 발견되었는데, 栗谷 李珥先生의 서문을 비롯하여 많은 사람들의 序跋이 있으므로 인하여 마침내 秋適이 저술하였다고 인식하였다. 그러나 이 서문은 《栗谷全書》에 실려 있지 않으며 그 내용도 栗谷 先生의 平素 학설과 배치됨으로 미루어 先生이 저술하지 않은 僞文임이 거의 확실하다.

《明心寶鑑》 청주본은 범립본의 서문과 刊記 및 간행장소가 명기되어 있고, 분량이 후반부가 낙장이 되었는데도 《明心寶鑑》 초략본에 비하여 3배가 된다. 范立本이 明나라 初期에 지었다는 청주본은 29편에 상권이 283문장, 하편이 401문장 등 684문장에 이르는데, 초략본은 224문장에 불과하다. 그가 지은 《治家節要》의 서문에 《明心寶鑑》에 대한 기록이 있고 《治家節要》의 내용에도 《明心寶鑑》에서 나오는 《경행록》 등의 문장이 수록되어 있는 것을 미루어 보면 范立本이 저술한 것이 확실하다.

근래의 통행본에는 책 뒤에 우리나라 先人들의 효행 등을 기록한 增補篇을 덧붙인 것이 流行하고 있다. 이는 초략본의 문항이 세월이 지나면서 문장을 삽입하여 보완하였음을 나타낸다. 옛날 전통적인 儒家에서는 이 책이 雜駁하다고 하여 啓蒙書로 채택하지 않고 기호지방을 중심으로 《擊蒙要訣》을 주로 학습하였으니, 출전이 불확실한 문장과 斷章取義한 문장이 있어서 많은 서적을 접하지 않으면 그 장단점을 알지 못하게 된다. 그러므로 잘못되어 실린 문장 가운데 典據가 있는 것은 전거에 의하여 加減을 하였다.

그러나 복잡한 현대 사회에서는 잡박한 부분이 오히려 강점으로 작용하였고, 또 수록된 名言들의 문장이 평이하므로 인하여 현재 기초 한문 교재로 많은 환영을 받고 있다. 그러나 淸州本에도 誤脫字가 상당수 많고 수록된 글 가운데에도 典據가 없는 경우가 많으므로 통행하는 《明心寶鑑》을 근간에 두고, 청주본에서 필요하다고 생각되는 문장을 초출하였으므로 책명을 《精選 明心寶鑑 講義》라고 붙이고, 이를 편집하면서 아울러 통행본에 보완된 부분을 함께 명기하여 참고에 대비하였다. 《明心寶鑑》은 한문 기초학습서로는 더할 나위없는 교재이므로 정확하게 문장을 이해한다면 經史書를 학습하는데 좋은 밑거름이 될 것이며 그 내용은 인생을 살아가는데 좋은 길라잡이가 될 것이다.

끝으로 교정을 맡아준 金宇植 先生과 표제를 써준 李快東 先生에게 감사드린다.

西紀 2009年 己丑 4月

韓國漢文振興學會 會長 東方漢文硏修院 院長

月泉 **權卿相** 序

일 러 두 기

1. 이 책은 《명심보감(明心寶鑑)》 청주본에서 현대의 관점에서 중요하다고 인식한 문장을 초출(抄出)하고, 낙장이 된 부분부터는 《명심보감(明心寶鑑)》 통행본들을 참고하여 해설하였다.

2. 현재 출간된 번역본들을 참고하였으니, 《懸吐完譯 明心寶鑑》(成百曉 傳統文化硏究會刊), 《原本 明心寶鑑》(金星元 明文堂刊), 《初刊本 明心寶鑑》(林東錫 建國大學校刊) 등을 비교하여 교감하였다.

3. 원문을 제시하고, 현토(懸吐)하여 번역할 때 현토의 어미(語尾)가 일치되도록 '하니라'의 문체를 사용하였고 직역을 위주로 하되 의미를 전달하기 위하여 의역(意譯)도 일부분 있다.

4. 원문에 대한 문장의 구조를 도표로 그려 넣어 알아보기 편리하도록 하였고, 문법과 풀이를 상세하게 설명하였으면 출전, 고증을 아울러 밝혀놓았다. 문법의 기호는 다음과 같다.
   ‖는 주어를 나타내는 기호이다. / 는 서술어+보어를 나타낸다.
   │는 서술어+목적을 나타낸다. ↑│ │↑ 는 화살표 방향으로 해석한다.

5. 각주(脚註)는 인명(人名), 서명(書名)을 위주로 밝혔는데, 가끔씩 출현할 경우에는 중복되더라도 간략하게 밝혀주었다.

6. 각 편마다 번호를 붙여서 찾아보기에 편리하도록 하였다.

7. 이 책에서 사용되는 부호는 다음과 같다.
   《 》 : 책명(冊名). < > : 편명(篇名).
   ( ) : 간주(間註) 및 동음(同音) 한자(漢字).
   [ ] : 참고가 되는 한문이나 한자.

8. 《論語》, 《孟子》, 《大學》, 《中庸》, 《春秋》, 《禮記》, 《詩經》, 《書經》, 《易經》은 내각판본(內閣板本)을 참고하여 고증하였고, 그 밖에 諸子百家書는 시중에 유통되는 중국본을 참고하였다.

목   차

繼善篇

01

계선(繼善)이라는 용어는 《역경(易經)》 계사전(繫辭傳)에 "한 번은 음이 되고 한 번은 양이 되는 것을 도(道)라고 하고 도를 계속 이어나가는 것을 선(善)이라 하며 도를 완성한 것을 성(性)이라 한다.[一陰一陽之謂道 繼之者善也 成之者性也]"에서 나온 말이다. 이 말은 사람이 태어날 때 하늘이 부여한 본성은 본래 선하다[性善]는 맹자의 학설도 여기에 근거를 둔 것으로 인간은 누구나 부여받은 본성을 지켜가도록 선한 마음을 추구하라는 뜻이다.

子曰 爲善者는 天報之以福하고 爲不善者는 天報之以禍니라.

※ 공자(孔子)가 말씀하시기를,
"선(善)을 행하는 사람은 하늘이 복(福)으로써 갚아주고 불선(不善)을 행하는 사람은 하늘이 화(禍)로써 갚아주느니라." 하였다.

· 문장의 구조 ·

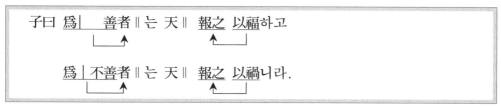

주어+서술어로 이루어졌다. 善과 不善, 福과 禍를 대구(對句)로 구성하였으므로 해석하는 방법이나 토씨는 동일하다. 유의할 점은 구결의 마지막 글자와 해석의 마지막 토씨는 일치하도록 해야 한다.

· 풀 이 ·

1) 子曰 : 공자(孔子)가 말씀하시기를,

　◆ 子 : 子는 고대(古代)에는 남자의 미칭(美稱)으로 쓰였다가 춘추시대에는 제후(諸侯)의 아들이나 대부(大夫)를 지칭하는 접미사로 쓰였다. 이 장의 子는 부자(夫子)의 줄인 말인데, 춘추시대에는 스승을 대면하지 않은 상태에서 스승을 높이는 말로 쓰였으나 전국 시대 《맹자(孟子)》를 보면 스승을 대면하고 바로 부자라고 칭하였다. 특히 공자(孔子)는 성을 생략하고 子 만을 써서 더욱 친근한 표현으로 사용하였다.
　　공자를 제외한 제자백가(諸子百家)는 성(姓)의 뒤에 붙여서 존칭하였으니, 장자(莊子)·노자(老子)·묵자(墨子)·양자(楊子) 등이 그러하다. 북송(北宋) 때는 성(姓) 앞에도 子를 붙여서 존칭의 의미를 지극히 높이는 경우가 있었으니, 주자(朱子)가 정자(程子)를 자정자(子程子)라고 칭하기도 하였다. 《명심보감(明心寶鑑)》에서 '자왈(子曰)'이라고 한 것은 모두 공자(孔子)를 가리킨다.

　◆ 공자(孔子)(B.C551~B.C479) : 자(字)는 중니(仲尼), 이름은 구(丘). 은(殷) 왕족의 혈통을 받은 송(宋)의 왕족이었는데, 권력의 다툼으로 인하여 6대조 공보가(孔父嘉)가 노(魯)에 망명하였다. 춘추시대 말기에 노(魯) 나라에서 태어났으니, 부친의 이름은 흘(紇) 자는 숙량(叔梁)이며 모친은 안징재(顔徵在)이다. 주 왕

조(周王朝) 건국 공신이며 노 나라 태조인 주공(周公)을 비롯하여 문왕(文王)·무왕(武王)을 위시하여 은(殷) 나라 탕(湯)과 하(夏) 나라 우(禹), 그리고 요순(堯舜)을 흠모하여 그들의 이상을 실현하려고 14년 동안 제자들과 여러 나라를 돌아다니면서 유세(遊說)를 계속하며 이상의 실현을 꾀하였다. 그러나 69세 때 도를 실천이 불가능함을 깨닫고 고향에 돌아가 제자들의 교육에 전념하였다. 이 무렵 아들 이(鯉)와, 제자 안회(顔回) 및 자로(子路)가 잇달아 죽는 불행을 겪었고, 74세로 자공(子貢)·증삼(曾參) 등 뛰어난 제자들이 지켜보는 가운데 타계하였다. 제자는 3천에 이르렀으며, 특히 육예(六藝 : 禮·樂·射·御·書·數)에 능통한 제자가 72명이라고 한다. 그의 언행은 《논어(論語)》를 통해서 전해진다.

❁ 曰은 입에서 기(氣)가 나오는 것을 형상한 글자이니, 말한다는 뜻이다.

2) 爲善者는 : 선을 행하는 사람은

❁ 爲는 행하다[行]의 뜻이니, 爲善은 선을 행하다. 서술어+목적어로 구성되어 있는데 술목관계일 때 토씨는 '을'이 붙는다. 善은 선성(善性), 선리(善理), 선도(善道)를 모두 포함한 뜻이다. 者는 사람이나 물질을 지적할 때 쓰이는데 여기서는 사람을 가리킨다. 爲善과 者는 수식+피수식의 관계가 된다.

3) 天報之以福하고 : 하늘이 그에게 복을 가지고 갚아주고

❁ 天報之는 하늘이 그에게 갚아주다. 天은 주어가 되고 報는 서술어가 되는데, 서술어에 之가 붙으면 조동사가 되므로 '갚아주다'라고 해석한다. 이러한 경우는 之가 지시대명사의 자격도 갖고 있으니, 爲善者를 가리킨다.

❁ 以福은 '복으로써'이니, 以는 전치사가 되어 수단이나 방법을 가리키므로 '~을 가지고'라는 뜻이 되어 '써'라는 토씨를 붙인다. 福은 길(吉)하거나 이로움[利]을 가리키고, 禍는 불길(不吉)이나 불리(不利)를 가리킨다.

⟨ 출 전 ⟩

《공자가어(孔子家語)》 在厄篇

② 尚書云 作善이면 降之百祥하고 作不善이면 降之百殃이니라.

※ 《상서(尙書)》에 이르기를,
"선(善)을 행하면 온갖 상서(祥瑞)를 내려주고 불선(不善)을 행하면 온갖 재앙(災殃)을 내려주느니라." 하였다.

◖ 문장의 구조 ◗

尚書云 作│　善이면 降之│百祥하고
　　　　 └↑　　 └↑

　　　　作│不善이면 降之│百殃이니라.
　　　　 └↑　　 　└↑　 └↑

則이 생략된 가정문이다. 降之의 之는 대명사와 조동사의 자격을 갖는 조사이다.

◖ 풀　이 ◗

1) 尚書云 : 《상서(尚書)》에 이르기를,
　● 尚書 : 한대(漢代) 이전에 '서(書)'라고 하였는데, 경전(經傳)의 뜻을 포함시켜
　　 한대(漢代)에는 《상서(尚書)》, 송대(宋代)에는 《서경(書經)》이라 하였으니, 우
　　 (虞), 하(夏), 상(商), 주(周) 시대의 역사적 내용들이 기록되어 있다. 지금 전해
　　 지는 상서는 58편으로 구성되어 있는데 주대(周代)의 원본이 아니라 위진 시대
　　 에 나온 위작(僞作)이다. 상서는 진시황(秦始皇)의 분서갱유(焚書坑儒)로 인해
　　 소실되어 전승과정이 복잡하고 진위(眞僞) 여부에 대한 논란이 분분하다. 판본
　　 으로는 금문상서(今文尚書)와 고문상서(古文尚書)가 있다.
　● 云은 이르다. 일반적으로 책에서 인용했을 때에 사용한다.

2) 作善이면 降之百祥하고 作不善이면 降之百殃이니라. : 선(善)을 행하면 온갖 상서
　 (祥瑞)를 내려주고 불선(不善)을 행하면 온갖 재앙(災殃)을 내려주느니라.
　● 作善은 行善과 같으니, 선을 실천함이다. 降之의 之는 대명사와 조동사의 자격
　　 을 지니고 있으니, '그에게 ~을 내려주다.'라고 해석한다. 百祥은 온갖 상서로
　　 운 일들을 총칭하고, 百殃은 온갖 재앙을 총칭한다. 百은 수효를 헤아려서 지
　　 칭하는 것이 아니라 많은 수를 가리키는 대수(大數)이다.

◖ 출　전 ◗

《상서(尚書)》 伊訓篇에, 惟上帝 不常 作善 降之百祥 作不善 降之百殃.

譯 《상서(尚書)》 伊訓篇에,
　 "상제(上帝)는 그 마음을 일정하게 갖지 않으니, 선을 행하면 온갖 상서(祥瑞)를 내
려주고 불선(不善)을 행하면 온갖 재앙(災殃)을 내려주느니라." 하였다.

易云 積善之家는 必有餘慶하고 積不善之家는 必有餘殃이니라.

※ 《역경(易經)》에 이르기를,
"선(善)을 쌓은 집은 반드시 남는 경사(慶事)가 있고, 불선(不善)을 쌓은 집은 반드시 남는 재앙(災殃)이 있느니라." 하였다.

· 문장의 구조 ·

```
易云 積 | 善之家    ∥는 必有／餘慶하고
         ▲        ▲

     積 | 不善之家 ∥는 必有／餘殃이니라.
         ▲        ▲
```

주어절(서술어+목적어)+서술어+보어의 구성이다. 술목관계에 붙는 之는 '는'의 토씨를 붙인다. 必은 부사로 '반드시'의 뜻을 갖는다. 有의 뒤는 보어가 된다.

· 풀 이 ·

1) 易云 : 《역경(易經)》에 이르기를,
   ❂ 易 : 《역경(易經)》을 말하는데 주(周)나라 때 완성되었으므로 《주역(周易)》이라 한다. 《주역》은 8괘(八卦)와 64괘, 그리고 <괘사(卦辭)>·<효사(爻辭)>·<십익(十翼)>으로 되어 있다. 복희씨(伏羲氏)가 황하(黃河)에서 나온 용마(龍馬)의 등에 있는 도형(圖形)을 보고 계시(啓示)를 얻어 8괘를 만들고, 문왕(文王)이 64괘와 괘사를 만들고, 효사는 주공(周公)이, 십익은 공자(孔子)가 만들었다고 한다.

2) 積善之家는 必有餘慶하고 積不善之家는 必有餘殃이니라. : 선(善)을 쌓은 집은 반드시 남는 경사(慶事)가 있고, 불선(不善)을 쌓은 집은 반드시 남는 재앙(災殃)이 있느니라.
   ❂ 積善之家의 之는 서술어+목적어의 다음에 있으므로 토씨는 '는'이 되고, 선을 쌓은 집을 가리킨다. 必有餘慶은 반드시 남는 경사(慶事)가 있는 것이니, 慶은 기쁘거나 이롭거나 길(吉)한 것을 모두 망라한 표현이다.
   ❂ 積不善之家는 불선을 쌓은 집안이다. 殃은 慶의 반대이니, 온갖 나쁜 일들을 총칭한다.

· 출 전 ·

《역경(易經)》坤卦 文言에, 積善之家 必有餘慶 積不善之家 必有餘殃. 臣弑其君 子弑其父 非一朝一夕之故 其所由來者漸矣.

《역경(易經)》 坤卦 文言에,

"선(善)을 쌓은 집은 반드시 남는 경사(慶事)가 있고, 불선(不善)을 쌓은 집은 반드시 남는 재앙(災殃)이 있으니, 신하가 그 임금을 시해하며 자식이 그 부모를 시해하는 것은 하루 아침이나 하루 저녁에 일어나는 일이 아니라 그 원인은 점진적으로 이른 것이다." 하였다.

4 漢昭烈이 將終에 勅後主曰 勿以善小而不爲하고 勿以惡小而爲之하라.

※ 한(漢) 나라의 소열제(昭烈帝)가 돌아가려할 때에 후주에게 칙서를 내려서 말하기를, "선이 작다고 해서 하지 아니치 말며 악이 작다고 해서 그것을 하지 말라." 하였다.

· 문장의 구조 ·

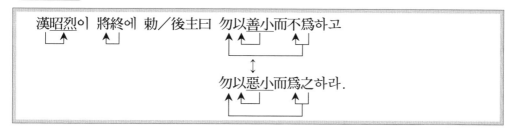

일반적으로 접속사 而 자의 상하(上下)에 부정사나 금지사가 있을 경우에 순접(順接)이 되거나 역접(逆接)이 되는데, 특기할 점은 부정사나 금지사 뒤에 以 자가 있을 경우에는 순접으로 처리된다.

(풀 이)

1) 漢昭烈이 : 한(漢) 나라의 소열제(昭烈帝)가

❀ 한(漢) : 한 나라는 진(秦) 나라 이후에 유방(劉邦)이 세운 서한(西漢)과 광무제(光武帝)가 세운 동한(東漢)이 있다. 그 후에 동한이 분열되어 조조(曹操)의 위(魏)·유비(劉備)의 촉한(蜀漢)·손권(孫權)의 오(吳)로 나뉘어 패권을 다투었는데, 이 장의 한(漢)은 촉한을 가리킨다.

❀ 소열(昭烈)(B.C223~B.C160) : 촉한(蜀漢)의 시조인 유비(B.C223~B.C160)의 시호(諡號)이다. 자는 현덕(玄德)인데 관우(關羽), 장비(張飛)와 함께 도원결의를 맺고 제갈량(諸葛亮)과 함께 서촉 지방에 한(漢)의 정통을 계승하는 촉한을 세웠다.

2) 將終에 : 돌아가려할 때에

   ◉ 將은 미래사(未來詞)로 쓰인 글자이니 '하려하다'의 뜻이다. 終은 일생을 마친 것이니, 《춘추(春秋)》에서는 죽은 사람의 공적을 평가하여 사(死), 망(亡), 졸(卒) 혹은 종(終)이라 하였으며, 신분에 따라 붕(崩)·훙(薨)·졸(卒)·사(死)로 표현하기도 하였고, 장례를 지내기 전은 사(死), 장례를 지낸 후는 망(亡)이라 하였다.

3) 勅後主曰 : 다음 임금에게 칙서를 내려 말하기를

   ◉ 勅은 서한(西漢) 초기 이후부터 황제가 내리는 모든 명령이나 말을 칙서(勅書)라고 하였는데, 이 장은 타이르는 말이다.

   ◉ 後主는 뒤를 잇는 군주(君主)라는 뜻이니, 유비(劉備)의 뒤를 이은 유선(劉禪)을 가리킨다.

4) 勿以善小而不爲하고 勿以惡小而爲之하라 : 선이 작다고 해서 하지 아니치 말며 악이 작다고 해서 그것을 하지 말라.

   ◉ 以善(惡)小 : '선(악)이 작다는 이유[以]로 해서'라는 뜻으로써 以 자가 전치사로 명사 앞에 있을 때는 '이유' '까닭' '방법'의 뜻이 되므로 而 아래에 부정사가 있는 여부에 관계하지 않고 순접으로 해석하여야 한다.

   ◉ 之는 지시대명사로 惡을 가리킨다.

・ 출 전 ・

《삼국지(三國志)》蜀志 劉備傳에, 勿以惡小而爲之 勿以善小而不爲

   譯 《삼국지(三國志)》蜀志 劉備傳에,
"악이 작다고 해서 그것을 행하지 말고 선이 작다고 해서 하지 아니치 말라." 하였다.

⑤ 莊子曰 一日不念善이면 諸惡이 皆自起니라.

※ 장자(莊子)가 말하기를,
"하루라도 선을 생각하지 않으면 모든 악이 다 저절로 일어나느니라." 하였다.

・문장의 구조・

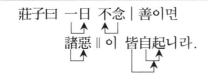

　가정형의 문장이니, 조건이나 원인의 뜻을 나타내는 문장 형식으로 則, 若, 雖, 如와 같은 글자가 사용된다. 一日不念善의 뒤에 則이 생략된 문장이다.

＊ 풀 이 ＊

1) **莊子曰 : 장자(莊子)가 말하기를,**
　　❀ 莊子 : 성은 장(莊). 이름은 주(周). 송(宋)의 몽읍(蒙邑 : 河南省商邱縣) 출생. 정확한 생몰연대는 미상이나 맹자(孟子)와 거의 비슷한 시대라고 전한다. 초(楚)나라의 위왕(威王)이 그를 재상으로 맞아들이려 하였으나 사양하였다. 저서인 《장자(莊子)》는 원래 52편(篇)이었다고 하는데, 현존하는 것은 진대(晉代)의 곽상(郭象)이 산수(刪修)한 33편(內篇 7, 外篇 15, 雜篇 11)으로, 그 중에서 내편이 원형에 가장 가깝다고 한다. 장자의 사상은 대부분 우언(寓言)으로 풀이되었으며, 근본은 노자(老子)의 무위사상(無爲思想)을 계승하지만, 현세와의 타협을 배제하는 점에서는 더욱 철저하다. 그의 사상은 위진현학(魏晉玄學)의 기반이 되었으며 남북조 시대에 성행한 반야학(般若學)과 당 나라 때 융성한 선종(禪宗) 형성에 영향을 주었다. 현종(玄宗)이 남화진인(南華眞人)이라고 추증하였기에 《장자》는 《남화진경(南華眞經)》 이라는 이름으로 널리 읽혔다. 그러나 《명심보감》 에서 나오는 장자의 말은 현존하는 《장자(莊子)》 에는 없는 말이다.

2) **一日不念善이면 : 하루라도 선을 생각하지 않으면**
　　❀ 一日은 수식관계이니, '하루라도'이다. 숫자가 있으면 모두 수식관계가 되는데, 숫자가 뒤의 글자를 꾸며준다.
　　❀ 不念善은 선을 생각하지 않음이니, 부정사가 서술어+목적어의 앞에 놓인 경우에는 '~을 ~하지 않는다.'라고 해석한다.

3) **諸惡이 皆自起니라 : 모든 악이 다 저절로 일어나느니라.**
　　❀ 諸惡皆自起는 주어+서술어의 관계이다. 주술관계의 문장은 우리말과 어순이 같으며 '~이 ~하다'로 해석한다. 諸는 惡을 수식하는 부사어이며 皆와 自도 역시 부사어로 起를 수식한다.

6 太公曰 見善如渴하고 聞惡如聾하라. 又曰 善事는 須貪하고 惡事는 莫樂하라.

※ 태공(太公)이 말하기를,
"선(善)을 보거든 목마른 것과 같이 하고 악(惡)을 들었거든 귀가 먹은 것과 같이 하라." 하였다. 또 말하기를, "선한 일은 모름지기 탐하고, 악한 일은 즐기지 말라." 하였다.

문장의 구조

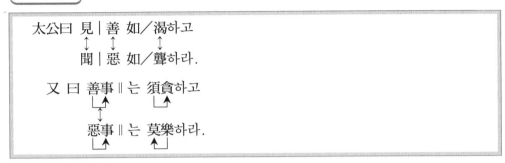

太公曰 見│善 如／渴하고

　　　　　聞│惡 如／聾하라.

　　又 曰 善事∥는 須貪하고

　　　　　惡事∥는 莫樂하라.

　　제 1구는 비교의 뜻을 나타내는 문장으로 '於'·'如'·'不如' 등의 글자가 사용되며, 제 2구는 주어＋서술어의 형식으로 구성된 문장이므로 역시 '～이 ～하다'로 해석한다.

· 풀　이 ·

1) 太公曰 : 태공(太公)이 말하기를,

● 太公 : 본명은 강상(姜尙), 씨(氏)는 그의 선조가 여(呂)에 봉하여 여상(呂尙)이라고 한다. 주(周) 문왕(文王) 서백(西伯)이 사냥을 나갔다가 태공을 위수(渭水) 북쪽에서 만났는데, 선군(先君) 태왕(太王)이 고대하던 사람[吾太公望久矣]이라고 하여 '태공망(太公望)'이라고 불렀다. 무왕(武王)을 도와 은(殷) 주왕(紂王)을 멸망시켜 천하를 평정하였으며, 그 공으로 제(齊) 나라에 봉함을 받아 시조(始祖)가 되었다. 병서(兵書) 《육도(六韜)》 와 《삼략(三略)》 이 있고, 그의 고사를 바탕으로 낚시질하는 사람을 '강태공'이라고 지칭하는 속어가 생겼다.

2) 見善如渴하고 聞惡如聾하라 : 선(善)을 보거든 목마른 것과 같이 하고 악(惡)을 들었거든 귀머거리 같이 하라.

● 見善은 선을 보다. 서술어＋목적어 관계이므로 토씨는 '을'을 붙인다. 如渴은 목마른 것과 같이 하다. 비교형의 문장이므로 '～과'의 토씨를 붙인다. 목이 마른 사람이 물을 찾는 것과 같다[如渴者求水]의 줄인 말이다. 見善과 如渴은 비교형의 주어절＋서술절로 구성된 문장이다. 見은 안계(眼界)에 들어오는 대상을 모두 포함하여 표현할 때 쓰이며, 視는 보고자 하는 대상을 볼 때 사용한다.

● 聞惡如聾은 악을 들었거든 귀가 먹은 듯이 하다. 見善如渴과 대구(對句)이므로 문법과 해석이 동일하다. 聞은 귀에 들려오는 모든 소리를 표현할 때 쓰이며, 聽은 의식을 갖고 듣고자 할 때 표현하는 글자이다. 그러므로 見善은 의식하지 않았으나 예기치 않게 눈에 들려오는 모든 선을 가리키며 聞惡은 들으려고 하지 않았으나 우연찮게 들려오는 모든 惡을 가리킨다.

3) 善事는 須貪하고 惡事는 莫樂하라 : 선한 일은 모름지기 탐하고, 악한 일은 즐기

지 말라.

◉ 善事는 선한 일이니, 수식+피수식의 관계이며 須貪은 모름지기 탐함이니, 부사
+서술어의 짜임이다. 善事와 須貪은 주어+서술어의 문장이므로 '~은 ~하다'로
해석한다. 須는 必보다는 강도가 약하지만 되도록이면 그렇게 해야 한다는 강
한 권고의 표현이다.

◉ 惡事는 악한 일이니, 수식+피수식의 관계이며, 莫樂은 즐기지 말라. 금지형의
문장이므로 '~하지 말라'로 해석한다.

┌──── 고 증 ────┐

《명심보감(明心寶鑑)》淸州本에, 이 문장은 별도로 나와 있고, 순서도 善事須貪 惡
事莫樂이 앞에 있다.

⑦ 馬援曰 終身行善이라도 善猶不足이요 一日行惡이라도 惡
自有餘니라.

> ※ 마원(馬援)이 말하기를,
> "몸을 마칠 때까지 선을 행하여도 선은 그래도 부족하고 하루 동안 악을
> 행하여도 악은 저절로 남음이 있느니라." 하였다.

┌── 문장의 구조 ──┐

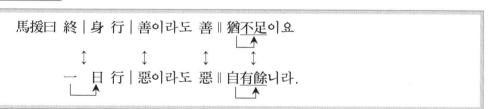

가정형의 문장이나 雖가 생략되었다. 대구로 이루어진 문장이니, 終身과 一日, 行善
과 行惡, 善과 惡, 不足과 有餘가 모두 대구이다.

┌──── 풀 이 ────┐

1) 馬援曰 : 마원(馬援)이 말하기를,

◉ 馬援(B.C11~A.D49) : 자 문연(文淵). 섬서성[陝西省] 홍평현[興平縣] 출생. 전한
(前漢) 이래 명문(名門)으로 북방으로 피하여 목축에 종사하며 많은 사람들을

포섭하여 세력을 얻었다. 왕망(王莽)의 부름을 받고 한중랑 태수(漢中郎太守)가 되었고, 이어서 후한(後漢) 광무제(光武帝)의 태중대부(太中大夫)가 되었다. 농서 태수(隴西太守)가 되어 강(羌)·저(氐) 등을 토벌하였다. 그 후 복파장군(伏波將軍)이 되어 교지(交趾)에서 봉기한 징칙(徵側)과 징이(徵貳) 자매의 반란을 토벌하고 낭박(浪泊)까지 평정하였다. 그 공로로 신식후(新息侯)가 되었고 이어 북방의 흉노(匈奴)와 오환(烏丸)을 토벌하였다. "곤궁할 때를 당하여는 마음을 더욱 굳건하게 지니고 늙었을 때를 당했어도 더욱 씩씩한 태도를 갖는다.[窮當益堅 老當益壯]"라는 명언을 남겼다.

2) 終身行善이라도 善猶不足이요 : 몸을 마칠 때까지 선을 행하여도 선은 그래도 부족하고

❀ 終身行善은 종신토록 선을 행하다. 서술어+목적어의 짜임으로 '~을'의 토씨를 붙인다. 몸을 마친다[終身]는 일생을 말함이니 100년을 기준으로 계산한다. 선을 행한다[行善]는 善을 실천하는 것이니 역시 서술어+목적어의 조합이므로 술목병렬의 구성이다.

❀ 善猶不足은 선은 그래도 부족하다. 猶는 부사어로 '그래도' '아직도'의 뜻으로 쓰였다. 일생동안 선을 실천했어도 그래도 부족하다는 뜻이다. 부족(不足)은 만족하지 않는다는 뜻이다. 不의 뒤에 오는 첫소리 자음이 'ㄷ' 또는 'ㅈ'이면 음(音)은 '부'가 된다.

3) 一日行惡이라도 惡自有餘니라 : 하루 동안 악을 행하여도 악은 저절로 남음이 있느니라.

❀ 一日行惡은 하루 동안 악을 행하다. 一日은 終身의 상대어로 쓰인 글자이므로 하루를 표현하는 것이 아니라 100년을 기준으로 할 때 36,500일 가운데의 1일이니, 매우 짧은 시간을 뜻한다. 숫자는 항상 뒤에 있는 글자를 수식하므로 一日은 수식+피수식 관계이고 行惡은 서술어+목적어의 짜임이다.

❀ 惡自有餘는 악은 저절로 남음이 있다. 惡은 주어가 되고 自는 부사이며, 有餘는 부족과 상대어로 쓰였으나 충분하다는 뜻이 아니라 글자로만 상대어로 썼으므로 '남아있다'는 뜻으로 해석한다. 有가 있을 경우에는 토씨는 '이' 혹은 '가'가 붙는다.

◦ 출 전 ◦

《후한서(後漢書)》 馬援傳

⑧ 司馬溫公家訓曰　積金以遺子孫이라도　未必子孫이　能盡守
요　積書以遺子孫이라도　未必子孫이　能盡讀이니　不如積陰
德於冥冥之中하야　以爲子孫之計也니라.

> ※ 사마 온공(司馬溫公)의 가훈에 말하기를,
> "돈을 모아서 자손에게 남겨 주더라도 자손이 반드시 다 지키지 못할 것이며, 책
> 을 모아서 자손에게 남겨 주더라도 자손이 반드시 다 읽지 못할 것이니, 남모르
> 는 가운데에 음덕을 쌓아서 자손을 위한 계교로 삼는 것만 못하느니라." 하였다.

· 문장의 구조 ·

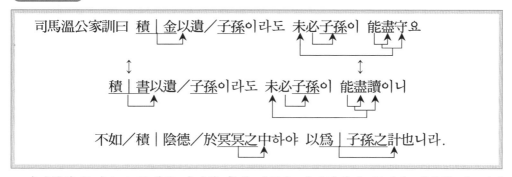

　　가정형의 문장으로 문제를 가정한 후에 결론을 제시하였다. 문장을 해석할 때, 전체
를 부정할 때는 부사+부정사로 구성하고 부분을 부정할 때는 부정사+부사로 구성하니,
혼동하면 안된다.
　　必未子孫能盡守 (부사+부정사) 반드시 자손은 다 지키지 못한다.
　　未必子孫能盡守 (부정사+부사) 반드시 자손이 다 지키지는 못할 것이다.

· 풀 이 ·

1) 司馬溫公家訓曰 : 사마 온공(司馬溫公)의 가훈에 말하기를,
　❂ 司馬溫公(1019~1086) : 이름은 광(光), 자는 군실(君實). 호는 우부(迂夫) 또는
　　우수(迂叟). 시호는 문정(文正)이다. 북송(北宋) 때의 정치가로 산서성(山西省)
　　하현(夏縣) 속수향(涑水鄕) 출생이므로 속수선생(涑水先生)이라 하며, 죽은 뒤에
　　온국공(溫國公)에 봉해졌으므로 사마온공(司馬溫公)이라고도 한다. 한림학사(翰
　　林學士)를 지내고 어사중승(御史中丞)이 되었는데, 왕안석(王安石)이 신법(新法)
　　을 반대하여 좌천되었다. 편년체(編年體)로 《자치통감(資治通鑑)》을 찬술하여
　　마침내 방대한 분량의 역사서(歷史書)를 완성하였고 얼마 후에 재상이 되어 왕

안석의 신법을 폐지하고 구법(舊法)으로 대체하였다. 저술로 《자치통감》, 《속수기문(涑水紀聞)》, 《사마문정공집(司馬文正公集)》 등이 있다.

◉ 家訓 : 가정의 윤리적 지침으로서, 가족들이 지켜야 할 도덕적인 덕목을 간략하게 표현하여 수신제가(修身齊家)를 가르쳐주는 말이나 글을 이른다. 유명한 가훈은 남북조시대(南北朝時代)에 여러 나라에서 높은 지위를 역임한 안지추(顏之推)가 지은 《안씨가훈(顏氏家訓)》이니, 도덕, 학문, 교양, 태도, 처세, 교제, 언어 등에 대하여 구체적인 체험과 사례 등을 자세히 기록하였으며, 시세에 편승하지 않고 소박하고 검소한 가정생활을 이상으로 삼고 있다.

2) 積金以遺子孫이라도 未必子孫이 能盡守요 積書以遺子孫이라도 未必子孫이 能盡讀이니 : 돈을 모아서 자손에게 남겨 주더라도 자손이 반드시 다 지키지 못할 것이며, 책을 모아서 자손에게 남겨 주더라도 자손이 반드시 다 읽지 못할 것이니,

◉ 積金은 돈을 쌓아놓는 것이니, 서술어+목적어의 짜임이다. 金은 고대에서 화폐를 대신하여 유통하였기에 돈을 가리키는 말이 되었으니, '돈을 모으다'는 뜻이다. 以는 '~을 가지고'의 뜻으로 쓰인 후치사로써 '돈을 모은 것을 가지고'가 되므로 '돈을 모아서'의 '서'에 해당한다.

◉ 未必子孫能盡守는 자손이 반드시 다 지키지 못할 것이다. 부정사+부사의 구성이므로 부분부정의 문장이며, 能은 가능조사(可能助詞)로 '할 수 있다'의 뜻이므로 '반드시 자손이 다 지키지는 못할 것이다'는 뜻이 되니, 간혹 모두 지키는 사람도 있다는 뜻이다. '積書以遺子孫이라도 未必子孫能盡讀'의 해석도 역시 동일하다.

3) 不如積陰德於冥冥之中하야 以爲子孫之計也니 : 남모르는 가운데에 음덕을 쌓아서 자손을 위한 계교로 삼는 것만 못하느니라.

◉ 不如는 '~은 ~만 같지 못하다'라고 쓰이니, 積金과 積書는 음덕을 쌓는[積陰德] 것만 못하다는 뜻이다.

◉ 積陰德於冥冥之中의 음덕은 남몰래 베푸는 덕을 말하는데, 어둡고 어두운 가운데[冥冥之中]에 음덕을 쌓는다는 것은 가장 가까운 사람도 모르도록 한다는 것이다.

◉ 以爲子孫之計也 : 以는 '~을 가지고'의 뜻으로 쓰인 후치사로써 앞 단락의 積陰德於冥冥之中을 받는 말이며, 토씨는 '서'를 붙인다. 爲는 '위하다'와 '삼는다'는 두 가지 뜻을 내포하고, 也는 어미종결사로 문장의 결론이 났을 때 쓰이는 조사이다.

◈ 출 전 ◈

《司馬溫公家訓》

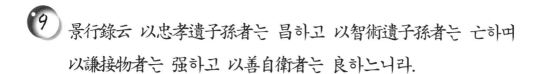

⑨ 景行錄云 以忠孝遺子孫者는 昌하고 以智術遺子孫者는 亡하며
以謙接物者는 強하고 以善自衛者는 良하느니라.

※《경행록(景行錄)》에 이르기를,
"충효(忠孝)를 자손에게 물려주는 사람은 창성하게 되고 지술(智術)을 자손에
게 물려주는 사람은 망하게 되며, 겸손(謙遜)으로 외물을 대하는 사람은 강하
게 되고 선심(善心)으로 자신을 지키는 사람은 어질게 되느니라." 하였다.

문장의 구조

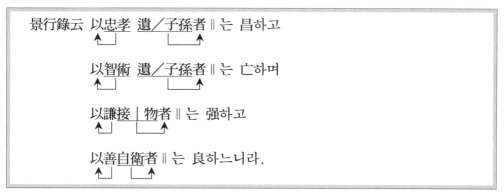

주어+서술어의 문장이므로 우리말과 어순이 같으며 '~은 ~하다'로 해석한다.

풀 이

1) 景行錄云 : 《경행록(景行錄)》에 말하기를,
  ◉ 《경행록(景行錄)》 : 송(宋) 나라에서 만들어진 책이라고 하는데, 현재 전하지
    는 않는다. 《시경(詩經)》 소아(小雅)의, "높은 산을 우러러보며 큰 길을 가도다
    [高山仰之景行行之]."에서 나온 말을 제목으로 한 것을 미루어 대도(大道)를 실
    천하는 내용을 담은 것으로 추정된다.
  ◉ 曰 : 책명 뒤에 오는 왈(曰) 자는 그 책에 있는 내용을 말한다.

2) 以忠孝遺子孫者는 昌하고 以智術遺子孫者는 亡하며 : 충효(忠孝)를 자손에게 물려
   주는 사람은 창성하게 되고 지술(智術)을 자손에게 물려주는 사람은 망하게 되며,
  ◉ 以忠孝의 以는 전치사가 되어 수단이나 방법을 뜻하므로, '충성과 효도를 가지
    고'이니, '충성과 효도로써'의 뜻이므로 국가에 충성을 다하고 부모에게 효성
    을 다하는 것이다. 遺子孫者는 遺於子孫者와 같으니, 자손에게 물려주는 사람
    이다. 昌은 집안이 창성하게 된다. 以智術은 '지혜와 술수를 가지고'이다. 亡은

집안이 망하는 것이다.

3) **以謙接物者는 强하고 以善自衛者는 良하느니라** : 겸손(謙遜)으로 외물을 대하는 사람은 강하게 되고 선심(善心)으로 자신을 지키는 사람은 어질게 되느니라.

❀ 以謙은 '겸손을 가지고'이니, 줄여서 '겸손으로써'이다. 接物者는 상대를 대하는 사람이다. 强은 강하게 되다. 以善은 선심으로써, 혹은 선심을 가지고의 뜻이다. 自衛者는 자신을 지키는 사람이다. 良은 어질고 선량한 품성을 지니는 것이다.

⑩ 景行錄曰 恩義를 廣施하라 人生何處不相逢이랴 讐怨을 莫結하라 路逢狹處면 難回避니라.

> ※《경행록(景行錄)》에 말하기를,
> "은혜와 의리를 널리 베풀어라. 사람이 어느 곳에서 살아간다면 만나지 않겠는가. 원수와 원한을 맺지 말라. 길이 좁은 곳에서 만난다면 회피하기 어려우니라." 하였다.

◦ 문장의 구조 ◦

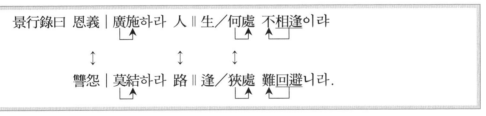

목적어+서술어의 짜임과 주어+서술어+보어로 구성된 대구로 조합된 문장이다. 목적어+서술어의 짜임도 토씨는 서술어+목적어와 동일하게 '을'을 붙인다. 이 문장은 목적격인 결론을 먼저 제시하고, 서술절을 가정형으로 설정하여 결론에 대한 풀이를 하였다.

◦ 풀 이 ◦

1) **恩義를 廣施하라 人生何處不相逢이랴** : 은혜와 의리를 널리 베풀어라. 사람이 어느 곳에서 살아간다면 만나지 않겠는가.

❀ 恩義는 은혜와 의리로 나누어 해석하며 목적어가 된다. 廣施는 널리 베풀다. 서술어가 되는 짜임이니, 우리말 어순대로 이루어진 술목관계이므로 역시 토씨는 '을'을 붙인다.

❂ 人生何處는 '사람이 어느 곳에서 살아가든지'이다. 주어+서술어+보어의 짜임이니, 人은 주어가 되고 生은 서술어가 된다. 대구가 되는 路逢이 주어+서술어의 짜임이기 때문에 역시 나누어서 해석한다. 何處는 '어느 곳'을 말하고, 不相逢은 '만나지 않겠는가.'라는 뜻으로 의문형의 문장이다. 상봉(相逢)·상면(相面)·상대(相對)·상담(相談) 등과 같이 상대가 있는 단어일 경우에 相은 빈어(賓語)이므로 해석하지 않아도 된다.

2) 讐怨을 莫結하라 路逢狹處難回避니라 : 원수와 원한을 맺지 말라. 길이 좁은 곳에서 만난다면 회피하기 어렵느니라.

❂ 讐怨은 대구가 恩義이므로 역시 나누어 원수(怨讐)와 원망(怨望)으로 나누어 해석한다. 讐怨莫結은 원수와 원망을 맺지 말라는 것이니, 목적어+서술어로 이루어진 문장이므로 토씨는 '을'을 붙인다. 莫結은 맺지 말라. 莫 자는 금지사로 쓰였다.

❂ 路逢狹處難回避는 대구(對句) 人生何處不相逢과 같은 주어+서술어+보어의 짜임이니, 路가 주어가 되고 逢이 서술어, 狹處가 보어가 된다. 路逢狹處는 길이 좁은 곳에서 만남이니, 가정격이며 難回避가 서술어이다.

⑪ 莊子曰 於我善者도 我亦善之하고 於我惡者도 我亦善之니라. 我旣於人에 無惡이면 人能於我에 無惡哉인저.

> ※ 장자가 말하기를,
> "나에게 선(善)하게 대하는 자도 나는 또한 선하게 대하고 나에게 악(惡)하게 대하는 자도 나는 또한 선하게 대할 것이다. 내가 이미 남에게 악함이 없으면 남도 능히 나에게 악함이 없을 것이니라." 하였다.

◦문장의 구조◦

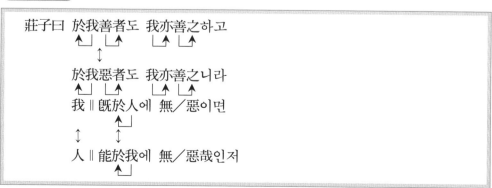

역시 장자(莊子)의 글이라고 하나, 현존하는 《장자》에는 보이지 않는다. 나를 대하는 선악(善惡)에 관계하지 않고 모두 선(善)하게 대한다고 하니, 묵적(墨翟)의 겸애(兼愛)의 사상이 엿보이는 글이다.

· 풀 이 ·

1) **於我善者도 我亦善之하고 於我惡者도 我亦善之니라** : 나에게 선(善)하게 대하는 자도 나는 또한 선하게 대하고 나에게 악(惡)하게 대하는 자도 나는 또한 선하게 대할 것이다.

● 於我善者는 나에게 선하게 대하는 사람에게의 뜻이니, 於는 '~에게'라는 뜻으로 쓰이는 전치사로써 보어 앞에 있으면 방향이나 지시를 가리킨다. 善은 착한 일도 포함되지만 넓은 의미에서 잘하는 일, 좋은 일도 모두 포함된다. 者는 사람이나 물질에 모두 쓰이는데 이 장에서는 사람을 가리킨다.

● 我亦善之는 나는 역시 선하게 대하다. 亦은 우리말의 '도'에 해당되므로 일반적으로 해석할 때는 '나도'라고 해석하는데, 대구의 글인 '내가 이미 나에게[我旣於人]'의 대문을 해석할 때는 이 말이 합당하지 않으므로 '나는 또한'이라고 해석한다. 之는 목적어 善을 수식하여 '선하게 대하다'의 뜻이 된다.

 ■ 例 吾能言 : 나는 말 할 수 있다. 吾能言之 : 나는 말해 줄 수 있다.

  父母愛 : 부모님이 사랑한다. 父母愛之 : 부모님이 사랑해 주다.

2) **我旣於人에 無惡이면 人能於我에 無惡哉인저** : 내가 이미 남에게 악함이 없으면 남도 능히 나에게 악함이 없을 것이니라.

● 我旣於人은 '내가 이미 남에게'이니, 旣 자는 과거사(過去詞)로 쓰이는 글자로 일의 완성이나 지나간 것을 나타내는 글자이다.

● 人能於我는 人亦能於我와 같은 문장인데 亦 자가 생략되었으므로 '남도 능히 나에게'라고 해석한다. 能 자는 조사로 쓰이거나 부사어로 쓰이는데 이 글에서는 부사로써 '능히'라고 해석한다.

● 無惡哉는 악함이 없을 것이다. 哉는 헐미사(歇尾詞)로써 미정(未定)의 일이나 감탄 조사로 쓰이는데, 이 글에서는 미정사로 '악함이 없을 것이다'라고 해석한다.

⑫ 景行錄云 爲子孫作富貴者는 十敗其九하고 爲人作方便者는 其後受惠니라.

※ 《경행록(景行錄)》에 말하기를,
“자손을 위하여 부귀를 짓는 사람은 열 가운데 아홉을 실패하게 되고 남을 위하여 방편(方便)을 짓는 사람은 그 후손이 은혜를 받게 되느니라.” 하였다.

· 문장의 구조 ·

景行錄云 爲 | 子孫 作 | 富貴者‖는 十敗 | 其九하고

爲 | 人 作 | 方便者‖는 其後 受 | 惠니라.

문장의 형태가 어류(語類)이므로 대구(對句)가 확실하지 않다.

· 풀 이 ·

1) 爲子孫作富貴者는 十敗其九하고 : 자손을 위하여 부귀를 짓는 사람은 열 가운데 아홉을 실패하게 되고

◎ 爲子孫은 서술어+목적어의 구성이니, 자손을 위하다. 作富貴者는 부귀를 계획하여 행하는 사람이다. 十敗其九는 ‘열 가운데 그 아홉을 실패하게 되다.’라고 해석하며 자손이 잘 살기를 기원하여 부귀를 계획하는 것은 거의 모두 실패하게 된다는 뜻이다.

2) 爲人作方便者는 其後受惠니라 : 남을 위하여 방편(方便)을 짓는 사람은 그 후손이 은혜를 받게 되느니라.

◎ 爲人은 ‘다른 사람을 위하여’이다. 作方便者는 방편을 행하는 사람이다. 方便은 불학(佛學)에서, 方은 정직이며, 便은 나를 돌보지 않는 것을 뜻하니, 일체 중생을 가련히 여겨 자신의 이익을 돌보지 않는 일을 말한다. 其後는 그 사람의 후손이다. 受惠는 은혜를 받게 되다.

· 참 고 ·

爲子孫作富貴者가 爲子孫作富貴計者로 되어 있는데, 計가 연문(衍文)인 듯하여 삭제하였다.

 太上感應篇曰 禍福無門이니 唯人自召니라 善惡之報는 如影

隨形이니 所以人心起於善이면 善雖未爲라도 而吉神以隨之
하고 或心起於惡이면 惡雖未爲라도 而凶神以隨之니라. 其
有曾行惡事나 後自改悔久하면 久必獲吉慶이리니 所謂轉禍
爲福也니라.

※《태상감응편(太上感應篇)》에 말하기를,
"화복(禍福)은 문이 없으니 오직 사람이 자초할 뿐이니라. 선악(善惡)의 보
답은 그림자가 형체를 따르는 것과 같으니, 사람의 마음이 선에서 발기(發
起)하였으면 선을 비록 행하지 않았을지라도 길신(吉神)이 따라주게 되며
마음이 악에서 발기하였으면 악을 비록 행하지 않았을지라도 흉신(凶神)이
뒤따르게 되는 이유이니라. 그가 나쁜 일을 행한 적이 있으나 뒤에 스스로
회개(悔改)한지 오래되었으면 오랜 뒤에 반드시 좋은 경사(慶事)를 얻게 될
것이니, '화가 바뀌어 복이 되었다.'고 말하는 것이니라." 하였다.

• 문장의 구조 •

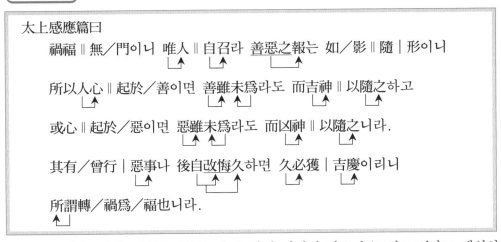

所以는 이유, 까닭, 원인을 뜻하는데, 문장의 머리에 있으면 '그러므로'라고 해석하
기도 한다.

• 풀 이 •

1) 太上感應篇曰 禍福無門이니 唯人自召라 善惡之報는 如影隨形이니 : 화복(禍福)은
문이 없으니 오직 사람이 자초할 뿐이니라. 선악(善惡)의 보답은 그림자가 형체를
따르는 것과 같으니,

❀ 太上感應篇 : 남송(南宋)의 소홍(紹興)·건도(乾道) 연간에 이창령(李昌齡)이 정
리하여 세상에 소개하였다. 이 책은 권선서(勸善書)이며 도덕의 모범서로서,

위는 사대부에서 아래는 서민에 이르기까지 소중히 여겼다. 그 요점은 "모든 악은 행하지 말고 많은 선을 받들어 행하라[諸惡莫作衆善奉行]"는 말로 끝나지만, 그 사상적 원류는 이미 4세기 초의 《포박자(抱朴子)》에서 찾을 수 있으며, 고래(古來)의 민중윤리로서 금지되어온 사항이 이 책에 종합되어 있다.

  ❂ 禍福無門은 화(禍)와 복(福)은 정해진 문이 없는 것이니, 어느 곳으로든 들어온다는 것을 뜻한다. 唯人自召은 오직 사람이 자초(自招)할 뿐이다. 善惡之報는 선악의 보답이니, 수식+피수식의 구성이다. 如影隨形은 그림자가 항상 형체를 따라다는 것과 같이 여기는 것이다.

2) **所以人心起於善이면 善雖未爲라도 而吉神以隨之하고 或心起於惡이면 惡雖未爲라도 而凶神以隨之니라.** : 사람의 마음이 선에서 발기(發起)하였으면 선을 비록 행하지 않았을지라도 길신(吉神)이 따라주게 되며 마음이 악에서 발기하였으면 악을 비록 행하지 않았을지라도 흉신(凶神)이 뒤따르게 되는 이유이니라.

  ❂ 所以는 이유, 까닭이다. 人心은 人之心과 같으니, 사람의 마음이다. 起於善은 선에서 발기하다. 善雖未爲는 '선을 비록 행하지 않았더라도'이다. 而는 접속사로 역접(逆接)이다. 吉神以隨之는 길신(吉神)이 그 때문에[以] 따라주게 되다. 或은 간혹이다. 心起於惡은 사람의 마음이 악에서 발기하다. 惡雖未爲은 악을 비록 행하지 않았더라도 而凶神以隨之는 흉신(凶神)이 그 때문에 뒤따르게 되다.

3) **其有曾行惡事나 後自改悔久하면 久必獲吉慶이리니 所謂轉禍爲福也니라.** : 그가 나쁜 일을 행한 적이 있으나 뒤에 스스로 회개(悔改)한지 오래되었으면 오랜 뒤에 반드시 좋은 경사(慶事)를 얻게 될 것이니, '화가 바뀌어 복이 되었다.'고 말하는 것이니라.

  ❂ 其는 지시대명사로 일을 행한 사람을 가리킨다. 曾은 과거를 나타내는 조사이다. 曾行惡事는 악한 일을 행한 적이 있다. 後自改悔久는 뒤에 스스로 회개(悔改)한 지 오래되다. 久必은 오랜 뒤에 반드시, 獲吉慶는 좋은 경사를 얻게 되다. 所謂轉禍爲福은 《사기(史記)》 管晏傳에 나는 말이다. 관중(管仲)을 평하기를, "정치의 실재(實在)에 있어, 번번이 화를 전환시켜 복으로 만들고 실패를 전환시켜 성공으로 이끌었다. 어떤 사물에 있어서도 그 경중을 잘 파악하여 그 균형을 잃지 않도록 신중하게 처리했다." 하였다.

⑭ 東嶽聖帝垂訓曰 一日行善이면 福雖未至나 禍自遠矣요 一日行惡이면 禍雖未至나 福自遠矣니 行善之人은 如春園之草하야 不見其長이라도 日有所增하고 行惡之人은 如磨刀

之石하야 不見其損이라도 日有所虧니라.

> ※ 동악성제(東嶽聖帝)가 훈계를 내려 말하기를,
> "하루라도 선을 행하면 복(福)은 비록 이르지 않아도 화(禍)는 저절로 멀어질
> 것이요 하루라도 악을 행하면 화는 비록 이르지 않아도 복은 저절로 멀어질 것
> 이다. 선을 행하는 사람은 봄 동산의 풀과 같아서 그 자라나는 것을 보지 못하
> 더라도 날로 더하는 바가 있고, 악을 행하는 사람은 칼을 가는 숫돌과 같아서
> 그 덜어지는 것을 보지 못하더라도 날로 이지러지는 것이 있느니라." 하였다.

〔문장의 구조〕

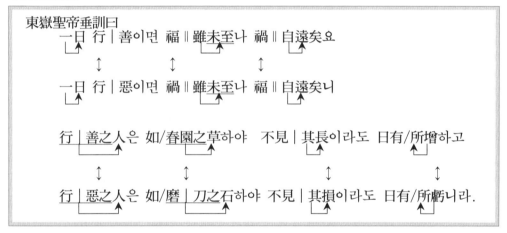

　　철저하게 善惡과 禍福을 대구로 성립한 문장이다. 선악을 실행하였을 때, 그에 따른
보답을 받지 못했을 때에도 그 화복(禍福)은 반드시 있다는 것을 바탕에 두고 두 개의
단락으로 이루어진 가정형의 문장이다.

〔풀　이〕

1) 東嶽聖帝垂訓曰 : 동악성제(東嶽聖帝)가 훈계를 내려 말하기를,
　◉ 東嶽聖帝 : 도교(道敎)에서 직책을 맡은 사람인데 누구인지 자세하지 않다. 오
　　악(五嶽) 가운데 동악(東嶽 : 泰山)을 관장하는 직책이다. 동악(東嶽)은 태산(泰
　　山), 서악(西嶽)은 화산(華山), 남악(南嶽)은 형산(衡山), 북악(北嶽)은 항산(恒
　　山), 중악(中嶽)은 숭산(嵩山)이다.
　◉ 垂訓은 훈계를 내림이니, 수(垂)는 옷자락이 내려져 있거나 허리끈을 묶고 남은
　　끈이 밑으로 내려져 있는 것에서 뜻이 전(轉)하여, 위에서 아래로 말을 전할
　　때 쓰는 글자이다. 垂訓은 서술어+목적어 관계로 '훈계를 내리다'로 해석한다.

2) 一日行善이면 福雖未至나 禍自遠矣요 一日行惡이면 禍雖未至나 福自遠矣니 : 하루
라도 선을 행하면 복(福)은 비록 이르지 않아도 화(禍)는 저절로 멀어질 것이요
하루라도 악을 행하면 화는 비록 이르지 않아도 복은 저절로 멀어질 것이다.

● 一日行善, 行惡 : 一日은 수식관계의 문장이니 숫자가 있으면 무조건 수식+피
수식의 짜임이 된다. 行善과 行惡은 서술어+목적어의 짜임이니 우리말과 어순
이 반대이며 토씨는 '을'을 붙인다. 가정형의 문장이므로 '~하면'이 된다.

● 福雖未至 禍自遠矣, 禍雖未至 福自遠矣 : 주어+부사+서술어의 짜임이 연이어
있는 문장으로 '~은+부사+~이다'로 해석한다. 福과 禍는 주어, 雖와 自는 부
사이다. 부사는 항상 놓여져 있는 위치에서 해석한다. 矣는 짧은 단락을 맺는
종결사(終結辭)이다.

3) 行善之人은 如春園之草하야 不見其長이라도 日有所增하고 行惡之人은 如磨刀之石
하야 不見其損이라도 日有所虧니라. : 선을 행하는 사람은 봄 동산의 풀과 같아서
그 자라나는 것을 보지 못하더라도 날로 더하는 바가 있고, 악을 행하는 사람은
칼을 가는 숫돌과 같아서 그 덜어지는 것을 보지 못하더라도 날로 이지러지는 것
이 있느니라.

● 行善(惡)之人은 선(악)을 행하는 사람이다. 行善과 行惡은 서술어+목적어의 짜
임이니, 술목관계 뒤에 오는 지(之) 자는 토씨가 '는'이 붙는다. 行善之가 人을
수식하는 수식관계의 문장이다.

● 如春園之草는 봄 동산의 풀과 같아서, 如磨刀之石은 칼을 가는 숫돌과 같아서
이다. 두 문장이 모두 서술어+보어의 짜임이나, 구성은 같지 않다. 如는 '~과
같다'로 해석한다. 春園之草의 春園은 수식+피수식의 구성이므로 뒤의 之 자는
'~의'를 붙이고, 磨刀之石의 磨刀는 서술어+목적어의 구성이므로 뒤의 之는 '~
는'을 붙인다.

● 不見其長 日有所增은 그 자라나는 것을 보지 못하더라도 날로 더하는 바가 있
고, 不見其損 日有所虧는 악을 행하는 사람은 칼을 가는 숫돌과 같아서 그 덜
어지는 것을 보지 못하더라도 날로 이지러지는 것이 있느니라. 不見其長의 不
見과 其長은 서술어+목적어의 구성이다. 其는 동산의 풀을 가리키는 지시대명
사이며, 不見其損도 구성은 동일하나 其는 숫돌을 가리키는 지시대명사이다.

● 日有所增은 날로 더하는 바가 있고, 日有所虧는 날로 이지러지는 것이 있느니
라. 有는 보어 앞에 놓이는 서술어이니, '~이 있다' '~가 있다'라고 해석한다.
所는 대상을 나타내니, '~것' 또는 '~바'라고 해석한다. 增은 풀이 자라남을
표현하였고, 虧는 숫돌이 닳아지는 것을 표현한 것이다.

楚書曰 楚國은 無以爲寶요 惟善을 以爲寶니라.

※《초서(楚書)》에 말하기를,
"초(楚) 나라는 보배로 여길 것이 없고 오직 선한 사람을 보배로 여기느니라." 하였다.

·문장의 구조·

楚書曰 楚國‖은 無以爲寶요

惟善을 以爲寶니라.

·풀 이·

1) **楚書曰** : 《초서(楚書)》에 말하기를,
   ◉ 楚書 : 《국어(國語)》 가운데 1권이니, 주(周) 좌구명(左丘明)이 《좌씨전(左氏傳)》을 쓰기 위하여 각국의 역사를 모아 찬술(撰述)한 것으로, 주어(周語) 3권, 노어(魯語) 2권, 제어(齊語) 1권, 진어(晋語) 9권, 정어(鄭語) 1권, 초어(楚語) 2권, 오어(吳語) 1권, 월어(越語) 2권으로 되어 있다. 《설문(說文)》 에서는 '춘추국어'라 적혀 있고, 《좌씨전》을 《내전(內傳)》 이라 하고, 이를 《외전(外傳)》 이라 하며, 사마 천(司馬遷)이 좌구명을 무식꾼으로 치부하여 《맹사(盲史)》 라고도 한다. 또 당(唐) 유종원(柳宗元)이 《비국어(非國語)》 를 지어 비난하자, 송(宋) 강단례(江端禮)가 《비비국어(非非國語)》 를 지어 반박했으며, 그후로 학자들의 논쟁이 끊이지 않았다. 현재는 오(吳)나라 위소(韋昭)의 주(註)만이 완전하게 남아 있다.

2) **楚國은 無以爲寶요 惟善을 以爲寶니라** : 초(楚) 나라는 보배로 여길 것이 없고 오직 선한 사람을 보배로 여기느니라.
   ◉ 楚國은 춘추 시대의 초 나라를 가리킨다. 無以爲寶의 以爲는 '여기다'이니, 보배로 여길 것이 없다. 惟는 부사이니, 오직이다. 善은 선인(善人)을 가리킨다. 以爲寶는 보배로 여기다. 금옥 같은 것은 보배로 여기지 않고 선인(善人)을 보배로 여긴다는 말이다.

·출 전·

《국어(國語)》 楚語.《大學》10章

子曰 見賢思齊焉하고 見不賢而內自省也니라.

> ※ 공자(孔子)가 말씀하시기를,
> "어진 사람을 보고는 그와 같게 될 것을 생각하고 어질지 못한 사람을 보고는 안으로 자신을 반성할 것이니라." 하였다.

· 문장의 구조 ·

子曰 見 | 賢 思 | 齊焉하고

見 | 不賢而內自省也니라.

見賢 아래에 而가 생략되었는데, 而는 則의 의미로 쓰인 가정문이다. 見賢과 見不賢이 조건절이 되고 思齊焉과 內自省이 결과절이다.

· 풀 이 ·

1) **見賢思齊焉하고 見不賢而內自省也니라** : 어진 사람을 보고는 그와 같게 될 것을 생각하고 어질지 못한 사람을 보고는 안으로 자신을 반성할 것이니라.
   - ❂ 見賢은 서술어+목적어의 짜임이니, 어진 사람을 보다. 見賢의 생략된 而는 則의 의미이므로 '~하거든'의 토씨를 붙이니, '어진 사람을 보고는'이라고 해석한다. 思齊焉의 焉은 대명사 之의 의미를 내포하고 있으므로 思齊之也와 같은 형태의 문장이니, 그와 같게 될 것을 생각함이다. 선(善)을 지니고 있기 때문에 현인(賢人)이 되는 것이므로 자신에게도 그러한 선(善)이 있기를 바라는 것이다.
   - ❂ 見不賢은 見賢과 상대가 되는 구절이므로 어질지 못한 사람을 보다. 而는 則의 의미로 쓰인 가정을 나타내는 조사이다. 內自省也는 마음속으로 자신을 살펴보는 것이다. 악(惡)을 지니고 있기 때문에 어질지 못한 사람이 되는 것이므로 자신에게도 그러한 악(惡)이 있을까 반성하는 것이다.

· 출 전 ·

《논어(論語)》 里仁篇

子曰 見善如不及하고 見不善如探湯하라.

※ 공자가 말씀하시기를,
"선을 보거든 미치지 못하는 것과 같이 하고 악을 보거든 끓는 물을 더듬는 것과 같이 하라." 하였다.

· 문장의 구조 ·

> 子曰見 | 善 如／不 及하고
>   ↕   ↑__|
>   見 | 不 善 如／探 | 湯하라.
>   ↑__|

주어절(서술어+목적어)+술어절(서술어+보어)로 이루어진 비교형의 문장이다. '如', '若', '不如', '莫如'. '於' 등을 사용하여 비교의 뜻을 나타내는 문장이다.

- 例 學問如逆水行舟 : 학문은 물을 거슬러서 가는 배와 같다.
  地利不如人和　：땅의 이로움은 사람이 화목한 것만 못하다.
  至樂莫如讀書　：지극히 즐거운 것은 책을 읽는 것만 같은 것이 없다.

· 풀 이 ·

1) 見善如不及 : 선을 보거든 미치지 못하는 것과 같이 하고
  - 주어절(서술어+목적어)+술어절(서술어+보어)로 이루어진 비교형의 문장이니, 見은 안계(眼界)에 들어오는 모든 대상을 보는 것을 나타낼 때 쓰인다. 視는 보려고 하는 대상을 볼 때 쓰이니, 見善은 의식(意識)이나 무의식(無意識)을 상관하지 않고 시계(視界)에 들어오는 善이 있다면 그 善에 미치지 못하는 것과 같이 하는 마음을 뜻한다.

2) 見不善如探湯 : 악을 보거든 끓는 물을 더듬는 것과 같이 하라
  - 주어절(서술어+목적어)+술어절(서술어+목적어)로 이루어진 비교형의 문장이다. 보려고 아니하였으나 눈에 보이는 악(惡)이 있으면 끓는 물에 손을 넣은 것처럼 빨리 벗어나라는 뜻이다.

· 출 전 ·

《논어(論語)》 季氏篇에 子曰 見善如不及하고 見不善如探湯을 吾見其人矣요 吾聞其語矣

로라.

譯《논어(論語)》季氏篇에 공자가 말씀하시기를,

"선(善)을 보았거든 미치지 못하는 것과 같이하고 불선(不善)을 보았거든 끓는 물을 더듬는 것과 같이하는 것을 나는 그렇게 하는 사람을 보았고 그러한 말을 들었다." 하였다.

天命篇

02

《중용(中庸)》에, "하늘이 명령을 내린 것을 성(性)이라 한다.[天命之謂性]"에 대한 주자(朱子)의 주(註)에, "하늘이 음양 오행을 갖고 만물을 화생(化生)하여 기(氣)가 모여서 형체가 되고 이치도 부여되는 것이 명령과 같다.[天以陰陽五行 化生萬物 氣以成形 而理亦賦焉 猶命令也]"하였는데, 이러한 천명이 사람에게 있어서 건순(健順) 오상(五常)의 덕이 된다. 오상은 인(仁) 의(義) 예(禮) 지(智) 신(信)을 말하니, 인간으로서 이것을 지켜나가는 것을 추구하는 편이다.

孟子曰 順天者는 存하고 逆天者는 亡이니라.

※ 《맹자(孟子)》가 말하기를,
"천리를 따르는 사람은 살고 천리를 거스르는 사람은 죽는다." 하였다.

·문장의 구조·

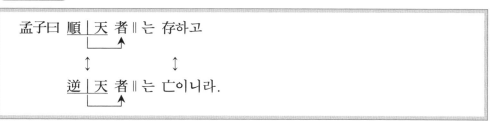

주어(수식+피수식)+서술어의 짜임으로 자연의 이치에 순응하여 사는 사람은 살고 거역하는 사람은 죽는다는 말이다. 통행본(通行本)에는 공자(孔子)의 말로 되어있는데, 《맹자(孟子)》 離婁上篇에 나오는 말이므로 바로잡는다.

·풀 이·

1) 孟子曰 : 《맹자(孟子)》가 말하기를,
   ✿ 孟子(B.C372~B.C289) : 이름은 가(軻). 자는 자여(子輿) 또는 자거(子車). 추현(鄒縣)에서 출생하였다. 공자의 손자 자사(子思)를 사사(師事)했는지 자사의 문인(門人)에게 배웠는지 확실하지 않다. 전국시대(戰國時代)에 제자백가(諸子百家) 가운데 유가(儒家)로서 유세하였으나, 당시 제후들과 뜻이 맞지 않아 은거하였다. 당시의 부국강병(富國强兵)을 도외시하고 왕도정치(王道政治)를 추구하여 현실과 동떨어진 이상적인 주장이라고 치부되었다. 저술한 《맹자》 7편은 주자(朱子) 이후로 《논어》·《대학》·《중용》과 더불어 '사서(四書)'의 하나로서 유학의 주요한 경전이 되었다.

2) 順天者는 存하고 逆天者는 亡이니라 : 천리를 따르는 사람은 살고 천리를 거스르는 사람은 죽는다.
   ✿ 順天者, 逆天者 : 順天은 '천리를 따름'이니, 서술어+목적어의 짜임으로 토씨는 '를'을 붙인다. 順天이 者를 수식하는 말이며, 者는 사람을 가리키는 말이다. 順과 逆은 상대되는 글자이다.
   ✿ 存, 亡 : 存 자는 '남아 있다'와 '살아 있다'의 뜻을 갖고 있는데, 항상 상대로 오는 글자를 보면 그 뜻이 어떻게 성립되는지를 알 수 있다. 이 장은 亡이 상

대어가 되므로 살았다는 뜻이 된다.

・ 출 전 ・

《맹자(孟子)》 離婁上篇에 孟子曰 天下有道에는 小德役大德하며 小賢役大賢하고 天下無道에는 小役大하며 弱役强하나니 斯二者天也니 順天者는 存하고 逆天者는 亡이니라.

譯 《맹자(孟子)》 離婁上篇에 맹자가 말하기를,

"천하에 도(道)가 있을 때는 작은 덕을 지닌 사람이 큰 덕을 지닌 사람에게 부림을 당하며 작은 현재(賢才)가 큰 현재에게 부림을 당하고, 천하에 도가 없을 때에는 힘이 작은 사람이 힘이 큰 사람에게 부림을 당하며 약한 나라가 강한 나라에게 부림을 당하게 되니, 이 두 가지는 천리(天理)이다. 천리를 따르는 사람은 살고 천리를 거스르는 사람은 죽는다." 하였다.

② 近思錄云 循天理면 則不求利라도 而自無不利하고 循人欲이면 則求利라도 未得而害已隨之니라.

※ 근사록(近思錄)에 이르기를,

"천리(天理)를 좇아 행하면 이익을 구하지 않아도 저절로 이롭지 않은 것이 없고 인욕(人欲)을 좇아 행하면 이익을 구할지라도 얻지 못하였는데 해(害)는 이미 뒤따르게 되느니라." 하였다.

・ 문장의 구조 ・

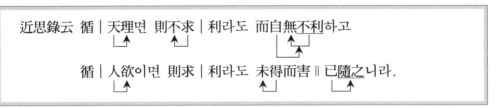

가정형의 문장이니, 천리(天理)와 인욕(人欲)을 나누어 그 결과를 예시하였다. 대구(對句)의 구성은 조금 미비하니, 不求利의 뒤에 已得이 있으면 더욱 좋을 듯하다.

・ 풀 이 ・

1) 近思錄云 : 근사록(近思錄)에 이르기를,
   ◉ 近思錄云 : 송(宋) 주희(朱熹)와 여조겸(呂祖謙)이 주돈이(周敦頤)・정호(程顥)・

정이(程頤)·장재(張載) 등의 글에서 학문의 요긴한 부분을 뽑아 편집한 책이다. 《논어(論語)》의 "절실하게 묻고 가까운 곳으로부터 생각하다.[切問而近思]"는 구절에서 책명(冊名)을 취하였다.

14권으로 분류되었는데, 각권의 편명은 후대에 붙인 것으로 도체(道體), 위학(爲學), 치지(致知), 존양(存養), 극기(克己), 가도(家道), 출처(出處), 치체(治體), 치법(治法), 정사(政事), 교학(敎學), 경계(警戒), 변이단(辨異端), 관성현(觀聖賢)으로 구성되어 있다. 진덕수(眞德秀)의 《심경(心經)》과 함께 조선 왕조에서 경연(經筵)의 필수문헌으로 중시되었고, 채모(蔡模)의 《근사록집주(近思錄集註)》, 정엽(鄭曄)의 《근사록석의(近思錄釋疑)》, 이익(李瀷)의 《근사록질서(近思錄疾書)》를 비롯한 많은 해설서가 나왔다.

2) 循天理면 則不求利라도 而自無不利하고 : 천리(天理)를 좇아 행하면 이익을 구하지 않아도 저절로 이롭지 않은 것이 없고

❀ 循天理는 천리(天理)를 좇아 행하다. 循은 順과 비슷한 의미를 갖고 있으니, 순응한다는 의미이다. 則은 가정을 나타내는 조사이니, ' ~이면'의 토씨를 붙인다. 不求利는 이익을 추구하지 않다. 而는 접속사이다. 已得而自無不利의 의미를 내포한 문장이니, 이미 얻게 되어서 저절로 이롭지 않음이 없다. 無不은 이중부정이니, 반드시 그렇게 된다는 의미를 지닐 때 강조하는 표현이다.

3) 循人欲이면 則求利라도 未得而害已隨之니라. : 인욕(人欲)을 좇아 행하면 이익을 구할지라도 얻지 못하였는데 해(害)는 이미 뒤따르게 되느니라.

❀ 循人欲의 人欲은 사람이 개인의 사욕(私慾)을 채우려는 마음을 가리키니, 天理와 상대(相對)가 된다. 求利는 이익을 추구하다. 未得而害已隨之는 이익을 얻지 못하였는데 재해(災害)는 이미 뒤따르게 되다. 而는 역접이 되는 접속사이다. 已는 과거를 나타내는 부사이다. 隨之의 之는 조동사이므로, '뒤따르게 되다'로 해석한다.

・ 출 전 ・

《근사록(近思錄)》, 《맹자(孟子)》集註

 諸葛武侯曰 謀事在人이나 成事在天이니라.

※ 제갈무후(諸葛武侯)가 말하기를,
"일을 도모하는 것은 사람에게 달려 있으나 일을 이루는 것은 하늘에 달려 있느니라." 하였다.

· 문장의 구조 ·

> 諸葛武侯曰 謀 | 事 ‖ 在／人이나
>
> 成 | 事 ‖ 在／天이니라.

주어＋서술어＋보어의 구성으로 '~은 ~에 있다.'의 해석이다.

· 풀 이 ·

1) **諸葛武侯曰**

- ❀ 諸葛武侯 : 이름은 량(亮), 자 공명(孔明). 시호 충무(忠武). 호족(豪族) 출신으로 어릴 때 부친과 사별하여 형주(荊州)에서 숙부 제갈현(諸葛玄)이 양육하였다. 후한(後漢) 말의 전란을 피하여 출사(出仕)하지 않았으나 명성이 높아 와룡선생(臥龍先生)이라 하였다. 207년(建安 12) 위(魏) 조조(曹操)에게 쫓겨 형주에 있던 유비(劉備)로부터 '삼고초려(三顧草廬)'의 예로써 초빙되어 '천하삼분지계(天下三分之計)'를 진언(進言)하고 군신으로 수어지교(水魚之交)를 맺었다. 오(吳)의 손권(孫權)과 연합하여 조조의 대군을 적벽(赤壁)의 싸움에서 대파하고, 형주·익주(益州)를 유비의 영유(領有)로 하였다. 221년(章武 1) 한(漢)의 멸망을 계기로 유비가 제위(帝位)에 오르자 재상이 되었다. 유비가 죽은 후는 유선(劉禪)을 보필하여 오(吳)와 연합, 위(魏)와 항쟁하였으며, 생산을 장려하고 민치(民治)를 꾀하여 개발을 도모하는 등 촉(蜀)의 경영에 힘썼으나 위(魏) 사마의(司馬懿)와 오장원(五丈原)에서 대진(對陣) 중에 병몰하였다. 출진할 때 올린 《전출사표(前出師表)》 《후출사표(後出師表)》 는 천고(千古)의 명문이다.

2) **謀事在人이나 成事在天이니라** : 일을 도모하는 것은 사람에게 달려 있으나 일을 이루는 것은 하늘에 달려 있느니라.

- ❀ 謀事는 서술어＋목적어의 구성이니, 일을 도모하다. 在人의 在는 선결조건을 나타내는 글자이니, 사람에게 달려 있다. 成事의 成은 음악의 초장(初章), 중장(中章), 종장(終章)까지 모두 연주한 것을 나타내므로, 일을 완전히 끝마친 것이다. 在天은 인력에 달려 있지 않고 천리(天理)에 달려 있다는 말이다.
- ❀ 제갈량이 위(魏) 사마의와 아들들을 호로곡에 유인하고 화공(火攻)을 쏟아부어 전멸할 지경이 되었는데, 마침 쏟아지는 소나기가 불을 껐을 때, 탄식하면서 한 말이다.

· 출 전 ·

《삼국지연의(三國志演義)》

康節邵先生曰 天聽이 寂無音하니 蒼蒼何處尋고 非高亦非遠이라 都只在人心 이니라.

※ 강절 소선생(康節邵先生)이 말하기를,
"하늘의 들음은 고요하여 소리가 없으니 푸르고 푸른 어느 곳에서 찾을까. 높지 아니하고 또한 멀지 아니하다. 모두가 다만 사람의 마음속에 있을 뿐이니라." 하였다.

· 문장의 구조 ·

康節邵先生曰 天聽 ‖ 寂無/音하니 蒼蒼何處尋고

非/高亦非/遠이라 都只在/人心 이니라.

이 문장은 원래 《이천격양집(伊川擊壤集)》 12권에 실려 있는 <천청음(天聽吟)>시(詩)이다. 운(韻)은 심(尋), 심(心)이다. 오언시는 1구가 5자이다. 절구(絶句)는 4구 20자로 되어 있고 율시는 8구 40자로 구성되어 있다. 구절을 읽거나 해석할 때 대부분 2자·3자씩 나누는 것이 효과적이다.

· 풀 이 ·

1) **康節邵先生曰** : 강절 소선생이 말하기를
   ❂ 康節 邵先生(1011~1077) : 송(宋) 나라 사람으로 이름은 옹(雍), 자는 요부(堯夫). 호는 안락선생(安樂先生). 시호는 강절(康節)이다. 하남(河南)출신으로 염계(濂溪) 주돈이(周敦頤)와 같은 시대 사람인데 이지재(李之才)에게 도서(圖書)·천문(天文)·역수(易數)를 배웠으며 사마광(司馬光)과 친교하였다. 주자(朱子)는 주염계, 정명도(程明道), 정이천(程伊川)과 함께 그를 도학(道學)의 중심인물로 간주하였는데, 그는 도가의 사상을 받아들여 유학의 역철학(易哲學)을 발전시켜 특이한 수리철학(數理哲學)을 만들었다. 역경(易經)이 음양의 2원(二元)으로서 우주의 모든 현상을 설명하는데 대하여, 음양(陰陽)·강유(剛柔)의 4원(四元)을 근본으로 하고, 4의 배수(倍數)로서 모든 것을 설명하였다. 《황극경세서(皇極經世書)》, 《이천격양집(伊川擊壤集)》, 《춘추소전(春秋邵傳)》, 《어초문답(漁樵問答)》 등이 있다.

2) **天聽寂無音** : 하늘의 들음은 고요하여 소리가 없으니
   ❂ 天聽은 하늘의 들음이니, 본래 자신의 행동을 양심이 듣고 있는 것을 가리킨다.

하늘이라는 말에 집착하여 하늘이 듣고 있다고 여겨서 찾아보니 고요하고 전혀 소리가 들리지 않음을 나타낸다. 기구(起句)에 해당한다.

3) 蒼蒼何處尋 : 푸르고 푸른 어느 곳에서 찾을꼬.

　　❂ 蒼蒼은 푸르고 푸름이니, 푸른 하늘은 표현하는 형용사이다. 何處는 어느 곳이니, 수식 관계이다. 승구(乘句)에 해당한다.

4) 非高亦非遠 : 높지 아니하고 또한 멀지 아니하다.

　　❂ 非高와 非遠은 높은 곳에 있지 아니하고 먼 곳에 있지 아니하다는 말이다. 일반적으로 非는 명사부정에 쓰이고, 不은 동사부정에 쓰인다. 전구(轉句)에 해당한다.

　　　　■ 例 非高 : 높지 아니하다　　　非人 : 사람이 아니다.
　　　　　　　不高 : 높지 못하다　　　不人 : 사람 노릇을 못한다.

5) 都只在人心 : 모두가 다만 사람의 마음속에 있을 뿐이니라.

　　❂ 都只는 '모두가 다만'이니, 都只는 부사어이다. 在人心은 在於人心과 같으니, 사람의 마음 속에 있음이니, 天聽을 높고 먼 하늘 곳곳에서 찾았으나 모든 것은 사람의 마음속에 천청이 있다고 결론한 말이다. 在는 장소를 나타낼 때는 '~에 있다'라고 해석하고, 선결조건을 가리킬 때는 '~에 달려있다'라고 해석한다. 결구(結句)에 해당한다.

・ 출 전 ・

《이천격양집(伊川擊壤集)》 12권에 실려 있는 「천청음(天聽吟)」이다. 그 책에 비슷한 형식의 「청야음(淸夜吟)」이 유명하여 아울러 싣는다.

月到天心處 달은 하늘 가운데 이르고
風來水面時 물위로 스쳐 부는 바람
一般淸意味 이렇게 상쾌한 맛을
料得少人知 아는 이 적으리라

⑤ 西遊記云 人心生一念이면　天地悉皆知하고　善惡若無報면 乾坤必有私라.

※《서유기(西遊記)》에 이르기를,
"사람의 마음이 한 가지 생각을 가졌다면 천지(天地)가 모두 다 알아내고, 선악이 만약 응보(應報)가 없다면 건곤(乾坤)이 반드시 사심(私心)이 있는 것이니라." 하였다.

· 문장의 구조 ·

西遊記云 人心 ∥ 生 ㅣ 一念이면 天地 ∥ 悉皆知하고

善惡 ∥ 若無╱報면 乾坤 ∥ 必有╱私라.

5언 절구의 형식으로 구성된 가정문이다.

· 풀 이 ·

1) 西遊記云

❋ 西遊記 : 명(明) 오승은(吳承恩)의 장편 소설. 당(唐) 황제의 칙명으로 불전(佛
典)을 구하러 인도에 가는 현장삼장(玄奘三藏)의 종자(從者) 손오공(孫悟空)이
주인공이다. 손오공은 돌에서 태어났고 도술로 천제(天帝)의 궁전에 소동을 벌
인 죄로 500년 동안 오행산(五行山)에 갇혀 있었는데, 삼장법사가 구출해 주었
다. 그 밖에 돼지의 괴물 저팔계(猪八戒), 하천의 괴물 사오정(沙悟淨) 등을 포
함한 일행은 요괴의 방해를 비롯한 기상천외의 고난을 수없이 당하지만 마침
내 목적지에 도달하고 불경(佛經)을 갖고 온 공적으로 부처가 된다는 내용이
다. 전래한 《대당삼장취경시화(大唐三藏取經詩話)》 《서유기평화(西遊記平話)》
와 《영락대전(永樂大典)》 과 《박통사언해(朴通事諺解)》 에 실려 있던 단편들을
오승은이 집대성하고 확충하여 일대 걸작을 만들어 낸 것으로 추측된다.

2) 人心生一念이면 天地悉皆知하고 善惡若無報면 乾坤必有私라 : 사람의 마음이 한
가지 생각을 가졌다면 천지(天地)가 모두 다 알아내고, 선악이 만약 응보(應報)가
없다면 건곤(乾坤)이 반드시 사심(私心)이 있는 것이니라.

❋ 人心은 수식관계이니, 일반적인 사람의 마음을 가리킨다. 生은 서술어로 '생기
다', '갖다', '지니다'의 의미를 갖는다. 一念을 불교(佛敎)에서는 찰나(刹那)에
지나가는 생각을 뜻하니, 매우 짧은 순간에 지니는 생각을 뜻한다. 참고로 손
가락 한번 튕기는 동안이 60찰나라고 한다. 그 일념에 의해 부처가 되거나 악
귀가 되며, 극락에 가기도 하고 지옥에 떨어진다고 한다. 天地는 형태를 표현
할 때 사용하니, 넓은 하늘과 땅을 지칭한다. 悉皆知의 悉은 천지간의 모든 사
물을 가리키고 皆는 그 사물들의 원인과 결과에 관한 모든 것들을 가리킨다.

❋ 善惡은 사람들이 저지른 善과 惡에 대하여 지칭하였다. 若은 가정을 나타내는
조사이다. 無報는 서술어+보어의 구성이니, 선악에 대한 보답을 가리킨다. 乾
坤은 천지의 성질이나 의의를 표현할 때 사용한다. 必有私는 반드시 사심을
갖고 있다고 추측하는 말이다.

· 출 전 ·

《명심보감(明心寶鑑)》淸州本에는 《서유기(西遊記)》 云이 누락되었다.

6 玄帝 垂訓曰 人間私語라도 天聽은 若雷하고 暗室欺心이라도 神目은 如電이니라.

> ※ 현제(玄帝)가 훈계를 내려 말하기를,
> "인간의 사사로운 말이라도 하늘의 들음은 우레와 같고 어두운 방에서 마음을 속일지라도 신의 봄은 번개와 같으니라." 하였다.

· 문장의 구조 ·

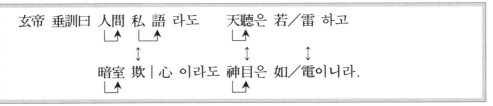

人間私語와 暗室欺心은 불완전한 대구(對句)이며 天聽 若雷와 神目 如電은 완전한 대구이다. 가정을 설정한 뒤에 해답은 주어+서술어의 형식으로 구성된 혼합복합문이다.

· 풀 이 ·

1) **玄帝 垂訓曰** : 현제(玄帝)가 훈계를 내려 말하기를,
   - 玄帝는 도가(道家)의 인물로 추정되는데 어느 시대의 누구인지 확실하지 않다. 垂訓은 윗사람이 아랫사람에게 가르침을 내려주는 것을 말한다.

2) **人間私語라도 天聽은 若雷하고** : 인간의 사사로운 말이라도 하늘의 들음은 우레와 같고
   - 人間私語는 인간들이 개인의 목적을 위해 사사로이 주고받는 대화를 가리킨다. 공(公)과 사(私)는 상대자(相對字)로써 공(公)은 공식적이며 보편적으로 해당될 때에 사용되고 사(私)는 사적으로 자신에게만 해당될 때를 가리킨다. 언(言)은 자신의 말을 가리키고 어(語)는 다른 사람과 말을 주고받는 것을 나타낼 때 쓰인다.
   - 天聽은 하늘이 듣는다는 말이니, 자신의 행동이나 생각을 양심이 듣고 있는

것을 가리키며 수식+피수식으로 구성되었다. 若雷는 우레와 같음이니, 양심이 듣고 있는 수치가 우레처럼 크게 듣는다는 것이며, 비교형의 문장으로 서술어 +보어로 구성되었다.

3) **暗室欺心이라도 神目은 如電이니라** : 어두운 방에서 마음을 속일지라도 신의 봄은 번개와 같으니라.

- ✿ 暗室은 어두운 방이니, 아무도 알지 못하고 자신만이 알고 있는 것을 가리키며 수식관계의 짜임으로 구성되었다. 欺心은 양심을 속인다는 뜻이니, 서술어+목적어로 토씨는 '을'을 붙인다. 欺는 이치에 있는 말로 속이는 것이다.
- ✿ 神目은 신이 보는 것이니, 天聽과 대구(對句)가 되므로 目은 명사가 아니라 聽과 같은 서술어로 쓰였기 때문에 '보다'의 뜻이 된다. 如電은 若雷와 같은 비교형의 문장인데, 보는데 해당되므로 시각적인 번개로 비유한 것이다.

⑦ 益智書云 惡鑵이 若滿이면 天必誅之니라.

> ※ **《익지서(益智書)》**에 이르기를,
> "악의 두레박이 가득 차게 되면 하늘이 반드시 그를 벨 것이니라." 하였다.

· 문장의 구조 ·

```
益智書云 惡鑵 ‖ 若滿이면
        └↑    └↑
     天 ‖必 誅之니라.
        ↑┘
```

조건절(條件節)은 주어+가정부사+서술어로 구성되어 있고 결과절(結果節)은 주어+한정부사+서술어+대명사로 구성되어 있으니, 어떤 조건이나 일을 전제로 가상하여 그 결과를 예상하는 문장이다. 가정문은 일반적으로 若, 如, 誠, 苟, 雖 등의 글자가 사용된다. 조건절(종속절)+결과절(주절)의 형태로 구성되는데 '만약 ~이면 ~하다'로 해석한다.

· 풀 이 ·

1) **益智書云** : 《익지서(益智書)》에 이르기를,
- ✿ 《익지서(益智書)》 : 송(宋) 나라 때 만들어진 책이라고 전해지나 자세하지 않다.

2) **惡鑵이 若滿이면 天必誅之니라** : 악의 두레박이 가득 차게 되면 하늘이 반드시 그를 벨 것이니라.

❀ 惡鑵은 악의 두레박이니, 수식관계의 짜임이다. 선의 두레박[善鑵]에 선(善)을 쌓으면 복을 내리고 악의 두레박[惡鑵]에 악을 쌓으면 재앙을 내린다. 두레박은 心 자를 형상화한 것으로 악관은 악심(惡心)이라고 유추할 수 있다. 가정문 (假定文)에서 조건절에 해당된다.

❀ 天必誅之는 하늘이 반드시 그를 처벌하는 것이다. 誅는 지은 죄가 작으면 懲罰을 받고 크면 死刑을 당한다는 뜻이다. 必은 한정부사이니, 부사어는 놓인 위치에 가서 해석한다. 之는 대명사로서 악관에 악을 채운 사람을 가리킨다. 가정문(假定文)에서 결과절에 해당된다.

⑧ 莊子曰 若人作不善하야 得顯名者는 人雖不害나 天必戮之니라.

> ※ 장자가 말하기를,
> "만약 사람이 선(善)하지 못한 일을 행하여 이름을 드러냄을 얻은 자는 사람은 비록 해치지 못하나 하늘은 반드시 그를 죽이느니라." 하였다.

· 문장의 구조 ·

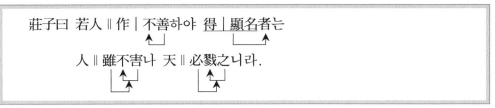

가정형의 문장으로 조건절(종속절)+결과절(주절)의 형태로 구성되었는데, 조건절이 주어절이 되고 결과절이 서술절이 되었다.

· 풀 이 ·

1) 若人作不善하야 得顯名者는 : 만약 사람이 선하지 못한 일을 행하여 이름을 드러냄을 얻은 자는 사람은

❀ 若人作不善은 만약 사람이 불선을 하다. 若은 가정형으로 쓰일 경우에 '만약'이 되고 서술어로 쓰일 때는 '~과 같다'로 해석한다. 또 대명사로는 '너'라는 뜻으로 쓰이는데, 가정형이나 대명사로 쓰일 때는 먼저 해석하고, 서술어로 쓰일 때는 나중에 해석한다.

❀ 不善은 일의 이치[理]대로 실행하지 않은 것을 나타내는 말이니, 이치대로 실행하면 좋고 그렇지 않으면 좋지 않음을 나타낸다. 作은 爲의 뜻으로 풀이하

니, '행하다'의 뜻으로 쓰였다. 가정사[若]+주어[人]+서술어[作]+목적어[不善]의
짜임으로 '~이 ~을 하다'로 해석된다.

❂ 得顯名者는 이름을 드러냄을 얻은 자는 사람이니, 이중 술목관계로 顯名이 서
술어+목적어의 짜임이며 得과 顯名이 다시 서술어 목적의 관계가 된다. 이름
을 드러냈다는 것은 출세하여 권세를 얻은 사람을 가리킨다.

**2) 人雖不害나 天必戮之니라 : 사람은 비록 해치지 못하나 하늘은 반드시 그를 죽이
느니라.**

❂ 人雖不害는 사람은 비록 해치지 못하는 것이니, 주어+부사+서술어의 짜임이다.
부사어는 항상 놓인 위치에 가서 해석을 한다. 人은 보통 사람을 가리키니,
不害는 것은 顯名者가 권력과 지위를 갖고 있어서 해치지 못 한다는 것이다.

❂ 天必戮之는 하늘은 반드시 그를 죽이는 것이니, 역시 주어[天]+부사[必]+서술어
[戮之]의 짜임이다. 之는 대명사이니 불선으로 출세한 자를 가리킨다. 사람은
이렇게 부당한 방법으로 출세한 자를 해치지 못하지만 하늘은 반드시 그를 죽
인다는 말이다.

⑨ 種瓜得瓜요 種豆得豆니 天網이 恢恢하야 疎而不漏니라.

> ※ 오이를 심으면 오이를 얻고 콩을 심으면 콩을 얻으니, 하늘의 그물은 매우 넓어서
> 성근듯하나 새지 않느니라.

· 문장의 구조 ·

種 | 瓜 得 | 瓜요 種 | 豆 得 | 豆니

天 網 ‖ 恢恢하야 疎而不漏니라.
└↑   └↑ ↑┘

원인이 있기 때문에 결과가 있음을 나타내는 이 글을 인하여 천하의 모든 일이 천
리에 따라 운행하므로 원인이 있으면 걸맞는 결과가 있다는 이치를 어기는 법이 없음
을 나타내었다.

· 풀 이 ·

1) 種瓜得瓜요 種豆得豆니 : 오이를 심으면 오이를 얻고 콩을 심으면 콩을 얻으니

❂ 種瓜得瓜 種豆得豆는 서술어+목적어가 병렬되어 있다. 種瓜와 種豆는 원인이

되고 得瓜와 得豆는 결과를 나타낸다.

2) 天網이 恢恢하야 疎而不漏니라 : 하늘의 그물은 매우 넓어서 성근듯하나 새지 않
느니라.

　● 天網은 하늘의 그물이니, 수식관계의 짜임이다. 특히 網 자는 법을 나타내는
말이기도 하므로 인간으로서 지켜야할 자연적인 규범을 말한 것이다. 恢恢는
형용사로써 넓은 하늘의 모습을 표현한 말이다.

　● 疎而不漏는 하늘의 성근 모습은 모든 것이 빠져나갈 듯하나, 법을 범한 사람
은 법망(法網)을 벗어날 수 없다는 것을 완곡하게 표현하였다. 서술어+而+不+
서술어의 짜임인데 접속사 而의 상하에 부정사가 있을 때에는 역접(逆接)이 되
어 '~이나' '~이로되'가 된다. 그러나 而 위에 명사가 오면 부정사와 관계없이
순접(順接)이 되어 '~하여서'가 된다.

　　■ 例 述而不作 : 계술은 하였으나 창작을 하지 않았다.(逆接)
　　　　君而不君 : 임금으로서 임금 노릇을 하지 못하였다.(順接)

· 참　고 ·

《증광현문(增廣賢文)》에, 種麻得麻요 種豆得豆니 天眼이 恢恢하여 疎而不漏니라.

　🈩《증광현문(增廣賢文)》에,

"삼을 심으면 삼을 얻고 콩을 심으면 콩을 얻을 것이니, 하늘의 눈은 넓고 넓어서
성근 듯하나 새지 않는다." 하였다.

⑩ 深耕淺種이라도 尙有天災어늘 利己損人이면 豈無果報리요

※ 깊이 농지를 갈고 씨앗을 얕게 심었어도 오히려 하늘의 재해가 있는데, 자신을 이
롭게 하려고 남을 손해나게 하면 어찌 응당한 보답이 없겠는가.

·문장의 구조·

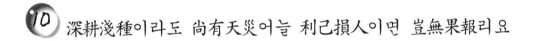

좋은 일을 해도 안될 때가 있는데, 자신에게 이롭게 하려고 남을 해친다면 그에 대

한 응보(應報)가 있다는 말이다.

· 풀 이 ·

1) 深耕淺種이라도 尙有天災어늘 利己損人이면 豈無果報리요 : 깊이 농지를 갈고 씨앗을 얕게 심었어도 오히려 하늘의 재앙이 있는데, 자신을 이롭게 하려고 남을 손해나게 하면 어찌 응당한 보답이 없겠는가.

❂ 深耕은 깊이 농지를 가는 것이니, 쟁기질을 깊이 하여야 농작물이 잘 된다. 淺種은 얕게 씨앗을 파종하는 것이니, 너무 깊지 않게 심어야 싹이 잘 나온다. 尙은 猶와 같으니, '오히려'이다. 有天災는 하늘의 재해가 있다는 뜻이니, 자연의 현상으로 인한 해를 지칭한다.

❂ 利己損人은 자신을 이롭게 하기 위하여 남을 손해나도록 해를 끼치는 것이니, 자신의 이익만을 추구하는 사람이다. 豈는 의문사로 '어찌', '어떻게'이다. 果報는 應報와 같으니, 豈無果報는 '어떻게 응당한 보답이 없겠는가.'이다.

 子曰 獲罪於天이면 無所禱也이니라.

※ 공자가 말씀하시기를,
"하늘에 죄를 얻으면 빌 곳이 없느니라." 하였다.

· 문장의 구조 ·

子曰 獲 │ 罪／於天이면

無／所禱也이니라.

가정형의 문장으로 조건절+결과절의 형태로 구성되었는데, 주어가 생략되어 있는 불완전한 문장이다. 문장의 한 부분만을 취택하였기 때문에 일어난 현상이다. 이치를 거스른 사람[逆理之人]은 하늘에게 죄를 얻게 되는 것이니, 그렇게 되면 빌 곳이 없다는 말이다.

· 풀 이 ·

1) 獲罪於天이면 無所禱也니라 : 하늘에 죄를 얻으면 빌 곳이 없느니라.

❂ 獲罪는 죄를 얻음이니, 서술어+목적어의 짜임으로 우리말 어순과 반대로 해석

하며 토씨는 '을'을 붙인다. 於는 장소나 대상을 나타내는 전치사로 여기서는 하늘인 대상을 가리키는 전치사로 쓰였고 토씨는 '~에'를 붙인다.

- 無所禱는 빌 곳이 없음이니, 서술어+보어의 짜임으로 所는 처소를 가리키는 전치사이다. 서술어+보어의 구성일 때 해석하는 방법은 우리말과 어순이 반대이며 토씨는 '~이'를 붙인다.

출 전

《논어(論語)》 八佾篇에, 王孫賈 問日 與其媚於奧론 寧媚於竈라하니 何謂也이닛고? 子日 不然하다 獲罪於天이면 無所禱也니라.

譯 《논어(論語)》 八佾篇에 왕손가(王孫賈)가 묻기를,

"'방의 서남 모퉁이의 신[奧]에게 아첨하기 보다는 차라리 부엌 신[竈]에게 아첨하는 것이 낫다.'하였는데, 무엇을 말하는 것입니까?" 하니, 공자가 말씀하기를, "그렇지 않다. 하늘에 죄를 얻으면 빌 곳이 없느니라." 하였다.

順命篇

03

천명편(天命篇)은 하늘의 입장에서 주관적인 의미에서 말을 하였고, 이
편은 천명을 따르는 인간의 입장에서 각기 인간에게 부여된 운명에 순
응하라는 것이니, 자연의 이치에 역행하여 인위적인 행위를 하지 말고
자연의 섭리에 순응하는 것을 말하였다.

子曰 死生이 有命이오 富貴在天이니라.

※ 공자가 말씀하시기를,
"죽고 사는 것은 명이 있고 부유하고 지위가 높게 됨은 하늘에 달려있느니라." 하였다.

문장의 구조

死↔生∥有／命이요
  ↕   ↕
富＝貴∥在／天이라.

주어+서술어+보어의 구성이 병렬되어 있는 구조이다. 주술보의 짜임은 '~은 ~이(에) ~하다'의 토씨가 붙는다.

풀 이

1) 死生有命이요 : 죽고 사는 것은 명이 있고
   ● 死生은 죽고 삶이니, 주어절에 속하고, 死와 生은 상대가 되는 반의어(反意語)이다. 生死는 타고난 수명에 따라 좌우되고 인력에 달려있지 않다고 말한 것이다. 有는 소유격에 쓰이는 술어로서 有와 無를 풀이할 때는 토씨를 '~이' 혹은 '~가'로 해석한다. 命은 천명을 가리킨다.

2) 富貴在天이라 : 부유하고 지위가 높게 됨은 하늘에 달려있다.
   ● 富貴는 부유하고 지위가 높음이다. 富는 재물이 풍부한 것이고 貴는 지위가 높은 것이니, 주어절에 속한다. 在는 장소와 선결 조건을 나타낼 때 쓰이는 술어이다. 天은 천리(天理)를 가리키니, 자연의 섭리를 따라야하고 조작적인 행위를 해서는 안된다는 것이다.

출 전

《논어(論語)》 顔淵篇에, 司馬牛 憂曰 人皆有兄弟어늘 我獨亡로다. 子夏曰 商聞之矣호니 死生有命이요 富貴在天이라. 君子 敬而無失하며 與人恭而有禮면 四海之內 皆兄弟也니 君子 何患乎無兄弟也리오

譯 《논어(論語)》 顔淵篇에 司馬牛가 근심을 하며 말하기를,
"사람들은 모두 형제가 있는데, 나만 홀로 없구나." 하니,

子夏가 말하기를,

"내가 들으니, '죽고 사는 것은 명(命)에 달려 있고 부유하고 지위가 높게 됨은 하늘에 달려있다.'하였으니, 君子가 공경하여 잘못함이 없고 사람들을 대할 때 공손하여 예(禮)가 있으면 온누리에 사는 사람이 모두 형제가 될 것이니, 군자가 어찌 형제가 없는 것을 근심하겠는가." 하였다.

② 名賢集云 耕牛無宿草이언마는 倉鼠有餘糧이라 萬事分已定이어늘 浮生空自忙이니라.

※ 《명현집(名賢集)》에 이르기를,
"밭을 가는 소는 묵은 풀이 없건마는 창고에 있는 쥐는 남는 양식이 있네. 모든 일은 분수가 이미 정하여져 있거늘 세상 사람들은 부질없이 스스로 바쁘다 하느니라." 하였다.

·문장의 구조·

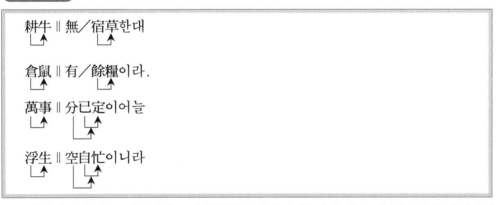

주어절과 서술절로 이루어진 포유복합문(包有複合文)이니, 萬事와 浮生이 주어절이며 分과 空은 모두 부사어이다. 已定과 自忙은 서술절이다.

· 풀 이 ·

1) 耕牛無宿草한대 : 밭을 가는 소는 묵은 풀이 없건마는
   ❂ 耕牛는 수식관계의 짜임이니, 밭이나 논을 가는 소이다. 無宿草는 서술어+보어의 구성이니, 밭을 갈아 흙을 뒤집기 때문에 농지에 묵은 풀이 없는 것이다. 소는 풀을 먹는 짐승이지만 인간을 위하여 농지를 갈기 때문에 자신이 먹을 풀을 갈아엎는다.

2) 倉鼠有餘糧이라 : 창고에 있는 쥐는 남는 양식이 있네.

　◎ 倉鼠는 수식관계의 짜임이니, 창고에서 살고 있는 쥐이다. 有餘糧은 서술어+보어의 구성이니, 창고에는 곡식이 많기 때문에 항상 소비를 일삼아도 남는 양식이 있는 것이다.

1) 萬事分已定 : 모든 일은 분수가 이미 정하여져 있거늘

　◎ 萬事는 모든 일이니, 수량을 한정할 수 없는 경우에 쓰이는 대수(大數)이다. 백화(百花)·만학(萬壑)·천강(千江) 등과 같은 것이다. 分은 분수(分殊)이니, 모든 물건은 생성되었을 부여받은 몫을 가리킨다. 已는 동사 앞에서 과거를 나타내는 전치사로 부사의 구실을 한다.

2) 浮生空自忙 : 세상 사람들은 부질없이 스스로 바쁘다 하느니라.

　◎ 浮生은 세상 사람들이니, 물위에 떠서 살고 있는 부평초(浮萍草)처럼 땅위에서 떠다니며 삶을 영위하는 인간들을 가리키는 말이다. 空은 부질없다는 뜻으로 쓰인 부사어이고, 自도 동사 앞에 쓰인 전치사로써 '저절로'라는 뜻을 갖는 부사어이다.

· 출　전 ·

남송(南宋) 때 작자(作者) 미상(未詳)의 《명현집(名賢集)》, 《명심보감》에는 기구(起句)와 승구(乘句)가 탈루되어 보충하였다.

3 景行錄云 禍不可倖免이오 福不可再求니라.

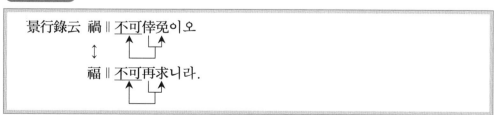

※《경행록(景行錄)》에 이르기를,
"화(禍)는 요행히 면할 수 없고 복(福)은 다시 구할 수 없느니라." 하였다.

·문장의 구조·

```
景行錄云 禍 ‖ 不可倖免이오
  ↕        ↑ ↑
    福 ‖ 不可再求니라.
         ↑ ↑
```

주어+서술어의 구조로 이루어진 부정형의 문장이다. 부정형의 문장에 사용되는 不可는 '할 수 없다', '옳지 않다', '해서는 안 된다'는 뜻으로 해석이 되는데, 그 때마다

문장에 알맞게 적용하여 해석해야 한다.

· 풀 이 ·

1) 禍不可倖免 : 화는 요행히 면할 수 없고
   ❀ 禍는 자신이 저지른 불선(不善)으로 인하여 받는 것이므로 요행으로 면할 수
   있는 대상이 아니라는 말이다. 不可는 '할 수 없다'로 해석한다.

2) 福不可再求 : 복은 다시 구할 수 없느니라.
   ❀ 福은 자신이 행한 선(善)으로 말미암아 오는 것이지만 놓아버리면 다시는 찾아
   오지 않으므로 취택하라는 뜻이다. 禍는 선택할 수 있는 대상이 아닌 필연이
   며 福은 자신이 선택해야하는 것임을 말하였다.

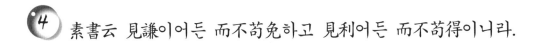

4 素書云 見謙이어든 而不苟免하고 見利어든 而不苟得이니라.

※《소서(素書)》에 이르기를,
"겸손할 일을 만났을 때는 구차하게 면하려 하지 말고 이익이 되는 일을
만났을 때는 구차하게 얻으려 하지 말 것이니라." 하였다.

· 문장의 구조 ·

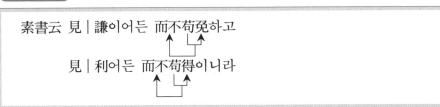

素書云 見 | 謙이어든 而不苟免하고

　　　　見 | 利어든 而不苟得이니라

而가 則의 의미로 쓰인 가정문이다.

· 풀 이 ·

1) 素書云 :《소서(素書)》에 이르기를,
   ❀ 素書 : 진(秦) 말엽(末葉)의 은사(隱士)이며 병법가(兵法家)인 황석공(黃石公)이
   저술한 책으로 일종의 병가서(兵家書)이다. 황석공은 장량(張良)에게 병서(兵書)
   를 전하여 주었는데, 장량이 이 병서를 읽고 한(漢) 고조(高祖)가 천하를 평정
   (平定)을 도왔다고 한다. 1권으로 모두 6장으로 되어있다. 후에 장상영(張商英)
   이 주(註)를 붙였다.

2) 見謙이어든 而不苟免하고 見利어든 而不苟得이니라 : 겸손할 일을 만났을 때는 구

차하게 면하려 하지 말고 이익이 되는 일을 만났을 때는 구차하게 얻으려 하지
말 것이니라.

❀ 見謙은 서술어+목적어의 구성으로 겸손할 일을 만났다. 而는 則의 뜻을 갖는
조사이므로 '~하는'의 토씨를 붙인다. 不苟免의 不은 금지사의 뜻이면 苟는 해
서는 안 되는 일을 억지로 하는 구차(苟且)의 뜻이니, 毋欲苟免과 같은 말이므
로 '구차하게 면하려 하지 말라'는 뜻이다. 見利는 이익이 되는 일을 만나다.
不苟得은 구차하게 얻으려 하지 말라.

5 曲禮曰 臨財에 毋苟得하고 臨難에 毋苟免이니라.

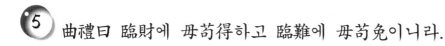

※ 〈曲禮〉에 말하기를,
"재물에 임해서는 구차하게 얻으려 하지 말고 위난(危難)에 임해서는 구
차하게 면하려 하지 말라." 하였다.

· 문장의 구조 ·

금지형의 문장이니, 금지사 毋는 가장 나중에 해석한다.

· 풀 이 ·

1) 曲禮曰 : 〈曲禮篇〉에 말하기를,

❀ 曲禮 : 《禮記》의 편명이다. 《禮記》는 《주례(周禮)》, 《의례(儀禮)》와 함께 삼
례(三禮)라 하니, 예법의 이론과 일상생활의 근본정신을 서술하였다. 《예기》는
곡례(曲禮)·단궁(檀弓)·왕제(王制)·월령(月令)·예운(禮運)·예기(禮器)·교특성
(郊特性)·명당위(明堂位)·학기(學記)·악기(樂記)·제법(祭法)·제의(祭儀)·관의
(冠儀)·혼의(婚儀)·향음주의(鄉飲酒儀)·사의(射儀) 등으로 편(篇)을 나누었으니,
사서(四書)의 하나인 《대학(大學)》 《중용(中庸)》도 예기의 한 편이다. 분서갱유
(焚書坑儒)가 일어난 뒤에 공자와 그 후학들이 지은 131편의 고서(古書)를 수집
하여 한 무제 때 하간(河間)과 선제 때 유향(劉向) 등이 214편으로 편집하였다.
이 때 후창(后蒼)의 문인 대덕(戴德)이 편집한 85편의 《대대예기(大戴禮記)》, 대

성(戴聖)이 편집한 49편의 《소대예기(小戴禮記)》가 있었다. 그러나 현재 전해진 《예기(禮記)》는 唐 때 《오경정의(五經正義)》를 편저하였을 때 대성이 엮은 《소대예기》를 채택하였는데, 《예기정의(禮記正義)》는 후한(後漢) 정현(鄭玄)의 주(注)와 당(唐) 공영달(孔穎達)의 소(疏)로 이루어졌다.

2) 臨財에 毋苟得하고 臨難에 毋苟免이니라.

◉ 臨財의 臨은 자신의 앞에 닥친 것을 뜻하니, 臨財之時와 같은 말로 '재물이 앞에 이르렀을 때'이다. 毋苟得은 구차하게 얻으려 하지 말라는 뜻이니, 이익을 보거든 의를 생각한다[見利思義]와 같은 의미이다. 臨難은 臨難之時와 같으니, 위난(危難)을 만났을 때이다. 毋苟免은 구차하게 위난한 지경에서 피하려 하지 말라는 것이니, 죽음으로 선도(善道)를 지킨다는 뜻이다.

· 출 전 ·

《예기(禮記)》曲禮篇上.

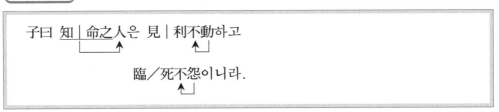

6 子曰 知命之人은 見利不動하고 臨死不怨이니라.

※ 공자가 말씀하시기를,
"천명을 아는 사람은 이익을 보아도 동요하지 않고 죽음에 임하여도 원망하지 않느니라." 하였다.

· 문장의 구조 ·

```
子曰 知 | 命之人은 見 | 利不動하고
    └──→↑      ↑┘

       臨／死不怨이니라.
         ↑┘
```

· 풀 이 ·

1) 知命之人은 見利不動하고 臨死不怨이니라 : 천명을 아는 사람은 이익을 보아도 동요하지 않고 죽음에 임하여도 원망하지 않느니라.

◉ 知命之人은 천명을 아는 사람이다. 見利는 서술어+목적어의 짜임이니, 이익을 보다. 不動은 마음이 동요되지 않는다. 臨死는 서술어+보어의 짜임이니, 죽음에 임하다. 不怨은 원망하지 않음이니, 후회하지 않음이다.

時來風送滕王閣이오 運退雷轟薦福碑라.

> ※ 때가 오면 바람이 등왕각(滕王閣)으로 보내줄 것이요, 운이 없으면 우레가 천복비 (薦福碑)에 떨어져 깨뜨리느니라.

· 문장의 구조 ·

```
時‖來 風‖送／滕王閣이오
 ↕    ↕    ↕    ↕
運‖退 雷‖轟／薦福碑라
```

7언 시 대구(對句)이다. 시에서 대구는 함련(頷聯)이나 경련(頸聯) 가운데 택하여 쓰는데 이 시(詩)의 전문(全文)은 알 수 없으나, 대략 운명론에 바탕을 둔 시인 듯하다. 철저하게 상대어로 이루어졌는데, 時와 運, 來와 退, 風과 雷, 送과 轟, 滕王閣과 薦福碑 등이 모두 그러하다.

· 풀 이 ·

1) **時來風送滕王閣 : 때가 오면 바람이 등왕각으로 보내줄 것이요**
   - 時는 다음 구절의 運과 합하면 시운(時運)이라는 말이 된다. 이 말을 나누어 사용한 것이므로 時와 運은 모두 같은 뜻이다.
   - 등왕각(滕王閣)은 강서성(江西省) 신건현(新建縣)의 장강문(章江門)에 있는데 당 (唐) 고조(高祖)의 아들 원영(元嬰)이 홍주자사(洪州刺史)로 있을 때 세웠는데, 이 때 등왕(滕王)에 봉해져 등왕각(滕王閣)이라 하였다.
   - 왕발(王勃)은 자(字)가 자안(子安)인데 어려서부터 특출하여 14세에 신동(神童) 으로 천거되어 조산랑(朝散郎)이 되었다. 함형(咸亨) 2년(서기672)에 홍주에 부임한 민백서(閔伯嶼)가 이곳에서 잔치를 베풀 때 그 사위에게 미리 「등왕각서문」을 짓게 하고 손님들에게 서문(序文)을 짓기를 청하니, 모두 사양하였다. 이 때 왕발이 뜻밖의 순풍을 만나 하룻밤에 7백리를 가서 이 연회에 참석하였는데, 마침 그 서문을 지으니, 민백서가 처음에는 노하였으나 글을 보고는 찬탄하여 마지않았다고 한다. 왕발은 양형(楊炯)·노조린(盧照隣)·낙빈왕(駱賓王)과 더불어 『초당사걸(初唐四傑)』이라고 칭송되었고 저서로 《왕자안집(王子安集)》 16권이 있다.
   이 글은 비록 글을 잘 짓는 왕발일지라도 순풍을 만나지 못했으면, 이 연회에 참석하지 못하여 이름을 크게 드러내지 못하였을 것이라고 비유한 말이다.

2) **運退雷轟薦福碑 : 운이 없으면 우레가 천복비에 떨어져 깨뜨리느니라.**

　❁　薦福碑는 강서성 천복사(薦福寺)에 있던 비석으로 이북해(李北海)가 문장을 지
었고 구양순(歐陽詢)이 글씨를 썼다. 당시에 구양순의 글씨는 탁본(拓本)도 한
장의 값이 천금(千金)이었다. 당시 범중엄(范仲淹)이 그 지방을 다스릴 때에 어
느 가난한 서생(書生)이 찾아와 가난을 하소연하였다. 범중엄이 천복사 비문의
탁본을 1 천 본을 떠서 팔아보라며 자본을 대 주었다. 서생이 탁본을 하려고
고생 끝에 천복사에 도착하니 날이 어두워서 다음날부터 탁본을 뜨려고 하였
는데, 하필 그날 밤 우레가 천복비에 떨어져 비석이 깨어지고 말았다.
계획을 세우고 진행한 일도 운이 나쁘면 우레가 천복비를 부서지게 하듯 어긋
나는 일이 있다는 말이다. 轟은 '흔들어 무너뜨리다'로 해석된다.

⑧ 列子曰　痴聾瘖啞도　家豪富요　智慧聰明도　却受貧이라　年
月日時　該載定하니　算來由命不由人이니라.

※ **열자(列子)가 말하기를,**
"어리석고 귀먹은 벙어리라도 집이 큰 부자일 수 있고 지혜롭고 총명한
사람도 도리어 가난을 받을 수 있느니라. <운명은> 년(年)·월(月)·일
(日)·시(時)가 모두 처음부터 정하여 있으니 <빈부(貧富)는>계산해 보면
운명에 말미암고 사람으로 말미암지 않느니라." 하였다.

⟨ **문장의 구조** ⟩

```
列子曰 痴聾瘖啞 ‖ 家豪富요
        └─↑      └─↑

    智慧聰明 ‖ 却受貧이라
            └─↑

    年月日時 ‖ 該載定하니
            └─↑

    算來 ‖ 由命不由人이니라.
    ↑└─  ↑└─
```

　칠언 절구 시(詩)의 형식을 차용한 문장으로 운(韻)은 貧과 人이다. 칠언(七言) 사구
(四句)로 이루어진 것을 칠언 절구라고 하는데 운자(韻字)는 2구와 4구 마지막에 반드
시 붙이고 1구에는 붙일 때도 있고 붙이지 않을 때도 있다. 평기식(平起式)일 경우에
제 1행의 둘째 글자는 반드시 평성으로 맞추어야 한다.

칠언절구 : ○○●●●○◎(운(韻)을 붙이기도 하고 빼기도 함)
　　　　　 ●●○○●●◎
　　　　　 ●●○○○●●
　　　　　 ○○●●●○◎

(○평성(平聲), ●측성(仄聲 : 상성(上聲)·거성(去聲)·입성(入聲)), ◎운자(韻字))

· 풀 이 ·

1) 列子曰 : 열자(列子)가 말하기를,
　❂ 열자(列子) : 중국 전국시대(戰國時代)의 사상가(思想家)로서 성은 열(列), 이름은 어구(禦寇)이다. 《열자(列子)》는 그가 저술한 것이라고 전해지는데, 《한서(漢書)》 '예문지(藝文志)'에는 《열자》 8편이라고 하였으나 일찍 없어졌다. 지금 전해지는 책은 사상(思想)과 언어(言語)를 미루어 보아 진(晉) 때의 저술로 추측이 되는데 민간의 고사(故事)·우언(寓言)·신화(神話)·전설(傳說) 등을 기재하였다. 당(唐) 천보(天寶) 원년(元年 : 서기742)에 《열자》는 《충허진경(沖虛眞經)》으로 존중되었으며 도교(道敎) 경전(經典)의 하나가 되었고 진(晉) 나라 장담(張湛)이 주석을 붙였다.

2) 痴聾痼瘂도 家豪富요 : 어리석고 귀먹은 벙어리라도 집이 큰 부자일 수 있고
　❂ 어리석은 사람[痴]·귀먹은 사람[聾]·벙어리[痼瘂]는 모두 장애자이므로 대부분 가난하게 살고 있지만 간혹 크게 잘 살 수도 있다는 말이다. 豪는 크다는 뜻이니, 《산해경(山海經)》에, "죽산(竹山)에 돼지처럼 생긴 짐승이 있는데 하얀 털이 비녀를 꽂은 듯이 크고 끝이 검은데, 「호체(豪彘)」라고 한다."에서 유래되어 크고 빼어난 것[俊英]을 가리킨다. 일본(一本)에는 음아(瘖瘂)가 고아(痼瘂)로 되어있다.

3) 智慧聰明도 却受貧이라 : 지혜롭고 총명한 사람도 도리어 가난을 받을 수 있느니라.
　❂ 智는 《석명(釋名)》에, "모르는 것이 없는 것이다[無所不知]."하였고 《맹자(孟子)》에는 "옳고 그름을 판단하는 마음[是非之心]"이라 하였다. 慧는 《설문(說文)》에, "영리함이다.[儇]"하였으니 智慧는 옳고 그름을 잘 판단하는 영리한 사람이다. 聰은 분명하게 듣는 것이며 明은 분명하게 보는 것이니, 《사기(史記)》 상군전(商君傳)에, "돌이켜서 귀를 기울려 듣는 것을 총(聰)이라 하고 내면을 주의 깊게 보는 것을 명(明)이라 한다.[反聽之謂聰 內視之謂明]" 하였다. 却은 부사어로 '도리어'라는 뜻이다. 총명한 사람과 지혜로운 사람은 의례 잘 살지만 간혹 가난하게 사는 사람도 있다. 痴聾痼瘂와 智慧聰明은 대구(對句)이므로 네 부류의 사람으로 나누어 해석한다.

4) 年月日時 該載定하니 : 년(年)·월(月)·일(日)·시(時)가 모두 처음부터 정하여 있으니

❂ 년(年)·월(月)·일(日)·시(時)는 태어날 때 부여받는 사주(四柱)로 볼 수 있고 또 정해져 있는 시간을 가리키는 말이다. 該載定은 모두 처음부터 정하여 있음이니, 載는 처음[始]이라는 뜻으로 《시경(詩經)》 豳風에, "봄볕이 비로소 따뜻하네.[春日載陽]"이라 하였다. 사주(四柱)나 모든 일이 모두 처음부터 정해진 운명이 있다는 말이다.

5) 算來由命不由人이니라 : 계산해 보면 운명에 말미암고 사람으로 말미암지 않느니라.

❂ 來는 어조사로 쓰인 말이다. 부귀(富貴)와 빈천(貧賤)은 운명에 따라 정해져 오는 것이지 사람의 미추(美醜)·현우(賢愚)에 관계하지 않는다는 말이다.

────────
· 출 전 ·

열자(列子)가 한 말이라고 하나 현존하는 《열자(列子)》에는 보이지 않는다.

孝 行 篇

04

유학의 덕목은 효(孝)에서 출발한다. 이 장의 첫머리는 《시경(詩經)》 소아(小雅)에 있는 육아장(蓼莪章)의 문장을 단장(斷章)하고 취의(取義)하여 효의 중요성을 나타내고 《효경(孝經)》과 《논어(論語)》 등에 실린 효도에 관한 문장을 취합하여 인간으로서 효도를 해야 하는 당위성을 나타내었다.

詩曰 父兮生我하시고 母兮鞠我하시니 哀哀父母여 生我劬
勞삿다 欲報深恩인대 昊天罔極이로다.

※ 《시경(詩經)》에 말하기를,
"아버지는 나를 낳게 하시고 어머니는 나를 기르셨으니, 애닲고 애닲도다!
부모님이시여! 나를 기르시느라 힘쓰고 수고하시었다. 깊은 은혜를 갚으려
하는데 넓은 하늘처럼 끝이 없도다." 하였다.

• 문장의 구조 •

詩曰 父兮生 | 我하시고
      └↑

  母兮鞠 | 我하시니
      └↑

哀哀父＝母여　生 | 我劬＝勞삿다

欲報 | 深恩인대
└───↑

昊天罔／極이로다
└↑

《시경(詩經)》의 문장을 저자가 절장(截章)하여 만들었는데, 3단락으로 나누어 볼 수
있다. 제 1단락은 주어+서술어+목적어의 짜임이며 제 2단락은 哀哀父母가 주어절이 되
고 生我劬勞는 서술어+목적어 확장 구조의 형태를 띠고 있고 제 3단락은 술목과 술보로
구성되어 있다.

• 풀 이 •

1) 詩曰 : 《시경(詩經)》에 말하기를,
　❀　《시경(詩經)》 : 황하(黃河) 중류 중원(中原) 지방의 시로서 시대적으로는 주초
　　　(周初)부터 춘추(春秋) 초기까지의 것 305편을 수록하고 있다. 본디 3,000여 편
　　　이었던 것을 공자(孔子)가 산정(刪定)했다고 한다. 국풍(國風)·소아(小雅)·대
　　　아(大雅)·송(頌)의 4부로 구성되었으며, 국풍은 여러 나라의 민요, 아(雅)는 공
　　　식 연회에서 쓰는 의식가(儀式歌), 송은 종묘의 제사에서 쓰는 악시(樂詩)이다.
　　　그 내용을 살펴보면 상고인(上古人)의 부유한 생활을 구가하는 시, 현실의 정
　　　치를 풍자하고 학정을 원망하는 시들이 많은데 내용이 풍부하고, 문학사적 평

가도 높으며 상고의 사료(史料)로서도 귀중하다. 원래는 사가소전(四家所傳)이 있었으나 모형(毛亨)이 전을 붙인 《모전(毛傳)》 속에 한(漢) 나라 정현(鄭玄)이 주해를 포함시켜서 《모시(毛詩)》 라고도 불렀다. 당(唐) 나라 태종(太宗)이 《오경정의(五經正義)》 의 하나로 지정하여 경전이 되었다.

《시경(詩經)》 은 육의(六義)가 있는데 내용별로 분류하면 각 지방의 속악(俗樂)을 채록한 풍(風), 궁중에서 향연(饗宴)이 있을 때 연주하는 아(雅), 제례(祭禮)나 의례(儀禮)에서 조상의 덕을 찬미하는 송(頌)이 있으며, 형식별로는 있는 그대로 사실적으로 기술하는 부(賦), 다른 물건 비유를 붙여서 기술하는 비(比), 어떠한 일에 감흥을 붙여서 말하려고 하는 내용을 찬술하는 흥(興)이 있다.

2) 父兮生我하시고 母兮鞠我하시니 : 아버지는 나를 낳게 하시고 어머니는 나를 기르셨으니,

● 주어절에 兮를 써서 절주(節奏)를 넣었는데, 兮는 대부분 감탄 조사로 쓰이나, 이 장에서는 문장을 연결하며 강조하는 의미로 썼다. 주어+서술어+목적어로 이루어진 구성이므로 '~은 ~를 ~하다'로 토씨를 붙이고 서술어+목적어의 부분은 우리말과 어순이 반대로 된다. 生我는 '나를 낳게 하다'로 해석하는데, 아버지가 낳은 것이 아니고 정기(精氣)를 주었기 때문이다. 鞠我는 '나를 기르다'이니, 어머니가 정혈(精血)로 나를 잉태하고 양육하였기 때문이다.

3) 哀哀父母여 生我劬勞샷다 : 애닯고 애닯도다! 부모님이시여! 나를 기르시느라 힘쓰고 수고하시었다.

● 哀哀는 같은 글자를 써서 강조한 것이니, 鄭玄의 箋에 "哀哀는 부모를 봉양하여 낳아주고 길러주신 수고에 대한 보답을 마치지 못해 한스러워 함이다[哀哀者 恨不得終養父母 報其生長之苦]"하였으니, '애닯고 애닯도다'로 해석하는 것이 타당할 듯하다.

● 生我의 生은 생장(生長)을 가리키니, 길러준 것을 말한다. 劬勞는 매우 수고로운 것을 강조한 말이니, '나를 기르시느라 몹시도 수고하셨네.'라고 해석해도 무방하다.

4) 欲報深恩인대 昊天罔極이로다 : 깊은 은혜를 갚으려 하는데 넓은 하늘처럼 끝이 없도다.

● 欲은 '하려고 하다' 혹은 '바라다'는 뜻으로 쓰는 期願之辭이다. 欲報深恩은 《시경(詩經)》 蓼莪篇에는 欲報之德으로 되어 있다. 대명사 之를 深으로 바꾸어 수식어로 만들었고 德을 恩으로 바꾸었는데, 恩과 德은 내포하고 있는 뜻이 유사하다.

● 昊天은 蒼天과 같은 말이니, 드넓고 푸른 하늘을 가리킨다. 罔은 없음[無]이며

極은 다함[窮]이니, 罔極은 無窮과 같은 말로 '다함이 없다'는 뜻이다.

· 출 전 ·

《시경(詩經)》 小雅 蓼莪篇에

蓼蓼者莪러니 匪莪伊蒿로다
哀哀父母여 生我劬勞삿다
크고 맛좋은 새발쑥으로 여겼더니 새발쑥이 아니라 맛없는 제비쑥이로다
애닯고도 애달퍼라 우리 부모여 나를 기르시느라 몹시도 수고하셨도다

蓼蓼者莪러니 匪莪伊蔚로다
哀哀父母여 生我勞瘁삿다
크고 맛좋은 새발쑥으로 여겼더니 새발쑥이 아니라 맛없는 제비쑥이로다
애닯고도 애달퍼라 우리 부모여 나를 기르시느라 수고롭고 병이 드셨도다

缾之罄矣여 維罍之恥로다
鮮民之生이여 不如死之久矣로다
無父何怙며 無母何恃오
出則銜恤이요 入則靡至호라
작은 병의 술이 떨어지면 큰 병 술통에게 수치가 되네
곤궁한 백성의 삶이여 죽는 것만 못한 지 오래되었도다
아버지가 없으면 누구를 믿으며 어머니가 없으면 누구를 믿을까
나가도 근심을 머금고 있고 들어오면 마음이 이를 곳이 없노라

父兮生我하시고 母兮鞠我하시니
拊我畜我하시며 長我育我하시며
顧我復我하시며 出入腹我하시니
欲報之德인댄 昊天罔極이삿다
아버지는 나를 낳게 하시고 어머니는 나를 길러 주시니
나를 어루만지고 길러주시며 나를 자라게 하고 키워주시며
나를 돌아보고 다시 돌아보시며 출입할 때도 나를 품에 두시니
크나큰 그 은덕을 갚으려고 해도 넓은 하늘처럼 끝이 없도다

❷ 子曰 身體髮膚는 受之父母하니 不敢毀傷이 孝之始也요.
立身行道하여 揚名於後世하여 以顯父母가 孝之終也니라.

> ※ 공자가 말씀하시기를,
> "신체와 터럭과 살갗 등은 부모에게 받은 것이니 감히 다치거나 상하게
> 하지 않는 것이 효도의 시작이고, 입신(立身)하고 도를 실천하여 후세에
> 이름을 날려서 부모를 드러나게 하는 것이 효도의 마침이니라." 하였다.

◦문장의 구조◦

子曰 身體髮膚∥는 受之父母하니 不敢毀傷이 孝之始也요.

立│身行│道하여 揚│名於／後世하여 以顯│父母가 孝之終也니라

효도의 시작부터 마침에 이르는 설명을 다한 것이다.

◦ 풀 이 ◦

1) **身體髮膚는 受之父母하니 不敢毀傷이 孝之始也요.** : 신체와 터럭과 살갗 등은 부
   모에게 받은 것이니 감히 다치거나 상하게 하지 않는 것이 효도의 시작이고,
   ✿ 身體髮膚는 자신의 신체와 터럭과 살갗 등을 가리킨다. 효도는 자신의 몸을
   지키는[守身] 것을 크게 여기니, 몸은 어버이의 일부분이다. 크게 보면 신체가
   되고 작게 말하면 모발과 살갗 등이다. 受之父母는 受之於父母와 같은 말이니
   부모에게서 받은 몸을 뜻한다. 不敢毀傷은 감히 다치거나[毀] 아파서 몸을 상
   하게 하지[傷] 않는 것이다. 孝之始는 효도의 시작이니, 효도는 자신으로부터
   시작됨이다.

2) **立身行道하여 揚名於後世하여 以顯父母가 孝之終也니라** : 입신(立身)하고 도를 실
   천하여 후세에 이름을 날려서 부모를 드러나게 하는 것이 효도의 마침이니라.
   ✿ 立身은 학문을 닦고 심신을 수양하여 자신을 지키는 경지 이른 것을 가리킨
   다. 行道는 도를 실천함이다. 揚名於後世는 후세에 자신의 이름을 드날림이다.
   以顯父母는 이름을 드날림으로 해서[以] 그 부모를 드러나게 하는 것이다. 孝
   之終은 효도의 마침이다.

· 출 전 ·

《효경(孝經)》經 1章

3 子曰 孝子之事親也에 居則致其敬하고 養則致其樂하고 病
則致其憂하고 喪則致其哀하고 祭則致其嚴이니라.

> ※ 공자가 말씀하시기를,
> "효자가 어버이를 섬길 때에 평소에는 자신의 공경하는 마음을 다하고, 봉
> 양할 때는 자신의 즐겁게 섬기는 몸가짐을 다하고, 병이 들었을 때는 자
> 신의 근심하는 마음을 다하고, 돌아가셨을 때는 자신의 슬퍼하는 마음을
> 다하고, 제사지낼 때는 자신의 엄숙함을 다하여야 하느니라." 하였다.

문장의 구조

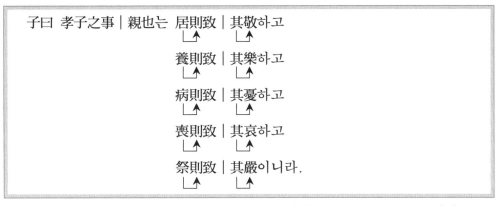

孝子之의 之는 주격 조사로 토씨는 '~가'를 붙인다. 구성은 주종(主從) 복합문으로 이루어진 가정형의 문장이다. 가정형의 문장에 있는 則은 '~면', 혹은 '~은'의 토씨를 붙인다. 이 장에서 가리키는 것은 효자가 마음가짐을 때에 따라 갖는 데에 근본을 두고[敬, 樂, 憂, 哀, 嚴], 그에 맞게 실천할 것을 나타낸다.

풀 이

1) **孝子之事親也 : 효자가 어버이를 섬길 때에**

❂ 事親은 어버이를 섬김이니, 서술어+목적어의 관계로 해석하는 순서는 우리말
과 반대로 되며 토씨는 '~을 ~하다'로 붙인다. 也는 이 글의 전거(典據)가 되
는 《효경(孝經)》에는 없는데, 강조하는 의미와 쉬어가는 어감을 나타내기 위

한 어조사이다.

2) 居則致其敬 : 평소에는 자신의 공경하는 마음을 다하고

- ◉ 居는 평상시 한가하여 일이 없는 때[平居暇日無事之時]이다. 이것은 어려서 부
  모님에게 양육을 받을 때를 가리킨다. 致는 극진한 곳에 이르게 하는 것이니,
  '다하다.'이다. 其는 효자를 가리키는 지시대명사이다. 敬은 항상 공경하는 마
  음을 갖고 태만하거나 소홀하지 않는 것이다. 이 장에서 하는 행위는 모두 경
  (敬)을 근원으로 삼는다.

3) 養則致其樂 : 봉양할 때는 자신의 즐겁게 섬기는 몸가짐을 다하고

- ◉ 養은 자식이 장성하여 부모를 모실 때를 가리킨다. 樂은 자식이 봉양하는 마
  음을 즐겁게 가지고 부드러운 모습을 지니어서[愉色婉容] 어버이가 흡족하게
  여기도록 하는 [悅親之志] 몸가짐이다.

4) 病則致其憂 : 병이 들었을 때는 자신의 근심하는 마음을 다하고

- ◉ 病은 부모님께서 병이 든 것이니, 효자는 이를 근심하는 마음을 항상 가져야
  한다. 憂는 우려(憂慮)와 같은 말이니 患과는 다른 의미를 갖는다. 병환이 있
  는 동안은 항상 마음에 근심이 쌓여 편하게 거처할 겨를이 없는 것이다.

5) 喪則致其哀 : 돌아가셨을 때는 자신의 슬퍼하는 마음을 다하고

- ◉ 喪은 부모가 돌아가시어 그 상복을 입고 상주(喪主)의 도리를 다하는 때이다.
  哀는 지난날에 부모님이 자신에게 베풀어준 은혜를 돌아보며 간절하게 애통해
  하는 마음을 갖는 것이다.

6) 祭則致其嚴 : 제사지낼 때는 자신의 엄숙함을 다하여야 하느니라.

- ◉ 祭는 어버이가 돌아가시어 제사를 지내는 때이다. 嚴은 정결하게 제물을 장만
  한 뒤에 바르고 공경하는[肅敬] 마음으로 제사를 봉행하는 것이다.

· 출 전 ·

《효경(孝經)》傳 七章

4 子曰 父母在어시든 不遠遊하며 遊必有方이니라.

> ※ 공자가 말씀하시기를,
> "부모님이 생존하여 계시거든 멀리 유(遊)하지 말 것이며, 유(遊)할 때에
> 는 반드시 방소(方所)가 있을 것이니라." 하였다.

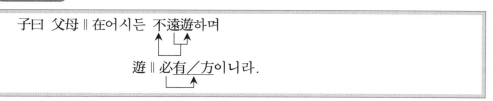

문장의 구조

> 子曰 父母‖在어시든 不遠遊하며
>
> 遊‖必有／方이니라.

가정형의 문장으로 부모님이 살아계셨을 때, 자식은 항상 부모의 마음을 자신의 마음으로 삼고서 먼 곳으로 떠나지 말 것이며 부득이 떠날 때는 일정한 소재를 알려야 함을 가리킨다.

풀 이

1) 父母在어시든 不遠遊하며 : 부모님이 생존하여 계시거든 멀리 유(遊)하지 말 것이며

❂ 在는 在世를 말하니, 부모님이 살아계신 것을 말한다. 遊는 여러 가지 경우가 이에 해당하니, 대체로 자기가 살던 고장을 떠날 경우에 遊를 쓴다. 다른 나라에 가서 벼슬을 하면 '유사(遊仕)'라 하고, 여행을 떠나거나 놀러 가면 '유람(遊覽)'이라 하고, 공부를 하러 떠나면 '유학(遊學)'이라 하는데, 이러한 경우가 모두 遊에 해당된다. 不遠遊는 되도록 멀리 遊하지 않는 것으로, 부모님이 살았을 경우에 평상적으로 지켜야 하는 것이니, 상도(常道)이다. 不은 勿과 같은 금지사로 쓰였다.

2) 遊必有方이니라 : 유(遊)할 때에는 반드시 방소(方所)가 있을 것이니라.

❂ 불가피하게 유(遊)를 할 경우에는 반드시 현재 자신이 있는 곳을 부모님이 알고 있도록 해야 된다. 方은 方所이니 일정한 장소를 가리킨다. 떠날 때에 동쪽으로 간다고 말하였으면 임의로 서쪽으로 방향을 바꾸지 않는 것이다. 遊必有方은 불가피하게 어버이 곁을 떠날 때이니, 권도(權道)이다.

출 전

《논어(論語)》里仁篇

 子曰 父母之年을 不可不知也니 一則以喜하고 一則以懼니라.

※ 공자가 말씀하시기를,
"부모님의 연세(年歲)를 기억하지 않아서는 안 되니, 한편으로는 장수(長壽)하였기 때문에 기뻐하고 한편으로는 기력이 노쇠(老衰)하였기 때문에 두려워하느니라." 하였다.

·문장의 구조·

子曰 父母之年을 不可不知也니

一則以喜하고 一則以懼니라

제 1구는 목적어+서술어의 구성이다. 則은 '~하는'에 해당하는 조사이다.

· 풀 이 ·

1) 父母之年을 不可不知也니 一則以喜하고 一則以懼니라 : 부모님의 연세(年歲)를 기억하지 않아서는 안되니, 한편으로는 장수(長壽)하였기 때문에 기뻐하고 한편으로는 기력이 노쇠(老衰)하였기 때문에 두려워하느니라.

❀ 父母之年의 年은 나이를 가리키니, 부모님의 연세이다. 不可不은 '아니할 수 없다'는 뜻을 갖는 숙어(熟語)이다. 知는 기억한다는 뜻이니, 不可不知는 생각을 항상 이곳에 두어 잊지 않는 것이다. 一則은 '한편으로는'이다. 以喜는 그 때문에 기뻐한다는 것이니, 부모님이 장수하는 것을 기뻐하는 것이다. 以懼는 그 때문에 두려워한다는 것이니, 부모님의 기력이 노쇠한 것을 두려워하는 것이다.

· 출 전 ·

《논어(論語)》 里仁篇

6 子曰 父在에 觀其志하고 父沒에 觀其行이니, 三年을 無改於父之道라야 可謂孝矣니라.

※ 공자가 말씀하시기를,
"부모님이 살아계실 때는 자식의 뜻을 살펴보고 부모님이 돌아갔을 때는 자식의 행실을 살펴 볼 것이니, 삼년동안 부모의 일을 고치는 것이 없어야 효도라고 말할 수 있느니라." 하였다.

· 문장의 구조 ·

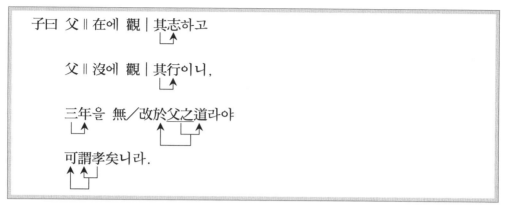

於는 처소격으로 쓰인 조사이니, '~에 대하여'의 뜻이다.

· 풀 이 ·

1) 父在에 觀其志하고 父沒에 觀其行이니, 三年을 無改於父之道라야 可謂孝矣니라. :
   부모님이 살아계실 때는 자식의 뜻을 살펴보고 부모님이 돌아갔을 때는 자식의
   행실을 살펴 볼 것이니, 삼년동안 부모의 일을 고치는 것이 없어야 효도라고 말
   할 수 있느니라.

   ● 父在는 父在世時이니, 부모님이 살아계실 때이다. 觀은 자세하게 살펴보다. 其
   志는 자식의 뜻을 가리킨다. 父沒은 부모님이 돌아가셨을 때이다. 觀其行은 자
   식의 행실을 살펴보는 것이다.

   ● 三年은 부모님의 상복을 입는 기간이다. 無改는 서술어+보어의 짜임이니, 고침이
   없다. 於父之道는 '부모님이 생전에 하시던 일에 대하여'라는 뜻이니, 부모님이
   하던 일이므로 높여서 道라고 한 것이다. 可謂孝矣는 효도라고 말 할 수 있다.

· 출 전 ·

《논어(論語)》 學而篇

7 子曰 父命召어시든 唯而不諾하고 食在口則吐之니라.

※ 공자가 말씀하시기를,
"부모님이 명하여 부르시면 빨리 대답하되 느리게 대답하지 말고 음식이
입 안에 있거든 뱉을 것이니라." 하였다.

·**문장의 구조**·

子曰 父 ‖ 命召어시든 唯而 不諾하고

食 ‖ 在/口則吐之니라.

가정형의 문장으로 부모님이 말씀을 하였을 때, 자식이 대답을 하고 움직이는 태도에 관하여 설명한 것이다.

·**풀 이**·

1) 子曰
　❀ 《예기(禮記)》 玉藻篇에 있는 글로써 공자가 말하였다는 근거가 없다. 《소학(小學)》 明倫篇에서도 이 글을 인용하면서 '禮記曰'이라 하였고, 공자가 이 말을 하였다고 하지 않았으므로 이 말을 공자의 말이라고 단정할 수는 없을 듯하다.

2) 父命召 : 부모님이 명하여 부르시면
　❀ 父는 아버지 속에 어머니를 내포하고 있으므로 '부모'라고 해석하는 것이 더 타당하다. 命은 세 가지의 경우가 해당이 되니, 명령을 내리는 것[命令]과 가르침을 내리는 경우[敎命]와 말씀을 하실 때[告命]를 모두 가리킨다. 召는 呼와 같으니 불러서 오게 하는 것이다.

3) 唯而不諾 : 빨리 대답하되 느리게 대답하지 말고
　❀ 唯는 공손하게 빨리 대답하는 것이며 諾은 홀만(忽慢)하며 느리게 대답하는 것이다. 그리고 필자가 《논어(論語)》 전편(全篇)에 있는 唯와 諾의 용례(用例)를 고찰하니, 스승이나 존장에게 대답하는 경우에는 唯를 썼고 벗이나 아랫사람에게는 諾을 사용하였다. 이를 미루어 볼 때 唯는 공대(恭對)하는 것이며 諾은 평대(平對)하는 것이다. 이 장은 넓게 보면 대답의 지속과 말의 공대 여부도 포함하고 있다고 본다. 而의 위에 술어가 있고 부정사가 而 아래에 있으면 역접(逆接)이 되어 '~이나' 또는 '이로되'의 토씨를 붙인다. 不은 毋와 같은 뜻이니, 금지사(禁止詞)이다.

4) 食在口則吐之 : 음식이 입 안에 있거든 뱉을 것이니라.
　❀ 食은 먹은 것을 통칭하므로 음식이라고 해석하는 것이 좋다. 원래 《예기(禮記)》에는 "손에 일을 잡고 있으면 던져 놓고[手執業則投之]라는 구절이 있는데, 이 경우에 手는 食의 대구가 되므로 명사로 해석해야 한다. 在口는 在於口와 같은 말이니, '입안에 있다'라고 해석한다. 則은 가정형의 문장에 쓰이는

조사로 '~하면', '~은'이라고 토씨를 붙인다. 吐之의 之는 음식물을 가리키는 지시 대명사로 볼 수도 있고 동사 보조어로 볼 수도 있다.

출 전

《예기(禮記)》玉藻篇에, 父 命呼어시든 唯而不諾하며 手執業則投之하고 食在口則吐之하되 走而不趨니라.

譯 《예기(禮記)》玉藻篇에 이르기를,

"부모님이 명하여 부르시거든 빨리 대답하되 느리게 대답하지 말며 손에 일을 잡고 있으면 던져 놓고 음식이 입 안에 있으면 뱉어 내고 달려가되 종종 걸음으로 가지 말 것이니라." 하였다.

⑧ 太公曰 孝於親이면 子亦孝之하나니 身旣不孝면 子何孝焉이리오.

※ 태공이 말하기를,

"어버이에게 효도하면 자식도 나에게 효도하나니, 자신이 이미 효도하지 않았다면 자식이 어찌 효도하리오!" 하였다.

문장의 구조

太公曰 孝／於親이면 子∥亦孝／之하나니

身∥旣不孝면 子∥何孝焉이리오.

가정형의 문장으로 원인이 있으면 그에 상응하는 결과가 뒤따른다는 말이다. 문장의 구조는 주어+서술어+보어의 형식으로 구성되어 있다. 孝於親의 앞에 자신을 가리키는 身이 생략되었으며 身旣不孝와 함께 종속절(從屬節)이 되고 子亦孝之와 子何孝焉도 구조는 주술보의 형식이며 주절(主節)이 된다.

풀 이

1) **孝於親이면 子亦孝之하나니** : 어버이에게 효도하면 자식도 나에게 효도하나니
   ❂ 於는 '~에게', '~보다', '~을', '~에서' 등에 쓰이듯이 처소격이나 비교격에 사용되는 조사(助詞)이다. (身)孝於親이라고 문장이 구성되어야 하는데, 身이 생략되

어 있다. 子는 자녀(子女)를 나타내는 표현이니, 부모를 나타낼 때 '父'를 쓰는
것과 같다. 亦은 우리말의 '도'에 해당하는 조사이다. 之는 지시 대명사로 보면
'나에게 효도하다'로 해석하고, 조동사로 보면 '효도하게 되다'로 해석한다.

2) **身旣不孝면 子何孝焉이리오** : 자신이 이미 효도하지 않았다면 자식이 어찌 효도하
리오!
- ❂ 旣는 과거를 나타내는 시제(時際)이다. 焉을 어미종결사로 쓰였을 때는 그 속
에 지시대명사가 함축되어 있으니, '於之' 혹은 '之'가 포함되어 있는 것이다.
焉은 완곡하게 대명사를 가리키면서 완결을 나타내는 조사이다.

⑨ 孝順은 還生孝順子요 忤逆은 還生忤逆兒하나니 不信커든
但看簷頭水하라 點點滴滴不差移니라.

> ※ 효도하고 순종하는 사람은 또 효도하고 순종하는 자식을 낳을 것이요. 거스르고
> 거역하는 사람은 또 거스르고 거역하는 자식을 낳을 것이니, 믿지 못하겠거든 다
> 만 처마에서 떨어지는 물을 보라. 점점이 물방울 지며 떨어지는 것이 어기어 옮기
> 지 않느니라.

· 문장의 구조 ·

```
孝順은 ‖ 還生 | 孝順子요    忤逆은 ‖ 還生 | 忤逆兒하나니
           └──┘                      └──┘

不信커든 但看 | 簷頭水하라 點點滴滴不差移니라
 └┘          └──┘        └──┘
```

7언 절구의 형식으로 구성된 문장으로 기구(起句)와 승구(乘句)는 주어+서술어+목적
어로 구성되어 있으며, 원인이 있으면 그에 따른 결과가 있다고 전제하였다. 전구(轉
句)와 결구(結句)는 앞 구절의 결과를 증명하는 구절이다.

· 풀 이 ·

1) **孝順은 還生孝順子요** : 효도하고 순종하는 사람은 또 효도하고 순종하는 자식을
낳을 것이요.
- ❂ 孝順은 孝順之人과 같으니, 효도하고 순종하는 사람인데, 자신[身]이라는 말이
생략되어 있다. 孝는 부모에게 효도하는 마음이며, 順은 부모의 말씀을 잘 따
르는 행동을 말한다. 還은 부사로 사용될 때 '또', '다시', '아직'이라는 뜻으로

쓰이는데, 이 장에서는 '또'의 의미로 쓰였다. 孝順子는 所孝順之子와 같으니, 효도하고 순종하는 자식이다. 所와 之가 연결되면 '~한' 또는 '~는'의 토씨가 붙는다.

2) 忤逆은 還生忤逆兒하나니 : 거스르고 거역하는 사람은 또 거스르고 거역하는 자식을 낳을 것이니,

- ❂ 忤逆은 孝順과 상대(相對)되는 말이니, 역시 자신[身]이라는 말이 생략되어 있다. 忤는 부모의 뜻을 거스르는 마음이며, 逆은 부모의 말씀을 거역하는 행동을 가리킨다. 兒는 子와 같은 뜻으로 쓰였는데, 일본(一本)에는 아예 子로 되어 있다.

3) 不信커든 但看簷頭水하라. : 다만 처마에서 떨어지는 물을 보라.

- ❂ 기구(起句)와 승구(乘句)에서 말한 것을 증명하는 구절이다. 不은 동사부정에 쓰이는 부정사이다. 但은 한정형(限定形)에 쓰이는 부사이니, 대체로 '只', '惟'가 문장의 머리에 오면 말미에 '而已', '耳'가 따르는데, 둘 가운데 하나가 생략되기도 한다. 簷頭는 처마를 말하니, 看簷頭水를 문법에 맞게 쓴다면 看簷頭之水와 같이 되므로 '처마에서 떨어지는 물을 보다'로 해석한다. 이처럼 頭가 명사 뒤에 붙어서 명사를 구체적으로 드러낼 때나 일부를 가리키기 위하여 쓰니, 염두(念頭)·가두(街頭)·화두(話頭) 등과 같은 용례가 많다.

4) 點點滴滴不差移니라. : 점점이 물방울 지며 떨어지는 것이 어기어 옮기지 않느니라.

- ❂ 點點과 滴滴은 형용사이니, 點點은 처마 끝에서 땅까지 떨어지는 동안의 낙숫물의 모양을 표현하였고 滴滴은 땅위에 물방울이 방울져 튀어 오르는 모습을 표현한 말이다. 不差移는 어기어 옮기지 않음이니, 앞에 떨어졌던 그 자리에 낙숫물이 옮기면서 떨어지지 않는다는 것을 말함이니, 인과(因果)에 따른 응보(應報)가 있음을 나타내었다.

ㆍ 출 전 ㆍ

《증광현문增廣賢文》에, 孝順은 還生孝順子요 忤逆은 還生忤逆兒하나니 不信커든 但看簷前水하라 點點滴在舊窩池니라.

譯 《증광현문增廣賢文》에,

"효도하고 순종하는 사람은 또 효도하고 순종하는 자식을 낳을 것이요. 거스르고 거역하는 사람은 또 거스르고 거역하는 자식을 낳을 것이니, 믿지 못하겠거든 다만 저 처마 앞에 떨어지는 물을 보라. 점점이 물방울 지며 앞에 떨어진 곳에 떨어지느니라." 하였다.

養子라야 方知父母恩이요 立身이라야 方知人辛苦라.

> ※ 자식을 길러보아야 바야흐로 부모의 은혜를 알게 되고 입신(立身)을 하고 나서야 다른 사람들의 고생을 알게 되느니라.

·문장의 구조·

養 | 子라야 　　方知 | 父母恩이요

立 | 身이라야　方知 | 人辛苦라.

7언 시의 형식을 빌린 중국 전래의 속담이다.

· 풀 이 ·

1) 養子라야 方知父母恩이요 立身이라야 方知人辛苦라. : 자식을 길러보아야 바야흐로 부모의 은혜를 알게 되고 입신(立身)을 하고 나서야 다른 사람들의 고생을 알게 되느니라.
   - ◉ 養子는 서술어+목적어의 짜임으로, 자식을 기르다. 方知는 바야흐로 알다. 父母恩은 父母之恩과 같으니, 부모의 은혜이다.
   - ◉ 立身은 출세하는 것을 일반적으로 가리키는데, 한 방면의 일에 종사하여 성공하는 것을 가리키는 말이다. 人辛苦는 人之辛苦이니, 다른 사람의 고생이다. 자신이 입신의 경지에 도달하고 나서야 다른 사람이 입신하기까지의 고생이 어떠한지를 알게 된다는 뜻이다.

11 曾子曰 父母愛之어시든 喜而勿忘하고 父母惡之어시든 懼
而勿怨하며 父母有過어시든 諫而不逆이니라.

> ※ 증자(曾子)가 말하기를,
> "부모님이 사랑해 주시거든 기뻐하되 잊지 말고 부모님이 미워하시거든 두려워하되 원망하지 말 것이며 부모님이 잘못이 있으시거든 간언(諫言)을 올리되 거스르지 말 것이니라." 하였다.

·문장의 구조·

曾子曰 父母‖愛之어시든 喜而勿忘하고
        └↑   └↑↑┘

父母‖惡之어시든 懼而勿怨하며
└↑   └↑↑┘

父母‖有／過어든 諫而不逆이니라.
└↑↑┘   └↑↑┘

之는 조동사의 역할과 대명사의 자격을 지닌 글자이다. 而의 상하에 금지사나 부정사가 있으면 역접의 접속사가 된다.

·풀이·

1) **曾子曰** : 증자(曾子)가 말하기를,

  ◉ **曾子** : 이름은 삼(參). 자 자여(子輿). 증점(曾點)의 아들이다. 공자(孔子)의 고제(高弟)로 효심이 두텁고 덕망을 닦기에 힘썼으며, 노(魯) 나라에서 교육에 전념하였다. 공자가 제자들을 모아 놓고 "나의 도는 하나의 이치로 관통되어 있다.[吾道一以貫之]"고 말했을 때, "선생님의 도는 충서(忠恕)이다."라고 해설하여 다른 제자들을 깨우쳐 준 일화는 유명하다. 《효경(孝經)》의 작자라고 전해지나 확실한 근거는 없으며, 현재 전하는 《효경》은 진한시대(秦漢時代)에 개수한 것이라는 설도 있다. 《증자(曾子)》 18편(篇) 중에 10편이 《대대례기(大戴禮記)》에 남아 전하는데, 효(孝)와 신(信)을 도덕행위의 근본으로 한다. 공자의 도(道)를 계승하였으며, 공자의 손자 자사(子思)를 거쳐 맹자(孟子)에게 전해져 유교사상사(儒敎思想史)에서 중요한 위치를 차지한다.

2) **父母愛之어시든 喜而勿忘하고 父母惡之어시든 懼而勿怨하며 父母有過어든 諫而不逆이니라.** : 부모님이 사랑해 주시거든 기뻐하되 잊지 말고 부모님이 미워하시거든 두려워하되 원망하지 말 것이며 부모님이 잘못이 있으시거든 간언(諫言)을 올리되 거스르지 말 것이니라.

  ◉ 父母愛之의 之는 대명사와 조동사의 자격을 지니므로, 부모님이 자신을 사랑해 주다. 喜而勿忘의 而는 금지사가 있기 때문에 역접(逆接)의 접속사가 되므로 '~이나', '~이로되'로 토씨를 붙이니, 기뻐하되 잊지 말라. 父母惡之는 부모님이 자신을 미워하다. 懼而勿怨의 懼는 두려워하며 근심하는 것이며, 怨은 원망하면서 미워하는 마음을 갖는 것이니, '두려워하되 원망하지 말라'는 말은 일부를 표현한 것이다.

  ◉ 父母有過는 주어+서술어+보어의 구성으로 '부모님에게 과실이 있다'로 해석한다. 諫而不逆의 諫은 아랫사람이 윗사람의 과실을 말씀드리는 것이며, 不逆은 부모

님의 말씀이나 마음을 거스르지 않음이니, 잘못을 말씀드리되 거스르지 말라는 의미이다.

⑫ 曾子曰 孝慈者는 百行之先이나 莫過於孝라 孝至於天이면 則風雨順時하며 孝至於地면 則萬物化盛하며 孝至於人이 면 則衆福來臻이니라.

> ※ 증자(曾子)가 말하기를,
> "효성(孝誠)과 자애(慈愛)는 모든 행실의 우선이 되나 효성보다 더 나은 것은 없느니라. 효성이 하늘에 이르면 풍우(風雨)가 때에 맞게 순응하며, 효성이 땅에 이르면 만물(萬物)이 성대하게 화생(化生)하며, 효성이 사람에게 이르면 온갖 복이 이르러 올 것이니라." 하였다.

· 문장의 구조 ·

```
曾子曰 孝慈者‖는 百行之先이나 莫過於／孝라
      └─┘      └─┘          └─┘

    孝‖至於／天이면 則風雨‖順／時하고

    孝‖至於／地면 則萬物‖化盛하며
                        └─┘

    孝‖至於／人이면 則衆福‖來臻이니라.
                        └─┘
```

효성은 자식이 부모에게 행하는 일이고 자애는 부모가 자식을 사랑하는 마음이니, 자식을 사랑하는 마음은 누구나 갖고 있어서 쉽지만 효성은 어렵기 때문에 특별히 효성에 대하여 말하였다.

· 풀 이 ·

1) **孝慈者는 百行之先이나 莫過於孝라** : 효성(孝誠)과 자애(慈愛)는 모든 행실의 우선이 되나 효성보다 더 나은 것은 없느니라.

   ❂ 孝慈者는 孝慈也者와 같으니, 孝는 부모에게 마음을 다하는 효성이며 慈는 자식을 사랑하는 부모의 마음이니, '효성과 자애는'이다. 百行之先의 百行은 모든 행실을 가리키는 말이니, 모든 행실에서 우선되는 것을 뜻한다. 莫過於孝의

過는 나은 것을 뜻하며 於는 비교격으로 쓰인 조사이므로 '～보다'의 뜻이니, 효성보다 더 나은 것은 없다는 의미이다.

2) **孝至於天이면 則風雨順時하고 孝至於地면 則萬物化盛하며 孝至於人이면 則衆福來臻이니라** : 효성이 하늘에 이르면 풍우(風雨)가 때에 맞게 순응하며, 효성이 땅에 이르면 만물(萬物)이 성대하게 화생(化生)하며, 효성이 사람에게 이르면 온갖 복들이 이르러 올 것이니라.

◉ 孝至於天의 於는 처소격으로 쓰인 조사이므로 '～에'의 뜻이니, 효성이 하늘에 이르다. 至는 '이르다'의 뜻이면서 지극하다는 어감도 지니고 있다. 則은 가정을 나타내는 조사이니 '～하면'의 뜻이다. 風雨는 비바람을 뜻하면서 일기(日氣)를 내포한다. 順時는 일기가 사계절에 맞게 순응함이다. 萬物은 땅에서 자라는 모든 생물을 가리킨다. 化盛는 생물들이 성대하게 이치에 맞게 화생(化生)함을 뜻한다. 衆福은 온갖 복이 되고 길한 것을 총칭한다. 來臻은 자연스럽게 이르러 오게 됨을 뜻한다.

正己篇

05

다른 사람의 선악(善惡)을 보았을 때 자신에게도 그러한 선악이 있는가
를 살피는 것은 남을 평가하기에 앞서 자신을 바르게 하는 것이 우선임
을 강조한 것이다. 모든 일은 자신으로부터 일어나는 것이므로 자신의
처지부터 돌아보도록 권면한 것이다.

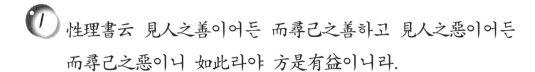

性理書云 見人之善이어든 而尋己之善하고 見人之惡이어든 而尋己之惡이니 如此라야 方是有益이니라.

※《성리서(性理書)》에 이르기를,
"다른 사람의 선(善)을 보았거든 자신의 선(善)을 찾고, 다른 사람의 악(惡)을 보았거든 자신의 악(惡)을 찾을 것이니, 이와 같이 하여야 바야흐로 이익이 있느니라." 하였다.

· 문장의 구조 ·

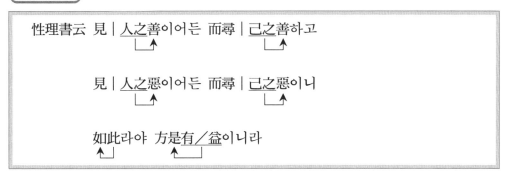

서술어+목적어가 병렬되어 있는 구성이다. 而를 기준으로 앞에 있는 문장이 종속절이 되어 조건이 되고 뒤에 있는 문장이 주절(主節)이 되어 결과를 나타낸다. 如此 이후에 있는 문장은 문장 전체에 대한 효과를 제시하였다.

· 풀 이 ·

1) 性理書云 : 《성리서(性理書)》에 이르기를,
❧ 《성리서(性理書)》 : 성리(性理)를 주제로 유학을 탐구하기 시작한 것을 성리학(性理學)이라 하니, 도학(道學)·이학(理學)·성명학(性命學)이라 한다. 또 이를 발전시킨 정자와 주자를 대표하여 정주학(程朱學)이라고도 한다.
유학(儒學)은 고대(古代)에는 단순한 도덕에 기반을 둔 실사(實事)였으니, 공자(孔子)와 맹자(孟子) 같은 분이 그러하다. 공자는 춘추시대(春秋時代)의 혼란한 사회 질서를 바로잡으려 천하를 주유(周遊)하면서 인(仁)·예(禮)를 설파하였고 육경[六經 : 詩·書·禮·樂·易·春秋]을 전수하며 그 도리(道理)를 후세에 전하였다. 공자와 맹자가 돌아간 후에 유학은 진(秦) 시황제의 분서갱유(焚書坑儒)를 겪었으나, 한(漢) 나라 시대에는 경전(經典)을 수집 정리하고, 자구(字句)에 대한 주석(註釋)을 주로 하는 훈고학(訓詁學)이 성행하였다. 그러나 송·명시대에 이르러 노불(老佛) 사상이 성행하고 이론적으로 심화되면서 철학적인 체제를 갖추게 되었다.

성리학은 북송(北宋)의 정호(程顥 : 明道)는 천리(天理)를 논하였고, 정이(程頤 : 伊川)는 성즉리(性卽理)의 학설을 폈으며, 주돈이(周敦頤 : 濂溪), 장재(張載 : 橫渠), 소옹(邵雍 : 康節) 등의 학설을 남송(南宋)의 주희(朱熹 : 晦庵)가 집대성(集大成)하였다.

그러나 이 책은 어떤 책인지 명확하지 않다. 아마도 송대(宋代)의 책으로 짐작이 될 뿐이다.

2) 見人之善이어든 而尋己之善하고 見人之惡이어든 而尋己之惡이니 : 다른 사람의 선(善)을 보았거든 자신의 선(善)을 찾고, 다른 사람의 악(惡)을 보았거든 자신의 악(惡)을 찾을 것이니

❖ 見人之善은 다른 사람의 선을 보는 것이니, 서술어+목적어의 구성이다. 善은 착한 일·잘하는 일·좋은 방법 등을 모두 뜻하며, 악은 나쁜 일·잘하지 못하는 일·나쁜 방법 등을 가리킨다. 而는 則이 변용(變用)되었으니, 그러한 때는 문장의 뜻에 맞게 토씨를 붙이는데, '~은', '~도', '~한', '~면'을 사용하여 붙인다.

　▪ 예(例) : 則이 而와 변용된 경우

　　　君子 不重則不威니 學則不固니라 《논어(論語)》 學而篇.

　　　군자가 후중하지 않으면 위엄이 없으니, 배운 **것도** 견고하지 못하다.

　　　地方百里면 而可以王이니라. 《맹자(孟子)》 梁惠王篇

　　　땅이 사방 백리가 **되면** 왕도 정치를 할 수 있다.

3) 如此라야 方是有益이니라. : 이와 같이 하여야 바야흐로 이익이 있느니라.

❖ 方은 '바야흐로'라는 뜻인데, '지금 바로'라는 뜻을 갖는 부사어(副詞語)다. 그러므로 方 앞의 구결을 '라야'라고 붙여서 '즉시'라는 의미를 표시한다. 是는 부사어에 붙어서 '~이다'의 뜻이 되는데, 어류(語類)가 생성된 이후에 성행하였고 현재 백화(白話)에서도 그대로 적용된다.

　▪ 예(例) : 是가 부사어를 꾸며준 경우

　　　只是正心 誠意而已 : 다만 마음을 바로잡고 뜻을 진실하게 할 따름이다. 《맹자(孟子)》 서설(序說)

　　　性卽是理 : 성(性)은 바로 이치**이다**. 《논어(論語)》 [정자(程子)註]

　　　少有私欲, 便是不仁 : 조금이라도 사욕이 있으면 바로 불인(不仁)이다. 《논어(論語)》 [정자(程子)註]

2 景行錄云 不自重者는 取辱하고 不自畏者는 招禍하고 不自滿者는 受益하고 不自是者는 傳聞이니라.

> ※ **경행록에 이르기를,**
> "스스로 신중하지 않은 사람은 욕(辱)을 취하게 되고 스스로 두려워하지 않는 사람은 화(禍)를 부르게 되고, 스스로 자만(自滿)하지 않는 사람은 이익을 받게 되고 스스로 옳다고 하지 않는 사람은 소문이 전해지느니라." 하였다.

· 문장의 구조 ·

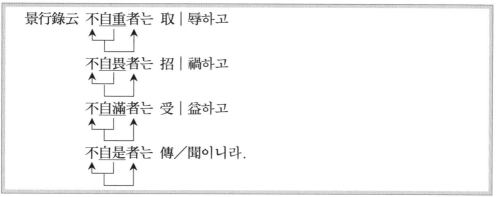

```
景行錄云 不自重者는 取 | 辱하고
         不自畏者는 招 | 禍하고
         不自滿者는 受 | 益하고
         不自是者는 傳／聞이니라.
```

주어+서술어+목적어의 구성이며, 마지막 구절은 주어+서술어+보어의 구성이다.

· 풀 이 ·

1) 不自重者는 取辱하고 不自畏者는 招禍하고 不自滿者는 受益하고 不自是者는 傳聞
   이니라 : 스스로 신중하지 않는 사람은 욕(辱)을 취하게 되고 스스로 두려워하지
   않는 사람은 화(禍)를 부르게 되고, 스스로 자만하지 않는 사람은 이익을 받게 되
   고 스스로 옳다고 하지 않는 사람은 소문이 전해지느니라.

   ✿ 不自重者는 스스로를 소중하게 여기거나 신중히 하지 않는 사람이다. 取辱은
      서술어+목적어의 짜임이니, 모욕을 취하다.

   ✿ 不自畏者는 스스로 조심하거나 두려워하지 않는 사람이다. 招禍는 화를 초래
      하다. 이렇게 하는 사람은 마음 내키는 대로 실행[徑情直行]하므로 화를 초래
      하게 된다.

   ✿ 不自滿者는 스스로 흡족하게 여기거나 만족하지 않는 사람이니, 항상 남보다 못
      한 점을 노력하는 사람이다. 受益은 서술어+목적어의 구성이므로, '이익을 받다.'

82

가 된다.

- 不自是者는 스스로의 의견만을 옳다고 여기지 않는 사람이다. 傳聞의 聞은 이름이나 덕행이 있다는 소문이니, 그러한 소문이 전해지게 되는 것이다.

③ 子曰 君子 不重則不威니 學則不固니라. 主忠信하며 無友 不如己者요 過則勿憚改니라.

※ 공자가 말씀하시기를,
"군자(君子)가 중후하지 않으면 위엄이 없으니, 배운 것도 견고하지 못하느니라. 충신(忠信)한 마음을 근본으로 하며 자신보다 못한 사람을 벗하지 말고 잘못이 있으면 고치기를 어렵게 여기지 말 것이니라." 하였다.

· 문장의 구조 ·

子曰 君子∥ 不重則不威니 學則不固니라.
主∣忠信하며 無/友不如/己者요 過則勿憚∣改니라.

· 풀 이 ·

1) 君子 不重則不威니 學則不固니라. : 군자(君子)가 중후하지 않으면 위엄이 없으니, 배운 것도 견고하지 못하느니라.
   - 君子는 처음 학문을 하는 사람을 일컬은 것이다. 不重則不威는 중후한 마음을 갖지 않으면 위엄이 있는 외모를 갖지 못한다. 學則不固의 則은 而와 같은 용법이므로 且의 의미로 해석하니, 배운 것도 견고하지 못하다.

2) 主忠信하며 無友不如己者요 : 충신(忠信)한 마음을 근본으로 하며 자신보다 못한 사람을 벗하지 말고
   - 主忠信의 主는 주체(主體)를 뜻하므로 근본이라는 말과 같다. 忠은 자신의 마음을 다하는 것[盡己]이며, 信은 진실을 갖고 하는 것[以實]이니, 진실한 마음을 가리킨다.
   - 無友不如己者의 無는 毋와 같은 금지사이다. 벗[友]은 자신과 뜻이 같은[同志]은 사람이니, 인(仁)을 완성하도록 도와주는 사람을 말한다. 그런데 자신보다 못한 사람이면 유익함은 없고 해(害)만 있게 된다.

3) 過則勿憚改니라. : 잘못이 있으면 고치기를 어렵게 여기지 말 것이니라.
　　◎ 過則의 則은 가정격 조사로 쓰였다. 勿憚改는 고치는 것을 어렵게 여기지 말
　　　라는 것이니, 고칠 것을 속히 고쳐야 된다는 말이다.

· 출 전 ·

《논어(論語)》 學而篇

· 참 고 ·

《명심보감(明心寶鑑)》 청주본은 "子曰 君子 不重則不威니 學則不固니라. 主忠信하며"
까지 실려 있는데, 《논어(論語)》에 의거하여 정정하였다.

 景行錄云 大丈夫當容人이언정 無爲人所容이니라.

※《경행록(景行錄)》에 이르기를,
"대장부는 남을 용서하는 사람이 될지언정 남에게 용서를 받는 사람은 되
지 말 것이니라." 하였다.

· 문장의 구조 ·

景行錄云 大丈夫 ‖ 當容 | 人이언정

　　　　　　無爲人所容이니라.

　大丈夫 當容人의 문장 구성은 주어＋부사어＋서술어＋목적어로 되어 있고, 無爲人所容
은 爲A所B의 구성으로 이루어진 피동형의 문장이므로 'A에게 B를 당하다.' 혹은 'A에
게 B를 받는다.'로 해석한다.

· 풀 이 ·

1) 大丈夫는 當容人이언정 : 대장부는 남을 용서하는 사람이 될지언정
　　◎ 大는 뜻[志]한 바의 크기를 갖고 말하는 것으로 뜻이 크면 大, 작으면 小를 붙
　　　인다. 丈夫는 성인으로 자란 남자를 가리키는데, 丈은 한 길을 말하니 어른의
　　　신장을 '길'이라 하고 夫는 成長한 남자를 지칭하므로 생물학적으로 어른이 된
　　　것을 말한다.

◉ 當은 부사어로 '마땅히 ~해야 된다.'라고 해석하는데, 번역을 할 때는 '마땅히'라는 말을 생략하고 '~해야 된다'라고 한다. 容人은 다른 사람을 용서함이니, 서술어+목적어의 짜임이므로 '~을 ~하다.'로 해석하고 우리말 어순과 반대로 풀이한다.

3) 無爲人所容이니라 : 남에게 용서를 받는 사람은 되지 말 것이니라.
  ◉ 無爲人所容은 爲~所 용법으로 구성되어 있으므로 다른 사람에게 용서를 받는 사람은 되지 말라는 뜻이다.
    ■ 예(例) 《논어(論語)》에 不爲小人所罔 : 소인에게 속임을 당하지 않는다.

⑤ 素書云 釋己以敎人者는 逆이요 正己以化人者는 順이니라.

※《소서(素書)》에 이르기를,
"자신을 풀어놓고서 남을 교화하는 사람은 이치를 거스르는 것이요. 자신을 바르게 하고서 남을 교화하는 사람은 이치를 따르는 것이니라." 하였다.

· 문장의 구조 ·

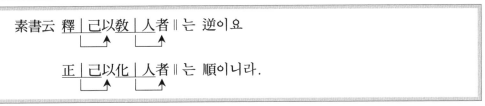

주어절(서술어+목적어+접속사+서술어+목적어)+서술어로 구성되어 있다.

· 풀 이 ·

1) 素書云 : 《소서(素書)》에 이르기를,
  ◉ 素書云 : 素書는 진(秦) 나라 말엽의 은사(隱士)이며 병법가(兵法家)인 황석공(黃石公)이 저술한 책으로 일종의 병가서(兵家書)이다. 황석공은 장양(張良)에게 병서(兵書)를 전하여 주었는데, 장양이 이 병서를 읽고 한(漢) 고조(高祖)가 천하를 평정(平定)하는 것을 도왔다고 한다. 1권 6장으로 되어있다.

2) 釋己以敎人者는 逆이요 正己以化人者는 順이니라. : 자신을 풀어놓고서 남을 교화하는 사람은 이치를 거스르는 것이요. 자신을 바르게 하고서 남을 교화하는 사람은 이치를 따르는 것이니라.

● 釋己는 서술어+목적어의 짜임으로 放己와 같은 의미이니, 자신을 단속하지 않고
풀어놓는 행위이다. 以는 釋己를 받아주는 접속사이다. 敎人者의 敎는 가르쳐서
교화한다는 뜻이니, 남을 교화하는 사람이다. 逆은 이치를 거스르는 것이다.

● 正己는 자신을 바르게 갖는 것이니, 자신을 검속(檢束)하는 것이다. 化人者는
남을 교화하는 사람이다. 順은 이치를 따르는 것이다.

· 출 전 ·

《소서(素書)》

6 蘇武曰 不可以己之所能으로 而責人之不能하고 不可以己
之所長으로 而責人之所短이니라.

> ※ 소무(蘇武)가 말하기를,
> "자신의 잘하는 것을 가지고서 남의 잘하지 못하는 것을 책(責)해서는 안
> 되고, 자신의 장점을 가지고 남의 단점을 책해서는 안 되느니라." 하였다.

· 문장의 구조 ·

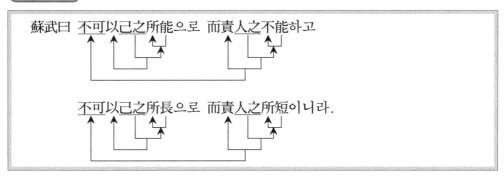

以는 전치사로 '~을 가지고'의 뜻을 지니며, 而는 순접의 접속사이다. 不可는 '안된
다'는 뜻이다.

· 풀 이 ·

1) 蘇武曰 : 소무(蘇武)가 말하기를,

● 蘇武曰 : 중국 전한 때의 명신. 자 자경(子卿). 흉노(匈奴) 정벌에 공을 세운 소
건(蘇建)의 차남. 제7대 황제인 무제(武帝)의 명을 받고 흉노의 지역에 사신으

로 갔을 때, 선우(單于)에게 붙잡혀 복속(服屬)할 것을 강요당하였으나 이에 굴하지 않아 북해(北海) 부근에서 19년간 유폐되었다. 흉노에게 항복한 지난날의 동료 이릉(李陵)이 설득하였으나 굴복하지 않고 절개를 지켜 귀국했다. 후에 선제(宣帝)의 옹립에 가담하여 그 공으로 관내후(關內侯)가 되었다.

2) 不可以己之所能으로 而責人之不能하고 不可以己之所長으로 而責人之所短이니라. : 자신의 잘하는 것을 가지고서 남의 잘하지 못하는 것을 책(責)해서는 안되고, 자신의 장점을 가지고 남의 단점을 책해서는 안 되느니라.

- ◉ 不可는 '안 된다'의 뜻으로 責에 붙여서 해석한다. 以己之所能은 '자신의 잘하는 것을 가지고'이다. 而는 순접(順接)의 접속사이므로 '~서'의 토씨를 붙인다. 責은 꾸짖는다는 의미 보다는 탓하는 뜻이 더 많다. 人之不能은 '남의 잘하지 못하는 것'이다.
- ◉ 所長은 장점을 가리키고 所短은 단점을 가리킨다.

┌─ 출 전 ─┐

《신서(新序)》 節士篇

⑦ 太公曰 勿以貴己而賤人하고 勿以自大而蔑小하고 勿以恃勇而輕敵이니라.

┌─────────────────────────────────
│ ※태공이 말하기를,
│ "자신이 귀하다고 해서 남을 천하게 여기지 말고 자신이 크다고 해서 작은 것을 업신여기지 말고 용기를 믿고서 적을 가볍게 여기지 말 것이니라." 하였다.

┌─ 문장의 구조 ─┐

┌─────────────────────────────────────┐
│ 太公曰 勿以貴／己而賤│人하고   │
│   ↑↙   │
│   勿以自大而蔑│小하고   │
│   ↑↙   │
│   勿以恃│勇而輕│敵이니라.   │
│   ↑↙   │
└─────────────────────────────────────┘

금지형의 문장으로 勿이 전체를 금지시킨다. 以는 전치사로 수단, 방법, 이유를 나타낼 때 쓰이니, '이유로 해서'라는 뜻과 '여기다'의 뜻을 함께 내포하고 있다. 而는 구절을 연결하는 접속사로써 以와 연결하여 풀이한다.

풀 이

1) **勿以貴己而賤人하고 : 자신이 귀하다고 해서 남을 천하게 여기지 말고**
   - 勿은 금지사(禁止詞)이니 '말라'로 해석한다. 貴己는 자신이 지위가 높음이니, 서술어+보어의 짜임이다. 賤人은 다른 사람을 천하게 여기는 것이니, 貴己와 상대어로 되어 있으나 해석하는 방법은 다르다. 貴賤은 신분이나 지위의 고하를 나타내는 단어이다.
   - 而의 상하에 부정사나 금지사가 모두 있을 경우에는 순접의 접속사가 되어 '~하여서'가 되고, 하나만 있을 경우에는 역접이 되어 '~이로되', '~이나'로 해석한다. 그러나 금지사 뒤에 以가 이유라는 뜻의 전치사가 될 경우에는 순접으로 해석한다.

2) **勿以自大而蔑小하고 : 자신이 크다고 해서 작은 것을 업신여기지 말고**
   - 형태로는 위 문장과 같으나 以自大는 '자신이 크다는 이유로 해서'이니, 부사어+서술어의 짜임이다. 蔑小는 '작은 것을 업신여김'이니, 서술어+목적어의 짜임이다. 大小는 권력의 크기나 그릇[器局]의 크기를 논할 때 쓰이는 표현이다.

3) **勿以恃勇而輕敵이니라. : 용기를 믿고서 적을 가볍게 여기지 말 것이니라.**
   - 以恃勇은 용기를 믿는 다는 이유로 해서 이며, 輕敵은 '적을 가볍게 여김'이니, 받아주는 문장이다. 위 두 문장은 貴賤과 大小가 대구가 성립되지만 이 문장은 恃勇과 輕敵이 대구가 아니며 모두 서술어+목적의 짜임으로 구성되어 뜻이 연결되어 있으니, '~을 ~하다'로 해석한다.

참 고

《명심보감》淸州本에, 太公曰 勿以貴己而賤人하고 勿以自大而蔑小하고 勿以持勇而輕敵이니라.

譯 《명심보감》淸州本에, 태공이 말하기를,
"자신이 귀하다고 해서 남을 천하게 여기지 말고 자신이 크다고 해서 작은 것을 업신여기지 말고 용기를 가졌다고 해서 적을 가볍게 여기지 말 것이니라." 하였다.

8 孟子曰 以力服人者는 非心服也니 力不贍也요 以德服人者는
中心悅而誠服也니 如七十子之服孔子也니라.

※ 맹자(孟子)가 말하기를,
"힘으로써 남을 복종시키는 사람은 마음으로 복종시킨 것[心服]이 아니라 힘이
부족해서이고, 덕으로써 남을 복종시키는 사람은 마음속으로 기뻐하면서 진실
로 복종하는 것이니, 70제자가 공자에게 심복(心服)한 것과 같으니라." 하였다.

문장의 구조

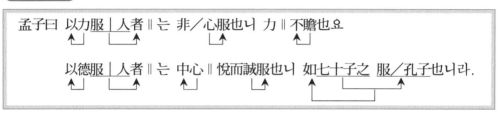

주어+서술어 확장구조이다. 以가 전치사가 되면 수단이나 방법을 가리키는 조사가
되므로, '~을 가지고', '~으로써'의 뜻이 된다.

풀 이

1) 以力服人者는 非心服也니 力不贍也요 : 힘으로써 남을 복종시키는 사람은 마음으
로 복종시킨 것[心服]이 아니라 힘이 부족해서이고,

❂ 以力服人者는 무력이나 권력을 가지고서 남을 보종시키는 사람이다. 非心服의
非는 명사부정에 쓰이므로 마음속으로 복종하는 것이 아니다. 力不贍는 힘이 부
족함이니, 권력이나 무력 등 외부의 힘이 부족하기 때문에 복종당하는 것이다.

2) 以德服人者는 中心悅而誠服也니 如七十子之服孔子也니라 : 덕으로써 남을 복종시
키는 사람은 마음속으로 기뻐하면서 진실로 복종하는 것이니, 70제자가 공자에게
심복(心服)한 것과 같으니라.

❂ 以德服人者는 덕을 가지고 남을 복종시키는 사람이니, 복종시키는 뜻을 두지
않아도 사람들이 모두 복종하는 것이다. 中心悅은 心中悅과 같은 말이니, 마음
속에서 기뻐하는 것이다. 而는 순접의 접속사이다. 誠服는 진심으로 복종하는
것이다. 如는 '~과 같다.'이다. 七十子는 공자의 제자 가운데 육예(六藝)를 통
달한 72명의 제자를 대략수로 거론한 것이다. 之는 주격 조사이므로 '~은', '~
가', '~이'의 토씨를 붙인다. 服孔子는 服於孔子와 같은 말이니, 공자에게 심복
하다는 의미이다.

출 전

《맹자(孟子)》 公孫丑篇

· 참 고 ·

《명심보감》淸州本에, 孟子曰 以力服人者 非心服也 以德服人者 中心悅而誠服也로 되어 있는데, 《맹자(孟子)》에 의거하여 수정하였다.

9 馬援曰 聞人之過失이어든 如聞父母之名하여 耳可得聞이
언정 口不可言也니라.

> ※ 마원(馬援)이 말하기를,
> "다른 사람의 과실을 들었거든 부모의 이름을 듣는 것과 같이하여 귀로
> 들을 수 있을지언정 입으로는 말해서는 안 되느니라." 하였다.

· 문장의 구조 ·

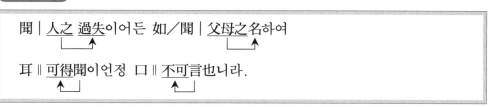

제 1구는 서술어+목적어의 짜임으로 이루어진 가정문으로 조건절이 되며 비유를 제시하고 제 2구는 주어 서술어의 형태로 결과절이 된다.

· 풀 이 ·

1) 聞人之過失이어든 如聞父母之名하여 : 다른 사람의 과실을 들었거든 부모의 이름을 듣는 것과 같이하여
  ❂ 聞人之過失은 다른 사람의 잘못을 들은 것이니, 서술어+목적어의 문장이며 人之가 過失을 수식하였다. 聞은 귀에 들려오는 모든 소리를 가리키는 말이니, 자신은 들으려 하지 않았으나 들리는 것을 말한다. 過失은 원래 잘하려고 하였으나 중도(中度)를 지나치거나 미치지 못하여 잘못된 허물을 말한다.
  ❂ 如聞父母之名은 부모의 이름을 들은 것과 같이 여김이니, 如는 비유법에 쓰이는 부사격 조동사이다. 서술어+목적어로 구성되었으며 父母之가 名을 수식한다. 일반적으로 이름을 부를 수 있는 사람은 君·師·父일 뿐이다. 이름을 보호하기 위하여 字를 짓고 字를 보호하기 위하여 號를 짓는 것이다. 그러므로 부모의 이름을 들었으면 매우 조심하는 태도를 짓는 것이 예법이다.

2) 耳可得聞이언정 口不可言也니라. : 귀로 들을 수 있을지언정 입으로는 말해서는
안되느니라.

　❂ 耳可得聞은 귀로는 들을 수 있음이니, 주어+가능조사+서술어의 형식으로 구성
　　되었다. 可得은 '할 수 있다'에 해당되는 조사로 쓰였다.

　❂ 口不可言也은 입으로 말해서는 안되는 것이니, 不可는 '할 수 없다' 또는 '안
　　된다'는 뜻으로 쓰인다. 言은 내가 말을 하는 것이니, 들려온 잘못된 것들을
　　자신이 발설해서는 안된다.

・ 출 전 ・

《後漢書》馬援列傳과 《소학(小學)》嘉言篇에, 馬援 兄子嚴敦 並喜譏議而通輕俠客 援在
交趾 還書誡之曰, 吾欲汝曹 聞人過失 如聞父母之名 耳可得聞 口不可得言也. 好議論人
長短 妄是非政法 此吾所大惡也.

　譯 《後漢書》馬援列傳과 《소학(小學)》嘉言篇에,

　마원의 형의 아들인 엄(嚴)과 돈(敦)이 아울러 비판과 논평을 좋아하고 경솔하고 호
협한 사람들과 교제하였다. 마원이 교지(交趾)에 있었는데, 편지를 보내어 훈계하기를,
"나는 너희들이 다른 사람의 과실을 들었거든 부모의 이름을 듣는 것과 같이하여 귀
로 들을 수 있을지언정 입으로는 말하지 않기를 바란다. 다른 사람의 장단점을 논평하
기를 좋아하며 함부로 정사와 법령에 대해 시비하는 것은 내가 매우 싫어하는 바이
다." 하였다.

10 康節 邵先生曰 聞人之謗이라도 未嘗怒하며 聞人之譽라도
未嘗喜하며 聞人之惡이라도 未嘗和하며 聞人之善이면 則
就而和之하고 又從而喜之니라. 其詩曰 樂見善人하며 樂
聞善事하며 樂道善言하며 樂行善意하고 聞人之惡이어든
如負芒刺하고 聞人之善이어든 如佩蘭蕙니라.

※ 강절 소(康節邵)선생이 말하기를,
"남의 비방을 들어도 성내지 아니하며 남의 칭찬을 들어도 기뻐하지 아니하며
남의 나쁜 일을 듣더라도 휩쓸리지 아니하며 남의 좋은 점을 들었으면 나아가
서 그의 좋은 것에 화합하고 또 따라서 그것을 기뻐할 것이니라." 하였다.
그의 시에 말하기를,
"선한 사람을 보기를 즐거워하며 선한 일을 듣기를 즐거워하며 선한 말을 말
하기를 즐거워하며 선한 생각을 행하기를 즐거워하고 남의 악을 듣거든 가시
를 등에 진 것과 같이 여기고 남의 선을 듣거든 난초와 혜초를 허리에 찬 것
과 같이 여긴다." 하였다.

· 문장의 구조 ·

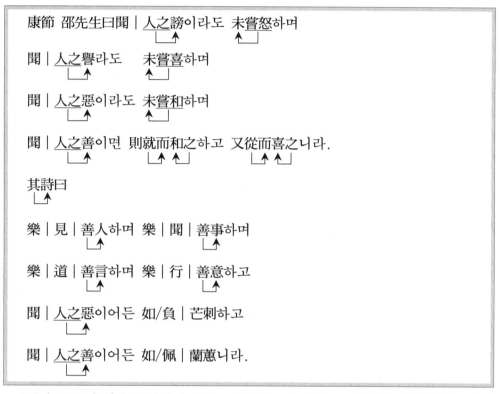

未嘗은 無嘗과 같은 표현이다. 嘗은 과거형을 나타내는 조사이나, 이장에서는 별 의미가 없다. 其詩는 邵雍이 지은 시를 가리키는데 <無名公傳>에 보인다.

· 풀 이 ·

1) **康節 邵先生曰** : 강절 소(康節邵)선생이 말하기를,

❀ 康節 邵先生(1011~1077)은 송(宋) 나라 사람으로 이름은 옹(雍), 자는 요부(堯夫). 호는 안락선생(安樂先生)이며 시호는 강절(康節)이다. 이 책에서는 모두 시호를 앞에 두고 성을 뒤로 놓았다.

2) **聞人之謗이라도 未嘗怒하며 聞人之譽라도 未嘗喜하며** : 남의 비방을 들어도 성내지 아니하며 남의 칭찬을 들어도 기뻐하지 아니하며

❀ 聞人之謗과 聞人之譽는 다른 사람이 자신을 지나치게 비방하거나 칭찬하였을 때의 상황을 가리킨다. 人之의 之는 관형격 어조사로 토씨는 '~의'로 풀이한다. 未嘗은 '일찍이 ~하지 아니하다.'라고 해석하는데, '일찍이'는 생략해도 좋다.

3) **聞人之惡이라도 未嘗和하며 聞人之善이면 則就而和之하고 又從而喜之니라.** : 남의 나쁜 점을 듣더라도 휩쓸린 적이 없었으며 남의 좋은 점을 들었으면 나아가서 그

의 좋은 것에 화합하고 또 따라서 그것을 기뻐할 것이니라.

　❀　聞人之惡과 聞人之善은 다른 사람에 대한 선악을 자신이 들었을 때의 상황을
가리킨다. 和는 좋은 일일 때는 주관을 지니고 있으면서 화합하는 것을 가리
키지만, 나쁜 일이면 附和雷同의 和의 뜻이 되므로 '휩쓸리다'라고 해석한다.
就는 善이 있는 곳으로 나아가는 것이며 從은 善을 뒤따라 실천하는 것을 말
한다. 和之와 喜之의 之는 지시 대명사로 善을 가리킨다.

4) 樂見善人하며 樂聞善事하며 樂道善言하며 樂行善意하고 : 선한 사람을 보기를 즐
거워하며 선한 일을 듣기를 즐거워하며 선한 말을 말하기를 즐거워하며 선한 생
각을 행하기를 즐거워하고

　❀　서술어+목적어의 짜임이 반복되어 있는 술목병렬 구조이다. 즉 見善人과 聞善
事가 목적어가 되고 樂이 서술어가 된다. 그러므로 '~을 ~을 하며'라고 해석
한다. 見은 視의 개념으로 쓰였고 聞은 聽의 개념으로 사용하였다. 道는 '말하
다'이며 行은 '실천하다'의 뜻이다.

5) 聞人之惡이어든 如負芒刺하고 聞人之善이어든 如佩蘭蕙니라. : 남의 악을 듣거든
가시를 등에 진 것과 같이 여기고 남의 선을 듣거든 난초와 혜초를 허리에 찬 것
과 같이 여긴다.

　❀　如負芒刺의 芒刺는 가시나무를 말하니, 가시가 몸을 찌르는 것을 뜻한다. 負는
등에 짐을 지는 것이다. 如佩蘭蕙의 蘭蕙는 향초를 가리키는 것이니, 향기가
좋은 물품을 뜻한다. 佩는 허리에 차는 것을 지칭한다.

· 출 전 ·

《황극경세서(皇極經世書)》 觀物 外篇 無名公傳

 近思錄云 遷善은 當如風之速하고 改過는 當如雷之決이니라.

> ※ 《근사록(近思錄)》에 이르기를,
> "선(善)에 옮겨 가는 것은 마땅히 바람이 빨리 부는 듯이 해야 되고 잘못
> 을 고치는 것은 마땅히 우레가 갈라지듯이 해야 되느니라." 하였다.

近思錄云 遷／善‖은 當如／風之速하고

改｜過‖는 當如／雷之決이니라.

주어＋서술어＋보어의 구성이다.

풀　이

1) **近思錄云** : 《근사록(近思錄)》에 이르기를,
   - 近思錄은 《논어(論語)》에 나오는 '간절하게 묻고 가까운 곳부터 생각한다[切問而近思]'는 글에서 책명을 차용한 것으로 1175년 주희(朱熹1130-1200)와 여조겸(呂祖謙)이 주돈이(周敦頤)·정호(程顥)·정이(程頤)·장재(張載) 등의 글에서 수신(修身)과 일상생활에 중요한 부분들을 뽑아 편집하였다. 모두 14권으로 도체(道體)·위학(爲學)·치지(致知)·존양(存養)·극기(克己) 등등의 편으로 구성되어 있다. 진덕수(眞德秀)의 《심경(心經)》과 함께 유학의 필수문헌으로 중시되었는데, 고려 말에 유입되어 조선 세종·문종 때부터 경연에서 강론하였다. 조선중기에는 삼경(三經)과 사서(四書)를 읽은 학자는 탐구해야 할 성리서(性理書)의 하나로 제시되었다. 그 후 조선 후기까지 학자의 필수문헌으로 인식되어 수많은 판본이 간행되었으며, 17세기 중반 정엽(鄭曄)의 《근사록석의(近思錄釋疑)》, 18세기 이익(李瀷)의 《근사록질서(近思錄疾書)》를 등 많은 해설서가 있다.

2) **遷善은 當如風之速하고 改過는 當如雷之決이니라** : 선(善)에 옮겨 가는 것은 마땅히 바람이 빨리 부는 듯이 해야 되고 잘못을 고치는 것은 마땅히 우레가 갈라지 듯이 해야 되느니라.
   - 遷善은 좋은 방법이나 좋은 곳을 망라하는 모든 선(善)이 있는 곳으로 옮겨가는 것이다. 當은 '마땅히 ~해야 되다.'의 뜻을 갖는 부사어이다. 如風之速은 바람이 빨리 부는 것과 같이하다 이니, 빠른 바람이 부는 것처럼 속히 옮겨간다는 의미이다.
   - 改過는 자신의 잘못을 고치는 것이다. 雷之決은 우레가 치는 것처럼 속히 결단을 내리는 것이니, 현상적인 우레의 모습을 빌어 관념적으로 저지르는 잘못을 고치는 모습을 비유하였다.

출　전

《근사록(近思錄)》에 보이지 않는다.

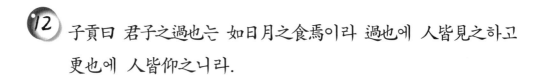

子貢曰 君子之過也는 如日月之食焉이라 過也에 人皆見之하고
更也에 人皆仰之니라.

※ 자공(子貢)이 말하기를,
"군자의 잘못은 일식(日蝕)·월식(月蝕)과 같으니, 잘못을 했을 때는 사람들이 모두 알게 되고 잘못을 고쳤을 때는 사람들이 모두 우러러 보게 되느니라." 하였다.

· 문장의 구조 ·

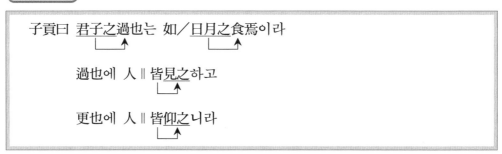

日月之食은 日之食과 月之食을 합한 문장이며 食은 蝕과 같다.

· 풀 이 ·

1) 子貢曰 : 자공(子貢)이 말하기를,
- 子貢은 춘추(春秋) 시대(時代)의 학자(學者). 위(衛)나라 사람. 성은 단목(端木). 이름은 사(賜). 자공은 자이다. 공문십철(孔門十哲)의 한 사람으로 재아(宰我)와 더불어 언어에 뛰어났다고 한다. 제(齊) 나라가 노(魯) 나라를 치려고 할 때, 공자의 허락을 받고 오(吳) 나라와 월(越) 나라를 설득하여 노나라를 구함과 동시에 월을 패왕(覇王)으로 하여 네 나라의 세력관계에 새로운 국면을 열었다. 이재가(理財家)로서도 알려져 공문의 번영은 그의 경제적 원조에 의한 바가 컸다고 한다. 공자가 죽은 뒤 노나라를 떠나 위나라에 가서 벼슬하였으며, 제나라에서 죽었다.

2) 君子之過也는 如日月之食焉이라 過也에 人皆見之하고 更也에 人皆仰之니라. : 군자의 잘못은 일식(日蝕)·월식(月蝕)과 같으니, 잘못을 했을 때는 사람들이 모두 알게 되고 잘못을 고쳤을 때는 사람들이 모두 우러러 보게 되느니라.
- 君子之過也는 君子之過也者와 같은 말이니, '군자의 잘못은'이다. 如日月之食焉은 일식(日蝕)과 월식(月蝕)과 같이 모두 드러내 보임을 가리킨다. 過也는 行過

之時이니, 잘못을 행하였을 때이다. 人皆見之의 之는 대명사로 볼 수도 있고 조동사로 볼 수도 있으니, 사람들이 모두 그 잘못을 아는 것이다. 更也는 잘못을 고쳤을 때이다. 人皆仰之는 사람들이 모두 군자의 잘못을 고친 것을 알고서 우러러 보게 된다.

· 출 전 ·

《논어(論語)》 子張篇

· 참 고 ·

《명심보감》 淸州本에, 子貢曰 君子之過也 如日月之食焉 過也 人皆見之 更也 人皆仰之 知過必改 得能莫忘이라고 되어있는데, 《논어(論語)》 子張篇에 의거하여 바로잡았다.

 子曰 過而不改 是謂過也니라.

※ 공자가 말씀하시기를,
"잘못이 있는데 고치지 않으면 이것을 일러 잘못이라고 하느니라." 하였다.

· 문장의 구조 ·

子曰 過而不改 是謂過也니라.
    └↑↑┘ └↑

而不의 앞에 서술어가 있을 때는 역접(逆接)의 접속사가 된다.

· 풀 이 ·

1) 過而不改 是謂過也니라. : 잘못이 있는데 고치지 않으면 이것을 일러 잘못이라고 하느니라.
   ❸ 過而不改는 過而不改其過와 같은 문장이니, 잘못을 저질렀으되 그 잘못을 고치지 않은 것이다. 是는 잘못을 고치지 않은 사람을 가리킨다. 謂는 '말하다'이다.

· 출 전 ·

《논어(論語)》 衛靈公篇

道吾善者는 是吾賊이오 道吾惡者는 是吾師니라.

※ 나의 선한 점을 말하여 주는 사람은 바로 나의 적이 되고 나의 나쁜 점을 말하여 주는 사람은 바로 나의 스승이니라.

문장의 구조

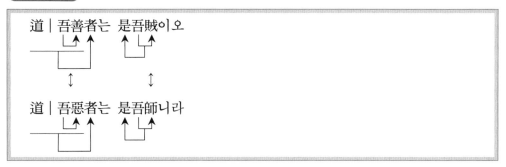

道吾善者와 道吾惡者가 주어절이며 是吾賊과 是吾師가 서술절이다. 善과 惡, 賊과 師가 대구이며, 是 자가 주어 혹은 주어절의 아래에 있을 때는 '바로 ~이다'에 해당하는 조사가 된다.

풀 이

1) **道吾善者는 是吾賊이오 道吾惡者는 是吾師니라.** : 나의 선한 점을 말하여 주는 사람은 바로 나의 적이 되고
   - 道吾善은 서술어+목적어로 구성되어 있으면서 者를 수식한다. 吾賊은 爲吾賊者와 같은 말로, 나의 적(賊)이 되는 사람이다. 是吾師의 吾師도 吾賊과 같은 용법으로 쓰였다.
     - 예(例) : 爲人臣者 → 人臣
       爲人君者 → 人君
   - 道는 말하는 것이며 賊은 '해치다'이다. 이 문장의 善과 惡은 좋은 점과 나쁜 점에 대한 것을 개괄하여 가리킨다.

출 전

《명심보감(明心寶鑑)》淸州本에, 道吾惡者 是吾師 道吾善者 是吾賊이라 하였고, 《증광현문(增廣賢文)》에도 이 글이 보인다.

15 子曰 三人行에 必有我師焉이니 擇其善者而從之하고 其不
善者而改之니라.

※ 공자가 말씀하시기를,
"세 사람이 길을 감에 반드시 나의 스승이 있으니, 그 가운데에 선(善)한
사람을 가려서 그 선을 따르고 불선(不善)한 사람을 가려서 그 불선을 고
칠 것이니라." 하였다.

· 문장의 구조 ·

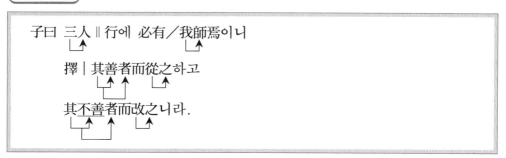

善을 갖고서 자신을 수양하려면 천하의 모든 사람이 자신의 스승이 될 수 있음을
뜻한다.

· 풀 이 ·

1) 三人行에 必有我師焉이니 : 세 사람이 길을 감에 반드시 나의 스승이 있으니
   ❂ 三人行은 세 사람이 길을 가는 것이다. 한 사람은 선(善)하고 한 사람이 악
   (惡)하며 한 사람은 자신을 뜻하니, 최소한의 사람이 길을 함께 가는 경우를
   가정한 것이다. 必有我師焉은 반드시 그러한 곳에 자신이 본받아 스승으로 삼
   을 사람이 있다는 말이다.

2) 擇其善者而從之하고 其不善者而改之니라 : 그 가운데에 선(善)한 사람을 가려서 그
   선을 따르고 불선(不善)한 사람을 가려서 그 불선을 고칠 것이니라.
   ❂ 擇其善者는 그 가운데에 선한 품성을 가진 사람을 선택하는 것이다. 從之는
   從其善과 같으니 그의 善을 따르는 것이다. 其不善者는 擇其不善者와 같은 말
   이니, 그 가운데 不善을 가리는 것이다. 改之는 改其不善과 같으니, 그 가운데
   不善을 고치는 것이다.

· 출 전 ·

《논어(論語)》述而篇

 16 太公曰 勤爲無價之寶요 愼是護身之符니라.

※ 태공이 말하기를,
"부지런함은 값을 매길 수 없는 보배가 되고 삼가함은 몸을 보호하는 부적이 되느니라." 하였다.

· 문장의 구조 ·

勤‖爲無╱價之寶요

愼‖是護┃身之符니라

勤과 愼이 주어가 되고 爲와 是는 서술하는 계사(繫辭)가 되며 無價之寶와 護身之符가 목적절이 된다.

· 풀 이 ·

1) **勤爲無價之寶요** : 부지런함은 값을 매길 수 없는 보배가 되고

❂ 勤爲는 대구(對句)인 愼是를 살펴보면 爲는 계사(繫辭)로 처리해야 하니, '~이다' 혹은 '~되다.'라고 풀이한다.

❂ 無價는 '값이 없는'이라는 뜻으로, 값으로 매길 수 없는 귀중한 보배를 가리킬 때 사용한다. 예를 들면 무등산(無等山)은 '등급이 없는 산'이라는 뜻이니, 바로 등급을 매길 수 없다는 표현이다. 無價는 서술어+보어 관계이므로 之는 토씨가 '는'이 붙으며, 無價之가 寶를 수식하는 말이 된다.

2) **愼是護身之符니라.** : 삼가함은 몸을 보호하는 부적이 되느니라.

❂ 愼是는 '삼가함은 ~이다.'라는 뜻이니, 是가 주어 뒤에 붙어서 술어로 쓰인 것은 고문(古文)에는 가끔씩 보이다가 어류(語類)가 발생한 후부터 사용이 빈번해지기 시작하여 현재 중국어에는 폭넓게 사용되었으니, 부사 뒤에 붙어서 '便是' '卽是' 또는 只是 등과 같은 용례도 모두 그러하다.

◉ 護身은 서술어+목적어 관계이므로 역시 之는 토씨가 '는'이며 護身之가 符를 수식하는 말이다. 符는 임금이 장군을 전쟁터로 내보낼 때 규옥(圭玉)에 글자를 새긴 뒤에 반을 쪼개어 각각 나누어 보관하다가, 임금이 명령을 바꾸거나 새로운 칙령을 내릴 때 장군은 나누어 가졌던 병부(兵符)를 맞추어 보고서 명령을 수행하는 신표(信標)를 말한다.

그러나 이 장에서 가리키는 符는 부적(符籍)을 말하니, 종이에 붉은 것으로 쓰거나 나무나 돌을 갖고서 악귀나 잡신을 쫓고 재앙을 물리치기 위하여 몸에 지니고 있는 주술의 의미가 담긴 것들을 총칭하여 말한다.

17 景行錄云 寡言이면 則省謗하고 寡慾이면 則保身이니라.

> ※《경행록》에 이르기를,
> "말을 적게 하면 비방이 줄고 욕심을 적게 가지면 몸이 보전될 것이니라."
> 하였다.

・문장의 구조・

> 景行錄云 寡 | 言이면 則省／謗하고
>
>   寡 | 慾이면 則保／身이니라.

則의 앞은 조건절이면서 가정이 되고, 뒤는 결과절이 된다.

・풀 이・

1) 寡言이면 則省謗하고 寡慾이면 則保身이니라. : 말을 적게 하면 비방이 줄고 욕심을 적게 가지면 몸이 보전될 것이니라.
   ◉ 寡言은 서술어+목적어의 구성이니, 자신의 말을 적게 하는 것이다. 則은 가정격 조사이니 '~이면'이다. 省謗의 省은 '덜어지다'이니, 비방이 줄어드는 것이다. 寡慾은 욕심을 적게 갖는 것이다. 保身은 자신의 몸을 온전하게 보전하는 것이다.

18 景行錄曰 保生者는 寡慾하고 保身者는 避名이니 無慾은 易나 無名은 難이니라.

※ 《경행록》에 이르기를,

"삶을 보전하려는 자는 욕심이 적고 몸을 보전하려는 자는 이름이 나는 것을 피하니, 욕심을 없게 하기는 쉬우나 이름이 남이 없게 하기는 어려우니라." 하였다.

문장의 구조

景行錄 曰 保 | 生者는 寡／慾하고

保 | 身者는 避 | 名이니

無／慾 ‖ 은 易나

無／名 ‖ 은 難이니라.

제 1절은 주어절+서술어+목적어로 이루어졌는데 주어절은 保生이 者를 수식한다. 제 2절은 주어절+서술어의 구성으로 주어절은 서술어+보어로 이루어졌다.

풀 이

1) **保生者는 寡慾하고 保身者는 避名이니** : 삶을 보전하려는 자는 욕심이 적고 몸을 보전하려는 자는 이름이 나는 것을 피한다.

❖ 保生은 삶을 보전함이니, 全生과 같은 뜻이다. 保身은 자신을 보전한다는 말이니, 《장자(莊子)》 養生主篇에, "선을 행한다 해서 명예를 가까이 하지 않으며 악을 행한다 해서 형벌에 가까이 하지 않고 중도를 지키는 것을 법으로 삼으면 몸을 보전할 수 있으며 삶을 온전히 할 수 있다.[爲善無近名 爲惡無近刑 緣督以爲經 可以保身 可以全生]"에서 의미를 차용한 듯하다. 者는 사람, 일, 사물 등을 가리키는 말로 다양하게 활용하는 글자이니, 훈(訓)으로 풀이하지 않고 음(音)으로 풀이하는데, 이 장에서는 사람을 가리키는 말이다.

2) **無慾은 易나 無名은 難이니라** : 욕심을 없게 하기는 쉬우나 이름이 남이 없게 하기는 어려우니라.

❖ 無慾은 욕심이 없게 하는 것이니, 자신이 추구할 수 있는 일로써 어려운 듯하나 쉬운 일이므로 삶을 보전할 수 있다. 避名은 자신의 의사와 관계없이 지식이나 덕망이 높으면 자연히 이름이 크게 알려지는 것이니, 어려운 일이지만 이름이 나는 것을 피하는 경지에 이르면 몸을 보전한다는 말이다.

景行錄云 務名者는 殺其身하고 多財者는 殺其後니라.

※《경행록》에 이르기를,
"명예를 힘쓰고자 하는 사람은 그 몸을 죽게 하고 재물을 많게 하려는 사람은 그 후손을 죽게 하느니라." 하였다.

문장의 구조

```
景行錄云 務|名者‖는 殺|其身하고
          └──→↑      └→↑
         多|財者‖는 殺|其後니라.
          └──→↑      └→↑
```

주어+서술어+목적어의 구성이므로 '~은 ~을 ~하다'로 해석한다.

풀 이

1) **務名者는 殺其身하고 多財者는 殺其後니라.** : 명예를 힘쓰고자 하는 사람은 그 몸을 죽게 하고 재물을 많게 하려는 사람은 그 후손을 죽게 하느니라.
   - 務名者는 欲務名之人과 같은 말이니, 명예를 얻으려고 힘을 쓰려고 하는 사람이다. 殺其身의 其는 본인을 가리키니, 자신의 몸을 죽게 하다는 뜻이다.
   - 多財者는 欲多財之人과 같은 말이니, 재물을 많이 불리려고 하는 사람이다. 殺其後는 자신의 후손을 죽게 만든다는 말이니, 이치에 벗어나는 짓을 많이 하게 되므로 그 폐해가 자손에게 끼친다는 뜻이다.

20 老子曰 慾多傷神하고 財多累身이니라.

※ 노자(老子)가 말하기를,
"욕심이 많으면 정신을 상하게 하고 재물이 많으면 몸을 얽매이게 하느니라." 하였다.

문장의 구조

```
老子曰 慾‖多 傷|神하고

      財‖多 累|身이니라.
```

慾多와 財多 뒤에 則이 생략된 가정문이다.

> · 풀 이 ·

1) 老子曰 : 노자(老子)가 말하기를,
  ❀ 老子 : 이름은 이이(李耳). 자는 담(聃). 노담(老聃)이라고도 한다. 초(楚) 나라 고현(苦縣,) 출생. 춘추시대(春秋時代) 말기 주(周) 나라에서 장서실(藏書室)을 관리하는 수장실사(守藏室史)를 지냈다. 공자(BC 552~BC 479)가 젊었을 때 낙양(洛陽)으로 찾아가 예(禮)에 관한 가르침을 받았다는 이야기가 전해진다. 주 나라의 쇠퇴를 한탄하고 은둔할 것을 결심해 서방(西方)으로 떠나는 도중에 관문지기의 요청으로 상하(上下) 2편의 책을 써 주었는데, 이것을 《노자》 라고 하며 《도덕경(道德經)》 이라고도 하는데, 도가 사상의 효시로 일컬어진다.

2) 慾多傷神하고 財多累身이니라. : 욕심이 많으면 정신을 상하게 하고 재물이 많으면 몸을 얽매이게 하느니라.
  ❀ 慾多傷神은 慾多則傷神과 같으니, 욕심이 많으면 정신을 손상 시킨다는 말이다. 財多累身도 財多則累身과 같은 말이니, 재물이 많으면 그 재물에 자신의 몸이 얽매임을 당한다.

> · 출 전 ·

老子 《도덕경(道德經)》 運夷篇 金玉滿堂의 注에 나오는 말이다.

㉑ 子曰 君子 有三戒하니 少之時엔 血氣未定이라 戒之在色하고 及其長也하얀 血氣方剛이라 戒之在鬪하고 及其老也하얀 血氣旣衰라 戒之在得이니라.

> ※ 공자가 말씀하시기를,
> "군자는 세 가지 조심할 것이 있으니, 젊었을 때는 혈기가 아직 정해지지 않았으니 조심할 것이 이성에 있고, 그 장성함에 이르면 혈기가 바야흐로 강성하므로 조심할 것이 싸움에 있으며, 그 늙음에 이르면 혈기가 이미 노쇠하였으니 조심할 것이 욕심에 있느니라." 하였다.

문장의 구조

> 子曰 君子‖ 有╱三戒하니
>
> 　　　少之時엔 血氣‖ 未定이라 戒之在╱色하고
>
> 　　　及╱其長也하얀 血氣‖ 方剛이라 戒之在╱鬪하고
>
> 　　　及╱其老也하얀 血氣‖ 旣衰라 戒之在╱得이니라.

　주어+서술어+보어의 관계로 서두를 시작하고 세부적인 설명이 뒤따른다. 少之時의 之는 관형격조사로 토씨는 '을'이 되고 戒之의 之는 술어격조사로서 토씨는 '이'나 '은'을 붙인다. 혈기(血氣)는 시기에 따라 변화하므로 성인과 범인의 차이가 없으니 少未定·長而剛·老而衰를 가리키고, 이성으로 제어하는 戒於色·戒於鬪·戒於得은 지기(志氣)를 가리키는데, 군자는 지기를 배양하므로 혈기에 부림을 당하지 않는다.

· 풀　이 ·

1) **子曰 君子 有三戒하니 : 군자는 세 가지 조심할 것이 있으니**
   - ◉ 君子는 일반적으로 덕을 완성한 사람[成德之人]과 지위가 높은 사람[在上之人]을 지칭하는데, 이 장에서는 덕의 경지에 들어가려는 군자[入德之人]를 가리킨다. 戒를 '경계한다'고 풀이하는데, 조심한다는 뜻의 옛말이다.

2) **少之時엔 血氣未定이라 戒之在色하고 : 젊었을 때는 혈기가 아직 정해지지 않았으니 조심할 것이 이성에 있고,**
   - ◉ 少之時의 之는 관형격조사로 풀이할 때 토씨는 '을'을 붙인다. 血氣는 어느 것을 이루려는 일종의 에너지를 가리킨다. 未는 '아직 ~하지 않는다.'는 뜻이며, 定은 안정된 것을 말한다.
   - ◉ 戒之의 之는 서술어 戒의 자격을 강조하는 의미로 쓰인 서술격조사이니, 토씨는 '이', 혹은 '은'을 붙인다. 在色의 在는 장소나 선결 조건을 나타낼 때 쓰인다. 色은 이성을 가리킨다.

3) **及其長也하얀 血氣方剛이라 戒之在鬪하고 : 그 장성함에 이르면 혈기가 바야흐로 강성하므로 조심할 것이 싸움에 있으며,**
   - ◉ 及은 시기가 도래한 것을 가리키며 其는 군자를 가리키는 주격 대명사이다. 也는 평서문에서는 종결사로 쓰이지만, 여기서는 주부(主部)를 구분하며 강조하는 의미로 쓰였다. 方은 부사이니, '바야흐로'의 뜻이다. 剛은 내면이 굳건한 상태를 가리킨다. 鬪는 싸움을 가리킬 뿐만 아니라 남과의 모든 경쟁을 지칭한다.

❂ 덕의 경지에 들어가려는 군자가 장성한 지경에 이르면[及其長也] 에너지가 한창 강성할 지경이 되므로[血氣方剛] 조심할 것을 다른 사람과의 모든 경쟁에 있다[戒之在鬪]고 말한 것이다.

4) 及其老也하얀 血氣旣衰라 戒之在得이니라. : 그 늙음에 이르면 혈기가 이미 노쇠하였으니 조심할 것이 욕심에 있느니라.

❂ 旣는 과거형에 쓰이는 부사이다. 得은 탐득(貪得)을 말하니, 분수에 넘는 욕심을 가리킨다. 늙으면 에너지가 쇠퇴하는 대신에 욕구는 젊었을 때보다도 늘어나므로 생기는 노욕(老慾)을 조심해야 한다는 말이다.

⟨ 출 전 ⟩

《논어(論語)》 季氏篇

⟨ 참 고 ⟩

皇侃의 注에 의하면

"젊었을 때는 三十歲 이하를 말하며, 장성하였을 때는 三十歲 이후를 뜻하고, 五十歲 이상을 늙었다고 칭한다." 하였다.

㉒ 孫眞人養生銘云 怒甚偏傷氣오 思多太損神이라 神疲心易役이오 氣弱病相因이라 勿使悲歡極하고 當令飮食均하며 再三防夜醉하고 第一戒晨嗔하라.

※ 손진인(孫眞人)의 〈양생명(養生銘)〉에 이르기를,
"성냄이 심하면 특히 기운을 상하고, 생각이 많으면 크게 정신을 상하느니라. 정신이 피로하면 마음이 부림을 당하기 쉽고, 기운이 약하면 병이 인하여 일어나느니라. 슬퍼하고 기뻐함을 극심하게 표현하지 말고 음식을 고르게 섭취해야 되며 재삼 밤에 술 취하는 것을 막고, 첫째로 새벽에 성냄을 조심하라." 하였다.

·문장의 구조·

孫眞人養生銘云 怒‖甚 偏傷│氣오   思‖多 太損│神이라

神‖疲 心易役이오 氣‖弱 病相因이라

勿使悲歡極하고 當令飮食均하며

再三 防夜醉하고 第一 戒晨嗔하라.

　기구(起句)와 승구(乘句)는 조건절과 결과절로 이루어졌고, 전구(轉句)과 결구(結句)는 양생(養生)을 하기 위한 방법을 논하였다.

·풀　이·

1) 孫眞人 養生銘云 : 손진인(孫眞人)의 〈양생명(養生銘)〉에 이르기를,

　❀ 孫眞人이 확실하게 누구인지는 자세하지 않다. 진인(眞人)은 도교의 깊은 진리를 깨달은 사람이나 불교에서 진리를 깨달은 사람으로 아라한(阿羅漢)을 이른다고 하였다. 손진인을 손사막(孫思邈)이라 지칭하기도 하는데, 그는 수(隋) 문제(文帝), 당 태종(太宗)·고종(高宗) 등에게 부름을 받았으나 모두 사양하고 나아가지 않았다. 명의(名醫)로 은퇴하여 저술에 몰두하였으므로 의서(醫書) 이외에 많은 책을 저작하였다. 대표적인 의서로 《비급천금요방(備急千金要方)》 30권과 《천금익방(千金翼方)》 30권이 있다. 의가(醫家)의 윤리(倫理)를 논설하고 육조 때부터 불로장수약이라고 하던 오석산(五石散)의 해독(害毒)을 해설한 실증론(實證論)에 입각한 명의였는데, 특히 도교에 심취하여 양생법을 주창하였으므로 손진인이라 불리었다.

　❀ 養生은 타고난 수명대로 장수하려면 몸과 마음을 안정하여 병에 걸리지 않도록 섭생(攝生)하는 방법을 말한다. 銘은 원래 정(鼎)·이(彝)·준(尊)·반(盤) 등의 동기(銅器)에 새긴 글을 총칭하는데, 은(殷)·주(周) 시대부터 비롯되었다. 대부분은 사적(史蹟)을 기록하며 그 사적을 이룩한 사람의 공로를 찬양한 경우가 많다. 후에는 잠언(箴言)처럼, 경계하는 뜻을 담은 글이 나왔으니, 은 탕왕(湯王)의 <탕반명(湯盤銘)>과 당 유우석(劉禹錫)의 <누실명(陋室銘)>이나 송 장재(張載)가 지은 <동명(東銘)>과 같은 글이 나오게 되었다. 원래는 운문(韻文)에 맞추어 짓는 것인데 주(周) 시대 이전은 운법(韻法)이나 구법(句法)이 일정치 않다. 1구 4언(一句四言)에 격구압운(隔句押韻)하는 통례인데 후한(後漢) 이

후에는 망인(亡人)의 공을 찬미하는 비명(碑銘)·묘명(墓銘) 등이 생겼다.

2) **怒甚偏傷氣오 思多太損神이라** : 성냄이 심하면 특히 기운을 상하고, 생각이 많으면 크게 정신을 상하느니라.

❂ 怒甚은 노함이 심한 것이며 思多는 생각이 많으면 이니, 주어+술어로 이루어진 가정문이다. 偏은 부사이니, '특히' 또는 '치우쳐'의 뜻으로 사용하였고 太도 역시 '크게'의 뜻으로 쓰인 부사이다. 傷氣는 서술어+목적어의 짜임으로 화기(和氣)를 해치게 됨을 거론하였고 損神도 서술어+목적의 짜임으로 정신(精神)을 해치게 된다고 말한 것이다.

3) **神疲心易役이오 氣弱病相因이라** : 정신이 피로하면 마음이 부림을 당하기 쉽고, 기운이 약하면 병이 인하여 일어나느니라.

❂ 정신이 피로하면[神疲]은 생각이 많아서 정신적으로 피로해진 지경을 말하고, 기운이 약해지면[氣弱]은 내면에 나오는 에너지가 쇠약한 것을 말하는데 모두 주어+술어로 이루어진 가정문이다. 心易役과 病相因은 주어+술어의 구성이니, 心과 病이 주어이다. 易役은 부림을 당하기 쉽다 이니, 役은 사역동사이다. 相因의 相은 상대가 있음을 가리키는 빈어(賓語)로서 기운이 약해지면 병의 원인이 된다는 뜻이니, 상대를 가리키는 조사이다.

4) **勿使悲歡極하고 當令飮食均하며** : 슬퍼하고 기뻐함을 극심하게 표현하지 말고 음식을 고르게 섭취해야 되며

❂ 勿은 금지사이며 使는 사역동사로 '~하여금 ~하게 하다.'의 뜻으로 쓰인다. 極은 끝까지 도달한 상태를 말하니 슬픔과 기쁨을 절제하지 않고 극심한 지경에 이르도록 발산하는 일을 하지 말라는 뜻이다.

❂ 當은 부사로 '마땅히 ~하게 되다.'의 뜻으로 해석하며 令도 역시 사역동사로 '~하여금 ~하게 하다.'의 뜻으로 쓰인다. 음식으로 하여금 고르게 섭취해야 된다는 표현이다.

5) **再三防夜醉하고 第一戒晨嗔하라** : 재삼 밤에 술 취하는 것을 막고, 첫째로 새벽에 성냄을 조심하라.

❂ 再三은 '두세 번' '거듭' '여러 번'의 뜻이며, 第一은 '첫 번' '제일'의 뜻을 지녔는데, 모두 부사어이다. 防夜醉는 밤에 술 취하는 것을 막는 것이니, 서술어+목적어로 이루어졌고, 夜는 醉를 수식한다. 戒晨嗔은 새벽에 성냄이니, 서술어+목적어의 구성이며 역시 晨이 嗔을 수식한다.

⟨ 참 고 ⟩

《동의보감(東醫寶鑑)》 先賢格言篇에,

怒甚偏傷氣　성냄이 심하면 특히 기운을 상하고
思多太損神　생각이 많으면 크게 정신을 상하느니라.
神疲心易役　정신이 피로하면 마음이 부림을 당하기 쉽고
氣弱病相因　기운이 약하면 병이 인하여 일어나느니라.
勿使悲歡極　슬퍼하고 기뻐함을 극한데 이르지 말게 하고
當令飮食均　마땅히 음식은 고르게 섭취해야 되느니라
再三防夜醉　재삼 밤에 술 취하는 것을 막고
第一戒晨嗔　첫째로 새벽에 성냄을 조심하라.
亥寢鳴天鼓　亥時에 잠에 들 때는 손으로 귀를 울려주고
寅興漱玉津　寅時에 일어나서 침을 양치질하고 삼켜라
妖邪難犯已　요망하고 사악한 기운이 몸을 침범키 어렵고
精氣自全身　청정한 기운이 저절로 몸을 보전할 것이니라
若要無諸病　만약 모든 병이 없기를 원한다면
常須節五辛　항상 모름지기 五辛菜를 절제하라
安神宜悅樂　정신이 편안하면 즐겁고 기쁨은 당연하고
惜氣保和純　기운을 아끼면 화기와 순전함을 보전하리라
壽夭休論命　장수와 요절이 명에 있다고 말하지 말게.
修行本在人　닦고 행하는 것은 본래 사람에게 달려있나니
若能遵此理　만약 능히 이 이치를 쫓는다면
平地可朝眞　평지에서 眞宰를 朝謁할 수 있다네

23 子曰 君子는 食無求飽하고 居無求安하며 敏於事而愼於言이오
就有道而正焉이면 可謂好學也니라.

※ 공자가 말씀하시기를,
"군자는 먹을 때 배부름을 추구하지 않으며 거처할 때 편안함을 추구하지 않으며 일을 힘써 노력하며 말을 조심하고, 도(道)가 있는 사람에게 나아가 바로잡는다면 학문을 좋아한다고 말할 수 있느니라." 하였다.

· 문장의 구조 ·

子曰 君子∥는 食無/求丨飽하고 居無/求丨安하며
敏於/事而愼於/言이오 就有/道而正焉이면
可謂 好丨學也니라.

군자의 학문은 목표가 확고[篤志]하므로 배부르거나 편안함을 추구하지 않으며, 힘써 실천[力行]하므로 일에 대해 노력하여 게을리 하지 않고 말에 대해 항상 조심한다.

・ 풀 이 ・

1) **君子는 食無求飽하고 居無求安하며 敏於事而愼於言이오 就有道而正焉이면 可謂好學也니라.** : 군자는 먹을 때 배부름을 추구하지 않으며 거처할 때 편안함을 추구하지 않으며 일을 힘써 노력하며 말을 조심하고, 도(道)가 있는 사람에게 나아가 바로잡는다면 학문을 좋아한다고 말할 수 있느니라.

　　◉ 君子는 군자의 도를 실행하려고 하는 사람이다. 食은 음식을 먹을 때이다. 無求飽는 배불리 먹는 것을 추구하지 않음이다. 無는 不의 용법으로 쓰였다. 居는 거처할 때이다. 無求安은 자신의 안일을 추구하지 않는 것이다. 飽食과 安居를 추구하지 않음은 뜻[志]이 학문에 있기 때문이다.

　　◉ 敏은 힘써 실천하고 게을리 하지 않는 것이다[力行而不惰]. 於事는 '일에 대하여'이니, 학문(學問), 사변(思辨), 궁리(窮理) 같은 일들을 모두 포함한다. 而는 且의 의미를 지닌 접속사이다. 愼於言은 자신의 말을 할 때는 모두 말하지 않고 절제하는 것이다.

　　◉ 就有道而正焉은 자신이 한 일을 옳다고 단정하지 않고 도가 있는 사람에게 나아가서 시비(是非)를 바로잡는 것이다. 可謂는 말 할 수 있다. 好學은 학문을 좋아하다.

・ 출 전 ・

《논어(論語)》 學而篇

・ 참 고 ・

《명심보감(明心寶鑑)》 淸州本에는 '子曰 君子는 食無求飽하고 居無求安하며'까지 실려 있다.

㉔ 老子曰 欲人不知어든 莫若無爲요 欲人不言이어든 莫若不言이니라.

※ 노자가 말하기를,
"사람들이 알지 못하기를 바란다면 하지 않는 것만 같은 것이 없고 사람들이 말하지 않기를 바란다면 말하지 않는 것만 같은 것이 없느니라." 하였다.

· 문장의 구조 ·

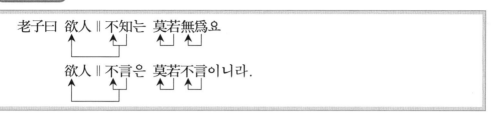

老子曰 欲人 ∥ 不知는 莫若無爲요

欲人 ∥ 不言은 莫若不言이니라.

莫若은 莫如와 같은 용법이니, A +莫若+B는 'A는 B만 같은 것이 없다'는 뜻이 되니, B가 최상이라는 표현이다.

· 풀 이 ·

1) 欲人不知는 莫若無爲요 : 사람들이 알지 못하기를 바란다면 하지 않는 것만 같은 것이 없고

❀ 欲은 '하고자하다', '바라다'의 뜻이다. 人不知는 사람들이 알지 않아야 하는 일을 가리킨다. 莫若은 비교격에 쓰이는 조사이니, ~과 같은 것이 없다. 無爲는 不爲와 같은 뜻이니, 하지 않다.

2) 欲人不言은 莫若不言이니라. : 사람들이 말하지 않기를 바란다면 말하지 않는 것만 같은 것이 없느니라

❀ 欲人不言은 다른 사람이 자신에 대하여 말하지 않기를 바라는 것이다. 莫若不言은 자신이 말을 하지 않는 것이 제일 좋다는 뜻이다.

25 景行錄曰 食淡精神爽이오 心淸夢寐安이니라.

※《경행록(景行錄)》에 이르기를,
"음식이 담백하면 정신이 상쾌하고 마음이 깨끗하면 꿈자리가 편안하느니라." 하였다.

· 문장의 구조 ·

景行錄曰 食 ∥ 淡 精神 ∥ 爽이오

心 ∥ 淸 夢寐 ∥ 安이니라

가정문으로 食淡과 心淸이 주어+서술어로 이루어진 조건절(條件節)이며, 精神爽과 夢寐安은 주어+서술어로 구성되어 있는 결과절이다.

· 풀 이 ·

1) 食淡精神爽이오 : 음식이 담백하면 정신이 상쾌하고

❀ 食은 음식물을 가리키는 명사이다. 淡은 담백한 것이니, 짜거나 자극적이지 않고 싱거운 것을 말한다. 爽은 깨끗하고 밝은 상태를 말한다.

2) 心淸夢寐安이니라 : 마음이 깨끗하면 꿈자리가 편안하느니라.

❀ 心은 마음에 지니고 있는 것을 가리키는 명사이다. 淸은 깨끗하여 사념(邪念)이 없는 상태를 말한다. 夢寐는 잠자리를 가리키는데, '꿈자리'라고 칭하기도 한다.

· 출 전 ·

《명심보감》淸州本에, 景行錄云 食淡精神爽이오 觀淸夢寐安이라.

譯 《명심보감》淸州本에,《경행록(景行錄)》에 이르기를,

"음식이 담백하면 정신이 상쾌하고 보는 것이 깨끗하면 꿈자리가 편안하느니라." 하였다.

26 荀子曰 積土成山이면 風雨興焉하고 積水成淵이면 蛟龍生焉하고 積善成德이면 而神明自得하여 聖心備焉이니라.

※ 순자(荀子)가 말하기를,
"흙을 쌓아서 산을 이루면 비바람이 일어나게 되고 물을 모아 깊은 못을 만들면 교룡이 살게 되고 선(善)을 쌓아서 덕(德)을 이루면 신명(神明)을 저절로 얻게 되어 성심(聖心)을 갖추게 되느니라." 하였다.

· 문장의 구조 ·

荀子曰 積│土 成│山이면 風雨‖興焉하고

積│水 成│淵이면 蛟龍‖生焉하고

積│善 成│德이면 而神明‖自得하여 聖心‖備焉이니라.

가정형의 문장이므로 조건절과 결과절로 구성되어 있다.

· 풀 이 ·

1) 荀子曰 : 순자(荀子)가 말하기를,

● 荀子 : 순자(荀子 : B.C313~B.C238)의 성은 순(荀), 이름은 황(況)이다. 조(趙) 나라 사람으로 당시 사람들이 존숭하여 순경(荀卿)혹은 손경자(孫卿子) 등으로 일컬었다. 《사기(史記)》에 전하는 그의 전기는 정확성이 없으나, 대체로 제 (齊) 나라에 유학(遊學)하고, 진(秦)나라와 조(趙) 나라에 유세(遊說)하였다. 저 서(著書)로 《순자(荀子)》 20권이 있는데, 인간은 태어나면서 악한 성품을 갖고 있어서 교육으로 제도하고 예의(禮義)를 갖고 바로잡아야 한다는 성악설(性惡 說)을 주창하였다.

2) 積土成山이면 風雨興焉하고 積水成淵이면 蛟龍生焉하고 積善成德이면 而神明自得 하여 聖心備焉이니라. : 흙을 쌓아서 산을 이루면 비바람이 일어나게 되고 물을 모아 깊은 못을 만들면 교룡이 살게 되고 선(善)을 쌓아서 덕(德)을 이루면 신명 (神明)을 저절로 얻게 되어 성심(聖心)을 갖추게 되느니라.

● 積土成山은 서술어+목적어가 병렬되어 있으니, 작은 흙덩이들을 모아서 큰 산 을 만드는 것이다. 風雨興焉의 焉의 속에는 대명사 之를 내포하고 있으니, 높 은 산이 있으면 비바람이 일어나게 된다.

● 積水成淵은 작은 물을 모아서 깊은 못[淵]을 만드는 것이다. 蛟龍生焉은 깊은 못이 있으면 교룡들이 그곳에서 살게 된다.

● 積善은 선행을 쌓는 것이면 成德은 남에게 은덕을 베푸는 일을 행하는 것이 다. 而는 則과 같은 의미로 쓰인 조사이다. 神明은 정신이 밝게 깨어있어 사 리(事理)를 잘 분별하는 것이다. 自得은 저절로 깨우쳐서 얻게 됨이다. 聖心은 성인의 마음이니, 세상 사람들을 구제하려는 마음을 가리킨다. 備焉은 성인의 마음을 갖추게 되는 것이다.

· 출 전 ·

《순자(荀子)》 勸學篇

27 性理書云 修身之要는 言忠信하며 行篤敬하며 懲忿窒慾하며 遷善改過니라.

※《성리서(性理書》에 이르기를,
"몸을 수양하는 요점은 말을 할 때 진심을 다하고 진실하게 하며 행실을 독실하고 공경하며 분함을 다스리고 욕심을 막으며 선(善)으로 옮겨가고 잘못을 고치는 것이니라." 하였다.

· 문장의 구조 ·

性理書云 修│身之要는 言忠信하며 行篤敬하며

懲│忿 窒│慾하고 遷／善 改│過니라.

· 풀 이 ·

1) **性理書云** : 《성리서(性理書)》에 이르기를,

❂ 《성리서(性理書)》 : 성리(性理)를 주제로 유학을 탐구하는 것을 성리학(性理學)이라 하니, 도학(道學)·이학(理學)·성명학(性命學)이라 한다. 또 이를 발전시킨 정자와 주자를 대표하여 정주학(程朱學)이라고도 한다. 이러한 부류의 책들을 모두 《성리서(性理書)》라고 지칭한다.

2) **修身之要는 言忠信하며 行篤敬하며** : 몸을 수양하는 요점은 말을 할 때 진심을 다하고 진실하게 하며 행실을 독실하고 공경하며

❂ 修身之要의 之는 서술어+목적어의 뒤에 있으므로, '~는'의 뜻이 되니, 자신을 수양하는 요점이다. 言忠信은 말을 할 때 자신의 마음을 다하며[忠] 진실을 갖고 말하는 것이다.[信] 行은 행실이다. 行篤敬은 행실을 돈후하게 하고 공경하는 마음을 갖는 것이다. 言忠信, 行篤敬은 《논어(論語)》 衛靈公篇에 나온다.

3) **懲忿窒慾하고 遷善改過니라.** : 분함을 다스리고 욕심을 막으며 선(善)으로 옮겨가고 잘못을 고치는 것이니라.

❂ 懲忿의 忿은 올바르지 않은 분노이니, 怒와는 다르다. 懲忿窒慾은 《역경(易經)》 손괘(損卦)의 상사(象辭)에 나오는 말이니, 분노를 다스리고 사욕을 막는 것이다.

❂ 遷善改過는 《역경(易經)》 익괘(益卦)의 상사(象辭)에 나오는 말이니, 선(善)함을 보거든 옮겨가고 잘못을 알았으면 고치는 것이다.

28 定心應物하면 雖不讀書라도 可以爲有德君子이니라.

※ 마음을 안정하여 상대를 응대한다면 비록 공부를 하지 않았더라도 덕이 있는 군자라고 말할 수 있느니라.

문장의 구조

定 | 心 應 | 物하면

雖不讀 | 書라도 可以爲 有／德君子이니라.

定心應物은 술어+목적어가 나란히 있는 술목 병렬관계의 짜임으로 구성되었고 雖不讀書까지가 가정절이며 可以爲有德君子가 결과절인데 추측하며 단정을 하였다.

풀 이

1) 定心應物하면 : 마음을 안정하여 상대를 응대한다면
   ❂ 定心은 마음을 안정하는 것이니, 마음을 가라앉히고 바로잡아 한 곳으로 집중하는 것이다. 應物의 物은 사물이나 일 또는 나 아닌 다른 사람을 총칭하는 말이니, 이러한 모든 것들을 응대하는 것을 말한다.

2) 雖不讀書라도 可以爲有德君子이니라 : 비록 공부를 하지 않았더라도 덕이 있는 군자라고 말할 수 있느니라.
   ❂ 雖는 부사이니, 부사어는 놓여있는 위치에 가서 해석하면 된다. 讀書는 책을 읽는다는 뜻과 함께 '공부를 하다'의 뜻을 갖고 있는데, 이 장에서는 후자의 의미가 더욱 많다.
   ❂ 可는 할 수 있다[可能]에 해당하는 조동사이다. 以爲는 謂와 같은 의미를 갖는데, '여기다', '말하다', '때문이다'의 뜻으로 쓰이므로 그 문장에 맞는 뜻을 원용(援用)하면 된다.
     ■ 예(例) : 之於 → 諸   以爲 → 謂
              何不 → 盍
   ❂ 有德君子는 내면에 덕을 간직한 군자를 말한다. 有는 소유격 술어로써 뒤에 오는 글자는 보어가 되며, 토씨는 '~가' 또는 '~이'를 붙인다.

29 子曰 君子는 欲訥於言而敏於行이니라.

※ 공자가 말씀하기를,
"군자는 말을 어렵게 여기고 실천을 힘쓰고자 하느니라." 하였다.

子曰 君子∥는 欲訥於言而敏於行이니라.

1) 君子는 欲訥於言而敏於行이니라 : 군자는 말을 어렵게 여기고 실천을 힘쓰고자 하느니라.

　◉ 君子는 덕을 완성하려는 사람이다. 欲은 문장의 끝까지 연관된다. 訥은 말로 표현하기를 어렵게 여기는 것이다. 於는 '～을'이다. 言은 자신의 말이다. 敏行은 실천을 힘쓰는 것이니, 敏은 항상 노력하여 게을리 하지 않는 것이다.

《논어(論語)》 里仁篇

 近思錄云 懲忿을 如救火하고 窒慾을 如防水하라.

※《근사록(近思錄)》에 이르기를,
"분노를 다스리기를 불을 끄는 것처럼 하고, 욕심을 막기를 물을 막는 것처럼 하라." 하였다.

近思錄云 懲 | 忿을 如／救 | 火하고
　　　　　　　↕　　　　　↕
　　　　窒 | 慾을 如／防 | 水하라.

　2, 3조의 비유법으로 구성되었다. 如는 같다는 뜻을 가진 비교형의 문장에 쓰이는 술어이다.

1) 近思錄云 : 《근사록(近思錄)》에 이르기를,

❂ 近思錄은 《논어(論語)》에 나오는 '간절하게 묻고 가까운 곳부터 생각한다[切問而近思]'는 글에서 책명을 차용한 것으로 1175년 주희(朱熹1130-1200)와 여조겸(呂祖謙)이 주돈이(周敦頤)·정호(程顥)·정이(程頤)·장재(張載) 등의 글에서 수신(修身)과 일상생활에 중요한 부분들을 뽑아 편집하였다. 모두 14권으로 도체(道體)·위학(爲學)·치지(致知)·존양(存養)·극기(克己) 등등의 편으로 구성되어 있다. 진덕수(眞德秀)의 《심경(心經)》과 함께 유학의 필수문헌으로 중시되었는데, 고려 말에 유입되어 조선 세종·문종 때부터 경연에서 강론하였다. 조선중기에는 삼경(三經)과 사서(四書)를 읽은 학자는 탐구해야 할 성리서(性理書)의 하나로 제시되었다. 그 후 조선 후기까지 학자의 필수문헌으로 인식되어 수많은 판본이 간행되었으며, 17세기 중반 정엽(鄭曄)의 《근사록석의(近思錄釋疑)》, 18세기 이익(李瀷)의 《근사록질서(近思錄疾書)》를 등 많은 해설서가 있다.

2) 懲忿을 如救火하고 : 분노를 다스리기를 불을 끄는 것처럼 하고

❂ 懲忿은 서술어+목적어의 짜임으로 분노를 징치(懲治)하기를 불을 끄는 것처럼 하는 것이다. 懲은 잘못을 저지르고 훈계를 받거나 다스리는 것이다. 救火의 救는 좋은 상태로 환원시키거나 좋은 환경으로 만들어 줄 때 쓰는 글자이다. 그러므로 救火는 불을 끄는 것이 되고 救水는 물에서 건져주는 것이다. 분노는 불이 일어나듯이 삽시간에 커지므로 불을 끄는 것처럼 해야 한다.

3) 窒慾을 如防水하라 : 욕심을 막기를 물을 막는 것처럼 하라.

❂ 문법은 윗 구절과 같다. 窒慾은 욕심을 막는 것이니, 욕심은 샘물이 솟아나듯이 계속 끊임없이 나오고 점점 커지므로 물이 나오는 샘을 막듯이[塞源] 해야 한다.

┌ 출 전 ┐

《근사록(近思錄)》에 이 구절은 보이지 않는다.

③① 夷堅志云 避色을 如避讐하고 避風을 如避箭하며 莫喫空心茶하고 小食中夜飯하라.

※《이견지(夷堅志)》에 이르기를,
"이성(異性)을 피하기를 원수를 피하는 것과 같이하고 유행(流行)을 피하기를 화살을 피하는 것과 같이하며 빈속[空腹]에 차를 마시지 말고 한밤중에 밥을 먹기를 적게 하라." 하였다.

· 문장의 구조 ·

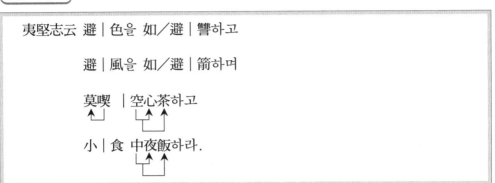

5언 절구의 형식이다. 몸가짐에 대하여 비유법으로 기구(起句)와 승구(乘句)를 구성하였고, 건강을 지키는 섭생의 방법에 대하여 훈계하는 형식으로 전구(轉句)와 결구(結句)를 구성하였다.

· 풀 이 ·

1) **夷堅志云 : 《이견지(夷堅志)》에 이르기를,**
   - ❂ 중국 송(宋) 홍 매(洪邁 : 1123~1202)가 엮은 설화집(說話集). 송(宋) 초부터 그가 살아 있을 때까지의 민간의 이상(異常)한 사건이나 괴담(怪談)을 모은 책으로 당시의 사회·민속 등(等)의 자료가 풍부하나 현재 420권 가운데 약 절반만이 전한다. 그가 남긴 저서는 《야처유고(野處類稿)》, 《지괴필기(志怪筆記)》, 《만수당인절구(萬首唐人絶句)》, 《용재수필(容齋隋筆)》 등이 있다. 이견(夷堅)은 원래 우(禹)의 신하 백익(伯益)이 초목의 이름을 붙일 때 기록하던 사람의 이름이다.
     지(志)는 원래 기전체(紀傳體)의 역사책에서 본기(本紀)·열전(列傳) 외에 천문(天文)·지리(地理)·예악(禮樂)·정형(政刑) 따위를 기술한 것인데 후에는 독립된 문체가 되어 역사를 기반으로 기록한 소설을 칭하였다. 지(志)는 지(誌)와 같은 의미이다.

2) **避色을 如避讐하고 避風을 如避箭하며 : 이성을 피하기를 원수를 피하는 것과 같이하고 유행을 피하기를 화살을 피하는 것과 같이하며**
   - ❂ 避色은 이성을 피하는 것이니, 술어+목적어의 짜임이며, 토씨는 '을'을 붙인다. 色은 여색만을 지칭하지 않고 남색도 포함된다. 그러므로 이성이라고 표현하는 것이 더욱 타당하다. 避讐는 원수를 피하는 것이니, 원수를 만나면 그 자리를 피하는 듯이 이성의 접촉을 피하라는 것이다.
   - ❂ 避風 如避箭도 기구(起句)와 같은 문법으로 구성되었다. 風에 대한 해석이 구

구한데, '바람이 나는 것'을 말하기도 하고, '바람을 쐬는 것'이라는 주장도 있으나, 모두 본래의 뜻에 조금 미비한 듯하다. 風은 유행(流行)을 말하니, 유행을 피할 때는 화살을 피하는[避箭] 듯이 한다고 하였다. 이는 비켜서면 지나간다는 의미이므로 유행에 휩쓸리지 않고 지나치면 분수에 넘는 허황된 생활을 피할 수 있는 것이다.

3) 莫喫空心茶하고 小食中夜飯하라 : 빈속에 차를 마시지 말고 한밤중에 밥을 먹기를 적게 하라.

❀ 莫喫은 금지형으로 '먹지 말라'는 뜻이다. 空心은 수식관계의 구성으로 음식을 섭취하지 않은 공복(空腹)을 말하니, 이 때에 차를 마시면 위를 손상시키므로 섭생(攝生)에 해가 된다.

❀ 小食은 '작게 먹다'로 볼 수도 있으나 승구(乘句)의 莫喫과 대구(對句)가 되므로 해석하는 순서를 동일하게 하여 '먹기를 적게 하다'로 해석한다. 中夜는 한밤중을 가리키니, 이 때에 밥을 많이 먹으면 역시 섭생에 해가 된다. 空心과 中夜는 모두 때를 가리키는 말이다.

32 荀子曰 無用之辯과 不急之察을 棄而勿治하라. 若夫君臣之義와 父子之親과 夫婦之別은 則日切磋而不舍也니라.

※ 순자(荀子)가 말하기를,
"쓸데없는 일에 대한 변론과 급하지 않은 일에 대한 성찰을 버려두고서 다스리지 말라. 그러나 군신간의 의리와 부자간의 친애함과 부부간의 분별은 날마다 갈고 닦아 버려두지 않아야 하느니라." 하였다.

· 문장의 구조 ·

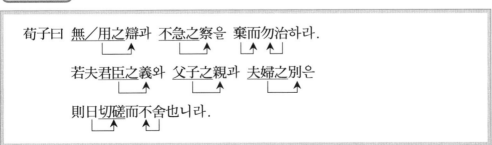

之는 관형격조사로 쓰였을 때는, 앞에 所가 있어서 연결이 되면 '~한', '~된'으로 해석한다. 無用之辯은 서술어+보어의 짜임 뒤에 之가 있으므로 '~는'의 뜻이 되지만 不

急之察은 所가 생략된 것으로 보아서 '~은'의 토씨가 붙는다. 君臣之義와 같은 수식관계일 경우에 '~의'의 뜻이 된다.

┌─ 풀 이 ─┐

1) 荀子曰 : 순자(荀子)가 말하기를,
   ❖ 순자(荀子 : B.C313~B.C238)의 성은 순(荀), 이름은 황(況)이다. 조(趙) 나라 사람으로 당시 사람들이 존숭하여 순경(荀卿) 혹은 손경자(孫卿子) 등으로 일컬었다.

2) 無用之辯과 不急之察을 : 쓸데없는 변론과 급하지 않은 성찰을
   ❖ 이 구절은 대구를 살펴보면 모두 보충(補充)하는 글자가 필요한 문장이다. 之가 관형격조사가 되어 '~한', 또는 '~하는'의 뜻이 될 때는 상대를 가리키는 所가 있어야 한다. 辯은 변론을 가리키고 察은 성찰을 가리키니, 모두 일[事]에 대한 것을 말한다. 자신과 상관이 없는 쓸데없는 일에 대한 변론과 서두르지 않아도 되는 일에 대한 성찰을 가리킨다.

3) 棄而勿治하라 : 버려두고서 다스리지 말라.
   ❖ 棄는 내버려 방치한다는 뜻이다. 而는 접속사로 말을 연결한다. 治는 물을 잘 다스리는 것이니, 전(轉)하여 '다루다', '전공하다'의 뜻으로도 쓰인다. 서술어+而+금지사(부정사)로 구성이 되면 역접(逆接)의 문장이 되는데, 이 장과 같은 경우는 순접(順接)으로 해석하는 것이 더 알맞은 듯하다.

4) 若夫君臣之義와 父子之親과 夫婦之別은 則日切磋而不舍也니라 : 그러나 군신간의 의리와 부자간의 친애함과 부부간의 분별은 날마다 갈고 닦아 버려두지 않아야 하느니라.
   ❖ 若夫는 문장의 단락을 바꿀 때에 사용하는 전어사(轉語詞)이니, '만약 저', '그러나' 등으로 해석한다. 君臣之義는 임금과 신하가 지켜야 하는 의리이며, 父子之親은 부모와 자식 간에는 가까이 여기며 사랑하는 마음이며, 夫婦之別은 남편과 아내는 서로 자신의 몸가짐을 지키고 상대를 배려하는 분별을 지녀야 하는 등의 인륜을 가리킨다.
   ❖ 則은 '~는'의 토씨를 붙이는 조사이다. 日은 日日과 같은 말이니, '날마다', '매일', '언제나'의 뜻을 갖는다. 切磋는 《시경(詩經)》 衛風 淇奧篇에 나오는 말이니 切磋琢磨를 줄여서 표현한 말이다. "뼈와 뿔을 다루는 사람은 자른 뒤에 다시 갈며[治骨角者 旣切而復磋之], 옥과 돌을 다루는 사람은 쪼아낸 후에 다시 간다.[治玉石者 旣琢而復磨之]"고 주자(朱子)가 주(註)를 붙였으니, 갈고 닦는다는 뜻이다. 不舍는 놓아 버리지 않음이니, 항상 붙잡고 있으라는 말이다.

· 출 전 ·

《명심보감(明心寶鑑)》통행본은 "無用之辯과 不急之察을 棄而勿治하라."로 되어있다.

�33 子曰 衆이 好之라도 必察焉하며 衆이 惡之라도 必察焉이니라.

※ 공자가 말씀하시기를,
"많은 사람들이 좋다고 할지라도 반드시 살펴볼 것이며 많은 사람들이 미워할지라도 반드시 살펴볼 것이니라." 하였다.

· 문장의 구조 ·

子曰 衆∥ 好之라도 必察焉하며

衆∥ 惡之라도 必察焉이니라.

衆이 주어이다. 之가 동사를 수식하면 피동사나 타동사로 만든다. 焉이 어미종결사로 쓰였을 때는 焉 자 속에 '於之', '於此', '之'의 의미를 내포하고 있으므로 해석할 때 그 어감을 살려야 한다.

· 풀 이 ·

1) 子曰 衆이 好之라도 必察焉하며 衆이 惡之라도 必察焉이니라 : 많은 사람들이 좋다고 할지라도 반드시 살펴볼 것이며 많은 사람들이 미워할지라도 반드시 살펴볼 것이니라.

◉ 衆好는 많은 사람들의 좋아 하는 것과 많은 사람들이 좋아하다는 뜻으로 풀이되지만, 衆好之가 되면 '많은 사람들이 좋다고 하는 사람일지라도'의 뜻이 된다. 必察의 뜻은 반드시 살핀다는 것이지만, 必察焉이 되면 '반드시 살펴보아야 한다.'의 뜻이 된다.

◉ 이 장은 중인(衆人)들의 호오(好惡)가 잘못되었다고 비판하는 것이 아니라 다만 그들의 마음이 사심(私心)에 가리게 되면 평가가 잘못되었을까 염려한 것이며, 또 평가하는 衆人들이 선한 사람들인지 악한 사람들인지가 명확하지 않으므로 주관을 갖고 자세히 살펴보라는 것이다.

· 출 전 ·

《논어(論語)》衛靈公篇에는 이 장과 문장의 순서가 다르니, 子曰 衆 惡之라도 必察焉하며 衆 好之라도 必察焉이니라.

譯《논어(論語)》衛靈公篇에 공자가 말씀하시기를,

"많은 사람들이 미워할지라도 반드시 살펴볼 것이며 많은 사람들이 좋다고 할지라도 반드시 살펴볼 것이니라." 하였다.

 景行錄云 聞善言則拜하고 告有過則喜하니 有聖賢氣象이니라.

※《경행록》에 말하기를,

"선한 말을 들으면 절을 하고 잘못을 말해주면 기뻐하니, 성현의 기상이 있는 것이니라." 하였다.

· 문장의 구조 ·

景行錄云 聞 | 善言則拜하고
　　　　　　└➔

　　告 | 有/過則喜하니
　　　　└➔

　　有/聖賢氣象이니라.
　　└➔ └➔

· 풀 이 ·

1) 聞善言則拜하고 告有過則喜하니 有聖賢氣象이니라. : 선한 말을 들으면 절을 하고 잘못을 말해주면 기뻐하니, 성현의 기상이 있는 것이니라.

◉ 聞善言則拜는 가정문의 형식이니, 善言을 들으면 절을 하다. 告有過則喜는 告之以有過則喜와 같은 문장이니, 잘못이 있는 것을 가지고 말해주면 기뻐하다. 《맹자(孟子)》公孫丑篇에, "자로(子路)는 잘못이 있는 것을 말해주면 기뻐하였고, 우(禹)는 선한 말을 들으면 절을 하였다.[子路 人告之以有過則喜 禹 聞善言則拜]"는 구절을 절장(截章)하였다. 有聖賢氣象은 성현의 기상을 지녔다는 뜻이다.

35 酒中不語는 眞君子요 財上分明은 大丈夫이니라.

※ 술자리에서 말(대화)이 없는 사람이 참다운 군자이고, 재물에 대하여 분명히 하는
사람이 대장부니라.

· 문장의 구조 ·

주어+서술어의 문장이다. 酒中不語와 財上分明이 주어절이면서 조건을 나타내고 眞
君子와 大丈夫가 서술절이면서 결과를 나타낸다.

· 풀 이 ·

1) 酒中不語는 眞君子요 : 술자리에서 말(대화)이 없는 사람이 참다운 군자이고,
   ❀ 酒中의 中은 명사 뒤에 붙는 접미사로써 사물의 범위, 혹은 분야를 가키는 조
   사이다. 예를 들면 醉中·座中·言中 등과 같은 어법이다. 酒中의 뜻은 일반적
   으로 醉中과 같은 뜻으로 여기나 느낌은 조금 다르다. 不語는 대화를 하지 않
   는 것이다. 眞君子는 僞君子의 반대 개념으로 쓰인 글자이니, 드러난 행실과
   내면의 마음이 진실한 사람을 뜻한다.

2) 財上分明은 大丈夫이니라 : 재물에 대하여 분명히 하는 사람이 대장부니라.
   ❀ 財上의 上도 酒中과 같이 명사 뒤에 붙는 접미사가 되어 범위나 분야를 가리
   키니, '~에 대하여', '~부분에'라는 뜻이 된다. 예를 들면 身上·頭上·面上 등
   과 같은 용법이다. 丈夫는 성인(成人)으로 성장한 남자를 가리키는데, 뜻[志]이
   크면 大丈夫가 되고 작으면 小丈夫가 된다.

· 출 전 ·

《증광현문(增廣賢文)》과 淸 왕유광(王有光)이 지은 《오하언료(吳下諺聊)》에도 이 글
이 있다.

大學云 富潤屋하고 德潤身이라.

※《대학(大學)》에 이르기를,
"부유함은 집을 윤택하게 하고 덕은 몸을 윤택하게 하느니라." 하였다.

· 문장의 구조 ·

大學云 富∥潤│屋하고

　　　 德∥潤│身이라.

주어＋서술어＋목적어 병렬 구조이다.

· 풀　이 ·

1) 大學云 : 《대학(大學)》에 이르기를,
　◉ 大學 : 본래 《예기(禮記)》의 제 42편에 있었는데, 송(宋) 사마광(司馬光)이 처음으로 《대학광의(大學廣義)》라 하여 별도로 만들었다. 그 후 주자(朱子)가 《대학장구(大學章句)》를 만들어 경(經) 1장(章), 전(傳) 10장으로 나누고 주석(註釋)을 붙였다.

　　《대학(大學)》의 경문(經文)은 공자의 말을 증자(曾子)가 기술(記述)하였고, 전문(傳文)은 증자의 뜻을 그 제자가 전술(傳述)하였다고 주자는 단정하였다. 명명덕(明明德)·신민(新民)·지지선(止至善)을 대학의 3강령(三綱領)이라 하고, 격물(格物)·치지(致知)·성의(誠意)·정심(正心)·수신(修身)·제가(齊家)·치국(治國)·평천하(平天下)의 8조목(八條目)으로 정리하여 유교의 윤곽을 제시하였다.

2) 富潤屋하고 德潤身이라. : 부유함은 집을 윤택하게 하고 덕은 몸을 윤택하게 하느니라.
　◉ 富潤屋은 집안에 부(富)를 축적하였으므로 집의 외면에 윤택함이 드러나는 것을 뜻한다. 德潤身은 내면에 인(仁)을 축적하였으므로 자연히 몸에 윤택함이 드러나는 것이니, 마음에 부끄러울 것이 없으면 자연스럽게 너그럽게 되므로 그 효과가 이와 같다는 말이다. 潤은 화려하면서도 윤기가 나는 모양이다.

· 출　전 ·

《대학(大學)》 6章에 富潤屋 德潤身 心廣體胖 故 君子 必誠其身

譯 《대학(大學)》6章에,

"부유함은 집을 윤택하게 하고 덕은 몸을 윤택하게 한다. 덕을 지니면 마음이 너그러워지고 몸을 펴는 것이다. 그러므로 군자는 반드시 자신의 마음을 진실하게 가진다." 하였다.

37 子曰 良藥은 苦於口나 而利於病하고 忠言은 逆於耳나 而利於行이니라.

> ※ 공자가 말씀하기를,
> "양약(良藥)은 입에 쓰나 병에는 이롭고 충언(忠言)은 귀에 거슬리나 행실에 이롭느니라." 하였다.

· 문장의 구조 ·

子曰 良藥‖은 苦／於口나 而利／於病하고
　　　└→

忠言‖은 逆／於耳나 而利／於行이니라.
　　└→

於는 처소격으로 쓰인 조사이므로 ~에, ~에서 라고 해석한다.

· 풀　이 ·

1) 良藥은 苦於口나 而利於病하고 忠言은 逆於耳나 而利於行이니라. : 양약(良藥)은 입에 쓰나 병에는 이롭고 충언(忠言)은 귀에 거슬리나 행실에 이롭느니라.

❂ 良藥은 수식관계의 짜임이니, 좋은 약이다. 苦於口는 입에 쓰다. 而는 역접(逆接)의 뜻으로 쓰인 접속사이다. 利於病는 병에 이롭다. 忠言은 忠告와 같으니, 진심을 다해 잘못을 말해주는 것이다. 逆於耳은 귀에 거슬리다. 利於行은 행실에 이롭다.

· 출　전 ·

《공자가어(孔子家語)》 六本篇

萬事從寬이면 其福自厚이니라.

※ 모든 일에 너그러움으로 좇으면 그 복이 저절로 두터워지느니라.

문장의 구조

萬事 從寬이면 其福 自厚이니라.

조건절과 결과절로 이루어진 가정문이다. 萬事의 앞에 於 자가 있다고 가정하여 해석하며, 其福의 其 자는 너그럽게 대처한 효과를 가리키는 지시대명사이다.

풀 이

1) 萬事從寬이면 其福自厚이니라 : 모든 일에 너그러움으로 좇으면 그 복이 저절로 두터워지느니라.
   - 萬事는 모든 일이니, 수식관계의 짜임으로 萬이 事를 수식한다. 일반적으로 숫자가 명사의 앞에 놓이면 수식관계의 짜임이 된다. 十·百·千·萬·億·兆 등과 같은 숫자는 반드시 수효를 헤아려서 나타내는 글자가 아니라 많은 것을 뜻하는 대수(大數)이다. 從寬은 너그러운 마음으로 대처하는 것이며, 自厚의 自는 인위적인 조장이 없어도 저절로 된다는 자동사의 의미를 갖는 부사이다.

39 君子曰 自是者는 不明하고 自足者는 不彰하고 自伐者는 無功하고 自矜者는 不長이니라.

※ 군자(君子)가 말하기를,
"스스로 옳다고 여기는 사람은 현명하지 못하고 스스로 만족하는 사람은 드러내지 못하고 스스로 자랑하는 사람은 공로를 세울 수 없고 스스로 뽐내는 사람은 어른이 되지 못하느니라." 하였다.

⌒ 문장의 구조 ⌒

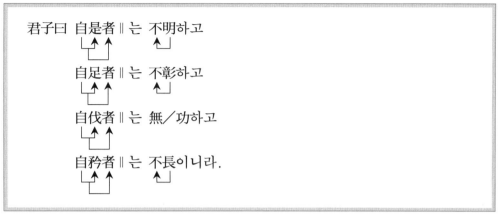

주어＋서술어의 구성이다.

⌒ 풀 이 ⌒

1) 君子曰 : 군자(君子)가 말하기를,
   ❂ 君子 : 일반적인 군자의 개념인지, 특정한 사람인지 확실하지 않다.

2) 自是者는 不明하고 自足者는 不彰하고 自伐者는 無功하고 自矜者는 不長이니라. : 스스로 옳다고 여기는 사람은 현명하지 못하고 스스로 만족하는 사람은 드러내지 못하고 스스로 자랑하는 사람은 공로를 세울 수 없고 스스로 뽐내는 사람은 어른이 되지 못하느니라.
   ❂ 自是者는 자신이 하는 행위를 옳다고 단정을 짓고 남의 말을 듣지 않는 사람이다. 不明은 현명하지 못함이다.
   ❂ 自足者는 스스로 현재 자신의 업적에 만족하는 사람이다. 不彰은 밝게 드러나는 업적을 쌓지 못함이다.
   ❂ 自伐者는 자신의 공로를 자랑하는 사람이다. 無功은 큰 공로를 세울 수 없다는 뜻이다.
   ❂ 自矜者는 자신이 남보다 나은 것을 과시하며 뽐내는 사람이다. 不長은 어른이나 수장(首長)이 되지 못한다.

⌒ 참 고 ⌒

《도덕경(道德經)》24장에, 自見者 不明, 自是者 不彰. 自伐者 無功, 自矜者 不長.

太公曰 欲量他人인대 先須自量하라 傷人之語는 還是自傷이니
含血噴人이면 先汚其口니라.

※ 태공이 말하기를,

"다른 사람을 헤아리려고 한다면 먼저 모름지기 자신을 헤아려라. 남을 해치는 말은 도리어 자신을 해칠 것이니, 피를 머금어 남에게 뿜으면 먼저 자신의 입이 더러워 지느니라." 하였다.

·문장의 구조·

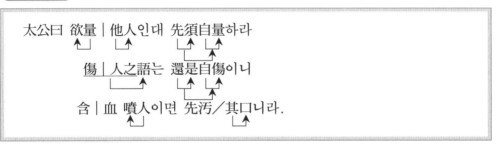

문장의 결론을 먼저 제시하고 이에 따른 예시(例示)를 말미에 표현하였다. 일종의 문답법(問答法)이라 할 수 있다.

·풀 이·

1) 欲量他人인대 先須自量하라 : 다른 사람을 헤아리려고 한다면 먼저 모름지기 자신을 헤아려라.

　● 欲量他人은 서술어+목적어의 구성이니, '다른 사람의 마음을 헤아리고 싶으면'이라는 뜻이 된다. 欲은 하려는 것이나 바라는 것을 뜻한다. 須는 부사어로 되도록이면 해야 된다는 권고의 뜻을 갖고 있으니, 必의 뜻보다 조금 약하다. 自는 他人과 상대되는 개념으로 쓰였으므로 '자신'이라고 해석한다.

2) 傷人之語는 還是自傷이니 : 남을 해치는 말은 도리어 자신을 해칠 것이니

　● 傷人之語는 다른 사람[人]을 해치는 말이니, 수식의 짜임으로 주어절이 된다. 語는 다른 사람과 대화를 할 때 쓰는 글자이니, 자신이 혼자 말하는 언(言)과는 의미가 다르다. 還은 '도리어', '또'의 뜻으로 쓰인 부사이다. 還是의 是는 부사 뒤에 붙는 계사(繫辭)로써 却是, 只是와 같은 용법이다.

3) 含血噴人이면 先汚其口니라 : 피를 머금어 남에게 뿜으면 먼저 자신의 입이 더러

워 지느니라.

● 결론에 따른 예시문(豫示文)이다. 含血은 피를 머금은 것이니, 술어+목적어의 짜임이다. 噴人은 噴於人과 같으니, '남에게 뿜으면'의 뜻이 된다. 其口의 其는 피를 뿜는 사람을 가리키는 지시대명사이다. 피를 뿜어내려는 것은 남을 더럽히는 데에 목적을 둔 것이지만 그보다 앞서 자신이 더러워진다는 말이다.

 凡戲는 無益이오 惟勤이 有功이니라.

※ 장난은 이익이 없고 오직 부지런한 것만이 공(功)이 있느니라.

문장의 구조

凡戲는 無／益이오
　└┘↑
　　　　↕
惟勤이 有／功이니라.
　└┘↑

주어+서술어+보어의 구성으로 되어 있다. 서술어+보어의 짜임인 경우는 우리말과 어순을 반대로 풀이하고 '~이', '~가'의 토씨를 붙인다.

풀 이

1) 凡戲는 無益이오 : 장난은 이익이 없고

● 凡은 발어사(發語辭)로 쓰인 경우에 일반적으로 '무릇'이라고 하나, 이 말을 붙일 필요가 없다. 凡은 다음 구절의 惟와 대구(對句)가 되므로 발어사로 해석한다. 無益은 無用과 같은 의미로 '이익이 없다'는 '쓸데가 없다'는 말이다.

2) 惟勤이 有功이니라 : 오직 부지런한 것만이 공(功)이 있느니라.

● 惟는 발어사로 쓰였으며 '오직'이라는 말을 구태여 붙일 필요는 없으나, 뜻을 풀이할 때 '~만'이라는 토씨를 붙여야 한다. 功은 어떠한 일을 하여 이룩한 결과를 뜻하니, 효과나 결과를 나타내는 말이다.

출 전

宋 왕응린(王應麟)의 저서 《삼자경(三字經)》에는, 勤有功이요 戱無益이라.

譯　宋 왕응린(王應麟)의 저서 《삼자경(三字經)》에,

"부지런하면 공(功)이 있고 장난은 이익이 없느니라." 하였다.

 太公曰 瓜田에 不納履하고 李下에 不整冠이니라.

※ 태공이 말하기를,
"오이 밭에서는 신을 들여놓지 말고, 오얏나무 아래에서 갓을 바로잡지 말
라." 하였다.

· 문장의 구조 ·

太公曰 瓜田에 不納 │ 履하고

　　　李下에 不整 │ 冠이니라.

　주어+서술어+목적어의 구성으로 이루어진 문장인데, 태공(太公) 뿐만이 아니라 여러
문헌에서 인용한 것으로 보아 전해 내려온 말인 듯하다. 혐의가 있는 짓을 하지 말라
는 뜻으로 李下不正冠이라고 표기한 판본이 있으며 줄여서 '瓜田李下'라고 표현하기도
한다.

· 풀　이 ·

1) 瓜田에 不納履하고 : 오이 밭에서는 신을 들여놓지 말고
　❂ 瓜田은 오이 밭이니, 수식관계의 짜임으로 이루어졌으며 瓜는 오이나 참외를
　　총칭한다. 不은 '말라[勿]'는 금지사로 쓰였다. 納履는 신을 들여놓다 이니, 대
　　체로 전지(田地)에 있는 길은 밭두둑보다 길이 낮으므로 신발을 고쳐 신으려면
　　밭두둑에 올려놓게 되니, 오이를 따먹는다고 혐의하게 된다.

2) 李下에 不整冠이니라 : 오얏나무 아래에서 갓을 가지런히 하지 말라.
　❂ 李는 오얏으로 누런빛의 자두를 가리킨다. 不도 역시 금지사로 쓰였다. 整冠의
　　整은 正과 같으니, 갓을 바로잡는 것을 뜻한다. 오얏나무 밑에서 갓을 바로잡
　　으려면 손이 올라가므로 역시 오얏을 따 먹는다는 혐의를 받게 된다.

· 출　전 ·

1.《예문유취(藝文類聚)》君子行篇에, 君子防未然하여 不處嫌疑間이니 瓜田에 不納履하

고 李下에 不正冠이니라.

🈁《예문유취(藝文類聚)》君子行篇에,

"군자는 미연(未然)에 대비하여 혐의가 있는 곳에 있지 않아야 하니, 오이 밭에서는 신을 들여놓지 말고 오얏나무 아래에서 갓을 바로잡지 말라." 하였다.

2. 명(明) 육채(陸采)《명주기(明珠記)》에, 深感將軍好意하나 爭奈瓜田不納履하고 李下不整冠이리오

🈁 명(明) 육채(陸采)《명주기(明珠記)》에,

"장군의 호의에 깊이 감사를 드리나, 어찌 오이 밭에서는 신을 들여놓지 말고 오얏나무 아래에서 갓을 바로잡지 말라는 일을 다투겠습니까?" 하였다.

43 孟子曰 愛人不親이어든 反其仁하고 治人不治어든 反其智하고 禮人不答이어든 反其敬이니라.

※ 맹자가 말하기를,

"다른 사람을 사랑하였는데 친애하지 않으면 자신의 인(仁)을 돌이켜 보고, 다른 사람을 다스렸는데 다스려지지 않으면 자신의 지혜를 돌이켜 보고, 다른 사람을 예우하였는데 답례를 하지 않으면 자신의 공경을 돌이켜볼 것이니라." 하였다.

· 문장의 구조 ·

```
孟子曰 愛 | 人 不親이어든 反 | 其仁하고
         ↑__|          |__↑

     治 | 人 不治어든 反 | 其智하고
        ↑__|        |__↑

     禮 | 人 不答이어든 反 | 其敬이니라
        ↑__|          |__↑
```

가정문이니, 愛人不親이 조건절이며 反其仁이 결과절이니, 제 2구, 제 3구도 같다.

· 풀 이 ·

1) 愛人不親이어든 反其仁하고 : 다른 사람을 사랑하였는데 친애하지 않으면 자신의 인(仁)을 돌이켜 보고,

◉ 愛人은 서술어+목적어의 구성이니, 내가 다른 사람을 사랑함이다. 不親은 다른

사람이 나를 가깝게 여기며 사랑하지 않음이다. 反其仁은 자신이 다른 사람을 사랑[仁]한데 대하여 돌이켜 살펴보는 것이다.

2) 治人不治어든 反其智하고 : 다른 사람을 다스렸는데 다스려지지 않으면 자신의 지혜를 돌이켜 보고,

❋ 治人은 내가 다른 사람을 다스림이다. 不治는 다른 사람을 다스렸는데 그 사람이 다스려지지 않음이다. 反其智는 자신이 다스릴 때 지혜를 잘못 운용했는지 반성함이다.

3) 禮人不答이어든 反其敬이니라 : 다른 사람을 예우하였는데 답례를 하지 않으면 자신의 공경을 돌이켜볼 것이니라.

❋ 禮人은 자신이 다른 사람을 예우(禮遇)하는 것이다. 不答은 그 사람이 자신에게 답례(答禮)를 하지 않음이다. 反其敬은 자신의 공경이 어떠하였는지 반성하는 것이다.

・ 출　전 ・

《맹자(孟子)》 離婁上篇

44 太公曰 家中有惡이면 外已知聞하고 身有德行이면 人自稱傳이니라.

> ※ 태공이 말하기를,
> "집안에 나쁜 일이 있으면 밖에서 이미 알려져 소문이 나고, 자신에게 덕행이 있으면 사람들이 스스로 칭찬하여 전해지느니라." 하였다.

・문장의 구조・

太公曰 家中有／惡이면　外已知聞하고
　　　　　↳↑　　　　↳↑ ↳↑

　　　身有／德行이면　人自稱傳이니라.
　　　　↳↑　　　　↳↑ ↳↑

則이 생략된 가정문이다.

․ 풀 이 ·

1) **家中有惡이면 外已知聞하고 :** 집안에 나쁜 일이 있으면 밖에서 이미 알려져 소문이 나고,

　❀ 家中의 中은 명사의 뒤에 붙는 접미사가 되어 분야나 범위, 혹은 시간을 나타내니, 年中·雨中·言中 등과 같은 경우이다. 家中有惡은 가정문에서 조건절이니, 집안에 나쁜 일이 있다. 外는 밖에 있는 사람들을 가리킨다. 已는 부사이니, '이미'이다. 知聞은 알고서 소문을 내다.

2) **身有德行이면 人自稱傳이니라. :** 자신에게 덕행이 있으면 사람들이 스스로 칭찬하여 전해지느니라.

　❀ 身은 자신을 가리킨다. 有德行은 서술어+보어의 구성이므로 우리말과 어순이 반대이고, '~이 ~하다.'로 해석하니, 덕행이 있다. 역시 則 이 생략되어 있다. 人은 다른 사람들이다. 自는 저절로의 뜻을 갖는 부사이다. 稱傳은 칭찬을 하면서 소문을 전하다.

㊺ 人非賢이면 莫交하고 物非義면 莫取하고 忿非善이면 莫擧하고 事非是면 莫設하라. 謹則無憂하며 忍則無辱하며 靜則常安하며 儉則常足이니라.

> ※ 사람이 어질지 아니하면 교제(交際)하지 말고, 물건이 의롭지 못하면 취득(取得)하지 말고, 분노함이 좋지 아니하면 거론(擧論)하지 말고, 일이 옳지 아니하면 설행(設行)하지 말라. 삼가면 근심이 없을 것이며, 참으면 모욕이 없을 것이며, 마음을 고요히 가지면 항상 편안할 것이며, 검소하면 항상 만족할 것이니라.

․ 문장의 구조 ·

```
人‖非／賢이면 莫交하고 物‖非／義면 莫取하고
    └↑          ↑┘        └↑        ↑┘

忿‖非／善이면 莫擧하고 事‖非／是면 莫設하라.
        ↑┘              ↑┘

謹則無／憂하며 忍則無／辱하며
└↑              └↑

靜則常安하며 儉則常足이니라.
└↑↑┘        └↑↑┘
```

非는 不의 뜻도 지닌 부정사로 쓰였다. 則이 있는 문장은 가정격의 문장이다.

· 풀 이 ·

1) **人非賢이면 莫交하고 物非義면 莫取하고** : 사람이 어질지 아니하면 교제(交際)하지 말고, 물건이 의롭지 못하면 취득(取得)하지 말고,

   ◉ 人은 일반적인 사람을 지칭한다. 非賢은 '어진 품성을 지닌 사람이 아니라면' 이다. 莫交는 금지사+서술어의 짜임이니, '교제하지 말라.'이다. 物은 자신에게 오는 물건이다. 非義는 '의로운 물건이 아니면'이다. 非는 명사부정에 쓰는 글 자이다. 莫取는 '갖지 말라'이다.

2) **忿非善이면 莫擧하고 事非是면 莫設하라.** : 분노함이 좋지 아니하면 거론(擧論)하 지 말고, 일이 옳지 아니하면 설행(設行)하지 말라.

   ◉ 忿은 자신이 화를 내는 것이다. 非善은 좋지 않음이니, 화를 내는 것이 좋은 방도나 이치가 되지 아니한 것이다. 莫擧는 거론하지 않음이니, 화를 내지 말 라는 뜻을 포함한다. 事非是는 자신이 하는 일이 옳은 일이 아닌 것이다. 莫 設은 성행하지 말라.

3) **謹則無憂하며 忍則無辱하며 靜則常安하며 儉則常足이니라.** : 삼가면 근심이 없을 것이며, 참으면 모욕이 없을 것이며, 마음을 고요히 가지면 항상 편안할 것이며, 검소하면 항상 만족할 것이니라.

   ◉ 謹則無憂는 조심을 하면 그로 인한 근심이 없을 것이다. 忍則無辱은 참으면 그로 인한 모욕을 받지 않을 것이다. 靜則常安은 자신의 마음이 동요하지 않 고 고요히 있으면 항상 편안하다. 儉則常足은 검소하게 생활하면 분수에 맞는 생활을 하므로 항상 만족하게 된다.

46 曲禮曰 敖不可長이며 欲不可從이며 志不可滿이며 樂不可 極이니라.

※《곡례(曲禮)》에 말하기를,
"오만한 마음을 길러서는 안 되며, 욕심대로 부려서는 안 되며, 뜻을 가득 차게 해서는 안 되며, 즐거움을 극도로 누려서는 안 되느니라." 하였다.

· 문장의 구조 ·

曲禮曰 敖 不可長이며 欲 不可從이며

志 不可滿이며 樂 不可極이니라.

목적어+서술어의 문장이므로 '～을 ～하다'로 해석하며, 不可는 '안 되다'의 뜻이다.

· 풀 이 ·

1) 曲禮曰 : 《곡례(曲禮)》에 말하기를,
   ❖ 曲禮 : 《곡례(曲禮)》는 《예기(禮記)》의 한 편명이다. 의례(儀禮)에 대한 절목을 가리키니, "곡례(曲禮)는 3천(三千)이다."라고 한 것은 그 분량이 많음을 뜻한 것이다.

2) 敖不可長이며 欲不可從이며 志不可滿이며 樂不可極이니라. : 오만한 마음을 길러서는 안 되며 욕심대로 부려서는 안 되며 뜻을 가득 차게 해서는 안 되며 즐거움을 극도로 누려서는 안 되느니라.
   ❖ 敖는 敬의 반대이니, 오만한 마음이다. 不可長의 長은 자라게 하는 것이니, 오만한 마음을 길러서는 안 된다는 것은 녹여서 없애려고 하는 것이다.
   ❖ 欲은 감정이 나는 대로 움직이는 것이니, 욕심을 가리킨다. 不可從의 從은 좇는 것이니, 욕심이 생기는 대로 좇아서는 안 된다는 것은 욕심을 극복하여 중지시키는 것이다.
   ❖ 志는 마음 가짐을 가리킨다. 不可滿은 가득히 채워서는 안 된다는 것이니, 가득 채우게 되면 넘치게 되므로 자만하는 마음을 덜어내어 억제시켜야 된다.
   ❖ 樂은 자신의 마음을 기쁘게 하는 일이 있어서 밖으로 발산되는 것이다. 不可極은 극도에 이르게 해서는 안 된다는 것이니, 극도에 이르면 도리어 슬픔이 오기 때문이다.

· 출 전 ·

《예기(禮記)》曲禮上

47 景行錄曰 心可逸이언정 形不可不勞요 道可樂이언정 身不可不憂니 形不勞則怠惰易弊하고 身不憂則荒淫不定故로

逸生於勞而常休하고 樂生於憂而無厭하나니 逸樂者는 憂
勞를 其可忘乎아.

> ※ 《경행록(景行錄)》에 이르기를,
> "마음은 편안히 가질 수 있을지언정 형체는 수고롭게 하지 않을 수 없고, 도는
> 즐길 수 있을지언정 몸은 근심하지 않을 수 없으니, 형체가 수고롭지 않으면
> 게을러서 폐단에 빠지기 쉽고 몸이 근심하지 않으면 놀이에 빠져서 안정하지
> 못하느니라. 그러므로 마음의 편안함은 수고로움에서 나와서 항상 아름답고 도
> 의 즐거움은 근심에서 나와서 싫증남이 없으니, 마음이 편안하고 도를 즐기는
> 사람은 몸이 근심하고 형체가 수고로운 것을 어찌 잊을 수 있겠는가." 하였다.

· 문장의 구조 ·

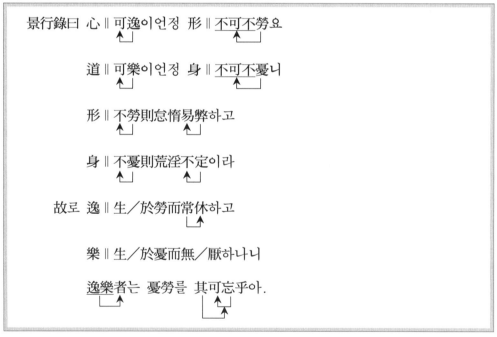

결론을 먼저 제시하고, 그에 대한 방법과 이유에 대하여 서술하였다.

· 풀 이 ·

1) 心可逸이언정 形不可不勞요 道可樂이언정 身不可不憂니 : 마음은 편안히 가질 수
있을지언정 형체는 수고롭게 하지 않을 수 없고, 도는 즐길 수 있을지언정 몸은
근심하지 않을 수 없다.

❀ 可는 가능조사이니 '~ 할 수 있다'이다. 形은 형체를 가리키니, 자신의 몸을 지칭한다. 不可不은 아니할 수 없다. 勞는 수고롭게 일하는 것이다. 道는 사람이 당연히 가야하는 올바른 도리이다. 身은 체득(體得)을 내포한 말이니, 도를 실제 실행하려는 마음을 갖고 있으면 항상 근심해야 한다. 마음은 편안히 가질 수 있으나, 그렇게 하려면 자신은 반드시 일을 해야 한다. 도(道)는 즐길 수는 있으나, 그러려면 몸소 도리를 지킬 것을 근심해야 도를 즐길 수 있다.

2) 形不勞則 怠惰易弊하고 身不憂則荒淫不定이라 : 형체가 수고롭지 않으면 게을러서 폐단에 빠지기 쉽고 몸이 근심하지 않으면 놀이에 빠져서 안정하지 못한다.

❀ 則의 앞은 조건절이며 뒤는 결과절이다. 怠惰는 몸과 마음이 게으른 것이며, 易弊는 폐단에 빠지기 쉬움을 가리킨다. 荒淫은 놀이나 주색에 빠지는 것을 가리키며 不定은 몸이 안정되지 못함을 뜻한다.

3) 逸生於勞而常休하고 樂生於憂而無厭하나니 : 마음의 편안함은 수고로움에서 나와서 항상 아름답고 도의 즐거움은 근심에서 나와서 싫증남이 없으니,

❀ 逸은 心逸이니, 마음이 편안해진 상태를 말한다. 休는 아름다움이다. 樂은 道樂이니 도를 즐기는 경지에 이른 것이다. 일을 하고 난 뒤에 오는 편안함이므로 항상 아름답고 도를 체득하려는 근심함으로 인해 오는 즐거움이므로 싫증이 나지 않는 것이다.

4) 逸樂者는 憂勞를 其可忘乎아 : 마음이 편안하고 도를 즐기는 사람은 몸이 근심하고 형체가 수고로운 것을 어찌 잊을 수 있겠는가.

❀ 逸樂者는 마음이 편안해진 사람과 도를 즐기는 사람을 뜻하고, 憂勞는 마음으로 근심하고 형체가 수고롭게 일을 하는 것이다. 其가 의문조사 乎와 연계가 되면 의문형 조사가 되므로 豈 또는 豈不의 뜻으로 변환되어 '어찌 ~하겠는가.' 또는 '어찌 ~하지 않겠는가.'의 뜻이 된다. 이 문장은 '어찌 ~하겠는가.'의 뜻으로 쓰였다.

(48) 耳不聞人之非하고　目不視人之短하고　口不言人之過라야
庶幾君子니라.

※ 귀로는 남의 그릇됨을 듣지 않고 눈으로는 남의 단점을 보지 않고 입으로는 남의 허물을 말하지 않아야 거의 군자에 가까울 것이니라.

주어+서술어+목적어의 구성으로 조건을 말하고 추측하여 결론을 단정하였다. 不은 본뜻대로 해석하여 '않다'로 해석하는 것이 '말라'는 금지사로 해석하는 것보다 더욱 친절하다. 之는 人을 수식하는 관형격 조사로 쓰였다.

· 풀 이 ·

1) 耳不聞人之非하고 : 귀로는 남의 그릇됨을 듣지 않고
  ❀ 耳는 주어이다. 聞은 청각에 들려오는 모든 소리를 듣는 것을 지칭한다. 非는 비행(非行)을 뜻한다. 귀는 듣는 것을 맡고 있는데, 선행을 귀담아 듣고[聽] 남의 그릇된 행실을 들으려 하지 않는 것이다.

2) 目不視人之短하고 : 눈으로는 남의 단점을 보지 않고
  ❀ 視는 보려는 마음을 갖고 보는 것을 말하니, 주시(注視)하는 것이다. 눈은 보는 것을 담당하는 기관이니, 남의 단점을 우연히 볼 수는 있겠으나 눈여겨 보려하지 않는 것이다.

3) 口不言人之過라야 : 입으로는 남의 허물을 말하지 않아야 거의 군자에 가까울 것이니라.
  ❀ 言은 자신이 하는 말[自言]을 가리키니, 不言은 말하지 않는 것이다. 人之가 過를 수식한다. 다른 사람이 저지른 잘못을 남에게 말하지 않는 것이다.

4) 庶幾君子니라 : 거의 군자에 가까울 것이니라.
  ❀ 庶幾는 '거의 ~에 가깝다'는 뜻으로 쓰는 추측조사(推測助詞)이니, '거의', '아마', '가깝다' '바라다'의 뜻으로 사용된다. 君子는 덕을 완성한 사람을 가리킨다.
    ■ 예(例)
      1) 《맹자(孟子)》 梁惠王篇에 王之好樂甚 則齊國其庶幾乎 : 왕이 매우 음악을

좋아하면 제나라는 아마도 **거의** 잘 다스리는 데에 **가까울** 것입니다.

2) 《맹자(孟子)》 公孫丑篇에 王庶幾改之 余日望之 : 왕이 **거의** 그것을 고치기 **바라는** 것을 나는 날마다 바라고 있다.

49 門內에 有君子면 門外에 君子至하고 門內에 有小人이면 門外에 小人至느니라.

※ 대문 안에 군자가 있으면 대문 밖에 군자가 이르고, 대문 안에 소인이 있으면 대문 밖에 소인이 이르게 되느니라.

· 문장의 구조 ·

門內에 有／君子면 門外에 君子 ‖ 至하고

門內에 有／小人이면 門外에 小人 ‖ 至느니라.

모든 것이 類類相從임을 나타낸 말이다.

· 풀 이 ·

1) 門內에 有君子면 門外에 君子至하고 門內에 有小人이면 門外에 小人至느니라. : 대문 안에 군자가 있으면 대문 밖에 군자가 이르고, 대문 안에 소인이 있으면 대문 밖에 소인이 이르게 되느니라.

◉ 門內은 대문의 안이니, 가정을 가리킨다. 有君子는 서술어+보어의 구성이니, 덕을 완성한 사람[君子]이 있는 것이다. 門外는 대문의 밖을 가리키니, 집안 사람이 아닌 외인들을 지칭한다. 君子至의 至는 자동사(自動詞)이니, 저절로 군자들이 오게 된다는 뜻이다. 小人은 자신의 덕을 수양하지 않은 사람을 지칭한다.

50 老子曰 鑑明者는 塵埃 不能汚하니 神淸者는 嗜慾이 豈能膠矣아.

※ 노자(老子)가 말하기를,
"거울이 밝은 것은 먼지가 더럽힐 수 없으며, 정신이 맑은 사람은 욕심이
어떻게 붙을 수 있겠는가." 하였다.

· 문장의 구조 ·

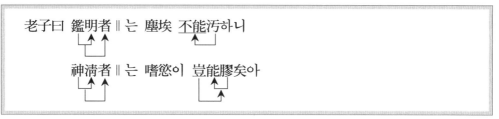

주어+서술어의 구성이다.

· 풀 이 ·

1) 鑑明者는 塵埃 不能汚하니 神淸者는 嗜慾이 豈能膠矣아 : 거울이 밝은 것은 먼지
   가 더럽힐 수 없으며, 정신이 맑은 사람은 욕심이 어떻게 붙을 수 있겠는가.
   ◉ 鑑明者의 者는 물질을 뜻하니, 거울이 밝은 것이다. 塵埃는 먼지이다. 不能汚
   의 不能은 '~할 수 없다.', '~하지 못하다.'의 뜻이니, 더럽힐 수 없다. 神淸者
   는 정신이 깨끗한 사람이다. 嗜慾은 이목구비(耳目口鼻)에서 일어나는 욕심이
   다. 豈能膠矣의 矣는 乎와 같은 의미의 의문조사이니, 豈~矣는 '어찌 ~하지
   않겠는가.'이다. 膠는 집착하여 들러붙는 것이다.

· 참 고 ·

《회남자(淮南子)》에, 鑒明者 塵垢弗能薶 神淸者 嗜欲弗能亂.

　🈂️《회남자(淮南子)》에,
　"거울이 밝은 것은 먼지들이 메우지 못하며 정신이 맑은 사람은 욕망이 어지럽히지
못한다." 하였다.

51 子曰 君子는 泰而不驕하고 小人은 驕而不泰니라.

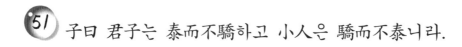

※ 공자가 말씀하시기를,
"군자는 너그럽되 교만하지 않고 소인은 교만하되 너그럽지 못하니라." 하였다.

· 문장의 구조 ·

```
子曰 君子‖는 泰而不驕하고
          └─↑─↑

     小人‖은 驕而不泰니라.
              ↑─↑
```

　주어+서술어의 구성이다. 서술어+而+부정사의 구성이 되면 而는 역접의 접속사가
되어, '~하되', '~이나'로 해석한다.

· 풀 이 ·

1) **君子는 泰而不驕하고 小人은 驕而不泰니라.** : 군자는 너그럽되 교만하지 않고 소
   인은 교만하되 너그럽지 못하니라.
   ◎ 君子는 덕을 이룬 사람[成德之人]을 뜻한다. 泰는 마음이 평탄하여 너그러운
      것이다. 驕는 자만심이 가득한 것이다. 小人은 君子와 반대로 한다. 군자는 이
      치를 따르므로 마음이 편안하고 몸이 떳떳하여 뽐내고 과시하는 마음이 없고,
      소인은 욕심을 채우는 것을 추구하므로 이루면 교만한 마음을 지니고 이루지
      못하면 항상 근심하므로 편안하지 않다.

· 출 전 ·

《논어(論語)》 季氏篇

52 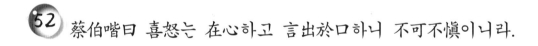 蔡伯喈曰 喜怒는 在心하고 言出於口하니 不可不愼이니라.

> ※ **채백개(蔡伯喈)가 말하기를,**
> "기뻐하고 노여워하는 것은 마음에 달려 있고 말은 입에서 나오는 것이니,
> 삼가지 않으면 안 되느니라." 하였다.

· 문장의 구조 ·

```
蔡伯喈曰 喜怒‖ 在／心하고

     言‖出／於口하니

     不可不愼이니라.
     ─────
```

주어+서술어+보어의 구성으로 제 1구와 2구가 구성되어 있다.

· 풀 이 ·

1) 蔡伯喈曰 : 채백개(蔡伯喈)가 말하기를,
   ❀ 蔡伯喈 : 후한(後漢) 사람. 명은 옹(邕), 백개(伯喈)는 자이다. 학자이면서 문인 으로 특히 서예에 뛰어났으며 하남성(河南省)에서 태어났다. 영제(靈帝)의 낭중 (郎中)이 되어 동관(東觀)에서 서지(書誌) 교정에 종사하였다. 175년 제경(諸經) 의 문자평정(文字平定)을 주청하여 스스로 써서 돌에 새긴 후 태학(太學)의 문 밖에 세웠으니, '희평석경(熹平石經)'이다. 후에 중상모략을 받고 유배되었다가 대사령(大赦令)을 받았으나 귀향하지 않고 오(吳)에서 10여 년을 머물렀다. 189 년 동탁(董卓)에게 발탁되어 시어사(侍御史), 시중(侍中)에서 좌중랑장(左中郎 將)까지 승급하였으나, 동탁이 죽음을 당한 후 투옥되어 옥중에서 사망하였다. 조정의 제도와 칭호에 대하여 기록한 《독단(獨斷)》, 시문집 《채중랑집(蔡中郎 集》이 있다. 《후한서(後漢書)》에 <채옹열전(蔡邕列傳)>이 있다. 남조(南朝) 양무제의 『고금서인우열평(古今書人優劣評)』에서 그의 서예를 칭하기를, "골기 (骨氣)가 톡 틔어있어 상쾌하므로 신력(神力)이 깃들어 있는 듯하다[骨氣洞達, 爽爽如有神力]." 하였다.

2) 喜怒는 在心하고 言出於口하니 : 기뻐하고 노여워하는 것은 마음에 달려 있고 말 은 입에서 나오는 것이니
   ❀ 在는 장소나 선결 조건을 나타낼 때 사용되고, 於는 '~에서', '~을', '~보다'에 쓰는 처소격이나 비교격에 사용되는 조사이다. 喜怒는 기뻐하고 성내는 마음 이니, 칠정(七情)에 속하는 감정으로 서로 상반되는 마음의 표출이다. 喜怒 뿐 만이 아니라 모든 감정은 마음먹는 데에 달려있고, 말은 마음을 표현하는 수 단이며, 발로되는 곳은 입이라는 뜻이다.

3) 不可不愼이니라. : 삼가지 않으면 안 되느니라."
   ❀ 不可不은 이중부정인데, '~아니할 수 없다', '~않아서는 안 된다'의 뜻으로 해 석되니, 문장에 알맞은 뜻으로 원용(援用)하면 된다. 이 장은 삼가지 않으면 안 된다는 뜻이다.

53 宰予 晝寢이어늘 子曰 朽木은 不可雕也요 糞土之墻은 不 可圬也니라.

> ※ 재여(宰予)가 낮잠을 자거늘 공자가 말씀하시기를,
> "썩은 나무는 조각을 할 수 없고, 썩은 흙으로 쌓은 담장은 흙손질을 할
> 수 없느니라." 하였다.

· 문장의 구조 ·

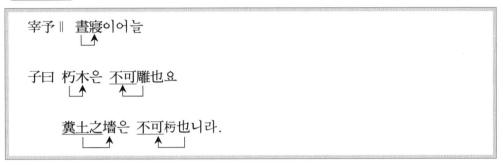

주어+서술어 관계의 문장이다. 朽木과 糞土之墻은 주어로써 짜임은 수식관계이나 글
자의 수효는 동일하지 않고 서술어의 부분은 부정사와 서술어로 이루어졌다.

· 풀 이 ·

1) 宰予 晝寢이어늘 : 재여(宰予)가 낮잠을 자거늘

● 宰予 : 춘추시대 노(魯) 나라 사람으로 공자의 제자이다. 성은 宰, 자는 子我이
다. 속칭 공문십철(孔門十哲) 가운데 한사람으로 언어(言語)에 뛰어나다고 하였
다. 晝寢은 한낮에 잠을 자는 것인데, 일설(一說)에는 학습하는 도중에 졸고
있는 것을 표현한 것이라고 하였다.

2) 朽木은 不可雕也요 糞土之墻은 不可杇也니라 : 썩은 나무는 조각을 할 수 없고,
썩은 흙으로 쌓은 담장은 흙손질을 할 수 없느니라.

● 朽木은 수식관계이니, 썩은 나무이다. 雕는 《논어(論語)》 公冶長篇의 주(註)에
'그림을 새기다[刻畫]'라고 하였다. 糞土之墻은 築糞土之墻과 같은 말이니, 썩
은 흙으로 쌓은 담장이다. 杇는 흙손질을 하는 것이니, 《명심보감》 통행본은
圬로 되어 있으나 《論語》에 의거하여 정정하였다. 흙손질은 담을 쌓은 후에
흙을 도포(塗布)하는 행위를 지칭한다. 不可는 '할 수 없다'로 해석한다.

· 출 전 ·

《논어(論語)》 公冶長篇에,

宰予晝寢이어늘 子曰 朽木은 不可雕也며 糞土之牆은 不可杇也니 於予與에 何誅리오.

始吾於人也에 聽其言而信其行이러니 今吾於人也에 聽其言而觀其行하노니 於予與에 改是니라.

譯 《논어(論語)》 公冶長篇에, 재여가 낮잠을 자거늘 공자가 말씀하시기를,

"썩은 나무는 조각할 수 없고, 썩은 흙으로 쌓은 담장은 흙손질을 할 수 없느니라. 내가 재여에게 무엇을 꾸짖겠는가. 처음에는 내가 사람들에 대하여 그의 말을 들으면 실천을 믿었었는데, 지금은 내가 사람들에 대하여 그의 말을 들었으면 실천을 살펴보게 되었으니, 재여에게서 이러한 점을 고쳤다." 하였다.

54 紫虛元君誠諭心文曰 福生於淸儉하고 德生於卑退하고 道生於安靜하고 命生於和暢하고 患生於多慾하고 禍生於多貪하고 過生於輕慢하고 罪生於不仁이니라. 戒眼하여 莫看他非하고 戒口하여 莫談他短하고 戒心하여 莫自貪嗔하고 戒身하여 莫隨惡伴하며 無益之言을 莫妄說하고 不干己事를 莫妄爲하며 尊君王, 孝父母하고 敬尊長, 奉有德하고 別賢愚, 恕無識하며 物順來而勿拒하고 物旣去而勿追하며 身未遇而勿望하고 事已過而勿思하라. 聰明도 多暗昧요 算計도 失便宜니라 損人終自失이오 依勢禍相隨라, 戒之在心하고 守之在氣라 爲不節而亡家하고 因不廉而失位니라 勸君自警於平生하노니 可歎可驚而可畏니라 上臨之以天鑑하고 下察之以地祇라 明有王法相繼하고 暗有鬼神相隨라 惟正可守요 心不可欺니 戒之戒之하라.

※ 자허원군(紫虛元君)의 〈성유심문(誠諭心文)〉에 말하기를,

"복(福)은 청렴하고 검소한 데에서 나오고 덕(德)은 자신을 낮추고 물러나는 데에서 나오고, 도(道)는 마음을 편안하고 고요한 데서 나오고 명(命)은 기운이 화평하고 순조로운 데에서 나오고, 근심[患]은 욕심이 많은 데서 나오고 재앙[禍]은 탐심이 많은 데에서 나오고, 잘못[過]은 경솔하고 교만한 데에서 나오고 허물[罪]은 인(仁)하지 못한 데에서 나오느니라.

눈을 경계하여 다른 사람의 그릇된 것을 보지 말고, 입을 경계하여 다른 사람의

단점을 말하지 말고, 마음을 경계하여 스스로 탐내거나 성내지 말고, 몸을 경계하여 나쁜 짝을 따르지 말라.

쓸데없는 말을 함부로 말하지 말고 나와 관계없는 일을 함부로 행하지 말라. 임금을 존중하며 부모에게 효도하고, 웃어른을 공경하며 덕이 있는 사람을 받들고, 어질고 어리석은 사람을 분별하며 무식한 사람을 포용하라.

물건이 순리로 왔으면 물리치지 말고 물건이 이미 떠나갔으면 쫓지 말며, 자신이 대우받지 못했으면 바라지 말고 일이 이미 지나갔으면 생각하지 말라. 총명한 사람도 어두운 때가 많고 계획을 잘 세워 놓았어도 편의를 잃느니라. 남을 해롭게 하면 마침내 자신도 잘못될 것이요 세력에 의존하면 재앙이 뒤따르느니라.

경계하는 것은 마음에 달려있고 지키는 것은 기운에 달려있으니, 절약하지 않음으로 해서 집이 망하고 청렴하지 않음으로 인해서 지위를 잃느니라. 그대에게 평소에 스스로 경계(警戒)할 것을 권하니 탄식할 만하고 놀랄 만하고 또 두려울 만하니라.

위로는 그대를 하늘의 거울이 굽어보고 있고 아래에는 땅의 신령이 살펴보고 있느니라. 밝게는 왕법(王法)이 이어져 있고 어둡게는 귀신이 뒤따르고 있느니라. 오직 정도(正道)만을 지킬 수 있고 양심(良心)은 속일 수 없으니, 이것을 경계하고 경계하라." 하였다.

· 문장의 구조 ·

紫虛元君誠諭心文曰

福‖生／於淸儉하고 德‖生／於卑退하고 道‖生／於安靜하고 命‖生／於和暢하고

患‖生／於多／慾하고 禍‖生／於多／貪하고 過‖生／於輕慢하고 罪‖生／於不仁이니

戒｜眼하여 莫看｜他非하고 戒｜口하여 莫談｜他短하고

戒｜心하여 莫自貪嗔하고 戒｜身하여 莫隨｜惡伴하며

無益之 言을 莫妄說하고

不干己 事를 莫妄爲하며

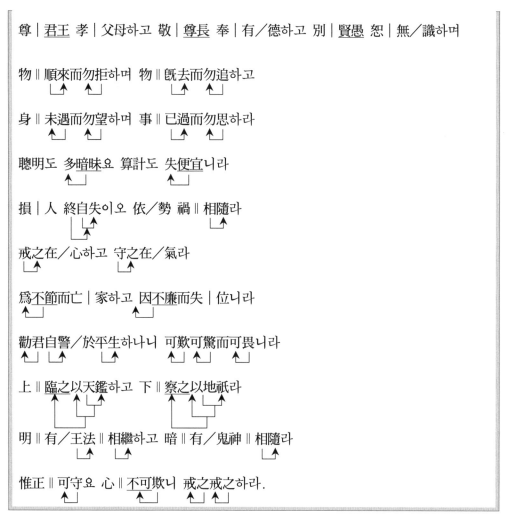

尊|君王 孝|父母하고 敬|尊長 奉|有/德하고 別|賢愚 恕|無/識하며

物‖順來而勿拒하며 物‖既去而勿追하고

身‖未遇而勿望하며 事‖已過而勿思하라

聰明도 多暗昧요 算計도 失便宜니라

損|人 終自失이오 依/勢 禍‖相隨라

戒之在/心하고 守之在/氣라

爲不節而亡|家하고 因不廉而失|位니라

勸君自警/於平生하나니 可歎可驚而可畏니라

上‖臨之以天鑑하고 下‖察之以地祇라

明‖有/王法‖相繼하고 暗‖有/鬼神‖相隨라

惟正‖可守요 心‖不可欺니 戒之戒之하라.

모두 12번 문장의 구성이 변환되어 있다. 《명심보감(明心寶鑑)》 淸州本은 문장이 이보다 더 많다. ◆ 출전 참조

풀 이

1) 紫虛元君誠諭心文曰 : 자헌원군(紫虛元君)의 〈성유심문(誠諭心文)〉에 말하기를,
   ● 紫虛元君 : 도교(道敎)에서 도를 깨달은 진인(眞人)으로 추측하는데 누구인지는 자세하지 않다. 원군(元君)은 진재(眞宰)에 이른 여신선(女神仙)을 가리키는 말이다. 誠諭心文은 진심으로 깨우쳐주는 마음을 담을 글을 말하니, 그가 저술한 문장의 명칭이다.

2) 福生於淸儉하고 德生於卑退하고 : 복(福)은 청렴하고 검소한 데에서 나오고 덕(德)은 자신을 낮추고 물러나는 데서 나오고

❂ 주어+서술어+보어의 구성이다. 福은 아름답고[休] 상서롭고[祥] 길한 것을 말하니, 깨끗하고 검소한 생활에서 나오는 것이다. 德은 마음에 얻은 것[心之所得]이니, 자신을 낮추고 뒤로 물러나는 몸가짐에서 나온다는 것이다. 於는 처소격(處所格)으로 쓴 어사(語辭)이니, '~에서'에 해당한다.

3) 道生於安靜하고 命生於和暢하고 : 도(道)는 마음을 편안하고 고요한 데서 나오고 명(命)은 기운이 화평하고 순조로운 데에서 나오고,

❂ 道는 도가(道家)에서 주창하는 무위(無爲)를 가리키니, 마음을 편안하고 고요하게 갖는데서 깨우치는 것이다. 命은 타고난 명대로 살아가는 섭생(攝生)을 말하니, 몸의 기운을 화평하고 순조롭게 하여 건강을 지켜야 한다.

4) 患生於多慾하고 禍生於多貪하고 : 근심[患]은 욕심이 많은 데서 나오고 재앙[禍]은 탐심이 많은 데서 나오고,

❂ 患은 어떠한 일로 인하여 생기는 근심을 가리키므로 憂의 뜻과는 다르니, 한 때에 도래하는 걱정거리이다. 慾은 감정이 좋아하는 것을[情所好] 말하니, 욕심이 많은 마음에서 걱정은 생겨난다. 禍가 일어나는 것도 탐하는 마음을 많이 갖는 데에서 발생한다.

5) 過生於輕慢하고 罪生於不仁이니 : 잘못[過]은 경솔하고 교만한 데서 나오고 허물[罪]은 인(仁)하지 못한 데서 나오느니라.

❂ 過는 일의 알맞은 사리(事理)에 벗어나거나 미치지 못하는 잘못을 말하니, 본래는 잘하려는 마음을 갖고 하다가 초래한 잘못이다. 輕慢은 경솔한 행위를 가리킨다. 罪는 법을 범(犯)하려는 의도에서 저지른 잘못이이니, 이는 인간을 비롯한 사물을 사랑하지 않는 마음에서 파생한다.

6) 戒眼하여 莫看他非하고 戒口하여 莫談他短하고 : 눈을 경계하여 다른 사람의 그릇된 것을 보지 말고, 입을 경계하여 다른 사람의 단점을 말하지 말고,

❂ 戒는 조심하는 것이다. 눈은 보는 것을 담당하는데, 다른 사람의 잘못된 행위를 보려하지 말 것이며, 말하는 기관인 입을 조심하여 다른 사람의 단점을 말하지 말라는 것이다.

7) 戒心하여 莫自貪嗔하고 戒身하여 莫隨惡伴하며 : 마음을 경계하여 스스로 탐내거나 성내지 말고, 몸을 경계하여 나쁜 짝을 따르지 말라.

❂ 戒心은 마음을 조심함이니, 술어+목적어의 구성이다. 莫自貪嗔은 스스로의 마음 가짐을 옳게 지니어 탐내거나 화내지 말라는 것이다. 戒身은 몸가짐을 조심하는 것이다. 莫隨惡伴은 나쁜 사람들과 어울리며 다니지 말라는 것이다. 이 대문은 심신(心身)의 조행(操行)에 대해 말하였다.

8) 無益之言을 莫妄說하고 不干己事를 莫妄爲하며 : 쓸데없는 말을 함부로 말하지 말고 나와 관계없는 일을 함부로 행하지 말라.

  ❂ 無益은 무용(無用)과 같은 말이니, 쓸데없는 말이다. 妄說은 사리(事理)에 벗어난 것을 주장하는 말이다. 妄爲는 함부로 행동함이니, 이치(理致)에 벗어나는 행위를 지칭한다. 莫은 금지사로 勿과 같다. 不干은 不與와 같은 말이니, 관계가 없는 것이다. 爲는 '행하다'의 뜻이다.

9) 尊君王孝父母하고 敬尊長奉有德하고 別賢愚恕無識하며 : 임금을 존중하며 부모에게 효도하고, 웃어른을 공경하며 덕이 있는 사람을 받들고, 어질고 어리석은 사람을 분별하며 무식한 사람을 포용하라.

  ❂ 君王의 君은 제후를 지칭하고 王은 천자를 가리킨다. 尊은 존중함이다. 尊長의 尊은 지위가 높은 사람을 가리키며 長은 나이가 많은 사람을 말하니, 조정이나 고을에서 높여야 하는 어른을 지칭한다. 有德은 덕을 지닌 사람이니, 孟子가 말한 '모든 사람들이 공통적으로 존중하는 삼달존(三達尊)'에 해당한다.

  ❂ 賢愚는 타고난 자질이 좋은 사람과 불초(不肖)한 사람을 가리키며 別은 분별하는 것이다. 恕는 자신을 미루어 상대를 헤아리는 마음[推己之心]이니, 포용하는 것을 말한다. 무식한 사람은 사리를 분별하지 못하므로 포용하여 감싸 안는 것이다.

10) 物順來而勿拒하고 物旣去而勿追하며 身未遇而勿望하며 事已過而勿思하라 : 물건이 순리로 왔으면 물리치지 말고 물건이 이미 떠나갔으면 쫓지 말며, 자신이 대우받지 못했으면 바라지 말고 일이 이미 지나갔으면 생각하지 말라.

  ❂ 而는 조건절을 받는 則의 의미를 갖는 접속사로 '~하면'의 뜻이 된다. 來는 자신에게 도래한 것이고 去는 자신에게서 떠난 것이다. 物順來而勿拒는 사물이 순리에 따라 왔으면 거절하지 말고 받아들이는 것이며, 物旣去而勿追는 물건이 자신에게서 떠나갔으면 미련을 갖고 쫓지 말라는 것이다.

  ❂ 遇는 대우를 받는 것이니, 身未遇而勿望은 자신이 대우를 받지 못하게 되면 바라는 마음을 갖지 말고, 事已過而勿思은 일의 시기가 이미 지나갔으면 생각하지 말라는 것이다.

11) 聰明도 多暗昧요 算計도 失便宜니라 : 총명한 사람도 어두운 때가 많고 계획을 잘 세워 놓았어도 편의를 잃느니라.

  ❂ 聰明의 뜻은 분명하게 듣고 보는 사람을 가리킨다. 그러한 사람이면 모든 사물에 대해 잘 알 것 같으나 그래도 모르는 것이 많이 있으며, 算計는 일의 계획을 치밀하게 세워 계산을 잘하는 사람이다. 그러한 사람은 편의에 맞게 처리할 것 같으나, 계산을 잘함으로 인해 불편을 초래하는 것도 있다는 말이다.

12) **損人終自失이오 依勢禍相隨라** : 남을 해롭게 하면 마침내 자신도 잘못될 것이요 세력에 의존하면 재앙이 뒤따르느니라.

　❂ 損人은 남을 손해나게 함이다. 終自失은 마침내 자신이 잘못되게 됨이니, 원인이 있으면 그에 따른 결과가 온다는 말이다[因果應報].

　❂ 依勢는 권세가 있는 세력에 의지함이니, 서술어+보어의 구성이다. 禍相隨는 재앙이 권력을 따른다는 말이니, 권력에 의지하면 의지한 것만큼 禍가 그만큼 뒤를 따라 온다는 말이다.

13) **戒之在心하고 守之在氣라** : 경계하는 것은 마음에 달려있고 지키는 것은 기운에 달려있으니,

　❂ 之는 관형격조사가 되어 토씨는 '은'을 붙인다. 在는 장소나 선결 조건을 지칭할 때 쓰는 조사인데, 이 장은 선결조건에 해당한다. 戒之在心은 조심할 것은 마음먹는 데에 달려 있고 守之在氣는 지켜야 될 것은 기운에 달려있다는 것이다.

14) **爲不節而亡家하고 因不廉而失位니라** : 절약하지 않음으로 해서 집이 망하고 청렴하지 않음으로 인해서 지위를 잃느니라.

　❂ 爲와 因은 원인으로 인한 '~ 때문에', '~이유로 해서'의 뜻을 갖는 조사이다. 而는 순접의 접속사로 '~해서'의 뜻을 갖는다. 爲不節而亡家는 절약하지 않음으로 해서 집이 망하게 되고, 因不廉而失位는 청렴하지 않음으로 인해서 지위를 잃게 된다는 말이다.

15) **勸君自警於平生하나니 可歎可驚而可畏니라** : 그대에게 평소에 스스로 경계(警戒)할 것을 권하니 탄식할 만하고 놀랄 만하고 또 두려울 만하니라.

　❂ 君은 '그대'이다. 警은 경계(警戒)의 뜻이며 於는 '~에 대하여'의 뜻이다. 平生은 평소, 일상, 평상이라는 말이다. 而는 '또[且]'의 뜻을 갖는다. 평소의 일에 대하여 스스로 경계할 것을 권하면서, 자신이 지은 업보로 인해 오는 결과가 탄식할 만하고 놀랄 만하고 두려울 만하다고 탄식하였다.

16) **上臨之以天鑑하고 下察之以地祇라** : 위로는 그대를 하늘의 거울이 굽어보고 있고 아래에는 땅의 신령이 살펴보고 있느니라.

　❂ 臨之, 察之의 之는 대명사와 조동사를 겸하였으니, 대명사로는 '그대의'의 뜻이 되고 조동사로는 '굽어보고 있다'와 '살펴보고 있다'로 해석한다. 以가 명사 앞에 있으면 전치사가 되어 '~으로써', '~가지고'의 뜻으로 수단이나 방법을 가리킨다. 자신의 마음과 행위를 위에 있는 하늘과 아래의 땅에서 주시하고 있다는 말이다.

17) **明有王法相繼하고 暗有鬼神相隨라** : 밝게는 왕법(王法)이 이어져 있고 어둡게는

귀신이 뒤따르고 있느니라.

◎ 明은 공식적이거나 행동으로 드러난 것을 말하며, 暗은 마음속에 갖고 있는 생각이나 드러나지 않은 행위를 가리킨다. 王法은 國法이라는 말과 같다.

18) 惟正可守요 心不可欺니 戒之戒之하라. : 오직 정도(正道)만을 지킬 수 있고 양심(良心)은 속일 수 없으니, 이것을 경계하고 경계하라.

◎ 正은 정도(正道)를 뜻하고 心은 양심(良心)을 가리킨다. 可와 不可는 옳고 그름을 말하거나 '할 수 있다'와 '할 수 없다'를 나타내는데, 이 문장은 두 가지가 모두 적용되어도 무방하다. 之는 이 문장에서 가리키는 여러 가지 사항을 지칭하는 대명사이다.

《명심보감(明心寶鑑)》淸州本에는 다음과 같이 고딕으로 된 부분이 더 있다.

紫虛元君誠諭心文曰 福生於淸儉하고 德生於卑退하고 道生於安靜하고 命生於和暢하고 患生於多慾하고 禍生於多貪하고 過生於輕慢하고 罪生於不仁이니 戒眼莫看他非하고 戒口莫談他短하고 戒心莫自貪嗔하고 戒身莫隨惡伴하고 無益之言을 莫妄說하고 不干己事를 莫妄爲하고 **黙黙黙 無限神仙從此得하며 繞繞繞 天災萬禍一齊消하며 忍忍忍 債主冤家從此盡하며 休休休 蓋世功名不自由이라** 尊君王孝父母하고 敬尊長奉有德하며 別賢愚恕無識하고 物順來而勿拒하며 物旣去而勿追하고 身未遇而勿望하며 事已過而勿思하라 聰明도 多暗昧요 算計도 失便宜니라 損人終自失이오 依勢禍相隨라 戒之在心하고 守之在氣라 爲不節而亡家하고 因不廉而失位니라 勸君自警於平生하나니 可歎可警而可思니라 上臨之以天鑑하고 下察之以地祇라 明有王法相繼하고 暗有鬼神相隨라 惟正可守요 心不可欺니 戒之戒之하라.

🈩 [고딕으로 된 부분만 해석]

묵묵히 하고 또 묵묵히 하면 끝없이 신선의 길을 이로부터 깨우칠 수 있으며 너그럽게 용서하고 또 용서하면 하늘의 재앙이나 온갖 재앙들은 모두 사라지게 되며 참고 또 참으면 빚이 있거나 원망하는 집들이 이로부터 모두 없어지며 아름답고도 또 아름답게 하면 세상을 덮는 공명으로도 자신을 억제시키지 못한다.

55 孟子曰 世俗所謂不孝者五이니 惰其四支하여 不顧父母之養이 一不孝也요 博弈好飮酒하여 不顧父母之養이 二不孝也요 好貨財하며 私妻子하여 不顧父母之養이 三不孝也요 從耳目之欲하여 以爲父母戮이 四不孝也요 好勇鬪很하여 以危父母가 五不孝也니라.

※ 맹자가 말하기를,

"세속(世俗)에서 불효(不孝)라고 말하는 것이 다섯 가지이니, 자신의 사지(四肢)를 게을리 하여 부모의 봉양을 돌아보지 않는 것이 첫 번째 불효요, 장기나 바둑을 두며 음주(飮酒)를 좋아하여 부모의 봉양을 돌보지 않는 것이 두 번째 불효요. 재화(財貨)를 좋아하여 처자만을 보살피고 부모의 봉양을 돌보지 않는 것이 세 번째 불효요. 이목(耳目)의 욕망을 좇아서 부모의 수치가 되게 함이 네 번째 불효요. 용맹을 좋아하여 싸움을 벌이고 사납게 하여서 부모를 위태롭게 하는 것이 다섯 번째 불효가 되느니라." 하였다.

· 문장의 구조 ·

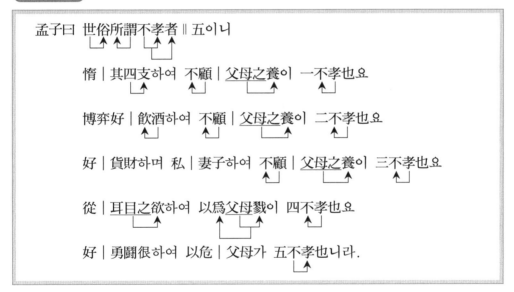

· 풀 이 ·

1) 世俗所謂不孝者五이니 惰其四支하여 不顧父母之養이 一不孝也요 : 세속(世俗)에서 불효(不孝)라고 말하는 것이 다섯 가지이니, 자신의 사지(四肢)를 게을리 하여 부모의 봉양을 돌아보지 않는 것이 첫 번째 불효요,

❧ 世俗은 世間과 같으니, 사회적인 시각에서 볼 때를 가리킨다. 所~者는 대상을 지정하는 조사이니, '~하는 것'이라고 해석한다. 所謂不孝者는 불효라고 말하는 것이다. 惰其四支는 자신의 몸을 게을리 함이다. 不顧父母之養은 부모의 봉양을 돌아보지 않는 것이다. 一不孝는 첫 번째 불효이다.

2) 博弈好飮酒하여 不顧父母之養이 二不孝也요 : 장기나 바둑을 두며 음주(飮酒)를 좋

아하여 부모의 봉양을 돌보지 않는 것이 두 번째 불효요.

- ✿ 博은 局戲이니 장기나, 쌍륙놀이와 같이 판놀음을 가리킨다. 弈은 圍棋이니, 바둑이다. 博奕은 好博奕과 같은 말이니, 장기나 바둑을 두기를 좋아하는 것이다. 好飮酒는 술을 마시기를 좋아하는 것이다.

3) 好貨財하며 私妻子하여 不顧父母之養이 三不孝也요 : 재화(財貨)를 좋아하여 처자만을 보살피고 부모의 봉양을 돌보지 않는 것이 세 번째 불효요.

- ✿ 好貨財는 재물을 증식시키기를 좋아함이다. 私妻子는 처자식만을 사랑하고 보살피는 것이다.

4) 從耳目之欲하여 以爲父母戮이 四不孝也요 : 이목(耳目)의 욕망을 좇아서 부모의 수치가 되게 함이 네 번째 불효요.

- ✿ 從耳目之欲은 耳目口鼻의 욕망대로 따르는 것이니, 물욕(物慾)에 부림을 당하는 것이다. 以는 從耳目之欲을 받는 조사이니, '~서'에 해당한다. 爲는 되다. 父母戮은 父母之羞辱과 같으니 부모의 수치가 되며 모욕이 됨이다.

5) 好勇鬪很하여 以危父母가 五不孝也니라. : 용맹을 좋아하여 싸움을 벌이고 사납게 하여서 부모를 위태롭게 하는 것이 다섯 번째 불효가 되느니라.

- ✿ 好勇은 용맹함을 과시하기 좋아하는 것이니, 血氣之勇을 가리킨다. 鬪는 남과 다투는 것이며 很은 화를 내며 어깃장을 놓는 것이다. 以는 好勇鬪很을 받는 후치사이니, '~하여서'에 해당한다. 危父母는 부모를 위태롭게 만드는 것이다.

· 출 전 ·

《맹자(孟子)》 離婁下篇

安 分 篇

安分(安分)은 타고난 분수(分數)를 지킨다는 안분수기(安分守己)와 같은 말이다. 당(唐) 백거이(白居易)가 지은 「영졸(吟拙)」시 가운데 "이로써 스스로 분수를 지키며 편안히 여기니 가난할 지라도 언제나 기쁘네[以此自安分 雖窮每欣欣]"의 뜻이라 할 수 있다. 도가(道家)의 무위(無爲) 사상이 들어있는 문단이다.

景行錄云 知足可樂이오 務貪則憂니라.

※ 《경행록(景行錄)》에 이르기를,
"만족할 줄을 알면 즐거울 수 있고, 탐냄을 힘쓰면 근심이 있느니라." 하였다.

·문장의 구조·

景行錄云 知ㅣ足可樂이오
務ㅣ貪則憂니라.

則의 앞은 가정사로써 서술어+목적어로 구성하여 조건을 말하고, 뒤는 가능조사(可能助詞)를 넣어 결과를 나타내었다.

· 풀 이 ·

1) 知足可樂이오 務貪則憂니라 : 만족할 줄을 알면 즐거울 수 있고, 탐냄을 힘쓰면 근심이 있느니라.
   ◉ 知足은 만족할 줄을 아는 것이니, 술목 관계이므로 토씨는 '을'을 붙이고 우리말 어순과 반대로 해석한다. 足은 만족이다. 知足 다음에 則이 있어야 하는데, 대구(對句)의 글자 수를 맞추려고 생략된 것이다.
   ◉ 務貪은 탐냄을 힘쓰는 것이니, 역시 술목 관계이다. 憂는 결과를 단정하는 말인데 은연중에 可의 의미를 내포하고 있다.

2 知足者는 貧賤亦樂이오 不知足者는 富貴亦憂니라.

※ 만족할 줄 아는 사람은 가난하고 천하여도 즐거울 것이요 만족할 줄 모르는 사람은 부유하고 귀하여도 근심하느니라.

·문장의 구조·

知ㅣ足 者는 貧=賤亦樂이오
不知ㅣ足者는 富=貴亦憂니라.

주어+서술어의 구조로 이루어진 문장이다. 주어는 수식관계로 이루어졌고 서술어는 유사관계의 단어를 사용하여 결과를 나타내었다.

· 풀 이 ·

1) **知足者는 貧賤亦樂이오 不知足者는 富貴亦憂니라** : 만족할 줄 아는 사람은 가난하고 천하여도 즐거울 것이요 만족할 줄 모르는 사람은 부유하고 귀하여도 근심하느니라.
   - ❂ 知足과 不知足이 수식어가 되고 者는 피수식어가 되어 주어절이 되었다. 知足之人과 같은 말인데, 知 앞에 所가 생략되어 있다고 보아야 한다. 貧富는 재산의 유무를 나타내고 貴賤은 벼슬의 고하를 나타낸다. 지위가 높으면[貴] 재물이 풍족하고[富] 지위가 낮으면[賤] 집이 가난한 것이다[貧]. 貧賤하면 당연히 근심에 쌓여 있어야 하는데 즐거울 수 있고, 富貴하면 즐거워야 하는 데도 근심에 쌓여 있다는 것이다. 亦은 우리말의 '도'와 같다.

③ 濫想은 徒傷神이오 妄動은 反致禍니라.

> ※ 쓸데없는 생각은 한갓 정신만 상하게 할 뿐이요, 함부로 하는 행동은 도리어 재앙을 불러들이느니라.

· 문장의 구조 ·

```
濫想 ‖ 徒傷│神이요
 └→    └→
妄動 ‖ 反致│禍니라
 └→    └→
```

주어+부사+서술어의 구성으로 되어 있는 문장이다. 우리말과 어순이 같으니, 주어를 해석한 뒤에 부사어를 해석하고 서술어를 풀이하면 된다.

· 풀 이 ·

1) **濫想은 徒傷神이오** : 쓸데없는 생각은 정신만 상하게 할 뿐이요
   - ❂ 濫은 물이 범람하여 둑을 넘은 것을 뜻하므로 정법(正法)을 넘는 모든 것을 지칭한다. 그러므로 濫想은 허무맹랑한 쓸데없는 공상(空想)을 가리킨다. 徒는 한쪽으로 너무 치우친 것을 뜻하는 부사이므로 '~할뿐', '~할만'이라고 해석한

다. 쓸데없는 생각은 정신 건강을 상하게 하는 것은 물론 육체적인 건강까지 상하게 한다.

2) 妄動은 反致禍니라 : 함부로 하는 행동은 도리어 재앙을 불러들이느니라.

❂ 妄動은 정도(正度)를 벗어난 함부로 행동하는 것을 뜻하니, 이러한 행위는 도리어 재앙을 불러들이는 원인이 된다. 致는 '이루게 하다'의 뜻을 갖는 타동사이니, 전하여 '불러들이다'의 뜻으로 쓰인다. 至는 자동사로 致의 뜻과는 다르다.

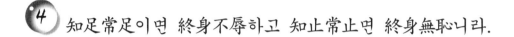

④ 知足常足이면 終身不辱하고 知止常止면 終身無恥니라.

※ 만족할 줄을 알아서 항상 만족스럽게 여기면 몸을 마칠 때까지 모욕을 받지 않고 至善에 머무를 줄을 알아서 항상 머무른다면 몸을 마칠 때까지 부끄러움이 없느 니라.

문장의 구조

知 | 足 常足이면 終 | 身 不辱하고
　　↳↑　　　　　　↑

知 | 止 常止면 終 | 身 無／恥니라.
　　↳↑

가정문으로 만족할 줄 아는 염치와 행동의 규범을 나타내었다. 常은 '늘', '항상'의 뜻이니, 변하지 않는 것을 뜻하는 부사이다.

풀 이

1) 知足常足이면 終身不辱하고 : 만족할 줄을 알아서 항상 만족스럽게 여기면 몸을 마칠 때까지 모욕을 받지 않고

❂ 知足은 서술어+목적어의 짜임이니, 토씨는 '을'을 붙인다. 만족할 줄을 아는 것이다 常足은 常足之의 의미를 지니고 있으니, 모든 일에 대하여 늘 만족하게 여기는 것이다. 終身은 몸을 마침이니, 일생동안을 가리킨다. 분수를 알고 항상 만족하게 여긴다면 평생토록 모욕을 당하지 않는다는 말이다.

2) 知止常止면 終身無恥니라 : 至善에 머무를 줄을 알아서 항상 머무른다면 몸을 마 칠 때까지 부끄러움이 없느니라.

❂ 知止의 止는 《대학(大學)》의 止於至善이니, 사리(事理)의 당연한 이치에 머물

러 옮겨 가지 않는 것이다. 모든 일의 사리를 알아서 항상 견지(堅持)하고 있으면 평생토록 수치스러운 일이 없을 것이다

· 출 전 ·

노자(老子)의 《도덕경(道德經)》에 知足不辱하고 知止不殆하여 可以長久하리라.

🈂 노자(老子)의 《도덕경(道德經)》에,

"만족할 줄을 알면 모욕을 받지 않고 至善에 머무를 줄을 알면 위태롭지 않아서 장구할 수 있느니라." 하였다.

⑤ 書曰 滿招損하고 謙受益이니라.

※ 《서경(書經)》에 말하기를,
"자만(自滿)하면 덜어냄을 부르게 되고 겸손(謙遜)하면 더함을 받느니라." 하였다.

· 문장의 구조 ·

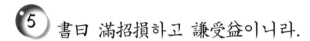

```
書曰 滿 招│損하고
     ↕     ↕
     謙 受│益이니라.
```

滿과 謙의 뒤에 則이 있어야 하는데, 생략된 문장이다. 조건절(條件節)인 滿과 謙, 결과절(結果節)인 招損과 受益이 서로 대구가 된다.

· 풀 이 ·

1) 書曰 : 《서경(書經)》에 말하기를,

　❀ 書 : 《서경(書經)》은 58편(編)으로 이루어져 있는데 상서(尙書)라고 하니, 그 명칭을 붙인 것은 상고(上古)의 책으로 숭상해야 한다는 뜻이다. 우서(虞書)와 하서(夏書)는 요(堯)와 순(舜)의 정사(政事)를 기록하였고, 상서(商書)는 탕(湯)의 정사에 대해 기재하고, 주서(周書)는 문왕(文王)과 무왕(武王) 등의 정사를 기록하였다. 당시의 사관(史官)들이 기록한 것을 공자가 편수하였는데, 당초에는 100편이었다고 한다. 《서경(書經)》은 3종류가 있는데, 진(秦) 시황제(始皇帝)의 분서(焚書)로 인하여 산실(散失)된 후에, 한(漢) 문제(文帝) 때 복생(伏生)이 구

술(口述)한 것을 당시 통용되던 예서(隷書)로 기록하였으므로 이를 《금문상서 (今文尙書)》라고 하는데 28편으로 구양생(歐陽生)과 하후승(夏候勝) 등이 전하였다. 그 후 경제(景帝) 때 노(魯) 공왕(恭王)이 공자의 구택(舊宅)을 헐다가 발견한 전서(篆書)로 쓰여진 《고문상서(古文尙書)》는 공안국(孔安國)이 전하였는데 화재로 인해 《고문상서》는 일찍 없어지고, 현재는 동진(東晉)의 매색(梅賾)이 얻었다는 《위고문상서(僞古文尙書)》를 공영달(孔穎達)이 전하였다.

2) **滿招損하고 謙受益이니라** : 자만하면 덜어냄을 부르게 되고 겸손하면 더함을 받느니라.

◉ 滿은 교만하여 자신은 가득 채웠다고 여기는 것을 가리키니[驕傲自滿], 《서경(書經)》仲虺之誥篇에, "덕이 나날이 새로워지면 온 나라가 그 덕을 가슴에 품고 마음이 자만하면 구족까지 마침내 떠나게 된다.[德日新 萬邦惟懷 志自滿 九族乃離]"라는 뜻과 같다. 천도(天道)는 자만하면 덜어내게 하고 겸손하면 더해 주도록 하는 것이다.

┌─ 출 전 ─┐

《서경(書經)》大禹謨篇에 惟德動天 無遠不屆 滿招損 謙受益 是乃天道.

[譯] 《서경(書經)》大禹謨篇에,

"덕은 하늘을 감동시켜서 멀어도 이르지 않음이 없으니, 자만하면 덜어냄을 부르고 겸손하면 더함을 받게 되니, 이것이 바로 천도이다." 하였다.

⑥ 安分吟曰 安分身無辱이오 知機心自閑이니 雖居人世上이나 却是出人間이니라.

※ 〈안분음(安分吟)〉에 말하기를,
"분수에 편안히 하면 몸에 욕됨이 없을 것이요 기미를 알면 마음이 저절로 한가해 지니, 비록 인간 세상에 살더라도 도리어 인간 세상을 벗어나는 것이 되느니라." 하였다.

· 문장의 구조 ·

安分吟曰 安／分 身‖ 無／辱이오

　　　知｜機 心‖ 自閑이니

　　　雖居／人世上이나

　　　却是 出｜人間이니라.

5언 절구의 시로 2구와 4구의 마지막 글자 閑과 間이 운(韻)이다. 기구(起句)와 승구
(乘句)가 대구로 구성되었으며 전구(轉句)와 결구(結句)는 문장의 구성이 같다.

· 풀 이 ·

1) 安分吟曰 : 〈안분음(安分吟)〉에 말하기를,
　❀ 安分은 타고난 본분(本分)을 지키는 것을 말한다. 吟은 시체(詩體)의 하나인데,
　　입속에 목소리를 담아 나지막하게 읊조리는 것을 말한다.

2) 安分身無辱이오 知機心自閑이니 : 분수에 편안히 하면 몸에 욕됨이 없을 것이요
기미를 알면 마음이 저절로 한가해 지니,
　❀ 分은 자신이 태어날 때 주어진 일정한 몫이니, 이를 타고난 본분(本分)이라고
　　한다. 安分은 본분을 지키고 편안히 여기는 것이다. 身無辱은 자신에게 욕된
　　일이 없는 것이다. 機는 쇠뇌[弩]를 발사하는 장치이다. 知機는 일을 실행하기
　　에 알맞은 시기를 나타내는 미세한 조짐을 가리키니, 이를 기미(機微)라고 한
　　다. 心自閑은 몸가짐의 진퇴(進退)에 대해 알맞은 때를 알게 되면 급박한 일이
　　없어서 마음이 저절로 한가롭게 되는 것이다.

3) 雖居人世上이나 却是出人間이니라. : 비록 인간 세상에 살더라도 도리어 인간 세
상을 벗어나는 것이 되느니라.
　❀ 雖는 부사어로 '비록 ~이나'의 뜻이 된다. 世上의 上은 명사의 뒤에 붙는 접미
　　사가 되어, 분야나 범위를 나타낸다. 居人世上은 居於人間世上과 같은 말이니,
　　인간 세상에 살다. 却是의 却은 부사로 '도리어'의 뜻이며, 是는 부사에 붙는
　　계사(繫辭)가 되어 '~이다'의 뜻이 된다. 出은 '벗어나다'의 뜻이며 人間은 전
　　구(轉句)의 人世上과 같은 표현이다.

· 출 전 ·

《명심보감(明心寶鑑)》 清州本은 격양시(擊壤詩)로 되어있다.

7 子曰 飯疏食飲水하고 曲肱而枕之라도 樂亦在其中矣니 不義而富且貴는 於我如浮雲이니라.

> ※ 공자가 말씀하시기를,
> "거친 밥을 먹으며 물을 마시고 팔을 굽혀서 베개를 삼아 잘지라도 즐거움은 또한 그 속에 있는 것이니, 의롭지 못한 부유함과 존귀함은 나에게 있어서 뜬 구름과 같으니라." 하였다.

· 문장의 구조 ·

子曰 飯│疏食 飲│水하고 曲│肱而枕之라도 樂‖亦在／其中矣니

不義而富且貴는 於我에 如／浮雲이니라.

· 풀 이 ·

1) 飯疏食飲水하고 曲肱而枕之라도 樂亦在其中矣니 : 거친 밥을 먹으며 물을 마시고 팔을 굽혀서 베개를 삼아 잘지라도 즐거움은 또한 그 속에 있는 것이니,
   ● 飯은 먹는 것이다. 疏食는 거친 밥이니, 조미(粗米)로 밥을 한 것이다. 飲水는 물을 마시는 것이니, 가난하여 국을 끓이지 못하는 것이다. 曲肱은 팔을 굽히는 것이다. 枕之는 베개를 삼아 자는 것이니, 가난하여 베개를 베지 못하는 것이다. 樂亦在其中矣은 즐거움이 그 속에 있다는 것이니, 곤란한 지경에 처하였어도 자신이 도를 즐기는 마음을 바꾸지 않는 것이다.

2) 不義而富且貴는 於我에 如浮雲이니라 : 의롭지 못한 부유함과 존귀함은 나에게 있어서 뜬 구름과 같으니라.
   ● 不義而富且貴는 不義之富且貴와 같으니, 而는 之의 용법으로 썼고 且는 접속사의 의미이므로 '의롭지 못한 부유함과 존귀함'이다. 於我의 於는 '나에게 있어서'이다. 如浮雲은 뜬구름이 어떤 때는 있기도 하고 어떤 때는 없는 것처럼 자신과 상관이 없는 것을 가리킨다.

· 출 전 ·

《논어(論語)》述而篇

· 참 고 ·

《명심보감(明心寶鑑)》淸州本은 '不義而富且貴 於我如浮雲' 까지 실려 있는데,《논어(論語)》에 의거하여 전문(全文)을 실었다.

8 子曰 君子는 固窮이나 小人은 窮斯濫矣니라.

※ 공자가 말씀하시기를,
"군자는 진실로 곤궁할 때가 있으나, 소인은 곤궁하면 바로 법을 넘는 짓을 하느니라." 하였다.

· 문장의 구조 ·

子曰 君子∥는 固窮이나
　　　　　└↑

　　小人∥은 窮斯濫矣니라.
　　　　　└↑

주어+서술어의 구조이다.

· 풀 이 ·

1) 君子는 固窮이나 小人은 窮斯濫矣니라. : 군자는 진실로 곤궁할 때가 있으나, 소인은 곤궁하면 바로 법을 넘는 짓을 하느니라.

　❂ 君子는 덕을 완성한 사람이다. 窮은 困窮이니, 어려움이 닥쳐서 어찌할 수 없게 되었을 때이다. 固窮은 두 가지 뜻이 있으니, 자신에게 닥친 곤궁함을 굳게 지키고 있는[固守其窮] 것과 진실로 곤궁할 때가 있다는[固有窮時] 뜻이다. 일반적으로 窮의 뜻이 가난으로 해석할 때는 '곤궁함을 굳게 지키다.'로 해석하고,《논어(論語)》에 있는 경우는 진실로 곤궁할 때가 있다는 뜻이 타당한 듯하다.

　❂ 小人은 군자의 상대되는 사람이다. 窮斯濫은 窮則斯濫과 같은 말이니, 곤궁하면 바로 법을 벗어나는 짓을 한다. 斯는 乃와 같으니, 시간적인 뜻이 없이 곧

바로 한다는 뜻이다. 濫은 넘침이니, 인간의 도리를 벗어나는 행위를 지칭한다.
● 공자가 위(衛) 나라를 떠나 진(陳) 나라에 갔을 때 양식이 떨어져 제자들이 굶주
려 병이 든 사람이 일어나지 못하게 되니, 자로(자로)가 불평하는 기색을 드러내
며, "군자도 곤궁한 때가 있습니까?"라고 물었을 때, 공자가 대답한 말이다.

· 출 전 ·

《논어(論語)》衛靈公篇

9 子曰 不在其位하여는 不謀其政이니라.

> ※ 공자가 말씀하시기를,
> "그 지위에 있지 않으면 그 정사를 도모하지 않아야 되느니라." 하였다.

· 문장의 구조 ·

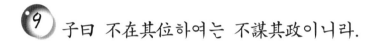

子曰 不在／其位하여는

不謀｜其政이니라.

1구는 서술어+보어절의 문장이며, 2구는 서술어+목적절의 문장이다. 不在其位는 종
속절이 되고 不謀其政이 주절이다.

· 풀 이 ·

1) 不在其位하여는 不謀其政이니라 : 그 지위에 있지 않으면 그 정사를 도모하지 않
아야 되느니라.
● 其位는 현재 자신이 처해있는 위치나 벼슬을 가리키고, 其政은 지위에 주어지
는 직임을 가리킨다. 대부(大夫)의 지위에 있으면 대부에게 주어지는 직임을
도모해야 되니, 대부로서 삼공(三公)의 직임을 도모하거나 사(士)의 직임을 도
모해서는 안 된다.

· 출 전 ·

《논어(論語)》泰伯篇

存 心 篇

존심(存心)은 거심(居心)과 같은 말이니, 마음속에 담아두고 있는 생각을 말한다. 이 말은 《맹자(孟子)》 離婁篇에, "군자가 보통 사람들과 다른 이유는 마음에 담아두는 것이 있기 때문이다.[君子 所以異於人者 以其存心也]"하니, 조기(趙岐)가 설명하기를, "군자가 마음을 두는 곳은 仁과 禮이다[君子之在心者 仁與禮也]" 하였다. 이 편의 의의(意義)는 아마도 여기에 근거를 둔 듯하다.

景行錄云 坐密室을 如通衢하고 馭寸心을 如六馬면 可免
過니라.

> ※ 《경행록(景行錄)》에 이르기를,
> "은밀한 방에 앉아 있기를 탁 트인 거리에 앉아 있는 것과 같이하고 마음을 제어하기를 여섯 필의 말을 제어하는 것과 같이하면 잘못을 면할 수 있느니라." 하였다.

┌ 문장의 구조 ┐

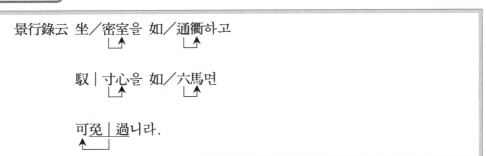

비교형의 문장이니 如를 사용하여 비교의 뜻을 나타내었다. 비교형의 문장은 若·不如·莫如·於·于 등을 사용한다.

┌ 풀 이 ┐

1) 坐密室을 如通衢하고 : 은밀한 방에 앉아 있기를 탁 트인 거리에 앉아 있는 것과 같이하고
   ◎ 密室은 남들이 보지 못하고 알지 못하는 은밀한 방을 가리킨다. 如通衢는 如坐通衢와 같으니, 사방으로 트인 사통오달(四通五達)의 거리에 앉아 있는 것과 같음을 가리킨다. 사람들이 보지 못하는 은밀한 방에서의 몸가짐을 사방으로 트여서 모든 행위를 사람들이 보고 있는 듯이 두려워하는 것이니, 공구(恐懼)와 같은 말이다.

2) 馭寸心을 如六馬면 : 마음을 제어하기를 여섯 필의 말을 제어하는 것과 같이하면
   ◎ 寸心은 자신의 마음을 가리키니, 고대(古代)에 사람의 마음은 사방 1치[一寸] 사이에 있다고 여겼다. 如六馬는 如馭六馬와 같은 말이니, 많은 말을 수레에 멍에 메워 제어하는 것을 가리킨다. 六馬면 고삐가 12개가 되므로 일정하게 제어하기 어려워 조심한다. 또 진시황(秦始皇)이 천자의 수레를 六馬로 운행한

뒤에 천자를 태운 수레를 지칭하였으므로 귀한 사람의 수레를 지칭하는 말이 되었다. 그러므로 如六馬는 조심조심 운용하면서 공경하는 뜻도 내포하니, 계신(戒愼)과 같은 말이다.

3) 可免過니라 : 잘못을 면할 수 있느니라.
  ❂ 계신(戒愼)과 공구(恐懼)는 전전긍긍(戰戰兢兢) 몸과 마음을 지키고 있는 것이니, 신독(愼獨)과 같은 말이다. 이렇게 하면 잘못을 면할 수 있는 것이다.

2 素書云 務善策者는 無惡事요 無遠慮者는 有近憂니라.

※《소서(素書)》에 이르기를,
"좋은 계책을 세우기를 힘쓰는 사람은 나쁜 일이 없을 것이요, 멀리까지 생각함이 없는 사람은 가까운 근심이 있을 것이니라." 하였다.

[문장의 구조]

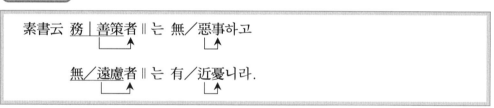

素書云 務 | 善策者 ‖ 는 無／惡事하고

無／遠慮者 ‖ 는 有／近憂니라.

주어+서술어+보어의 구성으로 이루어진 문장이다.

[풀 이]

1) 務善策者는 無惡事하고 無遠慮者는 有近憂니라 : 좋은 계책을 세우기를 힘쓰는 사람은 나쁜 일이 없을 것이요, 멀리까지 생각함이 없는 사람은 가까운 근심이 있을 것이니라.
  ❂ 務는 힘쓰다. 善策은 좋은 계책이니, 務善策者는 좋은 계책을 세우기를 힘쓰는 사람이다. 無惡事는 나쁜 일이 없음이니, 좋은 계책을 입안하기를 힘쓰는 사람의 사리(事理)를 잘 분간하므로, 나쁘게 되는 일이 없게 된다.
  ❂ 遠慮는 먼 훗날까지 하나하나 따져보고 생각하는 것이니, 無遠慮者는 먼 장래까지 염려하는 마음이 없는 사람이다. 有近憂는 서술어+보어의 짜임이니, 가까운 곳이나 가까운 시일에 근심이 있다는 뜻이다.

소서(素書)

3 擊壤詩云 富貴를 如將智力求인대 仲尼年少合封侯라 世人은 不解靑天意하고 空使身心半夜愁이니라.

> ※〈격양시(擊壤詩)〉에 이르기를,
> "부귀를 만일 지혜의 힘으로 구할 수 있다고 하면 중니[공자]는 젊은 나이에 제후에 봉해졌으리라. 세상 사람들은 푸른 하늘의 뜻을 알지 못하고 부질없이 몸과 마음으로 하여금 한 밤중까지 근심하느니라." 하였다.

· 문장의 구조 ·

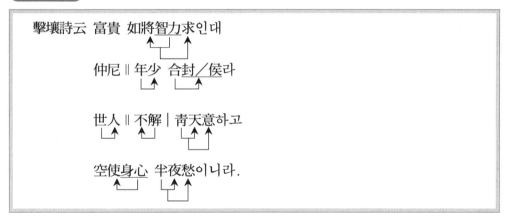

7언 절구로 되어있으며, 侯와 愁가 운자이다.

· 풀   이 ·

1) 擊壤詩云 :〈격양시(擊壤詩)〉에 이르기를,
   ❁ 擊壤詩 : 송(宋) 소옹(邵雍 : 1011~1077)이 지은 《이천격양집(伊川擊壤集》에 수록된 시이다. 소옹의 자는 요부(堯夫), 호는 안락(安樂)이며 시호는 강절(康節)이다. 《황극경세서(皇極經世書)》 62편을 저술하여 천지의 모든 현상의 전개를 수리로서 해석하고 그 장래를 예시하였으며, 그 외 저서로는 《춘추소전(春秋邵傳)》, 《관물내외편(觀物內外編)》, 《어초문답(漁樵問答)》 이 있다.

2) 富貴를 如將智力求인대 : 부귀를 만일 지혜의 힘으로 구할 수 있다고 하면

   ❀ 如는 '만일', '만약'의 뜻인 가정사(假定詞)이다. 將은 '~을 가지다'이니, 以의 용법과 같다. 智力은 승구(乘句)에 공자를 예시한 것으로 미루어 '지혜와 힘'보다는 '지혜의 힘'으로 해석하는 것이 더욱 타당하다.

3) 仲尼年少合封侯라 : 중니[공자]는 젊은 나이에 제후에 봉해졌으리라.

   ❀ 仲尼는 공자의 자(字)인데, 더욱 친밀함을 드러나게 할 때 자를 표기한다. 年少는 少年과 같으니, 《시경(詩經)》에서 숲 속을 표기할 때 林中이라 하지 않고 中林이라고 한 것처럼 도치한 것이다. 年은 '나이'이니, 年少는 '젊은 나이'로 해석한다. 合은 當의 의미와 같으므로 '마땅히'의 뜻이다. 封侯는 제후에 봉해지는 것이다.

4) 世人은 不解靑天意하고 세상 사람들은 푸른 하늘의 뜻을 알지 못하고

   ❀ 世人은 보통 사람들을 지칭한다. 不解는 不會와 같은 말이니, '알지 못하다'의 뜻이다. 푸른 하늘의 뜻[靑天意]은 모든 사물의 이치에 대하여 자연의 형세에 따라 흘러감을 뜻하는 말이다.

5) 空使身心半夜愁이니라 : 부질없이 몸과 마음으로 하여금 한 밤중까지 근심하느니라.

   ❀ 空은 '부질없이', '공연히'의 뜻으로 쓴 부사이다. 使는 사역동사(使役動詞)이니 使+A+서술어로 구성이 되면 'A로 하여금 ~을 하게 하다'의 뜻이 된다. 半夜는 中夜와 같으니 '한밤중'을 나타낸다. 愁는 시름에 잠겨있는 마음을 가리킨다.

─ 출 전 ─

송(宋) 소옹(邵雍)이 지은 《이천격양집(伊川擊壤集)》 20권에 있다.

④ 范忠宣公이 戒子弟曰 人雖至愚나 責人則明하고 雖有聰明이나 恕己則昏이니 爾曹는 但常以責人之心으로 責己하고 恕己之心으로 恕人이면 則不患不到聖賢地位也니라.

※ 범 충선공(范忠宣公)이 자제를 경계하여 말하기를,
"사람이 비록 지극히 어리석으나 남을 꾸짖는 데는 밝고, 비록 총명함이 있어도 자신을 용서하는 데는 어두우니, 너희들은 다만 항상 남을 꾸짖는 마음으로써 자신을 꾸짖고, 자신을 용서하는 마음으로써 남을 용서한다면 성현의 경지에 이르지 못할 것을 근심하지 않게 될 것이니라." 하였다.

· 문장의 구조 ·

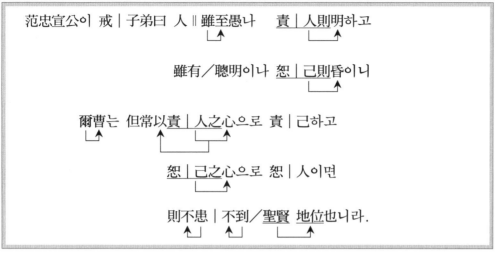

주종(主從) 복합문(複合文)으로 가정형을 나타내는 글자 則의 앞은 종속절이 되고 뒤는 주절이 된다.

· 풀 이 ·

1) 范忠宣公이 戒子弟曰 : 범 충선공(范忠宣公)이 자제를 경계하여 말하기를,

❂ 范忠宣公(1027-1101) : 송(宋) 철종(哲宗) 때의 명신. 이름은 순인(純仁). 자는 요부(堯夫). 중엄(仲淹)의 아들로 항상 검소하게 생활하였으며, 오랜 귀양살이를 하고 돌아올 때 휘종(徽宗)이 불렀으나 늙었다는 이유로 바로 고향으로 돌아온 유명한 일화가 있다. 子弟는 자식을 높여서 부르는 칭호이다.

2) 人雖至愚나 責人則明하고 雖有聰明이나 恕己則昏이니 : 사람이 비록 지극히 어리석으나 남을 꾸짖는 데는 밝고, 비록 총명함이 있어도 자신을 용서하는 데는 어두우니,

❂ 雖는 부사이니, 부사는 놓인 위치에 가서 해석한다. 至는 지극함이다. 愚는 사리를 분별하지 못하는 사람이다. 人雖至愚의 人은 일반적인 사람을 가리키고, 責人의 人은 恕己의 己와 상대어로 쓰였다. 至愚는 聰明과 상대어이니, 지극히 사리를 분별하지 못하는 사람일지라도 남을 질책하는 데에는 밝고, 총명한 자질을 갖고 있어도 자신을 용서하는 데에는 어둡다는 말이다.

3) 爾曹는 但常以責人之心으로 責己하고 恕己之心으로 恕人이면 : 너희들은 다만 항상 남을 꾸짖는 마음으로써 자신을 꾸짖고, 자신을 용서하는 마음으로써 남을 용서한다면

❀ 爾는 '너'이고 曹는 복수이니, '너희들'이라는 말이다. 但常이 一本에는 但當으로 되어있는데, 《소학(小學)》 嘉言篇과 《송명신언행록(宋名臣言行錄)》에는 但常으로 되어 있다. 以는 전치사로 수단이나 방법을 가리키니, '~을 가지고', '~으로써'의 뜻인데, 恕己之心의 앞에는 以가 생략되었다. 조건절로 이루어졌는데, 요체는 恕의 의미를 찾는 데에 달려있다.

　◉ 주희(朱熹)는 "恕는 미루어 나가는 것이니, 자신에게 恕 자를 놓는 것은 부당하다. 그 말을 윤색한다면 '자신을 사랑하는 마음을 가지고 남을 사랑해야 한다.'로 해야 한다.[恕是推去的 於己 不當下恕字 若欲修潤其語 當曰 以愛己之心愛人]" 하였다.

　◉ 오눌(吳訥)은, "恕 자의 의의를 范公은 아마도 너그러이 용서하는 것으로써 말한 듯하다.[恕字之義 范公 蓋以寬恕爲言也]" 하였다.

3) 則不患不到聖賢地位也니라 : 성현의 경지에 이르지 못할 것을 근심하지 않게 될 것이니라.

❀ 不患은 '근심하지 않을 것'이라고 추측하는 말이다. 不患과 不到가 서술어+목적어의 관계가 된다. 不到는 聖賢地位와 서술어+보어의 짜임이 된다. 地位는 범위, 분야, 경지를 나타내는 말이다.

・ 출 전 ・

《소학(小學)》 嘉言篇. 《송명신언행록(宋名臣言行錄)》

⑤ 素書云 博學切問은 所以廣知요 高行做言은 所以修身이니라.

> ※ 《소서(素書)》에 이르기를,
> "배우기를 넓게 하고 묻기를 간절히 하는 것은 지식을 넓히는 방법이요, 행실을 고상하게 하고 말을 실천하는 것은 몸을 닦는 방법이니라." 하였다.

・ 문장의 구조 ・

素書云 博｜學 切｜問은 <u>所以</u> <u>廣</u>｜知요

高｜行 做｜言은 <u>所以</u> <u>修</u>｜身이니라.

所以는 방법을 뜻하는 말이다.

· 풀 이 ·

1) 博學切問은 所以廣知요 高行做言은 所以修身이니라 : 배우기를 넓게 하고 묻기를
   간절히 하는 것은 지식을 넓히는 방법이요, 행실을 고상하게 하고 말을 실천하는
   것은 몸을 닦는 방법이니라.

   ◉ 博學切問은 '널리 배우고 절실하게 묻는다.'로 해석할 수 있으나, 대구(對句)
     高行做言은 서술어+목적어로 해석해야 하기 때문에 서술어+목적어의 구성으로
     해석한다. 所以는 방법이나 이유, 원인을 가리킬 때 쓰는 말이다. 廣知는 지식
     을 넓히는 것이다.

   ◉ 高行은 행실을 고상하게 행하는 것이며, 做言은 자신의 말을 실천하는 것이다.
     修身은 자신을 수행하는 것이다.

· 출 전 ·

소서(素書)

 子曰 篤信好學하며 守死善道니라.

※ 공자가 말씀하시기를,
"독실하게 믿으면서 배우기를 좋아하며 죽음으로 지켜내어서 도를 좋게
할 것이니라." 하였다.

· 문장의 구조 ·

子曰 篤信 好│學하며

守死 善│道니라.

· 풀 이 ·

1) 篤信好學하며 守死善道니라 : 독실하게 믿으면서 배우기를 좋아하며 죽음으로 지
   켜내어서 도를 좋게 할 것이니라.

◉ 篤은 심후하면서도 견고함을 뜻한다.[深厚牢固] 篤信은 믿는 것이 독실하면서도 견고한 것을 뜻한다. 好學은 배우기를 좋아함이니, 확실하게 믿고 있어도 배우기를 좋아하지 않으면 바르지 못한 것을 믿고 잇을 수 있다.

◉ 守死는 守之以死를 줄인 글이니, 죽음으로써 지켜나가는 것이다. 善道는 서술어+목적어의 구성이니, 바른 도를 좋게 하는 것이다[好其道]. 죽음으로써 도를 좋게 하지 못하였다면 부질없는 죽음이 될 뿐이다.

┌ 출 전 ┐

《논어(論語)》泰伯篇

⑦ 子曰 聰明思睿라도 守之以愚하고 功被天下라도 守之以讓하고 勇力振世라도 守之以怯하고 富有四海라도 守之以謙이니라.

> ※ 공자가 말씀하시기를,
> "확실하게 듣고 분명하게 보며 생각이 슬기롭더라도 어리석음으로써 지켜가야 하고, 공로가 천하를 덮을지라도 겸양으로써 지켜가야 하고, 용력이 세상을 진동할지라도 겁냄으로써 지켜가야 하고, 부유함이 사해(四海)를 차지했을지라도 겸손으로써 지켜가야 하느니라." 하였다.

┌ 문장의 구조 ┐

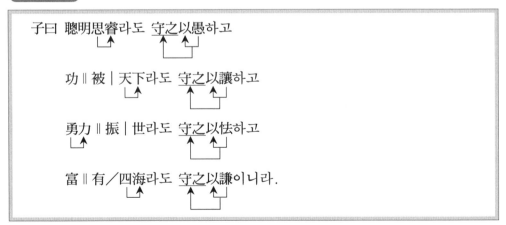

守之의 之는 대명사와 조동사를 겸하는 글자이다. 대명사로 자신을 가리키고 조동사

가 되어 '지켜가야 하다'의 뜻이 된다. 조동사로 之가 있으면 타동사나 피동사로 전환이 되는데, '그에게 이것을 가지고 말씀해 주었다[告之以此]'와 '그에게 복으로써 갚아주다[報之以福]'와 같은 용례이다.

· 풀 이 ·

1) 聰明思睿라도 守之以愚하고 : 확실하게 듣고 분명하게 보며 생각이 슬기롭더라도 어리석음으로써 지켜가야 하고

　　● 聰明思睿는 《서경(書經)》 洪範篇에, "모습은 공손하고 말은 순종하며 보는 것은 분명히 보고 듣는 것은 분명히 듣고 생각하는 것은 지혜롭게 한다.[貌曰恭, 言曰從, 視曰明, 聽曰聰, 思曰睿]"에서 나온 말이다. 자신이 확실하게 듣고 분명하게 보며 생각이 지혜로울지라도 어리석음을 가지고 지켜가야 한다.

2) 功被天下라도 守之以讓하고 : 공로가 천하를 덮을지라도 겸양으로써 지켜가야 하고

　　● 功은 자신이 세운 공로이다. 被는 '덮는다.'이다. 天下는 중국을 가리킨다. 讓은 자신을 것을 미루어 남에게 주는 것[推己與人]이니, 겸양하여 남에게 양보하는 것이다.

3) 勇力振世라도 守之以怯하고 : 용력이 세상을 진동할지라도 겁냄으로써 지켜가야 하고

　　● 勇力은 용맹스러우면서도 기력(氣力)이 있는 것이다. 振世는 당대에 진동하는 것이다. 용력이 당세(當世)에 진동할 지라도 겁냄을 가지고 자신을 지키라는 말이다.

4) 富有四海라도 守之以謙이니라 : 부유함이 사해(四海)를 차지했을지라도 겸손으로써 지켜가야 하느니라.

　　● 有는 소유를 말한다. 四海는 四海之內의 줄인 말인데, 南蠻·北狄·東夷·西戎까지 포함한 지역을 지칭한다. 謙은 자신을 굽혀서 다른 사람을 대하는[屈己待人] 것이니, 부유할 지라도 자신을 굽히는 마음을 가지고 자신을 지켜가야 한다.

· 출 전 ·

《공자가어(孔子家語)》 三恕篇에, 子路進日 敢問持滿有道乎아 子曰 聰明思睿라도 守之以愚하고 功被天下라도 守之以讓하고 勇力振世라도 守之以怯하고 富有四海라도 守之以謙이니라.

譯 《공자가어(孔子家語)》 三恕篇에, 자로(子路)가 나아와 묻기를,
"감히 묻겠습니다. 충만함을 지키는 방도가 있습니까?" 하니, 공자가 말씀하시기를,

"확실하게 듣고 분명하게 보며 생각이 슬기롭더라도 어리석음으로써 지켜가야 하고 공로가 천하를 덮을지라도 겸양으로써 지켜가야 하고 용력이 세상을 진동할지라도 겁 냄으로써 지켜가야 하고 부유함이 사해(四海)를 차지했을지라도 겸손으로써 지켜가야 하느니라." 하였다.

 8 子夏曰 貧而無諂하며 富而無驕니라.

> ※ 자하(子夏)가 말하기를,
> "가난하되 아첨함이 없으며 부유하되 교만함이 없느니라." 하였다.

· 문장의 구조 ·

子夏曰 貧而無／諂하며
　　　　　　└↑

富而無／驕니라.
　└↑

서술어+而의 아래에 금지사, 혹은 부정사가 있으면 역접(逆接)의 접속사(接續詞)가 된다.

· 풀 이 ·

1) 子夏曰 : 자하(子夏)가 말하기를,
- 子夏 : 성명은 복상(卜商). 산서성(山西省) 출생. 공자의 제자로 공문10철(孔門十哲)의 한 사람이다. 공자가 죽은 뒤에 서하(西河)에서 사람들에게 가르침을 주었으며, 위나라 문후(文侯)에게 초빙되어 스승이 되었다. 자하는 자신보다 먼저 세상을 여읜 아들의 죽음을 비통해하다 실명(失明)하였다고 전해진다. 그의 학문은 시와 예에 통하였으며, 공자의 《춘추(春秋)》를 전하여 《공양전(公羊傳)》과 《곡량전(穀梁傳)》의 원류(源流)를 이루었다. 주관적 내면성을 존중하는 증자(曾子) 등과 달리 예(禮)의 객관적 형식을 존중하는 것이 특색이다.

2) 貧而無諂하며 富而無驕니라 : 가난하되 아첨함이 없으며 부유하되 교만함이 없느니라.
- 貧은 집이 가난함이다. 而는 역접의 접속사이니, '~이나', '~이로되'의 토씨를 붙인다. 無諂은 자신을 낮추거나 뜻을 굽히는 일이 없는 것이다.
- 富는 집안이 부유함이다. 無驕는 자신을 뽐내거나 과장함이 없는 것이다.

· 출 전 ·

《논어(論語)》 學而篇

 大學云 所謂誠其意者는 毋自欺也니 如惡惡臭하며 如好好
色이니라.

> ※ 《대학(大學)》에 이르기를,
> "그 마음에서 일어나는 것을 진실하게 한다고 말하는 것은 자신을 속이지
> 말라는 것이니, 악을 미워하기를 악취를 싫어하는 것과 같이하고 선을 좋
> 아하기를 아름다운 이성을 좋아하는 것과 같이 하는 것이니라." 하였다.

· 문장의 구조 ·

大學云 所謂誠 | 其意者는 毋自欺也니

如／惡 | 惡臭하며 如／好 | 好色이니라

· 풀 이 ·

1) 大學云 : 《대학(大學)》에 이르기를,
  ◈ 大學 : 《예기(禮記)》의 제 42편이었는데, 송(宋) 사마광(司馬光)이 처음으로 분
    리하여 《대학광의(大學廣義)》를 만들었고, 그 후 주자(朱子)가 《대학장구(大學
    章句)》를 만들어 경(經) 1장(章), 전(傳) 10장으로 구별하여 주석(註釋)을 가하
    고 이를 존숭(尊崇)하였다.
    《대학(大學)》의 경(經)은 공자의 말을 증자(曾子)가 기술(記述)한 것이고, 전
    (傳)은 증자의 뜻을 그 제자가 기술한 것이다. 3강령(三綱領)은 明明德, 新民,
    止於至善이며 8조목(八條目)은 격물(格物)·치지(致知)·성의(誠意)·정심(正
    心)·수신(修身)·제가(齊家)·치국(治國)·평천하(平天下)이다.
    朱子는 본문에 착간(錯簡)과 오탈(誤脫)이 있다 하여 교정하고, 또 '격물'의 전
    을 보충하였다. 명(明)의 왕양명(王陽明)이 주자학을 비판하면서부터 주자의 《대
    학장구》, 특히 그 보전(補傳)은 유학자간의 논쟁(論爭)의 중심문제가 되었다.
    왕양명은 대학고본(大學古本)에 의거하여 대학고본방석(大學古本旁釋)을 지었다.

2) **所謂誠其意者는 毋自欺也니 如惡惡臭하며 如好好色이니라** : 그 마음에서 일어나는
   것을 진실하게 한다고 말하는 것은 자신을 속이지 말라는 것이니, 악을 미워하기
   를 악취를 싫어하는 것과 같이하고 선을 좋아하기를 아름다운 이성을 좋아하는
   것과 같이 하는 것이니라.

   ◉ 所謂는 다른 글에서 인용할 때 쓰는 말이다. 意는 마음에서 일어나는 것[心之
   所發]이니, 誠其意者는 마음에서 발로되는 것을 진실하게 갖는 것이다. 毋는
   금지사이다. 自欺는 자신을 속이는 것이니, 선을 실행하여 악을 제거할 줄 알
   면서 마음에서 발로되는 것이 진실하지 못한 것이다.

   ◉ 如惡惡臭의 앞에 '악을 미워하다[惡惡]'의 글이 있어야 한다. 如惡惡臭는 악을
   미워하기를 악취를 싫어하듯이 한다는 것이다. 如好好色의 앞에도 역시 '선을
   좋아하다.[好善]의 글이 있어야 한다. 好色은 아름다운 이성을 가리킨다. 선을
   좋아하기를 아름다운 이성을 좋아하는 마음으로 지키는 것이다.

· 출 전 ·

《대학(大學)》 誠意章

⑩ 素書云 薄施厚望者는 不報하고 貴而忘賤者는 不久니라.

> ※《소서(素書)》에 이르기를,
> "조금 베풀고서 보답을 바람이 많은 사람은 보답을 받지 못하고, 지위가 높게 되
> 고서 지위가 낮았을 때를 잊는 사람은 그 지위가 오래가지 못하느니라." 하였다.

·문장의 구조·

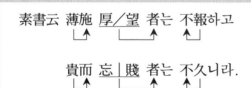

주어+서술어의 구성이므로 '~은 ~하다'로 해석한다. 不報와 不久의 不은 동사부정에
쓰이니, 은혜에 대한 보답을 받지 못하는 것이며 현재 있는 지위를 오랫동안 유지하지
못한다는 뜻이다.

· 풀 이 ·

1) 素書云 : 《소서(素書)》에 이르기를,
   ❂ 素書는 진(秦) 말엽(末葉)의 은사(隱士)이며 병법가(兵法家)인 황석공(黃石公)이
      저술한 책으로 일종의 병가서(兵家書)이다.

2) 薄施厚望者는 不報하고 貴而忘賤者는 不久니라 : 조금 베풀고서 보답을 바람이 많
   은 사람은 보답을 받지 못하고, 지위가 높게 되고서 지위가 낮았을 때를 잊는 사
   람은 그 지위가 오래가지 못하느니라.
   ❂ 薄施는 수식관계의 짜임으로 조금 은혜를 베푼 것이다. 厚望은 서술어+보어의
      짜임으로 해석해야 대구(對句)인 忘賤과 어울리게 되니, 받은 은혜에 대한 보
      답을 바라는 것이 많음이다. 薄施厚望은 薄施而厚望과 같은 말인데 而가 생략
      되었다. 貴賤은 신분의 고하를 말하는 것이 아니라 지위의 고하를 나타낸다.

· 출 전 ·

진(秦) 황석공(黃石公)의 《소서(素書)》 遵義章

· 참 고 ·

《회남자(淮南子)》繆稱訓篇에, 其施厚者其報美하고 其怨大者其禍深하니 薄施而厚望과
畜怨而無患者는 古今未之有也니라.

　📖 《회남자(淮南子)》繆稱訓篇에,
　"은혜를 베푸는 것이 후한 사람은 보답을 받는 것이 아름답고, 원망을 맺은 것이
큰 사람은 그 화도 크게 받는다. 조금 은혜를 베풀고서 후하게 바라는 사람과 원망을
쌓아놓고서 근심이 없는 사람은 예나 지금이나 없다." 하였다.

 施恩이어든 勿求報하고 與人이어든 勿追悔하라.

> ※ 은혜를 베풀었거든 보답을 구하지 말고, 남에게 주었거든 후회하지 말라.

· 문장의 구조 ·

施 | 恩이어든 勿求 | 報하고

與／人이어든 勿追悔하라.

施恩과 與人의 뒤에 則이 생략된 가정형 문장이다.

· 풀 이 ·

1) 施恩이어든 勿求報하고 : 은혜를 베풀었거든 보답을 구하지 말고,
   ◉ 施恩과 求報는 서술어+목적어의 짜임이므로 해석할 때 우리말 어순과 반대로 하고 토씨는 '을'을 붙인다. 求는 자신이 추구하는 것이며 勿은 금지사이다.

2) 與人이어든 勿追悔하라 : 남에게 주었거든 후회하지 말라.
   ◉ 與人은 서술어+보어의 짜임이니, 與於人과 같으며 토씨는 '~에게'를 붙인다. 追悔는 後悔와 같은 말이므로 '쫓아 후회하다'로 해석하면 사족(蛇足)이 된다.

⑫ 孫思邈曰 膽欲大而心欲小하고 智欲圓而行欲方이니라.

※ 손사막(孫思邈)이 말하기를,
"담력은 크게 가지도록 하되 마음가짐은 섬세해야 하고 지혜는 원만하도록 하되 행동은 방정하도록 해야 하느니라." 하였다.

· 문장의 구조 ·

孫思邈曰 膽 ‖ 欲大而心 ‖ 欲小하고

智 ‖ 欲圓而行 ‖ 欲方이니라.

주어+서술어 문장이니, 而를 접속사로 놓고서 膽欲大와 心欲小가 대등한 자격을 갖고 있는 병렬 복합문이다. 대등관계의 而는 대부분 且의 의미로 해석하는데, 膽大와 心小, 志圓과 行方이 상대가 되므로 而를 역접으로 해석한다.

· 풀 이 ·

1) 孫思邈曰 : 손사막(孫思邈)이 말하기를,
 ◉ 孫思邈 : 수(隋) 문제(文帝), 당 태종(太宗)·고종(高宗) 때의 명의(名醫). 그가
   저술한 의서(醫書)로 《비급천금요방(備急千金要方)》 30권과 《천금익방(千金翼
   方)》 30권이 있다. 의가(醫家)의 윤리(倫理)를 논설하고 육조 때부터 불로장수
   약이라고 하던 오석산(五石散)의 해독(害毒)을 해설한 실증(實證)에 입각한 명
   의였으며, 특히 도교에 심취하여 양생법을 주창하여 《섭생진록(攝生眞錄)》 을
   저술하였다.

2) 膽欲大而心欲小하고 : 담력은 크게 가지도록 하되 마음가짐은 섬세해야 하고
 ◉ 膽은 담력이나 의지를 가리키니 志의 의미를 내포하고 있다. 欲은 바라거나
   기대하는 것이다. 膽大는 많은 사람들이 있는 곳이라도 두려움 없이 가서 큰
   일을 하는데 과감한 것이며, 心小는 두려워하고 조심하여[畏敬] 이치를 살피는
   데 치밀한 것이다.

3) 智欲圓而行欲方이니라 : 지혜는 원만하도록 하되 행동은 방정하도록 해야 하느니라.
 ◉ 智는 지혜(智慧)이고 行은 행실(行實)이다. 지혜가 원만하지만 행실이 방정하지
   않으면 남을 속이는 사람이 되고, 행실은 방정하나 지혜가 원만하지 못하면
   집착하여 통창(通暢)하지 못한다. 그러므로 지혜가 원만하면 통달해서 막히지
   않게 되고 행실이 방정하면 정도를 지켜 유탕(流蕩)되지 않는다.

· 출 전 ·

《당서(唐書)》 隱逸列傳.《소학(小學)》 嘉言篇

13 念念要如臨戰日하고 心心常似過橋時니라.

※ 생각마다 전쟁에 임하는 때와 같이 해야 하고 마음마다 항상 다리를 건너는 때와
 같이 할 것 이니라.

· 문장의 구조 ·

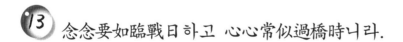

念念∥要如╱臨╱戰日하고

心心∥常似╱過│橋時니라.

念念과 心心은 첩어(疊語)로 이루어진 주어로 '~마다'로 해석한다. 如와 似는 비교의
뜻을 나타내는 글자이니, 비교형 문장이다.

· 풀 이 ·

1) 念念要如臨戰日하고 : 생각마다 전쟁에 임하는 때와 같이 해야 하고
   ◐ 念念은 계속 생각하는 것을 말하니, '생각할 때 마다'라고 해석한다. 要는 欲
   과 같은 의미로 '요컨대 ~하고자 한다.', '요컨대 ~바란다.'의 뜻으로 해석하는
   조동사이다. 臨戰은 서술어＋보어의 짜임으로 '전쟁에 임하다.'의 뜻이다. 日은
   때를 가리키는 말로 時와 같은데, 臨戰이 日을 수식한다. 생각하는 것마다 모
   두 전쟁에 임하는 때처럼 두려워하고 조심하는 것이다.

2) 心心常似過橋時니라 : 마음마다 항상 다리를 건너는 때와 같이 할 것 이니라.
   ◐ 心心은 항상 마음에서 떠나지 않는 것이니, 전심(專心)의 의미도 내포하고 있
   다. 常은 '항상', '늘'의 뜻을 갖는 부사이다. 過橋는 서술어＋목적어의 짜임이
   니, 토씨는 '을'을 붙이며 過橋가 時를 수식한다. 橋는 외나무다리를 지칭한다.
   항상 전일한 마음을 지니기를 외나무다리를 건널 때처럼 조심하는 것이다.

· 참 고 ·

《서유기(西遊記)》에, 出家人은 時時常要方便하고 念念不離善心이라.

譯 《서유기(西遊記)》에,
"출가인은 언제라도 항상 方便[성불(成佛)에 도달함]을 바라고 생각마다 善心을 떠나
지 말아야 한다." 하였다.

14 景行錄云 誠無悔며 恕無怨이며 和無讐며 忍無辱이니라.

※《경행록(景行錄)》에 이르기를,
"진실하면 후회가 없을 것이며 용서하면 원망이 없을 것이며 화목하면 원
수질 일이 없을 것이며 참으면 욕될 것이 없을 것이니라." 하였다.

· 문장의 구조 ·

景行錄云 誠無／悔며 恕無／怨이며

和無／讐며 忍無／辱이니라.

가정문인데 則이 생략되었으므로 誠, 恕, 和, 忍이 조건절이며 無悔, 無怨, 無讐, 無辱이 결과절이므로 단정하지 않고 추측하는 문투를 사용한다.

· 풀 이 ·

1) 誠無悔며 恕無怨이며 和無讐며 忍無辱이니라 : 진실하면 후회가 없을 것이며 용서하면 원망이 없을 것이며 화목하면 원수질 일이 없을 것이며 참으면 욕될 것이 없을 것이니라.

　● 誠無悔은 誠則無悔와 같으니, 진실하면 후회가 없을 것이라는 말이다. 恕는 자신을 미루어 상대를 헤아리는 것[推己及人]이니, 포용하는 마음을 갖는다면 원망이 없을 것이다.[無怨] 和는 조화를 이루어 화목하게 지내는 것이니, 그렇게 하면 원수질 일이 없다.[無讐] 忍은 인내(忍耐)를 뜻하니, 감성대로 행동하지 않고 이성적으로 대처하면 모욕을 받을 일이 없을 것이다.[無辱]

⑮ 懼法朝朝樂이오 欺公日日憂니라.

　※ 법을 두려워하면 언제나 즐거울 것이요 나라를 속이면 날마다 근심이 되느니라.

· 문장의 구조 ·

懼 | 法 朝朝樂이오
　　└─↑

欺 | 公 日日憂니라.
　　└─↑

주종복합문으로 則이 생략되어 있다. 懼法과 欺公은 서술어+목적어의 짜임으로 이루어진 종속절이며, 朝朝樂과 日日憂는 종속절에 의해 한정을 받는 주절이다.

· 풀 이 ·

1) 懼法朝朝樂이오 : 법을 두려워하면 언제나 즐거울 것이요

　● 法은 국법(國法)을 가리키니, 규칙(規則)도 포함된다. 懼法은 국법을 두려워하여 준수하는 것을 가리킨다. 朝朝는 '아침마다'로 볼 수도 있으나, 日日과 대구가 되니, '때마다', '언제나'의 뜻으로 보는 것이 더욱 타당하다. 樂은 기쁜 마음이 밖으로 발산되어 나온 것이다.

2) 欺公日日憂니라 : 나라를 속이면 날마다 근심이 되느니라.

   ❂ 欺는 기망(欺罔)을 가리키니, 欺는 이치에 있는 것을 갖고서 속이는[誑之以理之所有] 것이며 망(罔)은 이치에 없는 것을 갖고 속이는 것[昧之以理之所無]인데, 이 장은 기망(欺罔)을 포함하여 말하였다. 公은 私의 상대 개념이니, 국가를 지칭한다. 欺公은 懼法을 넘어서 범법(犯法)을 저지르는 행위를 말한다. 憂는 항상 마음에 담아두고 걱정하는 것이다.

・ 출 전 ・

《증광현문(增廣賢文)》에도 보인다.

---

⑯ 朱文公曰 守口如瓶하고 防意如城하라.

> ※ 주문공(朱文公)이 말하기를,
> "입을 지키기를 병과 같이 하고 사사로운 뜻을 막기를 성을 지키는 것과 같이 하라." 하였다.

・ 문장의 구조 ・

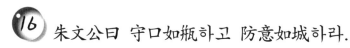

  朱文公曰 守 | 口 如／瓶하고

        防 | 意 如／城하라.

如를 사용한 비교형의 문장이므로 '~과 같다'로 해석한다.

・ 풀 이 ・

1) 朱文公曰 : 주문공(朱文公)이 말하기를,

   ❂ 朱文公 : 주희(朱熹 1130-1200) 자는 원회(元晦)·중회(仲晦). 호는 회암(晦庵)·회옹(晦翁)·운곡산인(雲谷山人)·창주병수(滄洲病叟)·둔옹(遯翁)이다. 복건성(福建省) 우계(尤溪) 출생. 연평(延平) 이통(李侗)을 사사(師事)하였는데, 강우(講友)로는 남헌(南軒) 장식(張栻)과 동래(東萊) 여조겸(呂祖謙)이 있으며, 논적(論敵)으로 상산(象山) 육구연(陸九淵)이 있어서 학문이 비약적으로 발전하여 많은 제자들과 방대한 저서를 남겼다. 저서를 통해서 보면 《논어요의(論語要義)》, 《논어훈몽구의(論語訓蒙口義)》, 《곤학공문편(困學恐聞編)》, 《정씨유서

《程氏遺書》, 《논맹정의(論孟精義)》, 《자치통감강목(資治通鑑綱目)》, 《태극도설해(太極圖說解)》, 《정씨외서(程氏外書)》, 《이락연원록(伊洛淵源錄)》, 《고금가제례(古今家祭禮)》, 《논맹집주혹문(論孟集註或問)》, 《시집전(詩集傳)》, 《주역본의(周易本義)》, 《소학서(小學書)》, 《대학장구(大學章句)》, 《중용장구(中庸章句)》, 《석존예의(釋尊禮儀)》, 《맹자요로(孟子要路)》, 《예서(禮書 : 儀禮經傳通解)》, 《한문고이(韓文考異)》, 《서전(書傳)》, 《초사집주후어변증(楚辭集註後語辨證)》 등이 있다.

2) 守口如瓶하고 防意如城하라 : 입을 지키기를 병과 같이 하고 사사로운 뜻을 막기를 성을 지키는 것과 같이 하라.

❂ 입을 지킨다는[守口] 것은 말을 조심한다는 뜻이며, 병과 같이 한다는[如瓶] 것은 병의 마개를 막아 놓듯이 입을 다물고 있다는 표현이다. 뜻을 막는다는[防意] 것은 사의(私意)가 일어남을 방비하는 뜻이며, 성과 같이 한다는[如城] 것은 성으로 둘러치듯이 사사로운 생각이 나오는 것을 막는 것이다.

▪ 출 전 ▪

주자(朱子)의 《경재잠(敬齋箴)》

▪ 참 고 ▪

1. 《송명신언행록(宋名臣言行錄)》에, 劉器之云 富鄭公年八十 書座屛云 守口如瓶하고 防意如城하라.

🈁 《송명신언행록(宋名臣言行錄)》에 유기지(劉器之)가 이르기를,
"부정공(富鄭公)은 연세가 80세인데도 좌병(座屛)에 쓰기를, '입을 지키기를 병과 같이 하고 뜻을 막기를 성을 지키는 것 같이 하라.'고 하였다." 하였다.

2. 《계신잡지(癸辛雜識)》에, 富鄭公云 守口如瓶하고 防意如城하라.

🈁 《계신잡지(癸辛雜識)》에 부정공(富鄭公)이 이르기를,
"입을 지키기를 병과 같이 하고 뜻을 막기를 성을 지키는 것 같이 하라." 하였다.
❂ 富鄭公은 부필(富弼)을 가리킨다.

17 子曰 君子는 謀道不謀食하며 君子는 憂道不憂貧이니라.

※ 공자가 말씀하시기를,
"군자는 도를 도모하고 먹을 것을 도모하지 않으며, 군자는 도를 근심하고
가난을 근심하지 않느니라." 하였다.

· 문장의 구조 ·

子曰 君子‖는 謀∣道 不謀∣食하며
　　　　　　　↑—┘

　　君子‖는 憂∣道 不憂∣貧이니라.
　　　　　　　　↑—┘

· 풀　이 ·

1) 君子는 謀道不謀食하며 君子는 憂道不憂貧이니라. : 군자는 도를 도모하고 먹을
   것을 도모하지 않으며, 군자는 도를 근심하고 가난을 근심하지 않느니라.
   ❂ 君子는 덕을 이루려고 하는 사람이다. 謀는 일을 계획하고 실천하는 것이며,
      道는 사물의 당연한 이치이니, 謀道는 도를 이루려고 계획하고 실행하는 것이
      다. 不謀食은 먹을 것을 도모하는 것이니, 편안한 생활을 영위하려고 도모하는
      것이다.
   ❂ 憂는 항상 마음속에 담아두고 걱정하는 것이니, 憂道는 도를 체득하지 못할
      것을 항상 걱정하는 것이다. 不憂貧은 가난을 걱정하지 않음이니, 가난을 근심
      하는 이유로 학문을 하는 것이 아니기 때문이다.

· 출　전 ·

《논어(論語)》衛靈公篇에, 子曰 君子는 謀道不謀食하나니 耕也에 餒在其中矣요 學也에
祿在其中矣니 君子는 憂道不憂貧이니라.

🔢《논어(論語)》衛靈公篇에, 공자가 말씀하시기를,
   "군자는 도를 도모하고 먹는 것을 도모하지 않느니라. 농사를 지어도 굶주림은 그
속에 있을 수 있고, 학문을 하는 데에 벼슬[祿]이 그 속에 있을 수 있는 것이니, 군자
는 도를 근심하고 가난을 근심하지 않느니라." 하였다.

· 참　고 ·

《명심보감(明心寶鑑)》淸州本에, 子曰이 없기에 보충하였다.

子曰 君子는 坦蕩蕩하고 小人은 長戚戚이니라.

※ 공자가 말씀하시기를,
"군자의 마음은 평탄하여 너그러우면서도 넓고 소인의 마음은 언제나 근심에 쌓여 있느니라." 하였다.

문장의 구조

子曰 君子‖는 坦蕩蕩하고

小人‖은 長戚戚이니라.

군자와 소인의 마음가짐에 대하여 주어+서술어의 구성으로 서술하였다.

풀 이

1) 君子는 坦蕩蕩하고 小人은 長戚戚이니라. : 군자의 마음은 평탄하여 너그러우면서도 넓고 소인의 마음은 언제나 근심에 쌓여 있느니라.
   ◉ 君子는 군자의 마음가짐에 대하여 말한 것이다. 坦은 평탄이며, 蕩蕩은 마음이 너그러우면서도 넓은 모습[寬廣之貌]이니, 그 마음이 항상 이치에 순응하기 때문에 어디를 가더라도 너그럽고 넓다는 말이다.
   ◉ 小人은 소인의 마음가짐에 대하여 말한 것이다. 長은 平常이니, '언제라도'이다. 戚戚은 항상 근심에 쌓여 있는 것이니, 소인의 마음은 외물(外物)에 부림을 당하여 어느 때라도 근심이 깊은 모양이다.

출 전

《논어(論語)》 述而篇

 心不負人이면 面無慙色이니라.

※ 마음이 사람을 저버리지 않았으면 얼굴에 부끄러운 빛이 없느니라.

· 문장의 구조 ·

心 ‖ 不負 | 人이면

面 ‖ 無慙色이니라

주어+서술어+목적어(보어)의 형식으로 구성되었으므로 '~은 ~을(에) ~하다'의 해석이다.

· 풀 이 ·

1) 心不負人이면 面無慙色이니라 : 마음이 사람을 저버리지 않았으면 얼굴에 부끄러운 빛이 없느니라.

❀ 心은 심중(心中)과 같은 말이니, 마음속을 가리킨다. 負는 '저버리다'의 뜻이다. 面은 얼굴 뿐만이 아니라 외면에 나타는 것을 지칭한다. 겉으로는 행동을 함께 하면서 마음속은 다른 뜻을 품는다면 면종복배(面從腹背)가 되므로 매우 부끄러운 짓이다.

20 人無百歲人이나 枉作千年計니라.

※ 사람은 백 살을 사는 사람이 없으나 부질없이 천년을 사는 계획을 세우느니라.

· 문장의 구조 ·

人 ‖ 無／百歲人이나

枉作 | 千年計니라.

주어+서술어+보어의 짜임으로 이루어진 문장이다. 百歲와 千年이 상대어가 되어 人과 計를 수식하였다.

· 풀 이 ·

1) 人無百歲人이나 枉作千年計니라 : 사람은 백 살을 사는 사람이 없으나 부질없이 천 년을 사는 계획을 세우느니라.

❀ 百歲人의 앞에 居의 뜻을 첨가하여 해석하고, 千年計의 앞에도 居를 덧붙여서 해석하는 것이 무난하다. 사람은 대체로 백년을 살지도 못하면서 항상 살지도 않을 미래에 대한 부질없는 계획을 세우고 근심한다. 枉은 부사로 쓰였으므로 '부질없이[徒然]'의 뜻이 된다. 作은 爲와 같은 말이며, 計는 일에 대해 계획을 세우는 것이다.

❲ 참 고 ❳

1. 《악부고사(樂府古辭)》〈서문행(西門行)〉에 人生不滿百이나 常懷千載憂라.

   譯 《악부고사(樂府古辭)》〈서문행(西門行)〉에,
   "사람이 살아가는 것은 백년을 채우지 못하나 항상 천년의 근심을 간직한다." 하였다.

2. 《증광현문(增廣賢文)》에 生年不滿百이나 常懷千歲憂라.

   譯 《증광현문(增廣賢文)》에,
   "사는 나이는 백년을 채우지 못하나 항상 천년의 근심을 갖느니라." 하였다.

㉑ 景行錄云 規小節者는 不能成榮名이요 惡小恥者는 不能立大功이니라.

※ 《경행록(景行錄)》에 이르기를,
"작은 절조를 모범으로 여기는 사람은 영예로운 명예를 이룰 수 없고, 작은 염치를 싫어하는 사람은 큰 공로를 세울 수 없느니라." 하였다.

❲ 문장의 구조 ❳

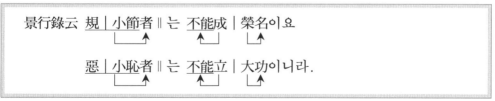

주어+서술어+목적어의 구성이다.

❲ 풀 이 ❳

1) 規小節者는 不能成榮名이요 惡小恥者는 不能立大功이니라 : 작은 절조를 모범으로 여기는 사람은 영예로운 명예를 이룰 수 없고, 작은 염치를 싫어하는 사람은 큰

공로를 세울 수 없느니라.

❃ 規는 모범으로 여기는 것이다. 小節은 작은 절조를 가리킨다. 規小節者는 작은 절조를 세우는 것을 모범으로 여기고 있는 사람이다. 不能은 '~을 할 수 없다.'이다. 成榮名은 영예로운 명예를 이루는 것이다.

❃ 惡는 싫어하여 하지 않는 것이다. 小耻는 하찮게 여길만한 작은 염치(廉恥)를 가리키니, 惡小耻者는 작은 염치는 지키지 않아도 된다고 여겨서 싫어하는 사람이다. 不能立은 세울 수 없다. 大功은 큰 공로이다. 큰 공로를 세우는 사람은 작은 염치를 지키는 데에서 시작되기 때문이다.

22 寇萊公六悔銘云 官行私曲失時悔요 富不儉用貧時悔요 藝不少學過時悔요 見事不學用時悔요 醉後狂言醒時悔요 安不將息病時悔니라.

※ 구래공(寇萊公)의 〈육회명(六悔銘)〉에 이르기를,
"관직에 있을 때 사사로이 부정직한 일을 행하면 관직을 잃었을 때에 후회할 것이요. 부유할 때 검소하게 쓰지 않으면 가난해졌을 때 후회할 것이요. 기예(技藝)를 어려서 배우지 않으면 시기가 지났을 때 후회할 것이요. 일을 보고 배우지 않으면 필요하게 되었을 때 후회할 것이요. 술에 취한 뒤에 함부로 말하면 술이 깨었을 때 후회할 것이요. 몸이 편안할 때 휴식을 기르지 않으면 병이 들었을 때 후회할 것이니라." 하였다.

· 문장의 구조 ·

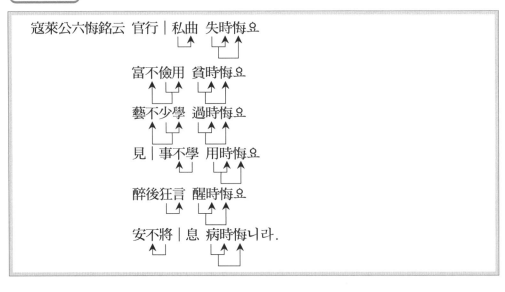

일상의 몸가짐을 여섯 가지로 분류하여 조심할 것을 다짐하는 좌우명이다.

┌─ 풀 이 ─┐

1) 寇萊公六悔銘云 : 구래공(寇萊公)의 〈육회명(六悔銘)〉에 이르기를,

  ✿ 寇萊公 : 구준(寇準, 961~1023). 북송 초의 명신(名臣)이며 시인. 자는 평중(平
仲). 시호는 충민(忠愍)이다. 섬서성(陝西省) 출생. 진사에 급제한 후 대리평사
(大理評事), 추밀원직학사(樞密院直學士), 염철판관(鹽鐵判官) 등을 역임하고,
태종(太宗)의 두터운 신임을 받았으나, 강직한 연유로 인하여 지방으로 좌천
(左遷)되었다. 진종(眞宗) 즉위 후 중앙에 복귀하였으며, 재상이 되어 거란(契
丹)의 침입 때 많은 공을 세웠으므로 내국공(萊國公)에 봉해져 구래공(寇萊公)
이라고도 하였다. 저서로 《파동집(巴東集)》 이 있고, 범옹(范雍)이 수집하여 발
간한 시집으로 《구충민공시집(寇忠愍公詩集)》 이 있다.

  ✿ 六悔銘 : 銘은 원래 종정(鐘鼎)에 새겨놓는 글귀를 뜻하였는데, 후대에는 사적
(史蹟)을 기록하는 글이나 일종의 잠언(箴言)도 포함되었다. 六悔銘은 일종의
좌우명(座右銘)에 속하는데, 자리의 가까운 곳에 게시하여 반성하는 格言(격언)
이나 警句(경구)를 말한다. 좌우명(座右銘)의 유래는 齊 桓公이 자리 오른쪽에
놓아둔 술독에서 비롯하는데, 이 술독이 비어있을 때는 기울어져 있다가 술을
반쯤 담으면 바로 섰다가 가득 채우면 다시 엎어지는 것을 갖고 자만(自滿)을
경계한 데서 유래하였다.

2) 官行私曲失時悔요 : 관직에 있을 때 사사로이 부정직한 일을 행하면 관직을 잃었
을 때에 후회할 것이요.

  ✿ 官은 관직에 있을 때를 말한다. 私曲은 私回와 같은 말이니, 사심에 치우쳐
공정하지 못한 행위를 가리킨다. 失時는 관직을 잃었을 때를 지칭한다.

    ◉ 《관자(管子)》 五輔篇에, 善爲政者는 公法行而私曲止이라.
"정사를 잘 다스리는 사람은 공정한 법을 시행해서 사심에 치우쳐 공정하지
못한 행위를 중지하게 한다." 하였다.

3) 富不儉用貧時悔요 : 부유할 때 검소하게 쓰지 않으면 가난해졌을 때 후회할 것이요.

  ✿ 富는 부유하게 지낼 때를 말한다. 부유하게 살 때 검소하게 쓰지 않았다가 전
락(轉落)하여 가난해졌을 때 후회한다는 뜻이다.

4) 藝不少學過時悔요 : 기예(技藝)를 어려서 배우지 않으면 시기가 지났을 때 후회할
것이요.

  ✿ 藝는 기예(技藝)를 가리키니, 육예(六藝 : 禮·樂·射·御·書·數)를 포함하여
지칭하였다. 기예는 젊어서 배워야 능숙하게 연마하여 자연스럽게 익힐 수 있

는데, 젊은 때가 지난 후에 배우면 노력에 비해 효과가 미미하게 된다.

5) 見事不學用時悔요 : 일을 보고 배우지 않으면 필요하게 되었을 때 후회할 것이요.
- ✿ 見事는 어떠한 일을 보았을 때, 일마다 이치가 있으므로 배우지 않으면 일을 처결하지 못한다. 일을 배우지 않고 간과하였다가, 똑같은 일이 닥쳤을 때는 그 일을 미리 배워 두지 않은 것에 대해 후회하게 된다.

6) 醉後狂言醒時悔요 : 술에 취한 뒤에 함부로 말하면 술이 깨었을 때 후회할 것이요.
- ✿ 醉는 술을 과도하게 먹어 신지(神志)가 깨끗하지 못한 상태이다. 狂言은 사리를 분별하지 않고 함부로 큰 소리를 치거나 허무맹랑한 말을 가리킨다. 醒은 술에 취한 뒤에 다시 정신이 맑게 된 상태이다.

7) 安不將息病時悔니라. : 몸이 편안할 때 휴식을 기르지 않으면 병이 들었을 때 후회할 것이니라.
- ✿ 安은 자신의 몸이 편안한 지경에 있을 때를 말한다. 將은 기르는 것이며 息은 휴식이다. 편안하게 있을 휴식을 길러서 몸을 건강하게 만들어야 하는데, 쉬지 않고 일을 하다가 병이 들게 되어서야 후회하게 된다.

23 益智書云 寧無事而家貧이언정 莫有事而家富요 寧無事而住茅屋이언정 不有事而住金屋이요 寧無病而食饖飯이언정 不有病而服良藥이니라.

※ 《익지서》에 이르기를,
"차라리 사고가 없으면서 집이 가난할지언정 사고가 있으면서 집이 부유하게 하지 말 것이요. 차라리 사고가 없으면서 초가집에서 살지언정 사고가 있으면서 좋은 집에서 살려하지 말 것이요. 차라리 병이 없으면서 거친 밥을 먹을지언정 병이 있으면서 좋은 약을 먹지 말 것이니라." 하였다.

· 문장의 구조 ·

益智書云 寧無／事而家∥貧이언정 莫有／事而家∥富요

寧無／事而住／茅屋이언정 不有／事而住／金屋이요

寧無／病而食∣饖飯이언정 不有／病而服∣良藥이니라.

寧~莫, 寧~不은 '차라리 ~할지언정 ~하지 말라'의 뜻으로 해석하는 비교형의 문장이다. 不도 역시 금지사로 쓰였다.

풀 이

1) 益智書云 : 《익지서》에 이르기를,
   ❈ 송(宋) 나라 때 발간된 책이라고 하는데 전하지 않아 서지(書誌)에 대해 자세히 알지 못한다.

2) 寧無事而家貧이언정 莫有事而家富요 : 차라리 사고가 없으면서 집이 가난할지언정 사고가 있으면서 집이 부유하게 하지 말 것이요.
   ❈ 無事와 有事의 事는 사고를 지칭한다. 사고가 없는 것은 마음이 편안하고[心安] 집이 가난함은 몸이 편치 못한 것이다[身不安]. 사고가 있는 것은 마음이 불편하고[心不安] 부유함은 몸이 편안한 상태가 된다.[身安] 마음이 편하게 사고가 없는 것이 몸은 비록 불편하나 집이 가난함이 더 좋은 것이니, 마음이 불편하면서 잘 살려하지 말라는 뜻이다.

3) 寧無事而住茅屋이언정 不有事而住金屋이요 : 차라리 사고가 없으면서 초가집에서 살지언정 사고가 있으면서 좋은 집에서 살려하지 말 것이요.
   ❈ 茅屋은 띠풀[白茅]로 지붕을 덮으므로 백옥(白屋)이라고 하고 짚으로 이엉을 엮어 지붕을 덮는 초옥(草屋)도 포함하니, 가난한 사람이 거주하는 좋지 않은 집이다. 金屋은 금와(金瓦)로 지붕을 덮은 화려하고 아름다운 집을 가리킨다.

4) 寧無病而食麤飯이언정 不有病而服良藥이니라. : 차라리 병이 없으면서 거친 밥을 먹을지언정 병이 있으면서 좋은 약을 먹지 말 것이니라.
   ❈ 麄飯은 麤飯과 같으며 거칠게 찧은 곡식[粗米]으로 지은 밥이니, 정미(精米)로 밥을 지은 것과 반대이다. 服은 먹는 것이며 良藥은 좋은 약이다. 병이 없는 건강한 몸으로 거친 밥을 먹는 것이 병을 지니고 있으면서 좋은 약을 먹는 것보다 낫다는 말이다.

24 心安茅屋穩이오 性定菜羹香이라. 世事靜方見이오 人情淡始長이라.

> ※ 마음이 편안하면 초가집에 살아도 안온하고 성정(性情)이 안정되면 나물국을 먹어도 향기롭다네. 세상의 일은 고요한 마음에서 바야흐로 보이고 사람의 마음은 깨끗한 데에서 비로소 자란다네.

· 문장의 구조 ·

心∥安 茅屋穩이오 性∥定 菜羹香이라.

世事∥靜 方見이오 人情∥淡 始長이라.

· 풀 이 ·

1) 心安茅屋穩이오 性定菜羹香이라. : 마음이 편안하면 초가집에 살아도 안온하고 성정(性情)이 안정되면 나물국을 먹어도 향기롭다네.

  ● 心安은 마음이 편안한 것이다. 茅屋은 초가집이니, 가난하게 사는 것을 뜻한다. 穩은 안온한 마음을 지니는 것이다. 모든 일은 마음이 주재(主宰)하니, 마음이 편안하면 초가집에 살고 있어도 안온(安穩)하게 된다.

  ● 性定의 性은 사람이 태어날 때 부여받은 본성(本性)인데, 외물이 부딪치게 되면 작용을 하여 감정(感情)이 표출된다. 이 장의 性은 성정(性情)을 내포한 의미를 지니고 있으니, 성정이 안정되어 있는 상태이다. 菜羹香은 하찮은 나물국을 먹어도 향기롭다는 것이니, 향기롭게 느끼는 것은 마음에 달려있다.

2) 世事靜方見이오 人情淡始長이라. : 세상의 일은 고요한 마음에서 바야흐로 보이고 사람의 마음은 깨끗한 데에서 비로소 자란다네.

  ● 世事는 세상에 일어나는 일들이다. 靜은 고요한 마음을 갖고 보는 것이다. 方見은 바야흐로 보인다는 것이니, 정관(靜觀)하였을 때 비로소 그 득실(得失)을 알게 된다.

  ● 人情은 사람들의 마음 씀씀이를 뜻한다. 淡은 깨끗한 마음을 나타내는 형용사이다. 始長은 비로소 더욱 자라게 된다는 뜻이다.

· 출 전 ·

《명심보감(明心寶鑑)》 통행본은, '心安茅屋穩이오 性定菜羹香이라' 하였다.

25 子曰 無欲速하며 無見小利이니 欲速則不達하고 見小利則 大事不成이니라.

※ 공자가 말씀하시기를,
"일을 속성하려고 하지 말며 작은 이익을 보려고 하지 말 것이니, 속성하려고 하면 달성하지 못하고 작은 이익을 보게 되면 큰일을 달성하지 못하느니라." 하였다.

문장의 구조

子曰 無／欲速하며 無／見∣小利이니

欲速則不達하고 見∣小利則大事不成이니라.

관직을 맡았을 때 사람들이 저지르기 쉬운 잘못을 명기하였다.

풀 이

1) 無欲速하며 無見小利이니 : 일을 속성하려고 하지 말며 작은 이익을 보려고 하지 말 것이니,
   ◉ 無는 금지사이니, 毋의 뜻이다. 欲速은 일을 속성(速成)하려는 것이다. 無見의 無도 역시 금지사이다. 無見小利는 작은 것이 이익이 된다는 것을 알고서 나아가서 그 이익을 취하는 사람이다.

2) 欲速則不達하고 見小利則大事不成이니라 : 속성하려고 하면 달성하지 못하고 작은 이익을 보게 되면 큰일을 달성하지 못하느니라.
   ◉ 欲速則不達은 일을 속성하려고 하면 급하여 두서(頭緒)가 없으므로 도리어 달성하지 못한다. 見小利則大事不成은 작은 것이 이익이 된다는 것을 미루어 작은 이익을 구하는 일에 빠지게 되면 큰일마저 달성하지 못하게 될 것이다.

출 전

《논어(論語)》 子路篇

26 景行錄云 責人者는 不全交요 自恕者는 不改過니라.

※《경행록》에 이르기를,
"남을 탓하는 사람은 교제를 온전히 하지 못하고 자기를 용서하는 사람은 잘못을 고치지 못하느니라." 하였다.

・문장의 구조・

> 景行錄云 責 | 人者는 不全 | 交요
>
> 自 恕者는 不改 | 過니라.

　주어+서술어의 구성이다. 주어절은 수식관계의 짜임이며 술어절은 부정사+술어+목적어의 짜임이다.

・풀 이・

1) **責人者는 不全交요** : 남을 탓하는 사람은 교제를 온전히 하지 못하고

　❀ 責人의 責을 꾸짖는다는 뜻으로 쓴다면, 윗사람이 아랫사람의 과실을 지적할 때 쓰는 표현이 된다. 이 장의 責은 교제에 대한 말이니, 붕우(朋友)간의 責人은 다른 사람의 책임이라고 남을 탓하는 것이다. 不는 동사부정에 쓰이니, 不全은 온전하지 못하다.

2) **自恕者는 不改過니라** : 자기를 용서하는 사람은 잘못을 고치지 못하느니라.

　❀ 恕는 관유(寬宥)의 뜻이니, 自恕는 자신에 대하여 너그럽게 용서하는 것이다. 자신의 행위가 잘못되었는데도 너그럽게 용서를 하게 되면 그 잘못을 고치지 못한다.

27 子曰 君子는 成人之美하고 不成人之惡하나니 小人은 反是니라.

> ※ 공자가 말씀하시기를,
> "군자는 다른 사람의 좋은 점을 이루어주고 다른 사람의 나쁜 점을 이루어주지 않으니, 소인은 이와 반대로 하느니라." 하였다.

・문장의 구조・

> 子曰 君子‖는 成 | 人之美하고
>
> 不成 | 人之惡하나니
>
> 小人‖은 反是니라

군자와 소인의 용심(用心)의 차이를 설명하였다.

· 풀 이 ·

1) 君子는 成人之美하고 不成人之惡하나니 小人은 反是니라 : 군자는 다른 사람의 좋은 점을 이루어주고 다른 사람의 나쁜 점을 이루어주지 않으니, 소인은 이와 반대로 하느니라.

◉ 君子는 덕을 완성한 사람을 가리킨다. 成은 일이 있기 전에는 인도해 주고 일이 이미 발생했을 때는 장려하여 이루어 주는 것이다. 成人之美는 다른 사람의 좋은 점을 보면 이루어지도록 도와주는 것이다. 不成人之惡은 다른 사람의 나쁜 점을 보면 충고하고 덮어주어 나쁜 점을 그치도록 하여 이루지 못하도록 하는 것이다.

◉ 小人은 덕을 완성하지 못한 사람들을 가리킨다. 反是의 是는 군자의 행위를 가리키니, 소인들은 행동을 군자와 반대로 하는 것이다.

· 출 전 ·

《논어(論語)》 顔淵篇

28 子曰 君子 有三畏하니 畏天命하며 畏大人하며 畏聖人之言이니라. 小人은 不知天命而不畏也라 狎大人하며 侮聖人之言이니라.

※ 공자가 말씀하시기를,
"군자는 세 가지 경외(敬畏)하는 것이 있으니, 천명(天命)을 경외하며 대인(大人)을 경외하며 성인의 말씀을 경외하느니라. 소인은 천명을 알지 못해서 경외하니 않으니, 대인을 소홀하게 대하며 성인의 말씀을 업신여기느니라." 하였다.

· 문장의 구조 ·

子曰 君子∥ 有／三畏하니 畏│天命하며 畏│大人하며 畏│聖人之言이니라.

小人∥은 不知│天命而不畏也라 狎│大人하며 侮│聖人之言이니라.

군자와 소인이 자신을 수양하는 몸가짐에 대하여 말하였다.

1) 君子 有三畏하니 畏天命하며 畏大人하며 畏聖人之言이니라. : 군자는 세 가지 경외(敬畏)하는 것이 있으니, 천명(天命)을 경외하며 대인(大人)을 경외하며 성인의 말씀을 경외하느니라.

❀ 有三畏는 서술어+보어의 구성이다. 畏는 공경하면서 두려워하는 것[敬而畏之]이다. 天命은 하늘이 인간에게 부여한 바른 이치이다. 大人은 덕망과 지위와 나이가 많은[有德·有位·有齒] 사람이다. 聖人은 옛 성인을 가리키니, 聖人之言은 경전(經傳)에 있는 성인의 말씀을 가리킨다.

2) 小人은 不知天命而不畏也라 狎大人하며 侮聖人之言이니라. : 소인은 천명을 알지 못해서 경외하지 않으니, 대인을 소홀하게 대하며 성인의 말씀을 업신여기느니라.

❀ 小人은 자신을 닦아서 자신을 진실하게 하기를 힘쓰지 않는 사람이다. 不知天命而不畏는 하늘이 부여한 바른 이치를 알지 못해서 어려워하지 않고 마음대로 행동하는 것이다. 狎은 소홀하게 여기고 함부로 대하는 것이다. 侮는 업신여기고 믿지 않는 것이다.

· 출 전 ·

《논어(論語)》季氏篇

29 景行錄云 夙興夜寐하여 所思忠孝者는 人不知나 天必知之요 飽食煖衣하여 怡然自衛者는 身雖安이나 其如子孫에 何오.

※《경행록》에 이르기를,
"아침 일찍 일어나서 밤늦게 잘 때까지 충성과 효도를 생각하는 사람은, 사람들이 알아주지 않으나 하늘이 반드시 알아줄 것이요. 배부르게 먹고 따뜻하게 입고서 편안하게 자신만 보호하는 사람은 몸은 비록 편안하겠으나 그 자손에게 대하여는 어떻게 할 것인가." 하였다.

· 문장의 구조 ·

景行錄云 夙興夜寐하여 所思ㅣ忠孝者는 人∥不知나 天∥必知之요

飽食煖衣하여 怡然自衛者는 身∥雖安이나 其如／子孫에 何오.

· 풀 이 ·

1) 夙興夜寐하여 所思忠孝者는 人不知나 天必知之요 : 아침 일찍 일어나서 밤늦게 잘 때 까지 충성과 효도를 생각하는 사람은, 사람들은 알아주지 않으나 하늘이 반드시 알아줄 것이요.

  ◎ 夙興夜寐는 朝夙興夜晚寐의 생문(省文)이니, '아침 일찍 일어나서부터 밤늦게 잘 때까지'의 뜻이다. 所思忠孝者는 所思忠孝之人과 같은 문장이니, '충효를 생각하는 바의 사람'이 되는데, 所~之가 연계가 되면 물질이나 사람을 가리키는 말이 되어 '충성과 효도를 생각하는 사람'의 뜻이 된다.

  ◎ 人不知는 일반적인 뜻은 '사람들은 알지 못한다.'는 것이나, 天必知之를 갖고 유추하면 人不知之와 같은 문장이므로, '사람들은 알아주지 않는다.'로 해석해야 한다. 知之의 之는 조동사가 되어 '알아주다'가 된다.

2) 飽食煖衣하여 怡然自衛者는 身雖安이나 其如子孫에 何오 : 배부르게 먹고 따뜻하게 입고서 편안하게 자신만 보호하는 사람은 몸은 비록 편안하겠으나 그 자손에게 대하여는 어떻게 할 것인가.

  ◎ 飽食煖衣의 飽와 煖은 모두 부사이고 食과 衣는 모두 동사이니, '배부르게 먹고 따뜻하게 입다.'의 뜻이다. 怡然은 편안하게 자유로운 모습을 나타내는 형용사이다. 自衛者는 자신의 안위만을 추구하는 사람이다.

  ◎ 身은 自衛者를 지칭한다. 其는 '그렇게 하면'의 뜻을 지닌 어조사이다. 如子孫何는 於子孫如何와 같은 말이니, '자손에 대하여는 어떻게 할 것인가'의 뜻이다.

· 출 전 ·

《명심보감(明心寶鑑)》 통행본은 '경행록(景行錄) 云'이 없다.

30 景行錄云 以愛妻子之心으로 事親이면 則曲盡其孝요 以保富貴之心으로 奉君이면 則無往不忠이오 以責人之心으로 責己면 則寡過요 以恕己之心으로 恕人이면 則全交니라.

> ※《경행록》에 이르기를,
> "아내와 자식을 사랑하는 마음으로써 어버이를 섬긴다면 그 효도를 극진히 할 것이요. 부귀를 보전하려는 마음으로써 임금을 받든다면 어디를 가더라도 충성이 아님이 없을 것이요. 남을 책망하는 마음으로써 자기를 책망한다면 과실이 적어질 것이요. 자기를 용서하는 마음으로써 남을 용서한다면 교제를 온전히 할 것이니라." 하였다.

· 문장의 구조 ·

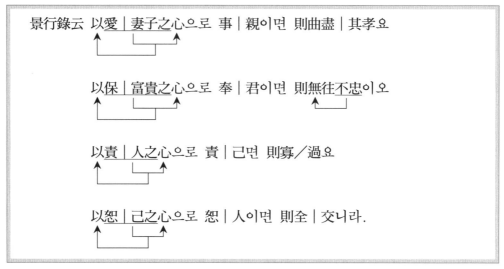

則의 앞은 종속절이 되어 조건을 나타내고 則의 뒤는 주절이 되어 결과를 나타낸다. 以는 전치사로 '~을 가지고', '~으로써'의 뜻을 지니며 수단이나 방법을 뜻한다.

· 풀 이 ·

1) **以愛妻子之心으로 事親이면 則曲盡其孝요** : 아내와 자식을 사랑하는 마음으로써 어버이를 섬긴다면 그 효도를 극진히 할 것이요.

  ◈ 愛는 상하와 평교(平交)에 대하여 사랑한다고 할 때 모두 적용되는 글자이다. 愛妻子는 서술어+목적어의 짜임이므로 之는 '는'에 해당되며 愛妻子之가 心을 수식한다. 曲盡은 竭盡의 뜻과 같으니, 지극하게 하는 것이다. 其는 본인을 가리키는 지시대명사이다.

2) **以保富貴之心으로 奉君이면 則無往不忠이오** : 부귀를 보전하려는 마음으로써 임금을 받든다면 어디를 가더라도 충성이 아님이 없을 것이요.

  ◈ 保는 현재의 상태를 그대로 보존하여 지킨다는[保持] 뜻이다. 無往不忠은 無往 而不忠과 같은 말이니, '어디를 갈지라도 충성이 아님이 없다'의 뜻이다. 無 +A +而不 +B의 형식으로 된 문장일 경우에 A가 시간일 때는 '언제라도'의 뜻 이고, 공간일 때는 '어느 곳이라도'의 뜻이 된다.

    ■ 例 無時而不習 : 어느 때라도 익히지 않음이 없다.
       無處而不善 : 어느 곳이라도 진실하지 않음이 없다.

3) **以責人之心으로 責己則寡過요** : 남을 책망하는 마음으로써 자기를 책망한다면 과실이 적어질 것이요.

❂ 責은 책망하는 것이니, 다른 사람을 책망하는 마음을 갖고서 자신을 책망하는 것이다. 寡過는 서술어+보어의 짜임이므로 '이'의 토씨를 붙여서 '잘못이 적어지다'로 해석한다.

4) 以恕己之心으로 恕人則全交니라 : 자기를 용서하는 마음으로써 남을 용서한다면 교제를 온전히 할 것이니라.

❂ 恕는 관유(寬宥)의 뜻으로 너그럽게 용서하는 것이니, 이 마음을 갖고 다른 사람을 용서하는 것이다. 全交는 서술어+목적어의 짜임이므로 '교제를 온전히 할 것이다'로 해석한다. '교제가 온전하다.'로 해석하려면 交全이라고 해야 한다.

· 출 전 ·

《명심보감(明心寶鑑)》통행본은 '경행록(景行錄) 云'이 없다.

㉛ 景行錄云 爾謀不臧이면 悔之何及이며 爾見不長이면 敎之何益이리오 利心專則背道요 私意確則滅公이니라.

※《경행록》에 이르기를,
"너의 도모가 좋지 않으면 후회한들 어찌 미칠 것이며, 너의 견해가 좋지 않으면 가르친들 무엇이 이로우리오. 이롭게 하려는 마음이 전일하게 되면 도(道)를 등지게 되고 사사로운 마음이 확고하면 공(公)을 멸하게 되느니라." 하였다.

·문장의 구조·

景行錄云 爾謀不臧이면 悔之何及이며

爾見不長이면 敎之何益이리오

利心∥專 則背∣道요

私意∥確 則滅∣公이니라.

爾謀不臧과 爾見不長의 뒤에 則자가 생략되었다. 주종(主從) 복합문(複合文)으로 가정형을 나타내는 則 자의 앞은 종속절이 되고 뒤는 주절이 된다.

· 풀 이 ·

1) 爾謀不臧이면 悔之何及이며 爾見不長이면 敎之何益이리오 : 너의 도모가 좋지 않
으면 후회한들 어찌 미칠 것이며, 너의 견해가 좋지 않으면 가르친들 무엇이 이
로우리오.

❁ 謀는 공사(公私) 간의 일을 꾀하는 것을 가리킨다. 臧은 善의 뜻을 갖고 있어
서, '착하다', '좋다'의 지니고 있는데, 이 장에서는 '좋다'는 뜻이다. 悔之의
之는 관형격 조동사로 '후회하게 되다'의 뜻이니, 悔之而何及와 같은 표현이
다. 何는 의문사이고 及은 일에 미치는 것을 말한다.

❁ 見은 소견이나 보는 식견을 포괄하는 말이다. 長은 短의 반대 개념이므로, 善
의 뜻과 같다. 敎之何益도 敎之而何益과 같은 말이니, '가르쳐 준다 해도 무슨
이익이 있겠는가.'의 뜻이다.

2) 利心專則背道요 私意確則滅公이니라 : 이롭게 하려는 마음이 전일하게 되면 도(道)
를 등지게 되고 사사로운 마음이 확고하면 공(公)을 멸하게 되느니라.

❁ 利心는 利己心과 같으니, 자신에게만 이롭게 하려는 마음이다. 專은 '오로지'
의 뜻이다. 道는 인간으로서 지켜야하고 추구해야 하는 정당한 길인데, 오로지
이기심(利己心)만 있게 되면 인간의 윤리와 등지게 된다.

❁ 私意는 공의(公義)와 반대 개념이다. 確은 굳건하여 변하지 않음이니, 자신만
을 위하는 마음이 확고하게 굳어지면 공의(公義)는 없어지게 된다.

· 출 전 ·

《명심보감(明心寶鑑)》 통행본은 '경행록(景行錄) 云'이 없다.

③② 生事事生이오 省事事省이니라.

※ 일을 만들면 일이 생기고 일을 덜면 일이 줄어드느니라.

· 문장의 구조 ·

生 | 事 事 ‖ 生이오

省 | 事 事 ‖ 省이니라.

生事 뒤에 則이 생략된 가정문이다. 生事와 省事는 서술어+목적어의 짜임으로 종속절이며 조건을 말하고, 事生과 事省은 주어+서술어의 짜임으로 주절이며 결과를 나타내었다.

∙ 풀 이 ∙

1) **生事事生이오 省事事省이니라** : 일을 만들면 일이 생기고 일을 덜면 일이 줄어드느니라.

  ❀ 일을 만들어 한다면 일은 계속 일어나게 되고, 급하지 않은 일은 뒤로 미루어 두서(頭序)가 있게 되면 일이 줄어들게 된다. 省은 '덜다'의 뜻이므로 음도 '생'이 된다.

戒性篇

戒는 조심하다[謹愼]의 뜻이며 性은 인간이 태어날 때 부여 받은 本然之性이 아니라 외부의 감응으로 인하여 표출되는 氣質之性을 가리킨다. 이러한 성품은 기분에 따라 나타나는 모습이 중도(中道)를 벗어나는 것이 많으므로 방심(放心)하지 말고 조심하여 도리를 지키라는 뜻이다.

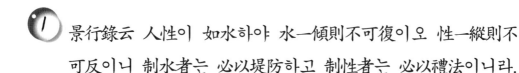

/ 景行錄云 人性이 如水하야 水一傾則不可復이오 性一縱則不
可反이니 制水者는 必以堤防하고 制性者는 必以禮法이니라.

> ※《경행록》에 이르기를,
> "사람의 성품은 물과 같아서 물은 한번 기울어 엎어지면 회복할 수 없고
> 성품은 한번 방종하게 되면 돌이킬 수 없으니, 물을 제어하려는 사람은 반
> 드시 제방(堤防)을 사용하고 성품을 제어하려는 사람은 반드시 예법(禮
> 法)을 사용하느니라." 하였다.

⎧ 문장의 구조 ⎫

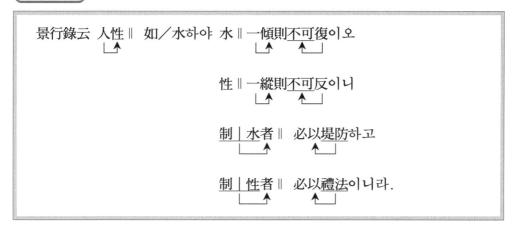

　결론을 먼저 말하고 예문을 제시하였다. 예문은 가정문으로 구성한 뒤에 주어+서술
어의 구성으로 방법을 나타내었다.

⎧ 풀 이 ⎫

1) 人性이 如水하야 : 사람의 성품은 물과 같아서
　◎ 人性은 수식관계로 사람의 성품을 말하니, 본연지성(本然之性)과 기질지성(氣質
　　之性)을 포함한 것을 지칭한다. 물과 같다[如水]는 것은 물은 담는 용기에 따
　　라 모양을 달리하여 언제나 자연의 형세에 따라 움직이는 것이 사람의 성품과
　　같다고 비유한 것이다.

2) 水一傾則不可復이오 性一縱則不可反이니 : 물은 한번 기울어지면 회복할 수 없고
　성품은 한번 놓여지면 돌이킬 수 없으니,
　◎ 물이 한번 기울어졌다는 것은 물은 항상 수평을 유지하고 있으나, 용기가 기

울어져 쏟아지면 다시는 본 상태로 돌이킬 수 없다. 性은 본래 善한 것이나, 방종하여 본성을 상실하게 되면 반성은 할 수 있어도 본래의 성선(性善)의 경지로 돌아갈 수는 없다.

3) 制水者는 必以堤防하고 制性者는 必以禮法이니라 : 물을 제어하려는 사람은 반드시 제방(堤防)을 사용하고 성품을 제어하려는 사람은 반드시 예법(禮法)을 사용하느니라.

　　❂ 制水者는 물을 제어하려는 사람을 뜻한다. 制性者는 기질의 성품을 제어하려는 사람이다. 者는 인물이나 사물을 나타낼 때 모두 사용하는데, 이 장에서는 물과 성품이 정도(正道)에 벗어나는 것을 제어하려는 사람이라는 뜻이다. 以는 用의 뜻으로 쓰였다.

② 忍一時之忿이면 免百日之憂이니라.

※ 한 때의 분함을 참으면 백 날의 근심을 면할 수 있느니라.

｜문장의 구조｜

　　서술어+목적어의 구성으로 이루어진 가정문이니, 忍一時之忿이 조건절이며 免百日之憂가 주절이며 결과절이다.

｜풀　이｜

1) 忍一時之忿이면 免百日之憂이니라 : 한 때의 분함을 참으면 백 날의 근심을 면할 수 있느니라.

　　❂ 一時는 한 때, 한 순간을 가리키고, 百日은 一時의 상대어로 쓰였으므로 긴 시간을 뜻한다. 忿은 지나치게 화를 내는 것이니, 怒와 차이가 있다. 怒는 화를 내야할 것에 대하여 화를 내는데 정도에 맞게 하는 것이다.

　　❂ 안연(顔淵)은 "노함을 옮기지 않았다.[不遷怒]"하였고, 《역경(易經)》 손괘(損卦)에 "군자는 손괘(損卦)의 상(像)을 써서 분노를 징치하고 욕심을 막는다.[君子

以 懲忿窒慾]" 하였다.

· 참 고 ·

1. 《증광현문(增廣賢文)》에 忍得一時之忿이면 免得百日之憂라.

　㽞 《증광현문(增廣賢文)》에,
　　"한 때의 분노를 참을 수 있으면 백 일의 근심을 면할 수 있다." 하였다.

2. 《명심보감(明心寶鑑)》 淸州本은 忍一時之氣이면 免百日之憂이니라.

　㽞 한 때의 혈기를 참을 수 있으면 백 일의 근심을 면할 수 있다.

③ 得忍且忍이오 得戒且戒하라 不忍不戒면 小事成大니라.

※ 참을 수 있으면 참고 조심할 수 있으면 조심하라. 참지 않고 조심하지 않으면 작
은 일이 크게 되느니라.

· 문장의 구조 ·

```
得忍且忍이오
↑┘ └↑

得戒且戒하라
↑┘ └↑

不忍不戒면
↑┘ ↑┘

小事‖成／大니라.
└↑
```

得+술어의 구성이 되면 能과 같은 조사가 되어 '할 수 있다'가 되는데, 반드시 그렇
게 해야만 하는 경우에 사용된다.

· 풀 이 ·

1) 得忍且忍이오 得戒且戒하라 : 참을 수 있으면 참고 조심할 수 있으면 조심하라.
　❂ 且는 而와 환용(換用)이 되고 而는 則과 환용이 되므로 '~하면'의 토씨를 붙이
　　니, 가정문이다. 得忍은 참아야만 하는 일이면 참아야 하고, 得戒는 조심해야

하는 일이면 조심하라는 뜻이다. 戒는 '조심하다[謹愼]'이다.

  2) **不忍不戒면 小事成大니라** : 참지 않고 조심하지 않으면 작은 일이 크게 되느니라.
  ❂ 小事는 작은 일이다. 成은 作과 환용이 되고 作은 爲와 환용이 되므로 '되다'
  로 해석한다. 成大는 크게 됨이니, 참지 않고 조심하지 않게 되면 작은 일이
  크게 된다는 뜻이다.

·〔 참 고 〕·

《증광현문(增廣賢文)》에 得忍且忍이오 得耐且耐하라. 不忍不耐면 小事變大니라.

譯 《증광현문(增廣賢文)》에,
  "참을 수 있으면 참고 견딜 수 있으면 견뎌내라. 참지 않고 견뎌내지 않으면 작은
일이 크게 변한다." 하였다.

❹ 忍是心之寶요 不忍身之殃이라 舌柔常在口하고 齒所只爲
剛이라. 思量這忍字하니 好箇快活方이라. 片時不能忍이면
煩惱日月長이니라.

> ※ 참는 것은 마음의 보배가 되고 참지 못하는 것은 몸의 재앙이 되느니라. 혀는 부
> 드럽지만 항상 입안에 있고 치아가 있는 곳이 단지 강할 뿐이니라. 이 忍이라는
> 글자를 헤아려 보니 진실로 쾌활하게 살아갈 방법이 있구나. 짧은 시간을 참아내
> 지 못하면 근심걱정만 나날이 자라날 것이니라.

·〔 문장의 구조 〕·

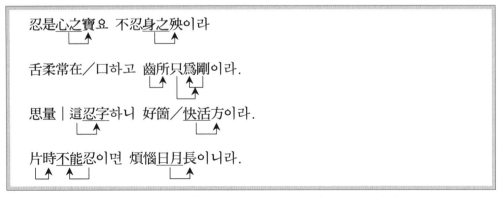

5언 시의 형식으로 된 문장이다. 殃, 剛, 方, 長이 운(韻)이다.

1) **忍是心之寶요 不忍身之殃이라** : 참는 것은 마음의 보배가 되고 참지 못하는 것은 몸의 재앙이 되느니라.

 ◉ 忍是의 是는 명사의 뒤에 있는 계사(繫辭)이니, '~이다'에 해당하므로, '참는 것은 ~이다.'心之寶는 수식관계의 짜임이니, 마음의 보배이다. 不忍은 不忍是와 같으니, 참지 못하는 것은 ~이다. 身之殃은 몸의 재앙이다.

2) **舌柔常在口하고 齒所只爲剛이라.** : 혀는 부드럽지만 항상 입안에 있고 치아가 있는 곳은 단지 강할 뿐이니라.

 ◉ 舌柔는 혀는 부드럽다. 常在口는 而常在於口와 같으니, 그러나 항상 입안에 있다. 齒所는 치아가 있는 곳이다. 只爲剛은 只是剛과 같은 문장이니, 단지 강할 뿐이다.

3) **思量這忍字하니 好箇快活方이라.** : 이 忍이라는 글자를 헤아려 보니 진실로 쾌활하게 살아갈 방법이 있구나.

 ◉ 思量은 생각하다, 헤아려보다. 這忍字는 '이 忍이라는 글자는'이다. 好箇의 箇는 목적의 앞에 있는 부사어의 계사(繫辭)가 되어 得의 의미가 된다. 好箇는 '진실로', '좋은'의 뜻이다. 快活方은 쾌활하게 되는 방도이다.

4) **片時不能忍이면 煩惱日月長이니라.** : 짧은 시간을 참아내지 못한다면 근심걱정만 나날이 자라날 것이니라.

 ◉ 片時는 짧은 시간이다. 不能忍은 참아내지 못함이다. 煩惱는 마음속에 일어나는 여러 가지 걱정이다. 日月長은 日長과 月長을 합한 말이니, 나날이 다달이 자라나다.

5 愚濁生嗔怒는 皆因理不通이라 休添心上火하고 只作耳邊風하라 長短은 家家有요 炎凉은 處處同이라 是非無相實하야 究竟摠成空이니라.

※ 어리석고 혼탁한 사람이 성을 내는 것은 모두 이치를 알지 못하기 때문이니라. 마음에 불을 더하지 말고 다만 귓전을 스치는 바람으로 여겨라. 장점과 단점은 집집마다 있고 따뜻하고 서늘한 것은 곳곳마다 같으니라. 옳으니 그르니 하는 것은 실상(實相)이 없어서 마침내는 모두가 부질없는 것이 되느니라.

· 문장의 구조 ·

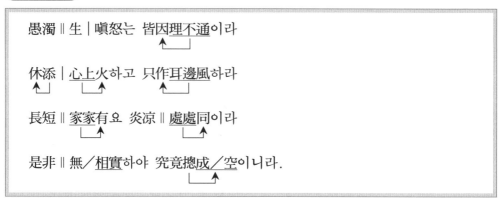

愚濁 ‖ 生 | 嗔怒는 皆因理不通이라

休添 | 心上火하고 只作耳邊風하라

長短 ‖ 家家有요 炎凉 ‖ 處處同이라

是非 ‖ 無／相實하야 究竟摠成／空이니라.

5언 시의 형태를 취한 문장이다. 通, 同, 空이 운(韻)이다.

· 풀 이 ·

1) **愚濁生嗔怒는 皆因理不通이라** : 어리석고 혼탁한 사람이 성을 내는 것은 모두 이 치를 알지 못하기 때문이다.

   ❂ 愚濁은 타고난 자질이 어리석고 혼탁한 사람을 가리킨다. 生은 發의 뜻이다. 生嗔怒는 서술어+목적어의 짜임이므로 '화를 내다'의 뜻이다.

   ❂ 因은 원인을 나타내므로 '인하여', '때문에'가 된다. 理는 이치이니, 모든 사물 은 알맞은 결[理]이 있는 것을 가리킨다. 不通은 不會와 같은 말로 '알지 못하 다'의 뜻이다.

2) **休添心上火하고 只作耳邊風하라** : 마음에 불을 더하지 말고 다만 귓전을 스치는 바람으로 여겨라.

   ❂ 休는 금지사로 勿과 같은 의미이다. 心上의 上 자는 명사 뒤에 붙는 접미사가 되어 범위나 분야를 가리키니, '~에 대하여', '~에'라는 뜻이 된다. 예를 들면 財上·身上·頭上·面上 등과 같은 용법이다. 火는 노기(怒氣)를 비유한 말이 니, 화를 내면 얼굴이 불과 같이 붉어지기 때문이다.

   ❂ 只는 한정을 짓는 부사이다. 作은 爲와 환용(換用)하니, '여기다'의 뜻이다. 耳 邊風은 귓전을 스치며 지나가는 바람이니, 자신과 상관이 없다는 뜻이다. 《오 월춘추(吳越春秋)》에, "부귀는 나에게 있어서 가을바람이 귓가를 지나가는 것 과 같다.[富貴之於我 如秋風之過耳]"는 말에서 유래되었다.

3) **長短家家有요 炎凉處處同이라** : 장점과 단점은 집집마다 있고 따뜻하고 싸늘한 것 은 곳곳마다 같으니라.

   ❂ 長短은 장점과 단점을 뜻하는데, 집집마다 모두 장단점이 있는 것은 같다. 炎 凉은 기온을 나타내기도 하나, 부귀(富貴)와 빈한(貧寒)을 뜻하니, 부귀한 사람

을 추종하고 빈한한 사람을 배척하는 세태(世態)는 곳곳마다 똑같다는 말이다.

4) 是非無相實하야 究竟摠成空이니라 : 옳으니 그르니 하는 것은 실상이 없어서 마침
내는 모두가 부질없는 것이 되느니라.

- ◉ 是非는 옳고 그름을 판단하는 기준은 실질적인 형상보다는 추상적인 것이므로
  실상(實相)이 없다.
- ◉ 究竟은 畢竟과 같은 뜻이니, '마침내'라고 해석한다. 摠은 皆의 뜻이니, 모두이
  다. 成은 爲의 뜻으로 '되다'이다. 空은 '부질없다'이다. 마침내 모든 것이 부
  질없는 일이 된다는 말이다.

┌─ 참 고 ─┐

《명심보감(明心寶鑑)》淸州本은 休添心上焰으로 되어있다.

⑥ 子張이 欲行에 辭於夫子할새 願賜一言爲修身之美하노이
다. 子曰 百行之本이 忍之爲上이니라. 子張曰 何爲忍之닛
고. 子曰 天子忍之면 國無害하고 諸侯忍之면 成其大하고
官吏忍之면 進其位하고 兄弟忍之면 家富貴하고 夫妻忍之
면 終其世하고 朋友忍之면 名不廢하고 自身忍之면 無禍
害니라.

※ 자장이 떠나려고 할 때 공자에게 하직하면서 말하기를,
"한 마디 말씀을 내려주시면 몸을 닦는 미덕(美德)으로 삼고자 합니다."하
니, 공자가 말씀하시기를, "모든 행실의 근본은 참는 것이 으뜸이 되느니
라." 하였다. 자장이 말하기를, "무엇 때문에 참습니까?"하니, 공자가 말씀
하시기를, "천자가 참으면 나라에 해가 없고, 제후가 참으면 그 나라가 크
게 되고, 관리가 참으면 그 지위가 올라가고, 형제들이 참으면 집안이 부
귀하고, 부부가 참으면 일생을 마칠 수 있고, 붕우가 참으면 붕우의 명칭
이 없어지지 않고, 자신이 참으면 재앙이 없느니라." 하였다.

· 문장의 구조 ·

子張이 欲行에 辭 | 於夫子할새 願賜 | 一言 爲修 | 身之美하노이다

子曰 百行之本이 忍之爲上이니라

子張曰 何爲忍之닛고

子曰 天子 ‖ 忍之면 國無／害하고 諸侯 ‖ 忍之면 成 | 其大하고

　　　官吏 ‖ 忍之면 進 | 其位하고 兄弟 ‖ 忍之면 家 ‖ 富貴하고

　　　夫妻 ‖ 忍之면 終 | 其世하고 朋友 ‖ 忍之면 名 ‖ 不廢하고

　　　自身 ‖ 忍之면 無／禍害니라.

　대화체의 문장이나, 전거가 확실하지 않고 경서(經書)에 실려 있는 일반적인 공자의 문답과는 문체가 다르다. 忍之의 之는 행실을 뜻하는 대명사로 보는 것이 무난하다.

· 풀　이 ·

1) 子張이 欲行에 辭於夫子할새 願賜一言 爲修身之美하노이다 : 자장이 떠나려고 할 때 공자에게 하직하면서 말하기를, "한 마디 말씀을 내려주시면 몸을 닦는 미덕 (美德)으로 삼고자 합니다."하니,

　● 子張 : 춘추시대 공자 제자로 진(陳) 나라 출신. 성은 顓孫. 이름은 師. 논어의 기록을 갖고 유추하면 입신에 뜻을 두었으며 지나치게 고원(高遠)한 경지의 학 문을 추구한 사람이다.

　● 欲行은 將去와 같은 말이니, 떠나려고 하는 것이다. 辭는 하직이다. 夫子는 공 자를 가리킨다. 賜는 윗사람이 아랫사람에게 물건이나 말을 줄 때 쓰는 글자 이다. 爲는 삼는다의 뜻이며 美는 미덕(美德)이다.

2) 子曰 百行之本이 忍之爲上이니라 : 공자가 말씀하시기를, "모든 행실의 근본은 참 는 것이 으뜸이 되느니라." 하였다.

　● 百行은 모든 행실을 가리키는 대수(大數)이다. 忍之의 之는 주격 조사이므로 토씨는 '이'를 붙인다. 上은 으뜸을 나타낸다.

3) 子張曰 何爲忍之닛고 : 자장이 말하기를, "무엇 때문에 참습니까?"하니,
　◉ 何爲의 爲는 去聲이니, '무엇 때문에'의 뜻이다. 忍之의 之는 행실을 가리키는
　　대명사로 보는 것이 무난하다.

4) 子曰 天子忍之면 國無害하고 諸侯忍之면 成其大하고 官吏忍之면 進其位하고 : 공
　자가 말씀하시기를, "천자가 참으면 나라에 해가 없고, 제후가 참으면 그 나라가
　크게 되고, 관리가 참으면 그 지위가 올라가고,
　◉ 國無害는 천자가 모든 행실을 감정대로 하지 않고 참는다면 천하 국가에 해가
　　없는 것이다. 成其大의 其는 봉군(封君)을 받은 국토를 가리킨다. 進은 올라가
　　는 것이며 其位는 관리의 현재 지위를 말한다.

5) 兄弟忍之면 家富貴하고 夫妻忍之면 終其世하고 : 형제들이 참으면 집안이 부귀하
　고, 부부가 참으면 일생을 마칠 수 있고,
　◉ 家富貴는 집안이 부귀해 진다는 뜻이다. 終其世는 부부로 맺은 세상을 마치게
　　됨이니, 해로(偕老)와 같은 말이다.

6) 朋友忍之면 名不廢하고 自身忍之면 無禍害니라. : 붕우가 참으면 붕우의 명칭이
　없어지지 않고, 자신이 참으면 재앙이 없느니라." 하였다.
　◉ 名不廢는 붕우(朋友)라는 명칭이 폐기되지 않고 존속이 되는 것이다. 無禍害는
　　자신이 모든 행실을 참고 이성적으로 실행하면 그로 인한 재앙이나 화가 없다
　　는 말이다.

7 子張曰 不忍則如何닛고. 子曰 天子不忍이면 國空虛하고
諸侯不忍이면 喪其軀하고 官吏不忍이면 刑法誅하고 兄弟
不忍이면 各分居하고 夫妻不忍이면 令子孤하고 朋友不忍
이면 情意疎하고 自身不忍이면 患不除니라. 子張曰 善哉
善哉라 難忍難忍이여 非人不忍이요 不忍非人이로다.

※ 자장이 말하기를,
"참지 않으면 어떻게 됩니까?"하니, 공자가 말씀하시기를, "천자가 참지 않으면
나라가 공허하게 되고, 제후가 참지 않으면 그 몸을 잃게 되고, 관리가 참지 않
으면 형법에 처벌을 받게 되고, 형제들이 참지 않으면 각각 나뉘어 살게 되고,
부부가 참지 않으면 자식으로 하여금 고아가 되게 하고, 붕우가 참지 않으면
정의(情意)가 멀어지고, 자신이 참지 않으면 걱정이 없어지지 않느니라."하니,
자장이 말하기를, "좋고 좋은 말씀입니다. 참는 것이 어렵고 참는 것이 어렵습
니다. 사람이 아니면 참지 못하고, 참지 못하면 사람이 아닙니다." 하였다.

· 문장의 구조 ·

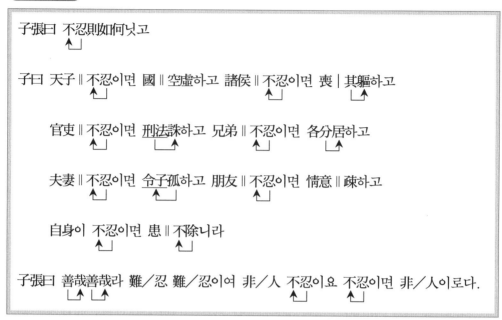

행실에 대해 참지 않으면 나타나는 결과를 말하였다. 조건절과 결과절로 이루어진 가정문이다.

· 풀 이 ·

1) 子張曰 不忍則如何닛고 : 자장이 말하기를, "참지 않으면 어떻게 됩니까?" 하니,
   ◎ 則은 가정문에 쓰는 조사이니, 不忍은 '참지 않게 되면'이라는 조건절이며, 如何는 어떠한 결과가 오는지 묻는 의문사이다.

2) 子曰 天子不忍이면 國空虛하고 諸侯不忍이면 喪其軀하고 : 공자가 말씀하시기를, "천자가 참지 않으면 나라가 공허하게 되고, 제후가 참지 않으면 그 몸을 잃게 되고,
   ◎ 천자의 영토는 천하에 해당하므로 國은 천하를 가리킨다. 空虛는 백성들이 다른 곳으로 떠나가 비게 됨을 말한다. 諸侯는 천자의 명(命)을 받아 국가를 다스리니, 참지 않아서 목민(牧民)의 소임을 다하지 못하면 제후로써 위신을 잃거나 죽음을 당한다.

3) 官吏不忍이면 刑法誅하고 兄弟不忍이면 各分居하고 : 관리가 참지 않으면 형법에 처벌을 받게 되고, 형제들이 참지 않으면 각각 나뉘어 살게 되고,
   ◎ 刑法誅는 以刑法爲誅와 같으니 형법에 의해 주벌을 받는 것이다. 誅는 죄의

경중(輕重)에 따라 무거우면 죽음에 처하고 가벼우면 처벌을 받는 것이다. 예전에 형제들은 결혼을 한 후에도 한집에 기거(寄居)하였는데, 우애가 소원하여 분거(分居)하게 되는 것이다.

4) 夫妻不忍이면 令子孤하고 朋友不忍이면 情意疎하고 : 부부가 참지 않으면 자식으로 하여금 고아가 되게 하고, 붕우가 참지 않으면 정의(情意)가 멀어지고,

❂ 令은 '하여금 ~하게 하다'의 뜻을 갖는 사역동사이다. 孤는 어려서 부모가 없는 사람[少而無父]을 가리킨다. 부부(夫婦)가 참지 않은 결과로 자식이 고아가 되는 것이다.

❂ 情意는 情投意合과 같은 말이니, 서로의 감정과 마음이 잘 맞는 것을 가리킨다. 疎는 소원함이다. 벗은 뜻이 같고 방법이 같은[志同道合] 사람이 맺는 것이니, 참지 않으면 오고가는 마음이 멀어지게 된다.

5) 自身이 不忍이면 患不除니라 : 자신이 참지 않으면 걱정이 없어지지 않느니라."하니,

❂ 患은 어떠한 일로 인하여 생기는 걱정을 말하니, 憂의 의미와 다르다. 不除는 없어지지 않음이다.

6) 子張曰 善哉善哉라 難忍難忍이여 非人不忍이요 不忍非人이로다. : 자장이 말하기를, "좋고 좋은 말씀입니다. 참는 것이 어렵고 참는 것이 어렵습니다. 사람이 아니면 참지 못하고, 참지 못하면 사람이 아닙니다." 하였다.

❂ 善哉는 감탄하는 말인데, 善言哉와 같은 말이다. 難忍은 서술어+보어의 짜임이니, 참는 것이 어렵다는 말이다.

❂ 非는 명사부정에 쓰이므로 '~이 아니다'로 해석하고, 不은 동사부정에 쓰이므로 '~하지 못하다(않다)'로 해석한다.

■ 例 非人 : 사람이 아니다.
　　不人 : 사람 노릇을 못한다.

⑧ 景行錄云 屈己者는 能處重하고 好勝者는 必遇敵이니라.

※《경행록》에 이르기를,
"자기를 굽히는 사람은 능히 중임(重任)을 처리하고, 이기기를 좋아하는 사람은 반드시 적수(敵手)를 만나느니라." 하였다.

·문장의 구조·

景行錄云 屈｜己者‖ 能處｜重하고

好｜勝者‖ 必遇｜敵이니라.

주어+서술어+목적어의 구성이다. 주어절은 서술어+목적어의 짜임이다.

· 풀 이 ·

1) 屈己者는 能處重하고 : 자기를 굽히는 사람은 능히 중임을 처리하고,

　● 屈己는 두 가지 뜻이 성립이 된다. 屈己之志의 의미가 되면 자신의 뜻을 굽히는 것이며, 屈己之身의 뜻이 되면 卑身과 같은 의미로 자신을 낮추는 것을 가리키니, 이장은 자신의 몸을 굽혀 겸손한 태도를 갖는 것이다. 能은 부사이니, '능히'의 뜻이다. 處는 '처리하다', '처하다'의 뜻이니, 중임(重任)을 맡거나 중대한 일을 처리하는 것이다.

2) 好勝者는 必遇敵이니라 : 이기기를 좋아하는 사람은 반드시 적수(敵手)를 만나느니라.

　● 好勝은 남과 경쟁하여 이기기를 좋아하는 사람이다. 敵은 상대가 될 수 있는 적수를 말하니, 어느 곳이라도 항상 한 사람을 이기고 나면 또 다른 적수가 나타난다는 말이다.

· 참 고 ·

《공자가어(孔子家語)》 觀周篇에, 强梁者는 不得其死하고 好勝者는 必遇敵이라

　譯 《공자가어(孔子家語)》 觀周篇에,

"강경한 사람은 제 명대로 살지 못하고 이기기를 좋아하는 사람은 반드시 적수를 만나게 된다." 하였다.

⑨ 惡人罵善人커든 善人摠不對하라 善人若還罵면 彼此無智
慧라 不對는 心淸閑이오 罵者는 口熱沸니라 正如人唾天
하여 還從己身墜니라.

※ 악한 사람이 선한 사람을 꾸짖거든 선한 사람은 모두 대답하지 말라. 선한 사람이 만약 다시 꾸짖으면 피차 모두 지혜가 없는 사람이니라. 대답하지 않는 사람은 마음이 맑고 한가롭고, 꾸짖는 사람은 입만 뜨겁게 끓느니라. 바로 사람이 하늘에 침을 뱉는 것과 같아서 다시 자기 몸을 좇아 떨어지느니라.

문장의 구조

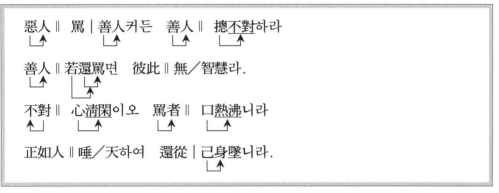

5언 시의 형식을 지녔으나 운(韻)이 없다. 《명심보감(明心寶鑑)》통행본 문장이 완전하지 않으므로 淸州本을 참고하여 함련(頷聯)을 보충하였다. 미련(尾聯)을 제외하고 모두 주어+서술어의 구성이다.

풀 이

1) 惡人이 罵善人커든 善人은 摠不對하라 : 악한 사람이 선한 사람을 꾸짖거든 선한 사람은 모두 대답하지 말라.

● 惡人과 善人은 상대어로 수식관계의 짜임이다. 罵는 責과 의미가 다르니, 罵는 꾸짖어서 모욕을 주는 매도(罵倒)에 해당하고, 責은 꾸짖어서 잘되기를 바라는 책망(責望)의 의미이다. 惡人이 善人을 꾸짖는다는 罵는 매도(罵倒)를 지칭한다. 摠은 總과 같으니, '모두'이다. 《명심보감(明心寶鑑)》淸州本에는 總으로 되어 있다. 不은 금지사이니, 勿과 같다. 對는 '대답하다', '상대하다'에 모두 적용된다.

2) 善人若還罵면 彼此無智慧라 : 선한 사람이 만약 다시 꾸짖으면 피차 모두 지혜가 없는 사람이니라.

● 若은 가정(假定)을 나타내는 부사이니, '만약'이다. 還罵는 다시 악한 사람을 꾸짖음이다. 彼此는 선한 사람과 악한 사람을 모두 가리킨다. 無智慧는 서술어+보어의 구성이니, 지혜가 없다.

3) 不對는 心淸閑이오 罵者는 口熱沸니라 : 대답하지 않는 사람은 마음이 맑고 한가
롭고, 꾸짖는 사람은 입만 뜨겁게 끓느니라.

　❂　不對는 不對者이니, 대답하지 않는 선한 사람이다. 淸閑은 淸靜과 같은 말이
니, 맑고 한가로운 상태로 번거롭지 않음이다. 《명심보감(明心寶鑑)》淸州本에
는 淸凉으로 되어 있다. 罵者는 선한 사람을 매도하는 악한 사람을 가리킨다.
口熱沸는 입만 뜨겁게 끓을 뿐이며 소용이 없는 것을 가리킨다.

4) 正如人唾天하여 還從己身墜니라 : 바로 사람이 하늘에 침을 뱉는 것과 같아서 도
로 자기 몸에 떨어지느니라.

　❂　正은 부사로 是乃와 같은 용법이니, '바로'이다. 人은 일반적인 사람을 범칭(汎稱)
한 것이다. 還은 부사로 '다시', '도로'의 뜻이다. 하늘에 침을 뱉으면 바로 자신
에게 떨어짐을 표현하여 남을 모함하는 말이 바로 자신의 해가 됨을 말하였다.

· 고　증 ·

1. 《명심보감(明心寶鑑)》淸州本에, 惡人罵善人커든 善人總不對하라 善人若還罵면 彼
此無智慧라. 不對心淸凉이오 罵者口熱沸니라 正如人唾天하여 還從己身墜니라.

2. 《명심보감(明心寶鑑)》通行本은 惡人罵善人커든 善人摠不對하라 不對는 心淸閑이
오 罵者는 口熱沸니라 正如人唾天하여 還從己身墜니라.

⑩ 我若被人罵라도 佯聾不分說하라 譬如火燒空하여 不救自
然滅이라 鎭火亦如是하니 有物遭他熱이라 我心은 等虛空
이어늘 摠爾翻脣舌이니라.

> ※ 내가 만약 남의 매도(罵倒)를 받더라도 거짓 귀먹은 체하고 말을 분간(分揀)하지
> 말라. 비유하면 불이 허공에서 타는 것과 같아서 끄지 않아도 자연히 꺼지느니라.
> 불을 끄는 것도 이와 같으니 상대가 있어야 불이 뜨겁게 됨을 만나느니라. 나의
> 마음은 허공과 같거늘 모두 너의 입술과 혀만이 쉬지 않고 놀리느니라.

· 문장의 구조 ·

我∥若被│人罵라도 佯聾不分│說하라

譬如 火∥燒／空하여 不救 自然滅이라

鎭│火 亦 如／是하니 有／物 遭│他熱이라.

我心‖等／虛空이어늘 摠爾飜│脣舌이니라.

    5언 시의 형식을 빌었으나 역시 불완전한 문장이다. 《명심보감(明心寶鑑)》 淸州本을 참고하여 전구(轉句)를 보충하였다. 운(韻)은 說, 滅, 熱, 舌이다.

풀 이

1) **我若被人罵라도 佯聾不分說하라** : 내가 만약 남의 매도(罵倒)를 받더라도 거짓 귀 먹은 체하고 말을 분간(分揀)하지 말라.
   - ◉ 若은 가정 조사(假定助詞)이므로 '만약'의 뜻이다. 被는 피동사로 '~을 받으면' 이 된다. 罵는 매도(罵倒), 혹은 매욕(罵辱)에 해당한다. 佯聾은 거짓으로 귀가 먹은 척하는 것이다. 不은 금지사로 勿과 같다. 分은 분간(分揀)이니, 시시비비 를 가리는 것이다.

2) **譬如火燒空하여 不救自然滅이라** : 비유하면 불이 허공에서 타는 것과 같아서 끄지 않아도 자연히 꺼지느니라.
   - ◉ 譬如는 '비유하면 ~과 같다'는 뜻으로 비교문에 쓰이는 관용구이다. 如는 滅까 지 가서 해석해도 무방하다. 救는 나쁜 상태에서 좋은 상태로 변환시켜주는 뜻 을 갖는 글자이다. 救火는 불을 끄는 것이며, 救水는 물에서 건져주는 것이다.

3) **鎭火亦如是하니 有物遭他熱이라.** : 불을 끄는 것도 이와 같으니 상대가 있어야 불 이 뜨겁게 됨을 만나느니라.
   - ◉ 鎭火는 서술어+목적어의 구성이니, 불을 끄다. 亦如是는 '역시 이와 같다'의 뜻인데, 亦은 앞 단어에 붙여서 '~도'로 해석하는 것이 좋다. 有物은 상대가 있다는 것이니, 여기서 物은 인화물질을 가리킨다. 遭他熱의 他는 불을 가리키 는 지시대명사이니, 불이 뜨겁게 타는 것을 만나다.

4) **我心等虛空이어늘 摠爾飜脣舌이니라** : 나의 마음은 허공과 같거늘 모두 너의 입 술과 혀만이 쉬지 않고 놀리느니라.
   - ◉ 等은 如의 뜻과 같다. 허공과 같이 깨끗하므로 매도하는 말에 대해 관여하지 않는다는 말이다. 摠은 總과 같으니, '모두'이다. 飜脣舌은 입술과 혀만 놀리는 것을 나타낸 말이다.

고 증

    《명심보감(明心寶鑑)》 通行本은 我若被人罵라도 佯聾不分說하라 譬如火燒空하여 不

救自然滅이라 我心은 等虛空이어늘 摠爾虤屑舌이니라.

 老子曰 上士는 無爭이요 下士는 好爭이니라.

> ※ 노자(老子)가 말하기를,
> "높은 선비는 남과 타투는 일이 없고, 낮은 선비는 남과 다투기를 좋아하
> 느니라." 하였다.

· 문장의 구조 ·

> 老子曰 上士∥는 無╱爭이요
>   └▲
>
>   下士∥는 好│爭이니라.
>   └▲

주어+서술어+보어(목적어)의 구성이다.

· 풀 이 ·

1) 老子曰 : 노자(老子)가 말하기를,
   ◉ 老子 : 이름은 이이(李耳). 자는 담(聃). 노담(老聃)이라고도 한다. 초(楚) 나라
   고현(苦縣,) 출생. 춘추시대(春秋時代) 말기 주(周) 나라에서 장서실(藏書室)을
   관리하는 수장실사(守藏室史)를 지냈다. 공자(BC 552~BC 479)가 젊었을 때 낙
   양(洛陽)으로 찾아가 예(禮)에 관한 가르침을 받았다는 이야기가 전해진다.

2) 上士는 無爭이요 下士는 好爭이니라. : 높은 선비는 남과 타투는 일이 없고, 낮은
   선비는 남과 다투기를 좋아하느니라.
   ◉ 上士는 도덕이 높은 선비를 뜻한다. 無爭은 남과 경쟁하는 모든 것을 가리킨다.
   下士는 上士의 반대 개념이다. 好爭은 남과 경쟁하는 것을 좋아하는 것이다.

· 출 전 ·

《도덕경(道德經)》에 老子曰 上士無爭 下士好爭 上德不德 下德執德 執著之者 不明道德.

🈁《도덕경(道德經)》에, 노자(老子)가 말하기를,
"높은 선비는 남과 다투는 일이 없고, 낮은 선비는 남과 다투기를 좋아하며, 덕이
높은 사람은 덕이라고 여기지 않으나 덕이 낮은 사람은 덕에 집착하니, 집착하게 되는

사람은 도덕이 밝지 않다." 하였다.

 凡事에 留人情이면 後來에 好相見이니라.

※ 모든 일에 인정을 남겨두면 뒷날 만났을 때 좋으니라.

문장의 구조

凡事에 留 | 人情이면

後來에 好／相見이니라.

가정문으로 則이 생략되어 있다. 則이 생략된 곳은 구결(口訣)을 '~하면'으로 붙이니, 則의 앞은 조건절이며 뒤는 결과절이다.

풀　이

1) 凡事에 留人情이면 : 모든 일에 인정을 남겨두면

　● 凡은 汎과 같으므로 '모든', '일반적으로'의 뜻을 갖는다. 留는 '남기다'의 뜻이다. 人情은 인심(人心)과 같으니, 사랑하는 마음을 갖는 것이다. 《맹자(孟子)》 告子篇에, "仁은 사람의 마음이다.[仁 人心也]"하였는데, 仁은 惻隱之心에서 발단이 되는 사랑을 가리킨다. 모든 일에 대하여 사람으로서 사랑하는 마음을 남겨 두는 것이다.

2) 後來에 好相見이니라 : 뒷날 만났을 때 좋으니라.

　● 後來는 將來와 같은 말이니, '나중에', '뒤에'의 뜻을 갖는다. 이러한 경우의 來는 어기(語氣)를 누그러뜨리는 조사이다. 相見의 相은 부사로 뜻은 내재되어 있지 않다. 相逢, 相面, 相對, 相關과 같이 뜻이 뒷글자에 있고 相은 상대가 있음을 드러낸다. 그러므로 '서로 만나다'로 해석하는 것이 아니라 '만나다'로 해석한다.

勤 學 篇

學은 모르는 것을 습득하는 것을 말하는데, 유학(儒學)에서는 지식만을
강조하는 것보다는 知行合一의 덕목을 수양하는 것을 지향한다. 그리고
원래 총명한 사람보다는 나날이 학습하여 점점 形而上學으로 나아가는
점진적인 학행을 권유한다.

子夏曰 博學而篤志하며 切問而近思면 仁在其中矣니라.

> ※ 자하가 말하기를,
> "배우기를 넓게 하고 뜻을 확고하게 가지며 묻기를 간절히 하고 생각을
> 가까운 곳으로부터 한다면 인(仁)은 그 속에 있느니라." 하였다.

【 문장의 구조 】

子夏曰 博 | 學而篤 | 志하고

　　切 | 問而近 | 思면

　　仁 ‖ 在／其中矣니라.

조건을 앞에서 열거하였는데, 모두 서술어+목적어의 짜임으로 해석하는 것이 조리가
있다. 결과절은 주어+서술어+보어의 구성이다.

【 풀　이 】

1) **子夏曰 博學而篤志하며** : 배우기를 넓게 하고 뜻을 확고하게 가지며
　◉ 子夏曰이 통행본은 子曰로 되어 있으나 《논어(論語)》 子張篇에 '子夏曰'로 되어
　　있기에 바로잡았다. 博學은 광범위하게 배워나가는 것이니, 지키는 것을 요약
　　하려는 이유이다. 志는 목표를 두고 나아가는 것이며[心之所之], 篤은 '확고하
　　다'이니, 정한 목표를 향해 매진하려는 마음을 굳게 갖는 것이다.

2) **切問而近思면** : 묻기를 간절히 하고 생각을 가까운 곳으로부터 한다면
　◉ 切問은 자신이 알지 못하는 것을 진실한 마음으로 묻는 것이니, 너무 높고 원
　　대한 것을 질문하는 것이 아니다. 近思는 자신의 가까운 곳부터 생각하여 멀
　　리까지 도달하는 것이다. 물이 구덩이를 채운 뒤에 나아가듯이[盈科而後進] 점
　　진적으로 생각해 나아가는 것이다.

3) **仁在其中矣니라** : 인(仁)은 그 속에 있느니라.
　◉ 仁은 유학(儒學)에서 추구하는 가장 완전한 덕목이니, 仁 속에는 義·禮·智를
　　내포하고 있다. 《중용(中庸)》에서 말한 박학(博學)·심문(審問)·신사(愼思)·명
　　변(明辯)의 일이므로 힘써 실천하면 인(仁)의 경지에 미치지는 못하나, 마음속

에 보존하여 저절로 익숙하게 되면 인(仁)은 그 속에 있게 된다.

《논어(論語)》子張篇에, 子夏曰 博學而篤志하며 切問而近思면 仁在其中矣니라.

譯 논어(論語)》子張篇에, 子夏가 말하기를,

"배우기를 넓게 해서 뜻을 확고하게 갖고 묻기를 간절히 하고 생각을 가까운 곳으로부터 한다면 인(仁)은 그 속에 있느니라." 하였다.

2 禮記曰 博聞強識而讓하며 敦善行而不怠를 謂之君子니라.

※ 예기(禮記)에 말하기를,
"견문(見聞)이 넓고 기억을 잘하면서 겸양하며 선행(善行)을 힘쓰면서 게을리 하지 않는 사람을 군자라고 말하느니라." 하였다.

· 문장의 구조 ·

```
禮記曰 博／聞 強｜識而讓하며

     敦｜善行而不怠를
        └↑  └↑

     謂之君子니라.
     ↑  └↑
```

聞과 識는 밖에서 안으로 들어오는 것이므로 가득 채웠어도 비어 있는 듯이 겸양하고, 善行은 내면에서 나오는 것이므로 게으른 마음이 깃들기 쉬우므로 부지런히 한다.

· 풀 이 ·

1) 禮記曰 : 예기(禮記)에 말하기를,
   ❀ 禮記 : 《예기(禮記)》는 《주례(周禮)》, 《의례(儀禮)》와 함께 삼례(三禮)라 하니, 예법의 이론과 일상생활의 근본정신을 서술하였다. 《예기》는 곡례(曲禮)·단궁(檀弓)·왕제(王制)·월령(月令)·예운(禮運)·예기(禮器)·교특성(郊特性)·명당위(明堂位)·학기(學記)·악기(樂記)·제법(祭法)·제의(祭儀)·관의(冠儀)·혼의(婚儀)·향음주의(鄉飲酒儀)·사의(射儀) 등으로 편(篇)을 나누었으니, 사서

(四書)의 하나인 《대학(大學)》 《중용(中庸)》도 예기의 한 편이다.

2) **博聞强識而讓하며 敦善行而不怠를 謂之君子니라.** : 견문(見聞)이 넓고 기억을 잘하면서 겸양하며 선행(善行)을 힘쓰면서 게을리 하지 않는 사람을 군자라고 말하느니라.

　◉ 博聞은 견문(見聞)을 넓게 하는 것이다. 强識은 기억력이 뛰어남이니, 識의 음은 '지'이다. 而讓은 그러면서도 겸양한 몸가짐을 갖고 있는 것이니, 내면에 聞識이 가득히 쌓였어도 비어있는 듯이 여기고 겸양한 몸가짐을 갖는 것이다. 敦은 孜孜의 뜻이니, 힘써 노력하는 것이다.

　◉ 敦善行은 서술어+목적어의 구성이니, 선행을 매우 힘써 실행하는 것이다. 不怠는 不怠之心이니, 게으른 마음을 갖지 않는 것이다. 謂之의 之는 대명사이니, 謂之君子는 그를 일컬어 군자라고 한다.

· 출 전 ·

《예기(禮記)》 曲禮上篇

---

③　**子曰 敏而好學하며 不恥下問이니라.**

> ※ 공자가 말씀하시기를,
> "명민(明敏)하면서도 배우기를 좋아하며 아랫사람들에게 묻는 것을 부끄럽게 여기지 않느니라." 하였다.

· 문장의 구조 ·

```
子曰 敏而好 | 學하며
     └↑
     不恥 | 下問이니라.
     ↑↑   ↑
```

而는 且의 뜻과 같은 접속사이므로, '~하면서도'로 해석한다.

· 풀 이 ·

1) **敏而好學하며 不恥下問이니라** : 명민(明敏)하면서도 배우기를 좋아하며 아랫사람들에게 묻는 것을 부끄럽게 여기지 않느니라.

- ❂ 敏은 타고난 자질이 명민한 사람이다. 而는 접속사이다. 好學은 서술어+목적어의 짜임이니, 배우기를 좋아함이다. 不恥는 부끄럽게 여기지 않는 것이다. 下問은 나이가 적은 사람이나 지위가 낮은 사람에게 묻는 것이다.
- ❂ 타고난 자질이 뛰어난 사람은 대부분 배우기를 좋아하지 않으며 지위나 나이가 많은 사람은 젊은 사람이나 낮은 사람에게 묻는 것을 대부분 부끄럽게 여긴다. 《논어(論語)》에서 孔文子가 좋지 않은 행실을 지녔는데, 시호(諡號)에 문(文)을 받은 이유를 질문한데 대한 대답이지만, 군자의 도(道)도 이것을 벗어나지 않는다.

출 전

《논어(論語)》 公冶長篇

④ 性理書云 爲學之序는 博學之하며 審問之하며 謹思之하며 明辨之하며 篤行之니라.

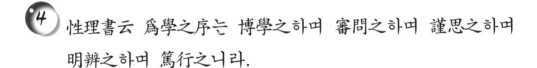

※ 《성리서(性理書)》에 이르기를,
"학문을 하는 차례는 널리 배워야 하며 상세하게 질문해야 하며 신중하게 생각해야 하며 분명하게 변별해야 하며 굳게 지키고서 실천해 나가야 하느니라." 하였다.

문장의 구조

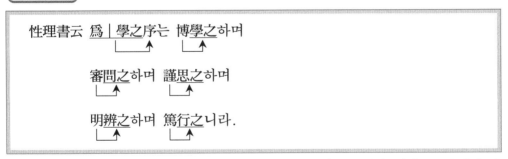

《중용(中庸)》에 '성실히 하려는 조목[誠之之目]'에 나오는 말을 전환(轉換)하여 학문하는 차례로 전환시킨 것이다.

풀 이

1) 性理書云 : 《성리서(性理書)》에 이르기를,

- 《성리서(性理書)》 : 성리(性理)를 주제로 유학을 탐구하기 시작한 것을 성리학 (性理學)이라 하니, 도학(道學)·이학(理學)·성명학(性命學)이라 한다. 또 이를 발전시킨 정자와 주자를 대표하여 정주학(程朱學)이라고도 한다.

2) 爲學之序는 博學之하며 審問之하며 謹思之하며 明辨之하며 篤行之니라 : 학문을 하는 차례는 널리 배워야 하며 상세하게 질문해야 하며 신중하게 생각해야 하며 분명하게 변별해야 하며 굳게 지키고서 실천해 나가야 하느니라.

- 爲學之序의 爲는 行과 같으니, 학문을 하는 차례이다. 博學之는 부사+서술어+ 조동사의 구성으로, 널리 배워 나가야 하다. 審問之는 상세하게 물어보는 것이 니, 모는 것을 지나치지 말라는 말이다. 謹思之는 《중용(中庸)》에 愼思之로 되어 있는데, 《성리서(性理書)》에는 송(宋) 효종(孝宗)의 이름을 휘(諱)하기 때 문에 변환한 것이니, 신중하게 터득할 때까지 생각해 나가는 것이다. 明辨之는 분명하게 변별하는 것이다. 篤行之는 확고하게 지키고 실천해 나가는 것이니, 다른 사람이 열 번해서 잘하는 것이면 자신은 천 번을 해서 잘하려는 마음을 가져야 한다.

· 출 전 ·

《중용(中庸)》 20章

⑤ 莊子曰 人之不學이면 如登天而無術하고 學而智遠이면 如 披祥雲而覩靑天하고 登高山而望四海니라.

> ※ 장자가 말하기를,
> "사람이 배우지 않으면 하늘을 오르려고 하는데 좋은 방법이 없는 것과 같고, 배워서 지혜가 원대해지면 상서로운 구름을 헤치고서 푸른 하늘을 보며 높은 산에 올라가서 사해(四海)를 바라보는 것과 같으니라." 하였다.

· 문장의 구조 ·

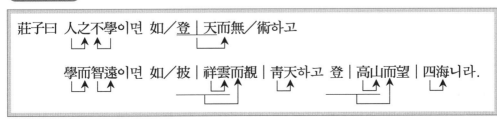

가정문이니, 則을 생략하고 如를 사용하여 결과를 예시(豫示)하였다. 如는 그 문단의 끝까지 해당된다.

· 풀 이 ·

1) **人之不學이면 如登天而無術하고 :** 사람이 배우지 않으면 하늘을 오르려고 하는데 방법이 없는 것과 같고,

   ◉ 人之不學의 之는 주격조사이니, '사람이 배우지 않으면'이다. 如의 앞에 구결은 가정문이므로 '~이면'을 붙이는 것이 타당하다. 통행본은 구결이 '은'으로 달려있기에 '이면'으로 수정하였다. 登天은 하늘을 오르다. 無術의 術은 좋은 방법[法之善]이니 無術은 좋은 방법이 없다. 而의 상구(上句)가 서술어로 되어 있고 부정사가 있을 경우는 역접(逆接)에 해당되므로, '~이나', '~이로되'의 토씨를 붙인다. 如는 끝까지 해당된다.

2) **學而智遠이면 如披祥雲而覩靑天하고 登高山而望四海니라 :** 배워서 지혜가 원대해지면 상서로운 구름을 헤치고서 푸른 하늘을 보며 높은 산에 올라가서 사해(四海)를 바라보는 것과 같으니라.

   ◉ 學而智遠의 而는 以와 같은 의미를 지니고 있으니, 배워서 지혜가 원대해 진다. 가정문에서 조건을 나타내는 종속절이다. 如는 이 문단의 끝까지 해당한다. 披祥雲은 서술어+부사어+목적어의 구성이니, 祥雲은 좋은 조짐이 있는 구름을 뜻한다. 而는 순접이므로 '~하여서'의 토씨를 붙여서 해석한다. 覩靑天은 푸른 하늘을 보듯이 안계(眼界)가 환하게 트이는 것을 지칭한다. 登高山而望四海는 높은 곳에 올라가서 사방을 바라보면 시계(視界)가 광대하게 됨을 지칭한다.

· 출 전 ·

《장자(莊子)》에 이 문구는 보이지 않는다.

---

6 莊子曰 不登峻嶺이면 不知天高며 不履深崖면 豈知地厚리오. 人不遊於聖道면 焉可謂賢이리오.

> ※ 장자가 말하기를,
> "높은 산에 올라보지 않으면 하늘의 높음을 알지 못하며 깊은 벼랑을 밟아보지 않으면 어떻게 땅의 두터움을 알겠는가. 사람이 성인의 도에 무젖지 않으면 어떻게 현성(賢聖)의 사람을 말할 수 있겠는가." 하였다.

·문장의 구조·

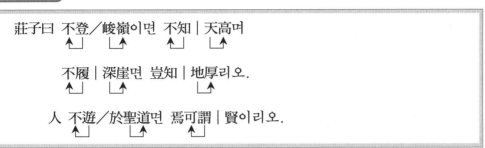

則이 생략된 가정문으로 구결을 '~면'을 붙여서 가정을 나타내었다.

· 풀 이 ·

1) 不登峻嶺이면 不知天高며 不履深崖면 豈知地厚리오. : 높은 산에 올라보지 않으면
   하늘의 높음을 알지 못하며 깊은 벼랑을 밟아보지 않으면 어떻게 땅의 두터움을
   알겠는가.

   ❀ 不登은 올라가지 않음이다. 峻嶺의 嶺은 산이 이어져 있는 것[連山]이니, 높은
      산을 가리킨다. 不知는 알지 못하다. 天高는 하늘이 높음을 말한다. 不履는 밟
      아보지 않다. 深崖는 매우 깊은 벼랑이다. 豈는 의문을 나타내는 조사이니,
      '어떻게 ~하겠는가.'이다. 地厚는 땅의 두터움이니, 깊은 벼랑을 보고서 비로소
      땅의 두터움을 깨닫게 된다.

2) 人不遊於聖道면 焉可謂賢이리오 : 사람이 성인의 도에 무젖지 않으면 어떻게 현성
   (賢聖)의 사람을 말할 수 있겠는가.

   ❀ 人은 일반적인 사람들을 지칭한다. 不遊의 遊는 물고기가 물에서 헤엄치는 것
      [如魚之泳水]과 같으니, 不遊於聖道는 성인의 도에 무젖지 않다. 焉은 의문을
      나타내는 조사이니, '어떻게 ~하겠는가.'이다. 可謂는 말할 수 있다. 賢은 賢聖
      이니, 도덕과 재지(才智)가 뛰어난 사람이다.

7 禮記曰 玉不琢이면 不成器하고 人不學이면 不知義니라.

※ 《예기(禮記)》에 말하기를,
"옥은 다듬지 않으면 기물(器物)이 되지 못하고, 사람은 배우지 않으면 도
의(道義)를 알지 못하느니라." 하였다.

┌─ ·문장의 구조· ─┐

```
禮記에 曰 玉 ‖ 不琢이면 不成 | 器하고
         ↑ㅓ        ↑ㅓ

       人 ‖ 不學이면 不知 | 義니라.
         ↑ㅓ        ↑ㅓ
```

則이 생략된 가정문이니, 玉不琢과 人不學이 조건을 나타내어 종속절이 되고 不成器와 不知道가 결과를 나타내는 주절이다.

┌─ · 풀 이 · ─┐

1) 禮記曰 : 《예기(禮記)》에 말하기를,

❁ 《禮記》는 《주례(周禮)》, 《의례(儀禮)》와 함께 삼례(三禮)라 하니, 예법의 이론과 일상생활의 근본 정신을 서술하였다. 《예기》는 곡례(曲禮)·단궁(檀弓)·왕제(王制)·월령(月令)·예운(禮運)·예기(禮器)·교특성(郊特性)·명당위(明堂位)·학기(學記)·악기(樂記)·제법(祭法)·제의(祭儀)·관의(冠儀)·혼의(婚儀)·향음주의(鄕飮酒儀)·사의(射儀) 등으로 편(篇)을 나누었으니, 사서(四書)의 하나인 《대학(大學)》과 《중용(中庸)》도 예기의 한 편이다. 분서갱유(焚書坑儒)가 일어난 뒤에 공자와 그 후학들이 지은 131편의 고서(古書)를 수집하여 한 무제 때 하간(河間)과 선제 때 유향(劉向) 등이 214편으로 편집하였다. 이 때 후창(后蒼)의 문인 대덕(戴德)이 편집한 85편의 《대대예기(大戴禮記)》, 대성(戴聖)이 편집한 49편의 《소대예기(小戴禮記)》가 있었다. 그러나 현재 전해진 《예기(禮記)》는 唐 때 《오경정의(五經正義)》를 편저하였을 때 대성이 엮은 《소대예기》를 채택하였는데, 《예기정의(禮記正儀)》는 후한(後漢) 정현(鄭玄)의 주(注)와 당(唐) 공영달(孔穎達)의 소(疏)로 이루어졌다.

2) 玉不琢이면 不成器하고 : 옥은 다듬지 않으면 기물(器物)이 되지 못하고,

❁ 玉不琢은 주어+서술어의 구성이다. 琢은 어떠한 기물(器物)을 만들려고 쪼아서 다듬어내는 것이다. 成은 作과 같은 뜻이니, '그릇이 되지 못할 것이다'로 해석한다.

3) 人不學이면 不知義니라 : 사람은 배우지 않으면 도의(道義)를 알지 못하느니라.

❁ 道義는 인간이 가야하는 올바른 길이다. 《명심보감(明心寶鑑)》 초략본(抄略本)은 不知義로 되어 있으나, 《예기》는 道로 되어있다. 그러나 義는 宜와 같으니, 옳은 길을 의미하므로 道義를 뜻한다.

《예기(禮記)》學記篇에, 玉不琢이면 不成器하고 人不學이면 不知道니라.

📖 예기(禮記)》學記篇에 말하기를,

"옥은 다듬지 않으면 기물(器物)이 되지 못하고, 사람은 배우지 않으면 도의(道義)를 알지 못하느니라." 하였다.

8 太公曰 人生不學이면 如冥冥夜行이니라.

※ 태공이 말하기를,
"사람이 배우지 않으면 어둡고 어두운 밤길을 가는 것과 같으니라." 하였다.

· 문장의 구조 ·

```
太公曰 人生 ‖ 不學이면
           ↑┘

      如冥冥夜行이니라.
         └↑
```

가정문으로 '이면'의 구결 앞이 조건절이며 如 이하가 결과절이다.

· 풀 이 ·

1) 太公曰 人生不學이면 如冥冥夜行이니라 : 사람이 배우지 않으면 어둡고 어두운 밤
   길을 가는 것과 같으니라.
   ❀ 人生은 '사람'이라는 명사로 해석한다. 如는 문자의 끝까지 해당되니, 어둡고
      어둡기가 밤에 길을 가는 것과 같다는 말이다. 冥冥은 매우 어둡다는 형용사이
      다. 夜行은 '밤길'이라는 말이니, '밤길을 가다'로 보충하여 해석해도 무방하다.

· 참 고 ·

《명심보감(明心寶鑑)》淸州本에, 太公曰 人生不學이면 冥冥如夜行이니라.

📖 《명심보감(明心寶鑑)》淸州本에,

태공이 말하기를, "사람이 배우지 않으면 어둡고 어두워서 밤길을 가는 것과 같다." 하였다.

韓文公曰 人不通古今이면 馬牛而襟裾니라.

> ※ 한문공(韓文公)이 말하기를,
> "사람이 고금의 일을 알지 못하면 말이나 소가 되어서 옷을 입은 것과 같으니라." 하였다.

· 문장의 구조 ·

韓文公이 曰 人 ‖ 不通 ┃ 古今이면
　　　　　　　　　　↑┘

馬牛而襟裾니라.

5언 장편 시의 대구(對句) 한 부분을 인용하였다. 가정문의 형식을 취하여 古今까지 가 종속절이며 조건을 예시하고 馬牛부터 주절이며 결과를 나타내었다.

· 풀　이 ·

1) 韓文公曰 : 한문공(韓文公)이 말하기를,
　● 韓文公은 당(唐) 한유(韓愈768~824)이니, 자는 퇴지(退之). 시호는 문공(文公)이다. 진사에 등과하여 감찰어사(監察御使)를 지내고 국자감(國子監)을 거쳐 오원제(吳元濟)의 반란을 평정한 공으로 형부시랑(刑部侍郎)이 되었고, 헌종(憲宗)이 불골(佛骨)을 안치한 것을 간하다가 조주 자사(潮州刺史)로 좌천되었다. 이듬해에 헌종이 죽은 후 사면되어 이부시랑(吏部侍郎)이 되었다. 산문의 문체개혁(文體改革)을 주창하여 대구(對句)를 중심으로 짓는 변문(騈文)을 반대하며 고문부흥(古文復興) 운동을 유종원(柳宗元) 등과 창도하였다. 저서(著書)로 《창려선생집(昌黎先生集)》 (40권) 《외집(外集)》 (10권) 《유문(遺文)》 (1권) 이 있다.

2) 人不通古今이면 馬牛而襟裾니라 : 사람이 고금의 일을 알지 못하면 말이나 소가 되어서 옷을 입은 것과 같으니라.
　● 不通은 不會와 같으니, '알지 못하다'의 뜻이다. 古今은 고금의 일을 가리킨다. 옛날의 역사(歷史)와 현재의 시사(時事)를 알지 못한다면 거울로 삼을 대상이 없어 반성하지 못하고 현실에 어두워 판단력이 흐려져 규범을 벗어난 행위를 하기 쉽다.
　● 馬牛는 '말이나 소와 같은 가축처럼 지식이 없으면'의 뜻을 지니고 있고, 襟裾

는 도포의 앞 소매와 뒷자락을 가리키니, 의상(衣裳)을 지칭한다. 짐승처럼 지식이 없다면 사람의 옷을 입고 있어도 짐승과 똑같게 된다고 하였다. 이 시로 인하여 襟裾는 꾸짖는 말로 전용하여 사용한다.

· 출 전 ·

《한창려전집(韓昌黎全集)》〈符讀書城南〉詩에, 潢潦無根源하니 朝滿夕已除라 人不通古今이면 馬牛而襟裾니라.

譯 《한창려전집(韓昌黎全集)》 '부(符 : 한퇴지의 아들)가 성남으로 독서하러 가다[符讀書城南]'의 시에,

"길 위에 고인 황톳물은 근원이 없어
아침에 가득하다가도 저녁이면 이미 없다네.
사람이 고금의 일을 알지 못하면
말이나 소가 되어서 옷을 입은 것 같네." 하였다.

⑩ 朱文公曰 家若貧이라도 不可因貧而廢學이요 家若富라도 不可恃富而怠學이니 貧若勤學이면 可以立身이요 富若勤學이면 名乃光榮이니라. 惟見學者顯達이요 不見學者無成이니라 學者는 乃身之寶요 學者는 乃世之珍이니라 是故로 學則乃爲君子요 不學則爲小人이니 後之學者는 宜各勉之니라.

※ 주문공(朱文公)이 말하기를,
"집이 만약 가난하더라도 가난으로 인해서 학문을 폐기해서는 안될 것이요. 집이 만약 부유하더라도 부유함을 믿고서 학문을 나태해서는 안될 것이니, 가난할 지라도 만약 학문을 부지런히 하면 입신(立身)할 수 있을 것이요 부유할 지라도 만약 학문을 부지런히 하면 이름이 이에 영광될 것이니라. 오직 배운 사람이 현달하는 것을 보았을 뿐이요 배운 사람이 성공이 없는 것을 보지 못했느니라. 배운 것은 바로 자신의 보배가 되고 배운 사람은 바로 세상의 보배이니라. 이러므로 배우면 바로 군자가 되고 배우지 않으면 천한 소인이 될 것이니, 뒷날의 배우는 사람들은 마땅히 각각 힘써야 될 것이니라." 하였다.

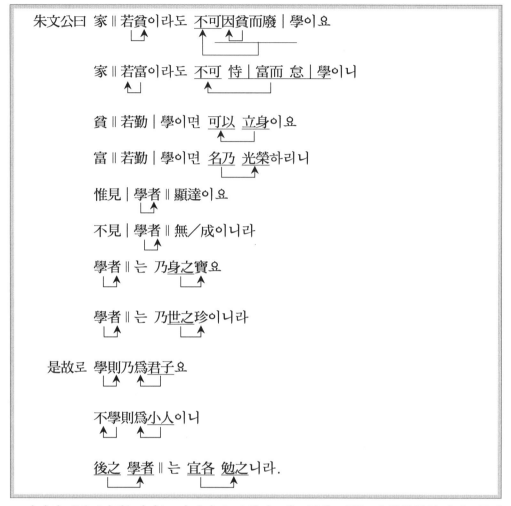

여기서 若은 '만약' 이라는 가정사로 쓰였다. 제 1구와 2구는 혼합복합문이며 3구와 4구는 주종복합문으로 貧若勤學이 종속절이며 可以立身이 주절이다. 배운 사람과 배우지 않은 사람에 대한 이유와 결과를 제시하는 것을 쌍관법(雙關法)이라 한다.

· 풀 이 ·

1) 朱文公曰 : 주문공(朱文公)이 말하기를,

   ❂ 朱文公 : 송(宋) 학자 주자(朱子 : 朱熹)이니, 시호가 문공(文公)이다.

2) 家若貧이라도 不可因貧而廢學이요 家若富이라도 不可恃富而怠學이니 : 집이 만약 가난하더라도 가난으로 인해서 학문을 폐기해서는 안될 것이요. 집이 만약 부유하더라도 부유함을 믿고서 학문을 나태해서는 안 될 것이니,

● 若은 부사이다. 부사는 놓인 위치에 가서 해석하니, '집이 만약 가난할 지라도'라고 해석하며, '만약 집이 가난할 지라도'라고 해석하지 않는다. 不可는 '안 된다'의 뜻이다. 因貧은 '가난을 이유로 해서'이고 廢學은 '학문을 그만두는' 것이다. 恃富는 '부유함을 믿고서'이고 怠學은 '학문을 게을리 하는' 것이다. 가난한 사람은 형편에 의해 학문을 폐기하기 쉽고, 부유한 사람은 재물을 믿고 학문을 게을리 하기 쉽다.

3) 貧若勤學이면 可以立身이요 富若勤學이면 名乃光榮하리니 : 가난할 지라도 만약 학문을 부지런히 하면 입신(立身)할 수 있을 것이요 부유할 지라도 만약 학문을 부지런히 하면 이름이 이에 영광될 것이니라.

● 勤學은 수식관계로 해석할 수 있고 술목관계로 해석할 수도 있다. 그러나 廢學과 怠學이 서술어+목적의 짜임이므로 勤學도 술어+목적어로 해석하는 것이 조리가 있다. 可는 가능을 나타내는 조사로 '할 수 있다'이고, 以는 勤學을 가리키며, 立身은 세상에 나아가서 평소에 연마한 학문을 시행하는 관리가 됨을 지칭한다. 乃는 勤學을 함으로써 나타나는 결과이니, '이에'의 뜻이다.

4) 惟見學者顯達이요 不見學者無成이니라 : 오직 배운 사람이 현달하는 것을 보았을 뿐이요 배운 사람이 성공이 없는 것을 보지 못했느니라.

● 惟는 발어사이니, 뜻이 없다. 學者는 학문을 한 사람이며, 顯達은 학문을 한 결과이다. 見과 不見을 대비시키고 술어+목적어의 구성으로 이루어졌다. 학문을 한 사람이 현달(顯達)한 것을 보았으며, 또 성공(成功)이 없는 것을 보지 못하였다고 권면하는 것이다.

5) 學者는 乃身之寶요 學者는 乃世之珍이니라 : 배운 것은 바로 자신의 보배가 되고 배운 사람은 바로 세상의 보배이니라.

● 者는 사람이나 물질을 지칭하는 데 쓰이는데, 앞의 學者는 '배움'을 지칭하고 뒤의 學者는 '배운 사람'을 가리킨다. 乃는 바로이다. 身之寶와 世之珍의 之는 수식관계에 쓰인 관형격 조사이므로 '의'를 붙인다.

6) 是故로 學則乃爲君子요 不學則爲小人이니 : 이러므로 배우면 바로 군자가 되고 배우지 않으면 천한 소인이 될 것이니,

● 是故는 '이러므로'의 뜻이다. 爲는 '되다'이다. 君子는 덕을 완성한 사람이나 지위가 높은 사람을 뜻하며, 小人은 덕을 완성하지 못한 사람이나 지위를 갖지 못한 사람을 지칭한다.

7) 後之學者는 宜各勉之니라 : 뒷날의 배우는 사람들은 마땅히 각각 힘써야 될 것이니라.

● 後之學者는 수식관계의 짜임이니, '후세의 배우는 사람들'이다. 宜는 부사로

當과 같은 뜻이다. 勉之의 之는 조동사가 되므로 '힘써야 되다'이다.

11 徽宗皇帝 勸學文曰 學也好며 不學也好나 學者는 如禾如稻하고 不學者는 如蒿如草로다. 如禾如稻兮여 國之精糧이요 世之大寶로다 如蒿如草兮여 耕者憎嫌하고 鋤者煩惱이니라. 他日面墻에 悔之已老로다.

※ 휘종 황제(徽宗皇帝) 〈권학문(勸學文)〉에 말하기를,
"배워도 좋으며 배우지 않아도 좋으나, 배운 사람은 곡식과 같으며 벼와 같고, 배우지 않은 사람은 쑥과 같으며 풀과 같도다. 곡식과 같으며 벼와 같은 것은 나라의 좋은 양식이요 세상의 큰 보배로다. 쑥과 같으며 풀과 같은 것은 밭을 가는 자가 싫어하며 미워하고 밭을 매는 자가 번뇌하느니라. 훗날 얼굴이 담장에 닿은 듯이 답답할 때 후회한들 이미 늙었도다." 하였다.

· 문장의 구조 ·

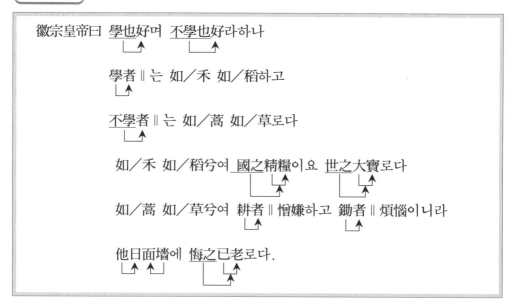

· 풀 이 ·

1) 徽宗皇帝曰 : 휘종 황제(徽宗皇帝)가 말하기를,

❋ 徽宗 : 송(宋) 황제. 성명은 조길(趙佶). 신종(神宗)의 아들. 철종(哲宗)이 병사(病死)하여 뒤를 이었다. 처음은 상태후(向太后)의 섭정으로 신구양법(新舊兩法)을 절충한 정치가 시행되었으나, 태후가 죽고 친정(親政)을 시작하면서 신종이 단행하였던 신법을 채용하였다. 정치는 채경(蔡京) 등에게 맡기고, 궁정과 정원 등을 조성하고 호사스러운 생활을 하였다. 서화원(書畵院)을 설치하고 궁정 서화가를 양성하여 선화시대(宣和時代)를 열었고 자신도 시문(詩文)과 서화에 뛰어나 풍류천자라는 칭호를 얻었다. 여진족(女眞族)이 금(金)을 세웠을 때, 연운십육주(燕雲十六州)를 수복하려다가 금의 진입(進入)을 초래하여 흠종(欽宗)에게 양위(讓位)하고 도군황제(道君皇帝)가 되어 책임을 모면하려고 하였다. 그러나 재차 침공한 금에 의해 개봉(開封)이 함락되어 북송의 멸망을 가져오고 북만주의 오국성(五國城 : 黑龍江省依蘭縣)의 배소(配所)에서 병사하였다.

2) 學也好며 不學也好나 : 배워도 좋으며 배우지 않아도 좋으나

❋ 學也好의 也는 어류(語類)에서 亦의 뜻으로 쓰인다. 好는 좋다는 뜻이 아니라 관계가 없다는 의미로 쓰인 '좋다'이니, 배워도 그만이며 안 배워도 그만이라는 뜻이다.

3) 學者는 如禾如稻하고 不學者는 如蒿如草로다 : 배운 사람은 곡식과 같으며 벼와 같고, 배우지 않은 사람은 쑥과 같으며 풀과 같도다.

❋ 者는 사람을 가리킨다. 禾는 기장이나 조와 같은 화과(禾科)의 곡식을 지칭하니, 《육서고(六書故》 에, "북쪽 지방은 육지가 많으며 그곳의 곡식은 대부분 기장과 조이다. 그러므로 기장과 조를 단지 '禾'라고 칭한다.[北方多陸土 其穀多粱粟 故粱粟專以禾稱]" 하였다. 稻는 벼이다. 蒿는 쑥이고 草는 잡초이니, 모두 전지(田地)의 곡식 사이에 난 풀들을 가리킨다.

4) 如禾如稻兮여 國之精糧이요 世之大寶로다 : 곡식과 같으며 벼와 같은 것은 나라의 좋은 양식이요 세상의 큰 보배로다.

❋ 如禾如稻는 배운 사람은 곡식과 같고 벼와 같다는 것이다. 兮는 대부분 감탄조사로 쓰이나, 이 장에서는 문장을 연결하며 강조하는 의미로 썼다. 精은 쌀을 정미하게 깎아낸 것을 말하니, 精糧은 좋은 양식을 뜻한다. 배운 사람은 국가의 좋은 양식처럼 중요하고 세상의 큰 보물처럼 존귀하다는 뜻이다.

5) 如蒿如草兮여 耕者憎嫌하고 鋤者煩惱이니라. : 쑥과 같으며 풀과 같은 것은 밭을 가는 자가 싫어하며 미워하고 밭을 매는 자가 번뇌하느니라.

❋ 如蒿如草는 배우지 않은 사람은 전지의 곡식 사이에 기생하는 쑥이나 잡초와 같다는 것이다. 耕者는 논밭을 가는 사람이다. 憎嫌은 미워하고 싫어한다는 뜻이다. 이 때의 耕者는 아마도 곡식이 자라고 있는 사이를 쟁기질하는 것인 듯

하다. 쑥이나 잡초가 우거지면 곡식까지 뽑혀지므로 싫어하는 것이다. 鋤者는 김을 매는 사람이니, 잡초가 많으면 역시 곡식에 해로울까 염려되어 번뇌하는 것이다.

6) 他日面墻에 悔之已老로다. : 훗날 얼굴이 담장에 닿은 듯이 답답할 때 후회한들 이미 늙었도다.

● 他日은 훗날이니, 배운 지식을 활용할 때를 가리킨다. 面墻은 墻面과 같은 말이니, 《서경(書經)》 周官篇에, "배우지 않으면 얼굴을 담장에 대고 서있는 것과 같아서 정사를 다스리는 것이 번거롭게 된다.[不學墻面 莅事惟煩]" 하였다. 후세에는 이 말로 인하여 배우지 않아서 식견이 천박한 사람을 面墻이라 하였다.

● 悔之의 之는 관형격 조사로 '후회하게 되다'의 뜻이니, 悔之而已老와 같은 글이다. 후회한다고 해도 이미 늙었다는 말이다.

─ 참 고 ─

《명심보감》 淸州本에 의거하여 통행본에 누락된 부분을 보충하였다.

12 論語曰 學如不及이요 猶恐失之니라.

※《논어(論語)》에 말하기를,
"배움은 미치지 못한 것같이 하고 오직 배운 것을 잃어버리게 될까 염려할 것이니라." 하였다.

─ 문장의 구조 ─

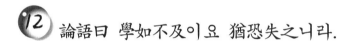

論語曰 學∥如／不及이요
　　　　　　　 ▲┘

　　猶恐失之니라.
　　 ▲┘

주어+서술어+보어의 구성이다. 失之의 之는 대명사의 역할과 조동사의 역할을 겸하고 있다.

─ 풀 이 ─

1) 論語曰 : 《논어(論語)》에 말하기를,

❀ 《논어(論語)》 는 공자 문하에서 공자(孔子)와 그 제자들이 문답한 말을 기록한 책이다. 그러므로 기록한 곳으로 분류하여 魯論·齊論이 있고 분서(焚書)의 난이 일어난 후에 한(漢) 노 공왕(魯恭王)이 공자 구택의 벽속에서 발견한 古論 등이 있었으나 유실(遺失)되었다. 현재 남아있는 《논어》 는 서한(西漢) 말에 안창후(安昌侯) 장우(張禹)가 魯論을 기본으로 齊論을 참작하여 20편으로 찬정한 것이다. 《논어(論語)》 의 주석(註釋)은 동한(東漢)의 정현(鄭玄)과 공안국(孔安國)의 주(註)가 있었으나 그 일부만 전수되었다. 위(魏) 하안(何晏)의 《논어집해(論語集解)》, 양(梁) 황간(皇侃)의 《논어의소(論語義疏)》, 송(宋) 형병(邢昺)의 《논어정의(論語正義)》 가 있으니, 현재 《십삼경주소(十三經注疏)》 에 수록되어 있다. 우리나라에 가장 유행한 것은 주자(朱子)가 옛 주석서를 근간에 두고 송(宋)의 십삼가(十三家)의 주석을 모아 편찬한 《논어집주(論語集註)》 이다.

2) 學如不及이요 猶恐失之니라. : 배움은 미치지 못한 것같이 하고 오직 배운 것을 잃어버리게 될까 염려할 것이니라.

❀ 學은 본받음이니, 선인들이 배운 것을 본받는 것이다. 不及은 목표한 지점에 도달하지 못한 것이니, 항상 목표에 도달하지 못하였다는 마음을 가지고 쉬지 않고 노력하는 것이다. 猶는 惟의 뜻을 갖는다. 抄略本 《명심보감》 은 惟로 되어 있으나, 《논어(論語)》 에는 猶로 되어있다. 失之의 之는 대명사로는 배운 것[所學]을 가리키고, 조동사로 해석하면 '잃어버리게 되다'로 해석한다. 恐은 염려하다의 뜻이다.

┌ 출 전 ┐

《논어(論語)》 泰伯篇

⑬ 子曰 弟子 入則孝하고 出則弟하며 謹而信하며 汎愛衆호되 而親仁이니 行有餘力이어든 則以學文이니라.

> ※ 공자가 말씀하시기를,
> "제자(弟子)가 들어가서는 효도하고 나와서는 공경하며 행실을 삼가면서도 말을 진실하게 하며 널리 사람들을 사랑하되 인(仁)한 사람을 가까이할 것이니, 실천하고 여가의 시간이 있으면 문(文)을 배우는데 쓸 것이니라." 하였다.

┌ 문장의 구조 ┐

子曰 弟子∥ 入則孝하고 出則弟하며

謹而信하며 汎愛∣衆호되 而親∣仁이니

行有／餘力이어든 則以學∣文이니라.

謹而信의 而는 且의 의미를 지니고 있는 것이니, 언행을 일치해야 함을 나타낸 것
이다.

풀 이

1) 弟子 入則孝하고 出則弟하며 謹而信하며 汎愛衆호되 而親仁이니 : 제자(弟子)가 들
   어가서는 효도하고 나와서는 공경하며 행실을 삼가면서도 말을 진실하게 하며 널
   리 사람들을 사랑하되 인(仁)한 사람을 가까이할 것이니,
   ● 弟子는 초학자(初學者)를 가리킨다. 入則孝는 집에 들어와서는 부모에게 효도
   하는 것이다. 出則弟는 집을 벗어나서는 존장(尊長)들을 공경하는 것이다. 謹
   은 행실이 떳떳한 것이며, 信은 말이 진실한 것이다. 汎愛衆은 널리 일반 사
   람들을 사랑함이다. 親仁은 인자(仁者)를 가까이하는 것이다.

2) 行有餘力이어든 則以學文이니라 : 실천하고 여가의 시간이 있으면 문(文)을 배우는
   데 쓸 것이니라.
   ● 行은 孝弟謹信愛親을 실천하는 것이다. 有餘力은 여가의 시간이 있는 것을 뜻
   한다. 則은 '~은'에 해당하는 조사이다. 以는 用과 같으니, 사용하자. 學文은
   詩書·六藝(禮, 樂, 射, 御, 書, 數)의 글을 배우는 것이다.

출 전

《논어(論語)》 學而篇

14 諸葛武候 戒子書曰 君子之行은 靜以修身이요 儉以養德이
니 非澹泊이면 無以明志요 非寧靜이면 無以致遠이라. 夫
學은 須靜也요 才는 須學也라 非學이면 無以廣才요 非靜
이면 無以成學이며 滔慢則不能硏精이요 險躁則不能理性

이니라. 年與時馳하며 意與歲去하여 遂成枯落이어든 悲
歎窮廬인들 將復何及也리오.

※ 제갈무후(諸葛武候) 자제를 경계하는 글에 말하기를,

"군자의 행실은 고요함으로 자신을 수양하고 검소함으로 덕성을 기르는 것이
니, 담백한 마음이 아니면 뜻을 밝힐 수 없고 고요한 마음이 아니면 원대함을
이룰 수 없느니라. 학문은 모름지기 안정해야 되고 재능은 모름지기 배워야
되니, 배우지 아니하면 재능을 넓힐 수 없고 고요하지 아니하면 학문을 완성
할 수 없으며, 태만하면 정밀함을 연마할 수 없고 조급하면 성품을 다스릴 수
없느니라. 나이는 세월과 함께 치달려서 마침내 마르고 시들게 되는 것이니,
궁색한 초가(草家)에서 슬피 탄식한들 다시 어찌 미칠 수 있겠는가." 하였다.

· 문장의 구조 ·

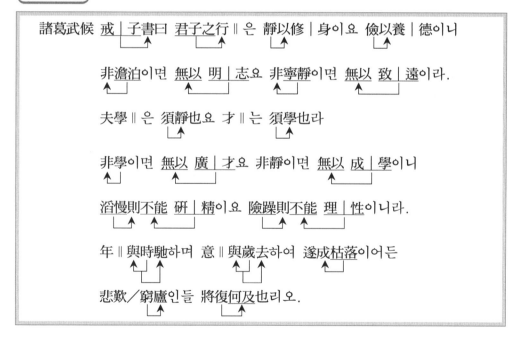

· 풀 이 ·

1) 諸葛武候 戒子書日 : 제갈무후(諸葛武候) 자제를 경계하는 글에 말하기를,

　❂ 諸葛武候 : 중국 삼국시대 촉한(蜀漢 : 220~263)의 정치가이며 전략가로서 이름
　　　은 량(亮), 자는 공명(孔明)이다. 시호는 충무(忠武)이다. 호족(豪族) 출신이었으
　　　나 어릴 때 아버지와 사별하여 형주(荊州)에서 숙부 제갈현(諸葛玄)의 손에서

자랐다. 후한 말기에 출사(出仕)하지 않았으나 와룡선생(臥龍先生)이라 일컬어
졌다.

207년(建安 12) 위(魏)의 조조(曹操)에게 쫓겨 형주에 와 있던 유비(劉備 : 玄德)
로부터 '삼고초려(三顧草廬)'의 예로써 초빙되어 '천하삼분지계(天下三分之計)'를
진언(進言)하고 '군신수어지교(君臣水魚之交)'를 맺었다. 오(吳)의 손권(孫權)과
연합하여 조조의 대군을 적벽(赤壁)에서 대파하고, 형주와 익주(益州)를 유비
(劉備)의 영유(領有)로 하였다. 221년(章武 1) 한(漢)의 멸망을 계기로 유비가
제위(帝位)에 오르자 재상이 되었다.

유비가 죽은 후에 후주(後主) 유선(劉禪)을 보필하여 다시 오(吳)와 연합, 위
(魏)와 항쟁하였으며, 생산을 장려하여 민치(民治)를 꾀하고, 운남(雲南)으로 진
출 개발하는 등 촉(蜀)의 경영에 힘썼으나 위(魏)의 사마 의(司馬懿)와 오장원
(五丈原)에서 대진 중에 병몰(病沒)하였다. 출진할 때 올린 《전출사표(前出師
表)》 《후출사표(後出師表)》는 천고(千古)의 명문이니, 읽고서 울지 않는 자는
사람이 아니라고까지 하였다.

❂ 戒子書曰 : 제갈공명의 아들에게 경계를 내리는 글이다. 아들의 이름은 첨(瞻),
자는 사원(思遠)이다.

2) **君子之行은 靜以修身이요 儉以養德이니** : 군자의 행실은 고요함으로 자신을 수양
하고 검소함으로 덕성을 기르는 것이니,

❂ 君子之行은 군자가 지켜야할 행실을 가리킨다. 靜은 안정(安靜)이니, 靜以修身
은 안정함으로 자신을 닦는 것이다. 以는 바탕에 둠을 뜻하므로 '~으로'로 해
석한다. 儉以養德은 검약함으로 덕을 기르는 것이다.

3) **非澹泊이면 無以明志요 非寧靜이면 無以致遠이라** : 담백한 마음이 아니면 뜻을 밝
힐 수 없고 고요한 마음이 아니면 원대함을 이룰 수 없느니라.

❂ 非는 명사부정에 쓰이니, '~하지 아니하다'이다. 非澹泊은 가정문에서 조건절
이므로, '담백한 마음이 아니면'이다. 無以明志의 無以는 '~할 수 없다.'이니,
無以明志는 뜻을 밝힐 수 없다. 非寧靜도 가정문에서 조건절에 해당하므로,
'마음을 편안하고 고요하게 갖지 아니하면'이다. 無以致遠은 원대한 곳에 이를
수 없다.

4) **夫學은 須靜也요 才는 須學也라 非學이면 無以廣才요 非靜이면 無以成學이니 滔
慢則不能研精이요 險躁則不能理性이니라** : 학문은 모름지기 안정해야 되고 재능은
모름지기 배워야 되니, 배우지 아니하면 재능을 넓힐 수 없고 고요하지 아니하면
학문을 완성할 수 없으며, 태만하면 정밀함을 연마할 수 없고 조급하면 성품을
다스릴 수 없느니라.

◉ 夫學의 夫는 발어사이니, '학문이라는 것은'이다. 須靜의 須는 '모름지기 ~해야 된다.'는 의미를 갖는 부사이니, 須靜은 모름지기 안정해야 된다. 才는 재능이다. 須學는 모름지기 배워야 된다. 非學은 배우지 아니하다. 無以廣才은 재능을 확충할 수 없다. 非靜은 안정하지 아니하다. 無以成學은 학문을 완성할 수 없다. 滔慢은 태만(怠慢)과 같으니, 慆慢則不能硏精은 태만하게 되면 이치의 정미한 것을 연구하지 못한다. 險躁은 조급한 것[躁妄]이니, 險躁則不能理性은 조급하게 되면 자신의 덕성을 다스릴 수 없다.

5) 年與時馳하며 意與歲去하여 遂成枯落이어든 悲歎窮廬인들 將復何及也리오 : 나이는 세월과 함께 치달려서 마침내 마르고 시들게 되는 것이니, 궁색한 초가(草家)에서 슬피 탄식한들 다시 어찌 미칠 수 있겠는가.

◉ 年與時馳는 나이는 시절과 더불어 치달리다. 意與歲去는 생각은 세월과 더불어 가버리게 되다. 遂는 이윽고, 成枯落은 초목이 시들고 잎이 떨어지게 되다. 悲歎窮廬는 궁색한 초가에서 비탄에 젖어 탄식하는 것이다. 將은 미래사(未來辭)이니, '하려하다'이다. 復何及也은 다시 어떻게 젊은 시절에 미칠 수 있겠는가.

┌─ 출 전 ─┐

《무후전서(武候全書)》, 《소학(小學)》 嘉言篇

訓子篇

자식을 가르친다는 것은 인간으로써 삶을 영위하는 올바른 지남(指南)을 제시하는 것이다. 예로부터 매우 중요하게 여겨 자식을 바꾸어서 가르치기도 했으며, 현대의 교육과는 그 본질이 매우 다르다. 지식을 강조하는 현대와는 달리 인성을 먼저 배양하고 난 후에 지식을 연마하고 아울러 실천할 것을 권면하고 있다. 공자(孔子)가 아들 이(鯉)에게 《시경(詩經)》과 《예기(禮記)》를 배웠는가 묻는 데에서 부모가 자식을 계도(啓導)하는 성심을 볼 수 있다.

司馬溫公曰 養子不敎는 父之過요 訓導不嚴은 師之惰라
父敎師嚴하여 兩無外호되 學問無成은 子之罪라 煖衣飽食
居人倫하여 視我笑談如土塊라 攀高不及하여 下品流하니
稍遇賢才면 無與對라 勉後生하노니 力求誨하고 投明師하
여 莫自昧어다. 一朝雲路果然登이면 姓名亞等呼先輩라
室中若未結親姻인댄 自有佳人求匹配이리라 勉旃汝等各早
脩하여 莫待老來徒自悔하라.

> ※ 사마온공이 말하기를,
> "자식을 기르면서 가르치지 않음은 부모의 잘못이요, 훈도(訓導)를 엄하게
> 하지 않음은 스승의 게으름이니라. 부모는 가르치고 스승은 엄하여 양쪽이
> 벗어남이 없는데, 학문을 완성하지 못함은 자식의 죄이니라. 따뜻하게 입고
> 배불리 먹으며 사람들 속에 살면서 내가 웃고 말하는 것을 보기를 흙덩이처
> 럼 여기는구나. 높은 곳을 붙잡고 오르려다 미치지 못하고 하품(下品)으로
> 흘러가니, 조금 나은 현재(賢才)를 만나면 더불어 상대하지 못하느니라. 후생
> 에게 권하노니 힘써 가르침을 구하고 밝은 스승에게 자신을 맡겨서 스스로
> 무식하게 말지어다. 어느 날에 청운의 길을 과연 오르게 되면, 성명이 현인
> (賢人)의 다음이 되어 선배라 부르리라. 집안에 만약 혼인을 맺지 않았다면
> 저절로 가인(佳人)들이 배필을 구함이 있을 것이다. 힘쓸지어다. 너희들은 각
> 각 일찍부터 수학(修學)하여서 늙어서 한갓 스스로 후회하지 말라." 하였다.

· 문장의 구조 ·

司馬溫公曰 養ㅣ子 不敎는 父之過요 訓導不嚴은 師之惰라

父‖敎 師‖嚴하여 兩無／外호되 學問 無／成은 子之罪라

煖衣飽食 居／人倫하여 視ㅣ我 笑談 如／土塊라

攀ㅣ高 不及하여 下品流하니 稍遇ㅣ賢才면 無／與對라

勉／後生하노니 力求丨誨하고 投／明師하여 莫自昧어다.

一朝雲路果然登이면 姓名 亞等呼先輩라

室中若未結丨親姻인댄 自有／佳人 求丨匹配이리라

勉旃 汝等各早脩하여 莫待老來徒自悔하라.

· 풀 이 ·

1) 養子不敎는 父之過요 訓導不嚴은 師之惰라 父敎師嚴하여 兩無外호되 學問無成은 子之罪라 : 자식을 기르면서 가르치지 않음은 부모의 잘못이요, 훈도(訓導)를 엄하게 하지 않음은 스승의 게으름이니라. 부모는 가르치고 스승은 엄하여 양쪽이 벗어남이 없는데, 학문을 완성하지 못함은 자식의 죄이니라.

● 養子는 서술어+목적어의 짜임이니, '아들을 기르다'인데 子는 딸도 포함되는 글자이므로 '자식을 기르다.'가 더 타당하다. 不敎는 가르치지 않다. 父之過의 父는 母를 포함하고 之는 수식관계의 조사이므로 '의'의 토씨를 붙이니, 부모의 잘못[差也. 失也]이다. 訓導는 자식을 가르치고 선(善)으로 인도함이다. 不嚴은 엄격하지 않음이다. 師之惰는 스승의 게으름이다. 父敎師嚴은 주어+서술어 병렬관계이니, 부모는 가르치고 스승은 엄격하게 하다. 兩無外는 부모와 스승 양쪽이 모두 가르치는 법을 벗어남이 없는 것이다. 學問無成은 학문을 연마하여 완성한 것이 없는 것이다. 子之罪의 罪는 처음부터 열심히 하려하지 않은 의식적인 잘못을 가리키니, 이것은 자식의 죄이다.

2) 煖衣飽食居人倫하여 視我笑談如土塊라 攀高不及하여 下品流하니 稍遇賢才면 無與對라 : 따뜻하게 입고 배불리 먹으며 사람들 속에 살면서 내가 웃고 말하는 것을 보기를 흙덩이처럼 여기는구나. 높은 곳을 붙잡고 오르려다 미치지 못하고 하품(下品)으로 흘러가니 조금이라도 현재(賢才)를 만나면 더불어 상대하지 못하느니라.

● 煖衣飽食는 《맹자(孟子)》 滕文公篇에 나오는 말이니, 따뜻하게 입고 배불리 먹는 다는 것은 학문을 하지 않고 안락한 생활을 영위하는 태도를 가리킨다. 居人倫은 사람이 사람 속에 살려면 인륜(人倫)을 지키며 살아야 한다는 것을 말한다. 視我笑談의 我는 司馬溫公 자신을 가리킨다. 아버지인 작자(作者)가 자식을 훈계하려고 웃으면서 말하는 것을 자식들이 보는 것이다. 如土塊는 흙덩이처럼 여기는 것이니, 귀담아 듣지 않음을 말한다. 攀高는 자신의 능력을 혜

아리지 않고 높은 경지에 뜻을 두고 도달하려는 것이다. 不及은 목표점에 도달하지 못하는 것이다. 下品流는 매우 낮은 지경으로 흘러 들어감이다. 稍遇賢才는 자신 보다 조금 나은 덕망을 지녔거나 재능을 지닌 사람을 만나다. 無與對의 無는 不과 같은 뜻이니, 어울려서 응대(應對)하지 못하는 것이다.

3) 勉後生하노니 力求誨하고 投明師하여 莫自昧어다. 一朝雲路果然登이면 姓名亞等呼先輩라 : 후생에게 권하노니, 힘써 가르침을 구하고 밝은 스승에게 자신을 맡겨서 스스로 무식하게 말지어다. 어느 날에 청운의 길을 과연 오르게 되면, 성명이 옛 현인(賢人)의 다음이 되어 선배라 부르리라.

❂ 勉은 권면(勸勉)이니, 勉後生은 후배들에 힘쓰라고 권함이다. 力은 부사로 '힘써', '노력하여'이다. 求誨는 자신을 가르칠 사람을 찾는 것이다. 投明師의 投는 託과 같으니, 밝고 뛰어난 스승에게 자신을 의탁하는 것이다. 莫自昧의 昧는 어두운 것이니, 학문을 하지 않으면 눈앞에 있어도 알아보지 못하는 것을 말한다. 一朝는 一日과 같으니, '어느 날'과 같다. 雲路는 '청운(靑雲)의 길'이니, 출세하여 높은 지위에 승진하는 것이다. 果然은 결과가 도출(挑出)된 것이다. 登은 그 지위에 있는 것이다. 姓名은 후배들이 자신의 성명을 부르는 것이다. 亞等은 옛 성현의 다음이라고 여김이다. 呼先輩는 후배들이 자신을 선배라고 호칭함이다.

4) 室中若未結親姻인댄 自有佳人求匹配이리라 勉旃汝等各早脩하여 莫待老來徒自悔하라 : 집안에 만약 혼인을 맺지 않았다면 저절로 가인(佳人)들이 배필을 구함이 있을 것이다. 힘쓸지어다. 너희들은 각각 일찍부터 수학(修學)하여서 늙어서 한갓 스스로 후회하지 말라.

❂ 室中은 그 집 안이다. 若은 가정사이니, '만약'이다. 未結親姻은 아직 혼인식을 하지 않음이다. 自有佳人은 노력하지 않아도 저절로 지혜와 덕망을 지닌 가인(佳人)이 있게 된다. 求匹配은 아름다운 짝을 찾으려고 올 것이다. 勉旃은 勉之와 같으니, 힘을 써야 하다. 汝等은 자식들을 가리킨다. 各早脩는 각 자식들에게 일찍부터 자신의 학문을 닦을 것을 권하는 것이다. 莫待老來는 '늙기를 기다리지 말라'이고, 徒自悔는 한갓 스스로 후회하게 만 됨이니, '늙게 되어 한갓 스스로 후회하기를 기다리지 말라.'이다.

─── 출 전 ───

《고문진보(古文眞寶)》 前集

2 柳屯田 勸學文曰 父母 養其子而不敎면 是不愛其子也요 雖
敎而不嚴이면 是亦不愛其子니라. 父母 敎而不學이면 是子
不愛其身也요 雖學而不勤이면 是亦不愛其身也니라. 是故로
養子必敎하고 敎則必嚴하며 嚴則必勤하고 勤則必成이리니
學則庶人之子爲公卿하고 不學則公卿之子爲庶人이니라.

※ 유둔전(柳屯田)의 〈권학문(勸學文)〉에 말하기를,
"부모가 자식을 기르면서도 가르치지 않으면 이는 그 자식을 사랑하지 않는 것
이요. 비록 가르치더라도 엄하게 하지 않으면 이것도 그 자식을 사랑하지 않는
것이니라. 부모가 가르쳤는데 배우지 않는다면 이는 자식이 그 자신을 사랑하
지 않는 것이요. 비록 배우더라도 부지런히 하지 않으면 이것도 그 자신을 사
랑하지 않는 것이니라. 이러므로 자식을 기른다면 반드시 가르쳐야 하고 가르
칠 때면 반드시 엄해야 하며, 엄하면 반드시 부지런하게 되고 부지런하면 반드
시 학문을 이룰 것이니, 배우면 서인(庶人)의 자식이라도 공경(公卿)이 되고
배우지 않으면 공경(公卿)의 자식일 지라도 서인(庶人)이 되느니라." 하였다.

·문장의 구조·

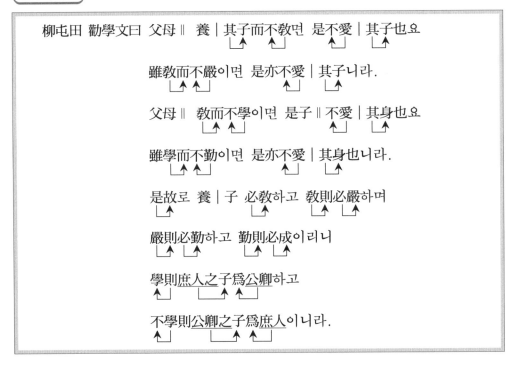

柳屯田 勸學文曰 父母‖ 養│其子而不敎면 是不愛│其子也요

雖敎而不嚴이면 是亦不愛│其子니라.

父母‖ 敎而不學이면 是子‖不愛│其身也요

雖學而不勤이면 是亦不愛│其身也니라.

是故로 養│子 必敎하고 敎則必嚴하며

嚴則必勤하고 勤則必成이리니

學則庶人之子爲公卿하고

不學則公卿之子爲庶人이니라.

산문(散文)의 형식으로 지어진 글이다.

풀 이

1) **柳屯田 勸學文曰** : 유둔전(柳屯田)의 〈권학문(勸學文)〉에 말하기를,
   - **柳屯田** : 중국 북송(北宋)의 사인(詞人). 이름은 영(永)이며, 자는 기경(耆卿)이다. 1034년 진사에 급제하고 관직이 둔전원외랑(屯田員外郎)에 이르렀으므로 속칭 유둔전(柳屯田)이라고도 부른다. 일찍부터 화류계에 출입하여 많은 가사를 썼고, 교방(敎坊)의 신곡은 모두 그의 가사(歌辭)에 의하여 불려 졌다고 한다. 만년에는 불우하여 각지를 방랑하다가 죽은 것으로 전해진다. 그의 작품은 평이하고 통속적이며, 사람들의 마음에 젖어드는 섬세성으로 같은 시대의 안수(晏殊)와 구양수(歐陽修)의 지적(知的)이며 전아(典雅)한 경향과는 대조를 이루었다. '만사(慢詞)라고 불리는 복잡한 장편(長篇)이 많고 종래의 소령(少令 : 短篇詞) 중심의 오대적(五代的)인 북송사(北宋詞)를 변화시켜 송사풍(宋詞風)의 굴절 많은 표현을 개발했으며 저서에 《악장집(樂章集)》(9권)이 있다.

2) **父母 養其子而不教면 是不愛其子也요 雖教而不嚴이면 是亦不愛其子니라** : 부모가 자식을 기르기면서도 가르치지 않으면 이는 그 자식을 사랑하지 않는 것이요. 비록 가르치더라도 엄하게 하지 않으면 이것도 그 자식을 사랑하지 않는 것이니라.
   - 父母 養其子而不教의 而는 역접(逆接)의 접속사이므로 '이나', '이로되'의 토씨를 붙이니, 부모가 그 자식을 길렀으나 가르치지 않음이다. 是는 자식을 가르치지 않은 부모를 가리킨다. 不愛其子는 그 자식을 사랑하지 않는 것이다. 也는 어미종결사이니, '~이다'에 해당한다. 雖는 '비록'의 뜻을 갖는 부사이다. 教而不嚴은 부모가 가르치기는 하는데 엄격하게 하지 않음이다. 是亦은 '이렇게 하는 사람도'이다. 不愛其子는 그 자식을 사랑하지 않음이다.

3) **父母 教而不學이면 是子不愛其身也요 雖學而不勤이면 是亦不愛其身也니라.** : 부모가 가르쳤는데 배우지 않으면 이는 자식이 그 자신을 사랑하지 않는 것이니라. 비록 배우기는 하되 부지런히 하지 않으면 이것도 그 자신을 사랑하지 않는 것이니라.
   - 父母 教而不學은 부모가 가르쳤는데도 배우지 않는 자식을 가리킨다. 是는 배우지 않는 자식을 가리킨다. 子不愛其身也은 자식이 자기 자신을 사랑하지 않음이다. 學而不勤은 배우기는 하는데 부지런히 하지 않음이다. 是亦는 '이렇게 하는 사람도'이다.

4) **是故로 養子必教하고 教則必嚴하며 嚴則必勤하고 勤則必成이리니** : 이러므로 자식을 기른다면 반드시 가르쳐야 하고 가르칠 때면 반드시 엄해야 하며, 엄하면 반드시 부지런하게 되고 부지런하면 반드시 학문을 이룰 것이니,

❀ 是故는 '이러하기 때문에'이니, 줄여서 '이러므로'로 해석한다. 養子必敎는 養 子則必敎와 같은 문장이니, 자식을 기를 때는 반드시 가르쳐야 한다. 敎則必嚴 은 가르칠 때는 반드시 엄격하게 하다. 嚴則必勤은 엄숙하게 가르친 효과를 가리키니, 엄격하게 가르치려면 반드시 부모가 부지런해야 한다. 勤則必成은 자식이 부지런히 배우면 반드시 학문을 완성하게 된다.

5) 學則庶人之子爲公卿하고 不學則公卿之子爲庶人이니라 : 배우면 서인(庶人)의 자식 이라도 공경(公卿)이 되고 배우지 않으면 공경(公卿)의 자식일 지라도 서인(庶人) 이 되느니라.

❀ 學則은 가정문에서 조건절이니, '배우게 되면'이다. 庶人之子는 일반 서민의 자식이다. 爲公卿은 공경이 되다. 不學則은 '배우지 않게 되면'이다. 公卿之子 爲庶人은 공경(公卿)의 자식[구경(九卿)도 포함한다]으로 태어났어도 서민의 자 식이 되다.

──・ 출 전 ・──

《고문진보(古文眞寶)》 前集

❸ 白侍郞의 勉子文曰 有田不耕이면 倉廩虛하고 有書不敎면 子孫愚니라. 倉廩虛兮歲月乏하고 子孫愚兮禮義疎니라. 若 有不耕與不敎는 是乃父兄之過歟인저.

> ※ 백 시랑(白侍郞)의 〈면자문(勉子文)〉에 말하기를,
> "농지가 있어도 경작하지 않으면 창고가 비게 되고 서책이 있어도 가르치지 않으면 자손이 어리석어지느니라. 창고가 비게 되면 세월이 지나 궁핍하게 되고 자손이 어리석어지면 예의가 없어지게 되느니라. 만약 경작하지 않고 가르치지 않는다면 이것은 바로 부형(父兄)의 잘못이 되느니라." 하였다.

─・ 문장의 구조 ・─

白侍郞의 勉子文曰 有／田 不耕이면 倉廩 ‖ 虛하고

有／書 不敎면 子孫 ‖ 愚니라.

倉廩‖虛兮 歲月‖乏하고

子孫‖愚兮 禮義‖疎니라.

若有／不耕與不敎는

是乃父兄之過歟인저

풀 이

1) **白侍郞의 勉子文曰** : 백 시랑(白侍郞)의 〈면자문(勉子文)〉에 말하기를,

❀ 白侍郞 : 중국 중당(中唐)의 시인. 이름은 거이(居易), 자 낙천(樂天). 호 취음선생(醉吟先生)·향산거사(香山居士). 이백(李白), 두보(杜甫), 한유(韓愈)와 더불어 '이두한백(李杜韓白)'으로 병칭된다. 29세 진사(進士)에 급제하고 32세 친시(親試)에 합격하였다. 36세에 한림학사가 되고, 이듬해 좌습유(左拾遺)가 《신악부(新樂府) 50수》를 지었다. 40세 때 어머니를 여의고 이듬해 어린 딸마저 잃자 불교에 대한 관심이 커졌다.

태자 좌찬선태부(左贊善太夫)에 임용되었으나, 사마(司馬)로 좌천되어 《비파행(琵琶行)》(816)을 지었다. 충주자사(忠州刺史), 이어 항주자사[杭州刺史]가 되었는데, 문학적 지기(知己) 원진(元拂)과 만나게 되어 《백씨장경집(白氏長慶集)》(50권)을 편집하였다. 그 후 용문(龍門)의 향산사(香山寺)를 보수 복원하여 '향산거사'라는 호를 쓰며 불교로 기울어졌다. 《유백창화집(劉白唱和集)》 5권, 《백씨문집(白氏文集)》 60권, 《백씨육첩사류집(白氏六帖事類集)》 30권이 잇었는데, 현재 전하는 것은 《백씨장경집》 75권 가운데 71권이 있고, 《백향산시집》 40권도 있다. 현존하는 작품수는 3,800여 수이고, 그 중에서 《비파행》 《장한가》 《유오진사시(遊悟眞寺詩)》는 불멸의 걸작이다.

❀ 勉子文은 자식에게 글을 배울 것을 권면(勸勉)하는 글이다.

2) **有田不耕이면 倉廩虛하고 有書不敎면 子孫愚니라** : 농지가 있어도 경작하지 않으면 창고가 비게 되고 서책이 있어도 가르치지 않으면 자손이 어리석어 지느니라.

❀ 有田不耕은 有田而不耕과 같으니, '농지가 있어도 농사를 짓지 않는다면'이니, 가정문에서 조건절이다. 倉廩은 곡식을 저장하는 창고를 가리킨다. 倉廩虛는 결과절이니, 농사를 짓지 않았으므로 곡식창고가 비게 된다. 有書不敎는 有書而不敎과 같은 글이니, '서책이 있더라도 가르치지 않으면'이다. 子孫愚는 결

과절이니, 자손이 어리석어지게 된다.

3) 倉廩虛兮歲月乏하고 子孫愚兮禮義疎니라 : 창고가 비게 되면 세월이 지나 궁핍하게 되고 자손이 어리석어지면 예의가 없어지게 되느니라.

　❂ 倉廩虛兮의 兮는 대부분 감탄 조사로 쓰이나, 이 장에서는 문장을 연결하며 강조하는 의미로 썼다. 倉廩虛兮歲月乏은 창고가 비어있으면 세월이 지나 궁핍하게 되다. 子孫愚兮禮義疎는 자손이 어리석게 되면 예의를 차리는 일이 멀어지거나 성글어지게 되다.

4) 若有不耕與不敎는 是乃父兄之過歟인저 : 만약 경작하지 않고 가르치지 않는다면 이것은 바로 부형(父兄)의 잘못이 되느니라.

　❂ 若은 가정(假定)에 쓰이는 조사이니, '만약'이다. 有不耕與不敎의 與는 而와 같으니, 且의 뜻이다. '농사를 짓지 않고 또 가르치지 않는 일이 있으면'이니, 가정문에서 조건절에 해당한다. 是乃는 '이것은 바로'이다. 父兄은 어른을 총칭하는 말이니, 父兄之過는 어른들의 잘못이다. 歟는 의문 미정사(疑問未定辭)이다.

·　출　전　·

《고문진보(古文眞寶)》前集

 景行錄云 賓客不來門戶俗하고 詩書無敎子孫愚니라.

> ※《경행록》에 이르기를,
> "손님이 오지 않으면 집안이 비속하게 되고, 시서(詩書)를 가르치지 않으면 자손이 어리석어지느니라." 하였다.

·문장의 구조·

景行錄云 賓客 ‖ 不來 門戶 ‖ 俗하고

詩書 無／敎 子孫 ‖ 愚니라.

주어+술어의 구성이나, 詩書無敎는 목적어+서술어의 짜임이므로 詩書之無敎의 구성이다. 목술 관계에 있는 之는 '을'의 토씨를 붙이니, 無敎詩書의 구성이 도치된 것이다.

· 풀 이 ·

1) **賓客不來門戶俗하고** : 손님이 오지 않으면 집안이 비속하게 되고,

❂ 賓客이 오지 않으면 응대(應對)와 진퇴(進退)의 예절을 익히지 못한다. 門戶는 대문과 방문을 지칭하거나 큰 문과 작은 문을 가리키는데, 이 장에서는 그 집안을 말한다. 俗은 비속(卑俗)이다. 학문을 연마하지 않은 집안은 드나드는 고덕(高德)이 없으므로 갈수록 비속한 가풍이 된다.

2) **詩書無敎子孫愚니라** : 시서(詩書)를 가르치지 않으면 자손이 어리석어 지느니라.

❂ 詩는 《시경(詩經)》을 가리키고 書는 《서경(書經)》을 가리킨다. 無는 不의 뜻이다. 《논어(論語)》 季氏篇에 공자가 아들 이(鯉 : 字 伯魚)에게 "시를 배웠느냐?"라고 물으면서 "시를 배우지 않으면 말을 표현할 방법이 없다[不學詩 無以言]" 하였다. 詩는 사람의 감정에 근본을 두었으므로 시를 배우면 사리에 통달하고 심기가 화평하므로 말을 잘하게 된다. 書는 역사이므로 고사(古事)를 거울로 삼아서 일을 집행하면 잘못된 일이 적게 된다. 그러므로 詩書를 배우지 않으면 대화와 판단력이 부족하므로 어리석게 된다.

⑤ 莊子曰 事雖小나 不作이면 不成이오 子雖賢이나 不敎면 不明이니라.

※ 장자가 말하기를,
"일이 비록 작더라도 하지 않으면 이루지 못할 것이요. 자식이 비록 어질지라도 가르치지 않으면 밝지 못할 것이니라." 하였다.

· 문장의 구조 ·

> 莊子曰 事‖雖小나 不作이면 不成이오
> 　　　　└↑　 ┌↑┘　┌↑┘
>
> 子‖雖賢이나 不敎면 不明이니라.
> └↑　 ┌↑┘ ┌↑┘

가정문이다. 작은 일이나 훌륭한 자질을 지닌 자식일지라도 행하지 않고 가르치지 않으면 성취하지 못하며 어리석게 된다.

1) 事雖小나 不作이면 不成이오 : 일이 비록 작더라도 하지 않으면 이루지 못할 것이요.
   ◎ 事는 주어이니 '은', '이'의 토씨를 붙인다. 雖는 부사이니, 부사는 놓여진 위치
   에 가서 해석한다. 作은 爲와 같으니, '행하다'의 뜻이다. 成은 성취의 뜻이다.

2) 子雖賢이나 不敎면 不明이니라 : 자식이 비록 어질지라도 가르치지 않으면 밝지
   못할 것이니라.
   ◎ 子는 자식이다. 賢은 타고난 자질이 훌륭한 것을 가리키니, 不肖와 상대어이
   다. 훌륭한 자질을 지녔더라도 교육을 하지 않으면 불초한 사람과 다름이 없
   게 된다. 不明은 지혜가 밝아지지 못하는 것이다.

· 출 전 ·

《장자(莊子)》에 이 글은 보이지 않는다.

6 漢書云 黃金滿籯이 不如敎子一經이요 賜子千金이 不如敎
子一藝니라.

> ※《한서(漢書)》에 이르기를,
> "황금이 상자에 가득한 것이 자식에게 하나의 경서를 가르치는 것만 못하
> 고, 자식에게 천금을 주는 것이 자식에게 하나의 기예를 가르치는 것만 못
> 하느니라." 하였다.

· 문장의 구조 ·

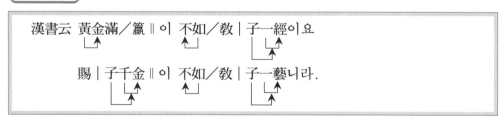

· 풀 이 ·

1) 漢書云《한서(漢書)》에 이르기를,
   ◎ 漢書 : 《한서(漢書)》를 《전한서(前漢書)》혹은 《서한서(西漢書)》라고 하니, 무

제(武帝)에서 중단된 《사기(史記)》의 뒤를 이은 정사(正史)이다. 반표(班彪)가
《사기》의 부족한 면을 보충하고 또 무제(武帝) 이후의 일까지 편집하여 《후
전(後傳)》 65편을 편집하였다. 반고(班固)는 부친의 뜻을 이어 수사(修史)를 시
작하였으나 한때 국사(國史)를 마음대로 한다는 모함을 받아 투옥되었으나 누
명을 벗어 명제(明帝)의 명으로 저작에 몰두하였다. 반고에 의해 장제(章帝) 건
초연간(建初年間)에 일단 완성을 보았으나 <팔표(八表)>와 <천문지(天文志)>는
그의 죽음으로 미완성으로 남았다. 이를 누이동생 반소(班昭)가 화제(和帝)의
명으로 계승하였고, 다시 마속(馬續)의 보완(補完)으로 완성되었다.

2) 黃金滿籯이 不如敎子一經이요 : 황금이 상자에 가득한 것이 자식에게 하나의 경서
를 가르치는 것만 못하고,

◉ 黃金은 주어절 안에 있는 주어이니, 黃金滿籯이 주어절이다. 주어절은 주어+서
술어+보어의 구성이다. 不如는 비교의 문장에 쓰이는데, '같지 않다', '~못하
다'의 뜻을 갖는다. 敎子一經은 敎一經於子와 같은 문장이니, '자식에게 하나
의 경서를 가르치다'의 뜻이다. 經은 성인(聖人)이 저술한 책을 지칭하니, 사서
(四書 : 대학·논어·맹자·중용)와   오경(五經 : 시경·서경·예기·춘추·역경)
이다.

2) 賜子千金이 不如敎子一藝니라 : 자식에게 천금을 주는 것이 자식에게 하나의 기예
를 가르치는 것만 못하느니라.

◉ 賜는 아랫사람에게 줄 때 쓰는 글자이다. 賜子千金은 주어절이니, 자식에게 천
금을 주는 것이다. 藝는 육예(六藝 : 禮·樂·射·御·書·數)를 지칭하니, 기예
(技藝)이다. 자식에게 한 가지 기예를 가르치는 것이 낫다는 뜻이다.

─ 출   전 ─

《한서(漢書)》韋賢傳에, 遺子黃金滿籯이 不如敎子一經이라

譯 《한서(漢書)》韋賢傳에,
"자식에게 황금을 상자에 가득 채워서 물려주는 것이 자식에게 하나의 경서를 가르
치는 것만 못하다." 하였다.

 至樂은 莫如讀書요 至要는 莫如敎子니라.

※ 지극한 즐거움은 책을 읽는 것만 같은 것이 없고 지극히 중요한 것은 자식을 가
르치는 것만 같음이 없느니라.

문장의 구조

至樂‖은 莫／如 讀｜書요
　└↑

至要‖는 莫／如 敎｜子니라.
　└↑

풀 이

1) 至樂은 莫如讀書요 至要는 莫如敎子니라 : 지극한 즐거움은 책을 읽는 것만 같은
   것이 없고 지극히 중요한 것은 자식을 가르치는 것만 같음이 없느니라.
   ❂ 至는 부사로 '지극히'이다. 莫如는 비교형에 쓰이는데, A+莫如+B의 구성이면
   'A는 B만 같은 것이 없다'의 뜻이 된다. 讀書는 글을 읽는 것 뿐만 아니라 공
   부를 하는 것을 지칭한다. 至要는 지극히 중요한 것을 말한다. 가장 즐거운
   것은 공부를 하는 것이며, 가장 중요한 것은 자식을 가르치는 것이다.

8 公孫丑曰 君子之不敎子는 何也잇고. 孟子曰 勢不行也니
라. 敎者는 必以正하여 以正不行이어든 繼之以怒하고 繼
之以怒면 則反夷矣오 夫子 敎我以正하시되 夫子도 未出
於正也라하면 則是父子相夷也니 父子相夷면 則惡矣니라.

※ 공손추(公孫丑)가 말하기를,
"군자가 직접 자식을 가르치지 않는 것은 어째서 입니까?"하니, 맹자가 말
하기를, "형세가 직접 가르침을 행하지 못하기 때문이니라. 부친이 가르치
는 것은 반드시 정도(正道)를 가지고 가르쳐서 정도를 실행하지 않으면
그에게 노함으로써 뒤따르게 되고, 노함으로써 뒤따르게 되면 도리어 자식
의 마음을 상하게 하는 것이요. 자식이 '부친께서 나에게 정도를 가르치는
데, 부친께서도 행실이 정도에서 나오지 않는다.'라고 여기면, 이것은 부자
가 서로를 상하게 하는 것이니, 부자(父子)가 서로를 상하게 하면 나쁜 일
이다." 하였다.

·문장의 구조·

公孫丑曰 君子之 不敎│子는 何也잇고.

孟子曰 勢‖不行也니라. 敎者‖는 必以正하여

以正不行이어든 繼之以怒하고

繼之以怒면 則反夷矣요

夫子‖ 敎│我以正하시되 夫子‖도 未出／於正也라하면

則是父子‖相夷也니 父子‖相夷면 則惡矣니라.

· 풀 이 ·

1) 公孫丑曰 : 공손추(公孫丑)가 말하기를,
   ◉ 公孫丑 : 맹자의 제자.

2) 君子之不敎子는 何也잇고 : 군자가 직접 자식을 가르치지 않는 것은 어째서입니까?
   ◉ 君子之不敎子는 군자가 직접 자식을 가르치지 않는 것이다. 何也는 何乎와 같은 의문사(疑問詞)이니, '어떤 이유에서 그렇습니까?'이다.

3) 孟子曰 맹자가 말하기를,
   ◉ 孟子 : 전국시대 사상가. 이름은 맹가(孟軻). 자는 자여(子輿) 또는 자거(子車)라고 한다. 지금의 산동성(山東省) 추현(鄒縣)의 추(趨)에서 출생하였다. 공자의 유교사상을 공자의 손자인 자사(子思)에게 직접 배웠는지 그의 문하생에게서 배웠는지 자세하지 않다.
   전국시대에 배출된 제자백가(諸子百家)의 한 사람으로서 맹자도 BC 320년경부터 약 15년 동안 각국을 인의(仁義)를 주창하여 유세하였으나, 채택되지 않았다. 당시 군주(君主)들은 부국강병(富國强兵)이나 책모(策謀)를 일삼으나, 맹자는 왕도정치(王道政治)를 주창하였으므로 현실과 동떨어진 이상적인 주장이라고 치부되었다. 만년에는 제자교육에 전념하였으니, 《맹자》 7편에 맹자의 사상이 담겨져 있다. 주자(朱子) 이후에 《맹자》는 《논어》 《대학》 《중용》과 더불어 '사서(四書)'의 하나로서 유교의 주요한 경전이 되었다.

4) 勢不行也니라. : 형세가 직접 가르침을 행하지 못하기 때문이니라.

　● 勢不行은 부모가 직접 자식에게 교육을 행하지 못하는 형편은 가르침이 행해
　　지지 못하기 때문이다.

5) 教者는 必以正은 以正不行이어든 繼之以怒하고 繼之以怒면 則反夷矣요 : 부친이
가르치는 것은 반드시 정도(正道)를 가지고 가르쳐서 정도를 실행하지 않으면 그
에게 노함으로써 뒤따르게 되고, 노함으로써 뒤따르게 되면 도리어 자식의 마음
을 상하게 하는 것이요.

　● 教者는 가르치는 방향이나 방법을 가리킨다. 必以正은 반드시 정도(正道)를 갖
　　고 가르침을 행한다. 以正不行은 부친이 정도를 가지고 가르침을 행하였는데,
　　자식이 실천하지 않음이다. 繼之以怒는 자식에게 노하여 꾸짖는 일이 뒤따르
　　게 됨이다. 繼之以怒則反夷는 부친이 자식이 실천하지 않는 이유로 노하여 꾸
　　짖는 일이 뒤따르게 되면 도리어 자신의 마음을 상하게 만든다.

6) 夫子教我以正하시되 夫子도 未出於正也라하면 則是父子相夷也니 父子相夷면 則惡
矣니라. : 자식이 '부친께서 나에게 정도를 가르치는데, 부친께서도 행실이 정도에
서 나오지 않는다.'라고 여기면, 이것은 부자가 서로를 상하게 하는 것이니, 부자
(父子)가 서로를 상하게 하면 나쁜 일이다.

　● 夫子는 부친을 가리킨다. 教我以正은 자식이 꾸지람을 받으면 생각하기를, '부
　　친께서 나에게 정도를 가르치는데'라고 여긴다. 夫子未出於正는 자식이 생각하
　　기를, '부친도 정도(正道)에 입각하여 행하지 않는다.'라고 하는 것이다. 則은
　　가정문에서 조건절을 나타내는 조사이다. 是는 이렇게 되는 것이니, 부친은 자
　　식에게 노하여 꾸짖게 되고 자식은 부친에게 마음이 상하게 됨을 가리킨다.
　　父子相夷는 부모와 자식이 서로의 마음을 상하게 함을 뜻한다. 父子相夷則惡
　　矣는 부자(父子)가 서로의 마음을 상하게 하면 나쁜 일이다.

출 전

《맹자(孟子)》離婁篇上

呂滎公曰 內無賢父兄하고 外無嚴師友요 而能有成者 鮮矣니라.

※ 여형공(呂滎公)이 말하기를,
"안으로 훌륭한 부모나 형이 없고 밖으로 바른 스승이나 벗이 없고, 그러
면서 성공이 있을 수 있는 사람은 드므니라." 하였다.

· 문장의 구조 ·

呂滎公曰 內無／賢父兄하고

外無／嚴師友요

而能有／成者 ‖ 鮮矣니라.

· 풀 이 ·

1) **呂滎公曰** : 여형공(呂滎公)이 말하기를,
   ❀ 呂滎公 : 송(宋) 재상. 이름은 희철(希哲1039-1116). 자는 원명(原明) 여공저(呂公著)의 아들로 어려서 석개(石介), 호원(胡瑗)을 스승으로 섬겼고 후에 정호(程顥), 정이(程頤), 장재(張載)를 스승으로 섬겼다. 과거 공부를 하지 않고 고학(古學)에 뜻을 두었다가 음직(蔭職)으로 병부외랑(兵部外郞)을 지냈고 철종(哲宗) 때 회주 자사(懷州刺史)를 지냈다. 휘종(徽宗)이 즉위하여 광록소경(光祿少卿)으로 초치되었다. 형양군공(滎陽郡公)에 봉함을 받아 형공(滎公)이라 칭하였다. 저서에 《여씨잡기(呂氏雜記)》가 있다.

2) **內無賢父兄하고 外無嚴師友요** : 안으로 훌륭한 부모나 형이 없고 밖으로 바른 스승이나 벗이 없고,
   ❀ 內는 가정을 가리키고, 外는 집밖이니, 사회를 가리킨다. 嚴은 바르다는 뜻이다. 가정에 훌륭한 인품을 지닌 어른[父兄]이 없으며, 사회에는 바른 마음과 몸가짐을 지닌 스승이나 벗이 없게 되면 바로잡아 줄 사람이 없는 것이다.

3) **而能有成者 鮮矣니라** : 그러면서 성공이 있을 수 있는 사람은 드무니라.
   ❀ 而는 구절을 이어주는 접속사이니, '그렇게 하고서', '그러면서'의 뜻이다. 能은 서술어로 풀어서 '할 수 있다'로 해석한다. 鮮은 少의 뜻이니, '드물다'이다. 부형(父兄)이나 사우(師友)의 계도(啓導)가 없으면서 성공이 있을 수 있는 사람은 드물다는 뜻이다.

· 출 전 ·

《소학(小學)》,《여씨가전(呂氏家傳)》,《이락연원록(伊洛淵源錄)》에, 公嘗言人生이 內無賢父兄하고 外無嚴師友요 而能有成者 少矣니라.

📖 《소학(小學)》, 《여씨가전(呂氏家傳)》, 《이락연원록(伊洛淵源錄)》에, 공이 일찍이 말하기를,

"안으로 훌륭한 부모나 형이 없고 밖으로 바른 스승이나 벗이 없고, 그러면서 성공이 있을 수 있는 사람은 드물 것이니라." 하였다.

 太公曰 男子失敎면 長必頑愚하고 女子失敎면 長必魯疎니라.

※ 태공이 말하기를,
"사내아이가 가르침을 받지 못하면 자라서 반드시 미련하고 어리석으며, 여자 아이가 가르침을 받지 못하면 자라서 반드시 거칠고 솜씨가 없느니라." 하였다.

· 문장의 구조 ·

太公曰 男子∥失│敎면 長必頑愚하고

女子∥失│敎면 長必魯疎니라.

則이 생략된 가정문이다. 조건절은 주어+서술어+목적어의 구성이고, 결과절은 주어+서술어의 구성이다. 어려서부터 교육을 실행해야 하는 이유를 장성해서 나타나는 결과를 갖고 가정한 것이다.

· 풀 이 ·

1) 男子失敎면 長必頑愚하고 : 사내아이가 가르침을 받지 못하면 자라서 반드시 미련하고 어리석으며,
   ◉ 男子는 사내아이를 지칭한다. 失은 배우기에 알맞은 시기를 잃는 것과 배우지 못한 환경에 처한 것을 말한다. 長은 장성함이다. 頑은 쓸데없는 고집을 세우는 것이며 愚는 타고난 자질이 현명할지라도 어리석게 되는 것이다.

2) 女子失敎면 長必魯疎니라 : 여자 아이가 가르침을 받지 못하면 자라서 반드시 거칠고 솜씨가 없느니라.
   ◉ 女子는 여자 아이를 가리킨다. 失敎는 가르침을 받지 못한 경우와 배우기에 알맞은 시기를 놓친 것을 포함하여 가정(假定)하였다. 魯는 粗와 같은 뜻이니, 일을 하는 행태가 곱지 못하고 거친 것이다. 疎는 密과 반대이니, 치밀하지 못하고 데면데면한 것이다.

太公曰 養男之法은 莫聽誰言하고 育女之法은 莫教離母하며
男年長大어든 莫習樂酒하고 女年長大어든 莫令遊走니라.

※ 태공이 말하기를,
"아들을 잘 기르는 방법은 무슨 말이나 귀담아 듣지 말게 하고, 딸을 잘 기르는 방법은 어머니의 곁을 벗어나는 것을 가르치지 말며, 아들의 나이가 장성하거든 풍류와 술을 익히지 말게 하고, 딸의 나이가 장성하거든 놀러 다니거나 돌아다니지 말게 할지니라." 하였다.

문장의 구조

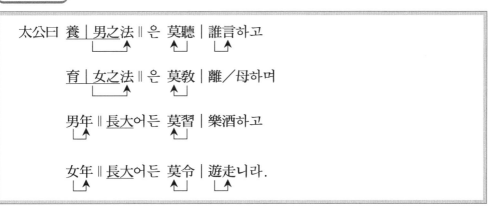

제 1, 2구는 주어+서술어+목적어의 구성이며. 3구, 4구는 가정문이다. 莫은 금지사이다.

풀 이

1) **養男之法은 莫聽誰言하고** : 아들을 잘 기르는 방법은 무슨 말이나 귀담아 듣지 말게 하고
   - 養男之法은 아들을 잘 기르는 방법이니, 서술어+목적어를 수식하는 之는 '는'의 토씨를 붙이며, 法은 좋은 방법을 뜻한다. 莫聽은 귀담아 듣지 말도록 하는 것이다. 誰言은 '무슨 말'이니, 말의 진위(眞僞)를 분간하지 못하는 맹목적인 말들이다.

2) **育女之法은 莫教離母하며** : 딸을 잘 기르는 방법은 어머니의 곁을 떠나는 것을 가르치지 말며
   - 育女之法은 딸을 잘 양육(養育)시키는 좋은 방법을 가리킨다. 莫教는 가르치지

말게 하다. 離母는 어머니의 곁을 떠나가는 것을 나타냈다.

3) **男年長大어든 莫習樂酒하고** : 아들의 나이가 장성하거든 풍류와 술을 익히지 말게 하고,

    ❂ 男은 남자보다는 '아들'이 더 타당하다. 年은 '나이'이다. 長大는 長成과 같으니, 청소년기에 이른 것을 지칭한다. 樂酒는 풍류와 술을 가리킨다. 청소년의 신체는 어른과 같이 장대하나, 성장기에 있으므로 풍류나 술을 익히면 정신이 황폐하게 된다.

4) **女年長大어든 莫令遊走니라** : 딸의 나이가 장성하거든 놀러 다니거나 돌아다니지 말게 할지니라.

    ❂ 女年은 '딸의 나이'이다. 令은 사역동사이므로 '~하여금 ~하게 하다'로 해석한다. 遊走는 놀러 다니거나 돌아다니는 것이다. 딸도 역시 신체는 어른으로 성장하였으나 아직 정신이 성숙하지 못하였으므로 외물(外物)에 유혹을 당하기 쉽다. 그러므로 놀러 다니거나 돌아다니지 말도록 하는 것이다.

◖ 출 전 ◗

《명심보감(明心寶鑑)》 통행본은 男年長大 莫習樂酒 女年長大 莫令遊走로 되어있는데, 《명심보감(明心寶鑑)》 淸州本에, 의거하여 보충하고 정정하였다.

 嚴父는 出孝子요 嚴母는 出孝女니라.

> ※ 엄한 아버지는 효자를 길러내고, 엄한 어머니는 효녀를 길러내느니라.

◖ 문장의 구조 ◗

嚴父∥는 出│孝子요
  └→

嚴母∥는 出│孝女니라.
  └→

주어+서술어+목적어의 구성이므로 '~은 ~을 ~하다'로 해석하는데, 특히 서술어+목적어 부분은 우리 말과 어순이 반대이다.

풀 이

1) 嚴父는 出孝子요 嚴母는 出孝女니라 : 엄한 아버지는 효자를 길러내고, 엄한 어머니는 효녀를 길러내느니라.

　● 嚴은 엄격(嚴格)이니, 《역경(易經)》 遯卦에, "군자는 둔괘(遯卦)의 모양을 써서 소인을 멀리하되 미워하지 않지만 엄격하게 대한다.[君子以 遠小人 不惡而嚴]" 하였다. 자식을 기를 때 꾸짖지 않고 인자하기만 한 부모는 마치 어미 소가 송아지를 핥는 것과 같은 사랑이므로 올바른 길로 자식을 인도(引導)하지 못한다. 그러므로 엄격하게 자신을 다스리고 또 자식을 양육하는 것이다. 出은 '길러내다'의 뜻을 갖는 타동사이다.

⒀ 憐兒어든 多與棒하고 憎兒어든 多與食하라.

> ※ 아이를 사랑하거든 매를 많이 주고 아이를 미워하거든 먹을 것을 많이 주라.

문장의 구조

> 憐 | 兒어든 多與 | 棒하고
> 　　　　└──↑
>
> 憎 | 兒어든 多與 | 食하라.
> 　　　　└──↑

서술어+목적어를 병렬하여 조건절을 구성하고 주절에서 그 방법을 제시하였다.

풀 이

1) 憐兒어든 多與棒하고 憎兒어든 多與食하라 : 아이를 사랑하거든 매를 많이 주고 아이를 미워하거든 먹을 것을 많이 주라.

　● 憐은 어여삐 여기며 사랑하는 것이다. 憐兒는 술어+목적어의 짜임이므로 토씨는 '을'을 붙인다. 多與棒은 부사+술어+목적어의 구성이므로 '많이 매를 주다'로 해석해야 하는데, 우리 말로는 '매를 많이 주다'가 더 온당하다. 食은 먹을 것을 총칭한다. 아이를 사랑한다면 회초리를 들어 올바른 길로 나아가도록 인도하고, 아이가 잘되는 것이 싫다면 먹을 것을 많이 주라는 것이다.

人皆愛珠玉이나 我愛子孫賢이니라.

> ※ 사람들은 모두 주옥을 사랑하지만, 나는 자손의 어진 것을 사랑하느니라.

· 문장의 구조 ·

人∥皆 愛∣珠玉이나

我∥愛∣子孫賢이니라.

주어+서술어+목적어의 구성이나, 제 1구는 부사가 첨가되었고, 제 2구는 목적절이 확장되었다.

· 풀 이 ·

1) 人皆愛珠玉이나 我愛子孫賢이니라 : 사람들은 모두 주옥을 사랑하지만, 나는 자손의 어진 것을 사랑하느니라.

● 人과 我는 상대어이다. 皆는 일반적인 사람들을 범칭하였다. 사람들은 모두 珠玉을 사랑한다는 것은 아낀다는 의미를 내포하고 있으니, 물질의 풍요를 추구하는 것이다. 我愛는 我獨愛와 같은 말이니, 자신만은 자손들의 어진 마음을 사랑한다고 하였으니, 내면적인 인격을 추구하는 것이다.

省 心 篇 (上)

성심(省心)은 자신의 마음을 자세히 살피는 것이니, 명(明) 호응린(胡應麟)은 잠규(箴規), 가훈(家訓), 세범(世範), 권선(勸善) 등을 성심(省心)의 종류라고 하였다. 이 편이 《명심보감》에서 가장 문장의 단락이 많은 것도 이러한 여러 가지를 포함하여 말하였기 때문이다.

景行錄云 無瑕之玉은 可以爲國瑞요 孝弟之子는 可以爲家寶니라.

※《경행록》에 이르기를,
"흠이 없는 옥은 국서(國瑞)로 삼을 수 있고 효도하고 공경하는 자식은 가보(家寶)로 삼을 수 있느니라." 하였다.

· 문장의 구조 ·

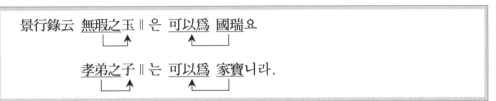

주어+서술어의 구성이다.

· 풀 이 ·

1) 無瑕之玉은 可以爲國瑞요 孝弟之子는 可以爲家寶니라 : 흠이 없는 옥은 국서(國瑞)로 삼을 수 있고 효도하고 공경하는 자식은 가보(家寶)로 삼을 수 있느니라.
   ● 無瑕之玉은 흠이나 티가 없는 완전한 옥(玉)이다. 可以爲의 可는 '할 수 있다'에 해당하는 조사이며, 以는 '無瑕之玉을 가지고'의 뜻이며, 爲는 삼다. 國瑞는 국보(國寶)와 같은 말이다. 전국시대 조(趙) 나라의 인상여(藺相如)가 화씨벽(和氏璧)을 진(秦) 나라에 가지고 갔다가 흠이 없는 완벽(完璧)으로 가지고 돌아온 데에서 유래한 듯하다. 孝弟之子는 부모에게 효도하고 어른을 공경하는 사람이다. 家寶는 그 집안의 보배를 가리킨다.

· 참 고 ·

《명심보감(明心寶鑑)》淸州本에, 無瑕之玉 可以爲國稅로 되어 있는 것은 國瑞의 잘못이므로 바로잡았다.

 景行錄云 寶貨는 用之有盡이요 忠孝는 享之無窮이니라.

※《경행록》에 이르기를,
"보화(寶貨)는 쓰게 되면 다함이 있고, 충효(忠孝)는 누린다 해도 다함이 없느니라." 하였다.

문장의 구조

景行錄云　寶貨‖는 用之有╱盡이요

忠孝‖는 享之無╱窮이니라.

주어절+서술절로 구성되어 있는데, 주어절은 대등한 단어를 나열하였고 서술절은 가정(假定)을 제시하고 결과를 나타내었다.

풀 이

1) **寶貨는 用之有盡이요 忠孝는 享之無窮이니라** : 보화(寶貨)는 쓰게 되면 다함이 있고, 충효(忠孝)는 누린다 해도 다함이 없느니라.
   - ❂ 寶貨는 忠孝와 대구(對句)를 형성하고 있으므로 보물(寶物)과 재화(財貨)를 나타낸다. 用之와 享之의 之는 대명사와 조동사의 쓰임을 함께 내포하고 있으니, '그것을 ~하게 되면'의 뜻이 된다. 用之有盡은 用之而有盡과 같고 享之無窮은 享之而無窮과 같은데, 用之而有盡의 而는 則의 의미로 쓰여서 '~하면'의 뜻이고 享之而無窮의 而는 접속사가 되어 '~하여도'의 뜻이다. 有盡과 無窮의 窮盡은 진멸(盡滅)의 뜻이다.

3 家和貧也好어니와 不義富如何오 但存一子孝니 何用子孫多리오.

※ 집안이 화목하면 가난해도 좋거니와 의롭지 않다면 부유하다 해도 무엇 하겠는가, 다만 한 자식의 효도가 있으면 될 뿐이니 자손이 많다한들 어디에 쓰겠는가.

· 문장의 구조 ·

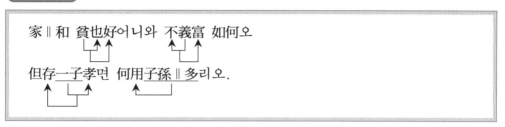

5언 절구의 형태로 이루어진 문장이다. 何와 多가 운(韻)이다.

· 풀 이 ·

1) **家和貧也好어니와 不義富如何오** : 집안이 화목하면 가난해도 좋거니와 의롭지 않
다면 부유하다 해도 무엇 하겠는가.

　❖ 家和는 집안이 화목함이다. 주어+서술어의 짜임으로 종속절이니, 則이 생략된
　　것으로 해석한다. 貧也好의 也는 술어의 뒤에 있으면서 且의 의미를 지니는
　　조사며 강조와 단정을 나타내니, '가난해도 좋다' 이다.

　❖ 不義도 조건을 나타내는 종속절이며, 역시 則이 생략된 것으로 해석하니, 의롭
　　지 않다면 이다. 富如何는 富也如何와 같은 말이므로 '부유하다 해도 무엇 하
　　겠는가.'의 뜻이다.

2) **但存一子孝면 何用子孫多리오** : 다만 한 자식의 효도가 있으면 될 뿐이니 자손이
많다한들 어디에 쓰겠는가.

　❖ 但은 한정을 나타내는 부사이니, '다만 ~할 뿐이다'의 뜻이다. 효도하는 한 자
　　식이 있으면 될 뿐이라는 뜻으로 한정한다. 何用은 '어디에 쓰겠는가.', '무슨
　　소용인가.'의 뜻이다.

④ 父不憂心因子孝요 夫無煩惱是妻賢이라 言多語失皆因酒요
義斷親疎只爲錢이라.

> ※ 아버지가 근심하는 마음이 없는 것은 자식이 효도하기 때문이요, 남편이 번뇌하는
> 마음이 없는 것은 아내가 어질어서이다. 말이 많아 말이 잘못되는 것은 모두 술
> 때문이요, 의(義)가 끊어지고 가까운 사람이 멀어지는 것은 단지 돈 때문이니라.

· 문장의 구조 ·

父∥不憂心 因子∥孝요

夫∥無／煩惱 是妻∥賢이라

言∥多 語∥失 皆因酒요

義∥斷 親∥疎 只爲錢이라.

7언 절구의 형식으로 기구(起句)와 승구(乘句)는 종속절과 결과절을 모두 주어+서술어로 병렬하였고, 전구(轉句)와 결구(結句)는 종속절을 주어+서술어로 병렬하였다. 賢과 錢이 운(韻)이다.

· 풀 이 ·

1) **父不憂心因子孝요 夫無煩惱是妻賢이라** : 아버지가 근심이 없는 것은 자식이 효도하기 때문이요, 남편이 번뇌가 없는 것은 아내가 어질어서이다.

   ◈ 不憂心은 無憂心과 같은 의미이니, '근심하는 마음이 없다'의 뜻이다. 憂心과 煩惱가 대구(對句)가 되므로 憂心을 '근심하는 마음'으로 해석하면, 煩惱는 '번뇌하는 마음'으로 해석해야 한다. 그러나 번역은 간략을 추구하기 때문에 '근심'과, '번뇌'로 축약하여 해석해도 좋다. 父와 子, 夫와 妻가 상대로 거론하여 원인과 결과를 나타내었다. 因과 是도 같은 의미로 놓였는데, 因은 '때문이다'의 뜻이고, 是는 '~이다'의 뜻이다.

2) **言多語失皆因酒요 義斷親疎只爲錢이라** : 말이 많아 말이 잘못되는 것은 모두 술 때문이요, 의가 끊어지고 가까운 사람이 멀어지는 것은 단지 돈 때문이니라.

   ◈ 言은 자신이 하는 말이고, 語는 다른 사람과 대화하는 것이다. 자신이 쓸데없이 하는 말이 많아지고, 대화가 잘못 이루어지게 되는 것은 모두 술로 인하여 야기(惹起)된다. 義는 의리(義理)를 가리키고, 親은 친밀한 사람을 말한다. 의리가 단절되고 친밀한 사람과 소원(疎遠)하게 되는 것은 다만 돈 때문이다. 爲는 因과 같은 의미로 '때문이다'의 뜻이다.

景行錄云 旣取非常樂이어든 須防不測憂니라.

> ※ 《경행록》에 이르기를,
> "이미 심상치 아니한 즐거움을 가졌거든 모름지기 예측하지 못할 근심을 방비할 것이니라." 하였다.

· 문장의 구조 ·

景行錄云 旣取 | 非常樂이어든

須防 | 不測憂니라.

제 1구는 가정절이니, 서술어+목적어의 짜임을 이루어 조건을 나타낸다. 제 2구는 결과절이니, 역시 서술어+목적어로 구성되었으며 주절이 된다.

· 풀 이 ·

1) 旣取非常樂이어든 須防不測憂니라 : 이미 심상치 아니한 즐거움을 가졌거든 모름 지기 예측하지 못할 근심을 방비할 것이니라.

❂ 旣는 과거를 나타내는 부사이다. 非常은 '범상하지 아니한'이다. 須는 '모름지 기'의 뜻을 갖는 부사인데, 必보다는 어감이 약하니, '되도록이면 해야 한다'는 권고의 의미를 갖는 부사이다. 不測은 '예측하지 못한"의 뜻이다. 非는 명사 부정을 나타내고, 不은 동사부정이다.

6 得寵思辱하고 居安慮危니라.

> ※ 높은 지위를 얻었으면 욕됨을 생각하고, 편안하게 있을 때는 위태함을 생각할 것 이니라.

· 문장의 구조 ·

得 | 寵 思 | 辱하고

居/安 慮 | 危니라.

제 1구는 술어+목적어의 병렬관계로 종속절과 주절로 이루어졌고, 제 2구는 술어+
보어, 술어+목적어의 짜임으로 역시 조건과 결과를 나타낸다.

⟨ 풀 이 ⟩

1) 得寵思辱하고 居安慮危니라 : 높은 지위를 얻었으면 욕됨을 생각하고, 편안하게
   있을 때는 위태함을 생각할 것이니라.
   ◉ 寵은 높은 지위에 있으면서 영화를 누리는 것이다. 높은 지위에 있을 때는 그
     지위로 인하여 오게 되는 수치[辱]를 생각하여야 한다.
   ◉ 居는 處의 뜻이니, 편안한 자리에 있는 것이다. 현재 편안한 자리에 있을 때
     항상 위태로워질 경우를 대비하라는 뜻이다.

⟨ 출 전 ⟩

《서경(書經)》 周官篇에, 居寵思危하야 罔不惟畏하라.

   譯 《서경(書經)》 周官篇에,
   "높은 지위에 있으면 위태로움을 생각하여 경외(敬畏)하지 않음이 없게 하라." 하였다.

 景行錄云 榮輕辱淺이오 利重害深이니라.

> ※ 《경행록》에 이르기를,
> "영화가 가벼우면 욕(辱)됨이 얕고 이익이 무거우면 해(害)도 깊으니라." 하였다.

⟨ 문장의 구조 ⟩

```
景行錄云 榮‖輕 辱‖淺이오
          ↕       ↕
        利‖重 害‖深이니라.
```

주어+서술어 병렬 구조이다. 종속절과 주절로 이루어진 가정문이다. 원인이 있으면
그에 상응하는 결과가 따른다.

⟨ 풀 이 ⟩

1) 榮輕辱淺이오 利重害深이니라 : 영화가 가벼우면 욕됨이 얕고 이익이 무거우면 해

도 깊으니라.

◉ 榮은 꽃이 불타듯이 활짝 핀 것이니, 부귀하여 현달(顯達)한 것을 뜻한다. 辱은 치욕을 받아 명예가 손상된 것이다. 輕과 淺은 유사한 뜻이니, 부귀하여 현달하면 할수록 그로 인한 치욕도 비례한다. 利는 害와 상대 관계이며 重과 深은 유사 관계이다. 이익이 많으면 비례하여 해로움이 깊어진다.

8 景行錄云 盛名은 必有重責하고 大巧는 必有奇窮이니라.

※《경행록》에 이르기를,
"큰 명예는 반드시 중한 책임이 있게 되고 매우 교묘하면 반드시 몹시 곤궁함이 있을 것이니라." 하였다.

· 문장의 구조 ·

景行錄云 盛名‖은 必有／重責하고

大巧‖는 必有／奇窮이니라.

주어＋서술어＋보어의 구성으로 이루어졌다.

· 풀 이 ·

1) 盛名은 必有重責하고 大巧는 必有奇窮이니라 : 큰 명예는 반드시 중한 책임이 있게 되고 매우 교묘하면 반드시 몹시 곤궁함이 있을 것이니라.

◉ 盛名은 매우 성대하게 드러난 명예를 뜻한다. 必有는 가정격으로, '반드시 있게 된다.'이다. 重責은 무거운 책임이다. 大巧는 매우 교묘한 술수를 부리는 것이다. 奇窮은 몹시 곤궁하게 됨이다.

9 景行錄云 甚愛必甚費요 甚譽必甚毀요 甚喜必甚憂요 甚贓必甚亡이라.

※《경행록》에 이르기를,
"매우 아끼면 반드시 매우 허비하게 되고 심한 칭찬을 받으면 반드시 심한 비방을 받을 것이요. 매우 기뻐하면 반드시 매우 근심하게 되고 심하게 뇌물을 받게 되면 반드시 심하게 잃어버리게 되느니라." 하였다.

문장의 구조

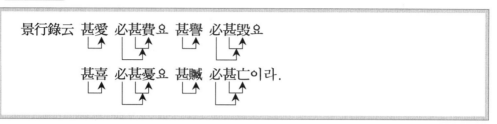

必의 앞이 종속절이니 가정을 나타내고, 必의 뒤는 주절이니 결과를 나타낸다.

풀 이

1) 甚愛必甚費요 甚譽必甚毁요 : 매우 아끼면 반드시 매우 허비하게 되고 심한 칭찬을 받으면 반드시 심한 비방을 받을 것이요.
   ❸ 甚은 정도에 지나친 것을 뜻하는 부사이다. 必은 꼭 그렇게 됨을 나타내는 부사이다. 愛는 아끼는 것이니, 정도에 지나치게 아끼면 도리어 크게 허비하게 된다. 譽는 칭찬이다. 다른 사람이 자신에게 정도에 지나친 칭찬을 하였다면 후에 형편이 바뀌게 될 경우에 그는 반드시 심한 비방을 할 것이다.

2) 甚喜必甚憂요 甚贓必甚亡이라 : 매우 기뻐하면 반드시 매우 근심하게 되고 심하게 뇌물을 받게 되면 반드시 심하게 잃어버리느니라.
   ❸ 喜는 기뻐함이니, 지나치게 기쁜 일이 일이 있으면 뒤에 상황이 변하여 그 일이 도리어 많은 근심을 초래하게 된다. 贓은 뇌물을 받는 것이니, 지나치게 뇌물을 받게 되면 그로 인하여 현재 지니고 있는 것까지 모두 잃어버리게 된다.

고 증

贓 자가 《명심보감》 淸州本은 賍으로 되어 있으니 贓의 속자(俗字)이고, 抄略本은 贓으로 되어 있다. 전통문화연구회에서 간행한 《명심보감》은 藏으로 되어 있는데, 《도덕경》을 참고하면 藏이 더 타당한 듯도 하다.

참 고

《도덕경(道德經)》 44장에, 甚愛必大費요 多藏必厚亡이라.

🈚 《도덕경(道德經)》 44장에,
"매우 아끼면 반드시 크게 허비하게 되고, 많이 갈무리하면 반드시 많이 없어지게 된다." 하였다.

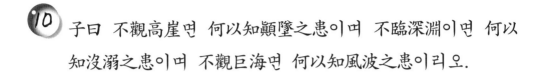

※ 공자가 말씀하시기를,
"높은 낭떠러지를 보지 않았으면 어떻게 굴러 떨어지는 근심을 알 것이며, 깊은 못을 굽어보지 않았으면 어떻게 물에 빠져 죽는 근심을 알 것이며 큰 바다를 보지 않았으면 어떻게 풍파가 일어나는 근심을 알겠는가." 하였다.

〔문장의 구조〕

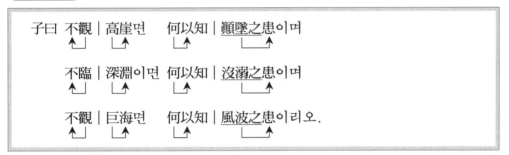

　서술어+목적어의 짜임으로 가정절을 구성하고 서술어+목적어의 확장 구조로 결과절을 구성한 가정문이다.

〔풀　이〕

1) 子曰 不觀高崖면 何以知顚墜之患이며 : 높은 낭떠러지를 보지 않았으면 어떻게 굴러 떨어지는 근심을 알 것이며,
　● 觀은 자세히 보는 것이니, 視보다 세밀하게 살펴보는 것이다. 高崖는 수식관계의 짜임이니, 높은 낭떠러지이다. 不觀高崖는 서술어+목적어로 종속절을 구성하여 조건을 나타내었다. 何以는 '어떻게', '무엇을 바탕으로'의 뜻이니, 以何와 뜻이 다르다. 顚墜之患은 굴러 떨어져 죽거나 다치는 환란이다.

2) 不臨深淵이면 何以知沒溺之患이며 : 깊은 못을 굽어보지 않았으면 어떻게 물에 빠져 죽는 근심을 알 것이며
　● 深淵은 전통문화연구회 《명심보감》本에는 深泉으로 되어 있는데, 같은 의미이다. 淵은 깊은 못을 뜻하고 泉은 땅 속 깊은 곳에서 나오는 샘을 가리키는데, 의미는 深淵이 더 타당한 듯하다. 沒溺은 물에 빠져 죽는 것을 말한다.

3) 不觀巨海면 何以知風波之患이리오 : 큰 바다를 보지 않았으면 어떻게 풍파가 일어
나는 근심을 알겠는가.

　◉ 巨海는 大洋과 같은 의미로 쓰였으며 巨가 海를 수식한다. 風波는 풍파가 일
　　어나서 배가 전복되는 일을 축약하여 표현하였다.

· 출 전 ·

《공자가어(孔子家語)》 困誓篇.《설원(說苑)》 臣術篇.

11 荀子云, 不登高山이면 不知天之高也며 不臨深谿면 不知
地之厚也며 不聞先王之遺言이면 不知學問之大也니라.

> ※《순자(荀子)》에 이르기를,
> "높은 산을 오르지 않으면 하늘의 높음을 알지 못하고 깊은 계곡을 굽어
> 보지 않으면 땅의 두터움을 알지 못하며 선왕(先王)의 남긴 말을 깨우치
> 지 못하면 학문의 위대함을 알지 못하느니라." 하였다.

· 문장의 구조 ·

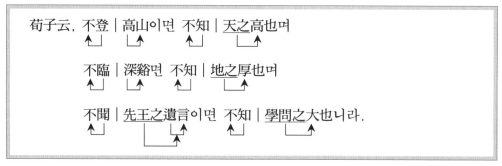

가정문인데, 則이 생략되었으므로 구결을 '～면'을 붙여 가정을 나타내었다.

· 풀 이 ·

1) 荀子曰 : 순자(荀子)가 말하기를,

　◉ 荀子 : 순자(荀子 : B.C313~B.C238)의 성은 순(荀), 이름은 황(況)이다. 조(趙) 나
　　라 사람으로 당시 사람들이 존숭하여 순경(荀卿)혹은 손경자(孫卿子) 등으로
　　일컬었다. 《사기(史記)》에 전하는 그의 전기는 정확성이 없으나, 대체로 제
　　(齊) 나라에 유학(遊學)하고, 진(秦)나라와 조(趙) 나라에 유세(遊說)하였다. 저

서(著書)로 《순자(荀子)》 20권이 있다.

2) **不登高山이면 不知天之高也며 不臨深谿면 不知地之厚也며** : 높은 산을 오르지 않
   으면 하늘의 높음을 알지 못하고 깊은 내를 굽어보지 않으면 땅의 두터움을 알지
   못하며
   ❀ 不登高山은 가정문에서 종속절에 해당하며 조건을 나타내니, '높은 산에 올라
   가서 보지 않는다면'이다. 不知는 알지 못하게 된다. 天之高의 之는 수식관계
   를 나타내는 조사이므로 '~는 의'의 토씨를 붙이니, 하늘의 높음이다. 不臨은
   위에서 아래를 굽어보는 것이다. 深谿의 谿는 냇물을 가리키기도 하나, 대부분
   깊은 계곡을 뜻하는 글자이다. 地之厚는 땅의 두터움이다.

3) **不聞先王之遺言이면 不知學問之大也니라** : 선왕(先王)의 남긴 말을 깨우치지 못하
   면 학문의 위대함을 알지 못한다.
   ❀ 不聞의 일반적인 해석은 '듣지 못하다.'이나, 이 문장에서는 '깨우치지 못하다.'
   이다. 先王之遺言의 先王은 옛날 三王 五帝와 같은 성군(聖君)을 뜻하니, 그들
   이 남겨놓은 금언(金言)이나 경구(警句)를 가리킨다. 學問之大는 학문의 위대한
   이치를 뜻한다.

· 출 전 ·

《순자(荀子)》 勸學篇

12 素書云 推古驗今이면 所以不惑이니라.

> ※ 《소서(素書)》에 이르기를,
> "옛날을 미루어 지금에 증험하면 미혹(迷惑)하지 않는 방법이 되느니라."
> 하였다.

· 문장의 구조 ·

素書云 推 | 古 驗 | 今이면

　　　　所以不惑이니라.

가정문이니, 則이 생략되어 있다.

· 풀 이 ·

1) 推古驗今이면 所以不惑이니라 : 옛날을 미루어 지금에 증험하면 미혹(迷惑)하지 않
   는 방법이 되느니라.

   ❂ 推古驗今은 옛날의 득실(得失)을 상고하여 지금 생활에 반추하여 증빙하는 것이
      다. 所以는 이유, 까닭, 방법을 뜻한다. 不惑은 어느 것이 옳고 그르며 잘하
      고 잘못하는 지를 분간(分揀)하지 못하는 것이다.

13 欲知未來인대 先察已然이니라.

※ 미래의 일을 알고자 하거든 먼저 지나간 일을 살펴볼 것이니라.

· 문장의 구조 ·

欲知 | 未來인대
　↑___|

先察 | 已然이니라.
　|___↑

서술어+목적어 확장 구조로 구성된 가정문이다. 欲知未來가 조건을 나타내는 종속절
이며 先察已然이 결과를 뜻하는 주절이다.

· 풀 이 ·

1) 欲知未來인대 先察已然이니라 : 미래의 일을 알고자 하거든 먼저 지나간 일을 살
   펴보라.

   ❂ 欲은 '하고자 하다', '바라다', '기대하다'의 뜻을 갖는 서술어이다. 未來는 將
      來와 같은 뜻으로 미래에 일어날 일을 가리킨다. 已然은 將然과 같은 뜻이니,
      이미 이루어진 사실이나 일을 뜻한다. 察은 觀보다 더욱 자세하게 살펴본다는
      뜻이다.

· 고 증 ·

《명심보감》淸州本은, 已然이 已往으로 되어 있다.

子曰 明鏡은 所以察形이오 往古는 所以知今이니라.

※ 공자가 말씀하시기를,
"밝은 거울은 형체를 살펴보는 방법이 되고, 지나간 일은 지금을 알 수 있는 방법이 되느니라." 하였다.

· 문장의 구조 ·

子曰 明鏡‖은 所以 察 | 形이오
   └↑ ↑

往古‖는 所以 知 | 今이니라.
 └↑ ↑

주어+서술어+목적어의 관계이다. 所以가 서술어의 앞에 놓여 있으면 이유, 까닭, 방법의 뜻을 지닌다.

· 풀 이 ·

1) 明鏡은 所以察形이오 往古는 所以知今이니라 : 밝은 거울은 형체를 살펴보는 방법이 되고, 지나간 일은 지금을 알 수 있는 방법이 되느니라.
   ◈ 明鏡은 때가 끼지 않은 거울이니, 피조물을 있는 그대로 비추어 준다. 형체의 미추(美醜)에 대해 조감(照鑑)하려면 거울을 비춰보면 안다. 往古는 往古之事이니, 지나간 옛일의 득실(得失)은 현세에 일어나는 일에 대한 득실을 비춰보는 거울이 된다.

· 출 전 ·

《설원(說苑)》 尊賢篇

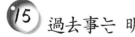 過去事는 明如鏡이오 未來事는 暗似漆이니라.

※ 지나간 일은 밝기가 거울과 같고 미래의 일은 어둡기가 칠흑과 같으니라.

過去事‖는 明如／鏡이요

未來事‖는 暗似／漆이니라 .

주어+서술어의 구성으로 이루어진 확장 구조의 문장이다.

· 풀 이 ·

1) 過去事는 明如鏡이요 : 지나간 일은 밝기가 거울과 같고

❂ 過去事는 過去之事와 같은 말이니, 과거에 일어난 일을 가리킨다. 如는 비교에 쓰이는 조사이니, 明如鏡은 '밝기가 거울과 같다'이고, 如明鏡은 '밝은 거울과 같다'의 뜻이다.

2) 未來事는 暗似漆이니라 : 미래의 일은 어둡기가 칠흑과 같으니라.

❂ 未來事는 未來之事와 같은 말이니, 미래에 일어날 일을 말한다. 似는 如와 같은 의미로 쓰인 조사이다. 漆은 옻칠을 하면 검게 되니, 매우 어두워 알 수 없는 미래를 표기하는 말이다.

16 景行錄云 明朝之事를 薄暮에 不可必이요 薄暮之事를 晡 時에 不可必이니라.

※《경행록(景行錄)》에 이르기를,
"내일 아침의 일을 저물녘에 기필(期必)할 수 없고, 저물녘의 일을 신시(申時) 쯤에 기필할 수 없느니라." 하였다.

· 문장의 구조 ·

景行錄云 明朝之事를 薄暮에 不可必이요

薄暮之事를 晡時에 不可必이니라.

평서문으로 목적+서술어의 조합으로 구성되었다.

· 풀 이 ·

1) 明朝之事를 薄暮에 不可必이요 : 내일 아침의 일을 저물녘에 기필(期必)할 수 없고,

　❂ 明朝는 내일 아침[明日之朝]을 줄여서 말하였으니, 내일 아침에 일어날 일에 대한 표현이다. 薄暮는 해가 지고 아직 사방을 분간 할 수 있을 정도의 저녁 때이다. 不可는 '할 수 없다'이다. 必은 서술어로 '기필하다'이니, 반드시 그렇게 될 것이라고 기약하는 것이다.

2) 薄暮之事를 晡時에 不可必이니라 : 저물녘의 일을 신시(申時) 쯤에 기필할 수 없느니라.

　❂ 薄暮는 어슴프레한 저녁이니, 해가 지고 아직 사물을 식별할 수 있는 무렵을 뜻한다. 晡時(오후 15시~17시)에 오늘 저물녘에 일어날 일이 어떻게 된다고 장담할 수는 없다. 미래의 일은 잠시 뒤일지라도 기필할 수 없다는 말이다.

17 天有不測風雨하고 人有朝夕禍福이니라.

※ 하늘은 예측하지 못하는 비와 바람이 있고, 사람은 잠깐 사이라도 화(禍)와 복(福)이 있느니라.

·문장의 구조·

天‖有／不測 風雨하고

人‖有／朝夕 禍福이니라.

주어＋서술어＋보어의 구성으로 이루어진 문장이다.

· 풀 이 ·

1) 天有不測風雨하고 人有朝夕禍福이니라. : 하늘은 예측하지 못하는 비와 바람이 있고, 사람은 잠깐 사이라도 화(禍)와 복(福)이 있느니라.

　❂ 天과 人을 대비하여 설명하였다. 有의 뒤는 보어가 되며 토씨는 '~이', '~가'를 붙인다. 不測은 예측하지 못함이니, 자연의 변화는 인간이 좌지우지할 수 있는 것이 아니기 때문이다.

　❂ 朝夕은 風雨와 대구이므로 아침과 저녁이라고 할 수 있겠으나, 終身의 상대 개념으로 쓰인 것이므로 '짧은 시간'을 나타내는 말이다.

・ 고 증 ・

《명심보감》淸州本에, 天有不測風雲하고 人有朝夕禍福이니라.

🈂️ 《명심보감》淸州本에,

"하늘은 예측하지 못하는 바람과 구름이 있고, 사람은 잠깐 사이라도 화와 복이 있느니라." 하였다.

⑱ 未歸三尺土하얀 難保百年身이요 已歸三尺土하얀 難保百年墳이니라.

> ※ 아직 석 자의 흙 속으로 돌아가지 아니하고서는 백년의 몸을 보전하기 어렵고 이미 석 자의 흙 속으로 돌아가서는 백 년 동안 무덤을 보전하기 어려울 것이니라.

・문장의 구조 ・

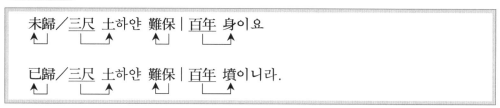

종속절은 서술어+보어로 구성되었고 주절은 서술어+목적어로 구성된 가정문이다.

・ 풀 이 ・

1) 未歸三尺土하얀 難保百年身이요 : 아직 석 자의 흙 속으로 돌아가지 아니하고서는 백년의 몸을 보전하기 어렵고
   ● 未는 '아직 ~하지 못하다'의 뜻으로 미래사(未來詞)이다. 三尺土는 三尺之土中이니, 지표(地表)에서 무덤 속에 시신이 들어가는 광중(壙中)까지의 깊이가 석 자이다. 未歸三尺土는 살아있는 세상을 가리킨다. 難保百年身은 백 년 동안 자신의 몸을 보존하기 어렵다는 것이니, 태어난 수명대로 온전하게 한평생을 살기 어렵다는 말이다.

2) 已歸三尺土하얀 難保百年墳이니라. : 이미 석 자의 흙 속으로 돌아가서는 백 년 동안 무덤을 보전하기 어려울 것이니라.
   ● 已는 未의 상대 개념으로 '이미 ~하였다'의 뜻이니 과거사(過去詞)이다. 已歸

三尺土는 죽은 뒤를 가리키니, 백 년 동안 무덤을 그대로 보전하는 것은 자손이 그만큼 효성이 깊어야 하고, 죽은 뒤에 죄의 처벌을 받지 않아야 가능한 일이다.

19 老子曰 上士 聞道면 勤而行之하고 中士 聞道면 若存若亡하고 下士 聞道면 大笑之하나니 不笑면 不足以爲道니라.

※ 노자(老子)가 말하기를,
"상등의 사람은 도를 들으면 노력해서 실천하려고 하고, 중등의 사람은 도를 들으면 가슴에 담아두기도 하며 없기도 하고 하등의 사람은 도를 들으면 크게 비웃게 되니, 하등의 사람에게 비웃음을 당하지 않는다면 도라고 말할 수 없느니라." 하였다.

· 문장의 구조 ·

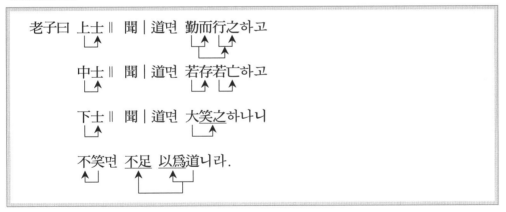

가정형의 문장이다.

· 풀 이 ·

1) 上士 聞道면 勤而行之하고 : 상등의 사람은 도를 들으면 노력해서 실천하려고 하고,
   ◉ 上士는 매우 뛰어난 자질을 갖고 있는 사람을 가리키니, 士를 선비라고 단정하기는 어렵다. 聞道는 도(道)에 대한 의의(意義)를 듣는 것이다. 勤而行之의 之는 行을 수식하여 조동사가 되니, 노력해서 실천하려고 함이다.

2) 中士 聞道면 若存若亡하고 : 중등의 사람은 도를 들으면 가슴에 담아두기도 하며 없기도 하고
   ◉ 中士는 중간의 재질(才質)을 가진 사람이다. 若存若亡의 若은 가정격의 조사이

므로, 어떤 사항은 가슴에 담아두기도 하며 어떤 사항은 담아두는 것이 없는 사람이다.

3) **下士 聞道면 大笑之하나니** : 하등의 사람은 도를 들으면 크게 비웃게 되니,

❀ 下士는 매우 자질이 떨어지는 사람이므로, 매우 어리석은 사람인 下愚와 같은 말이다. 大笑之는 크게 도를 비웃게 되는 것이다.

4) **不笑면 不足以爲道니라** : 하등의 선비에게 비웃음을 당하지 않으면 도라고 말할 수 없느니라.

❀ 不笑는 하등의 사람에게 도가 아니라는 비판을 받고 비웃음을 받지 않는것을 가리킨다. 不足以爲道는 '그것을 도라고 말할 수 없다'는 것이다.

· **출 전** ·

《노자(老子)》 41장(章)

20 子曰 朝聞道면 夕死라도 可矣니라.

※ 공자가 말씀하시기를,

"아침에 도를 깨우쳤다면 저녁에 죽을지라도 괜찮을 것이니라." 하였다.

· **문장의 구조** ·

子曰 朝聞 | 道면 夕死라도 可矣니라.

· **풀 이** ·

1) **朝聞道면 夕死라도 可矣니라** : 아침에 도를 깨우쳤다면 저녁에 죽을지라도 괜찮을 것이니라.

❀ 朝夕은 도를 깨우치는 시기(時期)를 심하게 표현한 말이지 아침과 저녁의 때를 지칭한 것은 아니다. 聞道의 道는 사물의 당연한 이치를 뜻하니, 사물의 당연한 이치에 대하여 깨우쳐 터득하는 것이다. 夕死는 가정(假定)한 말이니, '저녁에 죽을지라도'이다. 可矣는 '괜찮다'는 의미를 지닌다.

· 출 전 ·

《논어(論語)》里仁篇

21 景行錄云 木有所養이면 則根本固而枝葉茂하야 棟樑之材
成하고 水有所養이면 則泉源壯而流派長하야 灌漑之利博
하고 人有所養이면 則志氣大而識見明하야 忠義之士出이
니 可不養哉아.

※《경행록》에 이르기를,
"나무가 양성하는 것이 있으면 뿌리가 튼튼해져서 가지와 잎이 무성하여
동량의 재목이 되고, 물이 양성하는 것이 있으면 샘물이 세차게 솟아서 물
줄기가 길어 관개(灌漑)의 이익이 넓게 되고, 사람이 양성하는 것이 있으
면 지기(志氣)가 커져서 식견이 밝아 충의의 인사(人士)가 나올 것이니,
양성하지 않을 수 있겠는가." 하였다.

· 문장의 구조 ·

景行錄云 木∥有／所養이면 則根本∥固而枝葉∥茂하야 棟樑之材∥成하고

水∥有／所養이면 則泉源∥壯而流派∥長하야 灌漑之利∥博하고

人∥有／所養이면 則志氣∥大而識見∥明하야 忠義之士∥出이니

可不養哉아.

則의 앞이 종속절이며 조건을 나타내고 則의 뒤는 주절이 되어 결과를 나타낸다.

· 풀 이 ·

1) 景行錄云 木有所養이면 則根本固而枝葉茂하야 棟樑之材成하고 : 나무가 양성하는
것이 있으면 뿌리가 튼튼해져서 가지와 잎이 무성하여 동량의 재목이 되고,

- 養은 생물의 생리(生理)대로 길러주고 배양하는 것을 포괄하는 말이다. 나무를 양성하는 것은 나무가 잘 자라도록 물과 거름으로 토질을 배식(培植)하는 것이다. 根本은 뿌리이며 固는 단단해져서 튼튼하게 된 것이다. 가지와 잎이 무성하면 영양분을 충분히 흡수하여 큰 재목으로 성장하므로 기둥이나 들보감으로 자란다. 成은 '되다'의 뜻이다.

2) 水有所養이면 則泉源壯而流派長하야 灌漑之利博하고 : 물이 양성하는 것이 있으면 샘물이 세차게 솟아서 물줄기가 길어 관개(灌漑)의 이익이 넓게 되고,

- 물을 양성하는 것은 샘물이 잘 솟도록 물줄기를 터주고 생활에 이용할 수 있도록 저수(貯水)하는 것이다. 泉源은 솟아나는 샘물이다. 壯은 세차게 솟구치는 모습이다. 流派長은 흘러 내려가는 물줄기가 멀리까지 뻗어가는 것이다. 그렇게 되면 灌漑의 이로움이 넓은 곳까지 파급되게 된다.

3) 人有所養이면 則志氣大而識見明하야 忠義之士出이니 : 사람이 양성하는 것이 있으면 지기(志氣)가 커져서 식견이 밝아 충의의 인사(人士)가 나올 것이니,

- 사람을 양성하는 것은 잘 훈도(薰陶)하는 것이니, 《맹자(孟子)》 離婁篇에, "중정한 사람이 중정하지 못한 사람을 가르치고 재능이 있는 사람이 재능이 없는 사람을 가르친다[中也養不中 才也養不才]" 하였다. 志氣는 혈기(血氣)와 상대개념이니, 목표를 향해 매진하는 기개를 가리킨다. 志氣가 크면 식견도 밝아져서 忠義가 무엇인지 확실하게 알므로 충의를 지닌 사람이 나오게 되는 것이다. 士는 사람을 뜻한다. 당(唐) 유우석(劉禹錫)의 시에, "소년은 지기를 자부하여 도를 믿고 시속(時俗)을 따르지 않는다.[少年負志氣 信道不從時]" 하였다.

4) 可不養哉아. : 양성하지 않을 수 있겠는가.

- 可은 '~ 하지 않을 수 있다'의 뜻이며, 不可는 '~ 할 수 없다'로 부분 부정이다. 哉는 미정 추측에 쓰는 조사이니, 可不~哉가 되면 '~하지 않을 수 있겠는가'의 뜻이 되어 반문하는 문장이 된다. 모든 만물은 저마다의 성(性)을 지니고 그에 따른 생리(生理)를 지니고 있으므로 순리(順理)대로 양성하면 그 결과가 광대해진다.

22 直言訣曰 鏡以照面하고 智以照心이니, 鏡明則塵埃不往하고 智明則邪惡不生이니라. 人之無道也는 如車無輪하여 不可駕也니 人而無道하면 不可行也니라.

※《직언결(直言訣)》에 말하기를,
"거울은 얼굴을 비추고 지혜는 마음을 비추니, 거울이 밝으면 먼지가 가지 않고 지혜가 밝으면 사악(邪惡)함이 일어나지 않느니라. 사람이 도(道)가 없는 것은 수레가 바퀴가 없는 것과 같아서 멍에를 메울 수 없으니, 사람으로 도가 없으면 행세(行世)할 수 없느니라." 하였다.

· 문장의 구조 ·

直言訣曰 鏡∥以照∣面하고 智∥以照∣心이니,

鏡∥明則塵埃∥不往하고 智∥明則邪惡∥不生이니라.

人之 無／道也는 如／車無／輪하여 不可∣駕也니

人而無／道하면 不可行也니라.

· 풀 이 ·

1) 直言訣曰 : 《직언결(直言訣)》에 말하기를,
   ● 直言訣 : 책이름. 어느 때 저술된 책인지 자세하지 않다.

2) 鏡以照面하고 智以照心이니, 鏡明則塵埃不往하고 智明則邪惡不生이니라. : 거울은 얼굴을 비추고 지혜는 마음을 비추니, 거울이 밝으면 먼지가 가지 않고 지혜가 밝으면 사악(邪惡)함이 일어나지 않느니라.
   ● 鏡以照面의 鏡은 주어로써 '거울'을 뜻하고, 以는 거울을 가리킨다. 以照面은 거울을 가지고 얼굴을 비추다. 智以照心의 뜻은 '지혜는 마음을 비추다.'이니, 문법은 鏡以照面과 같다. 鏡明은 가정문에서 조건에 해당하니, '거울이 밝으면'이다. 塵埃不往은 '먼지가 달라붙지 못한다.'의 뜻이다. 智明은 '사람이 지혜가 밝으면'이다. 邪惡不生은 바르지 못하고 나쁜 일이 일어나지 않는다.

3) 人之無道也는 如車無輪하니 不可駕也니 人而無道하면 不可行也니라. : 사람이 도(道)가 없는 것은 수레가 바퀴가 없는 것과 같아서 멍에를 메울 수 없으니, 사람으로 도가 없으면 행세(行世)할 수 없느니라.
   ● 人之無道也의 之는 주격조사이니, '~이(가)'에 해당하니, '사람이 도가 없는 것은'이다. 如는 '~과 같다.'이니, 車無輪에 붙여서 '수레가 바퀴가 없는 것과 같

다.' 不可駕의 駕는 수레를 소나 말에게 멍에를 씌우는 것이니, 멍에를 씌우지 않은 수레와 같다는 뜻이다. 人而無道는 명사+而의 구성이 되면 순접(順接)이 되니, '사람으로서 도가 없다면'이다. 不可行은 행세(行世)할 수 없다.

23 景行錄云 自信者는 人亦信之하나니 吳越이 皆兄弟요 自疑者는 人亦疑之하나니 身外皆敵國이니라.

> ※《경행록》에 이르기를,
> "자신(自信)하는 사람은 다른 사람도 그를 믿게 되니 오월(吳越) 같은 적국이라도 모두 형제가 되고, 자신하지 못하는 사람은 다른 사람도 그를 의심하게 되니, 자신 이외는 모두 적국(敵國)이 되느니라." 하였다.

· 문장의 구조 ·

景行錄云 自信者‖는 人亦信之하나니 吳越‖皆兄弟요

自疑者‖는 人亦疑之하나니 身外‖皆敵國이니라.

주어+서술어의 확장 구조로 뒤에 제 1구는 전거를 제시하고 제 2구는 결론을 나타내었다.

· 풀 이 ·

1) 自信者는 人亦信之하나니 吳越이 皆兄弟요 : 자신하는 사람은 다른 사람도 그를 믿게 되니 오월(吳越) 같은 적국이라도 모두 형제가 되고,

● 自信者는 自信之人과 같은 말인데, 목적어+서술어의 구성이므로 '자신을 믿는 사람'의 뜻이니, 자신이 어떠한 일을 이룰 것임을 믿는 사람이다. 人은 自의 상대어로 '다른 사람'을 뜻한다. 亦은 토씨를 '도'라고 붙이면 해석이 된다. 信之의 之는 조동사와 대명사의 성격을 함께 내포하고 있으므로 '그를 믿게 되다'로 해석한다.

● 吳越은 吳와 越처럼 적대관계에 있는 것을 지칭한다. 오왕 부차(夫差)와 월왕 구천(勾踐)이 승패를 되풀이하며 치열하게 싸웠으므로 서로를 믿지 못하는 적국(敵國)을 오월(吳越)이라고 한다. 자신하는 사람은 적대하는 관계에 있는 사

람도 모두 형제처럼 믿게 된다.

2) 自疑者는 人亦疑之하나니 身外皆敵國이니라. : 자신하지 못하는 사람은 다른 사람
   도 그를 의심하게 되니, 자신 이외는 모두 적국(敵國)이 되느니라.

   ❂ 自疑者는 일에 대하여 자신(自信)하지 못하고 의심하는 사람이니, 자신하는 믿음
     이 상실되었기 때문에 마침내 다른 사람도 목표를 이룰 지에 대해 의구심을 갖
     게 된다. 그러므로 자신을 제외한 모든 사람이 적국(敵國)처럼 믿지 않게 된다.

· 참 고 ·

《명심보감》 통행본에, '景行錄云'이 탈루되어 있다.

 素書云 自疑는 不信人하고 自信은 不疑人이니라.

※《소서(素書)》에 이르기를,
"스스로를 의심하는 사람은 남을 믿지 못하고 스스로를 믿는 사람은 남을
의심하지 않느니라." 하였다.

· 문장의 구조 ·

素書云 自疑∥는 不信┃人하고

自信∥은 不疑┃人이니라

주어＋서술어＋목적어의 구성이다.

· 풀 이 ·

1) 自疑는 不信人하고 自信은 不疑人이니라 : 스스로를 의심하는 사람은 남을 믿지
   못하고 스스로를 믿는 사람은 남을 의심하지 않느니라.

   ❂ 自疑는 스스로를 믿지 못하고 의구심을 갖는 사람이다. 不信人은 다른 사람을
     믿지 못하는 것이다. 自信은 자신이 충분히 감당할 수 있다고 자부하는 사람
     이다. 不疑人은 다른 사람의 능력에 대해 의심하지 않는 것이다.

25 疑人莫用하고 用人勿疑니라.

※ 사람을 의심하였으면 등용하지 말고 사람을 등용하였으면 의심하지 말라.

·문장의 구조·

疑 | 人 莫用하고
　　↑⌐┘

用 | 人 勿疑니라.
　　↑⌐┘

서술어+목적어로 구성된 가정문이다.

·풀　이·

1) 疑人莫用하고 用人勿疑니라. : 사람을 의심하였으면 등용하지 말고 사람을 등용하였으면 의심하지 말라.

　❀ 疑人은 술어+목적어의 짜임이므로 토씨는 '을'을 붙이며 우리말과 어순이 반대이다. 疑人則莫用과 같은 문장이니 則이 생략되었다. 用은 등용함을 말한다. 의심이 드는 사람이면 처음부터 등용하지 말고, 이미 등용하였다면 의심하지 않아야 한다. 莫과 勿은 모두 금지사로 '~하지 말라'로 해석한다.

26 家語云 安不可忘危하고 治不可忘亂이니라.

※《가어(家語)》에 이르기를,
"편안할 때는 위태로운 때를 잊어서는 안 되고, 치세(治世)에는 난세(亂世)를 잊어서는 안 되느니라." 하였다.

·문장의 구조·

家語云 安 ∥ 不可 忘 | 危하고
　　　　　　↑⌐┘

　　　　治 ∥ 不可 忘 | 亂이니라.
　　　　　　　↑⌐┘

· 풀 이 ·

1) 家語云 : 《가어(家語)》에 이르기를,

❀ 家語 : 《공자가어(孔子家語)》를 가리킨다.

2) 安不可忘危하고 治不可忘亂이니라. : 편안할 때는 위태로운 때를 잊어서는 안 되고, 치세(治世)에는 난세(亂世)를 잊어서는 안 되느니라.

❀ 安은 편안한 시기이다. 不可는 '안 되다'로 해석하는 것이 타당하다. 忘危는 서술어+목적어의 짜임으로, 위태로운 때를 잊다. 治는 치세(治世)이니, 태평하여 잘 다스려지는 세상이다. 不可忘亂는 난세(亂世)를 잊어서는 안 되다.

27 諷諫云 水底魚天邊雁은 高可射兮低可釣어니와 惟有人心咫尺間에 咫尺人心不可料니라.

※《풍간(諷諫)》에 이르기를,
"물 밑에 있는 물고기와 하늘 높이 떠있는 기러기는 높아도 쏘아 맞출 수 있고 낮아도 낚시질할 수 있거니와 사람의 마음은 지척 간에 있어도 지척에 있는 마음은 헤아릴 수 없느니라." 하였다.

· 문장의 구조 ·

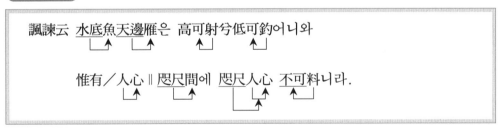

7언 절구의 형식이나 제 1구는 6언으로 되어 있다. 釣, 料가 韻이다.

· 풀 이 ·

1) 諷諫云 : 《풍간(諷諫)》에 이르기를,

❀ 諷諫 : 윗사람의 잘못을 넌지시 말씀 드리는 것을 諷諫이라고 하니, 곧이곧대로 말씀드리는 直諫과 반대이다. 이장의 諷諫은 작자(作者)가 누구인지 자세하지 않다.

2) 水底魚天邊雁은 高可射兮低可釣어니와 : 물 밑에 있는 물고기와 하늘 높이 떠있는 기러기는 높아도 쏘아 맞출 수 있고 낮아도 낚시질할 수 있거니와

❋ 水底魚의 뒤에 兮 자가 있으면 승구(乘句)와 맥락이 맞는데, 7언 시에서 6언(言)으로 기구(起句)를 구성하는 경우도 있어 생략한 듯하다. 兮는 같은 단락의 문장을 연결할 때는 문장의 중간에 있고, 감탄할 때는 문장의 말미에 붙으니 而의 뜻을 갖는다. 水底魚는 水底之魚와 같으니, 물 밑에 사는 물고기이다. 天邊雁은 天邊之雁과 같은 말이다. 天邊은 하늘 높이 있다는 말이므로 '하늘 높이 날고 있는 기러기'이다.

❋ 高는 하늘 높이 날고 있는 기러기를 가리킨다. 射는 '쏘아 맞추다'는 뜻이니, 음을 '석'으로 하는 것이 타당하다. 低는 물 밑에 있는 물고기를 가리킨다. 높고 낮은 것은 눈앞에 일어나는 형상이므로 그에 맞게 대처할 수 있음을 뜻한다.

3) 惟有人心咫尺間에 咫尺人心不可料니라 : 사람의 마음은 지척 간에 있어도 지척에 있는 마음은 헤아릴 수 없느니라.

❋ 惟는 발어사의 성격을 지닌 부사이다. 주(周) 나라 제도에, 8촌을 咫라 하고 10촌을 尺이라 하니, 매우 근접하였거나 1 자[尺]가 못되는 것을 咫尺이라고 한다. 料는 헤아림이니, 되질하는 것을 말한다. 사람의 마음은 형상이 없으므로 매우 가까운 곳에 있으나 헤아릴 수 없다.

28 畫虎畫皮難畫骨이요 知人知面不知心이니라.

※ 범을 그리는데 가죽을 그릴 수는 있어도 뼈를 그리기 어렵고, 사람을 아는데 얼굴을 알 수는 있어도 마음을 알지 못하느니라.

· 문장의 구조 ·

畫 | 虎 畫 | 皮 難畫 | 骨이요

知 | 人 知 | 面 不知 | 心이니라.

술어+목적어가 병렬로 이루어진 대구이다. 겉 다르고 속 다르다는 속담으로 더욱 친숙한 문장이다.

· 풀 이 ·

1) 畫虎畫皮難畫骨이요 知人知面不知心이니라 : 범을 그리는데 가죽을 그릴 수 있어도 뼈를 그리기 어렵고, 사람을 아는데 얼굴을 알 수 있어도 마음을 알지 못하느니라.

   ❀ 畫虎는 서술어+목적어의 구성이니, 범을 그리다. 畫皮는 可以畫皮와 같은 말이다. 皮는 겉모양을 가리키니, '겉모양을 그릴 수는 있다'는 말이다. 骨은 내면을 가리킨다. 드러난 모습을 그릴 수는 있으나, 내면을 그려서 형상하기는 어렵다.

   ❀ 知人은 사람을 알다. 知面은 可以知面과 같은 말이니, 얼굴 즉 표면을 알 수는 있다는 뜻이다. 心은 마음이니, 속에 있는 내면을 알지 못한다는 말이.

· 참 고 ·

《증광현문(增廣賢文)》에, 畫龍畫虎難畫骨이요 知人知面不知心이라.

   《증광현문(增廣賢文)》에,

   "용을 그리고 범을 그릴 수는 있어도 뼈를 그리기는 어렵고, 사람을 알고 얼굴을 알아도 마음을 알지는 못하느니라." 하였다.

29 對面共話하되 心隔千山이니라.

※ 얼굴을 마주하고 함께 대화를 하여도 마음은 많은 산들이 가로막혀 있느니라.

· 문장의 구조 ·

對 | 面 共話하되
    └─↑

心 ‖ 隔／千山이니라.
    └─↑

술어+목적어로 종속절을 구성하고 주절은 주어+서술어+보어로 이루어져 있다.

· 풀 이 ·

1) 對面共話하되 心隔千山이니라 : 얼굴을 마주하고 함께 대화를 하여도 마음은 많은

산들이 가로막혀 있느니라.

❖ 對面은 얼굴을 마주하는 것이며 共話는 함께 이야기를 주고받는 것이다. 隔은 막혀 있어서 사이가 멀어져 있는 것이다. 千山의 千은 대수(大數)이니, 많은 산을 가리키는 성어(成語)이다. 같은 자리에서 얼굴을 맞대고 이야기를 주고받을지라도 마음은 전혀 소통되지 않는 것이다.

30 杜荀鶴 詩云 大海波濤淺이요 小人方寸深이라. 海枯終見底나 人死不知心이니라.

※ 두순학(杜荀鶴)의 시(詩)에 이르기를,
"큰 바다의 파도는 차라리 얕다고 할 것이니, 하찮은 사람의 마음이 더욱 깊은 것이네. 바다는 물이 마르면 마침내 바닥이 보이지만 사람은 죽은 뒤에도 마음을 알지 못하네." 하였다.

・문장의 구조・

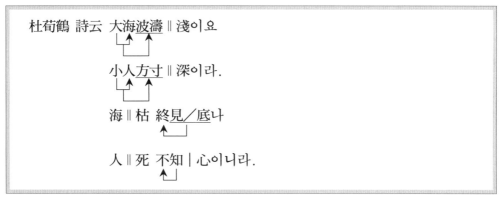

5언 절구의 시인데, 深, 心이 운(韻)이다.

・풀 이・

1) 杜荀鶴 詩云, : 두순학(杜荀鶴)의 시(詩)에 이르기를,
❖ 杜荀鶴 : 당(唐) 말기의 시인. 자는 언지(彦之), 호는 구화산인(九華山人). 두목 (杜牧)의 첩에서 태어난 아들이라고 전해지는데 어릴 때부터 시명(詩名)이 있었다. 주온(朱溫)의 천거로 한림학사(翰林學士)를 지내고 지제고(知制誥)에 올랐다. 저서에 《당풍집(唐風集)》이 있다.

2) 大海波濤淺이요 小人方寸深이라 : 큰 바다의 파도는 차라리 얕다고 할 것이니, 하찮은 사람의 마음이 더욱 깊은 것이네.

　　✿ 大海는 큰 바다이다. 大海波濤淺은 큰 바다의 파도는 당연히 깊지만 도리어 얕게 여겨진다는 말이다. 小人은 덕을 닦지 않은 사람이다. 方寸은 사람의 마음은 사방 1치 되는 공간에 있다고 하여, 마음을 표현하는 말이 되었다. 小人方寸深은 소인의 마음은 얕아서 누구나 쉽게 알 수 있다고 여기지만 도리어 헤아릴 수 없으므로 깊다고 표현하였다.

3) 海枯終見底나 人死不知心이니라 : 바다는 마르면 마침내 바닥이 보이나 사람은 죽어도 마음을 알지 못하느니라.

　　✿ 枯는 물이 마른 것이다. 終은 마침내의 뜻을 갖는 부사이다. 見은 '보이다'로 해석하는 것이 더 타당하므로 음을 '현'으로 해야 한다. 바닷물이 깊다고 하나 물이 마르면 마침내 바닥이 보이지만, 사람은 죽은 뒤에도 그 마음을 알 수 없으니 바다보다 깊은 것이다.

・ 출 전 ・

《명심보감(明心寶鑑)》에는 海枯終見底 人死不知心만 등재되어 있는데,《당시(唐詩)》에서 보충하였다.

 太公曰 凡人은 不可逆相이요 海水는 不可斗量이니라.

※ 태공이 말하기를,
"보통 사람은 미리 상(相)을 볼 수 없고 바닷물은 말질하여 수량을 헤아릴 수 없느니라." 하였다.

・문장의 구조・

太公曰 凡人 ‖은 不可 逆相이요
　　┗↑　　　　┗↑┛

　　　海水 ‖는 不可 斗量이니라.
　　　┗↑　　　┗↑┛

주어+서술어 확장 구조이다. 주술관계는 '~은　~하다'로 해석한다. 不可는 '할 수 없다'의 뜻이다.

· 풀 이 ·

1) 太公曰 凡人은 不可逆相이요 海水는 不可斗量이니라 : 보통 사람은 미리 상(相)을 볼 수 없고 바닷물은 말질하여 수량을 헤아릴 수 없느니라.

　❀ 凡人은 대구(對句)가 海水이므로 凡은 발어사가 아니라 人을 수식하는 글자로 '보통', '일반적'으로 해석한다. 逆은 '물을 거슬러 올라가다'의 뜻이므로 '미리', '앞서'의 뜻이다. 相은 사람의 모습이나 얼굴, 혹은 글자를 보고서 운명을 점치는 것이다. 보통 사람은 사람의 相을 보고 앞날을 미리 예견할 수 없다.

　❀ 斗는 동사로 '말질하다'이니, 바닷물은 작은 도량형기(度量衡器)인 말[斗]을 갖고 말질하여 그 수량을 헤아릴 수 없는 것이다.

· 참 고 ·

《증광현문(增廣賢文)》에, 凡人은 不可貌相. 海水는 不可斗量.

　🈩 《증광현문(增廣賢文)》에,

"보통 사람은 모습으로 상(相)을 볼 수 없고 바닷물은 말질하여 수량을 헤아릴 수 없다." 하였다.

㉜ 景行錄云 結怨於人을 謂之種禍요 捨善不爲를 謂之自賊이라.

※《경행록》에 이르기를,
"남에게 원망을 맺는 것을 화(禍)를 심는다고 말하고, 선(善)을 버리고 행하지 않는 것을 스스로 해친다고 말하느니라." 하였다.

· 문장의 구조 ·

景行錄云 結 | 怨於人을 謂之種 | 禍요

捨 | 善不爲를 謂之自賊이라.

서술어+목적어 관계의 확장 구조이다. 之는 지시 대명사가 되어 '그것'이라는 뜻이다.

◦ 풀 이 ◦

1) 結怨於人을 謂之種禍요 : 남에게 원망을 맺는 것을 화(禍)를 심는다고 말하고,
   ◉ 結怨은 작게는 원망을 맺는 것이며 크게는 원한을 맺는 것을 뜻한다. 於는 처소격에 쓰는 조사이니 '~에게'의 뜻이다. 謂之의 之는 結怨於人을 가리키는 지시대명사로 '그것'의 뜻이다. 種禍는 서술어+목적어의 짜임으로 '화(禍)를 심다'의 뜻이다.

2) 捨善不爲를 謂之自賊이라 : 선(善)을 버리고 행하지 않는 것을 스스로 해친다고 말하느니라.
   ◉ 捨善의 善은 착한 것뿐만 아니라 좋은 점과 잘하는 일까지 모두 포용하는 말이다. 不爲는 不行과 같은 말이니, 실천하지 않다. 自賊은 스스로를 해치다.

33 若聽一面說이면 便見相離別이니라.

※ 만약 한 쪽의 말만 들으면 바로 서로 헤어짐을 당할 것이니라.

◦ 문장의 구조 ◦

若 聽 | 一面說이면
　　└─↑

便 見 | 相離別이니라.
　　└─↑

가정사+술어+목적어로 이루어진 가정문이다. 若聽一面說이 종속절이면서 조건이 되고 便見相離別이 주절이면서 결과가 된다.

◦ 풀 이 ◦

1) 若聽一面說이면 便見相離別이니라 : 만약 한 쪽의 말만 들으면 바로 서로 헤어짐을 당할 것이니라.
   ◉ 若은 '만약'의 뜻을 갖는 가정형 부사이다. 聽은 귀를 기우려 들어주는 것이니, 聞보다 심화된 뜻이다. 一面은 '한 쪽'이다. 便見의 便은 바로이니, 시간적으로 지체함이 없는 즉시라는 뜻을 나타낸다. 見은 피동형이므로, 便見은 바로 당하게 되다. 相은 들어준 사람이나 들어주지 않은 사람을 모

두 지칭한다. 離3別은 귀를 기울여 들어준[聽] 사람과 귓전으로 들어준[聞] 사람이 서로 갈라서서 헤어지는 것이다.

34 禮義는 生於富足하고 盜賊은 起於飢寒이니라.

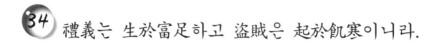

> ※ 예의(禮義)는 부유하여 풍족한 데에서 일어나고 도적(盜賊)은 굶주려 헐벗은 데에서 일어난다.

·문장의 구조·

禮義∥는 生／於富足하고

盜賊∥은 起／於飢寒이니라.

주어＋서술어＋보어의 구성이다. 於는 처소격으로 쓰인 조사이다.

· 풀 이 ·

1) 禮義는 生於富足하고 盜賊은 起於飢寒이니라 : 예의(禮義)는 부유하여 풍족한 데에서 일어나고 도적(盜賊)은 굶주려 헐벗은 데에서 일어난다.
❀ 禮義는 사람으로서 지켜야 할 예절과 도리를 뜻한다. 生於富足은 생활이 부유하여 풍족한 곳에서 생겨난다. 盜賊은 남의 것을 훔치거나 남을 해치는 행위이다. 起於飢寒은 굶주려서 헐벗어 추위에 떠는 데에서 일어나는 것이다.

35 飽煖엔 思淫慾하고 飢寒엔 發道心이니라.

> ※ 배부르고 따뜻하면 음욕(淫慾)을 생각하고 굶주리고 추우면 도심(道心)이 일어나느니라.

·문장의 구조·

飽＝煖엔 思∣淫慾하고

飢＝寒엔 發／道心이니라.

가정형의 문장으로 종속절에서 조건을 제시하고 주절에서 그 결과를 나타내었다.

◖ 풀 이 ◗

1) 飽煖엔 思淫慾하고 飢寒엔 發道心이니라. : 배부르고 따뜻하면 음욕(淫慾)을 생각하고 굶주리고 추우면 도심(道心)이 일어나느니라.

● 飽煖은 배부르게 먹고 따뜻하게 옷을 입는[飽食暖衣] 때이니, 생활이 안정되어 편안하므로 정신이 해이하여 淫慾이 일어나기 쉽다. 淫慾은 道心과 상대의 개념이다.

● 飢寒은 굶주리고 옷차림을 갖추어 입지 못해 추위에 떠는 것이니, 빈한(貧寒)한 위치에 처한 것이다. 생활이 빈한하면 마음을 더욱 부여잡아 정진하게 된다. 道心은 사람의 지각(知覺)이 내면에 뿌리를 두고 외물을 응대할 때 의리에 맞게 발로(發露)되는 것이니, 인간으로서 지녀야 할 천리이며 의리를 지칭한다.

36 子曰 君子는 喩於義하고 小人은 喩於利니라.

> ※ 공자가 말씀하시기를,
> "군자(君子)는 의(義)에 밝고 소인(小人)은 이익에 밝느니라." 하였다.

◖ 문장의 구조 ◗

子曰 君子‖는 喩／於義하고
　　　　　　　　↑⏊

小人‖은 喩／於利니라.
　　　　　↑⏊

주어＋서술어＋보어의 구성으로 군자와 소인을 상대로 거론하였다.

◖ 풀 이 ◗

1) 君子는 喩於義하고 小人은 喩於利니라 : 군자(君子)는 의(義)에 밝고 소인(小人)은 이익에 밝느니라.

● 君子는 덕을 완성한 사람이다. 喩는 굴에 구멍을 뚫어 놓듯이 밝은 것[穿穴之明]이니, 분명하게 아는 것이다. 義는 사물의 이치에 합당한 것[事物之宜]이다. 小人은 군자와 상대되는 사람이다. 利는 자신에게 이익이 되는 것을 총칭한다.

· 출 전 ·

《논어(論語)》 里仁篇

 說苑云 財者는 君子之所輕이요 死者는 小人之所畏니라.

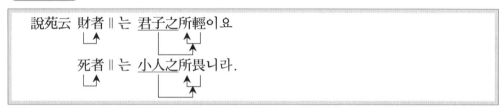

※ 《설원(說苑)》에 이르기를,
"재물은 군자가 가볍게 여기는 것이요, 죽음은 소인이 두렵게 여기는 것이
니라." 하였다.

· 문장의 구조 ·

說苑云 財者∥는 君子之所輕이요

死者∥는 小人之所畏니라.

주어+서술어 확장구조이다.

· 풀 이 ·

1) 說苑曰 : 《설원(說苑)》에 말하기를,
   ❂ 說苑 : 전한(前漢) 유향(劉向)이 편찬하였다. 군도(君道), 신술(臣術), 건목(建木),
     입절(立節), 귀덕(貴德), 등 20편(編)으로 구성되었으니, 저자의 《신서(新序)》와
     그 체제가 비슷하며, 내용도 중복된 것이 있다. 고대의 제후나 선현들의 행적
     이나 일화·우화 등을 수록하였다.

2) 財者는 君子之所輕이요 死者는 小人之所畏니라. : 재물은 군자가 가볍게 여기는
   것이요, 죽음은 소인이 두렵게 여기는 것이니라.
   ❂ 財者의 者는 물질을 가리키는 조사이니, '재물이라는 것은'이다. 君子之의 之는
     주격 조사로 쓰였으므로, '~가(이)'의 토씨를 붙이니, '군자가'이다. 所輕의 所
     는 대상을 나타내는 것이므로, '~것'의 토씨를 붙여서 '가볍게 여기는 것'이다.
     死者는 '죽음이라는 것은'이다. 小人之所畏는 소인이 두렵게 여기는 것이다.

· 출 전 ·

《설원(說苑)》 尊賢篇

疏廣曰 賢人多財면 損其志하고 愚人多財면 益其過니라.

※ 소광(疏廣)이 말하기를,
"자질이 훌륭한 사람이 재물이 많으면 그 뜻을 손상하고 자질이 어리석은 사람이 재물이 많으면 그 허물을 더하느니라." 하였다.

· 문장의 구조 ·

疏廣曰 賢人 ‖ 多／財면 損 | 其志하고
　　　　　　↳↑　　　　↳↑

　　　　愚人 ‖ 多／財면 益 | 其過니라.
　　　　　　↳↑　　　　↳↑

　가정문이므로, 則의 앞은 주어+서술어+보어의 구성으로 조건을 말하며 종속절이 되고, 則의 뒤는 서술어+목적어의 짜임으로 결과를 나타내며 주절이 된다.

· 풀 이 ·

1) 疎廣曰 : 소광(疏廣)이 말하기를,
　❂ 疏廣 : 서한(西漢) 동해 출신. 자는 중옹(仲翁) 어려서 학문을 좋아하여 맹경(孟卿)에게 《춘추(春秋)》를 배웠다. 선제(宣帝) 3년에 태자의 소부(少傅)가 되었다가 곧 태부(太傅)가 되었다. 5년을 역임한 뒤에 퇴직을 청하니 임금이 허락하며 금을 하사하였는데, 친척들과 친구들에게 모두 나누어 주었다. 자제(子弟)들이 이것을 중지할 것을 여쭈니, 소광이 장과 같은 말을 하였다.

2) 賢人多財면 損其志하고 愚人多財면 益其過니라. : 타고난 자질이 훌륭한 사람이 재물이 많으면 그 뜻을 손상하고 자질이 어리석은 사람이 재물이 많으면 허물을 더하느니라.
　❂ 賢人은 타고난 자질이 훌륭한 사람을 가리키며 愚人은 타고난 자질이 어리석은 사람을 뜻한다. 志는 추구하는 목표를 뜻하는데, 자질이 훌륭한 사람일지라도 재물이 많으면 그 재물을 믿고 목표에 매진하지 않게 된다. 자질이 못난 사람은 재물을 믿고 그 잘못을 더하게 된다. 賢人이 어진 사람이라면 재물의 유무에 관계하지 않고 매진할 것이므로 타고난 자질로 보아야 타당하다.

· 출 전 ·

《한서(漢書)》 疏廣傳에, 賢而多財則損其志 愚而多財則益其過.

譯 《한서(漢書)》 疏廣傳에,

"타고난 자질이 훌륭한데 재물이 많으면 자신의 뜻[志]를 손상하고, 타고난 자질이 어리석은데 재물이 많으면 자신의 잘못을 덧붙이게 된다." 하였다.

· 고 증 ·

1. 전통문화연구회에서 발간한 《명심보감》은 "賢而多財則損其志하고 愚而多財則益其過니라."로 되어 있다.

2. 《명심보감》 淸州本은 蘇武가 말한 것으로 잘못되어 있다.

39 老子曰 多財는 失其守眞하고 多學은 惑於所聞이니라.

※ 노자(老子)가 말하기를,

"재물이 많은 사람은 자신의 본성(本性)을 지킴을 잃게 되고 학문이 많은 사람은 알고 있는 지식에 미혹(迷惑)당하게 되느니라." 하였다.

· 문장의 구조 ·

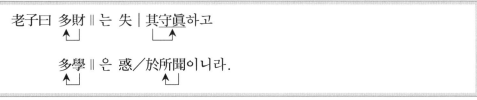
老子曰 多財‖는 失 | 其守眞하고

多學‖은 惑 / 於所聞이니라.

주어＋서술어＋목적어(보어)의 구성이다.

· 풀 이 ·

1) 多財는 失其守眞하고 多學은 惑於所聞이니라 : 재물이 많은 사람은 자신의 본성(本性)을 지킴을 잃게 되고 학문이 많은 사람은 알고 있는 지식에 미혹(迷惑)당하게 되느니라.

❂ 多財는 多財之人이니, 재물이 많은 사람이다. 失은 失之와 같으니, 잃어버리게 되다. 其는 자신을 가리키는 지시대명사이다. 守眞은 도교(道敎)에서 '진원(眞元)을 보존하고 지키는 것'을 말하니, 이 진원(眞元)은 유학(儒學)에서의 '본성(本性)'을 가리킨다.

❂ 多學은 학문이 많은 사람이다. 惑은 피동격으로 쓰인 서술어이니, 미혹(迷惑)당하게 되다. 於는 처소격(處所格)으로 쓰인 조사이니, '~에 대하여'이다. 所聞

은 알고 있는 지식을 뜻한다.

· 출 전 ·

노자(老子) 《도덕경(道德經)》

 人貧智短하고 福至心靈이니라.

※ 사람이 가난하면 지혜가 짧아지고, 복이 이르게 되면 마음이 밝아지느니라.

· 문장의 구조 ·

> 人∥貧 智∥短하고
>
> 福∥至 心∥靈이니라.

주어+서술어의 구성으로 조건절과 결과절을 이루었으니, '~은 ~하다'로 해석한다.

· 풀 이 ·

1) 人貧智短하고 福至心靈이니라. : 사람이 가난하면 지혜가 짧아지고, 복이 이르게 되면 마음이 밝아지느니라.
   - ❀ 人貧은 사람이 가난하게 사는 것이다. 가난하면 생활에 찌들어 사방을 돌아보는 여유가 없어진다. 그러므로 사물을 보는 시야가 좁아진다. 사람이 부유하면 지혜가 넓어진다[人富智長]와 상대가 되는 말이다.
   - ❀ 福은 이롭거나 길한 것[大慶之事]을 모두 포함한다. 불행이 올 때는 정신도 어두워진다[禍來神昧]와 상대가 되는 말이니, 행복이 이르게 되면 저절로 마음이 사물의 이치에 대해 밝아진다. 靈은 昧와 상대가 되니, 영명(靈明)의 뜻이다.

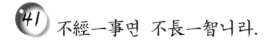 不經一事면 不長一智니라.

※ 한 가지 일을 겪지 않으면 한 가지 지혜가 생기지 않는다.

문장의 구조

```
不經 | 一事면
  ↑↘   ↘↑

不長／一智니라.
  ↑↘   ↘↑
```

則이 생략된 가정문이다. 不經一事는 조건절이며 종속절이니 서술어+목적어로 구성
되어 잇고 不長一智는 주절이면서 결과절이니, 서술어+보어의 구성이다.

풀 이

1) 不經一事면 不長一智니라. : 한 가지 일을 격지 않으면 한 가지 지혜가 생기지 않는다.
   ✿ 經은 지나감이다. 모든 일은 사리(事理)가 있으므로 한 가지 일을 겪고 나면
   어떻게 처리해야 이치에 맞는지 알 수 있어서 그에 대한 지혜가 생기는 것이
   다. 長은 생장(生長)의 뜻이니, 생겨나는 것이며 자라나는 것이다.

참 고

송(宋) 조장경(趙長卿)의 〈하신랑(賀新郎)〉사(詞)에, 經一事하면 長一智라.

   譯 송(宋) 조장경(趙長卿)의 〈하신랑(賀新郎)〉사(詞)에,
   "한 가지 일을 겪으면 한 가지 지혜가 생긴다." 하였다.

42 是非終日有라도 不聽自然無니라.

※ 시비(是非)가 종일토록 있을지라도 듣지 않으면 저절로 없어지느니라.

문장의 구조

```
是非 ‖ 終日有라도
         ↘↑

不聽 自然無니라.
 ↑↘   ↘↑
```

예시문 다음에 가정형의 문장을 이루었으니 不聽이 조건절이고 自然無가 결과 절이
다. 有와 無를 상대자로 설정하였다.

· 풀 이 ·

1) 是非終日有라도 不聽自然無니라 : 시비(是非)가 종일토록 있을지라도 듣지 않으면 저절로 없어지느니라.

❋ 是非는 옳으니 그르니 서로 종일토록 옳고 그름을 다투는 것이다. 不聽은 귀 담아 듣지 않는 것이니, 그렇게 하면 자연스럽게 없어진다.

· 출 전 ·

《증광현문(增廣賢文)》에, 是非朝朝有라도 不聽自然無니라.

譯 《증광현문(增廣賢文)》에,
"시비(是非)가 아침마다(날마다) 있을지라도 듣지 않으면 자연히 없어진다." 하였다.

 來說是非者는 便是是非人이니라.

※ 찾아와서 시비를 말하는 자가 바로 시비를 일으키는 사람이니라.

· 문장의 구조 ·

來說 | 是非者 ‖ 는

便是是非人이니라.

주어+서술어 확장 구조로 이루어진 문장이므로 '~은(이, 가) ~하다'로 해석한다.

· 풀 이 ·

1) 來說是非者는 便是是非人이니라 : 찾아와서 시비를 말하는 자가 바로 시비를 일 으키는 사람이니라.

❋ 來는 '찾아오다'의 뜻이니, 일부러 온 것이다. 說은 자신의 주장을 피력하여 말하는 것이다. 說是非者는 시비의 전말(顚末)에 대해 말하는 사람이다. 구결 이 '는'으로 되어 있으나 같은 주격 조사이면 환용(換用)이 되므로 '가'를 붙여 서 해석한다. 便是의 是는 부사에 붙는 계사(繫詞)가 되어 '바로 ~이다'의 뜻 이 된다. 只是, 都是, 卽是와 같은 단어도 같은 용법으로 쓰인 조사이다.

· 출 전 ·

《명현집(名賢集)》, 《증광현문(增廣賢文)》

44 擊壤詩云 平生에 不作皺眉事하면 世上에 應無切齒人이
라. 大名을 豈有鐫頑石가 路上行人이 口勝碑니라.

> ※《격양시(擊壤詩)》에 이르기를,
> "평소에 눈썹을 찌푸리는 일을 하지 않았다면 세상에 응당 이를 가는 사
> 람이 없을 것이니, 대명(大名)을 어찌 단단한 돌에 새길 것이 있는가. 길
> 에 다니는 사람들의 입이 비석보다 낫느니라." 하였다.

· 문장의 구조 ·

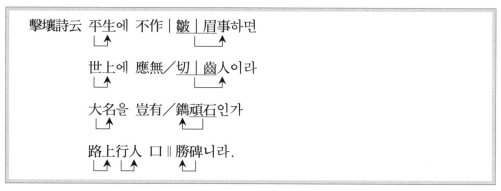

기구(起句)와 승구(乘句)의 구성이 비슷하고, 전구(轉句)에서 반어법(反語法)으로 묻고
結句에서 그 해답을 제시하였다.

· 풀 이 ·

1) 擊壤詩云 : 《격양시(擊壤詩)》에 이르기를,
   ❀ 擊壤詩 : 송(宋) 소옹(邵雍 : 1011~1077)이 지은 《이천격양집(伊川擊壤集)》에 수
   록된 시이다. 소옹의 자는 요부(堯夫). 호는 안락(安樂)이며 시호는 강절(康節)
   이다.

2) 平生에 不作皺眉事하면 世上에 應無切齒人이니 : 평소에 눈썹을 찌푸리는 일을 하
   지 않았다면 세상에 응당 이를 가는 사람이 없을 것이니,

❂ 平生은 평소(平素), 평상(平常)과 같은 의미이다. 고문(古文)에서 평생이라는 뜻
으로 쓰려면 生平이라고 쓴다. 不作의 作은 爲와 같으니, '행하지 않다'의 뜻
이다. 皺眉事는 皺眉之事와 같으니, 서술어+목적어 뒤에 오는 之는 토씨를
'는'을 붙이므로 '눈썹을 찌푸리는 일'이라 해석한다.

❂ 世上의 上은 명사 뒤에 붙는 접미사가 되어 범위나 분야를 가리키니, '~에 대
하여', '~에'라는 뜻이 된다. 예를 들면 身上·頭上·面上, 路上 등과 같은 용
법이다. 應은 當과 같은 부사이다. 切齒人도 切齒之人과 같으니, 해석하는 법
은 皺眉事와 같다. 無切齒人은 서술어+보어의 구성이므로 '이를 가는 사람이
없다'는 말이다.

3) **大名을 豈有鐫頑石인가 路上行人이 口勝碑니라.** : 대명(大名)을 어찌 단단한 돌에
새길 것이 있는가. 길에 다니는 사람들의 입이 비석보다 낫느니라.

❂ 大名은 크게 이름이 난 것을 지칭한다. 豈는 반어(反語)에 쓰는 조사이다. 鐫
은 刻과 같으니, 새기는 것이다. 頑石은 단단한 돌[堅石]을 뜻한다. 鐫頑石은
鐫於頑石과 같은 말로 '단단한 돌에 새기다'로 해석한다.

❂ 路上의 어법은 승구(乘句)의 世上과 같다. 行人은 수식관계이니, '다니는 사람
들'이다. 口勝碑는 口勝於碑와 같으니, 於는 비교를 나타내는 조사로 '~보다'의
뜻이므로, '사람들의 말이 비석에 새긴 글자보다 낫다.'이다.

〔 **고 증** 〕

1. 《이천격양집(伊川擊壤集)》 7권 <詔三下答鄕人之義>에는 단지 生平不作皺眉事 世上
應無切齒人의 구절만 있다. 또 《명심보감》 淸州本에도 이와 같이 수록되어 있고
전구(轉句)와 결구(結句)는 별도의 문장으로 되어 있다.

2. 명(明) 왕릉(王錂)의 《심친기(尋親記)》에, "유명(有名)해지려고 어찌 단단한 돌에
새길 것이 있는가. 길에 다니는 사람들의 입이 비석과 같은데.[有名豈有鐫頑石 路
上行人口似碑]"라고 되어 있다. 이 시는 더욱이 운(韻)도 맞지 않으니, 이를 미루
어 살펴보면 2편의 대구(對句)가 한 편으로 잘못 묶인 것이다.

45 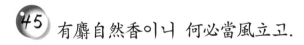 有麝自然香이니 何必當風立고.

※ 사향을 지녔으면 자연히 향기로울 것이니 어찌 바람을 마주하여 서 있을 필요가
있겠는가.

· 문장의 구조 ·

有／麝 自然香이니
└─┘↑

何必當│風立고.
└──┘↑

반어법으로 구성된 가정문이다.

· 풀　이 ·

1) 有麝自然香이니 何必當風立고 : 사향을 지녔으면 자연히 향기로울 것이니 어찌 바람을 마주하여 서 있을 필요가 있겠는가.

❂ 麝香은 높은 산지에서 사는 사향노루의 사향선을 건조시켜 얻는 분비물인데, 향낭(香囊) 속에 있으며, 생식기에 딸려 있다. 향낭은 크기가 달걀만한 피낭(皮囊)이며, 잘라서 건조시키면 강렬한 암모니아성의 냄새가 나는데, 묽게 하면 짙은 향기가 난다. 사향은 옛날부터 생약으로서 강심(强心)·흥분(興奮)·진경제(鎭痙劑)로, 또 기절하였을 때 정신이 들게 하는 약으로 내복되었다.

❂ 有麝는 술어+보어의 짜임으로 '사향이 있다'의 뜻이다. 사향을 지니고 있으면 자연히 향기가 퍼져나가게 되는 것은 근본(根本)이 있기 때문이다. 何必은 '어찌 반드시' 또는 '어찌 ~할 필요가 있는가.'의 뜻이다. 當風은 바람을 마주하고 서 있는 것이다. 근원이 있으면 자연히 향기가 멀리 퍼져 나가는 것이니, 인위적으로 바람을 맞대고 서 있을 필요가 없다는 뜻이다.

46 孟子云 得道者는 多助하고 失道者는 寡助니라.

※ 맹자(孟子)가 말하기를,
"도(道)를 얻은 사람은 돕는 사람이 많고 도를 잃은 사람은 돕는 사람이 적느니라." 하였다.

· 문장의 구조 ·

孟子云 得│道者‖는 多／助하고
　　　└─┘↑

　　　失│道者‖는 寡／助니라.
　　　└─┘↑

주어＋서술어＋보어의 구성이다.

풀 이

1) 得道者는 多助하고 失道者는 寡助니라 : 도(道)를 얻은 사람은 돕는 사람이 많고 도를 잃은 사람은 돕는 사람이 적느니라.
   - ◉ 得道者는 천리에 순응하는 사람이다. 多助는 서술어＋보어의 짜임이니, 돕는 사람들이 많다. 失道者는 천리를 순응하지 않는 사람이다. 寡助는 돕는 사람들이 적은 것이다.

출 전

《맹자(孟子)》 公孫丑下篇

47 有福莫享盡하라 福盡身貧窮이요 有勢莫使盡하라 勢盡冤相逢이니라 福兮常自惜 하고 勢兮常自恭하라 人生驕與侈는 有始多無終이니라.

> ※ 복이 있어도 누리기를 다하지 말라. 복이 다하면 몸이 빈궁해 질 것이요. 권세가 있어도 부리기를 다하지 말라. 권세가 다하면 원수와 만나게 되느니라. 복이 있을 때는 항상 스스로 아끼고 권세가 있을 때는 항상 스스로 공손히 하라. 사람이 교만하거나 사치하면 시작은 있으나 대부분 끝이 없느니라.

문장의 구조

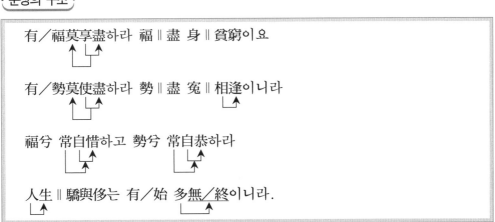

5언 시(詩)의 형식으로 된 가정문이다. 窮, 逢, 恭, 終이 운(韻)이다.

풀 이

1) 有福莫享盡하라 福盡身貧窮이요 : 복이 있어도 누리기를 다하지 말라. 복이 다하면 몸이 빈궁해 질 것이요.
   - 有福은 서술어+보어의 짜임이므로 '복이 있다'로 해석한다. 莫享盡은 莫享之盡과 같은 문장이니 술어 목적어의 관계가 목적어+술어로 도치가 될 때, 之가 붙고 토씨는 '을'을 붙인다. 莫盡享으로 구성하여 '누리기를 다하지 말라'라고 해야 어법이 순조롭다. 福盡은 가정문에서 조건에 해당하니, '복이 다하면'이라 해석한다. 身貧窮은 주어+술어의 구성이며 피동형이 되어 '몸이 가난해진다'로 해석한다.

2) 有勢莫使盡하라 勢盡冤相逢이니라 : 권세가 있어도 부리기를 다하지 말라. 권세가 다하면 원수와 만나게 되느니라.
   - 이 구절은 기구(起句)를 해석하는 법과 동일하다. 勢는 권세이니, 권세를 지나치게 행사하면 그로 인해 원한을 갖는 사람이 있게 된다. 冤은 원통함을 지닌 사람을 뜻한다. 相逢의 相은 상대가 있음을 나타내는 빈어(賓語)이므로 '만나다'로 해석하면 된다.

3) 福兮常自惜하고 勢兮常自恭하라 : 복이 있을 때는 항상 스스로 아끼고 권세가 있을 때는 항상 스스로 공손히 하라.
   - 兮는 정지를 나타내어 강조하는 의미로 쓰인 어기사(語氣辭)로 而의 의미를 가지니, 福兮는 '복이 있을 때는'이라고 해석한다. 福은 이롭고[利] 길한 것[吉]을 말하니, 모든 일이 뜻대로 잘 풀릴 때 함부로 하지 말고 조심하라는 뜻이다. 恭은 조심하며 공손히 하라는 뜻이니, 권력이 있더라도 더욱 공손한 마음을 지녀야 한다.

4) 人生驕與侈는 有始多無終이니라. : 사람이 교만하거나 사치하면 시작은 있으나 대부분 끝이 없느니라.
   - 人生은 사람을 지칭한다. 驕는 외형과 능력이 뛰어남을 과시하는 것이며 侈는 분수를 모르고 지나치게 소비함이다. 사람이 교만하거나 사치하면 갈수록 겸손한 마음이 부족하고 방종하게 되어 외형만 추구하게 된다. 그러므로 대부분 일을 시작해도 끝맺는 것이 드물게 된다.

48 王參政四留銘曰 留有餘不盡之巧하야 以還造物하고 留有

餘不盡之祿하야 以還朝廷하고 留有餘不盡之財하야 以還百姓하고 留有餘不盡之福하야 以還子孫이니라.

> ※ 왕참정(王參政)의 〈사유명(四留銘)〉에 말하기를,
> "충분하여 다 쓰지 않은 재주를 남겨서 조물주(造物主)에게 돌려주고, 충분하여 다 쓰지 않은 봉록(俸祿)을 남겨서 조정에 돌려주고, 충분하여 다 쓰지 않은 재물을 남겨서 백성에게 돌려주고, 충분하여 다 쓰지 않은 복(福)을 남겨서 자손에게 돌려줄 것이니라." 하였다.

◦문장의 구조◦

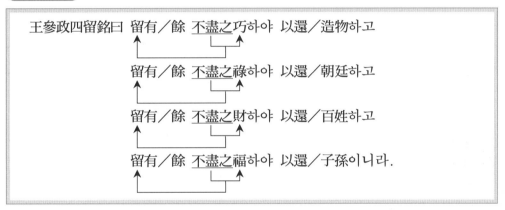

有餘는 不足의 상대어이므로 '충분하다'는 뜻이다. 以는 而와 같은 용법을 내포하여 위 문장을 받아 주면서, 또 '그것을 가지고'라는 의미도 갖는다.

◦풀 이◦

1) 王參政四留銘曰 : 왕참정(王參政)의 〈사유명(四留銘)〉에 말하기를,
   - ◈ 王參政 : 송(宋) 재상. 이름은 단(旦), 자 자명(子明). 진사를 거쳐 저작랑(著作郞)이 되었고 진종(眞宗) 때 참지정사(參知政事)를 지냈다. 참정은 참지정사의 준말이다. 경덕(景德) 3년에 재상이 되어 개혁을 신중히 하며 사람을 잘 분간하여 중후한 인사를 많이 등용하였다. 죽은 뒤에 태사(太師)에 증직되고 시호는 문정(文正)이다.
   - ◈ 四留銘 : 모두 쓰지 않고 남겨 두어야 할 것에 대하여 마음에 새기는 글이다.

2) 留有餘不盡之巧하야 以還造物하고 : 충분하여 다 쓰지 않은 재주를 남겨서 조물주(造物主)에게 돌려주고,

❂ 留有餘不盡之巧는 有餘留不盡之巧라고 써야 문법에 더욱 합당하다. 有餘는 '충
분하다'이다. 不盡之巧는 모두 써 버리지 않고 남겨놓은 재주이니, 자신의 재
주라고 자만하지 않고 조물주의 덕분으로 지녔다고 공을 돌리는 것이다.

3) 留有餘不盡之祿하야 以還朝廷하고 : 충분하여 다 쓰지 않은 봉록(俸祿)을 남겨서
조정에 돌려주고,

❂ 祿은 국가에서 받는 봉급이다. 자신이 봉급을 받아 여유가 있어서 사용하지
않은 봉록(俸祿)을 남기는 것이니, 이를 조정으로 다시 환원하는 것이다.

4) 留有餘不盡之財하야 以還百姓하고 : 충분하여 다 쓰지 않은 재물을 남겨서 백성에
게 돌려주고,

❂ 不盡之財는 자신의 재산이지만 모두 써 버리지 않는 것이다. 還百姓은 백성에
게 돌려주는 것이니, 궁핍한 백성들을 구휼하는 데 쓰도록 베푸는 것이다.

5) 留有餘不盡之福하야 以還子孫이니라. : 충분하여 다 쓰지 않은 복(福)을 남겨서 자
손에게 돌려줄 것이니라.

❂ 자신의 삶을 영위하기에 충분한 복을 받았으므로 과도한 욕심을 부리지 않고
음덕을 쌓아서 자손에게 돌아가도록 선행을 쌓는 것이다.

49 漢書云 勢交者는 近勢라가 竭而亡하고 財交者는 密財라
가 盡而疎하고 色交者는 親色이라가 衰而義絶하나니라.

※ 《한서(漢書)》에 이르기를,
"권세로 교제하는 사람은 권세를 가까이 하다가 권세가 다하면 없어지고
재물로 교제하는 사람은 재물을 친밀히 하다가 재물이 다하면 멀어지고,
미색으로 교제하는 사람은 미색을 친애(親愛) 하다가 미색이 쇠하면 정의
(情義)를 끊느니라." 하였다.

⌐ 문장의 구조 ⌐

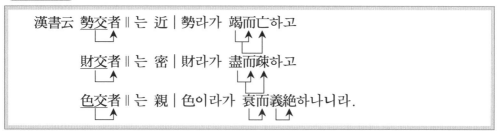

교제의 수단이 된 것이 없어지면 교제가 끊어지게 됨을 나타내었다.

1) 漢書云 : 《한서(漢書)》에 이르기를,
* 漢書 : 중국 후한(後漢)의 반고(班固)가 저술한 기전체(紀傳體)의 역사서. 제기(帝紀)12, 표(表)8, 지(志)10, 열전(列傳)70권으로 모두 100권이다. 《전한서(前漢書)》, 혹은 《서한서(西漢書)》라고 하니, 사마천(司馬遷)의 《사기(史記)》·사마광(司馬光)의 《자치통감(자치통감)》과 더불어 중국 사학사(史學史)의 대표적인 저작이다.
처음 반고의 아버지 반표(班彪)가 무제(武帝) 이후의 일이 《사기》에 기록되지 않았으므로 사서(史書)를 편집하여 《후전(後傳)》 65편을 편집하였으나, 완성을 보지 못하고 54년에 사망하였다. 반고가 부친의 뜻을 이어 편수(編修)를 시작하였으나, 국사(國史)를 마음대로 한다는 모함으로 투옥되었다. 후에 누명을 벗고 명제(明帝)의 명으로 저작(著作)을 계속하였다. 명제(明帝)에게 난대령사(蘭臺令史)의 직책을 받아 편찬에 대한 지원을 받게 되어 건초연간(建初年間)에 일단 완성하였으나, <팔표(八表)>와 <천문지(天文志)>는 미완성하고 죽었다. 이를 누이동생 반소(班昭)가 화제(和帝)의 명으로 계승하였고, 다시 마속(馬續)의 보완(補完)으로 완성되었다.

2) 勢交者는 近勢라가 竭而亡하고 財交者는 密財라가 盡而疏하고 色交者는 親色이라가 衰而義絶하나니라. : 권세로 교제하는 사람은 권세를 가까이 하다가 권세가 다하면 없어지고 재물로 교제하는 사람은 재물을 친밀히 하다가 재물이 다하면 멀어지고, 미색으로 교제하는 사람은 미색을 친애(親愛)하다가 미색이 쇠하면 정의(情義)를 끊느니라.
* 勢交者는 以勢交之者와 같은 말이니, 권세를 가지고 교제하는 사람이다. 近勢는 서술어+목적어의 구성이니, 권세를 가까이하다. 竭而亡의 而는 則의 용법으로 쓰였으므로, 권세가 다하면 교제가 없어지게 된다.
* 財交者는 以財交之者와 같은 문장이니, 재물을 바탕으로 교제하는 사람이다. 密財은 재물을 친밀하게 여기다. 盡而疏는 財盡而疏遠이니, 재물이 모두 없어지면 멀어지게 된다.
* 色交者는 以美色交際之人이니, 미색을 바탕으로 교제하는 사람이다. 親色은 미색을 가까이하고 사랑함이다. 衰而義絶은 色衰而義絶이니 미색이 쇠미하면 정의(情義)가 끊어지게 된다.

子游曰 事君數이면 斯辱矣요 朋友數이면 斯疏矣니라.

> ※ 자유(子游)가 말하기를,
> "임금을 섬길 때에 자주 간언(諫言)을 하면 욕을 당하게 되고, 붕우(朋友)
> 와 교제를 할 때에 자주 충고(忠告)를 하면 멀어지게 되느니라." 하였다.

· 문장의 구조 ·

> 子游曰 事 | 君數이면 斯辱矣요
>   └↑
>
> 朋友數이면 斯疏矣니라
>   └↑

가정문인데, 조건절에 생략된 글자가 있으니, 事君數諫을 事君數으로, 交朋友數忠告
를 朋友數으로 간략하게 하였다.

· 풀 이 ·

1) 子游曰 : 자유(子游)가 말하기를,
   - ◈ 子游 : 춘추 시대 노(魯)나라의 유학자.(B.C.506~?B.C.445). 본명은 언언(言偃).
     공문십철(孔門十哲)의 한 사람으로, 자하(子夏)와 더불어 문학에 뛰어났고 예
     (禮)의 사상이 투철하였다.

2) 事君數이면 斯辱矣요 朋友數이면 斯疏니라
   - ◈ 事君은 事君之時이니, 임금을 섬길 때를 가리킨다. 數의 음은 '삭'이니, 자주
     간언(諫言)을 올리는 것을 뜻한다. 斯辱矣는 바로 욕을 당하게 되다. 朋友는
     交朋友之間이니, 붕우와 교제를 할 때이다. 數은 數忠告이니, 자주 충고를 하
     는 것이다. 斯疏는 바로 멀어지게 되다.

· 출 전 ·

《논어(論語)》 里仁篇

51 黃金千兩이 未爲貴요 得人一語勝千金이니라.

※ 황금 천 냥이 귀한 것이 아니고 덕인(德人)의 한마디 해주는 말이 천금보다 낫느니라.

· 문장의 구조 ·

주어+서술어의 구성이다.

· 풀 이 ·

1) 黃金千兩이 未爲貴요 得人一語勝千金이니라. : 황금 천 냥이 귀한 것이 아니고 덕인(德人)의 한마디 해주는 말이 천금보다 낫느니라.
   ◉ 黃金 千兩은 黃金有千兩과 같은 말로 '황금 천 냥을 지니고 있다.'의 뜻이니, 많은 재물을 뜻한다. 爲는 계사(繫辭)로 붙일 때의 是와 같은 용법이니, '~이다'이다.
   ◉ 得人은 덕망과 재능을 겸비한 사람을 가리킨다. 得은 德과 같은 말이니, 주자(朱子)는 "도를 행하여 마음에 얻어진 것이다.[行道而有得於心也]" 하였다. 또 《한서(漢書)》 公孫弘傳에, "한(漢) 나라의 덕망을 지닌 사람들이 이 때에 성대하였다.[漢之得人 於玆爲盛]"이라 하였다. 그리고 黃金과 得人은 수식관계의 대구(對句)이므로 붙여서 해석해야 한다. 語는 '말을 해주다'의 뜻이다. 勝千金은 勝於千金과 같은 말이니, '천금보다 낫다'이다.

52 巧者는 拙之奴요 苦者는 樂之母니라.

※ 공교로움은 졸렬함의 종이 되고, 괴로움은 즐거움의 어머니가 되느니라.

[· 문장의 구조 ·]

巧者‖는 拙之奴요

苦者‖는 樂之母니라.

주어+서술어의 구성이 된 평서문이다.

[· 풀 이 ·]

1) 巧者는 拙之奴요 苦者는 樂之母니라. : 공교로움은 졸렬함의 종이 되고, 괴로움은 즐거움의 어머니가 되느니라.

　❂ 巧者와 苦者의 者는 사람을 지칭하는 조사(助辭)가 아니다. 巧는 공교롭게 재주를 부리는 것이며 拙은 서투르나 분수를 지키고 있는 것이다. 공교롭게 하는 것이 분수를 지키며 서툰 것보다 낫다고 여기지만 실제 후일에는 고졸(古拙)한 것만 못하다는 말이다.

　❂ 苦者도 역시 괴로운 사람이 아니라 '괴로운 것'을 뜻한다. 母는 근본(根本)이 됨을 뜻하니, 현재 괴롭거나 고생스러움은 후세에 즐겁고 성공하는 밑거름이 된다는 뜻이다.

[· 고 증 ·]

《명심보감》淸州本에, 能者는 拙之奴라.

　譯 《명심보감》淸州本에,
"능한 것은 졸렬한 것의 종이 된다." 하였다.
그리고 《명심보감》 초략본(抄略本)에 있는 苦者 樂之母의 구절이 淸州本에는 없다.

53 小船은 難堪重載요 深逕은 不宜獨行이니라.

※ 작은 배는 무겁게 싣는 것을 감당하기 어렵고, 으슥한 길은 혼자 다니기에 마땅하지 않느니라.

・문장의 구조・

小船‖은 難堪 | 重載요
 └↑   └↑   └↑

深逕‖은 不宜／獨行이니라.
 └↑   └↑   └↑

제 1구는 주어+서술어+목적어의 구성이고, 제 2구는 주어+서술어+보어의 구성이다.

・ 풀 이 ・

1) 小船은 難堪重載요 : 작은 배는 무겁게 싣는 것을 감당하기 어렵고,

  ◉ 小船은 수식+피수식의 짜임이니, 작은 배이다. 重載를 '무거운 짐'이라고 해석
    해도 무방하나, 대구(對句)가 獨行이므로 같은 문법으로 풀이하면 '무겁게 싣
    다'로 해석하는 것이 타당하다. 難堪은 감당하기 어려움이다.

2) 深逕은 不宜獨行이니라. : 으슥한 길은 혼자 다니기에 마땅하지 않느니라.

  ◉ 深逕도 수식+피수식의 짜임이다. 深은 으슥하여 후미진 곳을 가리키며 逕은
    지름길이나 좁은 길을 말하니, 사람들의 통행이 뜸하여 인적이 없는 으슥한
    오솔길이다. 獨行은 혼자 가는 것이다. 不宜는 不當과 같은 말이니, 합당하지
    못하다.

54 黃金이 未是貴요 安樂이 値錢多니라.

※ 황금이 귀한 것이 아니요, 안락(安樂)은 값어치가 돈보다 많으니라.

・문장의 구조・

黃金‖이 未是貴요
 └↑   ↑──┘

安樂‖이 値錢多니라.
 └↑   └↑

주어+서술어의 구성이니, ~은 ~하다로 해석한다. 주어의 토씨는 '~은', '~이', '~가'
가 통용된다.

・ 풀 이 ・

1) 黃金이 未是貴요 安樂이 値錢多니라. : 황금이 귀한 것이 아니요, 안락(安樂)은 값
어치가 돈보다 많으니라.
　❀ 黃金이 수식 관계이므로 安樂도 수식 관계로 해석한다. 是는 계사(繫辭)로 붙
일 때의 爲와 같은 용법이니, '~이다'이다. 値錢多는 주어+보어+서술어의 짜임
이니, 도치된 문장으로 운(韻)이 多이므로 値多錢과 같은 말이다. '값어치가 돈
보다 많다'로 해석한다.

・ 출 전 ・

《증광현문(增廣賢文)》

55 人爲財死하고 鳥爲食亡이니라.

※ 사람은 재물 때문에 죽고, 새는 먹이 때문에 죽느니라.

・문장의 구조・

人 ‖ 爲財死하고
　　▲—┛

鳥 ‖ 爲食亡이니라
　　▲—┛

・ 풀 이 ・

1) 人爲財死하고 鳥爲食亡이니라 : 사람은 재물 때문에 죽고, 새는 먹이 때문에 죽느니라.
　❀ 人은 주어이니, 일반적인 사람들을 가리킨다. 爲는 '~때문'의 뜻이니, 爲財는
재물 때문이다. 死는 피동격 술어이니, 죽게 된다. 鳥는 날짐승을 총칭한 말이
다. 爲食은 '먹이 때문에'이다. 亡도 역시 '죽게 된다.' 이다.

56 在家에 不會邀賓客이면 出外에 方知少主人이니라.

※ 집에 있을 때에 빈객(賓客)을 맞이할 줄 모르면 밖에 나갔을 때에 바야흐로 주인
(主人)할 곳이 적은 줄을 아느니라.

· 문장의 구조 ·

在／家에 不會 邀 ｜ 賓客이면

出／外에 方知 少／主人이니라.

　　손님을 맞이하는 것은 진퇴(進退)와 응대(應對)의 예절을 행하는 것이다. 상황을 예시하여 조건절을 만들고 결과를 나타내는 가정문으로 구성되었다.

· 풀　이 ·

1) 在家에 不會邀賓客이면 出外에 方知少主人이니라. : 집에 있을 때에 빈객(賓客)을 맞이할 줄 모르면 밖에 나갔을 때에 바야흐로 주인(主人)할 곳이 적은 줄을 아느니라.

　❂ 在家는 在家之時와 같으니, '집에 있을 때'이다. 不會는 不知보다 깊은 의미가 있으니, 2구의 方知와 대구가 되며 뜻은 '알지 못하다'이다. 집에 있을 때 손님을 대접하는 예(禮)를 모르고 행할 줄 모르는 것이다.

　❂ 出外는 出外之時와 같은 말이니, '밖에 나갔을 때'이다. 方은 시간을 가리키는 조사이니, '그 때에 바로', '그제서야'의 뜻으로 쓰였다. 主人은 主人之所이니 손님으로 묵어야 하는 곳으로 '주인할 곳'이라고 한다. 자신이 손님을 접대하는 도리를 알지 못했었기 때문에, 자신을 손님으로 맞이할 곳이 적다는 것을 외출 하였을 때 비로소 알게 된다는 뜻이다.

57 貧居鬧市無相識이요 富住深山有遠親이니라.

> ※ 가난하면 번화한 시장에 살아도 안다는 사람이 없고, 부유하면 깊은 산 속에 살아도 멀리서 친하다는 사람이 있느니라.

· 문장의 구조 ·

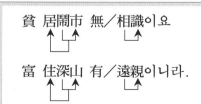

貧 居鬧市 無／相識이요

富 住深山 有／遠親이니라.

가정문으로 貧과 富 뒤에 則이 생략되어 있다.

· 풀 이 ·

1) 貧居鬧市無相識이요 : 가난하면 번화한 시장에 살아도 안다는 사람이 없고,
  ❂ 居鬧市는 居於鬧市와 같다. 鬧市는 번화하여 사람들이 많은 시장(市場)이다.
  無相識은 2구의 有遠親과 호문(互文)이 되어 近而無相識과 같은 말이니, 가까
  운 곳에 살고 있어도 안다고 하는 사람이 없다는 뜻이다. 相은 상대가 있음을
  나타내는 빈어(賓語)이므로 해석하지 않는데, 자신은 상대를 알고 있으나, 상
  대는 자신을 알지 못할 때다.

2) 富住深山有遠親이니라. : 부유하면 깊은 산 속에 살아도 멀리서 친하다는 사람이
  있느니라.
  ❂ 住深山은 住於深山과 같으니, '깊은 산 속에 살다'이다. 有遠親은 1구의 無相
  識과 호문(互文)이 되어 遠而有相親과 같은 말이니, 먼 곳에 살고 있어도 친하
  다는 사람이 있다는 뜻이다.

---

58 世情看冷煖하고 人面逐高低니라.

> ※ 세상의 물정은 냉담하고 온유함을 보고서 쫓고, 사람들의 향배(向背)는 지위의 높
> 낮이를 보고서 쫓느니라.

· 문장의 구조 ·

> 世情 ‖ 看 | 冷↔煖하고
>
> 人面 ‖ 逐 | 高↔低니라.

주어+서술어+목적어의 구성으로 5언 시의 형식이다.

· 풀 이 ·

1) 世情看冷煖하고 人面逐高低니라. : 세상의 물정은 냉담하고 온유함을 보고서 쫓고
  사람들의 향배(向背)는 지위의 높낮이를 보고 쫓느니라.
  ❂ 世情은 세상의 물정(物情)이다. 看은 '보다'이나, 대구(對句)의 서술어 逐의 뜻
  을 빌려와서 '쫓아보다'로 해석한다. 冷煖은 냉담(冷淡)하게 대하는 것과 온유

(溫柔)하게 대하는 것을 가리킨다.

● 人面의 面은 '향하다.'의 뜻이니, 사람들의 마음 씀씀이의 향배(向背)를 뜻한다. 逐은 대구(對句)의 看의 뜻을 빌려와서 해석하므로, '보고 쫓는다.'로 해석한다. 高低는 지위의 높고 낮음을 뜻한다.

59 人義는 盡從貧處斷이요 世情은 便向有錢家니라.

※ 사람의 의리(義理)는 모두 가난한 곳으로부터 끊어지고 세상의 정리(情理)는 바로 돈이 있는 집으로 향하느니라.

·문장의 구조·

주어+서술어의 짜임으로 이루어진 문장인데, 서술절이 확장되었다.

·풀 이·

1) 人義는 盡從貧處斷이요 : 사람의 의리(義理)는 모두 가난한 곳으로부터 끊어지고
   ● 人義는 수식관계의 짜임으로 사람으로서 지켜야할 의리(義理)를 뜻한다. 盡은 '모두'의 뜻을 갖는 부사이다. 從은 '~으로부터'의 뜻이다. 평소에 사람으로서 지키던 의리가 가난해지면 모두 끊어지게 된다.

2) 世情은 便向有錢家니라. : 세상의 정리(情理)는 바로 돈이 있는 집으로 향하느니라.
   ● 世情은 세상의 인심을 가리키니[情理], 세상 사람들의 마음을 범칭(汎稱)하였다. 便은 '바로', '곧'의 뜻을 지닌 부사이다. 有錢家는 有錢之家이니, 돈이 있는 집이다. 세상 사람들의 마음은 대부분 부유한 집으로 쏠리게 된다.

60 寧塞無底缸이언정 難塞鼻下橫이니라.

※ 차라리 밑이 없는 항아리를 막을지언정 코 밑에 가로 놓인 것[입]은 막기 어려우니라.

· 문장의 구조 ·

寧塞 | 無底缸이언정
　　　└──↑

難塞 | 鼻下橫이니라.
　　　└↑

서술어+목적어의 구성으로 이루어진 비교형 문장이다.

· 풀　이 ·

1) **寧塞無底缸이언정** : 차라리 밑이 없는 항아리를 막을지언정

　❂ 寧은 '차라리'의 뜻이다. 塞은 '막다'이다. 無底는 서술어+보어의 짜임으로 '밑이 없다'인데, 缸을 수식한다. 塞無底缸은 서술어+목적어의 구성이므로 토씨는 반드시 '를'을 붙인다.

2) **難塞鼻下橫이니라.** : 코 밑에 가로 놓인 것(입)은 막기 어려우니라.

　❂ 難塞은 '막기 어렵다'의 뜻이다. 鼻下橫은 코 밑에 가로 놓인 것을 가리키니, 입을 뜻한다. 밑 빠진 독을 막는 것이 쉽지 사람의 입을 막는 것이 더욱 어렵다는 말이다.

61 人情은 皆爲窘中疎니라.

※ 사람의 마음은 모두 군색한 속에서 멀어지게 되느니라.

· 문장의 구조 ·

人情 ‖ 은 皆爲窘中疎니라.
└↑　　　↑　↑↑

주어+서술어로 구성된 확장 구조이다.

· 풀　이 ·

1) **人情은 皆爲窘中疎니라.** : 사람의 마음은 모두 군색한 속에서 멀어지게 되느니라.

　❂ 人情은 사람의 마음을 뜻한다. 窘中은 생활과 형편이 곤란한 지경에 빠진 것

이다. 疎는 '멀다'의 뜻이다. 爲는 '되다'의 뜻으로 피동(被動)이 된다.

62 史記曰 郊天禮廟는 非酒不享이요 君臣朋友는 非酒不義요
鬪爭相和는 非酒不勸이라 故로 酒有成敗而不可泛飮之니라.

※《사기(史記)》에 말하기를,
"하늘에 교제(郊祭)를 지내고 사당에 제례(祭禮)를 올릴 때는 술이 아니면 제사를 지내지 못할 것이요. 임금과 신하, 벗과 벗 사이에는 술이 아니면 신의(信義)가 돈독하지 못할 것이요. 싸움을 하고 화해(和解)할 때는 술이 아니면 화해를 권하지 못할 것이니라. 그러므로 술은 성공과 실패가 있어서 함부로 술을 마시면 안 되느니라." 하였다.

·문장의 구조·

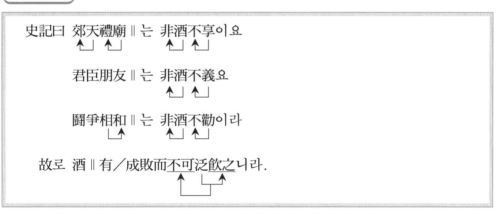

주어+서술어 확장 구조이며 우리말 어순과 동일하게 해석한다. 非는 명사부정에 쓰이고 不은 동사부정에 쓰인다.

· 풀 이 ·

1) 史記曰 : 《사기(史記)》에 말하기를,
  ❀ 史記 : 한(漢) 사마천(司馬遷)에 의해 무제(武帝) 때 저술한 역사서(歷史書)이다. 중국 정사(正史)의 기전체(紀傳體)의 효시로서 황제(黃帝)부터 무제까지 기록하였다. 제왕의 연대기인 본기(本紀) 12편, 제후를 기록한 세가(世家) 30편, 역대 제도 문물의 연혁에 관한 서(書) 8편, 연표인 표(表) 10편, 영웅들의 열전(列傳) 70편으로 구성되어 있다. 본래는 태사공기(太史公記)로 불리었으나 위진(魏晋)

시대에 《사기》라고 불리었다. 선제(宣帝) 때 세상에 알려졌는데, 이미 적지 않은 부분이 결락되어 후한(後漢) 반고(班固)의 ≪한서(漢書)≫ 에 이르기를 10여 편이 없어졌다고 하였다. 유실(遺失)된 효제본기(孝武本紀)는 후세에 봉선서(封禪書)를 이용하여 보필(補筆)되었다.

2) 郊天禮廟는 非酒不享이요 : 하늘에 교제(郊祭)를 지내고 사당에 제례(祭禮)를 올릴 때는 술이 아니면 제사를 지내지 못할 것이요.

❀ 郊天은 교외에서 하늘에 제사를 지내는 것이니, 땅에 지내는 제사도 포함된다. 《서경(書經)》 공영달(孔穎達)의 疏에, "교(郊)는 남쪽 교외에서 하늘에 제사를 드리고, 북쪽 들녘에서 땅에 제사를 지내는 것을 말한다.[郊謂祭天南郊 祭地北郊]" 하였다. 禮廟는 종묘에서 제례를 올리는 것이니, 사가(私家)에서 올리는 제사도 포함된다. 非酒는 명사 부정이므로 '술이 아니다'의 뜻이다. 不享은 동사부정이므로 '제사를 지내지 못한다.'로 해석한다.

3) 君臣朋友는 非酒不義요 : 임금과 신하, 벗과 벗 사이에는 술이 아니면 신의(信義)가 돈독하지 못할 것이요.

❀ 君臣과 朋友는 혈연(血緣)으로 맺어진 인륜(人倫)이 아니므로 군신 간에는 의(義)가 있어야 하고, 붕우 간에는 신(信)이 있어야 그 관계가 존속된다. 그리고 君臣之義는 信이 바탕에 있어야 하고 朋友之信도 義가 반드시 있어야 한다. 그러므로 非義의 義는 信을 포함하여 信義라고 해석해야 한다. 군신과 붕우의 의리가 더욱 돈독해지려면 술을 마시며 흉금을 털어놓는 것이 좋다는 뜻이다.

4) 鬪爭相和는 非酒不勸이라 : 싸움을 하고 화해(和解)할 때는 술이 아니면 화해를 권하지 못할 것이니라.

❀ 鬪爭은 싸움질하는 것은 물론 서로 의견 충돌이 벌어진 것도 포함된다. 相和의 相은 상대가 있음을 나타내는 빈어(賓語)이므로 해석하지 않는다. 勸은 화평을 권유하는 것인데, 역시 술이 있으면 화평을 권유하기에 좋다는 뜻이다.

5) 故로 酒有成敗而不可泛飮之니라. : 그러므로 술은 성공과 실패가 있어서 함부로 술을 마시면 안 되느니라.

❀ 故는 '그러므로'이다. 酒有成敗는 술을 마실 때 적당하게 마시면 그 일을 성공시키는데 도움이 되지만 정도를 넘어 마시게 되면 도리어 실패한다. 而는 윗말을 이어주는 접속사이다. 泛은 법도를 넘어 함부로 마시는 것이다. 飮之는 飮酒와 같으니, 술을 마시다. 不可는 '안 된다'이다.

⟨ 출 전 ⟩

《사기(史記)》

子曰 務民之義하고 敬鬼神而遠之면 可謂知矣니라.

※ 공자가 말씀하시기를,
"사람의 도리(道理)를 힘쓰고 귀신을 공경하되 멀리한다면 지혜롭다고 말할 수 있느니라." 하였다.

문장의 구조

子曰 務 ┃ 民之義하고
        └─↑

敬 ┃ 鬼神而遠之면 可謂知矣니라.
  └─↑   ↑

풀 이

1) 務民之義하고 敬鬼神而遠之면 可謂知矣니라. : 사람의 도리(道理)를 힘쓰고 귀신을 공경하되 멀리한다면 지혜롭다고 말할 수 있느니라.

  ☸ 務는 힘쓰는 것이다. 民은 사람[人]이니, 民之義는 사람이 지켜야 할 도리이다. 敬鬼神은 귀신을 공경함이다. 而는 역접(逆接)의 접속사이다. 遠之는 멀리하는 것이니, 귀신의 조화는 알 수 없는 것을 멀리하여 의혹당하지 않는 일이다. 可謂는 말할 수 있다. 知는 智의 뜻이니, 지혜이다.

출 전

《논어(論語)》 雍也篇

참 고

  《명심보감(明心寶鑑)》 淸州本은 子曰 敬鬼神而遠之 可謂知矣라고만 되어 있는데, 《논어(論語)》 雍也篇을 참고하여 務民之義를 첨가하였다.

子曰 非其鬼而祭之는 諂也요 見義不爲는 無勇也니라.

※ 공자가 말씀하시기를,
"그 귀신이 아닌데 제사를 지내는 것은 아첨하는 것이요. 의(義)를 보고서 행하지 않는 것은 용기가 없는 것이니라." 하였다.

· 문장의 구조 ·

子曰 非／其鬼而祭之는 諂也요

見｜義 不爲는 無／勇也니라.

· 풀 이 ·

1) 非其鬼而祭之는 諂也요 見義不爲는 無勇也니라. : 그 귀신이 아닌데 제사를 지내는 것은 아첨하는 것이요. 의(義)를 보고서 행하지 않는 것은 용기가 없는 것이니라.
   ❀ 非其鬼는 '제사를 드리는 사람이 당연히 제사를 지내야 하는 귀신이 아니다.'라는 뜻이다. 而는 역접(逆接)의 접속사이다. 祭之는 명사를 동사로 만들 때는 之를 붙여서 동사로 만든다. 諂은 잘 보이기를 바라는 마음이다. 義는 사람으로 지켜야 하는 당연한 도리를 가리키니, 見義不爲는 의(義)를 보고서 행하지 않는 것이다. 無勇은 용기가 없다.

· 출 전 ·

《논어(論語)》 爲政篇

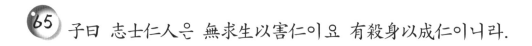 子曰 志士仁人은 無求生以害仁이요 有殺身以成仁이니라.

※ 공자가 말씀하시기를,
"지사(志士)와 인인(仁人)은 삶을 추구하여서 인(仁)을 해치는 것이 없고 자신을 죽여서 인(仁)을 이루어주는 것은 있느니라." 하였다.

· 문장의 구조 ·

子曰 志士 仁人∥은 無／求 | 生以害 | 仁이요

有／殺 | 身以成 | 仁이니라.

주어＋서술어＋보어의 확장구조이다. 無와 有는 단락의 끝까지 걸린다.

· 풀 이 ·

1) 志士仁人은 無求生以害仁이요 有殺身以成仁이니라. : 지사(志士)와 인인(仁人)은 삶을 추구하여서 인(仁)을 해침이 없고 자신을 죽여서 인(仁)을 이루어주는 것은 있느니라.

   ◉ 志士는 도에 뜻을 둔 사람[志道之人]이며, 仁人은 덕을 완성한 사람[成德之人] 이다. 求生은 죽어야 이치에 합당한데 살기를 추구하는 것이다. 以는 而의 용법과 같으니, 求生을 받으면서 '가지고'의 뜻을 지닌 접속사이다. 害仁의 仁은 인륜에 있어서 지극한 덕(德)이니, 이러한 인(仁)을 해치는 것이다. 殺身은 자신이 죽어야 할 때에 죽는 것이다. 成仁은 의리가 삶보다 중대한 것을 알고서 자신의 덕을 완성하는 것이다.

· 출 전 ·

《논어(論語)》衛靈公篇

66 子曰 士 志於道而恥惡衣惡食者는 未足與議也이니라.

※ 공자가 말씀하시기를,
"선비가 도에 뜻을 두었으면서 나쁜 옷을 입고 나쁜 음식을 먹는 것을 부끄럽게 여기는 자는 함께 도를 의논할 수 없느니라." 하였다.

· 문장의 구조 ·

子曰 士∥志／於道而恥 | 惡衣惡食者∥는

未足與議也이니라.

주어+서술어 확장 구조이다.

┌──────────┐
│ 풀 이 │
└──────────┘

1) 士志於道而恥惡衣惡食者는 未足與議也이니라. : 선비가 도에 뜻을 두었으면서 나쁜 옷을 입고 나쁜 음식을 먹는 것을 부끄럽게 여기는 자는 함께 도를 의논할 수 없느니라.

　　◉ 士는 학문을 하여 도(道)를 알려고 하는 사람이다. 志於道는 도를 깨우치는 데에 목표를 둔 것이니, 마음은 항상 의리(義理)를 추구하는 것이다. 恥惡衣惡食者는 恥衣惡衣食惡食者와 같은 말이니, 마음은 도에 두었으면서 항상 의식(衣食)이 남만 못한 것을 수치로 여기게 되면 물욕(物慾)을 성취시키는데 목적을 두게 된다.

　　◉ 未足은 不可와 같은 말이니, '~할 수 없다'의 뜻이다. 도를 추구하면서 치장이 남만 못한 것을 부끄럽게 여기는 사람은 함께 도에 대하여 논의할 만한 사람이 못된다.

┌──────────┐
│ 출 전 │
└──────────┘

《논어(論語)》 里仁篇

 荀子曰 士有妬友則賢交不親하고 君有妬臣則賢人不至니라.

※ 순자(荀子)가 말하기를,
"선비가 투기하는 벗이 있으면 어진 벗이 가까이 하지 않고 임금이 투기하는 신하가 있으면 어진 벼슬아치가 이르지 않느니라." 하였다.

┌─────────────┐
│ 문장의 구조 │
└─────────────┘

┌──┐
│　荀子曰 士‖有／妬友 則賢交‖不親하고   │
│　　　　　└↑　　└↑　　　└↑   │
│   │
│　　　君‖有／妬臣 則賢人‖不至니라.   │
│　　　　└↑　　└↑　　　└↑   │
└──┘

가정문으로 則의 앞은 종속절이며 조건을 나타내고, 뒤는 주절이면서 결과를 나타낸다.

· 풀 이 ·

1) 荀子曰 : 순자(荀子)가 말하기를,
   ◉ 荀子 : 조(趙) 나라 사람. 성은 순(荀), 이름은 황(況)이다. 순경(荀卿) 혹은 손경
   자(孫卿子) 등으로 존칭된다. 《사기(史記)》에, 50세 무렵에 제(齊) 나라에 유학
   (遊學)하고, 진(秦)나라와 조나라에 유세(遊說)하였다. 후에 다시 제 나라로 돌
   아가 직하(稷下)의 학사(學士) 가운데 장로(長老)로 존경을 받았다. 훗날 그곳
   을 떠나 초(楚) 나라의 재상 춘신군(春申君)의 천거로 난릉(蘭陵 : 山東省)의 수
   령이 되었다. 춘신군이 죽은 뒤에 벼슬에서 물러나 문인교육과 저술에 전념하
   며 여생을 마쳤다.

2) 士有妬友則賢交不親하고 : 선비가 투기하는 벗이 있으면 어진 벗이 가까이 하지
   않고
   ◉ 士有妬友는 주어+서술어+보어의 구성이니, '선비가 투기하는 벗이 있으면'의
   뜻이다. 妬友는 남이 자신보다 잘하거나 나으면 시기하는 마음을 품는 벗이다.
   賢交는 善友와 같은 뜻이니, 재능과 덕망을 지니고 있는 벗이다. 不親은 가까
   이 하지 않음이다.

3) 君有妬臣則賢人不至니라 : 임금이 투기하는 신하가 있으면 어진 벼슬아치가 이르
   지 않느니라.
   ◉ 君有妬臣은 임금이 투기하는 신하를 중용(重用)하여 곁에 두는 것이다. 賢人은
   훌륭한 덕망을 지닌 사람을 뜻하면서 동시에 관인(官人)을 포함하여 말한 것이
   다. 賢人不至는 훌륭한 덕을 지녔거나 능력을 지닌 인재가 저절로 이르지 않
   게 됨을 가리킨다.

· 출 전 ·

《순자(荀子)》 大略篇에, 妬가 妒로 되어 있으니 통용(通用)되는 글자이다.

68 太公曰 治國은 不用佞臣하고 治家는 不用佞婦니 好臣은
是一國之寶요 好婦는 是一家之珍이니라.

※ 태공(太公)이 말하기를,
"잘 다스려지는 나라는 아첨하는 신하를 등용하지 않고 잘 다스려지는 집
에서는 아첨하는 며느리의 말을 쓰지 않으니, 좋은 신하는 한 나라의 보배
가 되고 좋은 며느리는 한 집안의 보배가 되느니라." 하였다.

・문장의 구조・

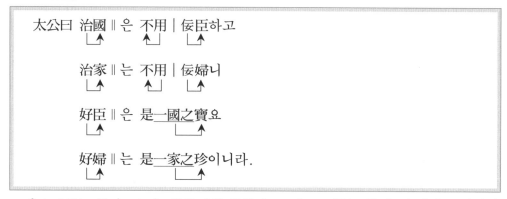

제 1, 2구는 주어+술어+목적어의 구성이고, 제 3, 4구는 주어+술어의 구성이다.

・풀　이・

1) 治國은 不用佞臣하고 治家는 不用佞婦니 : 잘 다스려지는 나라는 아첨하는 신하를
   등용하지 않고 잘 다스려지는 집에서는 아첨하는 며느리의 말을 쓰지 않으니,
   ❀ 治國은 서술어+목적어의 짜임으로 해석하면 '나라를 다스리다'이지만, 이장은
   수식관계로 보아서 '잘 다스려진 나라'로 풀이한다. 不用은 등용하지 않다. 佞
   臣은 아첨하고 말을 잘하지만 진실이 없는 신하이다. 治家는 잘 다스려진 집
   안을 가리킨다. 不用은 채용하지 않는다. 佞婦는 진실이 없으면서 아첨을 잘
   하는 며느리를 가리키니, 그 며느리의 말을 채택하지 않는 것이다.

2) 好臣은 是一國之寶요 好婦는 是一家之珍이니라. : 좋은 신하는 한 나라의 보배가
   되고 좋은 며느리는 한 집안의 보배가 되느니라.
   ❀ 好臣은 양신(良臣)과 같으니, 타고난 품성이 어질면서 능력이 있는 신하이다.
   是는 '~이다.'에 해당하는 조사이다. 一國之寶는 한 나라의 보배이다. 好婦는
   良婦와 같으니, 진실한 며느리를 지칭한다. 一家之珍은 한 집안의 보배이다.

69 太公曰 斜耕은 敗於良田하고 讒言은 敗於善人이니라.

※ 태공(太公)이 말하기를,
"바르지 못한 농사는 좋은 농지를 망치고 참소하는 말은 선한 사람을 망
치느니라." 하였다.

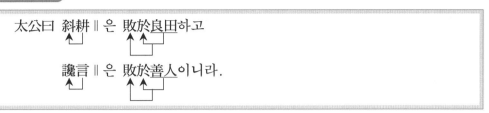

주어+서술어의 형식인데, 於를 술목격조사로 썼다.

풀 이

1) 斜耕은 敗於良田하고 讒言은 敗於善人이니라. : 바르지 못한 농사는 좋은 농지를
   망치고 참소하는 말은 선한 사람을 망치느니라.
   ✿ 斜耕의 斜는 바르지 못하다[不正]이니, 바르지 못한 방법으로 농사를 짓는 것
     이다. 敗於良田은 좋은 농지를 망치게 하다. 讒言은 자신의 이익을 위하여 윗
     사람에게 아첨하는 말이다. 敗於善人은 선한 사람을 망치게 하다.

70 天不生無祿之人하고 地不長無名之草이니라.

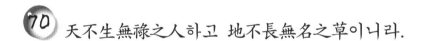

※ 하늘은 녹명(祿命)이 없는 사람을 내지 않고, 땅은 이름이 없는 풀을 기르지 않느
니라.

문장의 구조

주어+서술어+목적어의 구성이나 목적절이 확장되었다.

풀 이

1) 天不生無祿之人하고 : 하늘은 녹명(祿命)이 없는 사람을 내지 않고,
   ✿ 주어[天]+서술어[不生]+목적어[無祿之人]의 구성이므로 '하늘은 녹명(祿命)이 없
     는 사람을 내지 않는다.'의 뜻이다. 祿命은 먹고 살만한 명운(命運)을 타고난

것이니, 사람들은 모두 그러한 운명을 지니고 있다는 말이다.

2) **地不長無名之草이니라. : 땅은 이름이 없는 풀을 기르지 않느니라.**
- ◉ 不長은 기르지 않다. 無名之草는 이름이 없는 풀이니, 하찮은 풀이라도 저마다의 명칭이 있고 역할이 있으나, 사람들이 모르고 있을 뿐이다. 모든 만물은 명칭이 있음을 나타내어 명분(名分)이 없는 일은 없다고 한 것이다.

71 大富는 由天하고 小富는 由勤이니라.

※ 큰 부자는 하늘에 말미암고 작은 부자는 부지런함에 말미암느니라.

문장의 구조

大富 ‖ 由天하고
└↑ ↑┘

小富 ‖ 由勤이니라.
└↑ ↑┘

주어＋서술어의 구성이므로 '~은 ~하다'로 해석한다.

풀 이

1) **大富由天하고 小富由勤이니라. : 큰 부자는 하늘에 말미암고 작은 부자는 부지런함에 말미암느니라.**
- ◉ 공자(孔子)가 말씀한 "부귀는 하늘에 달려있다.[富貴在天]"는 말로 인하여 근면하지 않는 사람들이 있어서 이러한 말이 나온 듯하다. 由天은 자연의 섭리에 따라서 되는 것이지 인위적으로 될 수 없다는 말이다. 由는 '말미암다', '~을 근본으로 하여'의 뜻이다.

출 전

《증광현문(增廣賢文)》에, 大富有命 小富由勤.

譯 《증광현문(增廣賢文)》에,
"큰 부자는 천명(天命)에 말미암고 작은 부자는 근면(勤勉)에 말미암느니라." 하였다.

詩云 大富則驕하고 大貧則憂하나니 憂則爲盜하고 驕則爲
暴이니라.

※《시경(詩經)》에 이르기를,
"크게 부유하면 교만하게 되고 크게 가난하면 근심하게 되니, 근심하게 되
면 도적이 되고 교만하면 폭도(暴徒)가 되느니라." 하였다.

· 문장의 구조 ·

詩云 大富則驕하고 大貧則憂하나니
　　└↑ └↑　　└↑ └↑

　　憂則爲盜하고 驕則爲暴이니라.
　　└↑ ↑　　　└↑ ↑

則은 가정할 때 쓰는 조사이니, 則의 앞이 조건을 나타내고 뒤는 결과를 나타낸다.

· 풀 이 ·

1) 詩曰 :《시경(詩經)》에 말하기를,
　❀ 《시경(詩經)》 : 황하(黃河) 중류 중원(中原) 지방의 시로서 시대적으로는 주초
　　(周初)부터 춘추(春秋) 초기까지의 것 305편을 수록하고 있다. 본디 3,000여 편
　　이었던 것을 공자(孔子)가 산정(刪定)했다고 한다. 국풍(國風)·소아(小雅)·대
　　아(大雅)·송(頌)의 4부로 구성되었으며, 국풍은 여러 나라의 민요, 아(雅)는 공
　　식 연회에서 쓰는 의식가(儀式歌), 송(頌)은 종묘의 제사에서 쓰는 악시(樂詩)
　　이다.

2) 大富則驕하고 大貧則憂하나니 憂則爲盜하고 驕則爲暴이니라. : 크게 부유하면 교
　만하게 되고 크게 가난하면 근심하게 되니, 근심하게 되면 도적이 되고 교만하면
　폭도(暴徒)가 되느니라.
　❀ 大富則驕는 크게 부유하게 되면 남을 업신여기는 교만한 마음이 있게 된다.
　　大貧則憂는 지나치게 가난하게 살다보면 항상 근심 속에 있게 된다. 憂則爲盜
　　는 근심 속에 젖어 있게 되면 의리(義理)를 무시하는 도적이 되기 쉽다. 驕則
　　爲暴는 교만한 마음이 지나치게 되면 법을 무시하는 폭도가 된다.

成家之兒는 惜糞如金하고 敗家之兒는 用金如糞이니라.

> ※ 집안을 일으키는 아이는 거름을 아끼기를 돈과 같이 하고, 집을 망치는 아이는 돈을 쓰기를 거름과 같이 하느니라.

·문장의 구조·

成 | 家之兒 ‖ 는 惜 | 糞 如／金하고

敗 | 家之兒 ‖ 는 用 | 金 如／糞이니라.

주어+서술어의 확장 구조이다. 주어절은 수식관계로 이루어졌는데, 서술어+목적어 다음에 오는 之는 토씨를 '는'을 붙인다. 술어절은 서술어+목적어와 서술어+보어의 짜임으로 구성되었다.

· 풀 이 ·

1) 成家之兒는 惜糞如金하고 敗家之兒는 用金如糞이니라. : 집안을 일으키는 아이는 거름을 아끼기를 돈과 같이 하고, 집을 망치는 아이는 돈을 쓰기를 거름과 같이 하느니라.

❀ 成家는 興家와 같으니, 집안을 일으키다. 糞은 더러운 똥을 지칭하면서 아울러 거름을 나타내는 말이다. 惜糞如金은 농사를 짓는 사람은 무엇보다 거름을 아끼기를 황금처럼 여겨서 농작물을 가꿔야 작황(作況)이 좋게 된다. 金은 돈을 가리키니, 用金如糞은 집안을 망치는 아이는 돈을 아낄 줄 모르고 낭비하기를 더러운 똥을 버리듯 한다.

74 康節邵先生曰 閑居에 愼勿說無妨하라 纔說無妨便有妨이니라 爽口物多能作疾이요 快心事過必有殃이라 爭先徑路機關惡하리니 近後語言滋味長이라 與其病後能服藥으로 不若病前能自防이니라.

※ 강절 소선생(康節邵先生)이 말하기를,
"편안하게 있을 때 조심하여 해로울 것이 없다고 말하지 말라. 해로울 것이 없다고 말하자마자 바로 해로운 것이 있느니라. 입을 상쾌하게 하는 음식물이 많으면 병이 일어날 수 있고, 마음을 유쾌하게 하는 일이 지나치면 반드시 재앙이 있으리라. 지름길을 앞 다투다가 나쁜 기관에 걸리게 되니, 앞으로 대화를 할 때는 충분하게 헤아려서 말하라. 병이 난 후에 약을 먹기보다는 병이 나기 전에 능히 스스로 방비하는 것이 나으니라." 하였다.

· 문장의 구조 ·

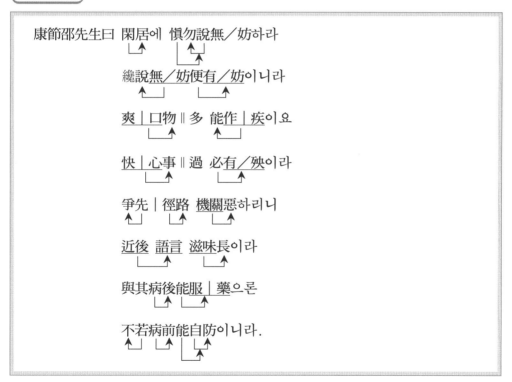

7언 시로 妨, 殃, 長, 防이 운(韻)이다. 부사어가 많은데, 부사어 能, 纔, 便, 必 등은 놓인 위치에 가서 해석하면 된다.

· 풀 이 ·

1) 閑居에 愼勿說無妨하라 : 편안하게 있을 때 조심하여 해로울 것이 없다고 말하지 말라.

❀ 閑居는 편안하고 한가롭게 있을 때를 가리킨다. 居는 처소격으로 '있다'의 뜻

이다. 愼은 부사 '조심하여', '신중하게'의 뜻을 갖는다. 勿은 금지사이다. 無妨은 '해로울 것이 없다', '거리낄 것이 없다'의 뜻이다. 편안하게 있다고 해서 함부로 말하거나 행동하지 말라는 뜻이다.

2) 纔說無妨便有妨이니라 : 해로울 것이 없다고 말하자마자 바로 해로운 것이 있느니라.
- ❂ 纔說은 '말을 하자마자'의 뜻이다. 無妨과 有妨은 서술어+보어의 짜임이므로 '~이(가) ~하다'로 해석한다. 便은 부사로 '바로', '곧'의 뜻이니, 있는 위치에 도달하면 해석한다.

3) 爽口物多能作疾이요 : 입을 상쾌하게 하는 음식물이 많으면 병이 일어날 수 있고,
- ❂ 爽口物은 爽口之物과 같은 말이니, 입맛에 맞는 음식물이다. 能作疾의 能은 '할 수 있다'의 뜻을 갖는 조사이다. 作疾은 서술어+보어의 구성으로 '병이 일어나다'이다. 爽口物多의 다음에 則이 생략되었으니, 爽口物多는 조건절로 '입을 상쾌하게 하는 음식물이 많으면'의 뜻이며 能作疾은 결과절로 '병이 일어날 수 있다'의 뜻이 되는 가정문이다.

4) 快心事過必有殃이라 : 마음을 유쾌하게 하는 일이 지나치면 반드시 재앙이 있으리라.
- ❂ 해석하는 법은 3구와 동일하다. 快心事는 快心之事와 같은 말이니, '마음을 유쾌하게 하는 일'이다. 그러한 일이 중도(中道)를 넘게 되면 반드시 재앙이 있다는 뜻이다.

5) 爭先徑路機關惡하리니 近後語言滋味長이라 : 지름길을 앞 다투다가 나쁜 기관에 걸리게 되니, 앞으로 대화를 할 때도 충분하게 헤아려 하라.
- ❂ 爭先은 앞을 다투다. 徑路는 지름길이다. 機關惡은 나쁜 기관에 걸리는 것이니, 함정에 걸리거나 올가미를 설치한 틀을 가리킨다. 近後의 近은 부사이니, 近來와 같은 뜻으로 '앞으로는'의 뜻이다. 語言는 상대와 더불어 대화를 하는 것이다. 滋味長은 무젖어 맛보기를 많이 하라는 말이니, 충분하게 생각하라는 뜻이다.

6) 與其病後能服藥으론 不若病前能自防이니라. : 병이 난 후에 약을 먹기보다는 병이 나기 전에 능히 스스로 방비하는 것이 나으리라.
- ❂ 與其~不若은 '~하기보다는 ~이 낫다', '하기보다는 ~하는 것만 못하다'의 뜻을 갖는 문장 형식이다. 5구와 6구의 能자는 모두 부사어로 '능히'의 뜻이다. 병이 생긴 후에 좋은 약을 먹으려 하지 말고 미리 병이 나지 않도록 예방하는 것이다.

◦ 출 전 ◦

편리로 《명심보감》通行本에 탈루된 경련(頸聯)을 淸州本에서 가져다가 보충하였으나,

《이천격양집(伊川擊壤集)》을 비롯하여 모든 본(本)이 글자의 출입이 많다.

1. 《이천격양집(伊川擊壤集)》6권 〈인자음(仁者吟)〉에, 仁者難逢思有常 平居愼勿恃無傷
  爭先徑路機關惡 近後語言滋味長 爽口物多能作疾 快心事過必有殃 與其病後能服藥 不
  若病前能自防

  譯 《이천격양집(伊川擊壤集)》6권 〈인자음(仁者吟)〉에,
  "仁者는 생각에 상도(常道)가 있어 만나기 어려우니
  평소에 삼가하여 해로울 것이 없다고 믿지 말라
  지름길을 앞 다투다가 나쁜 기관에 걸리게 되니
  앞으로 대화를 할 때도 충분하게 헤아려 하라
  입을 상쾌하게 하는 음식이 많으면 병이 일어 날 수 있고
  마음을 유쾌하게 하는 일이 지나치면 반드시 재앙이 있으니
  병이 난 후에 약을 먹기보다는
  병이 나기 전에 능히 스스로 방비하는 것이 나으니라." 하였다.

2. 《명심보감》淸州本에, 閑居愼勿說無妨 纔說無妨便有妨 爽口物多能作疾 快心事過必有
  殃 爭先徑路機關惡 近後語言滋味長 端其病後能服藥 不若病前能自防

  譯 《명심보감》淸州本에,
  "편안하게 있을 때 조심하여 해로울 것이 없다고 말하지 말라.
  해로울 것이 없다고 말하자마자 바로 해로운 것이 있느니라.
  입을 상쾌하게 하는 음식물이 많으면 병이 일어날 수 있고,
  마음을 유쾌하게 하는 일이 지나치면 반드시 재앙이 있으리라.
  지름길을 앞 다투다가 나쁜 기관에 걸리게 되니
  앞으로 대화를 할 때도 충분하게 헤아려 말하라
  병의 발단이 난 후에 약을 먹기보다는
  병이 나기 전에 능히 스스로 방비하는 것이 나으니라." 하였다.

75 梓潼帝君垂訓曰 妙藥도 難醫冤債病이요 橫財도 不富命窮
  人이라 虧心折盡平生福하니 幸短天敎一世貧이라. 生事事
  生을 君莫怨하고 害人人害를 汝休嗔하라 天地自然皆有報
  하니 遠在兒孫近在身이니라.

※ 재동제군(梓潼帝君)이 훈계를 내려 말하기를,
"신묘한 약이라도 원한으로 사무친 병은 고치기 어렵고 뜻밖에 생기는 재물도 운명이 곤궁한 사람을 부유하게 하지 못하느니라. 잘못된 마음은 평소에 오는 복마저 모두 꺾어버리니 행복이 짧아져서 하늘이 일생동안 가난하게 한다네. 일을 만들어 일이 생기는 것을 그대는 원망하지 말고 남을 해쳐서 남이 해치는 것을 너는 성내지 말라. 천지는 자연스럽게 모두 보답이 있으니 멀게는 자손에게 있고 가깝게는 자신에게 있느니라." 하였다.

· 문장의 구조 ·

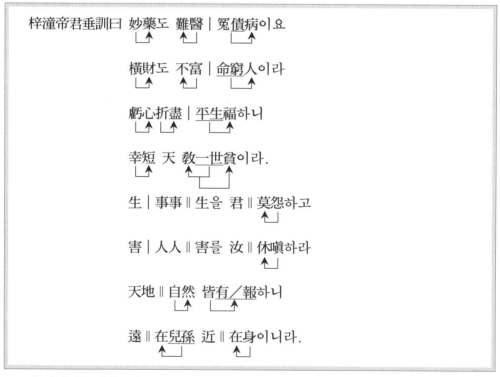

梓潼帝君垂訓曰 妙藥도 難醫│冤債病이요

橫財도 不富│命窮人이라

虧心折盡│平生福하니

幸短 天 敎一世貧이라.

生│事事∥生을 君∥莫怨하고

害│人人∥害를 汝∥休嗔하라

天地∥自然 皆有／報하니

遠∥在兒孫 近∥在身이니라.

7언 시인데 《명심보감》 通行本에 탈루된 함련(頷聯)을 청주본에 의거하여 보충하였으니, 人, 貧, 嗔, 身이 운(韻)이다.

· 풀 이 ·

1) 梓潼帝君垂訓曰 : 재동제군(梓潼帝君)이 훈계를 내려 말하기를,
   ◉ 梓潼帝君 : 淸州本은 梓童帝君이라고 되어 있다. 도교(道敎)에서 진(晉) 나라 때 장아자(張亞子)의 후신(後身)이라고 《명사(明史)》 에 기록하였는데, 자세하지 않다.

四川의 梓潼廟에 봉안되어 있다.

❂ 垂訓은 윗사람이 아랫사람에게 내려주는 가르침을 뜻한다.

2) 妙藥도 難醫冤債病이요 橫財도 不富命窮人이라 : 신묘한 약이라도 원한으로 사무친 병은 고치기 어렵고 뜻밖에 생기는 재물도 운명이 곤궁한 사람을 부유하게 하지 못하느니라.

❂ 妙藥은 약효가 표현하지 못할 정도로 뛰어난 약이다. 冤債病은 원한에 사무침으로 인해 얻어진 병이다. 難醫는 고치기 어렵다의 뜻이다. 橫財는 정당하지 않은 방법으로 취한 재물이나, 뜻밖에 얻어지는 재물을 가리킨다. 命窮人은 타고난 운명이 가난한 사람이다. 不富는 '부유하게 하지 못하다.'의 뜻이다.

3) 虧心折盡平生福하니 幸短天敎一世貧이라. : 잘못된 마음은 평소에 오는 복마저 모두 꺾어버리니 행복이 짧아져서 하늘이 일생동안 가난하게 한다네.

❂ 虧心은 이지러지게 마음을 쓰는 것이니, 잘못된 마음이다. 折盡은 모두 꺾어 놓다. 平生福은 평소에 오는 복(福)이다. 幸短은 행복이 짧아지다. 天敎一世貧은 하늘이 사람으로 하여금 일생동안 가난하게 살도록 만들다.

3) 生事事生을 君莫怨하고 害人人害를 汝休嗔하라 : 일을 만들어 일이 생기는 것을 그대는 원망하지 말고 남을 해쳐서 남이 해치는 것을 너는 성내지 말라.

❂ 生事는 술어+목적어의 짜임으로 '일을 만들다'의 뜻이니, 원인이 되며 事生은 주어+술어의 짜임으로 '일이 생겨나다.'의 뜻이니, 결과이다. 害人人害도 이와 같은 용법이다. 君莫怨과 汝休嗔은 대구(對句)가 되니, 君과 汝는 주어로 '그대(너)'의 뜻이다. 莫과 休는 금지사로 '말라'의 뜻이다.

4) 天地自然皆有報하니 遠在兒孫近在身이니라. : 천지는 자연스럽게 모두 보답이 있으니 멀게는 자손에게 있고 가깝게는 자신에게 있느니라.

❂ 天地는 세상에 일어나는 모든 일들의 인과응보(因果應報)에 대하여 범칭(汎稱)하였다. 自然은 저절로 그러한 결과가 있게 됨을 나타내는 형용사이다. 在는 처소격에 쓰인다. 兒孫은 자식과 손자를 가리키고 身은 자신을 가리킨다.

· 참 고 ·

《명심보감》 통행본은, 梓潼帝君 垂訓曰 妙藥도 難醫冤債病이요 橫財도 不富命窮人이라 生事事生을 君莫怨하고 害人人害를 汝休嗔하라 天地自然皆有報하니 遠在兒孫近在身이니라.

76 花落花開開又落하고 錦衣布衣更換着이라 豪家未必常富貴요 貧家未必長寂寞이라 扶人未必上靑霄요 推人未必塡溝壑이라 勸君凡事莫怨天하라 天意於人無厚薄이니라.

※ 꽃이 지고 꽃이 피고 피었다가 또 지고, 비단 옷을 입었다가 베옷을 입고 다시 바꿔 입느니라. 큰 부자 집이라도 반드시 언제나 부귀한 것이 아니요, 가난한 집도 반드시 오래도록 적막하지 않으리라. 사람을 밀어 올려도 반드시 푸른 하늘에 오르지 못할 것이요, 사람을 밀어 내도 반드시 깊은 구렁에 떨어지지 않느니라. 그대에게 권하노니, 모든 일에 하늘을 원망하지 말라. 하늘의 뜻은 사람에게 대해 후하고 박함이 없느니라.

`• 문장의 구조 •`

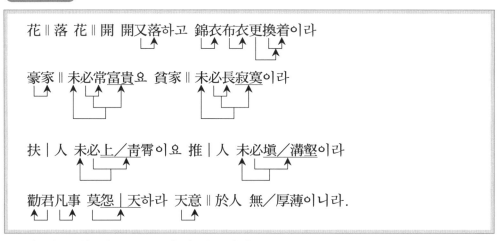

7언 시로 着, 寞, 壑, 薄이 운(韻)이다.

`• 풀 이 •`

1) 花落花開開又落하고 錦衣布衣更換着이라 : 꽃이 지고 꽃이 피고 피었다가 또 지고, 비단 옷을 입었다가 베옷을 입고 다시 바꿔 입느니라.
   ❀ 落은 꽃이 지는 것이며 開는 꽃이 피는 것이다. 花開는 영화로운 시기를 뜻하고 花落은 쇠락한 때를 뜻한다. 錦衣는 衣錦衣와 같은 말이니, 비단옷을 입은 것이다. 布衣는 衣布衣와 같은 말이니 베옷을 입은 것이다. 錦衣는 현달하였을 때를 뜻하고 布衣는 벼슬에서 물러나 평민(平民)으로 있는 때를 뜻한다. 초목에도 꽃이 피고 지는 흥망이 반복하고 사람도 흥망성쇠가 되풀이됨을 가리킨다.

2) **豪家未必常富貴요 貧家未必長寂寞이라** : 큰 부자 집이라도 반드시 언제나 부귀한 것이 아니요, 가난한 집도 반드시 오래도록 적막하지 않으리라.

❀ 豪家는 큰 부자 집을 뜻하니 豪는 돼지의 털 가운데 가장 굵고 큰 등에 난 털에서 뜻이 유래되었다. 未必은 부분부정을 나타내므로 '반드시 ~하지 않는다.'의 뜻이다. 富貴와 寂寞은 드러난 상황을 가리키는 상대어(相對語)이다. 큰 부잣집이라도 언제나 부귀하여 변화하지 않고 가난한 집이라도 언제나 빈천 (貧賤)하여 쓸쓸하지 않는 것이다.

3) **扶人未必上靑霄요 推人未必塡溝壑이라** : 사람을 밀어 올려도 반드시 푸른 하늘에 오르지 못할 것이요, 사람을 밀어 내도 반드시 깊은 구렁에 떨어지지 않느니라.

❀ 扶人과 推人은 서술어+목적어 짜임이다. 扶人은 사람을 떠받쳐서 올리는 것이고 推人은 사람을 밀어내어 떨어지게 하는 것이다. 推는 상황에 따라 상반의 뜻을 갖고 있으니, 사람을 떠받치거나 추천할 때는 음을 '추'라 하고, 밀어내거나 떨어뜨릴 때는 '퇴'라고 발음한다.

4) **勸君凡事莫怨天하라 天意於人無厚薄이니라** : 그대에게 권하노니, 모든 일에 하늘을 원망하지 말라. 하늘의 뜻은 사람에게 대해 후하고 박함이 없느니라.

❀ 君은 '그대'이다. 凡事는 모든 일을 가리킨다. 莫은 금지사이다. 天은 자연스럽게 일이 이루어짐을 나타내는 글자이니, 모든 일이 뜻대로 되지 않는다고 하늘을 원망하지 말라는 뜻이다. 天意於人은 '하늘의 뜻은 사람에게 대하여'이다. 無厚薄은 사람에 따라 잘 되게 하고[厚] 못되도록 하는 일[薄]이 없다는 말이니, "지극히 공정하게 하여 사사로이 가까이함이 없다.[至公無私親]"와 같다.

⑦⑦ 堪歎人心毒似蛇라 誰知天眼轉如車요 去年妄取東隣物터니 今日還歸北舍家이라 無義錢財湯潑雪이요 儻來田地水推沙니라 若將狡譎爲生計면 恰似朝開暮落花니라.

※ 사람의 마음이 독하기가 뱀과 같다고 탄식할 만하니, 하늘의 눈이 돌기를 수레바퀴와 같음을 누가 알 것인가. 지난해에 망령되이 동녘 이웃의 물건을 가져 왔더니 오늘에 다시 북녘 집으로 돌아갔구나. 의리가 없는 돈과 재물은 끓는 물에 눈을 뿌리는 것과 같고 우연히 얻어진 전답은 물에 밀려온 모래와 같으니라. 만약 교활한 속임수로 살아가는 계책으로 삼는다면 흡사 아침에 피었다가 저녁에 시들어지는 꽃과 같으니라.

346 ▌

· 문장의 구조 ·

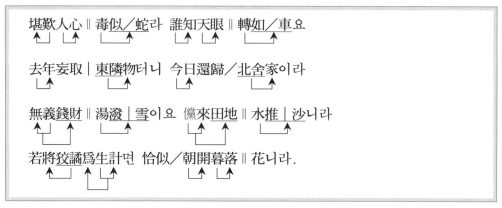

7언 시로 車, 家, 沙, 花가 운(韻)이다.

· 풀 이 ·

1) **堪歎人心毒似蛇라 誰知天眼轉如車요** : 사람의 마음이 독하기가 뱀과 같다고 탄식할 만하니, 하늘의 눈이 돌기를 수레바퀴와 같음을 누가 알 것인가.
   - ◉ 堪歎은 '탄식할 만하다'의 뜻이다. 人心은 사람들의 마음을 지칭하고, 毒似蛇는 뱀처럼 독한 심정을 지녔다는 뜻이다. 誰知는 堪歎와 대구(對句)가 되므로 마지막에 '누가 알겠는가'로 해석하는 것이 타당하다. 人心은 사욕에 따라 치우치는데 비해 天眼은 공정하게 보는 것으로 비유하였다. 轉如車는 수레바퀴처럼 항상 돌면서 모든 것을 굽어보고 있음을 나타내었다.

2) **去年妄取東隣物터니 今日還歸北舍家이라** : 지난해에 망령되이 동녘 이웃의 물건을 가져 왔더니 오늘에 다시 북녘 집으로 돌아갔구나.
   - ◉ 去年은 '지난해'이니, 今日의 상대어가 되므로 과거를 뜻한다. 妄取는 가져서는 안되는데 함부로 취한 것이다. 東隣物은 東隣之物과 같으니, '동쪽 이웃집의 물건'이다. 今日은 '현재'를 나타내고, 還歸는 부사+술어의 짜임으로 '다시 돌아가다'의 뜻이다. 北舍家는 北之舍家와 같아서 '북쪽 이웃의 집'이라는 말이다.

3) **無義錢財湯潑雪이요 儻來田地水推沙니라** : 의리가 없는 돈과 재물은 끓는 물에 눈을 뿌리는 것과 같고 우연히 얻어진 전답은 물에 밀려온 모래와 같으니라.
   - ◉ 無義錢財는 옳지 못한 방법으로 취득한 돈이나 재물을 가리킨다. 湯潑雪은 끓는 물에 눈을 뿌리는 것과 같이 흔적도 없이 사라지게 됨을 나타낸다. 儻來는 노력하지 않았는데 우연히 오게 된 것을 뜻한다. 儻來田地는 뜻하지 않게 우연히 얻게 되는 전답(田畓)을 뜻한다. 水推沙는 개울가에 있는 전답은 물이 흙을 밀어 올려 전답을 만들어 주기도 하나, 다시 물이 모래나 흙을 밀어내어

전답을 못쓰게 하거나 밭이 없어지게 만들기도 한다.

4) 若將狡譎爲生計면 恰似朝開暮落花니라. : 만약 교활한 속임수로 살아가는 계책으로 삼는다면 흡사 아침에 피었다가 저녁에 시들어지는 꽃과 같으니라.

　❂ 若은 가정을 나타내고, 將은 以의 뜻을 갖는다. 狡譎은 교활한 속임수를 가리킨다. 爲生計는 '살아가는 계책으로 삼으면'의 뜻이다. 恰似는 '흡사 ~과 같다'이다. 朝開暮落花는 아침에 피었다가 저녁에 떨어지는 꽃이니, 얼마가지 않고 허망함을 나타낸다.

〔 고　증 〕

《명심보감》 抄略本은 恰似朝雲暮落花로 되어 있는데, 淸州本은 恰似朝開暮落花로 되어 있어 바로잡았다.

78 得失榮枯總是天이니　機關用盡也徒然이라.　人心不足蛇呑
象이요　世事到頭螳捕蟬이라.　無藥可醫卿相壽요　有錢難買
子孫賢이라.　家常守分隨緣過리니　便是逍遙自在仙이라.

> ※ 잘하고 잘못하는 것과 흥망성쇠는 모두 천리에 달려있으니, 온갖 방법을 모두 쓴다 해도 쓸데없는 일이네. 인심(人心)은 만족하지 못하기가 뱀이 코끼리를 삼키듯 탐욕스럽고 세상의 일은 드디어 사마귀가 매미를 잡듯이 재앙을 맞이하네. 약으로도 경상(卿相)의 귀한 목숨을 고칠 수 없고, 돈이 있어도 자손의 현철(賢哲)함은 사기 어려우니라. 집에서 늘 분수를 지켜 인연에 따라 지나면 될 것이니, 그것이 바로 세상을 거닐면서 절로 신선이 되는 것이니라.

·문장의 구조·

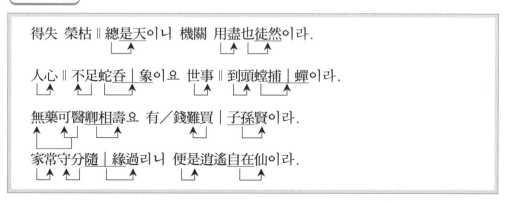

得失 榮枯 ∥ 總是天이니 機關 用盡也徒然이라.

人心 ∥ 不足蛇呑 ｜ 象이요 世事 ∥ 到頭螳捕 ｜ 蟬이라.

無藥可醫卿相壽요 有／錢難買 ｜ 子孫賢이라.

家常守分隨 ｜ 緣過리니 便是逍遙自在仙이라.

7언 시로 然, 蟬, 賢, 仙이 운(韻)이다.

풀 이

1) **得失榮枯總是天이니 機關用盡也徒然이라.** : 잘하고 잘못하는 것과 흥망성쇠는 모두 천리에 달려있으니, 온갖 방법을 모두 쓴다 해도 쓸데없는 일이네.

   ❀ 得失은 행위의 잘잘못을 분간하는 것이다. 榮枯는 국가나 개인의 성쇠(盛衰)를 말한다. 總是天의 是는 계사(繫辭)가 되어 '~이다.'로 해석하니, 모두가 천리(天理)에 달려 있는 것이라는 뜻이다. 機關은 어떠한 목적을 위해 설치한 장치이니, 심기(心機), 계모(計謀) 등을 쓰는 것을 가리킨다. 用盡은 문법대로 풀이하면 '쓰기를 다해도'이나, 우리말은 '모두 사용하다.'가 더욱 타당하다. 也는 강조하는 조사이니, '또한'에 해당한다. 徒然은 아무런 효과가 없으면서 그대로 있는 것을 뜻한다.

2) **人心不足蛇吞象이요 世事到頭螳捕蟬이라.** : 인심(人心)은 만족하지 못하기가 뱀이 코끼리를 삼키듯 탐욕스럽고, 세상일은 드디어 사마귀가 매미를 잡듯이 재앙을 맞이하네.

   ❀ 人心은 일반적인 사람들의 마음가짐을 뜻한다. 不足은 만족하게 여기지 않다. 蛇吞象은 뱀이 코끼리를 삼켰다는 말이니, 인간들의 끝없는 욕심을 가리킨다. 世事는 세상에 일어나는 일들이다. 到頭는 '결국에, 마침내, 과연, 필경에는'의 뜻으로 쓰인다. 螳捕蟬은 사마귀가 매미를 사로잡는 것이니, 사마귀는 뒤에서 참새가 자신을 노리고 있는 재앙을 예견하지 못하는 것을 가리킨다.

3) **無藥可醫卿相壽요 有錢難買子孫賢이니라** : 약으로도 경상(卿相)의 목숨을 고칠 수 없고, 돈이 있어도 자손의 현철(賢哲)함은 사기 어려우니라.

   ❀ 卿相은 육경(六卿)과 삼상(三相)을 지칭하니, 고귀한 사람이다. 無藥可醫卿相壽를 문법에만 맞추어 해석하면, '약이 없어도 卿相의 목숨을 치료할 수 있다.'가 된다. 그러나 다음 구절을 살펴보면 뜻이 서로 상대가 되어야 하므로 '약효가 뛰어난 좋은 약이 있더라도 타고난 수명이 있으므로 비록 고귀할지라도 고칠 수 없다.'는 뜻으로 해석해야 타당하다.

   ❀ 無藥과 有錢은 글자로는 대구(對句)가 되지만, 해석하는 법은 동일하지 않다. 賢은 재능이 있고 덕행을 구비함이니, 자손이 어짊은 자연으로 이루어지는 것이므로 돈이 있어도 살 수가 없는 것이다.

4) **家常守分隨緣過리니 便是逍遙自在仙이라** : 집에서 늘 분수를 지켜 인연에 따라 지나면 될 것이니, 그것이 바로 세상을 거닐면서 저절로 신선이 되는 것이니라.

   ❀ 家常守分은 가정에서 항상 분수(分受)를 지키다. 隨緣過는 인연에 의거하여 세

월을 보내면 될 것이다. 便是는 '바로 ~이다.' 逍遙는 자유롭게 세상을 살아가는 것을 비유하였다. 自在는 自由自在의 줄인 말로 어느 것에 걸림이 없이 자유롭게 있는 것이다. 自在仙은 저절로 신선처럼 자유롭게 됨을 뜻한다.

・ 출 전 ・

《명심보감》 통행본은 淸州本은, 경련(頸聯)에 해당하는 無藥可醫卿相壽 有錢難買子孫賢의 구절만 있다.

79 寬性寬懷過幾年가 人死人生在眼前이라. 隨高隨下隨緣過이니 或長或短莫埋寃이라. 自有自無休歎息이니 家貧家富總由天이라. 平生衣祿隨緣度하니 一日淸閑一日仙이니라.

※ 너그러운 성품과 너그러운 마음으로 몇 해를 지났는가. 사람이 죽고 태어남이 눈 앞에서 일어나는구나. 높은 데나 낮은 데나 모두 인연대로 지나는 것이니 잘했을 때나 못했을 때나 원통함을 묻어두지 말라. 스스로 있을 때나 없을 때나 탄식하지 말 것이니 집이 가난하고 부유함은 모두 천리에 연유하느니라. 평소의 의식주(衣食住)도 인연대로 지나는 것이니 하루라도 마음이 청한(淸閑)하면 하루의 신선이 되느니라.

・ 문장의 구조 ・

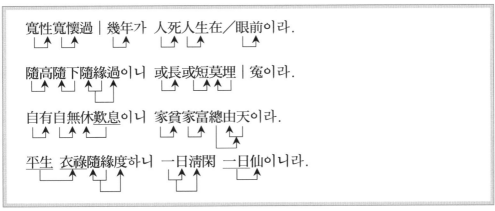

前, 寃, 天, 仙이 운(韻)이다.

· 풀 이 ·

1) 寬性寬懷過幾年가 人死人生在眼前이라. : 너그러운 성품과 너그러운 마음으로 몇 해를 지났는가. 사람이 죽고 태어남이 눈앞에서 일어나는구나.

  ❀ 寬性寬懷는 너그러운 성품과 마음씨를 가리킨다. 過幾年은 '몇 해나 지났는가?'하는 의문문이다. 人死人生은 사람이 이 세상에 태어나고 죽는 일이다. 在眼前은 눈앞에서 일어나는 현실임을 뜻한다.

2) 隨高隨下隨緣過이니 或長或短莫埋宽이라. : 높은 데나 낮은 데나 모두 인연대로 지나는 것이니 잘했을 때나 못했을 때나 원통함을 묻어두지 말라.

  ❀ 隨高隨下의 隨는 '~할 때마다', '~에 따라'의 뜻이므로, 높은 경지에 있을 때나 낮은 지위에 잇을 때를 모두 지칭한다. 隨緣過는 인연이 닿는 대로 지나는 것이다. 或長或短은 어떤 때는 잘했고 어떤 때는 못했거나를 막론하고 가리킨다. 莫은 금지(禁止)하는 말이다. 埋宽은 원통한 일을 내색하지 않고 묻어두는 것이다.

3) 自有自無休歎息이니 家貧家富總由天이라. : 스스로 있을 때나 없을 때나 탄식하지 말 것이니 집이 가난하고 부유함은 모두 천리에 연유하느니라.

  ❀ 自有自無의 自는 시초(始初)를 뜻하는 의미로 쓰인 말이니, '있을 때나 없을 때나'를 가리킨다. 休歎息은 탄식을 하지 말라. 家貧家富는 집이 가난할 때나 부유할 때를 뜻한다. 總由天은 모두 천리(天理)에 따라 이루어진다.

4) 平生衣祿隨緣度하니 一日淸閑一日仙이니라. : 평소의 의식주(衣食住)도 인연대로 지나는 것이니 하루라도 마음이 청한(淸閑)하면 하루의 신선이 되느니라

  ❀ 平生은 平素와 같은 말이니 平生衣祿은 평소에 누리는 의식주를 총칭한다. 隨緣度는 인연대로 지나는 것이다. 一日淸閑은 하루 동안이라도 마음을 깨끗하고 한가하게 갖는 것이다. 一日仙은 하루 동안은 신선처럼 물욕을 벗어나게 됨이다.

· 출 전 ·

《명심보감》通行本은 미련(尾聯)의 마지막 구절 一日淸閑一日仙만 있다.

省 心 篇 (下)

12

※ 《명심보감》淸州本은 省心篇을 상, 하로 나누지 않았는데, 통행본에
따라 분편하였다.

1

眞宗皇帝御製曰 知危識險이면 終無羅網之門이요 擧善薦
賢이면 自有安身之路라 施仁布德은 乃世代之榮昌이요 懷
妬報冤은 與子孫之危患이라 損人利己면 終無顯達雲仍이
요 害衆成家면 豈有長久富貴리요 改名異體는 皆因巧語而
生이요 禍起傷身은 皆是不仁之召니라.

※ 진종황제(眞宗皇帝) 어제(御製)에 말하기를,
"위태함을 알고 위험함을 알면 마침내 법망(法網)에 걸리는 일이 없을 것이오.
선한 사람을 등용하고 어진 사람을 천거하면 저절로 몸을 편안히 하는 길이 있
느니라. 인(仁)을 베풀고 덕(德)을 베풀면 바로 대대로 번영하여 창성하게 될
것이요. 투기하는 마음을 품고 원한을 갚는다면 자손에게 위태로운 근심을 주는
것이니라. 남을 해쳐서 자신을 이롭게 하면 마침내 현달하는 자손이 없게 되고,
사람들을 해쳐서 집안을 일으키면 어찌 오래도록 그 부귀가 가겠는가. 이름을
바꾸고 몸을 따로 놓이게 됨은 모두 교묘한 말로 인하여 생겨나고, 재앙이 일어
나고 몸을 해치게 됨은 모두 어질지 못함이 초래하는 것이니라." 하였다.

문장의 구조

眞宗皇帝 御製曰 知 | 危 識 | 險이면 終無／羅網之門이요

擧 | 善 薦 | 賢이면 自有／安身之路라

施 | 仁 布 | 德은 乃世代之 榮昌이요

懷 | 妬 報 | 冤은 與 子孫之 危患이라

損 | 人 利 | 己면 終無／顯達 雲仍이요

害 | 衆 成 | 家면 豈有／長久 富貴리요

改 | 名 異 | 體는 皆因巧語而生이요

禍 ‖ 起 傷 | 身은 皆是不仁之召니라.

처음부터 끝까지 가정문으로 구성되어 있으니, '면' 또는 '은(는)'의 구결이 붙은 앞이 조건절이며 뒤가 결과절이다.

풀 이

1) **眞宗皇帝御製曰 : 진종황제(眞宗皇帝) 어제(御製)에 말하기를,**
   - ❁ 眞宗皇帝 : 북송(北宋) 제3대 황제(997~1022). 이름은 조항(趙恒). 태종(太宗)의 아들. 당말(唐末)과 오대(五代)의 혼란을 수습하고 중앙집권체제를 확립하였으나 요(遼)와의 관계가 안정되지 못하여 1004년에 요 성종(聖宗)의 침입을 받았다. 친정(親征)을 주장하는 구준(寇準)의 의견에 따라 황하를 건너서 전주에 포진하였다. 1004년에 협정을 맺게 되었고 송과 요는 형제의 맹약을 체결하여 은 10만 냥과 비단 20만 필을 공물로 요에 보내고 양국 국경에 완충지대를 설치하는 등의 협정을 맺었다.
   - ❁ 御製는 임금이 지은 글을 가리킨다.

2) **知危識險이면 終無羅網之門이요 擧善薦賢이면 自有安身之路라 : 위태함을 알고 위험함을 알면 마침내 법망(法網)에 걸리는 일이 없을 것이오. 선한 사람을 등용하고 어진 사람을 천거하면 저절로 몸을 편안히 하는 길이 있느니라.**
   - ❁ 知危識險은 知識危險을 번갈아 거론한 것과 같으나, 이어진 조건절의 문장들도 술어+목적어거 병렬로 구성되었으므로 '위태함을 알고 위험을 알다.'로 해석하는 것이 타당하다, 擧善은 재능을 지닌 사람을 등용하는 것이며 薦賢은 덕망을 지닌 사람을 천거하는 것이다. 終은 '마침내'의 뜻을 갖는 부사이다. 羅網은 법의 그물을 가리킨다. 羅를 罹자로 보아서 安身과 같이 술어+목적어의 짜임으로 '그물에 걸리다.'의 뜻으로 해석하기도 한다. 自는 '저절로', '자연히'의 뜻을 갖는 부사이다.

3) **施仁布德은 乃世代之榮昌이요 懷妬報冤은 與子孫之危患이라 : 인(仁)을 베풀고 덕(德)을 베풀면 바로 대대로 번영하여 창성하게 될 것이요. 투기하는 마음을 품고 원한을 갚는다면 자손에게 위태로운 근심을 주는 것이니라.**
   - ❁ 施仁은 사랑을 널리 펴는 마음이며 布德은 은덕을 베푸는 행위이다. 乃는 '이에', '바로'의 뜻인 부사이다. 世代는 代代와 같은 말이다. 榮昌은 번영하여 창성함이다. 懷妬는 투기하는 마음을 갖는 것이며 報冤은 원한을 갚는 행위이다. 與子孫之危患은 서술어+목적어의 구성으로 '자손에게 위태로운 근심을 주다.'의 뜻이다.

4) **損人利己면 終無顯達雲仍이요 害衆成家면 豈有長久富貴리요 : 남을 해쳐서 자신을 이롭게 하면 마침내 현달하는 자손이 없게 되고, 사람들을 해쳐서 집안을 일으키**

면 어찌 오래도록 그 부귀가 가겠는가.

◉ 損人利己는 다른 사람을 손해나게 하여 자신을 이롭게 하는 행위이다. 終은 '마침내'이다.

◉ 雲仍은 雲孫과 仍孫을 합하여 말한 것이니, 먼 후손을 뜻한다.

	2世	3世	4世	5世	6世	7世	8世
子	孫	曾孫	玄孫	來孫	昆孫	仍孫	雲孫

◉ 害衆成家는 많은 사람들을 해침으로 인하여 집안을 일으키는 것이다. 豈는 의문사로 '어찌'이다. 長久는 오랜 세월을 뜻한다.

5) 改名異體는 皆因巧語而生이요 禍起傷身은 皆是不仁之召니라. : 이름을 바꾸고 몸을 따로 놓이게 됨은 모두 교묘한 말로 인하여 생겨나고, 재앙이 일어나고 몸을 해치게 됨은 모두 어질지 못함이 초래하는 것이니라.

◉ 改名은 죄를 짓게 되어 이름을 바꾸는 것이다. 異體는 '몸을 달리하다'이니, 죽어서 몸이 분리되는 것을 가리키니, 형벌을 받아 참수(斬首)를 받거나 죽은 뒤에 부관참시(剖棺斬屍)를 당하는 경우이다. 因巧語而生은 교묘한 말이 원인이 되어서 발생된다는 뜻이다. 禍起는 주어＋서술어의 짜임으로 '재화(災禍)가 일어남'이다. 傷身은 술어＋목적어의 짜임이니, '자신을 해치는 것'이다. 皆是는 '모두 ～이다'이다. 不仁은 인애(仁愛)를 행하지 않음이다. 召는 불러들이는 것이니, 초래(招來)와 같다.

2 神宗皇帝御製曰 遠非道之財하고 戒過度之酒하며 居必擇隣하고 交必擇友하며 嫉妬를 勿起於心하고 讒言을 勿宣於口하며 骨肉貧者를 莫疎하고 他人富者를 莫厚하며 克己는 以勤儉爲先하고 愛衆以謙和爲首하며 常思已往之非하고 每念未來之咎하라 若依朕之斯言이면 治國家而可久니라.

> ※ 신종황제(神宗皇帝) 어제(御製)에 말하기를,
> "도리(道理)가 아닌 재물은 멀리하고 정도(程度)가 넘는 술을 경계하며, 거주(居住)는 반드시 이웃을 가리고, 교제(交際)는 반드시 벗을 가리며, 질투(嫉妬)를 마음에서 일으키지 말고 참언(讒言)을 입에서 뱉지 말며, 친척으로 가난한 사람을 소원(疎遠)하게 하지 말고 타인으로 부유한 사람을 후대(厚待)하지 말며, 자기의

> 사욕을 극복하는 것은 부지런하고 검소함을 우선으로 여기고, 사람들을 사랑하는 것은 겸손하고 화합함을 으뜸으로 여길 것이며, 항상 지난날의 잘못을 생각하고 언제나 앞날의 허물을 생각하라. 만약 나의 이 말에 의거(依據)한다면 나라와 집안을 잘 다스리고 또 장구(長久)할 수 있느니라.” 하였다.

· 문장의 구조 ·

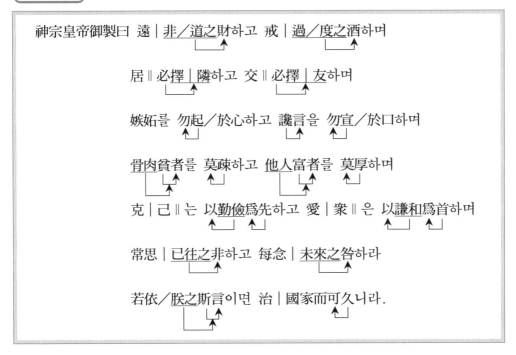

· 풀 이 ·

1) 神宗皇帝 御製曰 : 신종황제(神宗皇帝) 어제(御製)에 말하기를,

　❀ 神宗皇帝 : 송(宋) 제 6대 임금. 이름은 조욱(趙頊) 영종(英宗)의 장남. 북송(北宋)은 제 4대 인종(仁宗) 때 서하(西夏)와 요(遼)의 압박으로 체제의 위기를 맞기 시작하였고 제 5대의 영종(英宗)이 재위 5년 만에 죽었다. 이어 즉위한 신종은 왕안석(王安石)을 재상으로 등용하고 신법(新法)을 시행하고 재정·군사 관제의 개혁하여 부국 강병책을 시행하였다. 왕안석이 신법을 실패하고 퇴관하자 스스로 개혁을 친정(親政)하여 재정은 호전되었지만 외정(外征)은 실패하였다.

2) 遠非道之財하고 戒過度之酒하며 : 도리(道理)가 아닌 재물은 멀리하고 정도(程度)

가 넘는 술을 경계하며,

- ✿ 非道之財는 올바르지 못한 방법으로 취득한 재물을 뜻한다. 戒는 '조심하다'이다. 過度之酒는 자신의 주량(酒量)을 넘는 술을 마시는 것이다. 도리에 벗어난 재물을 취득하면 치욕을 당하게 되고 정도에 넘는 술을 마시게 되면 위의(威儀)를 잃게 된다.

3) 居必擇隣하고 交必擇友하며 : 거주(居住)는 반드시 이웃을 가리고, 교제(交際)는 반드시 벗을 가리며,

- ✿ 居는 거주지(居住地)를 뜻한다. 《논어(論語)》 里仁篇에, "마을이 인함이 아름다우니, 선택하였으나 인(仁)에 처하지 않으면 어떻게 지혜로울 수 있는가.[里仁爲美 擇不處仁 焉得知]"하였으니, 거주지를 정할 때 반드시 이웃을 가려야 한다.
- ✿ 交는 교제(交際)를 뜻한다. 《논어(論語)》 季氏篇에, "유익한 것으로 세 가지 벗이 있으니, 정직한 사람을 벗하며 진실한 사람을 벗하며 박학다식한 사람을 벗하면 유익하다.[益者三友 友直 友諒 友多聞 益矣]"하였으니, 교제를 할 때는 반드시 익우(益友)인지를 가려야 한다.

4) 嫉妬를 勿起於心하고 讒言을 勿宣於口하며 : 질투(嫉妬)를 마음에서 일으키지 말고 참언(讒言)을 입에서 뱉지 말며,

- ✿ 嫉妬는 남이 잘되는 것을 시기하는 마음이니, 내면에서 일어난다. 그러므로 애당초 마음에서 질투하는 단서를 일으키지 말라는 뜻이다. 讒言은 다른 사람을 중상하며 비방하는 말이다. 勿宣은 不出과 같으니, 발설하지 말라는 뜻이다.

5) 骨肉貧者를 莫疎하고 他人富者를 莫厚하며 : 친척으로 가난한 사람을 소원(疎遠)하게 하지 말고 타인으로 부유한 사람을 후대(厚待)하지 말며,

- ✿ 骨肉은 가깝게는 형제를 뜻하고 친척까지 포함하는 말이다. 莫은 금지사이니, '말라'의 뜻이다. 莫疎는 莫疎忽과 같고 莫厚는 莫親厚와 같은 말이니, 동기간이나 친척으로 가난한 사람을 멀리하거나 홀대하지 말 것이며, 타인으로 부유한 사람을 가까이하거나 후대하지 말라는 뜻이다.

6) 克己는 以勤儉爲先하고 愛衆은 以謙和爲首하며 : 자기의 사욕을 극복하는 것은 부지런하고 검소함을 우선으로 여기고, 사람들을 사랑하는 것은 겸손하고 화합함을 으뜸으로 여길 것이며,

- ✿ 克己는 '자신의 사욕을 극복하는 것'이니, 외부의 물욕에 휩쓸리지 않는 것이다. 以~爲는 '~을 ~여기다'의 뜻이니, 以勤儉爲先은 '부지런하고 검소한 것을 우선으로 여기다.'이다. 愛衆은 많은 사람을 사랑하는 것이다. 謙和는 자신을 낮추는 겸손과 많은 사람들과 화합하는 것이다.

7) 常思已往之非하고 每念未來之咎하라 : 항상 지난날의 잘못을 생각하고 언제나 앞
   날의 허물을 생각하라.

   ❀ 常은 '늘', '항상'의 뜻이다. 已往之非는 과거에 저지른 비행(非行)이다. 每는
   常과 같은 뜻이다. 未來之咎는 앞으로 닥쳐올 허물이다.

8) 若依朕之斯言이면 治國家而可久니라. : 만약 나의 이 말에 의거(依據)한다면 나라
   와 집안을 잘 다스리고 또 장구(長久)할 수 있느니라.

   ❀ 若은 '만약'이니, 가정사이다. 朕은 神宗 자신을 지칭한다. 依朕之斯言은 '자신
   의 이 말에 의거하여 행하면'의 뜻이다. 治는 잘 다스림이니, 治國家는 나라와
   집안을 잘 다스림이다. 而는 且와 같으니, '또'의 뜻이다. 可久의 可는 조사(助
   詞)이니, '할 수 있다'이다.

③ 高宗皇帝 御製曰 一星之火도 能燒萬頃之薪하고 半句非言
도 誤損平生之德이라 身被一縷나 常思織女之勞하고 日食
三飧이나 每念農夫之苦하라 苟貪妬損이면 終無十載安康
이요 積善存仁이면 必有榮華後裔니라 福緣善慶은 多因積
行而生이요 入聖超凡은 盡是眞實而得이니라.

※ 고종황제(高宗皇帝) 어제에 말하기를,
"한 번 반짝하는 불티도 능히 만경(萬頃)의 섶나무를 태울 수 있고, 반 마디의
그릇된 말도 그르쳐서 평소에 쌓은 덕을 손상시키느니라.
몸에 한 올의 실로 된 옷을 입을 때도 항상 베를 짜는 여자의 수고로움을 생각
하고, 하루 세 끼의 밥을 먹을 때도 언제나 농부의 수고로움을 생각하라. 구차
하게 탐내고 시기해서 손해를 끼친다면 마침내 10년의 편안함도 없을 것이요,
선(善)을 쌓고 인(仁)을 보존하면 반드시 영화로운 후손들이 있게 되느니라.
복(福)은 선경(善慶)에 따라 오는 것이니 대부분 선행을 쌓음을 인하여 생겨나
고, 성인(聖人)의 경지에 들어가고 범인(凡人)의 지경을 초월함은 모두 진실해
서 얻어지는 것이니라." 하였다.

·문장의 구조·

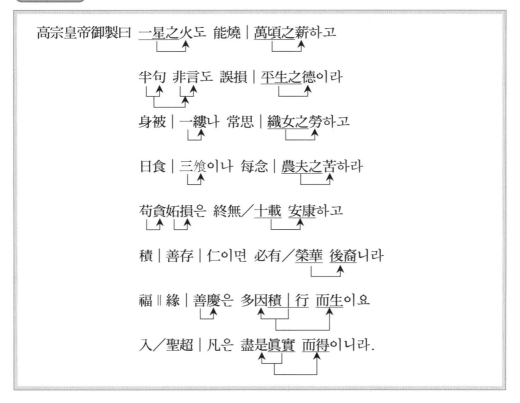

高宗皇帝御製曰 一星之火도 能燒│萬頃之薪하고

半句 非言도 誤損│平生之德이라

身被│一縷나 常思│織女之勞하고

日食│三飧이나 每念│農夫之苦하라

苟貪妬損은 終無╱十載 安康하고

積│善存│仁이면 必有╱榮華 後裔니라

福‖緣│善慶은 多因積│行 而生이요

入╱聖超│凡은 盡是眞實 而得이니라.

· 풀 이 ·

1) **高宗皇帝 御製曰** : 고종황제(高宗皇帝) 어제에 말하기를,

❀ 高宗皇帝 : 남송(南宋) 초대 임금. 이름은 조구(趙構 : 1107~1187), 자는 덕기(德基). 북송 휘종(徽宗)의 9남이며 흠종(欽宗)의 동생이다. 북송이 망하자 남경(南京)으로 도피하여 황제에 즉위하였다. 36년간 재위하다 강요에 의해 양위한 후 81세에 병으로 세상을 떠났다.

2) **一星之火도 能燒萬頃之薪하고 半句非言도 誤損平生之德이라** : 한 번 반짝하는 불티도 능히 만경(萬頃)의 섶나무를 태울 수 있고, 반 마디의 그릇된 말도 그르쳐서 평소에 쌓은 덕을 손상시키느니라.

❀ 一星之火는 한 번 반짝하는 작은 불티를 뜻한다. 별이 반짝반짝하고 빛나듯이 작은 불꽃을 一星으로 표현하였다. 能은 부사의 성격과 조사(助辭)의 의미를 함께 내포하였으므로 '능히 ~할 수 있다'로 해석한다. 萬頃은 매우 넓은 지역을 가리킨다. 薪은 섶나무이다. 半句非言은 반 마디의 잘못된 말이다. 誤는 부사이니, 能과 상대가 되므로 '그르쳐서'라고 해석한다. 平生之德은 평소에 쌓

아놓은 은덕을 가리킨다.

3) 身被一縷나 常思織女之勞하고 日食三飧이나 每念農夫之苦하라 : 몸에 한 올의 실로 된 옷을 입을 때도 항상 베를 짜는 여자의 수고로움을 생각하고, 하루 세 끼의 밥을 먹을 때도 언제나 농부의 수고로움을 생각하라.

❀ 身被一縷는 '몸에 한 올의 실로 된 옷을 입다.'이니, 매우 검소한 옷차림을 뜻한다. 常은 '항상'의 뜻인 부사이다. 思織女之勞는 하찮은 옷을 입을지라도 옷감을 짠 아낙네의 수고로움을 생각하는 것이다. 日食三飧은 하루에 세끼의 밥을 먹음이니, 최소한의 식생활을 뜻한다. 每는 '언제나'의 뜻을 갖는 부사이다. 念農夫之苦는 최소한의 식생활을 행할지라도 농부가 농사를 짓는 수고로움을 생각하는 것이다.

4) 苟貪妬損은 終無十載安康하고 積善存仁이면 必有榮華後裔니라 : 구차하게 탐내고 시기해서 손해를 끼친다면 마침내 10년의 편안함도 없을 것이요, 선(善)을 쌓고 인(仁)을 보존하면 반드시 영화로운 후손들이 있게 되느니라.

❀ 苟貪妬損은 구차하게 탐을 내고 시기하여 남에게 손해를 끼치는 것이다. 終은 마침내이다. 十載는 10년이다. 積善存仁은 선행을 쌓고 인의를 보존함이다. 必은 반드시이다. 榮華後裔는 영화롭게 되는 후손이 있을 것이라고 장담하는 것이다.

5) 福緣善慶은 多因積行而生이요 入聖超凡은 盡是眞實而得이니라. : 복(福)은 선경(善慶)에 따라 오는 것이니 대부분 선행을 쌓음을 인하여 생겨나고, 성인(聖人)의 경지에 들어가고 범인(凡人)의 지경을 초월함은 모두 진실해서 얻어지는 것이니라.

❀ 福緣善慶은 《역경(易經)》 坤卦 文言傳에, "선(善)을 쌓은 집은 반드시 남는 경사가 있다.[積善之家 必有餘慶]"에서 나온 말이니, 福은 善慶을 쌓는데 따라 온다는 뜻이다. 多는 '대부분'의 뜻을 갖는다. 因積行而生은 선행을 쌓음으로 인해서 생겨남이다. 入聖超凡은 지위(地位)를 갖고 말한 것이니, 성인(聖人)의 지위에 들어가서 범인(凡人)의 경지(境地)를 뛰어넘는 것이다. 盡은 부사이니, '모두'이다. 是는 爲와 같은 용법이니, 爲眞實而得과 같은 말이므로 '진실하기 때문에 얻어지다.'의 뜻이다.

4 王良曰 欲知其君인대 先視其臣하고 欲識其人인대 先視其友하고 欲知其父인대 先視其子하라 君聖臣忠하고 父慈子孝이니라.

※ **왕량(王良)이 말하기를,**
"그 임금을 알고자 한다면 먼저 그 신하를 살펴보고, 그 사람을 알고자 한다면 먼저 그 벗을 살펴보고, 그 부모를 알고자 한다면 먼저 그 자식을 살펴보라. 임금이 성스러우면 신하가 충성하고, 부모가 인자하면 자식이 효도하느니라." 하였다.

문장의 구조

王良曰 欲知 | 其君인대 先視 | 其臣하고

欲識 | 其人인대 先視 | 其友하고

欲知 | 其父인대 先視 | 其子하라

君 ‖ 聖 臣 ‖ 忠하고 父 ‖ 慈 子 ‖ 孝이니라.

欲은 하고 싶은 욕망을 나타내는 조동사이다. 其는 지시 대명사로 쓰면서 관형격 조사로 쓰였다. 先은 우선의 뜻을 지닌 부사이다.

풀 이

1) 王良曰 : 왕량(王良)이 말하기를,
   ● 王良 : 이 말을 한 사람이 확실하게 드러나지 않으나 아래 3인 가운데 1인인 듯하다.
      ◉ 동한(東漢) 사람. 자는 중자(仲子). 왕망(王莽)에게 벼슬하지 않고 많은 학도(學徒)를 교수하였고, 광무(光武)가 즉위한 후에 간의대부(諫議大夫)가 되어 자주 충언을 올려 조정에서 그를 공경하였다. 대사도(大司徒)가 된 후에도 그의 처는 베옷을 입고 땔나무를 하며 농사를 지어 당시 사람들이 가상하게 여겼다.
      ◉ 원(元) 산당(山唐) 사람. 금(金) 말기에 중산부(中山府)의 관리가 되었는데 백성들이 난리를 만나 많은 사람들이 잘못 옥사(獄辭)에 연루되니, 주선하여 수백명을 살렸다. 얼마 후에 관직을 버리고 성리학(性理學)에 매진하였으며 천문(天文)과 역법(曆法)에 매우 조예가 깊었다.
      ◉ 명(明) 하남(河南) 사람. 자는 천성(天性). 홍무(洪武) 연간에 첨도어사(僉都御使)를 지냈는데 사건에 연루되어 형부낭중(刑部郎中)으로 좌천되었다. 건문(建文) 연간에 절강안찰사(浙江按察使)가 되었고, 성조(成祖)가 즉위하여 사신

을 보내어 초치하였으나 응하지 않고 스스로 불에 타 죽었다.

2) 欲知其君인대 先視其臣하고 欲識其人인대 先視其友하고 欲知其父인대 先視其子하라 : 그 임금을 알고자 한다면 먼저 그 신하를 살펴보고, 그 사람을 알고자 한다면 먼저 그 벗을 살펴보고, 그 부모를 알고자 한다면 먼저 그 자식을 살펴보라.

  ◉ 欲知其君은 종속절이면서 조건을 나타내니, '그 임금이 어떠한 사람인지 알고 싶다면'의 뜻이다. 先은 부사로 '우선', '먼저'의 뜻이다. 視는 見보다 자세히 살펴보는 것이다. 視其臣은 주절이며 결과를 나타내니, 그 임금의 신하는 어떠한 사람들인지 자세히 살펴보는 것이다.

  ◉ 識은 知와 같은 뜻이다. 先視其友는 사람은 같은 부류끼리 어울리기 때문에 교제하는 벗을 살펴보면 그 사람을 알 수 있다.

  ◉ 父는 母를 포함하여 말한 것이므로 '부모'라고 해석한다. 부모가 어떠한 사람인지 알려면 자식을 살펴보라고 한 것은 부모가 훈도(薰陶)한 대로 자식이 성장하기 때문이다.

3) 君聖臣忠하고 父慈子孝이니라. : 임금이 성스러우면 신하가 충성하고, 부모가 인자하면 자식이 효도하느니라.

  ◉ 君聖臣忠은 君聖則臣忠과 같은 말이다. 聖은 나보다 못한 사람들을 구제하여 좋은 곳으로 인도하는 것이니, 임금이 백성들을 구제하여 잘 인도하면 신하는 충성하게 된다는 뜻이다. *父慈子孝는 父慈則子孝와 같은 표현이다. 慈는 부모가 자식을 사랑하는 것이니, 부모가 자식을 사랑하면 자식들은 부모에게 효도하게 된다.

5 家語云 水至清則無魚하고 人至察則無徒니라.

※ 《가어(家語)》에 이르기를,
"물이 지극히 맑으면 고기가 없고, 사람이 지극히 살피면 따르는 무리가 없느니라." 하였다.

**· 문장의 구조 **

家語云 水∥至清則 無／魚하고
      └↑

    人∥至察則 無／徒니라.
          └↑

가정문이니, 則의 앞이 종속절이며 뒤가 주절이다.

· 풀 이 ·

1) 家語云 : 《가어(家語)》에 이르기를,
   ● 家語 : 《공자가어(孔子家語)》를 가리키니, 공자의 언행(言行)과 제자들과 문답한 내용을 기록한 책이다. 《한서(漢書)》〈예문지(藝文誌)〉에 '《공자가어》27권'이라 되어 있으나, 이미 실전(失傳)되어 저자의 이름이 기록되지 않았다. 현재 전해지는 책은 위(魏)의 왕숙(王肅)이 공안국(孔安國)의 이름을 빌려 《좌전(左傳)》·《국어(國語)》·《맹자(孟子)》·《순자(荀子)》·《대대례(大戴禮)》·《예기(禮記)》·《사기(史記)》·《설원(說苑)》·《안자(晏子)》·《열자(列子)》·《한비자(韓非子)》·《여람(呂覽)》 등에 실린 공자에 관한 기록을 모아 수록한 위서(僞書)로 44편이니, 공자의 유문(遺文)과 일화가 섞여 있다.

2) 水至淸則無魚하고 人至察則無徒니라. : 물이 지극히 맑으면 고기가 없고, 사람이 지극히 살피면 따르는 무리가 없느니라.
   ● 至는 부사로 '지극히'의 뜻이다. 물이 지극히 맑으면 물고기 살아갈 수 있는 영양분이 없으므로 살지 않고, 사람이 너무 완벽을 추구하여 전후를 살펴보게 되면 함께 일을 행하려는 사람이 없게 된다.

· 출 전 ·

《공자가어(孔子家語)》在厄篇, 한(漢) 동방삭(東邦朔)의 《답객란(答客難)》

6 子曰 三軍은 可奪帥也어니와 匹夫는 不可奪志也니라.

※ 공자가 말씀하시기를,
"삼군(三軍)은 장수를 빼앗을 수 있으나 필부(匹夫)는 뜻[志]을 빼앗을 수 없느니라." 하였다.

· 문장의 구조 ·

子曰 三軍∥은 可奪│帥也어니와

匹夫∥는 不可奪│志也니라.

주어+서술어+목적어의 구성이다.

・ 풀 이 ・

1) 三軍은 可奪帥也어니와 匹夫는 不可奪志也니라. : 삼군(三軍)은 장수를 빼앗을 수 있으나 필부(匹夫)는 뜻을 빼앗을 수 없느니라.

❋ 三軍은 춘추시대에 제후국(諸侯國)의 군대를 지칭하는 말인데, 三軍之帥를 뜻하니, '삼군의 장수'이다.' 可奪帥는 장수를 빼앗을 수 있는 것이니, 삼군을 거느리는 장수의 목숨을 빼앗을 수 있다는 표현이다. 匹夫는 지위가 없는 장부(丈夫)를 뜻하니, 필부가 갖고 있는 뜻[志]를 지칭한다. 不可奪志는 필부가 지니고 있는 뜻을 빼앗을 수 없다는 말이다.

・ 출 전 ・

《논어(論語)》 子罕篇

7 子曰 生而知之者는 上也요 學而知之者는 次也요 困而學之는 又其次也니 困而不學은 民이니 斯爲下矣니라.

※ 공자가 말씀하시기를,
"태어나면서부터 도(道)를 아는 사람은 상등의 자질이요, 배워서 도를 아는 사람은 그 다음의 자질이요, 알지 못해서 도를 배우는 사람은 또 그 다음의 자질이니라. 알지 못하면서도 배우지 않으면 일반 백성이니, 이 사람은 하등이 되느니라." 하였다.

・ 문장의 구조 ・

子曰 生而知之者∥는 上也요

學而知之者∥는 次也요

困而學之∥는 又其次也니

困而不學∥은 民이니 斯爲下矣니라.

사람의 타고난 자질에 대한 설명이니, 주어+서술어의 구성이다.

・ 풀 이 ・

1) 生而知之者는 上也요 學而知之者는 次也요 : 태어나면서부터 도(道)를 아는 사람은 상등의 자질이요, 배워서 도를 아는 사람은 그 다음의 자질이요,

   ◉ 知之의 之는 道를 뜻하니, 道는 사물의 당연한 이치이다. 生而知之者는 태어나면서 사물의 당연한 이치를 아는 자질을 지닌 사람이다. 上也는 상등의 사람이니, 성인(聖人)으로 요(堯),순(舜), 공자(孔子)같은 사람을 지칭한다. 學而知之者는 배우고 나서 도(道)를 아는 자질을 지닌 사람이다. 次也는 生而知之의 다음이 되는 자질을 지닌 사람이니, 현인(賢人)으로 우(禹), 직(稷), 안회(顔回)같은 사람을 지칭한다.

2) 困而學之는 又其次也니 困而不學은 民이니 斯爲下矣니라. : 알지 못해서 도를 배우는 사람은 또 그 다음의 자질이니, 알지 못하면서도 배우지 않으면 일반 백성이니, 이 사람은 하등이 되느니라.

   ◉ 困而學之의 困은 알지 못하는 것[不通]이니, 알지 못하는 것이 있어서 도(道)를 배우는 사람이다. 又其次는 學而知之의 다음이 되는 사람을 지칭하니, 일반적인 학자(學者)들을 가리킨다. 困而不學은 알지 못하면서도 도를 배우지 않는 사람을 가리킨다. 民은 사리를 알지 못하는 우매한 사람을 말한다. 斯爲下矣는 이렇게 배우지 않는 사람이 하등의 사람이 된다는 것이니, 매우 어리석음[下愚]를 뜻한다.

・ 출 전 ・

《논어(論語)》 季氏篇

8 子曰 君子 有三思하니 而不可不思也니라. 少而不學이면 長無能也요 老而不敎면 死無思也요 有而不施면 窮無與也니라. 是故 君子는 少思其長이면 則務學하고 老思其死면 則務敎하고 有思其窮이면 則務施니라.

※ 공자가 말씀하시기를,
"군자는 세 가지 생각함이 있으니, 생각하지 않을 수 없느니라. 젊어서 배우지

않으면 장성(長成)하여 잘하는 일이 없게 되고, 늙어서 가르치지 않으면 죽어서
생각해 주는 사람이 없고, 부유(富有)하면서 베풀지 않으면 곤궁할 때 도와주는
사람이 없게 되느니라. 이러므로 군자는 젊었을 때 자신이 장성할 때를 생각하
면 배우기를 힘써야 하고 늙었을 때 자신이 죽음을 생각하면 가르치기를 힘써
야 하고, 재물을 소유했을 때 자신이 곤궁해졌을 때를 생각하면 베풀기를 힘쓸
것이니라." 하였다.

·문장의 구조·

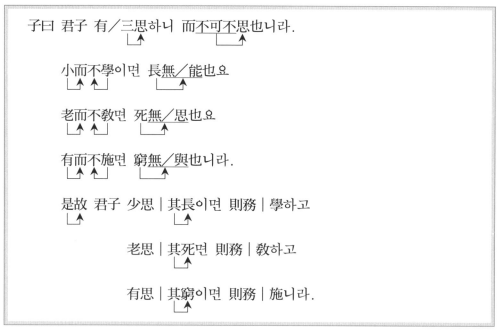

小而不學, 老而不敎, 有而不施의 而는 순접의 접속사이다.

· 풀 이 ·

1) **君子 有三思하니 而不可不思也니라.** : 군자는 세 가지 생각함이 있으니, 생각하지
   않을 수 없느니라.
   ❀ 君子는 자신의 인격을 완성하려고 하는 사람을 가리킨다. 有三思은 세 가지
   생각할 것이 있다는 것이니, 思는 농민이 전지(田地)에서 한 해의 농사에 대하
   여 생각하듯 하는 것을 뜻한다. 不可不思는 생각하지 않을 수 업는 것이니,
   반드시 깊이 생각해야 함이다.

2) **小而不學이면 長無能也요 老而不敎면 死無思也요 有而不施면 窮無與也니라.** : 젊

어서 배우지 않으면 장성(長成)하여 잘하는 일이 없게 되고, 늙어서 가르치지 않으면 죽어서 생각해 주는 사람이 없고, 재물을 가지고서 베풀지 않으면 곤궁할 때 도와주는 사람이 없게 되느니라.

❀ 小而不學은 젊어서 일이나 학문을 배우지 않는 것이다. 長無能는 장성하여서 잘하는 것이 없게 된다. 老而不敎는 늙어서 자신이 알고 있는 지식이나 기술을 후세에게 가르쳐 주지 않는 것이다. 死無思는 죽고 난 뒤에 그를 생각하는 사람이 없게 됨이다. 有而不施는 부유하면서 은혜를 베풀지 않는 것이다. 窮無與는 인생이 부유하다가 곤궁해졌을 때 도와주는 사람이 없게 되는 것이다.

3) 是故 君子 少思其長이면 則務學하고 老思其死면 則務敎하고 有思其窮이면 則務施니라 : 이러므로 군자는 젊었을 때 자신이 장성할 때를 생각하면 배우기를 힘써야 하고 늙었을 때 자신이 죽음을 생각하면 가르치기를 힘써야 하고 재물을 소유했을 때 자신이 곤궁해졌을 때를 생각하면 베풀기를 힘쓸 것이니라.

❀ 是故는 '이렇기 때문에', 혹은 '이러므로'이다. 少思其長은 조건절이니, 少時 思其長과 같은 말로 젊었을 때 자신이 장성했을 때를 생각하지 않는 경우이다. 則은 가정을 나타내는 조사이다. 務學은 서술어+목적어의 짜임으로, 배우기를 힘쓰다. 老思其死는 늙었을 때 자신이 죽고 난 후를 생각하는 것이다. 務敎는 후학을 가르치기를 힘쓴다. 有思其窮은 부유할 때 자신이 곤궁해졌을 때를 생각하는 것이다. 務施는 빈한(貧寒)한 사람들에게 은혜를 베풀기를 힘쓰는 것이다.

· 출 전 ·

《순자(荀子)》法行篇

⑨ 景行錄云 能自愛者는 未必能成人이나 自欺者는 必罔人하며 能自儉者는 未必能周人이나 自忍者는 必害人하나니 此無他라 爲善은 難하고 爲惡은 易일새니라.

※ 《경행록》에 이르기를,
"능히 자신을 사랑하는 사람은 반드시 능히 다른 사람의 인(仁)을 이루어 주지 못하나 자신을 속이는 사람은 반드시 다른 사람을 속이며, 능히 자신에게 검소한 사람은 반드시 다른 사람을 구휼(救恤)하지는 못하나 자신에게 잔인한 사람은 반드시 다른 사람을 해치게 되니, 이것은 다른 것이 아니라 선(善)을 행하기는 어렵고 악을 행하기는 쉽기 때문이니라." 하였다.

· 문장의 구조 ·

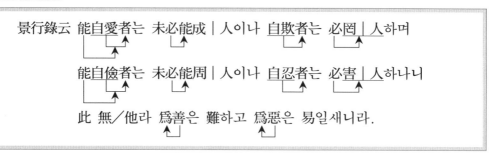

능은 부사로 쓰였으니, '능히'의 뜻을 갖는다.

· 풀 이 ·

1) **能自愛者는 未必能成人이나 自欺者는 必罔人하며** : 능히 자신을 사랑하는 사람은 반드시 능히 다른 사람의 인(仁)을 이루어주지 못하나 자신을 속이는 사람은 반드시 다른 사람을 속이며,

❂ 能은 부사이다. 自愛者는 자신을 아끼고 사랑하는 사람이다. 未必能成人의 未必은 '반드시 ~하지 않는다.', 혹은 '기필하지 못한다.'의 뜻이며, 成人은 다른 사람의 인격을 완성하도록 도와주는 것이니, 능히 다른 사람의 인(仁)을 이루게 할 수 있다고 장담하지 못하는 것이다. 自欺者는 스스로 자신을 속이는 사람이다. 必罔人은 반드시 다른 사람을 속일 것이라고 단정짓는 말이다.

2) **能自儉者는 未必能周人이나 自忍者는 必害人하나니** : 능히 자신에게 검소한 사람은 반드시 다른 사람을 구휼(救恤)하지는 못하나 자신에게 잔인한 사람은 반드시 다른 사람을 해치게 되니,

❂ 能自儉者의 儉은 분수에 맞게 생활하는 것이니, 능히 자신에게 검소한 사람을 가리킨다. 未必能周人의 周人은 다른 사람의 어려운 생활을 구제하는[周] 것이니, 능히 다른 사람을 구제(救濟)하였다고 기필하지 못한다. 自忍者는 스스로 자신에게 잔인하게 대하는 사람을 가리킨다. 必害人은 반드시 다른 사람을 해친다.

3) **此無他라 爲善은 難하고 爲惡은 易일새니라.** : 이것은 다른 것이 아니라 선(善)을 행하기는 어렵고 악을 행하기는 쉽기 때문이니라.

❂ 此는 이렇게 되는 이유를 뜻한다. 無他는 다른 이유가 없다는 말이다. 爲善難은 선을 실천하는 것은 어렵다. 爲惡易은 악을 행하기 쉽기 때문이다. '일새니라.'의 구결을 붙인 것은 때문이나, 이유를 뜻하는 글자가 없을 때 이를 나타내는 구결이다.

子曰 人無遠慮면 必有近憂니라.

※ 공자가 말씀하시기를,
"사람이 멀리 생각하는 것이 없으면 반드시 가까운 근심이 있을 것이니라." 하였다.

〔문장의 구조〕

子曰 人‖無／遠慮면
　　　　└↑

　　必‖有／近憂니라.
　　　　└↑

주어＋서술어＋보어의 구성이다.

〔 풀　이 〕

1) 人無遠慮면 必有近憂니라. : 사람이 멀리 생각하는 것이 없으면 반드시 가까운 근심이 있을 것이니라.

　⦿ 人은 일반적인 사람을 가리킨다. 慮는 일을 도모하여 생각하는 것이니, 無遠慮는 아직 일이 일어나기에 앞서서 깊이 생각하는 것이 없는 것이다. 必有近憂는 반드시 가까운 근심이 있음이니, 일이 일어나면 반드시 근심할 것이 있을 것이라는 뜻이다.

〔 출　전 〕

《논어(論語)》衛靈公篇

 許敬宗曰 春雨如膏나 行人은 惡其泥濘하고 秋月揚輝나
盜者는 憎其照鑑이니라.

※ 허경종(許敬宗)이 말하기를,
"봄비는 기름과 같으나 길가는 사람은 봄비가 진창길로 만든 것을 싫어하고, 가을 달빛이 밝게 비추나 도둑은 가을달이 거울처럼 비추는 것을 싫어하느니라." 하였다.

> ┌─ 문장의 구조 ─┐

許敬宗曰 春雨‖如／膏나 行人‖은 惡│其泥濘하고

秋月‖揚│輝나 盜者‖는 憎│其照鑑이니라.

주어+서술어+목적어(보어)로 구성된 문장이다.

> ┌─ 풀 이 ─┐

1) **許敬宗曰 : 허경종(許敬宗)이 말하기를,**
   - ❀ 許敬宗 : 당(唐) 항주(杭州) 사람. 자는 연족(延族). 당 초기에 진왕부(秦王府) 18학사 가운데 1인이다. 고종(高宗) 때 예부상서에 오르고 이어 시중(侍中)으로 발탁되었다. 무측천(武則天)을 도와서 저수량(褚遂良)을 축출하고 장손무기(長孫無忌)와 상관의(上官儀) 등을 핍박하였다.

2) **春雨如膏나 行人은 惡其泥濘하고 : 봄비는 기름과 같으나 길가는 사람은 봄비가 진창길로 만든 것을 싫어하고,**
   - ❀ 春雨如膏는 봄비가 만물을 소생하도록 도와주므로 살찌우는 기름과 같다고 하니, 일반적인 상황에 해당된다. 行人은 길을 가는 사람이다. 惡其泥濘의 其는 봄비를 가리킨다. 泥濘은 봄비로 인하여 길이 진창이 된 것이니, 개인적인 상황이다. 누구나 일반적인 시각으로 볼 때 좋은 것일지라도 특수한 상황에서는 맞지 않는 것이 많다.

3) **秋月揚輝나 盜者는 憎其照鑑이니라. : 가을 달빛이 밝게 비추나 도둑은 가을달이 거울처럼 비추는 것을 싫어하느니라.**
   - ❀ 秋月揚輝는 진(晉) 도연명(陶淵明)의 詩인 "가을달이 밝은 빛을 비추네.[秋月揚明輝]"에서 나온 말이니, 일반적으로 사람들은 달빛이 환한 것을 좋아한다. 憎其照鑑의 其는 秋月을 가리킨다. 照鑑은 거울이 비추듯이 환하게 드러남을 뜻한다.

12 景行錄云 大丈夫見善明故로 重名節於泰山하고 用心精故로 輕死生於鴻毛니라.

※《경행록(景行錄)》에 이르기를,
"대장부는 선(善)을 보는 것이 분명하기 때문에 명예(名譽)와 절의(節義)를 태산보다 중하게 여기고, 마음을 쓰는 것이 정미하기 때문에 죽고 사는 것을 기러기 깃털보다 가볍게 여기느니라." 하였다.

· 문장의 구조 ·

景行錄云 大丈夫‖ 見│善‖明 故로 重│名節／於泰山하고

用│心‖精 故로 輕│死生／於鴻毛니라.

비교형의 문장이다. 故는 '~ 때문에'로 해석하며, 故는 '그러므로', '때문에'의 뜻으로 쓴다. 於는 비교격(比較格)으로 쓰면 '~보다'의 뜻이다.

· 풀　이 ·

1) 景行錄云 大丈夫見善明故로 重名節於泰山하고 : 대장부는 선(善)을 보는 것이 분명하기 때문에 명예(名譽)와 절의(節義)를 태산보다 중하게 여기고,

❀ 大丈夫는 남자가 성인으로 성장하였고 웅지(雄志)를 품은 사람을 뜻한다. 見善은 술어+목적어의 구성이니, '善을 보다.'이다. 明은 "볼 때는 분명하게 볼 것을 생각한다.[視思明]"에서 온 말이다. 重은 무겁게 여기다. 名節은 명예와 절의이다. 於는 비교격이므로 '~보다'이다. 善을 분명하게 보기 때문에 명예와 절의를 지켜서 태산보다도 무겁게 여기는 것이다. 일반적으로 무거운 것을 칭할 때는 태산을 비유한다.

2) 用心精故로 輕死生於鴻毛니라. : 마음을 쓰는 것이 정미하기 때문에 죽고 사는 것을 기러기 깃털보다 가볍게 여기느니라.

❀ 用心精故의 앞에 大丈夫가 생략되었다. 用心은 마음을 쓰는 것이다. 精은 정미하고 면밀한 것이니, 면밀하게 마음을 쓰기 때문에 가장 무겁게 여기는 죽어야 할 때와 살아야 할 때를 확실하게 안다. 그러므로 자신의 생명을 기러기의 깃털보다 가볍게 여기는 것이다. 가벼운 것을 비유할 때 새의 깃털을 칭한다.

· 참　고 ·

《명심보감》淸州本에, 景行錄云 大丈夫見善明故로 重名節於泰山하고 用心剛故로 輕死生於鴻毛니라.

譯 《명심보감》 淸州本과, 《경행록(景行錄)》 에 이르기를,

"대장부는 선(善)을 보는 것이 분명하기 때문에 명예와 절의를 태산보다 중하게 여기고, 마음을 쓰는 것이 강직하기 때문에 죽고 사는 것을 기러기 깃털보다 가볍게 여기느니라." 하였다.

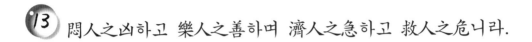

13 悶人之凶하고 樂人之善하며 濟人之急하고 救人之危니라.

> ※ 남의 흉사(凶事)를 불쌍하게 여기고, 남의 선사(善事)를 즐겁게 여기며, 남의 급한 일을 구제하고 남의 위태한 일을 구원해 줄 것이니라.

· 문장의 구조 ·

悶 | 人之凶하고 樂 | 人之善하며

濟 | 人之急하고 救 | 人之危니라.

서술어+목적어의 구성인데, 목적절이 확장되었다.

· 풀 이 ·

1) 悶人之凶하고 樂人之善하며 濟人之急하고 救人之危니라. : 남의 흉사(凶事)를 불쌍하게 여기고, 남의 선사(善事)를 즐겁게 여기며, 남의 급한 일을 구제하고 남의 위태한 일을 구원해 줄 것이니라.

❂ 悶은 《명심보감》 淸州本과 《태상감응편(太上感應篇)》 에 憫으로 되어 있으므로 '불쌍하게 여기다'로 해석하는 것이 타당하다. 人之凶은 수식+피수식의 짜임이다. 凶은 凶事이니, 좋지 않은 일들을 총칭하였다. 善은 善事이니, 모든 좋은 일들을 가리킨다.

❂ 濟는 강물을 건네준다는 뜻에서 파생하였으니, 어려운 일을 도와주는 것을 가리킨다. 急은 急事이니, 서둘러 우선으로 해야 할 일이다. 救는 나쁜 상황에 있는 것을 좋은 곳으로 옮겨주는 것이니, 구원하여 줌이다. 危는 危事이니, 위태하며 두려운 일이다.

· 출 전 ·

남송(南宋) 이창령(李昌齡)의 《태상감응편(太上感應篇)》 에, 宜憫人之凶하고 樂人之善하

며 濟人之急하고 救人之危니라. 見人之得어든 如己之得하고 見人之失이어든 如己之失하라.

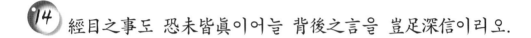 남송(南宋) 이창령(李昌齡)의 《태상감응편(太上感應篇)》에,

"마땅히 남의 흉한 일을 불쌍하게 여기고, 남의 좋은 일을 즐겁게 여기며, 남의 급한 일을 구제하고 남의 위태한 일을 구원해 주어야 되느니라. 남이 잘한 일을 보거든 자신이 잘한 것처럼 여기고 남이 잘못한 것을 보거든 자신이 잘못한 것처럼 여길 것이니라." 하였다.

14 經目之事도 恐未皆眞이어늘 背後之言을 豈足深信이리오.

> ※ 눈앞에 지나간 일도 모두 진실이 아닐까 두렵거늘, 등 뒤에서 하는 말을 어찌 깊이 믿을 수 있겠는가.

· 문장의 구조 ·

恐은 두렵다는 뜻 속에 '염려되다'의 뜻을 내포한다. 豈足은 의문조사+가능조사이니, '어찌 ~할 수 있겠는가.'이다.

· 풀 이 ·

1) 經目之事도 恐未皆眞이어늘 背後之言을 豈足深信이리오 : 눈앞에 지나간 일도 모두 진실이 아닐까 두렵거늘, 등 뒤에서 하는 말을 어찌 깊이 믿을 수 있겠는가.

❀ 經目之事는 자신이 직접 경험하였거나 눈앞에서 벌어진 일이다. 恐未皆眞은 직접 본 일이라도 모두 진실이 아닐까를 염려하는 것이다. 背後之言은 간접으로 들었거나 책으로 전해지는 모든 것을 지칭한다. 足은 '충분하다'의 뜻을 내포한 '~할 수 있다.'의 뜻이다.

15 不恨自家汲繩短하고 只恨他家苦井深이로다.

374 ▮

※ 자기 집 두레박의 줄이 짧은 것은 한탄하지 않고 단지 남의 집 우물이 깊은 것만 한탄하느니라.

· 문장의 구조 ·

不恨 | 自家汲繩短하고

只恨 | 他家苦井深이로다.

서술어＋목적어 확장구조이다.

· 풀   이 ·

1) 不恨自家汲繩短하고 只恨他家苦井深이로다 : 자기 집 두레박의 줄이 짧은 것은 한탄하지 않고 단지 남의 집 우물이 깊은 것만 한탄하느니라.
   ◉ 恨은 한탄하며 원망스럽게 여기는 것이다. 汲繩은 물을 긷는 두레박의 줄이다. 苦井은 우물은 깊은데 두레박의 끈이 짧아서 물을 긷는 것이 괴롭기 때문에 이름을 붙인 것이니, 《서계총어(西溪叢語)》에, "금인(今人)들은 배를 타기를 좋아하지 않아서 배를 타는 것을 고선(苦船)이라고 한다.[今人 不善乘船 謂之 苦船]" 하였다.

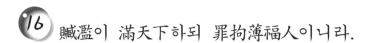
16 贓濫이 滿天下하되 罪拘薄福人이니라.

※ 부정한 재물을 취하고 법을 어긴 사람이 천하에 가득 할지라도 죄는 복이 박한 사람만을 구속하느니라.

· 문장의 구조 ·

贓濫∥이 滿／天下하되

罪∥拘 | 薄／福人이니라.

주어＋서술어＋보어(목적어)의 구성이다.

· 풀 이 ·

1) 贓濫이 滿天下하되 罪拘薄福人이니라 : 부정한 재물을 취하고 법을 어긴 사람이
   천하에 가득 할지라도 죄는 복이 박한 사람만을 구속하느니라.
   ● 贓은 도둑질한 물건과 바르지 못한 방법으로 재물을 모은 것을 지칭한다. 濫
     은 물이 둑을 넘어감이니, 법을 무시하거나 어긴 사람을 지칭한다. 滿天下는
     많은 사람들이 범법(犯法)을 저지르는 것을 나타낸다. 罪는 잘못을 저지르려
     는 의식을 갖고 행한 행위이므로, 형벌이 뒤따른다. 拘는 잡히거나 구속되는
     것이다. 薄福人은 타고난 복이 적은 사람이니, 재수가 없는 사람이다.

 17 天若改常이면 不風則雨요 人若改常이면 不病則死니라.

> ※ 하늘이 만약 상도(常道)를 바꾼다면 바람이 불지 않으면 비가 오고, 사람이 만약
>   상도(常道)를 바꾼다면 병들지 않으면 죽으리라.

·문장의 구조·

> 天‖若改│常이면 不風則雨요
>   └──┘↑   └──┘↑
>
> 人‖若改│常이면 不病則死니라.
>   └──┘↑   └──┘↑

　가정문으로 天若改常과 人若改常이 종속절이면서 조건을 나타내고 不風則雨와 不病
則死가 주절이며 결과절이다.

· 풀 이 ·

1) 天若改常이면 不風則雨요 : 하늘이 만약 상도(常道)를 바꾼다면 바람이 불지 않으
   면 비가 오고,
   ● 常은 상도(常道)이니, 일정한 법칙에 의해 운용되는 모든 이치를 말한다. 天은
     주어이다. 若은 '만약'의 뜻을 갖는 가정사이다. 改는 바꾸는 것이다. 하늘의
     상도(常道)는 언제나 푸른 것인데, 이를 바꾸게 되면 바람이 불지 않으면 비가
     내린다.

2) 人若改常이면 不病則死니라 : 사람이 만약 상도(常道)를 바꾼다면 병들지 않으면
   죽으리라.

❀ 人은 주어이다. 改常은 상도(常道)를 바꾸는 것이니, 사람이 인간의 도리를 지키며 살아가야 하는데, 이를 바꾸면 병들지 않으면 죽을 것이라는 말이다.

참 고

《명심보감》淸州本에, 天若改常이면 不風卽雨요 人若改常이면 不病卽死니라.

🈩 《명심보감》淸州本에,

"하늘이 만약 상도(常道)를 바꾼다면 바람이 불지 않아도 바로 비가 오고, 사람이 만약 상도(常道)를 바꾼다면 병들지 않아도 바로 죽으리라." 하였다.

18 壯元詩云 國正天心順이오 官淸民自安이라 妻賢夫禍少요 子孝父心寬이니라.

※《장원시(壯元詩)》에 이르기를,

"나라가 바르면 임금의 마음이 저절로 순해지고, 관청이 깨끗하면 백성들의 마음이 저절로 편안하느니라. 아내가 어질면 남편의 화가 적을 것이요. 자식이 효도하면 부모의 마음이 너그러워질 것이니라." 하였다.

문장의 구조

壯元詩云 國∥正 天心∥順이오 官∥淸 民∥自安이라

妻∥賢 夫禍∥少요 子∥孝 父心∥寬이니라.

가정문으로 종속절과 주절이 모두 주어+서술어의 구성으로 되어있다. 기구(起句)와 승구(承句)가 대구이며 호문(互文)으로 구성되었고, 전구(轉句)와 결구(結句)가 대구이다.

풀 이

1) 壯元詩云 : 《장원시(壯元詩)》에 이르기를,

❀ 壯元詩 : 대과(大科)에 급제하는 것을 용문(龍門)에 들었다고 하고 장원(壯元)을 용두(龍頭) 혹은 용수(龍首)라고 한다. 대과는 과거의 최종 시험인 전시(殿試)에서 성적순으로 갑과·을과·병과로 뽑는데, 갑과는 3인으로 1등은 장원(壯元), 2등은 방안(榜眼), 3등은 탐화(探花)라고 하고, 4등부터 10등은 을과, 그 외는 병

과로 급제한다. 이 책은 어느 때인지 알 수 없으나, 송(宋) 《명현집(名賢集)》에 이와 비슷한 시가 등재됨으로 미루어 볼 때 송대(宋代)에 편집한 듯하다.

2) 國正天心順이오 官淸民自安이라 : 나라가 바르면 임금의 마음이 저절로 순해지고, 관청이 깨끗하면 백성들의 마음이 저절로 편안하느니라.

   ◉ 國正은 종속절이니, '나라의 정사가 바르게 실행되면'의 뜻이 된다. 官淸과 대구로 주어+서술어의 짜임이므로 '~은 하다.'로 해석한다. 國이 나라이므로 官은 관리보다는 관청이 타당하다. 天心順과 民自安은 대구이면서 호문(互文)이 되어 天心自順과 民心自安과 같으니, '임금의 마음은 저절로 순해지며, 백성들의 마음이 저절로 편안해진다.'의 뜻이다.

3) 妻賢夫禍少요 子孝父心寬이니라. : 아내가 어질면 남편의 화가 적을 것이요. 자식이 효도하면 부모의 마음이 너그러워질 것이니라.

   ◉ 기구(起句)와 승구(乘句)는 조정(朝廷)에 대하여 거론하였고, 전구(轉句)와 결구(結句)는 가정에 대한 내용이다. 아내가 어질면 남편에게 오는 화가 적을 것이며 자식이 효도하면 부모의 마음은 저절로 관대하게 된다. 夫妻와 父子는 가정 안에 있는 인륜이므로 반대로 적용해도 같은 뜻이 된다. 남편이 어질면 아내의 화는 적어질 것이며 부모가 너그러우면 자식은 효도하게 될 것이다.

┌ 참 고 ┐

《명현집(名賢集)》에, 國正天必順이오 官淸民自安이라 妻賢夫禍少요 子孝父心寬이니라.

　▣ 譯 《명현집(名賢集)》에,

　"나라가 바르면 임금은 반드시 순리(順理)를 따르고, 관리가 깨끗하면 백성들이 저절로 편안하느니라. 아내가 어질면 남편의 화가 적을 것이요. 자식이 효도하면 부모의 마음이 너그러워지느니라." 하였다.

⑲ 孟子曰 三代之得天下也는 以仁이요 其失天下也는 以不仁이니라. 國之所以廢興存亡者도 亦然하니라. 天子不仁이면 不保四海하고 諸侯不仁이면 不保社稷하고 卿大夫不仁이면 不保宗廟하고 士庶人不仁이면 不保四體니라. 今 惡死亡而樂不仁하나니 是 猶惡醉而强酒니라.

※ 맹자가 말하기를,

"삼대(三代)가 천하를 얻은 것은 인(仁) 때문이요, 그들이 천하를 잃은 것은 불인(不仁)하기 때문이니라. 나라가 흥폐(興廢)하거나 존망(存亡)하는 이유도 역시 그러하니라. 천자(天子)가 불인(不仁)하면 사해(四海)를 보존하지 못하고, 제후가 불인하면 사직(社稷)을 보존하지 못하고, 경대부(卿大夫)가 불인하면 종묘(宗廟)를 보존하지 못하고, 사인(士人)과 서인(庶人)이 불인하면 사체(四體)를 보존하지 못하느니라. 지금 죽거나 망하는 것을 싫어하면서도 불인을 즐겨하고 있으니, 이것은 취한 것을 싫어하면서도 술을 억지로 마시는 것과 같으니라." 하였다.

문장의 구조

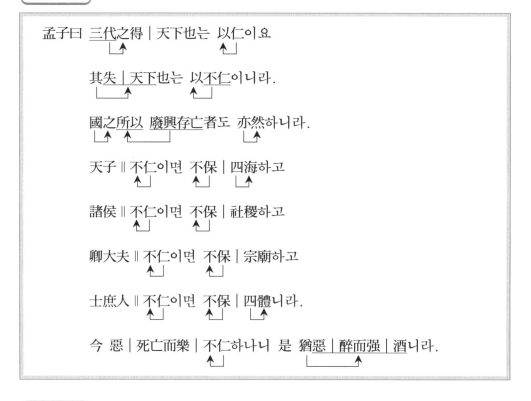

풀 이

1) 三代之得天下也는 以仁이요 其失天下也는 以不仁이니라. 國之所以廢興存亡者도 亦然하니라. : 삼대(三代)가 천하를 얻은 것은 인(仁) 때문이요, 그들이 천하를 잃은 것은 불인(不仁)하기 때문이니라. 나라가 흥폐(興廢)하거나 존망(存亡)하는 이유도 역시 그러하니라.

❂ 三代는 하(夏), 상(商), 주(周)를 가리킨다. 三代之得天下也는 우(禹), 탕(湯), 문(文)·

무(武)가 천하를 얻게 된 이유이다. 以仁은 仁을 썼기 때문이다. 其失天下也는 걸(桀), 주(紂), 유(幽)·여(厲)가 천하를 잃게 된 이유이다. 以不仁은 不仁을 썼기 때문이다. 國之所以廢興存亡者의 國은 제후의 나라를 가리키니, 제후의 나라가 흥폐(興廢)하거나 존망(存亡)하는 이유를 가리킨다. 亦然은 역시 그러하다.

2) 天子不仁이면 不保四海하고 諸侯不仁이면 不保社稷하고 卿大夫不仁이면 不保宗廟하고 士庶人不仁이면 不保四體니라. : 천자(天子)가 불인(不仁)하면 사해(四海)를 보존하지 못하고, 제후가 불인하면 사직(社稷)을 보존하지 못하고, 경대부(卿大夫)가 불인하면 종묘(宗廟)를 보존하지 못하고, 사인(士人)과 서인(庶人)이 불인하면 사체(四體)를 보존하지 못하느니라.

● 天子不仁은 '천자가 不仁을 사용하여 다스린다면'이라고 가정한 것이다. 不保四海는 중국을 중심으로 인근의 나라들을 포함한 천하를 보존하지 못한다는 뜻이다. 諸侯不仁은 제후가 不仁을 써서 그 나라를 다스림이다. 不保社稷은 그 나라의 사직을 보존하지 못하는 것이다. 卿大夫는 그 나라의 집정(執政)이니, 不仁으로써 정사에 종사하는 것이다. 不保宗廟는 그 나라의 종통(宗統)을 보존하지 못하는 것이다. 士庶人은 사인(士人)과 서인(庶人)을 가리키니, 사인(士人)은 하급관리와 글을 배운 선비를 총칭한다. 不仁은 불인(不仁)을 써서 몸가짐을 갖추는 것이다. 不保四體는 자신의 신체를 보존하지 못하고 죽게 됨이다.

3) 今 惡死亡而樂不仁하나니 是 猶惡醉而强酒니라. : 지금 죽거나 망하는 것을 싫어하면서도 불인을 즐겨하고 있으니, 이것은 취한 것을 싫어하면서도 술을 억지로 마시는 것과 같으니라.

● 今은 맹자가 살았던 당시를 뜻한다. 惡死亡은 죽거나 망하는 것을 싫어함이니, 惡의 음은 '오'이다. 樂不仁은 불인을 행하는 것을 즐거워한다. 是는 이러한 행위들을 망라한다. 猶는 같다. 惡醉而强酒는 술에 취하는 것을 싫어하면서도 술을 억지로 먹는다.

《맹자(孟子)》 離婁上篇

20 子曰 木從繩則直하고 人受諫則聖이니라.

※ 공자가 말씀하시기를,
"나무가 먹줄을 좇으면 곧게 되고, 사람이 간언을 받아들이면 성(聖)스럽게 되느니라." 하였다.

·문장의 구조·

子曰 木∥從│繩則 直하고

人∥受│諫則 聖이니라.

종속절은 주어+서술어+목적어로 구성되어 있고 주절은 목적어만 나타내었다.

· 풀 이 ·

1) 木從繩則直하고 人受諫則聖이니라. : 나무가 먹줄을 좇으면 곧게 되고, 사람이 간언을 받아들이면 성스럽게 되느니라.

❀ 從은 '좇아가다'이며 繩은 '먹줄'이다. 굽어있는 나무에 먹줄을 놓고 그 선을 따라가며 톱으로 켜게 되면 곧은 목재(木材)로 다시 태어난다. 諫은 아랫사람이 윗사람의 바르지 못한 점을 말씀드리는 것이다. 聖은 맹자(孟子)가 말한 "대인(大人)이면서 감화를 시켜주는 사람[大而化之]"이니, 간언(諫言)을 받아들여 개과천선을 하게 되면 점점 인격을 도야하므로 인해 성인의 경지에 이른다는 말이다.

· 출 전 ·

《공자가어(孔子家語)》子路初見篇에, 御狂馬不釋策하고 操弓不反檠하니 木從繩則直하고 人受諫則聖이니라.

▣ 《공자가어(孔子家語)》子路初見篇에,
"함부로 날뛰는 말을 제어할 때는 채찍을 놓지 않고 활을 다룰 때는 도지개를 뒤집어서 쓰지 않으니, 나무가 먹줄을 좇으면 곧게 되고, 사람이 간언을 받아들이면 성스럽게 되느니라." 하였다.

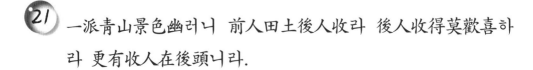

㉑ 一派靑山景色幽러니 前人田土後人收라 後人收得莫歡喜하라 更有收人在後頭니라.

※ 한 줄기 푸른 산은 경치가 그윽하더니, 옛 사람이 짓던 전지(田地)에서 지금 사람들이 수확을 하는구나. 지금 사람들아! 수확을 한다하여 기뻐하지 말라. 다시 수확하려는 사람들이 그 뒤에 있느니라.

◀ 문장의 구조 ▶

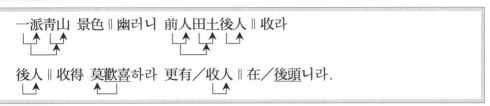

7언 절구인데, 천지 만물은 영원히 자신의 것이 아니라, 후인들의 것을 잠시 빌려 씀을 나타내었다.

◀ 풀 이 ▶

1) 一派靑山景色幽러니 前人田土後人收라 : 한 줄기 푸른 산은 경치가 그윽하더니, 옛 사람이 짓던 전지(田地)에서 지금 사람들이 수확을 하는구나.
　❋ 一派靑山은 항상 변함없이 고요한 자연을 표현한 것이다. 景色은 경치와 같은 말이며 幽는 말로 표현하기에 부족할 정도로 아름다운 것이다. 前人은 옛날 사람들을 가리키며 田土는 전지(田地)와 같다. 後人은 현재 지금 살고 있는 사람이다. 收는 수확(收穫)하는 것이다.

2) 後人收得莫歡喜하라 更有收人在後頭니라. : 지금 사람들아 수확을 한다하여 기뻐하지 말라. 다시 수확하려는 사람들이 그 뒤에 있느니라.
　❋ 收得은 수확과 같은 말이다. 莫歡喜는 자신이 전지(田地)를 마련하지 않고서 곡물을 수확하는 것만을 기뻐하지 말라는 뜻이다. 更은 '다시'이다. 有收人은 서술어+보어의 짜임이니, '수확하는 사람이 있다.'이다. 在는 처소격에 쓰이는 조사이니, '~에 있다'의 뜻이다. 後頭의 頭는 명사를 확실하게 해주거나 한 분야를 가리킬 때 붙이는 계사(繫辭)이니, 선두(先頭)·염두(念頭)·가두(街頭)·화두(話頭)와 같은 말이니, '뒤에'의 뜻이다.

22 蘇東坡曰 無故而得千金이면 不有大福이라 必有大禍이니라.

※ 소동파(蘇東坡)가 말하기를,
"까닭이 없으면서 천금을 얻는다면 큰 복이 있는 것이 아니라, 반드시 큰 화가 있을 것이니라." 하였다.

◦ 문장의 구조 ◦

> 蘇東坡曰 無／故而得 | 千金이면
>
> 不有／大福이라 必有／大禍이니라.

　　가정문으로 종속절은 서술어+보어, 서술어+목적어로 구성되고 주절은 서술어+보어가 병렬로 구성되었다.

◦ 풀　이 ◦

1) **蘇東坡曰 : 소동파(蘇東坡)가 말하기를,**

　❂ 蘇東坡 : 송(宋) 시인이며 문장가. 자 자첨(子瞻), 호 동파거사(東坡居士), 이름 식(軾). 소순(蘇洵)의 아들이며 소철(蘇轍)의 형으로 대소(大蘇)라고 하였다. 송 나라 제 1의 시인이며, 문장에 있어서도 당송팔대가(唐宋八大家)의 한 사람이 다. 진사에 급제하고 구양수(歐陽修)에게 인정을 받아 문단에 등장하였다. 왕 안석(王安石)의 ‘신법(新法)’에 반대하여 사상 초유의 필화사건을 일으켜 심한 취조를 받고 황주(黃州)로 유배되었다가 50세가 되던 해 철종(哲宗)이 즉위한 뒤에 예부상서(禮部尙書) 등을 역임하였다. 시문서화(詩文書畵) 등에 뛰어난 작 품을 남겼으며 좌담(座談)을 잘하였다. 시는 철학적 요소가 짙은 새로운 시경 (詩境)을 개척하였고 문장의 대표작은 <적벽부(赤壁賦)>이다. 저서에 《동파지림 (東坡志林)》, 《구지필기(仇池筆記)》, 《동파전집(東坡全集)》 이 있다.

2) **無故而得千金이면　不有大福이라　必有大禍이니라. : 까닭이 없으면서 천금을 얻는 다면 큰 복이 있는 것이 아니라, 반드시 큰 화가 있을 것이니라.**

　❂ 無故는 까닭이나 연고가 없는 것이다. 得千金은 많은 돈을 얻는 것이니, 바르 지 못한 경로를 통했거나 얻게 된 큰 돈이다. 不은 非와 같다. 有는 소유격에 쓴다. 大福은 대길(大吉), 대리(大利)와 같은 말이며 大禍는 대불리(大不利), 대 불길(大不吉)과 같은 표현이다.

㉓ 子曰 工欲善其事인댄 必先利其器니라.

> ※ 공자가 말씀하시기를,
> “공인(工人)이 자신의 일을 잘하려고 하면 반드시 먼저 자신의 연장을 예 리하게 벼려 놓느니라.” 하였다.

· 문장의 구조 ·

子曰 工‖欲善│其事인댄

必先利│其器니라.

인(仁)을 행하는 것에 대한 질문의 대답이다.

· 풀 이 ·

1) 工欲善其事인댄 必先利其器니라. : 공인(工人)이 자신의 일을 잘하려고 하면 반드시 먼저 자신의 연장을 예리하게 벼려 놓느니라.
   ❁ 工은 기술을 갖고 있는 기능공을 지칭한다. 欲善其事는 자신의 일을 잘 실행하려고 하는 것이다. 必先利其器는 반드시 먼저 자신이 운용할 연장이 잘 들도록 벼려놓는 것이니, 목수가 톱을 벼리고 대패의 날을 세우는 등의 일을 가리킨다.

· 출 전 ·

《논어(論語)》 衛靈公篇

24 康節邵先生曰 有人이 來問卜하되 如何是禍福고 我虧人是禍이요 人虧我是福이니라.

※ 강절 소선생이 말하기를,
"어떤 사람이 찾아와 운수(運數)를 묻는데, 어떻게 하는 것이 화(禍)이며 복(福)입니까? 내가 남을 이지러지게 하면 화(禍)가 되고 남이 나를 이지러뜨리면 복이니라." 하였다.

· 문장의 구조 ·

康節邵先生曰 有人‖이 來問│卜하되 如何是禍福고

我‖虧│人 是禍이요 人‖虧│我 是福이니라.

5언 절구의 형식을 빌려 문답식으로 구성되었다. 是는 모두 계사(繫辭)가 되어 '~이다'이다.

┌ 풀 이 ┐

1) 有人이 來問卜하되 如何是禍福고 : 어떤 사람이 찾아와 운수(運數)를 묻는데, 어떻게 하는 것이 화(禍)이며 복(福)입니까?

　❂ 有人은 '어떤 사람'이니, 불특정한 사람을 가리킬 때 쓴다. 來問卜은 來而問卜과 같은 말이니, 찾아와서 운수(運數)를 묻는 것이다. 卜은 거북을 이용하여 점을 치는 것이다. 如何는 '어떻게 하면'의 뜻이다. 是 는 '~이다'이다. 如何是禍과 如何是福을 합친 생문(省文)이다.

2) 我虧人是禍이요 人虧我是福이니라. : 내가 남을 이지러지게 하면 화(禍)가 되고 남이 나를 이지러뜨리면 복이니라.

　❂ 我虧人는 내가 다른 사람을 해롭게 하여 인격을 이지러지게 만드는 행위이다. 虧는 원상태가 훼손되는 것이다. 내가 다른 사람의 인격을 이지러뜨리면 자신에게 화가 도래하고 다른 사람이 자신을 비방하거나 인격을 손상시키는 일이 있으면 자신을 반성하게 되므로 복이 된다.

㉕ 大廈千間이라도　夜臥八尺이요　良田萬頃이라도　日食二升이니라.

> ※ 큰 집이 천 칸이 있을지라도 밤에 눕는 곳은 여덟 자일 뿐이요, 좋은 밭이 만 경(頃)이 있을지라도 하루에 먹는 것은 두 되일 뿐이니라.

┌ 문장의 구조 ┐

大廈‖千間이라도 夜臥八尺이요
　└↑　　└↑　　　└↑　└↑

良田‖萬頃이라도 日食二升이니라.
　└↑　　└↑　　　└↑　└↑

주어+서술어의 구성이다. 日食二升은 부사+술어+목적어의 구성으로 보아도 되나 대구(對句)인 夜臥八尺을 같은 문법으로 풀이하면 말이 어색하다. 夜臥則八尺으로 보면 근리(近理)하다.

· 풀 이 ·

1) 大廈千間이라도 夜臥八尺이요 : 큰 집이 천 칸이 있을지라도 밤에 눕는 곳은 여덟 자일 뿐이요,
   ❀ 大廈는 광택(廣宅)과 같은 말로 '큰집'을 뜻한다. 현재 중국인들은 빌딩을 大廈라고 칭한다. 間은 척관법(尺貫法)에 의한 길이의 계량 단위로 사방 6자[尺]를 뜻하는데 건물의 한 채를 지칭하기도 한다. 夜臥八尺은 夜臥則八尺과 같은 말이니, '밤에 눕는 곳은 8자일 뿐이다.'라는 뜻이다. 1자는 옛날 척관법(尺貫法)으로는 23cm가 조금 넘으니, 8자는 184cm정도가 된다.

2) 良田萬頃이라도 日食二升이니라. : 좋은 밭이 만 경(頃)이 있을지라도 하루에 먹는 것은 두 되일 뿐이니라.
   ❀ 良田은 토질이 좋은 전답을 통칭한다. 萬頃은 매우 드넓은 지역을 나타내는 대수(代數)이다. 頃은 중국에서 쓰던 논밭 넓이의 단위를 나타내는 계량 단어이니, 1경은 100묘(畝)의 넓이를 말한다. 日食은 하루에 먹는 수량을 말한다. 二升은 두 되이니, 10홉이 1되이다.

26 久住令人賤이요 頻來親也疎라 但看三五日에 相見不如初라.

※ 오래 머물러 있으면 사람을 천하게 여기게 되고, 자주 오면 가까운 사이라도 멀어지느니라. 다만 3,5일 만에 만날 지라도 만나는 것이 처음만 못하느니라.

· 문장의 구조 ·

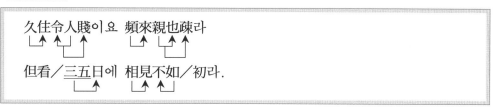

5언 절구로 운(韻)은 疎, 初이다.

· 풀 이 ·

1) 久住令人賤이요 頻來親也疎라 : 오래 머물러 있으면 사람을 천하게 여기게 되고, 자주 오면 가까운 사이라도 멀어지느니라.
   ❀ 久住는 '오래 머무르다'이다. 令人의 令은 '하여금 ~하게 하다.'의 뜻을 갖는

사역동사이다. 賤은 踐之와 같으니, 천하게 여기다. 頻來는 자주 찾아오다. 親
也疎의 也는 강조사로 亦의 뜻을 가지므로 '~도'의 뜻이니, 가까운 사이일지라
도 멀어지게 된다는 뜻이다.

2) 但看三五日에 相見不如初라. : 다만 3,5일에 만날 지라도 만나는 것이 처음만 못
하느니라.
　　◉ 但은 한정을 짓는 부사이니, '단지 ~할뿐이다'이다. 看은 見의 뜻으로 쓴 것이
니, '만나다'의 뜻이다. 三五日은 3일이나 5일이며, 相見은 만나다. 이 때의 相
은 빈어(賓語)로 사용되었으므로 해석하지 않는다. 不如는 '~만 못하다.', '~만
같지 못하다.'이다. 初는 처음 만났을 때를 가리킨다.

· 출 전 ·

《증광현문(增廣賢文)》에는 久住令人賤 頻來親也疎와 但看三五日 相見不如初가 별도의
문장으로 되어있다.

㉗ 渴時一滴은 如甘露요 醉後添盃는 不如無니라.

> ※ 목이 마를 때 한 방울의 물은 감로수(甘露水)와 같고, 술이 취한 후에 잔을 더하
> 는 것은 없는 것만 못하느니라.

〔문장의 구조〕

渴時一滴∥은　如／甘露요
　└↑　└↑

醉後添│盃∥는　不如／無니라.
　└↑　　　└↑

주어＋서술어＋보어의 구성이다.

· 풀 이 ·

1) 渴時一滴은 如甘露요 醉後添盃는 不如無니라. : 목이 마를 때 한 방울의 물은 감
로수(甘露水)와 같고, 술이 취한 후에 잔을 더하는 것은 없는 것만 못하느니라.
　　◉ 渴時一滴은 '목이 마를 때에 한 모금의 물'이다. 甘露는 옛날에 천하가 태평
(太平)하면 하늘이 상서(祥瑞)로 내리는 물이라고 하였는데, 불사천주(不死天酒)

라고도 한다. 도리천(忉利天)에 있는 달콤한 영액(靈液)으로 한 방울만 먹어도
온갖 괴로움이 사라지고, 산 사람은 불로장생(不老長生)하며, 죽은 사람은 부
활(復活)한다고 한다. 일반적으로 물맛이 좋은 물을 영천(靈泉), 감천(甘泉)이라
고 칭한 예와 같다.

◉ 醉는 자신의 주량에 맞도록 술을 마신 것이다. 添盃는 서술어+목적어이니, '술
잔을 더하다.'의 뜻이다. 술을 자신의 주량에 흡족할 정도로 마셨는데도 더 마
시는 것이다. 不如는 '~만 못하다', '~만 같지 못하다.'의 뜻이다. 無는 첨배
(添杯)가 없는 것이다.

28 酒不醉人人自醉요 色不迷人人自迷니라.

※ 술이 사람을 취하게 하는 것이 아니라 사람이 스스로 취하는 것이요, 색(色)이 사
람을 미혹시키는 것이 아니라 사람이 스스로 미혹하는 것이니라.

· 문장의 구조 ·

酒∥不醉┃人 人∥自醉요

色∥不迷┃人 人∥自迷니라.

주어+서술어+목적어와 주어+서술어의 구성으로 된 속담이다.

· 풀 이 ·

1) 酒不醉人人自醉요 色不迷人人自迷니라. : 술이 사람을 취하게 하는 것이 아니라
사람이 스스로 취하는 것이요, 색(色)이 사람을 미혹시키는 것이 아니라 사람이
스스로 미혹하는 것이니라.

◉ 酒不醉人은 주어+서술어+목적어의 구성이므로 '~이 ~을 ~하다'로 토씨를 붙인
다. 不醉는 '취하게 하지 않는다.'는 사역형으로 해석해야 한다. 人自醉는 술은
본래 그대로 있는데 사람들이 취하려는 목적으로 마시고는 술에 취하였다고 하
는 것을 비유하였다. 色은 이성(異性)을 가리키니, 아름다운 이성[好色]을 지칭
한다. 迷는 빠져서 헤어나지 못하는 것이다. 아름다운 이성이 사람을 미혹시켜
빠지게 만드는 것이 아니고 본인 스스로가 미혹당하여 헤어나지 않는 것이다.

· 출 전 ·

세속에 전해지는 구절은, 酒不醉人人自醉요 色不迷人人自迷니라. 花不送春春自去요 人非迎月月自來라.

譯 술이 사람을 취하게 하는 것이 아니라 사람이 스스로 취하는 것이요, 색(色)이 사람을 미혹시키는 것이 아니라 사람이 스스로 미혹하는 것이니라. 꽃이 봄을 전송하는 것이 아니라 봄이 스스로 떠나는 것이고, 사람이 달을 맞이하는 것이 아니라 달이 스스로 오는 것일세.

29 子曰 吾未見好德如好色者也니라.

※ 공자가 말씀하시기를,
"나는 아직 덕(德)을 좋아하기를 이성을 좋아하듯이 하는 사람을 보지 못하였느니라." 하였다.

· 문장의 구조 ·

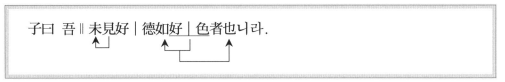

未見은 마지막 글자에 연계하여 해석한다.

· 풀 이 ·

1) 吾未見好德如好色者也니라. : 나는 아직 덕(德)을 좋아하기를 이성을 좋아하듯이 하는 사람을 보지 못하였느니라.

    ◉ 吾는 공자가 자신을 지칭한 말이다. 未見은 아직 ~하는 사람을 보지 못하다. 好德은 덕을 좋아함이니, 德은 이치에 합당하게 행하여 얻는 것을 말한다. 如는 접속사로 A와 B는 같다. 好色者는 이성을 좋아하는 사람이니, 지나치게 이성에 빠지는 사람을 가리킨 것은 아니다.

· 출 전 ·

《논어(論語)》 衛靈公篇, 子罕篇

30 公心을 若比私心이면 何事不辦이며 道念을 若同情念이면
成佛多時니라.

> ※ 나라를 위하는 마음을 만약 개인을 위하는 마음과 같이 한다면 무슨 일이든 다스
> 리지 못할 것이며, 도(道)를 지향하는 마음을 만약 남녀의 정념(情念)과 같이 한다
> 면 도를 깨우친[成佛] 지 오래되었을 것이다.

· 문장의 구조 ·

```
公心을 若比／私心이면 何事不辦이며
 ┗↑      ┗↑    ┗↑↑

道念을 若同／情念이면 成｜佛多時니라.
 ┗↑      ┗↑    ↑
```

公心과 道念은 목적어인데, 강조하기 위하여 앞에 놓았다.

· 풀 이 ·

1) 公心을 若比私心이면 何事不辦이며 : 나라를 위하는 마음을 만약 개인을 위하는
   마음과 같이 한다면 무슨 일이든 다스리지 못할 것이며,
   ❂ 公은 춘추 시대의 제후의 직위 가운데 가장 높은 작위(爵位)이니, 봉건 시대에
   제후는 곧 국가이므로 공심(公心)은 국가 혹은 대중을 위하는 마음이다. 若은
   부사로 '만약'이며, 比는 同과 같다. 私心은 개인만을 위하는 마음이다. 辦은
   일을 주관하여 처리하는 것이다.

2) 道念을 若同情念이면 成佛多時니라. : 도(道)를 지향하는 마음을 만약 남녀의 정념
   (情念)과 같이 한다면 도를 깨우친[成佛] 지 오래되었을 것이다.
   ❂ 道念은 인간의 올바른 도리를 추구하는 마음이다. 情念은 이성에 대한 연정(戀
   情)을 뜻한다. 成佛은 불교(佛敎)에서 도리를 깨우친 경지를 이르니, 성도(成
   道) 또는 작불(作佛)이라고도 한다. 석가는 6년간의 고행 끝에 보리수 아래에
   서 모든 번뇌로부터 벗어나는 깨달음을 얻고 부처가 되었는데, 대승불교(大乘
   佛敎)에서 인간은 누구나 불성(佛性)이 있으므로 도를 깨우치는 성불은 수행의
   궁극 목표가 되었다. 多時는 많은 시간이나 오랜 시간이 지난 것을 뜻한다.

· 참 고 ·

백양순선사(白楊順禪師)의 〈시중(示衆)〉에 道念若同情念이면 成佛多時하고 爲衆如爲己

身이면 彼此事辦이라.

譯 백양순 선사(白楊順禪師)의 〈시중(示衆)〉에,

"도(道)를 지향하는 마음을 만약 남녀의 정념(情念)과 같이 한다면 성불(成佛)한 지 오래되었을 것이며, 대중(大衆)을 위하기를 자신의 몸과 같이 한다면 이 일과 저 일을 모두 다스릴 수 있느니라." 하였다.

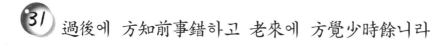

³¹ 過後에 方知前事錯하고 老來에 方覺少時餘니라

※ 일이 지나고 난 뒤에야 바야흐로 앞의 일이 잘못되었음을 알고, 늘그막에야 바야흐로 젊었을 때가 여유가 있었음을 깨닫게 되느니라.

· 문장의 구조 ·

過後에 方知前事 ‖ 錯하고

老來에 方覺少時 ‖ 餘니라

· 풀 이 ·

過後에 方知前事錯하고 老來에 方覺少時餘니라 : 일이 지나고 난 뒤에야 바야흐로 앞의 일이 잘못되었음을 알고, 늘그막에야 바야흐로 젊었을 때가 여유가 있었음을 깨닫게 되느니라.

❀ 過後는 일이 지난 뒤이다. 方은 '바야흐로'의 뜻이다. 知前事錯는 앞의 일의 잘못된 점을 비로소 알게 된다. 老來는 늘그막을 뜻하는 단어이니, 늙은 시절이 도래한 때이다. 覺少時餘는 젊은 때가 여유가 있었음을 깨닫게 된다.

³² 子曰 不知命이면 無以爲君子也요 不知禮면 無以立也요 不知言이면 無以知人也니라.

※ 공자가 말씀하시기를,

"명(命)을 알지 못하면 군자가 될 수 없고, 예(禮)를 알지 못하면 몸을 지킬 수 없으며 말을 알지 못하면 사람을 알 수 없느니라." 하였다.

· 문장의 구조 ·

子曰 不知│命이면 無以爲君子也요

　　　不知│禮면 無以立也요

　　　不知│言이면 無以知│人也니라.

　가정을 제시하고 그에 대한 결과를 나타내었다. 無以는 '~할 수 없다.'로 해석하는 것이 좋다.

· 풀 이 ·

1) 不知命이면 無以爲君子也요 不知禮면 無以立也요 不知言이면 無以知人也니라. : 명(命)을 알지 못하면 군자가 될 수 없고, 예(禮)를 알지 못하면 몸을 지킬 수 없으며 말을 알지 못하면 사람을 알 수 없느니라.

　◉ 不知命의 知命은 夭壽貴賤의 命을 아는 것이니, 知天命의 命과는 의미가 조금 다르다. 이러한 명을 알지 못한다면 해로운 것을 보면 반드시 피하고 이로움을 보면 반드시 쫓아갈 것이다. 無以爲君子는 덕을 완성한 군자가 될 수 없음이니, 命을 알지 못하므로 시류(時流)를 추종하는 소인이 될 뿐이다.

　◉ 不知禮의 禮는 사람으로서 지켜야할 질서이니, 질서를 알지 못하는 것이다. 無以立은 無以立身과 같으니, 이목(耳目)을 둘 곳이 없게 되고 수족(手足)을 놓을 곳이 없게 되어 자신의 몸을 세울 수 없게 된다.

　◉ 言은 사람의 마음을 표현하는 것이니, 말을 들으면 그 사람의 사정(邪正)을 알 수 있는 것이다. 不知言은 말의 진위(眞僞)를 알지 못하는 것이다. 無以知人은 사람을 알아볼 수 없다.

· 출 전 ·

《논어(論語)》 堯曰篇

33 子曰 有德者는 必有言이어니와 有言者는 不必有德이니라.

　※ 공자가 말씀하시기를,
　"덕(德)을 지닌 사람은 반드시 말을 잘하지만 말을 잘하는 사람이 반드시 덕이 있지는 않느니라." 하였다.

· 문장의 구조 ·

子曰 有／德者∥는 必有／言이어니와

有／言者∥는 不必有／德이니라.

· 풀 이 ·

1) 有德者는 必有言이어니와 有言者는 不必有德이니라. : 덕(德)을 지닌 사람은 반드시 말을 잘하지만 말을 잘하는 사람이 반드시 덕이 있지는 않느니라.

　❂ 有德者는 덕을 지닌 사람이니, 화순(和順)이 내면에 쌓여진 것이다. 必有言은 반드시 말을 잘하는 것이니, 영화(榮華)가 밖으로 나타난 것이다. 有言者는 能言者의 의미와 같으니, 말을 잘하지만 진실의 여부를 알 수 없는 것이다. 不必有德은 반드시 덕을 지닌 사람이라고 단정하지 못한다는 뜻이다.

· 출 전 ·

《논어(論語)》 憲問篇

· 고 증 ·

《명심보감(明心寶鑑)》 淸州本은 論語云으로 되어있다.

㉞ 濂溪先生曰 巧者言하고 拙者默하며 巧者勞하고 拙者逸하며 巧者賊하고 拙者德하며 巧者凶하고 拙者吉하나니 嗚呼라 天下拙이면 刑政이 撤하여 上安下順하며 風淸弊絶이니라.

> ※ 염계선생(濂溪先生)이 말하기를,
> "교자(巧者)는 말이 많고, 졸자(拙者)는 말이 없으며, 교자(巧者)는 수고롭게 여기고 졸자(拙者)는 편안하게 여기며, 교자(巧者)는 남을 해치고 졸자(拙者)는 남에게 덕을 베풀며, 교자(巧者)는 흉하고 졸자(拙者)는 길하나니, 아아! 천하 사람들이 졸(拙)하면 형정(刑政)이 거두어져서 윗사람은 편안하고 아랫사람은 순종하며 풍속이 깨끗해지고 폐단은 끊어져 없어지느니라." 하였다.

· 문장의 구조 ·

濂溪先生曰 巧者‖言하고 拙者‖默하며 巧者‖勞하고 拙者‖逸하며

巧者‖賊하고 拙者‖德하며 巧者‖凶하고 拙者‖吉하나니

嗚呼라 天下‖拙이면 刑政‖이 撤하여

上‖安 下‖順하며 風‖淸 弊‖絶이니라.

단순하게 주어＋서술어의 구성을 반복하여 巧와 拙을 대비하여 설명하였다.

· 풀 이 ·

1) **濂溪先生曰** : 염계선생(濂溪先生)이 말하기를,

❀ 濂溪先生 : 북송(北宋)의 유학자. 이름은 주돈이(周敦頤). 자는 무숙(茂叔). 호는 염계(濂溪)이다. 지방관으로서 각지에서 공적을 세운 후 만년에는 여산(廬山) 기슭의 염계서당(濂溪書堂)에서 후학들을 강학하였기 때문에 염계선생이라 불렀다. 사마광(司馬光), 왕안석(王安石)과 같은 시대의 인물이다. 도가사상(道家思想)의 영향을 받고 새로운 유교이론을 창시하였다. 만물이 생성하는 과정을 도해(圖解)하여 <태극도(太極圖)>를 그리고 태극도설을 지었다. 저서에 《태극도설(太極圖說)》, 《통서(通書)》가 있으며, 문장으로 유명한 <애련설(愛蓮說)>이 있다. 주자(朱子)는 염계가 정호(程顥)·정이(程頤) 형제를 가르쳤기 때문에 도학(道學)의 개조(開祖)라고 칭하였다.

2) **巧者言하고 拙者默하며 巧者勞하고 拙者逸하며** : 교자(巧者)는 말이 많고, 졸자(拙者)는 말이 없으며, 교자(巧者)는 수고롭게 여기고 졸자(拙者)는 편안하게 여기며,

❀ 巧者는 요령이 많고 얕은 꾀를 잘 부리는 능력이 뛰어난 사람이며, 拙者는 자신의 분수를 지키면서 주어진 일을 묵묵히 수행하는 사람이다. 巧者는 자신의 요령에 대한 변명 때문에 말이 많게 되고 얕은 술수로 편히 지내려는 목적이 있으므로 수고롭다는 생각을 한다. 拙者는 분수를 지키며 맡은 일을 하므로 남의 눈치를 볼 일이 없기 때문에 말이 없고 묵묵히 수행하므로 마음을 편하게 갖는다.

3) **巧者賊하고 拙者德하며 巧者凶하고 拙者吉하나니** : 교자(巧者)는 남을 해치고 졸자(拙者)는 남에게 덕을 베풀며, 교자(巧者)는 흉하고 졸자(拙者)는 길하나니,

❀ 巧者는 목적을 수행하려고 남을 해치게 되니, 남을 해치면 그 사람도 자신을

해치려고 하기 때문에 흉한 일을 만나게 되고, 拙者는 묵묵히 자신의 일을 수행하므로 덕을 베풀게 되니, 그 덕은 받은 사람도 보답하려고 하기 때문에 길(吉)하게 된다.

4) 嗚呼라 天下拙이면 刑政이 撤하여 : 아! 천하 사람들이 졸(拙)하면 형정(刑政)이 거두어져서 윗사람은 편안하고

  ◎ 嗚呼는 감탄 조사이다. 天下는 천하의 모든 사람들을 칭한다. 刑政은 잘못에 대한 처벌을 행하여 바로잡는 일이다. 撤은 거두어 실행하지 않음이다. 사람들이 모두 자신의 분수를 지키며 요령을 부리지 않는다면 범법(犯法)하지 않으므로 刑政이 필요 없게 된다.

5) 上安下順하며 風淸弊絶이니라. : 아랫사람은 순종하며 풍속이 깨끗해지고 폐단은 끊어져 없어지느라.

  ◎ 上安은 윗사람이 편안한 것이며 下順은 아랫사람이 순종하는 것이다. 風淸은 풍속이 깨끗한 것이요. 弊絶은 폐단이 끊어져서 부정한 일이 없어진다는 뜻이다.

· 출 전 ·

《주돈이집(周敦頤集)》〈졸부(拙賦)〉

35 說苑云 山致其高하니 雲雨起焉하고 水致其深하니 蛟龍生焉하고 君子致其道하니 福祿存焉이니라.

※《설원(說苑)》에 말하기를,
"산(山)이 그 높은 것을 이루니 구름과 비가 일어나고, 물이 그 깊은 것을 이루니 교룡(蛟龍)이 나오고, 군자가 그 도(道)를 이루니 복록(福祿)이 있는 것이니라." 하였다.

· 문장의 구조 ·

說苑云 山∥ 致 | 其高하니 雲雨∥起焉하고

水∥ 致 | 其深하니 蛟龍∥生焉하고

君子∥ 致 | 其道하니 福祿∥存焉이니라.

致는 타동사이니, '이루게 하다.'의 의미를 지닌다. 산이 낮거나 물이 얕거나 보통사람이면 별다른 일이 없으나, 산이 높아지고 물이 깊어지고 군자가 되어 도를 지니게 되면 이러한 효과가 있게 된다.

• 풀 이 •

1) 說苑曰 : 《설원(說苑)》에 말하기를,
   ❀ 說苑 : 전한(前漢) 유향(劉向)이 편찬하였다. 군도(君道), 신술(臣術), 건목(建木), 입절(立節), 귀덕(貴德), 등 20편(編)으로 구성되었으니, 저자의 《신서(新序)》와 그 체제가 비슷하며, 내용도 중복된 것이 있다. 고대의 제후나 선현들의 행적이나 일화·우화 등을 수록하였다.

2) 山致其高하니 雲雨起焉하고 水致其深하니 蛟龍生焉하고 君子致其道하니 福祿存焉이니라. : 산(山)이 그 높은 것을 이루니 구름과 비가 일어나고, 물이 그 깊은 것을 이루니 교룡(蛟龍)이 나오고, 군자가 그 도(道)를 이루니 복록(福祿)이 있는 것이니라.
   ❀ 山致其高는 '산이 높은 산이 되도록 만들다.'는 것을 의미한다. 雲雨起焉의 焉은 於之의 의미를 내포하고 있으니, 雲雨起於山과 같은 문장으로, 구름과 비가 산에서 일어나다. 낮은 산이었을 때는 구름과 비가 일어나지 않으나, 높은 산이 되면 구름과 비가 일어남이 있게 된다. 水致其深은 물이 그 깊음을 이루다. 蛟龍生焉은 교룡(蛟龍)이 그 깊은 물에 살게 된다는 것이니, 교룡(蛟龍)은 물고기를 비롯한 파충류들을 총칭한다. 君子는 도(道)의 경지로 들어가려는 사람이다. 致其道는 유학(儒學)의 도를 깨우쳐서 이룩하다. 福祿存焉은 도를 깨우쳐 얻은 데에서 복록(福祿)이 있게 되는 것을 뜻한다.

• 출 전 •

《설원(說苑)》貴德篇, 《논형(論衡)》龍虛篇

36 易曰 德薄而位尊하고 智小而謀大하고 力小而任重이면 鮮不及禍矣니라.

※ 《역경(易經)》에 말하기를,
"덕이 박하면서 지위가 높고, 지혜가 작으면서 도모하는 일이 크고, 능력이 작으면서 직임이 무거우면 화(禍)가 미치지 않을 사람은 드물 것이니라." 하였다.

·**문장의 구조**·

易曰 德‖薄而位‖尊하고

　　智‖小而謀‖大하고

　　力‖小而任‖重이면 鮮不及禍矣니라.

주어+서술어의 구성이다. 而는 접속사이면서 以의 성격을 지니고 있다.

·**풀　이**·

1) **易曰 : 《역경(易經)》에 말하기를,**
   - ❀ 易 : 《역경(易經)》을 말하는데 주(周) 나라 때 완성되었으므로 《주역(周易)》이라고도 한다. 《주역》은 8괘(八卦)와 64괘, 그리고 <괘사(卦辭)>·<효사(爻辭)>·<십익(十翼)>으로 되어 있다. 복희씨(伏羲氏)가 황하(黃河)에서 나온 용마(龍馬)의 등에 있는 도형(圖形)을 보고 계시(啓示)를 얻어 8괘를 만들고, 문왕(文王)이 64괘와 괘사를 만들고, 효사는 주공(周公)이, 십익은 공자(孔子)가 만들었다고 한다.
   　《주역》의 내용을 해석한 <십익>은 공자(孔子)가 지은 것이니, 십익이란 새의 날개처럼 해석을 돕는 열 가지라는 뜻이다. 단전(彖傳) 상하, 상전(象傳) 상하, 계사전(繫辭傳) 상하, 문언전(文言傳), 설괘전(說卦傳), 서괘전(序卦傳), 잡괘전(雜卦傳)이 십익이다.

2) **德微而位尊하고 智小而謀大하고 力小而任重이면 鮮不及禍矣니라 : 덕이 박하면서 지위가 높고, 지혜가 작으면서 도모하는 일이 크고, 능력이 작으면서 직임이 무거우면 화(禍)가 미치지 않을 사람은 드물 것이니라.**
   - ❀ 德薄而位尊은 도를 행하여 마음에 얻은 덕망이 작으면서 현재 갖고 있는 지위가 높은 것이니, 지위와 덕망이 걸맞지 않는다.
   - ❀ 智小而謀大는 일의 시비(是非)를 분간하는 슬기가 작으면서 도모하는 일이 큰 것이니, 그 지혜로는 도모하는 큰일을 감당할 수 없다.
   - ❀ 力小而任重은 직임을 감당할 능력이 작으면서 맡고 있는 직임은 무거운 것이니, 능력과 직임이 맞지 않으므로 아랫사람들에게 피해가 간다.
   - ❀ 不及禍는 지위와 일이 덕망과 지혜와 서로 걸맞지 않으므로 인한 화(禍)가 자신에게 미치지 않는 사람이다. 鮮은 '드물다'이니, 없다는 말과 같다. 주자(朱

子)가 《논어(論語)》 주(註)에서, "성인(聖人)은 말을 박절하게 하지 않아서 단지 드물다고 말씀하였으니, 절대로 없다는 것을 알 수 있다.[聖人辭不迫切, 專言鮮, 則絶無可知,]" 하였다.

· 고 증 ·

《명심보감》淸州本과 《易經》 繫辭傳 下를 살펴보면 《명심보감》 抄略本의 德微而位尊하고 智小而謀大면 無禍者鮮矣라고 한 글과 조금 다르다. 그러므로 《명심보감》 淸州本과 《易經》 繫辭傳 下에 의하여 정정하였다.

37 荀子云 位尊則防危하고 任重則防廢하고 擅寵則防辱이니라.

※《순자(荀子)》에 이르기를,
"지위가 존귀할 때에는 위태로울 것을 방비(防備)하고, 직임이 중책(重責)일 때는 폐기(廢棄)를 당할 것을 방비하고, 총애를 독점하였을 때는 욕을 받을 것을 방비할 것이니라." 하였다.

· 문장의 구조 ·

荀子云 位∥尊 則防│危하고

任∥重 則防│廢하고

擅│寵 則防│辱이니라.

가정문으로, 제 1, 2구는 조건절은 주어+서술어의 구성이고, 결과절은 서술어+목적어의 구성이며, 제 3구는 서술어+목적어 병렬 구성이다.

· 풀 이 ·

1) 荀子云 : 《순자(荀子)》에 이르기를,
   ◉ 荀子 : 순자(荀子 : B.C313~B.C238)의 성은 순(荀), 이름은 황(況)이다. 조(趙) 나라 사람으로 당시 사람들이 존숭하여 순경(荀卿)혹은 손경자(孫卿子) 등으로 일컬었다.

2) 位尊則防危하고 任重則防廢하고 擅寵則防辱이니라. : 지위가 존귀할 때에는 위태

로울 것을 방비(防備)하고, 직임이 중책(重責)일 때는 폐기(廢棄)를 당할 것을 방비하고, 총애를 독점하였을 때는 욕을 받을 것을 방비할 할 것이니라.

● 位尊은 位尊之時이니 지위가 높이 있을 때이다. 則은 가정을 나타내는 조사이니, '~는'의 토씨를 붙인다. 防危는 위태로움이 올 것을 방비하는 것이다. 任重은 직임이 중책을 맡고 있을 때이다. 防廢는 버림을 받아 폐기당할 때를 방비하는 것이다. 擅寵은 총애를 독점하여 받을 때이다. 防辱은 모욕을 받게 될 때를 방비하는 것이다.

‧ 출 전 ‧

《순자(荀子)》 仲尼篇

---

38 說苑曰 官怠於宦成하고 病加於小愈하며 禍生於懈怠하고 孝衰於妻子니 察此四者하여 愼終如始니라.

> ※《설원(說苑)》에 말하기를,
> "관리(官吏)는 지위가 성취되는데서 게을러지고, 병은 조금 낫는데서 덧나게 되며, 화(禍)는 게으른데서 생겨나고, 효심은 처자식에서 쇠퇴해지니, 이 네 가지를 살펴서 끝맺음을 삼가하기를 처음과 같이 할 것이니라." 하였다.

‧ 문장의 구조 ‧

說苑曰 官‖怠／於宦成하고 病‖加／於小愈하며

禍‖生／於懈怠하고 孝‖衰／於妻子니

察｜此四者하여 愼｜終 如／始니라.

주어+서술어+보어의 구성이다. 於는 처소격으로 쓰인 조사이니, '~에서'의 뜻이다.

‧ 풀 이 ‧

1) 說苑曰 :《설원(說苑)》에 말하기를,
   ● 說苑 : 전한(前漢) 유향(劉向)이 편찬하였다.

2) 官怠於宦成하고 病加於小愈하며 : 관리(官吏)는 지위가 성취되는 데서 게을러지고, 병은 조금 낫는데서 덧나게 되며,

● 官은 관리이다. 怠는 태만함이다. 宦成은 자신이 성취하려고 목표한 지위에 이른 것이다. 病은 자신이 앓고 있는 질병이다. 加는 덧나는 것이다. 小愈는 앓고 있는 병이 조금 차도가 있는 것이다. 목표한 지위에 있게 되면 목적을 이루었다는 성취감에 도취하여 노력하지 않으므로 태만하게 되고, 병이 조금 차도가 있게 되면 조심하지 않으므로 인해 덧나게 된다.

3) 禍生於懈怠하고 孝衰於妻子니 : 화(禍)는 게으른데서 생겨나고, 효심은 처자식에서 쇠퇴해지니,

● 禍는 福의 반대이니, 재앙(災殃), 재해(災害), 불길(不吉), 불리(不利)가 모두 포함되는 말이다. 懈怠는 몸과 마음이 모두 게을러지는 것이다. 孝는 부모에게 행하는 것이고 사랑은 妻子에게 행하는 것인데, 처자식에게 사랑이 편중되므로 인해 효심이 줄어들게 된다.

4) 察此四者하여 愼終如始니라. : 이 네 가지를 살펴서 끝맺음을 삼가하기를 처음과 같이 할 것이니라.

● 察은 깊이 살펴보는 것이니, 所以然까지 따지며 관찰함이다. 四者는 네 가지를 가리키니, 이 장에서 거론한 네 가지 항목이다. 愼終의 終은 宦成, 小愈, 懈怠, 妻子를 가리키니, 이때에 조심하라는 뜻이다. 如始는 '처음처럼'이니, 시작할 때의 마음가짐을 가리킨다.

⟨ 출 전 ⟩

《설원(說苑)》正諫篇

㊴ 子曰 居上不寬하며 爲禮不敬하며 臨喪不哀면 吾 何以觀 之哉리오.

※ 공자가 말씀하시기를,
"윗자리에 있으면서 너그럽지 않으며, 예(禮)를 행하면서 공경하지 않으며, 초상에 임하여서 슬퍼하지 않는다면 내가 무엇으로 그 사람을 관찰하리오." 하였다.

· 문장의 구조 ·

子曰 居／上不寬하며 爲丨禮不敬하며

臨／喪不哀면 吾‖何以觀之哉리오.

· 풀 이 ·

1) 居上不寬하며 爲禮不敬하며 臨喪不哀면 吾 何以觀之哉리오 : 윗자리에 있으면서
너그럽지 않으며, 예(禮)를 행하면서 공경하지 않으며, 초상에 임하여서 슬퍼하지
않는다면 내가 무엇으로 그 사람을 관찰하리오.

◉ 居上은 윗자리 있는 것이다. 不寬은 너그러운 마음을 갖지 않음이다. 고위직에
있으면 백성을 사랑하는 것이 주체(主體)가 되므로 너그러운 마음을 갖고 포용
하여야 한다. 爲禮는 예를 행하다. 不敬은 공경하는 마음을 갖지 않다. 예를
실행함은 공경하는 마음을 근본으로 삼는다. 臨喪不哀초상에 임하여서는 슬퍼
하지 않는 것이니, 예의 절차만 중시하는 것이다. 吾는 자신이다. 何以는 '무
엇으로'이다. 觀之哉는 '그 사람에 행위에 잘잘못을 살펴볼 수 있겠는가' 이다.

· 출 전 ·

《논어(論語)》 八佾篇

 景行錄云 器滿則溢하고 人滿則喪이니라.

※《경행록》에 이르기를,
"그릇이 충만하게 되면 물이 넘치게 되고, 사람이 자만하게 되면 사람을
잃게 되느니라." 하였다.

· 문장의 구조 ·

景行錄云 器‖滿則溢하고

人‖滿則喪이니라.

則의 앞은 종속절이면서 조건을 나타내고 溢과 喪이 주절이며 결과이다.

◦ 풀 이 ◦

1) **器滿則溢하고 人滿則喪이니라.** : 그릇이 충만하게 되면 물이 넘치게 되고, 사람이 자만하게 되면 사람을 잃게 되느니라.

❖ 器滿의 滿은 그릇에 물이 충만(充滿)의 정도를 넘은 상태를 뜻하고, 溢은 그릇의 용량을 넘쳐서 흐르는 물이다. 人滿의 滿은 자만(自滿)이니, 충만하지 못했는데 자신은 가득 찼다고 여기는 것이다. 《서경(書經)》 仲虺之誥篇에 "덕이 나날이 새로워지면 만방(萬邦)이 그리워하고 마음이 자만하면 구족(九族)도 마침내 떠나게 된다.[德日新 萬邦惟懷 志自滿 九族乃離]" 하였다. 喪은 사람을 잃게 되는 것이니, 임금이 자만하는 마음을 갖고 있으면 그 곁을 떠나가는 것이다.

◦ 고 증 ◦

《명심보감》 通行本은 '景行錄云'이 탈루되어있다.

 尺璧非寶요 寸陰是競이니라.

> ※ 한 자되는 옥이 보배가 아니요 짧은 시간을 다툴 것이니라.

◦ 문장의 구조 ◦

> 尺璧 ‖ 非／寶요
> └─↑
>
> 寸陰 ‖ 是競이니라.
> └─↑　└─↑

주어+서술어의 구성이다.

◦ 풀 이 ◦

1) **尺璧非寶요 寸陰是競이니라.** : 한 자되는 옥이 보배가 아니요 짧은 시간을 다툴 것이니라.

❖ 璧은 서옥으로 둥근 모양을 한 기물이다[瑞玉圓器]. 非는 명사부정에 쓰이는

부정사이다. 보옥(寶玉)의 크기가 1척(尺)이 되면 지보(至寶)라고 할 수 있는데, 보배가 아니라고 하면 보물로 여길만한 것이 별도로 있는 것이다. 옛날 위(魏) 혜왕(惠王)이 지름이 한 치[寸]되는 야광주를 보배로 여긴다고 자랑하였는데, 제(齊) 위왕(威王)은 어질고 유능한 신하를 보배로 여긴다고 답하였으니, 보배를 하찮게 여기고 덕을 귀중하게 여긴 것이다.

❀ 寸陰은 짧은 시간이다. 是는 명사의 뒤에 계사(繫辭)가 되어 '~이다'의 뜻이다. 《회남자(淮南子)》 原道訓에, "성인은 한 자가 되는 옥을 귀중하게 여기지 않고 짧은 시간을 중요하게 여겼으니, 시간은 얻기 어려우나 잃기 쉽기 때문이다.[聖人 不貴尺之寶 而重寸之陰 以時難得而易失也]" 하였다.

· 출 전 ·

《천자문(千字文)》

 羊羹이 雖美나 衆口는 難調니라.

> ※ 양고기 국이 비록 맛이 좋으나 많은 사람의 입맛은 맞추기 어려우니라.

· 문장의 구조 ·

羊羹 ∥ 이 雖美나
└↑   └↑

衆口 ∥ 는 難調니라.
└↑   └↑

주어+서술어의 구성이다.

· 풀 이 ·

1) 羊羹이 雖美나 衆口는 難調니라. : 양고기 국이 비록 맛이 좋으나 많은 사람의 입맛은 맞추기 어렵다.

❀ 羊羹은 양고기를 갖고 국을 끓인 것이다. 雖는 부사이니, '비록'이다. 美는 국의 맛이 좋은 것이다. 衆口는 많은 사람들의 입맛을 가리킨다. 難調는 입맛에 맞게 맞추기는 어렵다는 뜻이다.

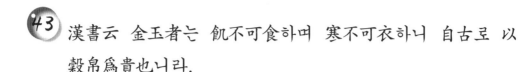

43 漢書云 金玉者는 飢不可食하며 寒不可衣하니 自古로 以
穀帛爲貴也니라.

> ※《한서(漢書)》에 이르기를,
> "금(金)과 옥(玉)은 굶주릴 때에 먹을 수 없으며 추울 때에 입을 수 없는
> 것이니, 예로부터 곡식과 비단을 중요하게 여겼느니라." 하였다.

· 문장의 구조 ·

```
漢書云 金玉者∥는 飢不可食하며 寒不可衣하니
    └↑        ↑└      ↑└

    自古로  以穀帛爲貴也니라.
    ↑└    ↑└   ↑└
```

· 풀 이 ·

1) 漢書云 《한서(漢書)》에 이르기를,
   ◎ 漢書 : 《한서(漢書)》를 《전한서(前漢書)》 혹은 《서한서(西漢書)》라고 하니, 반
   표(班彪)가 《사기》의 부족한 면을 보충하고 또 무제(武帝) 이후의 일까지 편
   집하여 《후전(後傳)》 65편을 편집하였다. 반고(班固)는 부친의 뜻을 이어 장제
   (章帝) 건초연간(建初年間)에 일단 완성을 보았으나 <팔표(八表)>와 <천문지(天
   文志)>는 미완성으로 남았다. 이를 누이동생 반소(班昭)가 계승하였고, 다시 마
   속(馬續)의 보완(補完)으로 완성되었다.

2) 金玉者는 飢不可食하며 寒不可衣하니 自古로 以穀帛爲貴也니라. : 금(金)과 옥(玉)
   은 굶주릴 때에 먹을 수 없으며 추울 때에 입을 수 없는 것이니, 예로부터 곡식
   과 비단을 중요하게 여겼느니라.
   ◎ 金玉은 진귀한 보물을 지칭하는 말이다. 者는 사람과 물질을 지칭하는 조사(助
   辭)이나, 이 장은 물질을 가리킨다. 飢不可食의 食은 '먹다'이니, 배가 고파도
   먹을 수 없다. 寒不可衣의 衣는 '입다'의 뜻을 가진 술어이니, 추위도 입을 수
   없다. 自古의 自는 '부터'이니, '예로부터'이다. 以~爲는 'A를 B로 여기다.'로
   해석하니, 以穀帛爲貴는 곡식과 비단을 귀중하게 여기다. 也는 어미종결사로
   단정을 나타낸다.

益智書云 白玉은 投於泥塗라도 不能汚穢其色이요 君子는
行於濁地라도 不能染亂其心하나니 故로 松栢은 可以耐雪
霜이오 明智는 可以涉危難이니라.

※《익지서》에 이르기를,
"백옥(白玉)은 진창길에 던져져도 그 빛을 더럽힐 수 없고, 군자(君子)는 혼탁한
곳에 갈지라도 그 마음을 어지럽힐 수 없느니라. 그러므로 송백(松栢)은 눈과 서
리를 견디어 낼 수 있고, 밝은 지혜[明智]는 위험과 곤란을 겪어낼 수 있느니라."
하였다.

· 문장의 구조 ·

益智書云 白玉‖은 投／於泥塗라도 不能 汚穢｜其色이요

君子‖는 行／於濁地라도 不能 染亂｜其心하나니

故로 松栢‖은 可以耐｜雪霜이오 明智‖는 可以涉｜危難이니라.

주어+서술어 확장 구조이다. 於는 처소격으로 쓰였으니, '~에'이다. 不能은 '~할 수
없다'이다.

· 풀 이 ·

1) 白玉은 投於泥塗라도 不能汚穢其色이요 : 백옥(白玉)은 진창길에 던져져도 그 빛을
더럽힐 수 없고,

❀ 白玉은 흰옥을 말한다. 投於泥塗는 '진창길에 던지다'이다. 不能은 '~할 수 없
다'이며 汚穢其色은 옥의 본래 빛을 더럽히는 것이다. 白玉은 자신을 수양함이
깊고 확고하여 더럽혀지지 않음을 가리키니, 수양의 정도가 깊지 못하여 白沙
의 경지에 있다면 바로 더럽혀 진다.《순자(荀子)》勸學篇에, "쑥이 삼밭 속에
서 자라면 붙들어 매지 않아도 곧게 자라고 흰 모래가 개흙 속에 있으면 그
흙과 함께 검어진다.[蓬生麻中 不扶而直 白沙在涅 與之俱黑]" 하였다.

2) 君子는 行於濁地라도 不能染亂其心하나니 : 군자(君子)는 혼탁한 곳에 갈지라도 그
마음을 어지럽힐 수 없느니라.

◉ 君子는 자신의 덕을 완성한 사람[成德之人]이다. 行於濁地는 혼탁한 곳에 가는 것이니, 인도(人道)가 무너진 곳이다. 不能染亂은 '어지럽힐 수 없다'이다. 其心은 군자의 마음을 가리킨다. 《논어(論語)》 子罕篇에, "공자가 구이(九夷)에 살고자 하였다. 어떤 사람이, '더러운 곳인데 어떻게 살겠습니까?'하니, 공자가, '군자가 그 곳에 살면 어찌 더러울 것이 있는가.'[子欲居九夷 或曰 陋 如之何 子曰 君子居之 何陋之有]"한 뜻과 같다.

3) 故로 松栢은 可以耐雪霜이오 明智는 可以涉危難이니라. : 그러므로 송백(松栢)은 눈과 서리를 견디어 낼 수 있고, 밝은 지혜[明智]는 위험과 곤란을 겪어낼 수 있느니라.

◉ 故는 '그러므로'이다. 松栢은 소나무와 측백나무를 가리키니, 겨울에도 변하지 않는 절조를 뜻한다. 可以의 以는 '松栢으로써'이며 可는 '할 수 있다'는 조사이다. 耐는 견디어 냄이다. 雪霜은 눈과 서리이다.

◉ 明智는 '밝은 지혜'이다. 以는 '밝은 지혜를 지니고 있어서'의 뜻이다. 涉은 물을 건너가는 것이다. 危難은 위험하고 곤란한 일이다. 밝은 지혜를 지니고 있는 사람은 사리를 분명하게 알고 있으므로 위태롭고 곤란한 일을 타개해 나갈 수 있다.

45 子曰 不仁者는 不可以久處約이며 不可以長處樂이니라.

※ 공자가 말씀하시기를,
"불인(不仁)한 사람은 오랫동안 곤궁한 곳에 있을 수 없으며 오랫동안 즐거운 곳에 있을 수 없느니라." 하였다.

·문장의 구조·

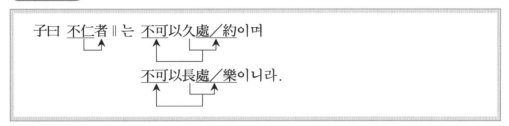

以는 不仁者를 가리킨다.

· 풀 이 ·

1) 不仁者는 不可以久處約이며 不可以長處樂이니라. : 불인(不仁)한 사람은 오랫동안

곤궁한 곳에 있을 수 없으며 오랫동안 즐거운 곳에 있을 수 없느니라.

◉ 不仁者는 하늘로부터 부여받은 본심을 지키지[仁] 않는 사람이다. 不可는 '~할 수 없다.'이다. 以는 不仁者를 가리킨다. 久는 오랜 시간을 뜻한다. 處約은 곤궁한 곳에 있는 것이다. 不可以久處約은 불인(不仁)하기 때문에 오랫동안 곤궁한 곳에 있을 수 없는 것이니, 반드시 법을 벗어난 일을 행하기 때문이다. 不可以長處樂의 長은 久의 뜻과 같으니, 오랫동안 즐거운 곳에 있을 수 없는 것은 반드시 법도를 넘어서는 곳으로 빠지기 때문이다.

· 출 전 ·

《논어(論語)》里仁篇

 入山擒虎는 易어니와 開口告人은 難이니라.

※ 산에 들어가서 범을 사로잡기는 쉽거니와 입을 열어 남에게 말해주기는 어려우니라.

· 문장의 구조 ·

入/山 擒 | 虎는 易어니와

開 | 口 告/人은 難이니라.

入山擒虎와 開口告人은 조건절이며 종속절이고 易와 難이 주절이며 결과절이다.

· 풀 이 ·

1) 入山擒虎는 易어니와 開口告人은 難이니라. : 산에 들어가서 범을 사로잡기는 쉽거니와 입을 열어 남에게 말해주기는 어렵다.

◉ 入山은 서술어+보어의 짜임이니, '~에 ~하다'로 해석하므로 '산에 들어가다'이다. 擒虎는 서술어+목적어의 짜임이므로 '~을 ~하다'로 해석하니, '범을 사로잡다'이다. 開口는 서술어+목적어의 짜임으로 '입을 열다'이다. 告人은 서술어+보어의 짜임으로 告之於人과 같은 말이니, '남에게 말해주다.'이다. 실제로 산에 들어가서 범을 사로잡는 일은 어려운 일이나 입을 열어 남에게 충고하는 것보다 쉽다고 하는 것이다.

· 출 전 ·

원(元) 고명(高明)의 《비파기(琵琶記)》에, 上山擒虎易나 開口告人難이니라.

▨譯 원(元) 고명(高明)의 《비파기(琵琶記)》에,

"산에 올라가서 범을 사로잡기는 쉬우나 입을 열어 남에게 말해주기는 어려우니라."
하였다.

 遠水는 不救近火요 遠親은 不如近隣이니라.

※ 먼 곳에 있는 물은 가까이 난 불을 끄지 못하고, 먼 곳에 있는 친척은 가까운 이
웃만 못하느니라.

· 문장의 구조 ·

遠水‖는 不救│近火요
└▲ ▲└ └▲

遠親‖은 不如／近隣이니라.
└▲ ▲└ └▲

주어+서술어+목적어(보어)의 구성이다. 不如+명사는 '~만 못하다'의 뜻이고, 不如+서
술어는 '~하는 못하다'의 뜻이다.

· 풀 이 ·

1) 遠水는 不救近火요 遠親은 不如近隣이니라. : 먼 곳에 있는 물은 가까이 난 불을
끄지 못하고, 먼 곳에 있는 친척은 가까운 이웃만 못하느니라.

◉)遠水와 遠親은 일이 발생한 곳에서 멀리 떨어진 것을 나타낸다. 救는 나쁜
상태에서 좋은 상태로 옮겨주는 것이니, 救火는 불을 끄는 것이고 救水는 물
에서 건져 주는 것이다. 불이 난 지역에서 멀리 떨어진 물은 불을 끄는데 도
움이 되지 못하고 어려운 일이 일어났을 때는 멀리 있는 친척보다는 가까이
있는 이웃이 도움을 준다는 말이다.

· 출 전 ·

《증광현문(增廣賢文)》에, 遠水難救近火요 遠親不如近隣이라.

🈠 《증광현문(增廣賢文)》에,

"먼 곳에 있는 물은 가까이 난 불을 끄기 어렵고, 먼 곳에 있는 친척은 가까운 이웃만 못하느니라." 하였다.

48 太公曰 日月이 雖明이나 不照覆盆之下하고 刀刃이 雖快나 不斬無罪之人하고 非災는 橫禍나 不入愼家之門이니라.

> ※ 태공이 말하기를,
> "해와 달이 비록 밝다고 하나 동이를 엎어놓은 아래는 비추지 못하고, 칼날이 비록 날이 섰다고 하나 죄가 없는 사람은 베지 못하고, 뜻밖에 오는 재화(災禍)는 생각지 못한 화란(禍亂)이라고 하나 조심하는 집에는 들어오지 못하느니라." 하였다.

· 문장의 구조 ·

```
太公曰  日月∥이 雖明이나 不照│覆│盆之下하고
       ↑      ↑    ↑

       刀刃∥이 雖快나 不斬│無／罪之人하고
       ↑      ↑   ↑

       非災∥는 橫禍나 不入／愼家之門이니라.
       ↑     ↑   ↑
```

대구법으로 구성된 문장으로 병렬 대조시켜서 강조와 아울러 조화를 추구하였다.

· 풀 이 ·

1) 太公曰 日月이 雖明이나 不照覆盆之下하고 : 해와 달이 비록 밝다고 하나 동이를 엎어놓은 아래는 비추지 못하고,

   ◎ 日月은 해와 달을 가리키며 주어이다. 雖明은 부사+술어이니, '비록 밝다고 하나'의 뜻이다. 不照는 '비추지 못하다'이다. 覆盆之下는 '동이를 엎어놓은 아래'로 해석하는 것이 타당한 듯하다. 술어+목적어 뒤에 오는 之는 토씨를 '은(는)'을 붙인다. 해와 달이 가장 밝게 비추지만 동이를 엎어놓은 아래는 빛이 들어가지 못한다.

2) 刀刃이 雖快나 不斬無罪之人하고 : 칼날이 비록 날이 섰다고 하나 죄가 없는 사람은 베지 못하고,

   ◎ 刀刃은 刀之刃과 같은 말이니, 칼의 날이다. 快는 칼날이 시퍼렇게 선 것을

말한다. 無罪之人은 '죄가 없는 사람'이니, 술어+보어의 뒤에 오는 之도 토씨를 '은(는)'을 붙인다. 칼의 날이 시퍼렇게 섰더라도 죄가 없는 사람을 베지는 못한다.

3) **非災는 橫禍나 不入愼家之門이니라.** : 뜻밖에 오는 재화(災禍)는 생각지 못한 화란(禍亂)이라고 하나 조심하는 집에는 들어오지 못하느니라.

- 非災橫禍를 통행본에서 非災와 橫禍로 해석한 것이 많으나, 위에 있는 두 구절의 문법을 살펴보면 똑같은 대구법으로 구성된 것을 알 수 있다. 그러므로 '非災는 橫禍나'로 구결을 붙이고 해석해야 타당하다. 非災는 '뜻밖에 닥친 재화[不意之災]'이다. 橫禍는 예측하지 못한 화란[不測之禍]이니, 뜻밖에 닥친 재화로 일어난 생각지도 못한 재난을 가리킨다. 愼家는 매사에 신중히 생각하여 처신하는 집안이니, 이러한 집에는 비재(非災)로 인한 재난이 들어가지 못한다.

 太公曰 良田萬頃이 不如薄藝隨身이니라.

※ 태공이 말하기를,
"좋은 토지 만 경(頃)을 지녔더라도 하찮은 기예(技藝)가 몸을 따르는 것만 못하느니라." 하였다.

문장의 구조

太公曰 良田萬頃∥이 不如／薄藝隨∣身이니라.

주어+서술어+보어의 구성이다.

풀 이

1) **良田萬頃이 不如薄藝隨身이니라.** : 좋은 토지 만 경(頃)을 지녔더라도 하찮은 기예(技藝)가 몸을 따르는 것만 못하느니라.

- 良田은 좋은 토지이다. 萬頃은 매우 드넓은 지역을 나타내는 대수(大數)이다. 頃은 중국에서 논밭의 넓이를 나타내는 도량형(度量衡)의 명칭이니, 1경은 100묘(畝)의 넓이이다.

- 不如는 '~하는 것만 못하다'의 뜻이다. 薄藝는 하찮은 기예(技藝)이다. 隨身은 在身과 같은 말이니, 자신이 지니고 있는 것이다. 하찮은 기술이라도 자신이

갖고 있으면 재물처럼 하루아침에 없어지는 일이 없을 것이다.

◦ 출 전 ◦

《증광현문(增廣賢文)》에, 良田百畝가 不如薄技隨身이니라.

譯 《증광현문(增廣賢文)》에,

"좋은 토지 백묘(百畝)를 지녔더라도 하찮은 기예(技藝)를 자신이 지니고 있는 것만 못하느니라." 하였다.

50 周禮云 淸貧常樂이요 濁富多憂니라.

※《주례(周禮)》에 이르기를,

"청백(淸白)하여 가난한 사람은 항상 즐거운 마음을 가지고, 부정(不正)하여 부유한 사람은 많은 근심이 있느니라." 하였다.

◦ 문장의 구조 ◦

周禮云 淸貧 ‖ 常樂이요

濁富 ‖ 多憂니라.

주어+서술어의 구성이므로 '~은 ~하다'로 해석한다.

◦ 풀 이 ◦

1) 周禮云 : 《주례(周禮)》에 이르기를,

◉ 周禮 : 일명 《주관(周官)》이라 하니, 6편(篇)으로 되어 있다. 주공(周公 : BC 12세기)이 찬(撰)였다고 하는데, 옛날부터 그 진위(眞僞)는 논쟁의 대상이었다. 《의례(儀禮)》《예기(禮記)》와 합쳐 삼례(三禮)라 불린다.
관직을 천지사계(天地四季)로 구분하여 천관(天官)·지관(地官)·춘관(春官)·하관(夏官)·추관(秋官)·동관(冬官)으로 직제를 나누고, 각 관 아래에 속관을 두어 388관이 된다. 중국 역대의 관제는 이것을 규범으로 삼은 것이 많다. 우리나라에서는 고려 예종 때 구인재(求仁齋)에서 주요 유교경전으로 가르쳤으며, 조선 세종 때에 단행본으로 간행되어 일반에 보급되었다.

2) **淸貧常樂이요 濁富多憂니라.** : 청백(淸白)하여 가난한 사람은 항상 즐거운 마음을 가지고, 부정(不正)하여 부유한 사람은 많은 근심이 있느니라.

　　◉ 淸貧은 게으르고 능력이 없어서 가난한 것이 아니라 몸가짐이 깨끗하므로 인하여 가난한 것을 가리킨다. 常樂은 항상 즐거운 마음을 지니는 것이다. 濁富는 부정한 행위를 저질러서 부유하게 된 사람이니, 청부(淸富)와 구분해야 한다. 多憂는 常樂과 대구이니, 부사+서술어로 해석하는 것이 타당하므로 '많은 근심이 있다.'로 해석한다.

◖ 출 전 ◗

《주례(周禮)》

51 孝友朱先生曰 終身讓路라도 不枉百步요 終身讓畔이라도 不失一段이니라.

※ 효우 주선생(孝友朱先生)이 말하기를,
"종신토록 길을 양보한다고 해도 백 걸음이 굽어지지 않을 것이요, 종신토록 밭두둑을 양보한다고 해도 한 두락을 잃지 않을 것이니라." 하였다.

◖ 문장의 구조 ◗

孝友朱先生曰 終 | 身 讓 | 路라도 不枉 | 百步요

終 | 身 讓 | 畔이라도 不失 | 一段이니라.

◖ 풀 이 ◗

1) **孝友朱先生曰** : 효우 주선생(孝友朱先生)이 말하기를,

　　◉ 孝友朱先生 : 당(唐) 나라 박주(亳州) 사람. 자는 덕용(德容). 일생동안 은거하며 부모에게 효도를 다하였다. 이장의 글귀를 갖고 항상 자제들을 훈계하였다고 한다. 죽은 뒤에 사시(私諡)가 효우선생(孝友先生)이다.

2) **終身讓路라도 不枉百步요 終身讓畔이라도 不失一段이니라.** : 종신토록 길을 양보한다고 해도 백 걸음이 굽어지지 않을 것이요, 종신토록 밭두둑을 양보한다고 해

도 한 두락을 잃지 않을 것이니라.

❀ 終身은 몸을 마칠 때까지이니, 일생을 총칭한다. 讓路는 가는 길을 상대에게 양보하고 비켜줌이다. 不枉百步는 비켜준 거리가 백 걸음이 굽어지지 않는다. 讓畔은 농지(農地)의 경계를 짓는 두둑을 양보하는 것이다. 논두둑이나 밭두둑을 이웃 농지에게 양보하고 농사를 짓는 것이다. 不失一段은 양보한 넓이가 한 두락을 넘지 않음이다. 段은 토지의 넓이를 측량하는 단위인데, 근래의 도량형은 1단(段)은 300평이다.

 景行錄云 廣積은 不如敎子요 避禍는 不如省非니라.

※《경행록》에 이르기를,
"적재(積財)를 많이 하는 것은 자식을 가르치는 것만 못하고 재화(災禍)를 피하는 것은 잘못을 살피는 것만 못하느니라." 하였다.

◈ 문장의 구조 ◈

景行錄云 廣 | 積은 不如敎 | 子요

避 | 禍는 不如省 | 非니라.

廣積을 부사+서술어로 풀이하는 것보다 대구(對句)로 있는 避禍가 서술어+목적어로 구성되었으므로 동일하게 서술어+목적어로 풀이하는 것이 타당하다.

◈ 풀 이 ◈

1) 廣積은 不如敎子요 避禍는 不如省非니라. : 적재(積財)를 많이 하는 것은 자식을 가르치는 것만 못하고 재화(災禍)를 피하는 것은 잘못을 살피는 것만 못하느니라.

❀ 廣積은 재물을 모으기를 많이 하는 것이다. 不如는 '~못하다'이니, A不如B의 형식이면 A는 B만 못하다. 敎子는 자제를 가르침이다. 避禍는 재화를 피함이다. 省非는 省其非와 같으니, 자신에게 잘못한 행위가 있는지 살펴보고 반성하는 것이다.

53 性理書云 接物之要는 己所不欲을 勿施於人하고 行有不得이어든 反求諸己니라.

※《성리서(性理書)》에 이르기를,
"외물(外物)을 대하는 요체는 자신이 하고 싶지 않은 것을 남에게 베풀지 말고, 실천하였으나 얻지 못하는 것이 있거든 돌이켜 자신에게서 원인을 찾을 것이니라." 하였다.

· 문장의 구조 ·

性理書云 接 | 物之要 ∥ 는 己所不欲을 勿施於／人하고

行有／不得이어든 反求諸己니라.

· 풀 이 ·

1) 性理書云 : 《성리서(性理書)》에 이르기를,

❁ 《성리서(性理書)》 : 성리(性理)를 주제로 유학을 탐구하는 것을 성리학(性理學)이라 하니, 도학(道學)·이학(理學)·성명학(性命學)이라 한다. 또 이를 발전시킨 정자와 주자를 대표하여 정주학(程朱學)이라고도 한다. 이러한 부류의 책들을 모두 《성리서(性理書)》라고 지칭한다.

2) 接物之要는 己所不欲을 勿施於人하고 : 외물(外物)을 대하는 요체는 자신이 하고 싶지 않은 것을 남에게 베풀지 말고,

❁ 物은 나를 제외한 모든 사람이나 사물을 가리킨다. 接物之要는 '외물을 대하는 요체'이다. 己所不欲 勿施於人은 《논어(論語)》 顔淵篇과 衛靈公篇에 나오는 말이니, 恕에 대한 설명이다. 자신이 하고 싶지 않은 일이면 남도 똑같이 하고 싶지 않음을 미루어 아는 것이다.

3) 行有不得이어든 反求諸己니라. : 실천하였으나 얻지 못하는 것이 있거든 돌이켜 자신에게서 원인을 찾아라.

❁ 行은 '실천하다', '실행하다'의 뜻이다. 不得은 '얻지 못하다'이니, 소득이 없는 것이다. 反은 '돌이키다'와 '반성하다'의 뜻을 갖고 있다. 諸는 어조사로서 之 於와 같다. 行有不得 反求諸己는 《맹자(孟子)》 離婁篇에 나오는 말이니, 실행하였는데 소득이 없으면 돌이켜서 자신에게서 그 원인을 찾으라는 말이다.

54 酒色財氣四堵墻에　多少賢愚在內廂이라.　若有世人跳得出이면　便是神仙不死方이니라.

> ※ 술과 색, 재물과 기운의 네 가지가 둘러쌓은 담장 안에 수많은 훌륭한 사람과 어리석은 사람이 그 집안에 있느니라. 만약 세상 사람으로 초탈하여 벗어날 수 있다면 바로 신선이 되어 죽지 않는 방법이 되느니라.

문장의 구조

酒色財氣∥四堵墻에 多少 賢愚∥在內廂이라.

若有／世人∥跳得出이면 便是神仙∥不死方이니라.

풀 이

1) 酒色財氣四堵墻에 多少賢愚在內廂이라. : 술과 색, 재물과 기운의 네 가지가 둘러쌓은 담장 안에 수많은 훌륭한 사람과 어리석은 사람이 그 집안에 있느니라.

- 酒色財氣는 주변에서 항상 물욕이 일어나도록 부추기는 근원이니, 술과 이성 그리고 재물과 혈기이다. 四堵墻은 네 가지가 둘러치고 있는 담장을 뜻하니, 인간 세상의 모든 물욕을 지칭한다. 多少는 少에 뜻이 없고 多에 의미가 주어진 것이므로 '많은'의 뜻이다. 賢愚는 잘나고 못난 사람, 훌륭하고 어리석은 사람들을 가리키는 말이다. 在는 처소격이므로 '~에 있다'의 뜻이다. 內廂은 廂內와 같은 말인데 韻이므로 도치하였으니, 행랑 안에 있다는 것은 그 집안에 어울려 있음을 나타내었다.

2) 若有世人跳得出이면 便是神仙不死方이니라. : 만약 세상 사람으로 초탈하여 벗어날 수 있다면 바로 신선이 되어 죽지 않는 방법이 되느니라.

- 若은 가정사로 '만약'의 뜻이다. 世人은 세상 사람이니, 酒色財氣로 둘러싸여 있는 세상에 살고 있는 보통사람들을 가리킨다. 跳는 '도약하다'이다. 得出의 得은 조사로 '할 수 있다'이니, '벗어날 수 있으면'의 뜻이다. 便是는 '바로 ~이다'이다. 神仙은 영원히 죽지 않고 선계(仙界)에 살고 있는 것을 뜻한다. 不死方은 죽지 않는 방도를 가리킨다. 보통 사람의 경지를 뛰어넘었다면 이미 신선의 경지에 있다고 말한 것이다.

立 教 篇

13

《맹자(孟子)》盡心篇에, 맹자가 군자에게 세 가지의 즐거움이 있다고 말한 것 가운데, "천하의 영재(英才)를 얻어서 교육시키는 것[得天下英才而教育之]"이 三樂이라고 하였는데, 교육은 예로부터 이처럼 중요하게 인식하였다. 이 장에서는 인간으로써 지켜야 할 규범과 도리를 자세하게 말하였다.

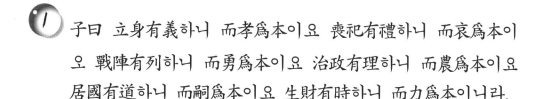

子曰 立身有義하니 而孝爲本이요 喪祀有禮하니 而哀爲本이오 戰陣有列하니 而勇爲本이요 治政有理하니 而農爲本이요 居國有道하니 而嗣爲本이요 生財有時하니 而力爲本이니라.

> ※ 공자가 말씀하시기를,
> "입신(立身)하는 데에 의(義)가 있으니 효도가 근본이요, 상사(喪祀)에 예(禮)가 있으니 슬퍼함이 근본이요, 전쟁(戰爭)에 항렬(行列)이 있으니 용기가 근본이요. 정사(政事)를 다스리는데 이치가 있으니 농사가 근본이요, 나라를 다스리는데 도리(道理)가 있으니 후사(後嗣)가 근본이요, 재물을 불리는데 시기가 있으니 노력이 근본이 되느니라." 하였다.

⌐ 문장의 구조 ⌐

子曰 立|身 有/義하니 而孝‖爲本이요
　　　　　　　　　　　　↑⌐

喪祀 有/禮하니 而哀‖爲本이오
　　　　　　　　↑⌐

戰陣 有/列하니 而勇‖爲本이오
　　　　　　　　↑⌐

治|政 有/理하니 而農‖爲本이요
　　　　　　　　↑⌐

居|國 有/道하니 而嗣‖爲本이요
　　　　　　　　↑⌐

生|財 有/時하니 而力‖爲本이니라.
　　　　　　　　↑⌐

而는 접속사로 쓰였으니, 則의 의미로 쓰인 것이다. 則이 조사가 될 경우에 '~하니'의 토씨를 붙이는데, 則은 而와 환용(換用)이 되므로 而를 쓴 것이다. 爲는 '~이다', '~되다'의 의미로 쓰인 술어이다.

⌐ 풀 이 ⌐

1) 立身有義하니 而孝爲本이요 : 입신(立身)하는 데에 의(義)가 있으니 효도가 근본이요,
　● 立身은 작게는 몸을 지키는 것이며 크게는 벼슬하여 도를 행하는 것을 가리킨

다. 義는 바른 길을 뜻한다. 立身을 하는 데는 바른 길이 있으니, 부모에게 효
도하는 것이 근본이라는 뜻이다. 《효경(孝經)》 開宗明義篇에, "신체(身體)와 발
부(髮膚)는 부모에게 받은 것이니, 감히 훼상(毀傷)하지 않는 것이 효도의 시작
이요, 입신(立身)하여 도를 실행하여서 후세에 이름을 드날려 부모를 드러내는
것이 효도의 마침이다.[身體髮膚 受之父母 不敢毀傷 孝之始也. 立身行道 揚名
於後世 以顯父母 孝之終也]" 하였다.

2) 喪祀有禮하니 而哀爲本이오 : 상사(喪事)에 예(禮)가 있으니 슬퍼함이 근본이요,

❀ 喪祀는 喪祭와 같은 말로 장례를 치를 때에 행하는 제례(祭禮)까지 포함한 말
이니, '상기(喪紀)'를 뜻한다. 禮는 예법이다. 《논어(論語)》 八佾篇에, "상례(喪
禮)는 형식을 잘 구비하기 보다는 차라리 슬퍼하는 것이 낫다.[喪 與其易也寧
戚]" 하였으니, 예법에 맞추어 초상을 치러야 하나, 슬퍼하는 것이 근본이 된다
는 뜻이다.

3) 戰陣有列하니 而勇爲本이요 : 전쟁(戰爭)에 항렬(行列)이 있으니 용기가 근본이요.

❀ 戰陣은 교전(交戰)하려고 대진(對陣)하는 것이니, 전쟁을 뜻한다. 列은 항렬(行
列)이니, 군대의 대열을 말한다. 군대가 교전하려고 진(陣)을 마주하고 있을 때
대열을 이루어 위세(威勢)를 드러내야 하지만 군사들이 용기를 지니고 있는 것
이 근본이 된다. 《예기(禮記)》 祭儀篇에, "붕우 간에 신의가 없으면 효가 아니
며 교전하려 대진하였을 때 용기가 없으면 효가 아니다.[朋友不信 非孝也 戰陣
無勇 非孝也]" 하였다.

**4) 治政有理하니 而農爲本이요 : 정사(政事)를 다스리는데 이치가 있으니 농사가 근본
이요,**

❀ 治政은 정사를 다스리는 것이니, 항상 모든 정사(政事)는 정당한 도리(道理)가
있다. 예로부터 임금은 백성을 하늘로 여기지만 백성은 먹는 것을 하늘로 여
기므로[君以民爲天 民以食爲天] 정사를 다스리는 사람은 항상 백성들의 의식주
가 넉넉하도록 해야 한다. 그리고 의식주 가운데 식(食)이 가장 중요하므로 농
사를 근본으로 여긴다.

**4) 居國有道하니 而嗣爲本이요 : 나라를 다스리는데 도리(道理)가 있으니 후사(後嗣)
가 근본이요,**

❀ 居國의 居는 '다스리다'이니, 居國은 국가를 통치하는 것이다. 道는 방도이다.
嗣는 후사(後嗣)이니, 태자(太子)를 책봉하는 것이다. 봉건 국가는 후사를 세우
는 것이 가장 중요한 일이므로 국가를 통치하는데 가장 좋은 방도는 일찍이
후사를 세우는 것이다.

5) 生財有時하니 而力爲本이니라. : 재물을 불리는데 시기가 있으니 노력이 근본이
되느니라.

❂ 生財는 재물을 불리는 것이다. 時는 알맞은 시기를 뜻한다. 力은 노력이다. 재
산을 증식하려면 때를 잘 만나야 순리로 재산을 증식하게 되지만 그 가운데
노력이 가장 근본이 된다.

・ 출   전 ・

《공자가어(孔子家語)》六本篇에, 行己有六本焉하니 本立然後爲君子也라. 立身有義矣하
니 而孝爲本이요 喪紀有禮矣하니 而哀爲本이요 戰陣有列矣하니 而勇爲本이요 治政有理
矣하니 而農爲本이요 居國有道矣하니 而嗣爲本이요 生財有時矣하니 而力爲本이니라.

譯 《공자가어(孔子家語)》六本篇에,

"몸가짐을 하는 데에 여섯 가지 근본이 있으니, 근본이 확립된 후에 군자가 된다.
입신(立身)하는 데에 의(義)가 있으니 효도가 근본이요, 상사(喪事)에 예(禮)가 있으니
슬퍼함이 근본이요, 전쟁(戰爭)에 항렬(行列)이 있으니 용기가 근본이요. 정사(政事)를
다스리는데 이치가 있으니 농사가 근본이요, 국가(國家)를 다스리는데 도리(道理)가 있
으니 후사(後嗣)가 근본이요, 재물을 불리는데 시기가 있으니 노력이 근본이 된다." 하
였다.

2 景行錄云 爲政之要는 曰公與淸이요 成家之道는 曰儉與勤이
라.

> ※《경행록》에 이르기를,
> "정사(政事)를 다스리는 요점은 공평하고 청렴함이요, 집안을 일으키는 방
> 도는 검소와 근면이니라." 하였다.

・문장의 구조 ・

景行錄云 爲 | 政之要 ‖ 는 曰公與淸이요

成 | 家之道 ‖ 는 曰儉與勤이라.

주어+서술어의 구성이다. 曰은 동일한 것을 나열할 때 사용되는 말로 별 뜻이 없다.

· 풀 이 ·

1) **爲政之要는 曰公與淸이요** : 정사(政事)를 다스리는 요점은 공평하고 청렴함이요,

　❂ 爲政의 爲는 '다스리다[治]'와 같으니, 爲政은 '정사를 다스리다'의 뜻이다. 要는 요점이다. 曰은 '말하자면'의 뜻이니, 해석하지 않아도 된다. 與는 '~과'에 해당하는 조사이다. 公은 공정함이며 淸은 청렴함이다.

2) **成家之道는 曰儉與勤이라.** : 집을 일으키는 방도는 검소와 근면이니라.

　❂ 成家는 집안을 일으키다. 道는 가장 좋은 방도를 뜻한다. 儉은 검소함이며 勤은 근면함이다. 집안을 일으키는 가장 좋은 방법은 검소하고 근면한 생활이다.

③ 讀書는 起家之本이요 循理는 保家之本이요 勤儉은 治家之本이요 和順은 齊家之本이니라.

> ※ 글을 읽는 것은 집을 일으키는 근본이요, 이치에 따름은 집을 보존하는 근본이요, 부지런하고 검소한 것은 집을 다스리는 근본이요, 화목하고 순종하는 것은 집안을 가지런히 하는 근본이니라.

· 문장의 구조 ·

讀 | 書 ‖ 는 起 | 家之本이요

循 | 理 ‖ 는 保 | 家之本이요

勤 = 儉 ‖ 은 治 | 家之本이요

和 = 順 ‖ 은 齊 | 家之本이니라.

주어+서술어 확장 구조이다. 서술절에서 之는 서술어+목적어의 뒤에 오므로 토씨를 '는'을 붙인다.

· 풀 이 ·

1) **讀書는 起家之本이요 循理는 保家之本이요** : 글을 읽는 것은 집을 일으키는 근본이요, 이치에 따름은 집을 보존하는 근본이요,

❂ 讀書는 '책을 읽다'의 뜻이나, 옛날에는 공부를 하는 것을 지칭하였다. 起家는 成家와 같은 뜻이니, 집안을 일으키는 것이다. 공부를 하여 입신양명(立身揚名)하면 그 집안이 흥성하기 때문에 근본이라고 한 것이다. 循理는 온당한 이치를 좇아 실행하는 것이니, 순리(順理)와 같은 말이다. 保家는 집안을 보존함이니, 선대(先代)에서 일으킨 집안을 수성(守成)하는 것이다.

2) 勤儉은 治家之本이요 和順은 齊家之本이니라. : 부지런하고 검소한 것은 집을 다스리는 근본이요, 화목하고 순종하는 것은 집안을 가지런히 하는 근본이니라.

❂ 勤儉은 부지런하며 검소함이니, 부지런히 일을 하고 검소하게 소비를 하는 것이다. 治家는 집안을 다스리는 것이다. 和順은 화목하고 순종하는 것이니, 집안의 윗사람은 아랫사람들과 화목하게 지내고 아랫사람은 윗사람의 말씀에 순종하는 것이다. 齊家는 집안의 모든 사람들이 화평한 마음을 갖도록 만드는 것이다.

④ 景行錄云 勤者는 富之本이요 儉者는 富之源이니라.

※《경행록》에 이르기를,
"부지런함은 부유함의 근본이 되고 검소함은 부유함의 근원이니라." 하였다.

｜문장의 구조｜

景行錄云 勤者∥는 富之本이요
　　　　└↑　　└↑

儉者∥는 富之源이니라.
└↑　　└↑

주어 +서술어의 문장이니, ~은 ~하다로 해석한다.

· 풀　이 ·

1) 勤者는 富之本이요 儉者는 富之源이니라. : 부지런함은 부유함의 근본이 되고 검소함은 부유함의 근원이니라.

❂ 勤者는 부지런한 것은[者]이다. 富之本은 부유하게 되는 근본이다. 儉者의 儉은 분수에 맞게 소비생활을 하는 것이니, '검소한 것은'이다. 富之源은 부자가 되는 근원(根源)이다.

5 孔子三計圖云 一生之計는 在於幼하고 一年之計는 在於春하고 一日之計는 在於寅이니 幼而不學이면 老無所知요 春若不耕이면 秋無所望이요 寅若不起면 日無所辦이니라.

> ※ 공자의 〈삼계도(三計圖)〉에 이르기를,
> "일생의 계획은 어릴 때에 달려있고, 일 년의 계획은 봄에 달려있고, 하루의 계획은 새벽에 달려있으니, 어려서 만약 배우지 않았으면 늙어서 아는 것이 없고 봄에 만약 밭을 갈지 않았으면 가을에 바랄 것이 없으며, 새벽에 만약 일어나지 않는다면 그 날에 할 일이 없느니라." 하였다.

·문장의 구조·

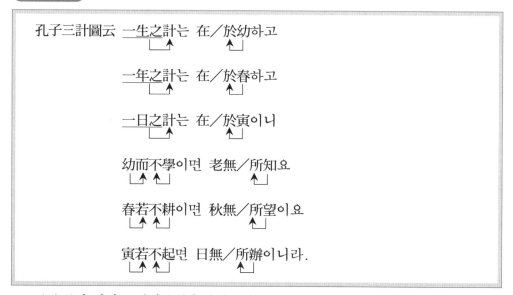

一生之計의 뒤에 구결이 '는'이 붙었으니, 則이 있다고 여기고 해석한다. 幼而不學의 뒤에 구결이 '면'이 붙었으니, 역시 則이 있다고 여기고 해석한다.

· 풀 이 ·

1) 孔子三計圖云 : 공자의 〈삼계도(三計圖)〉에 이르기를,
   ❀ 孔子 三計圖 : 〈삼계도(三計圖)〉는 공자가 세 가지 계획을 도표로 그려 놓은 것을 뜻하는데, 현재 전하지 않는다.

2) 一生之計는 在於幼하고 一年之計는 在於春하고 一日之計는 在於寅이니 : 일생의

계획은 어릴 때에 달려있고, 일 년의 계획은 봄에 달려있고, 하루의 계획은 새벽에 달려있으니,

● 一生之計의 之는 一生이 수식+피수식의 관계이므로 토씨는 '의'를 붙인다. 計는 계획이다. 在는 선결 조건을 나타낼 때 사용하니 '~에 달려있다'의 뜻이다. 幼는 어릴 때이다. 일생의 삶을 계획하는 것은 어릴 때에 달려있고 일 년의 농사를 짓는 계획은 봄에 달려있고 하루의 일을 계획하는 것은 인시(寅時)에 일어나 계획을 수립하는데 달려있다. 인시는 새벽 3시부터 5시까지이니, 새벽을 뜻한다.

3) 幼而不學이면 老無所知요 春若不耕이면 秋無所望이요 寅若不起면 日無所辦이니라. : 어려서 만약 배우지 않았으면 늙어서 아는 것이 없고 봄에 만약 밭을 갈지 않았으면 가을에 바랄 것이 없으며, 새벽에 만약 일어나지 않는다면 그 날에 할 일이 없다.

● 이 대문은 계획을 세우지 않았을 때 오게 되는 결과를 제시하였다. 而는 若과 통용되니, 幼而不學은 幼若不學과 같은 문장으로, '어려서 만약 배우지 않았으면'의 뜻이다. 老無所知는 老以無所知와 같으니, '늙어서 아는 것이 없다'이다. 春若不耕은 '봄에 만약 전지(田地)를 갈지 않았으면'의 뜻이다. 若은 가정부사로 '만약'이다. 秋無所望은 가을에 추수할 곡식이 없으므로 기대할 일이 없음이다. 寅若不起는 '새벽에 만약 일어나지 않으면'이니, 늦게 일어나면 급하고 서둘러 제대로 되는 일이 없다. 日無所辦은 그 날에 다스려서 처리할 만한 일이 없음이다.

┌─ 참 고 ─┐

《증광현문(增廣賢文)》에, 一年之計는 在於春하고 一日之計는 在於晨이요. 一家之計는 在於和하고 一生之計는 在於勤이라.

譯 《증광현문(增廣賢文)》에,

"일 년의 계획은 봄에 달려있고 하루의 계획은 새벽에 달려있고 일가(一家)의 계책은 화목한 데에 달려있고 일생의 계획은 부지런함에 달려있다." 하였다.

6 性理書云 五教之目은 父子有親하며 君臣有義하며 夫婦有別하며 長幼有序하며 朋友有信이니라.

> ※ 《성리서(性理書)》에 이르기를,
> "다섯 가지 가르침의 조목은 부모와 자식은 친애(親愛)함이 있어야 하며,
> 임금과 신하는 의리(義理)가 있어야 하며, 남편과 아내는 분별(分別)이 있
> 어야 하며, 어른과 어린이는 질서(秩序)가 있어야 하며, 벗과 벗은 신의
> (信義)가 있어야 하느니라." 하였다.

· 문장의 구조 ·

性理書云 五敎之目은 父子∥有／親하며
　　　　　　└─→↑

　　　君臣∥有／義하며 夫婦∥有／別하며

　　　長幼∥有／序하며 朋友∥有／信이니라.

주어＋서술어＋보어의 구성으로 이루어져 있다.

· 풀　이 ·

1) 性理書云 : 《성리서(性理書)》에 이르기를,
　 ❂ 《성리서(性理書》 : 성리(性理)를 주제로 유학을 탐구하는 것을 성리학(性理學)
　　　이라 하니, 도학(道學)·이학(理學)·성명학(性命學)이라 한다. 이러한 부류의
　　　책들을 《성리서(性理書》라고 지칭한다.

2) 五敎之目은 父子有親하며 君臣有義하며 夫婦有別하며 長幼有序하며 朋友有信이니
　 라. : 다섯 가지 가르침의 조목은 부모와 자식은 친애(親愛)함이 있어야 하며, 임
　 금과 신하는 의리(義理)가 있어야 하며, 남편과 아내는 분별(分別)이 있어야 하며,
　 어른과 어린이는 질서(秩序)가 있어야 하며, 벗과 벗은 신의(信義)가 있어야 하느
　 니라.
　 ❂ 五敎之目 : 五敎를 오륜(五倫), 오상(五常), 오전(五典)이라고 하니, 인간이 지켜
　　　야할 다섯 가지 윤리를 지칭한다. 目은 조목(條目)이니, 오륜의 조목은 《맹자
　　　(孟子)》滕文公篇에 처음 보인다.
　 ❂ 父子有親 : 부모와 자식은 혈연에서 가장 가까운 관계이니, 서로 아끼며 사랑
　　　하는 마음이 있어야 한다. 혈연은 어떠한 경우가 있어도 그 관계가 변하지 않
　　　는다.
　 ❂ 君臣有義 : 임금과 신하는 혈연이 아닌 상하 관계에서 가장 중요하니, 군신간
　　　에 의리가 존속되지 않으면 그 관계는 존립되지 않는다.

❂ 夫婦有別 : 남편과 아내는 혈연이 아니면서 혈연이 시작되는 매우 중요한 위치이다. 그러므로 오륜(五倫)에 있어서도 상하의 연결고리가 되며 바탕이 되므로 가운데에 위치하였다. 남편은 남편으로서 자신의 직분을 행하는 것이 분별이 있는 것이며 이것은 아내도 마찬가지이다. 자신의 위치에서 자신의 일을 충분히 실행하여야 분별이 있는 것이다.

❂ 長幼有序 : 인류가 동물과 다른 점은 상하의 질서가 존립하기 때문이니, 그 가운데에서 가장 중요한 것은 노소(老少)의 질서가 있기 때문이다.

❂ 朋友有信 : 朋友는 인류에서 평등관계이니, 뜻이 같고 방법이 같아야[志同道合] 그 관계가 성립된다. 다만 朋은 나이가 비슷해야 벗이 성립되고 友는 나이가 많고 적음을 관계하지 않고 벗이 성립된다.

7 三綱은 君爲臣綱이요 父爲子綱이요 夫爲婦綱이니라.

※ 삼강(三綱)은 임금은 신하의 벼리가 되고, 부모는 자식의 벼리가 되고, 남편은 아내의 벼리가 되느니라.

문장의 구조

三綱은 君∥爲／臣綱이요

父∥爲／子綱이요

夫∥爲／婦綱이니라.

주어＋서술어＋보어의 구성으로 이루어진 문장이다.

풀 이

1) 三綱은 : 삼강(三綱)은

❂ 三綱의 綱은 그물의 버팀줄이 되는 가장 굵은 끈을 '벼리'라고 한다. 三綱은 반고(班固)의 《백호통(白虎通)》 三綱六紀篇에, "삼강(三綱)은 무엇을 말하는가? 군신(君臣)·부자(父子)·부부(夫婦)이다.[三綱何謂也 君臣父子夫婦也]"라고 처음 보인다. 현재와 같은 문장은 《예위(禮緯)》에, 三綱謂 君爲臣綱이요 父爲子綱이요 夫爲妻綱이라는 문구가 처음 보인다.

2) 君爲臣綱이요 父爲子綱이요 夫爲婦綱이니라. : 임금은 신하의 벼리가 되고, 부모는 자식의 벼리가 되고, 남편은 아내의 벼리가 되느니라.

❀ 爲는 '되다'이다. 綱은 그물의 벼릿줄이므로 본보기가 되며 근본이 된다는 말이다. 君爲臣綱은 임금의 신하의 본보기가 됨을 뜻하고 父爲子綱은 부모는 자식의 본보기가 되는 것이다. 夫爲婦綱은 남편이 아내의 본보기가 된다는 말인데, 논란이 많은 문장이다. 夫婦는 평등한 관계이지 상하의 관계가 아니므로 어폐(語弊)가 있다. 三綱이 경서(經書)에 실리지 못하고 위서(緯書)에 등재된 이유도 여기에 있다.

⑧ 性理書云 敎人者는 養其善心하여 而惡自消요 治民者는 道之敬讓하여 而爭自息이니라.

※ 《성리서(性理書)》에 이르기를,
"사람을 가르치는 것은 그들의 선한 마음을 길러서 나쁜 마음이 저절로 사라지게 하는 것이요. 백성을 다스린다는 것은 그들을 공경과 겸양으로 인도하여 다툼이 저절로 종식되게 하는 것이니라." 하였다.

┌ 문장의 구조 ┐

性理書云 敎│人者‖는 養│其善心하여 而惡‖自消요

治│民者‖는 道│之敬讓하여 而爭‖自息이니라.

者는 사람을 지칭하기보다는 敎人과 治民을 지칭하는 조사로 보는 것이 타당한 듯하다. 人과 民은 통용되는 글자이므로 표현만 달리한 것이다.

┌ 풀 이 ┐

1) 敎人者는 養其善心하여 而惡自消요 治民者는 道之敬讓하여 而爭自息이니라. : 사람을 가르치는 것은 그들의 선한 마음을 길러서 나쁜 마음이 저절로 사라지게 하는 것이요. 백성을 다스린다는 것은 그들을 공경과 겸양으로 인도하여 다툼이 저절로 종식되게 하는 것이니라.

❀ 敎人者는 敎人也者와 같은 문장이니, '사람을 가르친다는 것은'이다. 養其善心의 其는 가르침을 받는 사람이니, 그의 선한 마음을 길러주는 것이다. 而는

養其善心을 받는 접속사이니, '~하여서'의 토씨를 붙인다. 惡自消는 악한 마음
이 저절로 사라지게 하는 것이다.

◉ 治民者는 治人者와 같은 문장이니, 治政者의 입장에서 말한다면 백성이라고
해야 타당하다. 道之敬讓의 之는 대명사이니 其의 뜻을 갖고 있으므로, 백성들
에게 공경과 겸양으로 인도하는 것이다. 爭은 백성들이 서로 분쟁하는 것이니,
이러한 분쟁이 저절로 사라지게 된다.

· 출 전 ·

《근사록(近思錄)》治本篇에 명도선생(明道先生)의 말이라고 하였다. 《정씨외서(程氏外
書)》.

⑨ 王蠋曰 忠臣은 不事二君이요 烈女는 不更二夫니라.

※ 왕촉(王蠋)이 말하기를,
"충신은 두 임금을 섬기지 않고, 열녀는 두 지아비를 거치지 않느니라." 하였다.

· 문장의 구조 ·

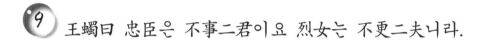

王蠋曰 忠臣‖은 不事│二君이요

烈女‖는 不更│二夫니라.

주어+서술어+목적어의 구성이다.

· 풀 이 ·

1) 王蠋曰 : 왕촉(王蠋)이 말하기를,
   ◉ 王蠋 : 전국시대 제(齊) 나라 사람. 연(燕) 나라 악의(樂毅)가 제 나라를 쳐들어
   왔을 때 왕촉의 훌륭함을 알고 그가 사는 획읍(畫邑)의 30리(里) 안으로 군대
   를 들어가지 못하도록 하고 연(燕) 나라에 귀순할 것을 종용할 때, 이 말을 하
   고 자결하였다.

2) 忠臣은 不事二君이요 烈女는 不更二夫니라. : 충신은 두 임금을 섬기지 않고, 열
   녀는 두 지아비를 거치지 않느니라.

◈ 忠臣은 임금에게 자신의 몸과 마음을 다 바치는 신하이다. 不事二君은 임금을 바꾸어 섬기지 않음이다. 烈女는 남편에 대하여 지조(志操)와 정조(情操)를 지키는 부인을 이른다. 不更의 更은 '거치다[經歷]'의 뜻이니, 不更二夫는 '두 지아비를 거치지 않는다.'는 말이다.

· 출 전 ·

《통감절요(通鑑節要)》赧王三十年條에, 王蠋曰 忠臣 不事二君 烈女 不更二夫 齊王 不用吾諫故 退而耕於野. 國破民亡 吾不能存 而又欲劫之以兵 吾 與其不義而生 不若死.

譯 《통감절요(通鑑節要)》赧王三十年條에, 왕촉(王蠋)이 말하기를,

"충신은 두 임금을 섬기지 않고, 열녀는 두 지아비를 거치지 않습니다. 제(齊) 나라 왕이 나의 간언(諫言)을 채택하지 않으므로 물러나서 시골에서 농사를 지었는데, 지금 나라는 망하고 백성들은 죽고 있으니, 나는 살 수 없습니다. 그런데 군사로써 협박하고 있으니, 나는 의롭지 못하게 살기보다는 죽는 것이 낫습니다." 하였다.

 忠子曰 治官엔 莫若平이요 臨財엔 莫若廉이니라.

> ※ 충자(忠子)가 말하기를,
> "관직(官職)을 다스리는 데는 공평함만 같은 것이 없고, 재물을 대하는 데는 청렴함만 같은 것이 없느니라." 하였다.

· 문장의 구조 ·

忠子曰 治│官엔 莫若平이요

臨│財엔 莫若廉이니라.

A+莫若+B의 짜임으로 이루어진 문장은 'A는 B만 같은 것이 없다.'의 뜻이니, A는 B가 가장 좋다는 뜻이다.

· 풀 이 ·

1) 忠子曰 : 충자(忠子)가 말하기를,
◈ 忠子 : 명(明) 나라 충중간(忠仲簡)인 듯하나 자세하지 않다.

2) 治官엔 莫若平이요 臨財엔 莫若廉이니라. : 관직(官職)을 다스리는 데는 공평함만
같은 것이 없고, 재물을 대하는 데는 청렴함만 같은 것이 없느니라.

　❂ 治官은 관직을 다스리는 것이다. 莫若平은 공평하게 하는 것이 가장 좋다는
　　뜻이다. 臨財는 재물에 대하여 처신하는 방도를 뜻한다. 莫若廉은 청렴하게 대
　　처하는 것이 가장 좋은 방법이다.

11 說苑云 治國은 若彈琴하고 治家는 若執轡也니라.

> ※《설원(說苑)》에 이르기를,
> "나라를 다스리는 것은 거문고를 타는 것과 같이하고 집을 다스리는 것은
> 고삐를 잡는 것과 같이할 것이니라." 하였다.

· 문장의 구조 ·

```
說苑云 治 | 國 ‖은 若彈 | 琴하고
              ↑____|

       治 | 家 ‖는 若執 | 轡也니라.
              ↑____|
```

若은 서술어로 '~과 같다'로 풀이한다.

· 풀　이 ·

1) 治國은 若彈琴하고 治家는 若執轡也니라. : 나라를 다스리는 것은 거문고를 타는
것과 같이하고 집을 다스리는 것은 고삐를 잡는 것과 같이할 것이니라.

　❂ 治國은 서술어+목적어의 구성이므로, 우리말과 어순을 반대로 해서 '~을 ~하다'
　　로 해석하니, 나라를 다스리다. 若彈琴은 거문고를 연주하는 것과 같이 함이니,
　　연주를 하려면 화음을 맞추어야 하므로 백성들을 화합하게 만드는 것이다. 治家
　　는 집안을 다스림이니, 옛날에는 대부(大夫)의 가솔(家率)을 가리키는 말이었다.
　　若執轡는 말고삐를 잡는 듯이 하는 것이니, 말고삐는 좌우의 고삐를 고르게 잡아
　　야 하므로 집안사람들을 차등 없이 고르게 대하여 제가(齊家)하는 것이다.

12 張思叔座右銘曰 凡語를 必忠信하며 凡行을 必篤敬하며
飮食을 必愼節하며 字劃을 必楷正하며 容貌를 必端莊하며

衣冠을 必肅整하며 步履를 必安詳하며 居處를 必正靜하며
作事를 必謀始하며 出言을 必顧行하며 常德을 必固持하며
然諾을 必重應하며 見善如己出하며 見惡如己病하라 凡此十
四者는 皆我未深省이라 書此當座隅하여 朝夕視爲警하노라.

※ 장사숙(張思叔)의 〈좌우명(座右銘)〉에 말하기를,
"모든 말은 반드시 마음을 다하고 진실하게 하며, 모든 행실은 반드시 독실하고 조심하며, 음식은 반드시 삼가고 절제하며, 글씨는 반드시 곱고 바르게 쓰며, 용모는 반드시 단정하고 장엄하게 하며, 의관은 반드시 엄숙하고 가지런하게 하며, 걸음걸이는 반드시 편안하고 침착하게 하며, 거처하는 곳은 반드시 바르고 정숙하게 하며, 일을 하는 것은 반드시 시작할 때부터 계획하며, 말을 할 때는 반드시 실천을 생각하며, 떳떳한 덕을 반드시 굳게 지키며, 응낙할 때는 반드시 신중히 대답하며, 선을 보거든 자신에게서 나온 것 같이 하며 악을 보거든 자기의 병과 같이 여겨라. 이 14가지는 모두 내가 아직 깊이 살피지 못한 것이니, 이를 자리의 모퉁이에 써서 붙여 놓고 항상 보고 경계로 삼느니라." 하였다.

・문장의 구조・

張思叔座右銘에 曰 凡語를 必忠信하며 凡行을 必篤敬하며

飮食을 必愼節하며 字劃을 必楷正하며

容貌를 必端莊하며 衣冠을 必肅整하며

步履를 必安詳하며 居處를 必正靜하며

作｜事를 必謀始하며 出｜言을 必顧行하며

常德을 必固持하며 然諾을 必重應하며

見｜善 如／己出하며 見｜惡 如／己病하라

凡此十四者는 皆我未深省이라

書｜此 當／座隅하여 朝夕視爲警하노라.

어린이들이 반드시 지켜야할 규범을 여러 경서(經書)에서 초록(抄錄)한 것이다. 敬, 正, 整, 靜, 行, 應, 病, 省, 警이 운(韻)이다.

> 풀 이

1) **張思叔座右銘曰 : 장사숙(張思叔)의 〈좌우명(座右銘)〉에 말하기를,**
   - ✿ 張思叔 : 송(宋) 하남(河南) 사람. 이름은 역(繹). 시장에서 중개(仲介)에 힘쓰다가 발분(發憤)하여 학문에 힘써 이윽고 문명(文名)을 떨쳤다. 정이천(程伊川)에게 학업을 전수 받았는데, 이천선생이 그의 뛰어난 자질을 칭찬하기를, "늦게 선비 둘을 얻었으니, 장역(張繹)과 윤돈(尹焞)이다." 하였다.
   - ✿ 座右銘 : 자리의 가까운 곳에 게시하여 반성하는 格言(격언)이나 警句(경구)를 말한다. 座右銘의 유래는 제(齊) 환공(桓公)이 자리의 오른쪽에 놓아둔 술독에서 비롯하는데, 이 술독이 비어있을 때는 기울어져 있다가 술을 반쯤 담으면 바로 섰다가 가득 채우면 다시 엎어지는 것을 보고 자만(自滿)을 경계하였다. 지금은 자리의 가까운 곳에 써서 붙여놓고 항상 자신을 경계(警戒)하는 금언(金言)을 가리킨다.

2) **凡語를 必忠信하며 凡行을 必篤敬하며 : 모든 말은 반드시 마음을 다하고 진실하게 하며, 모든 행실은 반드시 독실하고 조심하며,**
   - ✿ 凡語와 凡行의 凡은 '모두'이다. 語는 상대와 대화를 하는 것[答述]이며 行은 행실을 가리킨다. 忠은 자신의 마음을 다하는[盡己之心] 것이며 信은 忠을 바탕에 두고 진실하게 하는[以實之] 것이다. 篤은 모든 일을 세심하게 살펴 경솔하게 행동하지 않음[凡事 詳審不輕發]이며 敬은 마음을 조심조심하여 잘못될까 염려하는[意思 戒愼恐懼 惟恐失之] 것이다.
   - ✿ 출전 : 《논어》 衛靈公篇에, 子曰 言忠信行篤敬이니라.

3) **飮食을 必愼節하며 字劃을 必楷正하며 : 음식은 반드시 삼가고 절제하며, 글씨는 반드시 곱고 바르게 쓰며, 용모는 반드시 단정하고 장엄하게 하며,**
   - ✿ 飮食은 음식을 먹을 때를 가리킨다. 愼은 구차하게 먹지 않는[不苟食] 것이며 節은 마음 내키는 대로 먹지 않는[不恣食] 것을 뜻한다. 字畫은 글씨를 쓸 때를 가리킨다. 楷는 흘리며 거칠게 쓰지 않는[不草率] 것이며 正은 치우쳐 바르게 쓰지 않는[不偏邪] 것이다.

4) **容貌를 必端莊하며 衣冠을 必整肅하며 : 용모는 반드시 단정하고 장엄하게 하며, 의관은 반드시 엄숙하고 가지런하게 하며,**
   - ✿ 容貌는 온 몸을 거론하여 말하는 것이다. 端莊은 단정하고 장엄하게 하는 것이다. 衣冠은 용모와 거동을 하는 방법이다. 整肅은 엄숙하며 정제하는 것이다.

5) 步履를 必安詳하며 居處를 必正靜하며 : 걸음걸이는 반드시 편안하고 침착하게 하며, 거쳐하는 곳은 반드시 바르고 정숙하게 하며,

❀ 步履는 걸음걸이를 뜻한다. 安詳은 편안하면서 침착하게 걷는 것이다. 居處는 한가롭게 집에 있을 때를 가리킨다. 正靜은 용모를 바르며 공손하게 하는 것이다.

6) 作事를 必謀始하며 出言을 必顧行하며 : 일을 하는 것은 반드시 시작할 때부터 계획하며, 말을 할 때는 반드시 실천을 생각하며,

❀ 作事는 爲事와 같으니, '일을 행하다'이다. 謀始는 일을 시작할 때부터 계획을 세우는 것이다. 出言은 '말을 하다'이다. 顧行은 말을 할 때 자신이 실천할 수 있는지 생각하는 것이다.

7) 常德을 必固持하며 然諾을 必重應하며 : 떳떳한 덕을 반드시 굳게 지키며, 응낙할 때는 반드시 신중히 대답하며,

❀ 常德은 평상적인 덕이니, 인간으로써 지켜야할 인륜을 가리킨다. 固持는 굳게 지키는 것이다. 然과 諾은 모두 응답하는 말[應辭]이다. 重應은 응답을 신중하게 하는 것이니, 실천을 생각하기 때문이다.

8) 見善如己出하며 見惡如己病하라 : 선을 보거든 자신에게서 나온 것 같이 하며 악을 보거든 자기의 병과 같이 여겨라.

❀ 見善의 善은 모든 좋은 것을 가리킨다. 如己出은 자신에게서 나온 것처럼 여기는 것이니, 자신에게도 이러한 善이 있기를 바라는 것이다. 如己病은 자신의 병처럼 여기는 것이니, 자신에게도 이러한 惡이 있을까 염려하는 것이다.

9) 凡此十四者는 皆我未深省이라 書此當座隅하여 朝夕視爲警하노라. : 이 14가지는 모두 내가 아직 깊이 살피지 못한 것이니, 이를 자리의 모퉁이에 써서 붙여 놓고 항상 보고 경계로 삼느니라.

❀ 凡은 발어사이다. 此十四者는 이장에서 말한 14가지를 말한다. 未深省은 아직 깊이 살피지 못하다. 書此當座隅은 이것을 자리의 모퉁이에 해당되는 곳에 써서 붙이다. 朝夕은 항상, 혹은 언제나이다. 視爲警은 주의 깊게 보고서 깨우침으로 삼는다.

· 출 전 ·

《송명신언행록(宋名臣言行錄)》.《소학(小學)》嘉言篇

⑬ 范益謙座右銘曰 一不言朝廷利害邊報差除요 二不言州縣官
員長短得失이요 三不言衆人所作過惡之事요 四不言仕進官
職趨時附勢요 五不言財利多少厭貧求富요 六不言淫媟戱慢
評論女色이요 七不言求覓人物干索酒食이니라. 又人付書信
을 不可開坼沈滯요 與人幷坐에 不可窺人私書요 凡入人家
에 不可看人文字요 凡借人物에 不可損壞不還이요 凡喫飮
食에 不可揀擇去取요 與人同處에 不可自擇便利요 凡人富
貴를 不可歎羨詆毁니 凡此數事에 有犯之者면 足以見用意
之不肖이라 於存心修身에 大有所害라 因書以自警하노라.

※ 범익겸(范益謙)의 〈좌우명〉에 이르기를,
"첫째는 조정의 이해와 변방의 보고와 관원의 임명에 대하여 말하지 아니할
것이요. 둘째는 주현(州縣)의 관원의 장단과 득실에 대하여 말하지 아니할
것이요. 셋째는 여러 사람이 저지른 잘못이나 나쁜 일에 대하여 말하지 아니
할 것이요. 넷째는 벼슬에 나가는 것과 기회를 좇아 권세에 아부하는 데 대
하여 말하지 아니할 것이요. 다섯째는 재물과 이익의 다소(多少)와 가난을
싫어하고 부유함을 추구하는 데 대하여 말하지 아니할 것이요. 여섯째는 음
탕하고 난잡한 농지거리나 여색에 대한 평론에 대하여 말하지 아니할 것이
요. 일곱째는 남의 물건을 탐내어 요구하거나 주식(酒食)을 찾아다니는 데
대하여 말하지 아니할 것이니라.
또 남이 서신(書信)을 부탁한 것을 뜯어보거나 지체시켜서는 안될 것이요.
남과 나란히 앉았을 때는 남의 사사로운 글을 엿보아서는 안될 것이요. 남의
집에 들어갔을 때에 남의 문자(文字)를 보아서는 안될 것이요. 남의 물건을
빌렸을 때 손상시키거나 돌려주지 않는 것은 안될 것이요. 음식을 먹을 때에
가려서 버리거나 취해서는 안될 것이요. 남과 같이 거처할 때 자신의 편리만
을 취택(取擇)해서는 안될 것이요. 남의 부귀를 부러워하거나 헐뜯어서는 안
될 것이니, 이 몇 가지 일에 대하여 범하는 것이 있으면 마음 씀씀이가 어리
석음을 알 수 있으니, 마음을 보존하고 몸을 닦는 데에 크게 해로운 바가 있
는지라. 이로 인하여 글로 써서 스스로를 경계하노라." 하였다.

· 문장의 구조 ·

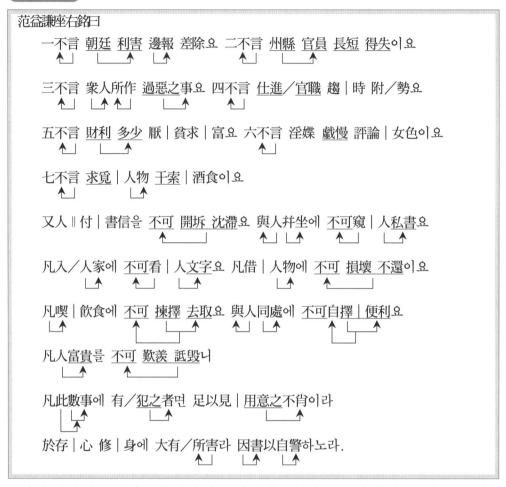

범익겸좌우명왈 (范益謙座右銘曰)

一不言 朝廷 利害 邊報 差除요 二不言 州縣 官員 長短 得失이요

三不言 衆人所作 過惡之事요 四不言 仕進／官職 趨│時 附／勢요

五不言 財利 多少 厭│貧求│富요 六不言 淫媟 戲慢 評論│女色이요

七不言 求覓│人物 干索│酒食이요

又人‖付│書信을 不可 開坼 沈滯요 與人幷坐에 不可窺│人私書요

凡入／人家에 不可看│人文字요 凡借│人物에 不可 損壞 不還이요

凡喫│飮食에 不可 揀擇 去取요 與人同處에 不可自擇│便利요

凡人富貴를 不可 歎羨 詆毀니

凡此數事에 有／犯之者면 足以見│用意之不肖이라

於存│心 修│身에 大有／所害라 因書以自警하노라.

가장 앞에 있는 숫자는 우선 순위를 나타내는 것이므로 '첫째는', '둘째는……'이라고 번호를 붙인다. 座右銘은 운(韻)이 있어야 하는데 이것은 없다. 《소학(小學)》과 《명심보감》 청주본에는 모두 <좌우계(左右戒)>라고 하였으니, 관리로서의 警戒를 말한 것이다.

· 풀 이 ·

1) 范益謙座右銘曰 : 범익겸(范益謙)의 〈좌우명〉에 이르기를,

◉ 范益謙 : 송(宋) 학자. 이름은 충(沖). 자는 원장(元長). 범조우(范祖禹)의 아들. 철종 때에 진사에 급제하여 소흥(紹興) 4년에 종정소경(宗正少卿)으로 부름을 받고 사관(史官)을 겸직하며 신종(神宗), 철종(哲宗)의 실록(實錄)을 편찬하였다. 한림시독(翰林侍讀)으로 있다가 용도각 직학사(龍圖閣直學士)가 되었다. 성품이

의(義)를 좋아하였다.

2) 一不言朝廷利害邊報差除요 : 첫째는 조정의 이해와 변방의 보고와 관원의 임명에 대하여 말하지 아니할 것이요.

❀ 不言은 '말하지 아니할 것'으로 해석하는 것이 타당하다. 不을 금지사(禁止辭) 勿과 같이 여겨 '말 것'으로 한 번역도 있는데, 좌우명은 자신이 하지 않겠다는 다짐이므로 금지사는 맞지 않는다. 朝廷利害는 조정에 일어난 일에 대한 이로움 해로움을 가리킨다. 邊報는 국경에서 올리는 보고이다. 差除는 관직에 제수하는 것을 가리킨다.

3) 二不言州縣官員長短得失이요 : 둘째는 주현(州縣)의 관원의 장단과 득실에 대하여 말하지 아니할 것이요.

❀ 州縣官員은 자신이 살고 있는 지방의 관리이다. 長短은 장점과 단점을, 得失은 잘한 일과 잘못한 일을 가리킨다. 자신의 지위가 살고 있는 지방의 관리보다 높을지라도 장단점과 잘잘못에 대해 말하지 않아야 한다.

4) 三不言衆人所作過惡之事요 : 셋째는 여러 사람이 저지른 잘못이나 나쁜 일에 대하여 말하지 아니할 것이요.

❀ 衆人所作은 많은 사람들이 저지른 일을 뜻한다. 過는 잘하려는 의도로 하였으나 무심(無心)히 이치를 잃은 것이며, 惡은 처음부터 의도를 지니고 이치에 어긋나는 짓을 한 것이다. 많은 사람들이 의도적이든 아니든 불문하고 잘못한 것에 대해 말하지 않는 것이다.

5) 四不言仕進官職趨時附勢요 : 넷째는 벼슬에 나가는 것과 기회를 좇아 권세에 아부하는 데 대하여 말하지 아니할 것이요.

❀ 仕進官職은 관직에 나아가 벼슬하는 것을 가리킨다. 옛날 관청에 출근 하는 것도 仕進이라고 하였다. 趨時는 기회를 좇아 행동하는 것이며, 附勢는 권세가 있는 사람에게 잘 보이려하는 행위이다. 벼슬하지 않고 처사(處士)로 있다가 관직에 나아가면 그에 대해 실절(失節)하였다고 논란하지 않는 것이다.

6) 五不言財利多少厭貧求富요 : 다섯째는 재물과 이익의 다소(多少)와 가난을 싫어하고 부유함을 추구하는 데 대하여 말하지 아니할 것이요.

❀ 財利는 재물과 이익을 뜻한다. 多少는 분량을 뜻하므로 '많은가 적은가'를 가리킨다. 厭貧求富는 관리가 가난을 싫어하고 부유함을 추구하는 것이니, 현실에 너무 치우치게 되므로 부정을 저지르지 않을까 저어한 것이다.

7) 六不言淫媒戲慢評論女色이요 : 여섯째는 음탕하고 난잡한 농지거리나 여색에 대한 평론에 대하여 말하지 아니할 것이요.

❀ 淫媒은 방탕하고 외설스러운 행위이다. 戲慢은 戲嫚과 같으니, 점잖지 못하게

농지거리하는 짓이다. 評論女色은 여성에 대하여 이러쿵저러쿵 떠들며 평론하는 것이다.

8) 七不言求覓人物干索酒食이요 : 일곱째는 남의 물건을 탐내어 요구하거나 주식(酒食)을 찾아다니는 데 대하여 말하지 아니할 것이니라.

- ✿ 求覓은 索取와 같으니, 찾아서 취하는 것이다. 人物은 다른 사람의 물건이다. 干索은 심하게 찾는 것이다. 酒食은 술과 음식이다. 다른 사람의 물건을 요구하여 취득하려고 하며 술과 음식에 욕심을 부려 갖고자 하는 행위이다.

9) 又人付書信을 不可開坼沈滯요 與人并坐에 不可窺人私書요 : 또 남이 서신(書信)을 부탁한 것을 뜯어보거나 지체시켜서는 안될 것이요. 남과 나란히 앉았을 때는 남의 사사로운 글을 엿보아서는 안될 것이요.

- ✿ 人付書信은 남이 書信을 부탁한 것이다. 옛날에는 그 곳에 가는 인편(人便)이 있으면 서신을 부탁하는 일이 많았다. 不可는 안되다. 開坼은 뜯어보는 행위이며 沈滯는 지체시키는 행위이다. 남의 편지를 뜯어보면 개인의 사생활을 범하는 것이며, 지체시킨다면 남의 부탁을 그르치는 행위이다.[開坼則干人之私 沈滯則誤人之託]

- ✿ 與人并坐는 다른 사람과 나란히 앉아 있는 것이다. 窺人私書는 다른 사람의 사사로운 글을 엿보는 것이다. 나란히 앉아 있을 때에 시력이 미치는 곳이면 옮겨 앉아서 보는 것을 피하며, 책상 위에 놓여 있을 때도 절대 보아서는 안된다.

10) 凡入人家에 不可看人文字요 凡借人物에 不可損壞不還이요 : 남의 집에 들어갔을 때에 남의 문자(文字)를 보아서는 안될 것이요. 남의 물건을 빌렸을 때 손상시키거나 돌려주지 않는 것은 안될 것이요.

- ✿ 凡은 발어사이니, 이 장의 凡은 모두 발어사로 쓰였다. 看人文字는 남의 문자를 보는 행위이니, 서간(書簡)·기사(記事)·부책(簿冊) 등과 따위이니, 절대로 뒤적거려 보아서는 안된다. 借人物은 남의 물건을 빌리는 것이다. 損壞는 빌린 물건을 훼손시키는 행위이며 不還은 돌려주지 않는 행위이다. 남의 물건을 빌리면 자신의 물건보다 더욱 아끼고 보호해야 하며 용도를 마치면 바로 돌려주어야 한다.

11) 凡喫飲食에 不可揀擇去取요 與人同處에 不可自擇便利요 : 음식을 먹을 때에 가려서 버리거나 취해서는 안될 것이요. 남과 같이 거처할 때 자신의 편리만을 취택(取擇)해서는 안될 것이요.

- ✿ 喫飲食은 음식을 먹을 때 행하는 행위를 가리킨다. 揀擇去取는 揀擇以去取와 같으니, 음식을 가려서 입맛에 맞는 것을 취하고 맞지 않는 것을 버리는 행위

이다. 與人同處는 남과 함께 거처하는 때를 말한다. 自擇便利는 자신의 편리만
을 추구하는 행위이니, 여름이면 시원한 곳을 취택(取擇)하고 겨울이면 따뜻한
곳을 먼저 차지하며, 음식을 먹을 때 입맛에 맞으면 많이 갖고 먼저 갖는 행
위를 뜻한다.

12) **凡人富貴를 不可歎羨詆毁니** : 남의 부귀를 부러워하거나 헐뜯어서는 안될 것이
니,

❋ 人富貴는 다른 사람이 누리고 있는 부귀를 가리킨다. 歎羨詆毁는 남의 부귀를
보고 감탄하며 부러워하게 되면 탐욕스런 마음이 싹트게 되고, 비방하고 헐뜯
게 되면 질투하는 마음이 일어나게 된다.

13) **凡此數事에 有犯之者면 足以見用意之不肖라** : 이 몇 가지 일에 대하여 범하는 것
이 있으면 마음 씀씀이가 어리석음을 알 수 있으니,

❋ 此數事는 又曰부터 거론한 7가지 일을 가리킨다. 有犯之者의 之는 대명사로
거론한 일들을 가리키니, '그것을 범하는 것이 있다면'의 뜻이다. 足以는 '그것
으로 충분히 ~할 수 있다'이다. 見用意之不肖는 '마음을 쓰는 것이 바르지 못
함을 알다'이다. 不肖는 부모님을 닮지 못했다는 뜻이니, '어리석다, 바르지 못
하다'의 뜻으로 쓰인다.

14) **於存心修身에 大有所害라 因書以自警하노라.** : 마음을 보존하고 몸을 닦는 데에
크게 해로운 바가 있는지라. 이로 인하여 글로 써서 스스로를 경계하노라.

❋ 於는 처소격으로 '~에 있어서'이다. 存心修身은 마음을 보존하고 몸을 닦는 것
이다. 《명심보감》 一本에는 正心으로 되어있다. 大有所害는 크게 해로운 바가
있음이다. 因는 '이로 인하여'이다. 書以自警은 글로 써서 자신을 경계(警戒)하
다.

・ 출 전 ・

《동래변지록(東萊辨志錄)》, 《소학(小學)》 嘉言篇

14 武王이 問太公曰 人居世上에 何得貴賤貧富不等고 願聞說
之하여 欲知是矣이로다 太公曰 富貴는 如聖人之德하여
皆由天命이어니와 富者는 用之有節하고 不富者는 家有十
盜니이다.

> ※ 무왕(武王)이 태공(太公)에게 묻기를,
> "사람이 세상에 사는데 어찌하여 귀천(貴賤)과 빈부(貧富)가 고르지 않을 수 있습니까? 말씀을 들어서 이것을 알고 싶습니다."하니, 태공이 대답하기를, "부귀(富貴)는 성인의 덕과 같아서 모두 천명을 말미암거니와 부유한 사람은 쓰는 것이 절제가 있고 부유하지 못한 사람은 집에 열 가지 도둑이 있습니다." 하였다.

·문장의 구조·

武王이 問／太公曰 人‖居／世上에 何得貴賤貧富‖不等고

願聞｜說之하여 欲知｜是矣이로다

太公曰 富貴‖는 如／聖人之德하여 皆由｜天命이어니와

富者‖는 用之有／節하고 不富者‖는 家有／十盜니이다.

경연(經筵)에서 군신(君臣)이 정사의 전반에 대하여 질의와 문답을 하는데, 이 문장도 그러한 따위의 하나이다.

· 풀 이 ·

1) 武王이 問太公曰 : 무왕(武王)이 태공(太公)에게 묻기를,
  * 武王 : 주(周) 임금. 이름은 발(發). 은(殷) 나라 주(紂)를 공격하여 천하를 통일하였는데, 이 때 태공이 태사(太師)를 맡았다. 태공의 이름은 상(尙), 성은 강(姜). 씨(氏)는 그의 선조가 여(呂)에 봉하여 여상(呂尙)이라고 한다. 주(周) 문왕(文王) 서백(西伯)이 사냥을 나갔다가 태공을 위수(渭水) 북쪽에서 만났는데, 선군(先君) 태왕(太王)이 고대하던 사람[吾太公望久矣]라고 하여 '태공망(太公望)'이라고 불렀다. 무왕(武王)을 도와 은(殷) 주왕(紂王)을 멸망시켜 천하를 평정하였으며, 그 공으로 제(齊) 나라에 봉함을 받아 시조(始祖)가 되었다. 병서(兵書)《육도(六韜)》와《삼략(三略)》이 있다.

2) 人居世上에 何得貴賤貧富不等고 願聞說之하여 欲知是矣로이다 : 사람이 세상에 사는데 어찌하여 귀천(貴賤)과 빈부(貧富)가 고르지 않을 수 있습니까? 말씀을 들어서 이것을 알고 싶습니다.
  * 人居世上은 사람이 세상에 살다. 何得은 어찌하여 ~할 수 있습니까? 貴賤貧富

는 지위의 높고 낮음과 재산의 많고 적음을 뜻한다. 不等은 똑같지 않음이다. 願聞은 듣고 싶습니다. 說之는 설명해 주다. 欲知是矣는 이것을 알고 싶습니다. 願과 欲은 모두 바란다는 의미를 지니고 있으므로 한번만 해석해도 무방하다.

3) 富貴는 如聖人之德하여 皆由天命이어니와 富者는 用之有節하고 不富者는 家有十盜니라. : 부귀(富貴)는 성인의 덕과 같아서 모두 천명을 말미암거니와 부유한 사람은 쓰는 것이 절제가 있고 부유하지 못한 사람은 집에 열 가지 도둑이 있습니다.
- ✿ 富貴는 재산이 부유함과 지위가 높은 것이다. 如聖人之德은 성인의 덕과 같이 자연스럽게 된다는 뜻이다. 皆는 富貴를 지칭한다. 由天命은 자연의 이치대로 연유한다는 말이다. 富者는 부유한 사람이다. 用之有節의 之는 지시대명사로 '재물을 쓰는 대상'을 가리키니, 재물을 쓰는 것이 절제가 있다. 不富者는 부유하지 못한 사람이다. 家有十盜는 부유하지 못한 사람의 집에는 10가지 도둑이 있는 것이다.

15 武王曰 何謂十盜닛고 太公曰 時熟不收 爲一盜요 收積不了 爲二盜요 無事燃燈寢睡 爲三盜요 慵懶不耕이 爲四盜요 不施功力이 爲五盜요 專行巧害 爲六盜요 養女太多 爲七盜요 晝眠懶起 爲八盜요 貪酒嗜慾이 爲九盜요 强行嫉妬 爲十盜니이다.

> ※ 무왕이 말하기를,
> "무엇을 10가지 도둑이라고 합니까?"하니, 태공이 대답하기를, "때에 맞게 익은 곡식을 거두어들이지 않는 것이 첫째의 도둑이요, 거두어들여 쌓는 일을 마치지 않는 것이 둘째의 도둑이요, 일이 없으면서 등불을 켜놓고 잠자는 것이 셋째의 도둑이요, 게을러서 농사짓지 않는 것이 넷째의 도둑이요, 공력을 들이지 않는 것이 다섯째의 도둑이요, 제멋대로 행하고 교활하게 해를 끼치는 것이 여섯째의 도둑이요, 딸을 기르기를 너무 많이 하는 것이 일곱째의 도둑이요, 낮에 잠을 자고 아침에 게을리 일어나는 것이 여덟째의 도둑이요, 술을 탐하고 욕구를 즐기는 것이 아홉째의 도둑이요, 억지를 행하고 남을 시기하는 것이 열째의 도둑입니다." 하였다.

・문장의 구조・

武王曰 何謂十盜닛고

太公曰 時熟不收 爲一盜요 收積不了 爲二盜요

無/事燃|燈 寢睡 爲三盜요 慵懶不耕이 爲四盜요

不施|功力이 爲五盜요 專行巧害 爲六盜요

養|女太多 爲七盜요 晝眠懶起 爲八盜요

貪|酒嗜|慾이 爲九盜요 强行嫉妬 爲十盜니이다.

・풀　이・

1) 何謂十盜닛고 : 무엇을 10가지 도둑이라고 합니까?
   ◈ 何謂十盜는 무엇을 10가지 도둑이라고 말하는 것입니까? 何는 무엇을 가리키
   는 의문조사이다.

2) 時熟不收 爲一盜요 收積不了 爲二盜요 : 때에 맞게 익은 곡식을 거두어들이지 않
   는 것이 첫째의 도둑이요, 거두어들여 쌓는 일을 마치지 않는 것이 둘째의 도둑
   이요,
   ◈ 時熟不收는 때에 맞게 곡식이 익었는데도 수확하지 않음이다. 爲一盜는 첫째
   도둑이 되다. 收積不了는 수확은 하였으나 쌓아놓는 것을 끝맺지 않고 늘어놓
   는 것이다.

3) 無事燃燈寢睡 爲三盜요 慵懶不耕이 爲四盜요 : 일이 없으면서 등불을 켜놓고 잠자
   는 것이 셋째의 도둑이요, 게을러서 농사짓지 않는 것이 넷째의 도둑이요,
   ◈ 無事燃燈寢睡는 하는 일이 없으면서 불을 켜놓은 채로 잠을 자는 것이다. 慵
   懶不耕은 게을러서 농사를 짓지 않는 것이다. 또 농사를 짓는데 마음과 노력
   을 쏟지 않는 것도 포함된다.

4) 不施功力이 爲五盜요 專行巧害 爲六盜요 : 공력을 들이지 않는 것이 다섯째의 도
   둑이요, 제멋대로 행하고 교활하게 해를 끼치는 것이 여섯째의 도둑이요,
   ◈ 不施功力은 물건을 만들거나 일을 할 때에 功力을 들이지 않는 행위이다. 專

行은 제멋대로 함부로 행하는 행위를 말하고 巧害는 교묘하게 남을 해치는 행
위이다.

5) 養女太多 爲七盜요 晝眠懶起 爲八盜요 : 딸을 기르기를 너무 많이 하는 것이 일곱
째의 도둑이요, 낮에 잠을 자고 아침에 게을리 일어나는 것이 여덟째의 도둑이요,
  ◉ 養女太多는 딸을 너무 많이 낳아서 기르는 것이다. 晝眠懶起는 낮에 잠을 자
  거나 아침에 게을리 일어나는 것이다.

6) 貪酒嗜慾이 爲九盜요 强行嫉妬 爲十盜니이다. : 술을 탐하고 욕구를 즐기는 것이
아홉째의 도둑이요, 억지를 행하고 남을 시기하는 것이 열째의 도둑입니다.
  ◉ 貪酒는 술을 탐내어 먹는 행위이다. 嗜慾은 耳目口鼻의 욕구를 충족시키려는
  마음을 가리킨다. 强行은 순리로 되지 않는 일을 억지를 부려 실행하는 것이
  다. 嫉妬는 남이 잘하거나 잘되는 것을 시기하는 마음이다.

16 武王曰 家無十盜而不富者는 何如닛고 太公曰 人家에 必
有三耗니이다. 武王曰 何名三耗닛고. 太公曰 倉庫漏濫不
蓋하여 鼠雀亂食이 爲一耗요 收種失時 爲二耗요 抛撒米
穀穢賤이 爲三耗니이다.

※ 무왕이 말하기를,
"집에 10가지 도둑이 없는데 부유하지 못한 사람은 어찌하여 그렇습니까?"하
니, 태공이 말하기를, "그러한 사람의 집에는 반드시 3가지 소모하는 것이 있
습니다." 하였다. 무왕이 말하기를, "무엇을 3가지 소모하는 것이라고 말합니
까?"하니, 태공이 말하기를, "창고가 지붕은 새고 곡식이 넘치는데도 덮지 않
아서 쥐와 새들이 어지럽게 먹어대는 것을 첫째의 소모(消耗)요, 곡식을 거
두고 씨를 뿌리는 알맞은 때를 놓치는 것이 둘째의 소모(消耗)요, 곡식을 마
구 흘리면서 더럽고 천하게 다루는 것이 셋째의 소모(消耗)입니다." 하였다.

▶ 문장의 구조

武王曰 家無／十盜而不富者는 何如닛고

太公曰 人家에 必有／三耗니이다

武王曰 何名三耗닛고

太公曰 倉庫 ‖ 漏濫不蓋하여 鼠雀亂食이 爲一耗요

收種 失 ㅣ 時 爲二耗요 抛撒 ㅣ 米穀穢賤이 爲三耗니이다.

풀 이

1) **武王曰 家無十盜而不富者는 何如닛고** : 무왕이 말하기를, "집에 10가지 도둑이 없는데 부유하지 못한 사람은 어찌하여 그렇습니까?"
   - ❀ 家無十盜는 그 집에 10가지 도둑이라고 지적한 사실이 없는 것이다. 而는 접속사이니, 순접으로 '그러면서'의 뜻을 갖는다. 何如는 의문사로 '어떻습니까?' 이다.

2) **太公曰 人家에 必有三耗니이다 武王曰 何名三耗닛고** : 태공이 말하기를, "그러한 사람의 집에는 반드시 3가지 소모하는 것이 있습니다." 하였다. 무왕이 말하기를, "무엇을 3가지 소모하는 것이라고 말합니까?"
   - ❀ 人家는 十盜가 없으면서 부유하지 못한 집을 가리킨다. 必有三耗는 반드시 3가지 소모하는 행위가 있다는 것이니, 불필요하게 낭비하는 행위를 뜻한다. 何名三耗는 무엇을 3가지 소모라고 명칭을 하는가라고 묻는 것이다.

3) **太公曰 倉庫漏濫不蓋하여 鼠雀亂食이 爲一耗요** : 태공이 말하기를, "창고가 지붕은 새고 곡식이 넘치는데도 덮지 않아서 쥐와 새들이 어지럽게 먹어대는 것을 첫째의 소모(消耗)요,
   - ❀ 倉庫는 곡식을 저장하는 창고를 뜻한다. 漏濫不蓋는 지붕이 새고 곡식이 넘쳐나는데도 지붕을 덮지 않음이다. 鼠雀亂食은 쥐와 새들이 마구 먹어치워 곡식을 어지럽게 흩어놓는 것이다.

4) **收種失時이 爲二耗요 抛撒米穀穢賤이 爲三耗니이다.** : 곡식을 거두고 씨를 뿌리는 알맞은 때를 놓치는 것이 둘째의 소모(消耗)요, 곡식을 마구 흘리면서 더럽고 천하게 다루는 것이 셋째의 소모(消耗)입니다.
   - ❀ 收種失時는 곡식을 수확하고 파종하는 알맞은 시기를 잃어버리는 행위이다. 抛撒米穀穢賤은 곡식을 알뜰하게 거두어들이지 않고 여기저기 흘려서 더러운 듯 천하게 여기듯 하는 행위를 말한다.

17 武王曰 家無三耗而不富者는 何如닛고. 太公曰 人家에 必有一錯 二誤 三痴 四失 五逆 六不祥 七奴 八賤 九愚 十強하여 自招其禍요 非天降殃이니이다.

> ※ 무왕이 묻기를,
> "집에 3가지 소모가 없는데도 부유하지 못한 것은 어찌하여 그렇습니까?"하니, 태공이 말하기를, "그러한 사람의 집에는 반드시 1착(錯), 2오(誤), 3치(痴), 4실(失), 5역(逆), 6불상(不祥), 7노(奴), 8천(賤), 9우(愚), 10강(強)이 있어서 스스로 그 화(禍)를 초래한 것이지 하늘이 재앙을 내린 것이 아닙니다." 하였다.

〔문장의 구조〕

武王曰 家無／三耗而不富者는 何如닛고

太公曰 人家에 必有／一錯 二誤 三痴 四失 五逆 六不祥 七奴

八賤 九愚 十強하여 自招丨其禍요 非天∥降丨殃이니이다.

숫자는 차례를 가리키는 말일뿐 특별한 이유는 없다.

〔풀 이〕

1) 武王曰 家無三耗而不富者는 何如닛고 : 무왕이 묻기를, "집에 3가지 소모가 없는데도 부유하지 못한 것은 어찌하여 그렇습니까?"

   ◉ 家無三耗는 그 집에 10가지 도둑이 없고 또 3가지 소모하는 것이 없는 것이다.

2) 太公曰 人家에 必有 一錯 二誤 三痴 四失 五逆 六不祥 七奴 八賤 九愚 十強하여 自招其禍요 非天降殃이니다. : 태공이 말하기를, "그러한 사람의 집에는 반드시 1착(錯), 2오(誤), 3치(痴), 4실(失), 5역(逆), 6불상(不祥), 7노(奴), 8천(賤), 9우(愚), 10강(強)이 있어서 스스로 그 화(禍)를 초래한 것이지 하늘이 재앙을 내린 것이 아닙니다.

   ◉ 人家는 三耗까지 없는 집을 가리킨다. 一錯은 첫 번째 잘못이며, 二誤는 두 번째 그릇된 일이며, 三痴는 세 번째 어리석은 일이며, 四失은 네 번째 과실이며, 五逆은 다섯 번째 이치를 거스르는 일이며, 六不祥은 여섯 번째 상서롭

지 못한 일이며, 七奴는 일곱 번째 종의 노릇이며, 八賤은 여덟 번째 천한 짓이며, 九愚는 아홉 번째 어리석은 짓이며, 十强은 열 번째 뻔뻔한 짓이다. 自招其禍는 스스로 그 재화(災禍)를 초래하는 것이며, 非天降殃은 하늘이 재앙을 내리는 것이 아니라는 뜻이다.

18 武王曰 願悉聞之하나이다. 太公曰 養男不敎訓이 爲一錯이요 嬰孩不訓이 爲二誤요 初迎新婦不行嚴訓이 爲三痴요 未語先笑 爲四失이요 不養父母 爲五逆이요 夜起赤身이 爲六不祥이요 好挽他弓이 爲七奴요 愛騎他馬 爲八賤이요 喫他酒勸他人이 爲九愚요 喫他飯命朋友 爲十强이니다. 武王曰 甚美誠哉라 是言也이여.

※ 무왕이 말하기를,

"그 내용을 모두 듣고 싶습니다."하니, 태공이 말하기를, "아들을 기르면서 가르치지 않는 것이 첫 번째 잘못이요, 어린아이를 가르치지 않는 것이 두 번째 그릇된 일이요, 처음 며느리를 맞아들여 엄한 가르침을 행하지 않는 것이 세 번째의 어리석음이요, 아직 말하기 전에 먼저 웃는 것이 네 번째의 과실이요, 부모를 봉양하지 않는 것이 다섯 번째의 거스름이요, 밤에 알몸으로 일어나는 것이 여섯 번째의 상서롭지 못함이요, 남의 활을 당기기를 좋아하는 것이 일곱 번째의 종노릇하는 일이요, 남의 말을 타기를 좋아하는 것이 여덟 번째의 천함이요, 남의 술을 마시면서 다른 사람에게 권하는 것이 아홉 번째의 어리석은 짓이요, 남의 밥을 먹으면서 벗에게 명(命)하는 것이 열 번째의 뻔뻔한 짓입니다."하니, 무왕이 말하기를, "매우 아름답고 진실하다. 이 말씀이여." 하였다.

· 문장의 구조

武王曰 願悉聞之하나이다.

太公曰 養｜男 不敎訓이 爲一錯이요 嬰孩不訓이 爲二誤요

初迎｜新婦 不行｜嚴訓이 爲三痴요 未語先笑 爲四失이요

不養｜父母 爲五逆이요 夜起赤身이 爲六不祥이요

好挽｜他弓이 爲七奴요 愛騎｜他馬 爲八賤이요

喫｜他酒 勸／他人이 爲九愚요

喫｜他飯 命／朋友 爲十强이니다.

武王曰 甚美誠哉라 是言也이여.

풀 이

1) **武王曰 願悉聞之하나이다** : 무왕이 말하기를, "그 내용을 모두 듣고 싶습니다."
   ❈ 願은 원한다는 말인데, '~하고 싶습니다.'의 뜻이다. 悉聞之는 그에 대한 것을 모두 듣는다.

2) **太公曰 養男不敎訓이 爲一錯이요 嬰孩不訓이 爲二誤요** : 태공이 말하기를, "아들을 기르면서 가르치지 않는 것이 첫 번째 잘못이요, 어린아이를 가르치지 않는 것이 두 번째 그릇된 일이요,
   ❈ 養男不敎訓은 아들을 기르면서 가르치지 않는 행위이다. 嬰孩不訓은 어린 아이 때부터 가르치지 않는 것이다. 嬰孩는 어린 아이가 방싯거리며 웃는 때이니, 아주 어릴 때이다.

3) **初迎新婦不行嚴訓이 爲三痴요 未語先笑 爲四失이요** : 처음 며느리를 맞아들여 엄한 가르침을 행하지 않는 것이 세 번째의 어리석음이요, 아직 말하기 전에 먼저 웃는 것이 네 번째의 과실이요,
   ❈ 初迎新婦는 지금 막 신부를 맞이함이다. 不行嚴訓은 엄하고 바른 훈계를 행하지 않음이다. 未語先笑는 아직 말하지 아니하였는데 지레 먼저 웃는 것이다. 말하기 전에 앞서서 웃는 것은 말하는 사람의 의도와 합치되는 여부와 관계없이 불경(不敬)이 된다.

4) **不養父母 爲五逆이요 夜起赤身이 爲六不祥이요** : 부모를 봉양하지 않는 것이 다섯 번째의 거스름이요, 밤에 알몸으로 일어나는 것이 여섯 번째의 상서롭지 못함이요,
   ❈ 不養父母는 부모를 봉양하지 않는 행위를 가리키며, 夜起赤身은 밤에 벌거벗은 몸으로 잠을 자거나 일어나는 행위이다.

5) 好挽他弓이 爲七奴요 愛騎他馬 爲八賤이요 : 남의 활을 당기기를 좋아하는 것이 일곱 번째의 종노릇하는 일이요, 남의 말을 타기를 좋아하는 것이 여덟 번째의 천함이요,

　　❀ 好挽他弓은 다른 사람의 활을 당겨 보기를 좋아하는 행위이다. 愛騎他馬는 다른 사람의 말을 타는 것을 좋아하는 행위이다. 다른 사람의 물건을 마지거나 운용하기를 즐기는 행위는 천한 짓이기 때문이다.

6) 喫他酒勸他人이 爲九愚요 喫他飯命朋友 爲十强이니이다. : 남의 술을 마시면서 다른 사람에게 권하는 것이 아홉 번째의 어리석은 짓이요, 남의 밥을 먹으면서 벗에게 명(命)하는 것이 열 번째의 뻔뻔한 짓입니다."

　　❀ 喫他酒勸他人은 다른 사람의 술을 얻어먹으면서 다른 사람에게 그 술을 권하는 행위이다. 喫他飯命朋友은 다른 사람의 밥을 먹으면서 밥을 사는 붕우에게 이래라저래라 말을 하는 행위이다. 强은 억지를 부리는 행위이니, 뻔뻔한 짓을 가리킨다.

7) 武王曰 甚美誠哉라 是言也이여. : 무왕이 말하기를, "매우 아름답고 진실하다. 이 말씀이여

　　❀ 甚美誠은 매우 아름답고도 진실한 말이다. 哉는 감탄어기사(感歎語氣詞)로 사용되었다. 是言은 이 장에 실린 태공이 답한 모든 말을 가리킨다.

治政篇

옛날 학문을 하는 방도는 대학에서 말한 격물(格物) 치지(致知)로부터 수신(修身)까지 자신의 덕행을 닦는 일을 행하고, 그 뒤에 남을 다스리는 치인(治人)의 학문을 하니, 바로 제가(齊家)부터 평천하(平天下)의 일이 이에 해당한다. 정사를 다스리는 일은 치인(治人)의 도를 실행하는 것이므로 이에 대하여 관리로서 지녀야할 금언을 모아놓았다.

明道先生曰 一命之士 苟有存心於愛物이면 於人에 必有所濟니라.

> ※ 명도선생(明道先生)이 말하기를,
> "처음 벼슬을 하는 관리가 진실로 외물(外物)을 사랑하는데 마음을 둔다면 남에게 반드시 도움을 받는 바가 있느니라." 하였다.

문장의 구조

明道先生曰 一命之士 ‖ 苟有／存│心／於愛│物이면

於人에 必有／所濟니라.

가정문으로, 처음 벼슬에 임명된 자의 지향할 점을 가리킨다.

풀 이

1) 明道先生曰 : 명도선생(明道先生)이 말하기를,
   - 明道先生 : 송(宋) 학자. 이름은 호(顥). 자 백순(伯淳). 시호 순(純). 하남성(河南省) 낙양(洛陽) 출생. 존칭으로 명도선생이라 불리었고, 아우 이천(伊川) 정이(程頤)와 함께 이정자(二程子)로 알려졌다. 염계(濂溪) 주돈이(周敦頤)의 제자로 입문하여 26세 때 진사가 되었다. 섬서성(陝西省) 주부(主簿)로 출발하여 택주(澤州) 진성현(晉城縣)의 수령으로 '視民如傷'을 좌우명으로 삼고 큰 치적을 올렸으므로, 백성들이 부모처럼 존숭하였다. 신종(神宗) 때 저작좌랑(著作佐郎)이 되었는데, 왕안석(王安石)과 뜻이 맞지 않았으므로 자청하여 지방관이 되었다. 그의 학문은 만물일체관(萬物一體觀)에 입각하였으며 제자(諸子)·노장(老莊)·불교(佛敎)도 탐구하여 유학에 접목하여 학설을 확립하였다. '이기일원론(理氣一元論)', '성즉이설(性則理說)'을 주창하였는데, 그의 사상은 정이천을 거쳐 주자(朱子)에게 큰 영향을 주어 송나라 신유학의 기초가 되었고, 정주학(程朱學)의 중핵을 이루었다. 저서에 《정성서(定性書)》·《식인편(識仁篇)》 등이 있다. 전기(傳記)는 주자의 《이락연원록(伊落淵源錄)》, 유저(遺著)는 서필달(徐必達)의 《이정전서(二程全書)》에서 볼 수 있다.

2) 一命之士 苟有存心於愛物이면 於人에 必有所濟니라. : 처음 벼슬을 하는 관리가

진실로 외물(外物)을 사랑하는데 마음을 둔다면 남에게 반드시 도움을 받는 바가 있느니라.

❀ 一命之士는 처음 교명(敎命)을 받은 관리를 가리키니, 관직의 품계는 모두 9품 (品)으로 분류하는데 처음 교명을 받은 관리는 9품의 관리이다. 士는 관직을 받은 하급관리이다.

❀ 苟는 '진실로'의 뜻을 지닌 부사이다. 存心은 마음속에 담아두고 잊지 않음이다. 愛物은 물건을 사랑하다는 뜻과 모든 사람들을 아끼고 사랑하는 것을 가리킨다. 於人은 '사람들에게'이다. 必有所濟는 반드시 자신이 사람들에게 구제를 받게 된다는 뜻이다.

· 출 전 ·

《이정전서(二程全書)》明道行狀篇, 《소학(小學)》嘉言篇

②　唐太宗御製云　上有麾之하고　中有乘之하고　下有附之하여
　　幣帛衣之요　倉稟食之하니　爾俸爾祿이　民膏民脂니라　下民
　　은　易虐이어니와　上蒼은　難欺니라.

※ 당(唐) 태종(太宗)의 어제(御製)에 이르기를,
"위에는 지휘하는 사람이 있고 중간에는 편승하여 다스리는 관원이 있고 아래에는 부합하여 따르는 백성이 있어서 예물로 바친 옷감으로 옷을 지어 입고 곳간에 있는 곡식으로 밥을 지어 먹으니, 너희의 봉록(俸祿)은 모두 백성들의 기름이니라. 아래에 있는 백성은 학대하기가 쉽지만 위에 있는 푸른 하늘은 속이기 어려우니라." 하였다.

· 문장의 구조 ·

唐太宗御製云　上‖有／麾之하고　中‖有／乘之하고　下‖有／附之하여

幣帛　衣之요　倉稟　食之하니　爾俸　爾祿‖이　民膏民脂니라

下民‖은　易／虐이어니와　上蒼‖은　難／欺니라.

군주(君主)가 관리들에게 당부하는 말이다.

· 풀 이 ·

1) **唐太宗御製云** : 당(唐) 태종(太宗)의 어제(御製)에 이르기를,
   ✿ **唐太宗** : 당(唐) 제2대 황제(재위 626~649). 이름은 이세민(李世民). 총명하고 사려가 깊고 무술과 병법에 뛰어나며 결단력과 포용력이 있어 사람들의 신망이 두터웠다. 수(隋) 양제(煬帝)의 폭정으로 내란이 일어나니, 아버지 이연(李淵 : 唐太祖)과 함께 군사를 일으켜 장안(長安)을 점령하고 당(唐)나라를 수립하였다. 그 뒤 황태자 건성(建成) 및 동생 원길(元吉)을 죽이고 아버지의 양위를 받아 즉위하였다. 명신 위징(魏徵) 등의 의견을 받아들여, 사심을 누르고 백성을 불쌍히 여기는 지극히 공정한 정치를 하기에 힘써서 '정관(貞觀)의 치(治)'라는 칭송받았고, 후세 제왕의 모범이 되었다. 전대의 각 왕조사와 《오경정의(五經正義)》의 편찬을 명하였고, 사서(史書)의 일부는 스스로 집필하였다. 왕희지(王羲之)의 글씨를 특히 사랑하였고, 그 자신도 유려한 필적을 남겼다. 만년(晩年)에 고구려 친정(親征)에 실패함으로 죽은 뒤에는 정권이 동요하게 되었으며, 마침내 측천무후(則天武后)가 실권을 장악하게 되었다.

2) **上有麾之하고 中有乘之하고 下有附之하여** : 위에는 지휘하는 사람이 있고 중간에는 편승하여 다스리는 관원이 있고 아래에는 부합하여 따르는 백성이 있어서
   ✿ 上은 임금이나 집정(執政)하는 사람들을 가리킨다. 之가 술어의 뒤에 있으면 조동사의 역할이 되므로 피동사나 타동사가 된다. 麾之는 '지휘하여 다스리다'의 뜻이다. 中有乘之는 중간에 있는 중하급 관리들을 지칭하니, 위에서 지휘하는 명령에 편승하여 다스리는 것을 뜻한다. 下有附之는 아래에 있는 일반 백성들은 지휘하는 말에 부합하도록 따른다는 말이다.

3) **幣帛衣之요 倉稟食之하니 爾俸爾祿이 民膏民脂니라** : 예물로 바친 옷감으로 옷을 지어 입고 곳간에 있는 곡식으로 밥을 지어 먹으니, 너희의 봉록(俸祿)은 모두 백성들의 기름이니라.
   ✿ 幣帛은 백성들이 바친 옷감들을 총칭한 것이다. 衣之는 '옷을 지어 입게 되었다'이다. 倉稟은 곡식을 저장하는 창고를 뜻하니, 백성들이 세금으로 바친 곡식들을 저장한 것을 가리킨다. 食之는 '밥을 지어 먹게 되다'의 뜻이다. 爾俸爾祿은 관리들이 받는 모든 봉록(俸祿)을 지칭한다. 民膏民脂는 백성들의 피와 땀으로 이루어졌다는 말이다.

4) **下民은 易虐이어니와 上蒼은 難欺니라.** : 아래에 있는 백성은 학대하기가 쉽지만 위에 있는 푸른 하늘은 속이기 어려우니라.

❀ 下民은 아래에 있는 백성이다. 易虐은 학대하여 괴롭히기 쉽다는 뜻이다. 上蒼은 上天과 같은 말이니, 위에 있는 푸른 하늘이다. 難欺는 속이기 어렵다는 뜻이니, 속이지 못한다는 말이다.

・ 출 전 ・

唐太宗御製 : 이 글은 원래 후촉(後蜀)의 임금이었던 맹창(孟昶)이 지은 글인데, 송(宋) 태종(太宗)이 각 고을의 관사(官舍) 앞에 계석명(戒石銘)을 세워 놓고 爾俸爾祿 民膏民脂 下民易虐 上天難欺의 글귀를 초록(抄錄)하여 새겨놓고 관리들을 경계시켰기 때문에 송태종의 어제(御製)로 잘못 알려지게 되었다. 《명심보감》 淸州本과 통행본이 모두 똑같이 당태종이라고 기록하였는데, 그렇게 기록한 전거는 자세하지 않다.

③ 童蒙訓曰 當官之法이 唯有三事하니 曰淸曰愼曰勤이라 知此三者면 知所以持身矣니라.

※《동몽훈(童蒙訓)》에 말하기를,
"관직을 담당하는 법은 오직 세 가지가 있을 뿐이니, 청렴하여 더러움에 물들지 않으며[淸], 예법을 삼가 지키며[愼], 맡은 일을 부지런히 하는[勤] 것이니라. 이 세 가지를 알면 몸을 지키는 방법을 안다고 할 것이니라." 하였다.

文장의 구조

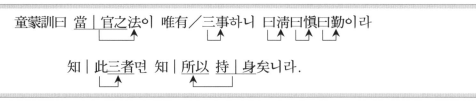

曰은 똑같은 조건의 일이나 물건을 나열할 때 쓰는 글자이니, 번역을 하지 않아도 된다. 所以는 이유, 까닭, 방법을 뜻하는데, 이 장에서는 방법을 지칭한다.

・ 풀 이 ・

1) **童蒙訓曰** : 《동몽훈(童蒙訓)》에 말하기를,
 ❀ 童蒙訓 : 송(宋) 여본중(呂本中)이 금언(金言)과 격언(格言)으로 어린이들에게 알려줄 말을 모아서 편집한 책이다. 여본중의 자는 거인(居仁)이니, 여공저(呂公

著)의 증손이다.

2) 當官之法이 唯有三事하니 曰淸曰愼曰勤이라 : 관직을 담당하는 법은 오직 세 가지
가 있을 뿐이니, 청렴하여 더러움에 물들지 않으며[淸], 예법을 삼가 지키며[愼],
맡은 일을 부지런히 하는[勤] 것이니라.

● 當官之法은 관직을 맡은 사람이 지켜야할 법을 이른다. 唯有三事는 오직 세
가지 일이 있을 뿐이라는 말이다.

● 淸은 깨끗하여 더러움에 물들지 않는[淸廉不汚] 것이며, 愼은 예법을 삼가 지
키는[謹守禮法] 것이며, 勤은 맡은 일을 부지런히 하는[勤於職業] 것을 뜻한다.
예법(禮法)은 각 관직에는 그에 따른 질서[禮]가 있고, 일을 처리하는 좋은 방
도[法]가 있음을 가리킨다.

3) 知此三者면 知所以持身矣니라. : 이 세 가지를 알면 몸을 지키는 방법을 안다고
할 것이니라.

● 知此三者는 '이 세 가지[淸·愼·勤]를 알면'이니, 者는 사람을 가리키는 말이
아니다. 持身은 몸을 지키는 것을 가리키니, 관리가 몸을 지키는 방법은 淸,
愼, 勤으로 자신을 닦아서 백성을 다스려야 한다는 것이다.

· 출 전 ·

《동몽훈(童蒙訓)》,《소학(小學)》嘉言篇.

4 童蒙訓曰 當官者는 必以暴怒爲戒하여 事有不可어든 當詳
處之면 必無不中이어니와 若先暴怒면 只能自害라 豈能害
人이리오.

※《동몽훈(童蒙訓)》에 말하기를,
"관직을 맡은 사람은 반드시 갑자기 성내는 것을 경계하여 일이 옳지 못
한 것이 있거든 마땅히 자세하게 처리해 나간다면 반드시 사리(事理)에
맞지 않는 것이 없겠지만, 만약 먼저 갑자기 성을 낸다면 다만 자신을 해
롭게 할 수 있을 뿐이니, 어찌 남에게 해로울 수 있겠는가." 하였다.

· 문장의 구조 ·

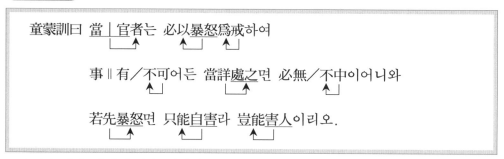

童蒙訓曰 當 | 官者는 必以暴怒爲戒하여

事 ‖ 有／不可어든 當詳處之면 必無／不中이어니와

若先暴怒면 只能自害라 豈能害人이리오.

관직을 맡은 관리가 일을 처리하는 방법에 대해 제시하고, 아울러 갑자기 성내는 일을 참아야 함을 경계한 것이다.

· 풀 이 ·

1) 當官者는 必以暴怒爲戒하여 : 관직을 맡은 사람은 반드시 갑자기 성내는 것을 경계하여
   ◉ 當官者는 當官之人과 같은 말이니, 관직을 맡은 사람이다. 以A爲B는 'A를 B로 여기다'로 해석한다. 暴怒는 갑자기 화를 내는[怒之暴] 것이니, 以暴怒爲戒는 갑자기 화를 내는 것을 조심하다.

2) 事有不可어든 當詳處之면 必無不中이어니와 : 일이 옳지 못한 것이 있거든 마땅히 자세하게 처리해 나간다면 반드시 사리(事理)에 맞지 않는 것이 없겠지만,
   ◉ 事有不可는 '일이 옳지 못한 일이 있거든'이니, 則이 생략되었다. 當은 '마땅히 ~해야 되다'이다. 詳處之는 상세하게 처리해 나가다. 必無不中은 반드시 사리(事理)에 맞지 않음이 없을 것이다.

3) 若先暴怒면 只能自害라 豈能害人이리오. : 만약 먼저 갑자기 성을 낸다면 다만 자신을 해롭게 할 수 있을 뿐이니, 어찌 남에게 해로울 수 있겠는가.
   ◉ 若은 가정사이니, 만약이다. 先暴怒는 먼저 갑자기 화를 내다. 只能自害는 단지 자신만 해롭게 할 수 있을 뿐이다. 豈能害人은 '어떻게 남에게 해로울 수 있겠는가'이니, 갑자기 화를 내는 태도는 자신에게만 해롭고 남에게 해로울 수 있는 것이 아니다.

· 출 전 ·

《소학(小學)》嘉言篇.《명심보감(明心寶鑑)》通行本은 童蒙訓이 탈루되어 있다.

⑤ 童蒙訓曰 事君을 如事親하며 事官長을 如事兄하며 與同僚를 如家人하며 待群吏를 如奴僕하며 愛百姓을 如妻子하며 處官事를 如家事然後에 能盡吾之心이니 如有毫末不至면 皆吾心에 有所未盡也니라.

※《동몽훈(童蒙訓)》에 말하기를,

"임금을 섬기기를 어버이를 섬기는 것과 같이 하며, 관장(官長)을 섬기기를 형을 섬기는 것과 같이 하며, 동료를 대하기를 집안사람을 대하는 것과 같이 하며, 여러 아전을 대하기를 자기 집의 노복(奴僕)을 대하는 것과 같이 하며, 백성을 사랑하기를 처자식을 사랑하는 것과 같이 하며, 관청의 일을 처리하기를 집안의 일을 처리하는 것과 같이 한 뒤에야 능히 나의 마음을 다했다 할 것이니라. 만일 털끝만치라도 지극하지 못함이 있으면 모두 내 마음에 극진하지 못한 바가 있기 때문이니라." 하였다.

· 문장의 구조 ·

童蒙訓曰 事│君을 如╱事│親하며 事│官長을 如╱事│兄하며

與╱同僚를 如╱家人하며 待│群吏를 如╱奴僕하며

愛│百姓을 如╱妻子하며 處│官事를 如╱家事然後에

能盡│吾之心이니 如有╱毫末不至면

皆吾心에 有╱所未盡也니라.

當官之人은 모든 행동거지에 대하여 자신의 마음을 다하라고 권유한 글이다.

· 풀 이 ·

1) 事君을 如事親하며 事官長을 如事兄하며 : 임금을 섬기기를 어버이를 섬기는 것과 같이 하며, 관장(官長)을 섬기기를 형을 섬기는 것과 같이 하며,

❀ 事君은 임금을 섬기는 것이며, 如事親은 어버이를 섬기는 듯이 하는 것이다.

君臣은 무혈연(無血緣)의 인륜이며 父子는 혈연의 지친(至親)인데 이를 섬기는 태도를 같이 하라는 것이다.

● 事官長은 관청의 상관을 섬기는 것이며 如事兄은 집안의 형을 섬기는 듯이 하는 것이니, 事官長은 《맹자(孟子)》가 말한 삼달존(三達尊)에서 朝廷莫如爵에 해당하고 如事兄은 鄕黨莫如齒에 해당한다.

2) 與同僚를 如家人하며 待群吏를 如奴僕하며 : 동료를 대하기를 집안사람을 대하는 것과 같이 하며, 여러 아전을 대하기를 자기 집의 노복(奴僕)을 대하는 것과 같이 하며,

● 與同僚는 같은 직책에 있는 동료들과 함께 지냄이며, 如家人은 자기 집안사람들과 더불어 있듯이 공경하는 마음을 갖는 것이다. 待群吏는 자신이 거느리고 있는 부하 직원을 대하는 태도이며, 如奴僕은 자기 집에서 부리고 있는 노복처럼 사랑으로 대한다는 뜻이다. 奴僕의 배를 곯게 하거나 추위에 떨도록 옷을 입히는 것은 옳은 양반(兩班)의 태도가 아니다.

3) 愛百姓을 如妻子하며 處官事를 如家事然後에 能盡吾之心이니 : 백성을 사랑하기를 처자식을 사랑하는 것과 같이 하며, 관청의 일을 처리하기를 집안의 일을 처리하는 것과 같이 한 뒤에야 능히 나의 마음을 다했다 할 것이니라.

● 愛百姓은 일반의 여러 백성들을 사랑하는 것이며 如妻子는 처자식을 사랑하는 것과 같이 함이다. 處官事는 관청에서 맡은 일을 처리하는 것이며 如家事는 집안일을 처리하는 것처럼 힘을 다하는 것이다. 能盡吾之心은 능히 자신의 마음을 다 바치는 것이다.

4) 如有毫末不至면 皆吾心에 有所未盡也니라. : 만일 털끝만치라도 지극하지 못함이 있으면 모두 내 마음에 극진하지 못한 바가 있기 때문이니라.

● 如는 만일이다. 毫末은 秋毫之末과 같으니, '털끝만큼도', '매우 조금이라도'의 뜻이다. 不至는 지극하지 못한 것을 가리킨다. 有所未盡也는 지극하지 못한 것이 있다.

▸ 출 전 ◂

《소학(小學)》 嘉言篇.《명심보감(明心寶鑑)》通行本은 童蒙訓이 탈루되어 있다.

6 或問 簿는 佐令者也니 簿所欲爲를 令或不從이면 奈何닛고 伊川先生曰 當以誠意動之니라 今令與簿不和는 便是爭

私意요 令은 是邑之長이니 若能以事父兄之道로 事之하여
過則歸己하고 善則唯恐不歸於令하여 積此誠意면 豈有不
動得人이리오.

※ 어떤 사람이 묻기를,
"부(簿:輔佐官)는 영[令:守令]을 보좌하는 사람입니다. 부(簿)가 행하고 싶은
것을 영(令)이 혹 따르지 않는다면 어떻게 합니까?"하니, 이천선생(伊川先生)이
대답하기를, "마땅히 성의로써 감동시켜야 될 것이니라. 지금 영(令)과 부(簿)
가 화목하지 않는 것은 바로 사사로운 마음으로 다투는 것이니라. 영(令)은 고
을의 장관이니 만약 부형(父兄)을 섬기는 도리로 그를 섬겨서 잘못이 있으면
자기에게 돌리고 잘한 것이 있으면 영(令)에게로 귀결되지 않을까 염려하여서,
이와 같은 성의를 쌓는다면 어찌 감동시킬 수 없는 사람이 있겠는가." 하였다.

◦문장의 구조◦

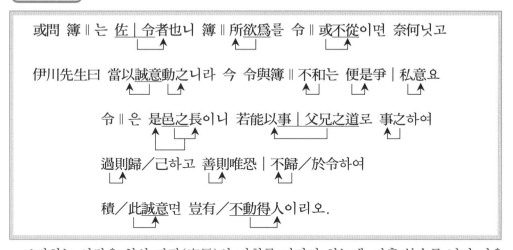

보좌하는 사람은 항상 관장(官長)의 지휘를 따라야 하는데, 간혹 분수를 넘어 마음
대로 하는 경우를 경계한 글이다.

◦ 풀 이 ◦

1) 或問 簿는 佐令者也니 簿所欲爲를 令或不從이면 奈何닛고 : 어떤 사람이 묻기를,
"부(簿:輔佐官)는 영[令:守令]을 보좌하는 사람입니다. 부(簿)가 행하고 싶은 것
을 영(令)이 혹 따르지 않는다면 어떻게 합니까?"

❖ 或問은 어떤 사람이 묻는 것이다. 簿는 문서를 담당하고 있는 아전[吏]이다.
佐令者는 수령을 보좌하는 사람이다. 簿欲所爲는 보좌하는 사람이 실행하고

싶은 일이다. 슈或不從은 '수령이 혹 따르지 않을 경우에는'의 뜻이다. 柰何는 어떻게 해야 합니까?

2) 伊川先生曰 : 이천선생(伊川先生)이 대답하기를,

  ✿ 伊川先生 : 송(宋) 학자. 낙양(洛陽)사람. 이름은 이(頤), 자(字)는 정숙(正叔). 호는 이천(伊川)이다. 형(兄)인 명도(明道)와 함께 주염계(周濂溪)에게서 학문을 닦았다. 가우(嘉祐) 2년에 진사(進士)에 급제, 철종(哲宗) 때 사마광(司馬光)과 여공저(呂公著)의 천거를 받아 설서(說書)로 있다가 소동파(蘇東坡) 등과 정사와 학문의 뜻이 맞지 않아 삭적(削籍)되었다가 휘종(徽宗)이 즉위한 후 복관(復官)되었다. 그의 학문은 분석적 경향이 농후하여 명도(明道)의 직각적(直覺的) 학풍과 대조적이다. 기(氣)를 질료(質料)라고 생각하고 형상(形相)의 이(理)를 인정하였다. 기(氣)의 철학을 이기(理氣)의 철학으로 발전시켜서 만물은 기(氣)에 의하여 이루어졌고 반드시 이(理)가 존재한다고 하며 격물치지(格物致知)를 강조하였다. 저서에 《역전(易傳)》, 《춘추전(春秋傳)》 등이 있고, 후인들이 편찬한 《유서(遺書)》, 《문집(文集)》, 《경설(經說)》, 《이정전서(二程全書)》가 있다.

3) 當以誠意動之니라 今令與簿不和는 便是爭私意요 : 마땅히 성의로써 감동시켜야 될 것이니라. 지금 영(令)과 부(簿)가 화목하지 않는 것은 바로 사사로운 마음으로 다투는 것이니라.

  ✿ 當은 '마땅히'의 뜻을 갖는 부사이다. 以誠意動之는 성의를 갖고 감동시켜야 한다. 今은 지금이다. 令與簿不和는 수령과 보좌관이 화목하지 못하다. 便是는 '바로 ~이다.'로 해석하는 부사이다. 爭私意는 각각 개인의 생각을 갖고 다투는 것이다.

4) 令은 是邑之長이니 若能以事父兄之道로 事之하여 : 영(令)은 고을의 장관이니 만약 부형(父兄)을 섬기는 도리로 그를 섬겨서

  ✿ 是는 '~이다'이다. 邑之長은 고을의 어른이다. 若能은 '만약 능히'이다. 以事父兄之道 事之는 어른을 섬기는 도리를 갖고 수령을 섬기다.

5) 過則歸己하고 善則唯恐不歸於令하여 : 잘못이 있으면 자기에게 돌리고 잘한 것이 있으면 영(令)에게로 귀결되지 않을까 염려하여

  ✿ 過則歸己는 잘못이 있으면 자신에게 돌리는 것이며, 善則唯恐不歸於令는 잘한 일이 있으면 오직 수령에게 귀결되지 않을까 염려하는 것이다.

6) 積此誠意면 豈有不動得人이리오 : 이와 같은 성의를 쌓는다면 어찌 감동시킬 수 없는 사람이 있겠는가.

● 積此誠意는 이러한 진실한 마음을 쌓다. 豈有不動得人은 어찌 감동시킬 수 없는 사람이 있겠는가. 動得은 어류(語類)의 문체이니, 得은 동사를 수식하는 계사(繫辭)가 되어, '감동시킬 수 있다.'이다.

· 출 전 ·

《이정전서(二程全書)》遺書篇, 《소학(小學)》嘉言篇

7 劉安禮 問臨民한대 明道先生曰 使民으로 各得輸其情이니라. 問御吏한대 曰 正己以格物이니라.

※ 유안례(劉安禮)가 백성에게 임하는 도리를 물으니, 명도선생(明道先生)이 말하기를, "백성으로 하여금 각각 자신의 마음을 모두 전할 수 있게 할 것이니라." 하였다. 관리를 다스리는 도리를 물으니, "자신을 바르게 하고서 다른 사람을 바르게 할 것이니라." 하였다.

· 문장의 구조 ·

劉安禮‖ 問臨／民한대 明道先生曰 使民으로 各得輸∣其情이니라.

問御∣吏한대 曰 正∣己以格∣物이니라.

使가 사역동사로 있을 때는 欲이 생략된 경우가 많다.

· 풀 이 ·

1) 劉安禮 : 유안례(劉安禮)가

● 劉安禮 : 이름은 입지(立之), 자는 종례(宗禮) 혹은 안례(安禮)이다. 어려서 고아가 되었는데, 부친이 정호(程顥), 정이(程頤)와 친분이 있었으므로 이정자(二程子)의 집에서 성장하였고, 정이천(程伊川)의 사위가 되었다. 승의랑(承議郎)을 지냈는데, 이사(吏史)에 정통하였다. 《이락연원록(伊洛淵源錄)》에 보인다.

2) 問臨民한대 明道先生曰 使民으로 各得輸其情이니라 : 백성에게 임하는 도리를 물었는데, 명도선생(明道先生)이 말하기를, "백성으로 하여금 각각 자신의 마음을 모두 전할 수 있게 할 것이니라."

❀ 臨民은 治民과 같은 말이니, 백성을 다스리는 방도에 대해 물은 것이다.

❀ 使民은 欲使民과 같은 말이니, '백성으로 하여금 ~을 하고자 하다'의 뜻이다. 輸는 盡과 같으니, 得輸其情은 백성들의 마음을 모두 윗사람에게 전할 수 있게 하는[得盡上達其情] 것이다. 윗사람이 겸손하게 백성을 대하여 그들의 마음을 윗사람에게 모두 전할 수 있게 하면 일을 처리하는 방법이 모두 합당하게 된다.

3) 問御吏한대 曰 正己以格物이니라 : 관리를 다스리는 도리를 물으니, "자신을 바르게 하고서 다른 사람을 바르게 할 것이니라."

❀ 問御吏는 아전을 다스리는 방도를 묻는 것이니, 아랫사람들을 통솔하는 방도에 대해 질문한 것이다. 曰은 명도선생이 대답하는 것이다. 正己는 자신을 바르게 하는 것이며 以는 '그것을 가지고'의 뜻을 갖는 접속사이다. 格物을 상대를 바르게 하는 것이다.

──┤ 출 전 ├──

《이정전서(二程全書)》 明道行狀篇, 《소학(小學)》 嘉言篇

8 子曰 不教而殺을 謂之虐이요 不戒視成을 謂之暴이요 慢令致期를 謂之賊이요 猶之與人也로되 出納之吝을 謂之有司니라.

※ 공자가 말씀하시기를,
"가르쳐 주지 않고 죽이는 것을 잔학하다고 말하고, 계고(戒告)하지 않고서 완성을 요구하는 것을 포학하다고 말하고, 명령을 느슨하게 하고 기일(期日)을 다그치는 것을 해친다고 말하고 남에게 주는 것은 같은데 출납할 때에 인색하게 하는 것을 유사(有司)라고 말하느니라." 하였다.

──┤ 문장의 구조 ├──

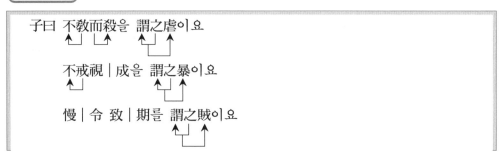

猶之與人也로되 出納之吝을 謂之有司니라.

子張이 사악(四惡)에 대해 질문하였는데, 그것에 대한 공자의 대답이다.

· 풀 이 ·

1) **不敎而殺을 謂之虐이요 不戒視成을 謂之暴이요** : 가르쳐 주지 않고 죽이는 것을 잔 학하다고 말하고, 계고(戒告)하지 않고서 완성을 요구하는 것을 포학하다고 말하고,

❂ 不敎而殺는 백성들에게 도의(道義)를 가르쳐 주지 않고서 죄를 지으면 바로 죽이는 것이다. 謂之虐의 之는 대명사로, 위정자를 가리키니, 그러한 사람을 이르기를 잔학하다고 한다. 虐은 잔학하여 인애(仁愛)를 행하지 않는 행위이다. 不戒는 계고(戒告)하지 않음이니, 글을 보내어 일정한 기일 안에 완성하도록 알려주는 행위를 하지 않는 것이다. 視成은 기일에 가까워 졌을 때 비로소 완성을 요구하는 것[責目前成]을 뜻한다. 謂之暴은 그러한 사람을 일러 포학하다고 한다.

2) **慢令致期를 謂之賊이요 猶之與人也로되 出納之吝을 謂之有司니라.** : 명령을 느슨하게 하고 기일(期日)을 다그치는 것을 해친다고 말하고 남에게 주는 것은 같은데 출납할 때에 인색하게 하는 것을 유사(有司)라고 말하느니라.

❂ 慢令은 게을러서 느슨하게 명령을 내리는 것[怠而緩之]이다. 致期는 기일을 각박하게 하는 것이다. 謂之賊은 그러한 사람을 일러 백성을 해친다고 한다. 猶之與人의 猶之는 均之와 같으니, 均之以物與人의 의미로 물건을 사람에게 주는 것은 똑같다. 出納之吝은 出에 의미가 있으니, 물건을 내어줄 때에 인색한 짓을 함이다. 謂之有司는 '그러한 사람을 유사(有司)라고 한다.'는 것이니, 위정자(爲政者)의 일이 아니라는 것이다.

· 출 전 ·

《논어(論語)》 堯日篇

 子曰 擧直錯諸枉이면 能使枉者直이니라.

※ 공자가 말씀하시기를,
"정직한 사람을 등용하여 모든 부정직한 사람을 버린다면 부정직한 사람들로 하여금 정직하게 만들 수 있느니라." 하였다.

· 문장의 구조 ·

使는 '~하여금 ~하게 하다'의 뜻을 갖는 사역동사(使役動詞)이며, 能은 '~할 수 있다'에 해당하는 조사이다.

· 풀 이 ·

1) **舉直錯諸枉이면 能使枉者直이니라.** : 정직한 사람을 등용하여 모든 부정직한 사람을 버린다면 부정직한 사람들로 하여금 정직하게 만들 수 있느니라.

❀ 舉直은 정직한 사람을 등용하는 것이다. 錯諸枉의 錯는 '버리다'의 뜻으로 음은 '조'이니, 모든 부정직한 사람을 버리다. 能使枉者直은 부정직한 사람들을 정직하게 만들 수 있다.

❀ 공자의 제자 번지(樊遲)가 인(仁)을 질문하니, 애인(愛人)이라고 대답하였고, 지(智)를 물으니 지인(知人)이라고 대답하였는데, 알아듣지 못하므로 이렇게 대답한 것이다. 정직한 사람을 등용하고 부정직한 사람을 버리는 것은 사람을 알아보는 것[知人]이며, 부정직한 사람을 정직하게 만드는 것은 사람을 사랑하는 것[愛人]이라고 대답한 것이다.

· 출 전 ·

《논어(論語)》 顔淵篇

10 子曰 其身正이면 不令而行하고 其身不正이면 雖令不從이니라.

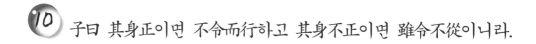

※ 공자가 말씀하시기를,
"자신의 몸이 바르면 명령을 내리지 않아도 행해지고, 자신의 몸이 바르지 못하면 비록 명령을 내린다고 해도 따르지 않느니라." 하였다.

·문장의 구조·

子曰 其身∥正이면 不令而行하고

其身∥不正이면 雖令不從이니라.

則이 생략된 가정문이니, 구결(口訣) '이면'의 앞이 조건절이며 가정을 나타내고, 뒤가 결과를 나타낸다.

·풀 이·

1) 其身正이면 不令而行하고 其身不正이면 雖令不從이니라. : 자신의 몸이 바르면 명령을 내리지 않아도 행해지고, 자신의 몸이 바르지 못하면 비록 명령을 내린다고 해도 따르지 않느니라.

◈ 其身正은 위정자가 자기 자신부터 바르게 함이다. 不令而行은 백성들은 바르게 하라고 명령을 내리지 않아도 바르게 행하게 된다. 其身不正은 위정자가 바르지 않음이다. 雖令不從은 비록 백성들에게 바르게 하라고 명령을 내려도 위정자의 명령을 따르지 않을 것이다.

·출 전·

《논어(論語)》 子路篇

⑪ 子曰 言忠信하며 行篤敬이면 雖蠻貊之邦이라도 行矣어니와 言不忠信하며 行不篤敬이면 雖州里라도 行乎哉아.

※ 공자가 말씀하시기를,
"말이 충신(忠信)하며 행실이 독경(篤敬)하면 비록 오랑캐의 나라에 있을지라도 행세(行世)하거니와 말이 충신하지 않고 행실이 독경하지 않으면 작은 제 고장에서도 행세할 수 있겠는가." 하였다.

・문장의 구조・

子曰 言‖忠信하며 行‖篤敬이면 雖蠻貊之邦이라도 行矣어니와

言‖不忠信하며 行‖不篤敬이면 雖州里라도 行乎哉아.

공자의 제자 자장(子張)이 행세(行世)에 대해 질문하였는데, 그 대답이다.

・풀 이・

1) 言忠信하며 行篤敬이면 雖蠻貊之邦이라도 行矣어니와 言不忠信하며 行不篤敬이면
   雖州里라도 行乎哉아. : 말이 충신(忠信)하며 행실이 독경(篤敬)하면 비록 오랑캐의
   나라에 있을지라도 행세(行世)하거니와 말이 충신하지 않고 행실이 독경하지 않으
   면 작은 제 고장에서도 행세할 수 있겠는가.
   ❀ 言은 자신이 하는 말[自言]이다. 忠은 자신의 마음을 다하는 것[盡己之心]이며,
   信은 진실을 갖고 행하는 것[以實之行]이다. 行은 행실이다. 篤은 후덕한 행실
   이며, 敬은 조심하는 것이다. 蠻貊之邦行矣는 무지한 오랑캐의 나라에 있더라
   도 행세할 것이라고 장담하는 말이다. 言不忠信과 行不篤敬은 그 반대의 언행
   을 하는 것이다. 雖州里行은 문명이 발달하고 자신을 잘 알고 있는 제 고장이
   라도 행세하겠는가라고 반문하는 것이다. 乎哉는 모두 의문조사이다.

・출 전・

《논어(論語)》 衛靈公篇

⑫ 子曰 君子는 惠而不費하며 勞而不怨하며 欲而不貪하며
   泰而不驕하며 威而不猛이니라.

※ 공자가 말씀하시기를,
"군자는 은혜를 베풀되 허비하지 않으며 수고롭게 하되 원망하지 않으며
바라는 것이 있되 탐욕을 부리지 않으며 너그럽되 교만하지 않으며 위엄
이 있되 사납지 않는 것이니라." 하였다.

· 문장의 구조 ·

子曰 君子‖는 惠而不費하며 勞而不怨하며

欲而不貪하며 泰而不驕하며

威而不猛이니라.

자장(子張)이 다섯 가지 아름다움에 대해 물었는데, 그에 대한 대답이다.

· 풀 이 ·

1) 君子는 惠而不費하며 勞而不怨하며 欲而不貪하며 泰而不驕하며 威而不猛이니
   라. : 군자는 은혜를 베풀되 허비하지 않으며 수고롭게 하되 원망하지 않으며 바
   라는 것이 있되 탐욕을 부리지 않으며 너그럽되 교만하지 않으며 위엄이 있되 사
   납지 않는 것이니라.
   ❖ 君子는 덕을 완성한 사람이면서 지위가 있는 사람이다. 惠而不費는 백성들에게
   이로운 일을 베풀어 주되 백성들의 재물을 허비하지 않는 것이다. 勞而不怨은
   백성들이 수고롭게 할 일을 선택하여 수고롭게 하되 원망하는 지경에 이르지
   않는 것이다. 欲而不貪은 인(仁)을 하고자 바라서 인을 얻었기 때문에 탐욕을
   부리지 않는 것이다. 泰而不驕는 너그러운 마음을 지녔기 때문에 교만하지 않는
   것이다. 威而不猛은 군자가 몸가짐에 위엄이 있지만 사납게 하지 않는 것이다.

· 출 전 ·

《논어(論語)》 堯曰篇

⒔ 孟子曰 責難於君을 謂之恭이요 陳善閉邪를 謂之敬이요
吾君不能을 謂之賊이니라.

> ※ 맹자가 말하기를
> "임금에게 어려운 일을 요구하는 것을 공(恭)이라 말하고 선도(善道)를 말하여 사
> 심(邪心)을 막는 것을 경(敬)이라 말하고 우리 임금은 선도(善道)를 행할 수 없다
> 고 여겨 말하지 않는 것을 적(賊)이라고 말하느니라." 하였다.

· 문장의 구조 ·

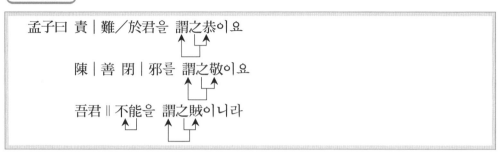

孟子曰 責｜難／於君을 謂之恭이요

陳｜善 閉｜邪를 謂之敬이요

吾君∥不能을 謂之賊이니라

恭과 敬의 해석은 문장에 따라 해석을 달리한다. 일반적인 훈고는 敬은 내면이니 마음을 가리키고, 恭은 외면이니, 몸을 가리킨다. 이장에서 恭과 敬의 해석은 생각이 광대(廣大)한 것을 恭이라 하고, 생각이 세밀한 것을 敬이라고 가리킨다.

· 풀 이 ·

1) 責難於君을 謂之恭이요 陳善閉邪를 謂之敬이요 吾君不能을 謂之賊이니라 : 임금에게 어려운 일을 요구하는 것을 공(恭)이라 말하고 선도(善道)를 말하여 사심(邪心)을 막는 것을 경(敬)이라 말하고 우리 임금은 선도(善道)를 행할 수 없다고 여겨 말하지 않는 것을 적(賊)이라고 말하느니라.
   ❀ 責難於君은 어려운 일을 임금에게 요구하여 요순(堯舜)과 같은 임금이 되도록 하는 것이다. 謂之恭의 之는 대명사이고, 恭은 공경을 광대(廣大)하게 하는 것을 뜻하니, 그러한 사람을 임금에게 크게 공경한다고 이른다.
   陳善閉邪는 선도(善道)를 항상 아뢰어 임금에게 잘못된 마음이 들지 않도록 하는 것이다. 謂之敬의 敬은 세밀한 부분까지 공경하는 모습이니, 그러한 사람을 임금에게 세심하게 공경한다고 말한다.
   吾君不能은 우리 임금은 선도를 실천할 수 없다고 여겨서 선도를 아뢰지 않는 신하이다. 謂之賊은 그러한 신하는 임금을 해치는 사람이라고 말한다.

· 출 전 ·

《맹자(孟子)》 離婁上篇

14 書云 木以繩直하고 君以諫正이니라.

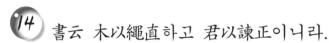

※《서경(書經)》에 이르기를,
"나무는 먹줄 때문에 곧을 수 있고 임금은 간언(諫言) 때문에 바르게 될 수 있느니라." 하였다.

· 문장의 구조 ·

```
書云 木‖以繩直하고
      ↑└─┘↑

   君‖以諫正이니라.
      ↑└─┘↑
```

以는 이유나 까닭을 나타낸다.

· 풀 이 ·

1) 木以繩直하고 君以諫正이니라. : 나무는 먹줄 때문에 곧을 수 있고 임금은 간언 (諫言) 때문에 바르게 될 수 있느니라.

❂ 木以繩直은 木以繩爲直과 같은 말이니, 나무는 먹줄을 놓은 대로 톱질을 하면 곧은 나무가 되어 목재(木材)가 된다. 君以諫正은 임금이 간언(諫言)을 받아들여서 잘못된 정책이나 행실을 바로잡으면 바른 임금이 될 수 있는 것을 뜻한다.

· 출 전 ·

《서경(書經)》 說命篇에, 木從繩則正 后從諫則聖

譯 나무가 먹줄을 따르면 바르게 되고 임금이 간언을 따르면 성스럽게 될 것이니라.

15 抱朴子曰 迎斧鉞而正諫하며 據鼎鑊而盡言이면 此謂忠臣 也이니라.

※《포박자(抱朴子)》에 말하기를,
"부월(斧鉞)을 맞이하여 죽을지라도 간언(諫言)을 올려 바로잡으며, 정확(鼎鑊) 속에 들어가 죽을지라도 정언(正言)을 다하면 이를 충신이라 이르니라." 하였다.

· 문장의 구조 ·

```
抱朴子曰 迎│斧鉞而正│諫하며

     據／鼎鑊而盡│言이면

   此謂忠臣也이니라.
      ↑└─┘
```

가정문(假定文)이니, 迎斧鉞而正諫 據鼎鑊而盡言이 조건절이면서 종속절이 되며 此謂 忠臣也가 결과절이면서 주절이다.

· 풀　이 ·

1) 抱朴子曰 : 《포박자(抱朴子)》에 말하기를,
   - ❂ 抱朴子 : 진(晉) 갈홍(葛洪)이 편찬한 책. 抱朴子는 그의 호(號)이다. 도교의 영향을 깊이 받았으므로 내편과 외편으로 구성되었는데, 황노(黃老)의 사상이 근간을 이루고 있다.

2) 迎斧鉞而正諫하며 據鼎鑊而盡言이면 : 부월(斧鉞)을 맞이하여 죽을지라도 간언(諫言)을 올려 바로잡으며, 정확(鼎鑊) 속에 들어가 죽을지라도 정언(正言)을 다하면
   - ❂ 迎斧鉞은 서술어+목적어의 구성이므로 '도끼를 맞이하다'의 뜻이다. 斧는 날이 한쪽에만 있는 작은 도끼며 鉞은 날이 양쪽으로 있는 큰 도끼이니, 이장의 斧鉞은 죄인의 목을 베는 형구(形具)이므로 전(轉)하여 형벌을 받는다는 뜻이 되었다. 正諫은 '바르게 간(諫)하다.'라고 해석해도 되는데, 대구(對句) 盡言이 수식관계로는 풀이가 되지 않으므로 서술어+목적어로 해석하여 '간언(諫言)을 올려 바로잡는다.'로 하여야 한다.
   - ❂ 據鼎鑊은 서술어+보어의 구성이므로 '솥 안에 들어가다'의 뜻이다. 鼎은 발이 있고 음식을 조리할 때 쓰는 솥이고 鑊은 발이 없고 귀가 달린 큰 가마솥으로 고기를 삶을 때 사용되는데, 이장의 鼎鑊은 죄인을 삶아 죽이는데 쓰는 형구이다. 盡言은 바른 말을 모두 아뢰는 것이다.

3) 此謂忠臣也이니라 : 이를 충신이라 이르느라.
   - ❂ 此는 죽음을 앞에 두고도 간언(諫言)과 정언(正言)을 다하는 사람을 가리킨다. 忠臣은 자신의 몸과 마음을 모두 바치는 신하이다. 謂忠臣은 謂之忠臣과 같은 문장이니, '충신이라고 이른다.'라고 해석한다.

· 출　전 ·

《포박자(抱朴子)》臣節篇에, 將伏斧鑕而正諫 據鼎鑊而盡言 忠而見疑 諍而不得者 待放 可也.

📖《포박자(抱朴子)》臣節篇에,

"부질(斧鑕)을 맞이하여 죽을지라도 간언(諫言)을 올려 바로잡으며, 정확(鼎鑊) 속에 들어가 죽을지라도 정언(正言)을 다하여야 한다. 그러나 마음을 다하는데도 의심을 받거나 간쟁(諫諍)하는데도 받아들이지 않으면 방축(放逐)을 기다리는 것이 옳다." 하였다.

治家篇

15

집안을 다스리는 일은 치인(治人)의 첫걸음이면서 완성이라 하겠다. 집
안의 구성은 인륜(人倫)의 중요한 토대이므로 가정을 영위하는 지남(指
南)을 이 장에서 제시하였다.

司馬溫公曰 凡諸卑幼 事無大小히 毋得專行하고 必咨稟於
家長이니라.

※ 사마온공(司馬溫公)이 말하기를,
"모든 낮은 사람과 어린이는 일의 크고 작음에 관계없이 마음대로 실행하
지 말고 반드시 집안 어른께 상의하고 여쭈어야 하느니라." 하였다.

· 문장의 구조 ·

司馬溫公曰 凡諸 卑幼 事無大小히 毋得 專行하고

必咨稟／於家長이니라.

지위가 낮은 사람과 어린이는 집안의 어른들에게 여쭈어보고 일을 실행하라는 당부
이다.

· 풀 이 ·

1) 司馬溫公曰 : 사마온공(司馬溫公)이 말하기를,
  ❀ 司馬溫公(1019~1086) : 이름은 광(光), 자는 군실(君實), 호는 우부(迂夫) 또는
    우수(迂叟), 시호는 문정(文正)이다. 북송(北宋) 때의 정치가로 산서성(山西省)
    하현(夏縣) 속수향(涑水鄕) 출생이므로 속수선생(涑水先生)이라 하며, 죽은 뒤에
    온국공(溫國公)에 봉해졌으므로 사마온공(司馬溫公)이라고도 한다. 한림학사(翰
    林學士)를 지내고 어사중승(御史中丞)이 되었는데, 왕안석(王安石)이 신법(新法)
    을 반대하여 좌천되었다. 편년체(編年體)로 《자치통감(資治通鑑)》을 찬술하여
    마침내 방대한 분량의 역사서(歷史書)를 완성하였고, 얼마 후에 재상이 되어
    왕안석의 신법을 폐지하고 구법(舊法)으로 대체하였다. 저술로 《자치통감》,
    《속수기문(涑水紀聞)》, 《사마문정공집(司馬文正公集)》 등이 있다.

2) 凡諸卑幼 事無大小히 毋得專行하고 必咨稟於家長이니라. : 모든 낮은 사람과 어린
  이는 일의 크고 작음에 관계없이 마음대로 실행하지 말고 반드시 집안 어른께 상
  의하고 여쭈어야 하느니라.
  ❀ 凡諸는 '모든'이다. 卑幼는 낮은 사람과 어린이를 가리킨다. 事無大小는 일의
    크고 작음에 관계없다는 말이니, 모든 일을 뜻한다. 毋得은 '하지 말라'이다.

專行은 독단적으로 실행하는 것이니, 제 마음대로 실행함이다. 咨稟은 상의하고[謀] 물어보는[問] 것이다. 於家長은 '집안 어른에게'이다.

· 출 전 ·

《온공가의(溫公家儀)》, 《소학(小學)》嘉言篇.

② 待客에 不得不豐이요 治家에 不得不儉이니라.

※ 손님을 접대할 때는 풍성하게 아니할 수 없으며, 집안을 다스릴 때는 검소하지 않을 수 없느니라.

· 문장의 구조 ·

> 待 | 客에 <u>不得不豐</u>이요
>
> 治 | 家에 <u>不得不儉</u>이니라.

조건절+결과절로 구성되어 있다. 不得不은 不可不과 같은 말이니, '아니할 수 없다.' 의 뜻로 반드시 그렇게 해야 한다는 뜻이다.

· 풀 이 ·

1) 待客에 不得不豐이요 治家에 不得不儉이니라. : 손님을 접대할 때는 풍성하게 아니할 수 없으며, 집안을 다스릴 때는 검소하지 않을 수 없느니라.
   ● 待客은 손님을 접대함이다. 不得不豐은 풍성하게 아니할 수 없다. 治家는 집안을 다스림이니, 가정 생활을 영위하는 것이다. 不得不儉은 검소하게 하지 않을 수 없다.

③ 太公曰 痴人은 畏婦하고 賢女는 敬夫니라.

※ 태공이 말하기를,
"어리석은 사람은 부인을 두려워하고 어진 아내는 남편을 공경하느니라." 하였다.

· 문장의 구조 ·

太公曰 痴人 ‖은 畏 | 婦하고

賢女 ‖는 敬 | 夫니라.

주어절+서술어+목적어의 구성이므로 '~은 ~을 ~하다'로 해석하는데, 서술어+목적어는 우리말과 어순이 반대이며 토씨를 '을'을 붙인다.

· 풀 이 ·

1) 痴人은 畏婦하고 賢女는 敬夫니라. : 어리석은 사람은 부인을 두려워하고 어진 여자는 남편을 공경하느니라.

◉ 痴人은 癡夫과 같으니, 어리석거나 용렬한 남편이다. 畏婦는 부인을 두려워함이다. 賢女는 賢婦와 같은 말이니, 현명한 부인을 가리킨다. 敬夫는 남편을 공경함이다.

· 출 전 ·

《증광현문(增廣賢文)》에, 痴人은 畏婦하고 賢婦는 敬夫니라.

譯 《증광현문(增廣賢文)》에,
"어리석은 사람은 부인을 두려워하고 어진 부인은 남편을 공경하느니라." 하였다.

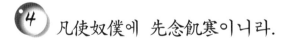

④ 凡使奴僕에 先念飢寒이니라.

※ 노복(奴僕)을 부릴 때에는 먼저 그들의 춥고 배고픔을 생각할 것이니라.

· 문장의 구조 ·

凡使 | 奴僕에 先念 | 飢寒이니라.

凡은 발어사이다. 先은 우선의 뜻을 갖는 부사이다.

1) 凡使奴僕에 先念飢寒이니라. : 노복(奴僕)을 부릴 때에는 먼저 그들의 춥고 배고픔을 생각할 것이니라.

❀ 使는 부리다. 奴僕은 집에서 거느리는 종[奴婢]을 가리킨다. 先은 우선이다. 念飢寒은 念其飢寒과 같으니, 노비들이 굶주리거나 추위에 떨고 있을까 염려(念慮)하는 것이다.

· 참 고 ·

《격몽요결(擊蒙要訣)》居家章에, 婢僕 代我之勞 當先恩而後威 乃得其心 君之於民 主之於僕 其理一也.

🈟《격몽요결(擊蒙要訣)》居家章에,

"하인[婢僕]은 나의 수고로움을 대신하는 것이니, 마땅히 은혜를 먼저 베풀고 위엄을 뒤로 여겨야 그들의 마음을 얻게 된다. 임금이 백성에게 대해서와 주인이 노복에 대하는 그 이치는 같다." 하였다.

⑤ 子孝雙親樂이오 家和萬事成이니라.

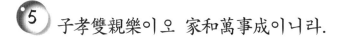

※ 자식이 효도하면 양친(兩親)은 즐거울 것이오, 집안이 화목하면 만사(萬事)가 이루어지느니라.

· 문장의 구조 ·

子‖孝 雙親‖樂이오

家‖和 萬事‖成이니라.

주어+서술어의 구성이 병렬되어 있는 가정문이다. 子孝와 家和는 조건절이며 雙親樂과 萬事成은 결과절이다.

· 풀 이 ·

1) 子孝雙親樂이오 家和萬事成이니라. : 자식이 효도하면 양친(兩親)은 즐거울 것이

오, 집안이 화목하면 만사(萬事)가 이루어지느니라.

❀ 子孝는 주어+서술어의 구성이니, '~은 ~하다'로 해석하고 우리말과 어순이 같
으므로 '자식이 효도하면'이다. 雙親은 모친과 부친이다. 雙親樂은 어버이가
즐거울 것이다. 家和는 '집안이 화목하면'이다. 萬事成은 모든 일이 이치대로
이루어짐이다.

6 時時防火發하고 夜夜備賊來니라.

※ 때마다 불이 나는 것을 방비하고 밤마다 도적이 올 것을 방비할 것이니라.

▶ 문장의 구조 ◀

時時 防 | 火 ∥ 發하고

夜夜 備 | 賊 ∥ 來니라.

5언 시의 구성으로 된 대구(對句)이므로 2,3으로 끊어서 읽고 해석한다.

▶ 풀 이 ◀

1) 時時防火發하고 夜夜備賊來니라. : 때마다 불이 나는 것을 방비하고 밤마다 도적
이 올 것을 방비할 것이니라.

❀ 時時는 '때마다', '수시로', '언제나'로 해석한다. 防은 방비함이다. 火發은 불이
나는 것이다. 夜夜는 '밤마다', '언제나'이다. 備는 대비함이다. 賊來는 盜來와
같으니, 도적이 오다. 불이 나거나 도둑이 드는 것은 인재(人災)에 해당하니,
항상 대비하여 조심하여야 한다.

7 景行錄云 觀朝夕之早晏하면 可以卜人家之興替니라.

※ 《경행록》에 이르기를,
"아침과 저녁의 이르고 늦음을 살펴보면 그 사람의 집이 흥성할 지 쇠퇴
할 지를 점칠 수 있느니라." 하였다.

景行錄云 觀│朝夕之 早晏하면

可以卜│人家之 興替니라.

　일찍 일어나고 늦게 일어나며, 일찍 자고 늦게 자는데 따라서 흥망이 결정된다는 말이다.

· 풀 이 ·

1) 景行錄云 觀朝夕之早晏하면 可以卜人家之興替니라. : 아침과 저녁의 이르고 늦음을 살펴보면 그 사람의 집이 흥성할 지 쇠퇴할 지를 점칠 수 있느니라.

　❀ 觀은 주시하여 살펴보는 것이다. 朝夕之早晏은 朝之早晏과 夕之早晏을 합친 문장이니, 아침에 일찍 일어나고 늦게 일어나며, 저녁에 일찍 자고 늦게 자는 것을 가리킨다.

　❀ 可以는 '~을 가지고 ~할 수 있다.'이니, 以는 觀朝夕之早晏이다. 卜은 점을 치는 것이니, 아직 일어나지 않은 상황을 예측하는 것이다. 人家之興替는 人家之興과 人家之替를 가리키니, 그 집이 흥성하는 것과 그 집안이 망하는 것을 말한다.

8 文仲子曰 婚娶而論財는 夷虜之道也니라.

　※문중자(文仲子)가 말하기를,
　"혼인을 하는데 재물을 논함은 오랑캐의 도(道)이니라." 하였다.

· 문장의 구조 ·

文仲子曰 婚娶而論│財는 夷虜之道也니라.

　주어+서술어 확장 구조이다.

· 풀 이 ·

1) 文仲子曰 : 문중자(文仲子)가 말하기를,

● 文仲子 : 수(隋) 학자. 이름은 왕통(王通). 자는 중엄(仲淹). 어려서부터 학문을 좋아하였고 문제(文帝) 때 <태평십이책(太平十二策)>을 올렸으나 채택되지 않자 하분(河汾)으로 돌아가서 후학을 양성하였는데 제자가 천 여명에 이르러 "하분 문하(河汾門下)"라고 칭하였다. 이정(李靖)·설수(薛收)·위징(魏徵) 등이 그에게 수업을 받았다. 저서에 《원경(元經)》과 《중설(中說)》이 있는데, 졸(卒)한 뒤에 문인들이 "문중자(文仲子)"라는 사시(私諡)를 짓고, 《중설(中說)》을 《문중자(文仲子)》고 칭하였다.

2) 婚娶而論財는 夷虜之道也니라. : 혼인을 하는데 재물을 논함은 오랑캐의 도(道)이니라.

● 婚娶는 혼인을 하는 것이다. 而는 접속사이다. 論財는 재물을 논한다는 것이니 여자가 가지고 오는 혼수품과 남자가 맞이하러 가는 재물을 뜻한다. 夷虜之道는 오랑캐의 도리이니, 문명(文明)에 반대되는 개념이다.

·【 출 전 】·

《중설(中說)》事君篇에 文仲子曰 婚娶而論財 夷虜之道也 君子不入其鄕 古者 男女之族各擇德焉 不以財爲禮.

【譯】《중설(中說)》事君篇에, 문중자(文仲子)가 말하기를,

"혼인을 하는데 재물을 논함은 오랑캐의 도(道)이니, 군자는 그러한 지방에 들어가지 않았다. 옛날에 남자와 여자들은 각각 성품과 행실[德]을 갖고 선택하였고 재물로 예(禮)를 삼지 않았다." 하였다.

安義篇

안의(安義)는 의리에 따라 실행하는 것을 편안히 여기는 것이다. 義는
宜와 같으니, 모든 사물의 이치에 합당하게 하는 것을 가리키니, 인륜
(人倫)에 맞게 처신하고 사물의 이치대로 실행하는 것이다. 안의(安義)는
안인(安仁)과 같은 의미이니, 자연스럽게 인의(仁義)를 실행하는 것이다.

1 顏氏家訓曰 夫有人民而後에 有夫婦하고 有夫婦而後에 有父子하고 有父子而後에 有兄弟하니 一家之親은 此三者而已矣라 自玆以往으로 至于九族이 皆本於三親焉이라 故로 於人倫에 爲重也이니 不可不篤이니라.

※《안씨가훈(安氏家訓)》에 말하기를,
"사람이 있은 후에 부부(夫婦)가 있고 부부가 있은 후에 부자(父子)가 있고 부자가 있은 후에 형제(兄弟)가 있으니, 한 집안의 친속은 이 세 가지일 따름이니라. 이로부터 나아가 구족(九族)에 이르기까지는 모두 삼친(三親)에 근본하기 때문에 인륜에 있어서 중요하니 돈독하게 아니할 수 없느니라." 하였다.

· 문장의 구조 ·

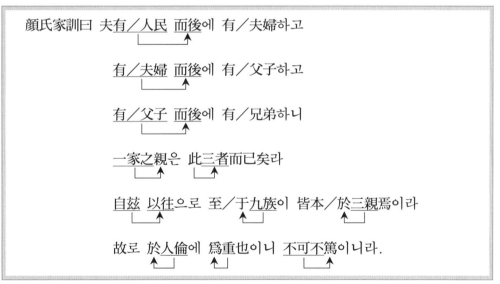

인류의 가장 중요한 삼친(三親)에 대하여 말하였다.

· 풀 이 ·

1) 顏氏家訓曰 :《안씨가훈(顏氏家訓)》에 말하기를,
  ◉ 顏氏家訓 : 북제(北齊)의 안지추(顏之推)가 편찬한 입신(立身)과 치가(治家)에 대한 자손들이 경계할 점과 세속의 잘잘못에 대하여 변별한 책으로 20편 2권으로 되어 있다.

2) 夫有人民而後에 有夫婦하고 有夫婦而後에 有父子하고 有父子而後에 有兄弟하니 一家之親은 此三者而已矣라 : 사람이 있은 후에 부부(夫婦)가 있고 부부가 있은 후에 부자(父子)가 있고 부자가 있은 후에 형제(兄弟)가 있으니, 한 집안의 친속은 이 세 가지일 따름이니라.

- ❀ 夫는 발어사이다. 人民은 사람을 가리킨다. 而後는 以後와 같으니, '~한 뒤에'이다. 一家之親은 한 집안의 친속(親屬)이다. 三者는 夫婦·父子·兄弟를 가리킨다. 而已는 어기사(語氣辭)로 '따름이다', '뿐이다'로 해석한다.

3) 自玆以往으로 至于九族이 皆本於三親焉이라 故로 於人倫에 爲重也이니 不可不篤이니라. : 이로부터 나아가 구족(九族)에 이르기까지는 모두 삼친(三親)에 근본하기 때문에 인륜에 있어서 중요하니 돈독하게 아니할 수 없느니라.

- ❀ 自玆는 '이로부터'이니, '三親으로부터'와 같다. 以往은 以後와 같다. 至于九族은 九族에 이르기까지이니, 九族은 高祖·曾祖·祖·父·己·子·孫·曾孫·玄孫까지 직계(直系)와 방계(傍系)로 내려온 친속을 뜻한다. 本於三親은 九族으로 번성하는 것은 모두 三親에 근본을 둔다는 말이다. 於人倫은 '인륜에 있어서'이다. 爲重은 중요함이 되다. 不可不篤은 돈독하게 아니할 수 없다.

· 출 전 ·

《안씨가훈(顔氏家訓)》 兄弟篇. 《소학(小學)》 嘉言篇.

② 莊子曰 兄弟는 爲手足하고 夫婦는 爲衣服이니 衣服破時엔 更得新이어니와 手足斷處엔 難可續이니라.

※ 장자(莊子)가 말하기를,
"형제는 수족이 되고 부부는 의복이 되니, 의복이 떨어졌을 때는 다시 새롭게 할 수 있거니와 수족이 끊어진 곳은 잇기가 어려우니라." 하였다.

· 문장의 구조 ·

莊子曰 兄弟‖는 爲手足하고

夫婦‖는 爲衣服이니

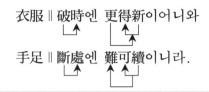

衣服∥破時엔 更得新이어니와

手足∥斷處엔 難可續이니라.

　형제가 결혼하기 전에는 우애가 돈독하나, 결혼한 이후에 소홀해지는 것을 우화(寓話)하여 경계한 글이다.

· 풀 이 ·

1) 兄弟는 爲手足하고 夫婦는 爲衣服이니 : 형제는 수족이 되고 부부는 의복이 되니,
　❀ 兄弟爲手足의 爲는 '되다'이니, 형제간은 수족과 같은 관계라고 비유한 것이다. 夫婦爲衣服은 부부 관계는 의복과 같은 관계이다. 형제는 혈연(血緣)이므로 끊을 수 없는 인륜이며, 부부는 인연(人緣)이므로 끊어질 수 있는 인륜임을 강조하였다.

2) 衣服破時엔 更得新이어니와 手足斷處엔 難可續이니라. : 의복이 떨어졌을 때는 다시 새롭게 할 수 있거니와 수족이 끊어진 곳은 잇기가 어려우니라.
　❀ 衣服破時는 의복이 떨어졌을 때이니, 부부의 인연(因緣)이 손상되거나 단절되었을 때를 가리킨다. 更得新은 能更新과 같은 말이니, 갱신(更新)할 수 있다. 의복이 조금 떨어졌으면, 그곳을 보수(補修)하여 새롭게 할 수 있고, 많이 떨어지면 새 옷으로 갈아입을 수 있듯이 부부의 인연도 이와 같다는 말이다.
　❀ 手足斷處는 수족이 끊어진 것이니, 자신의 몸 일부가 끊어지게 되는 경우를 비유로 들었다. 難可續은 이을 수 있기가 어렵다는 말이니, 수족이 잘려지면 다시 잇기가 대단히 어렵다. 그러므로 형제간의 우애를 手足之愛라고 한다.

· 출 전 ·

《명심보감》에 나오는 장자(莊子)의 말은 거의 《장자(莊子)》에는 나오지 않는다.

③ 蘇東坡云 富不親兮貧不疎는 此是人間大丈夫요 富則進兮貧則退는 此是人間眞小輩니라.

※ 소동파(蘇東坡)가 이르기를,
"부유하다고 해도 가까이 하지 않으며 가난하다고 해도 멀리하지 않는 이 사람이 바로 인간 중에 대장부이고, 부유할 때는 나아가고 가난할 때는 멀리하는 이 사람은 인간 중에 참으로 소인배(小人輩)이니라." 하였다.

【 문장의 구조 】

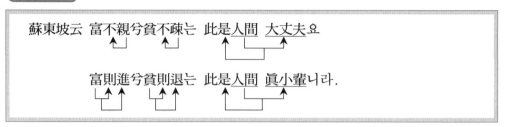

蘇東坡云 富不親兮貧不疎는 此是人間 大丈夫요

富則進兮貧則退는 此是人間 眞小輩니라.

富不親兮貧不疎는 조건절이며 종속절이 되고 此是人間大丈夫는 결과절이며 주절이다.

【 풀 이 】

1) **蘇東坡云** : 소동파(蘇東坡)가 이르기를,
   - ❂ 蘇東坡 : 송(宋) 시인이며 문장가. 사천성(四川省) 미산(眉山) 출신. 이름 식(軾). 자는 자첨(子瞻), 호가 동파(東坡)이다. 소순(蘇洵)의 아들이며 소철(蘇轍)의 형으로 대소(大蘇)라고도 한다. 송나라 제 1의 시인이며, 문장도 당송팔대가(唐宋八大家)의 한 사람이다. 22세 때 진사에 급제하고, 구양수(歐陽修)에게 인정을 받아 문단에 등장하였다. 왕안석(王安石)의 ‘신법(新法)’을 싫어하였으며, “독서가 만 권에 달하여도 율(律)은 읽지 않는다.”고 하였다. 이 일로 어사대(御史臺)에 갇혔고 황주(黃州)로 유배되었으나, 50세가 되던 해 철종(哲宗)이 즉위할 때 구법당(舊法黨)이 득세하여 예부상서(禮部尙書) 등을 역임하였다. 서정적인 당시(唐詩)에 비하여 그의 시는 철학적 요소가 짙었고 새로운 시경(詩境)을 개척하였다. 문장의 대표작 《적벽부(赤壁賦)》는 불후의 명작이다.

2) **富不親兮貧不疎는 此是人間大丈夫요** : 부유하다고 해도 가까이 하지 않으며 가난하다고 해도 멀리하지 않는 이 사람이 바로 인간 중에 대장부이고,
   - ❂ 富不親은 富而不親과 같은 말이니, 부유(富裕)할지라도 가까이 하려 하지 않음이다. 兮는 같은 단락의 문장을 연결할 때 접속사가 되어 정지시키는 조사가 된다. 兮는 대구(對句)를 나타낼 때는 문장의 중간에 있고, 감탄할 때는 문장의 말미에 붙는다. 貧不疎는 貧而不疎와 같으니, 가난할 지라도 멀리하지 않음이다. 此는 이러한 사람을 가리키는 지시대명사이다. 是은 어조사로 ‘~이다’이다. 人間大丈夫는 인간 가운데 대장부라는 말이다.

3) **富則進兮貧則退는 此是人間盡小輩니라** : 부유할 때는 나아가고 가난할 때는 멀리하는 이 사람은 인간 중에 참으로 소인배(小人輩)이니라.
   - ❂ 富則進兮는 부유하면 나아가 가까이 하는 것이다. 貧則退는 가난하면 물러나서 멀리하는 행위이다. 此是는 ‘이 사람이 바로’이다. 人間眞小輩는 인간 가운데 진짜 소인배라는 말이다.

遵禮篇

예법(禮法)을 준수(遵守)한다는 것은 도의를 지키며 세상을 살아가야 한다는 말과 같다. 도의를 지킨다는 것은 사람으로서 지켜야 할 법도이다. 그러나 너무 예법에만 치우치면 인간 관계가 경색되므로, 예법을 활용할 때는 조화(調和)를 중시한다[禮之用 和爲貴].

子曰 居家有禮故로 長幼辨하고 閨門有禮故로 三族和하고
朝廷有禮故로 官爵序하고 田獵有禮故로 戎事閑하고 軍旅
有禮故로 武功成이니라.

> ※ 공자(孔子)가 말씀하시기를,
> "집안에 예(禮)가 있으므로 어른과 어린이가 분별(分別)이 있고, 안방에
> 예가 있으므로 삼족(三族)이 화목하고, 조정에 예가 있으므로 관작(官爵)
> 의 차례가 있고, 사냥하는데 예가 있으므로 융사(戎事)가 숙달되고, 군대
> 에 예가 있으므로 무공(武功)이 이루어지느니라." 하였다.

·문장의 구조·

子曰 居家‖有／禮故로 長幼‖辨하고 閨門‖有／禮故로 三族‖和하고

朝廷‖有／禮故로 官爵‖序하고 田獵‖有／禮故로 戎事‖閑하고

軍旅‖有／禮故로 武功‖成이니라.

예법이 있으므로 나타는 효과를 제시하였다.

· 풀 이 ·

1) 居家有禮故로 長幼辨하고 閨門有禮故로 三族和하고 : 집안에 예(禮)가 있으므로 어
른과 어린이가 분별(分別)이 있고, 안방에 예가 있으므로 삼족(三族)이 화목하고,
하였다.

● 居家는 居處와 같으니, 居는 항상 있는 곳이며 處는 잠시 머무는 곳이니, 언
제 어디서나 자신이 있는 곳을 지칭한다. 有禮故는 '예법이 있기 때문에'이다.
長幼辨은 어른과 어린이가 분별이 있는 것이다. 집안에는 윗사람과 아랫사람
이 앉는 장소가 있고 어른과 어린이는 자리에 높고 낮음이 있는 것은 그 집안
에 예법(禮法)이 있기 때문이다.

● 閨門有禮은 부모는 부모답고 자식은 자식다우며 형은 형답고 아우는 아우다우
며 남편은 남편답고 아내는 아내다운 것[父父子子兄兄弟弟夫夫婦婦]이다. 三族
은 父·子·孫을 가리키니, 집안의 구성원들이 자신의 직무를 수행하면 모두

화목해진다.

2) 朝廷有禮故로 官爵序하고 田獵有禮故로 戎事閑하고 軍旅有禮故로 武功成이니라. : 조정에 예가 있으므로 관작(官爵)의 차례가 있고, 사냥하는데 예가 있으므로 융사(戎事)가 숙달되고, 군대에 예가 있으므로 무공(武功)이 이루어지느니라.

❀ 朝廷有禮는 조정의 있는 관리들이 맡은 일을 이행하고 직분에 맞는 법을 수행하는 것이다. 官爵은 관청을 설치하여 직책을 나누고[設官分職] 작위에 반열하여 토지를 나누어 주는 것[列爵分土]을 말한다. 序는 질서가 있게 됨이다.

❀ 田獵有禮는 사냥하는데 예(禮)가 있는 것이니, 계절에 따라 사냥하는 법이 있는 것[春田夏苗秋狩冬獵]이다. 戎事閑는 군대의 일이 숙달된 것이니, 사냥을 하는 것은 전쟁하는 진법을 연습하는 일이다.

❀ 軍旅는 군대이니, 5백 명이 旅, 5旅 즉 2천 5백 명이 師, 5師 즉 1만 2천 명을 軍이라 한다. 軍旅有禮는 나아가고 물러나는 데 법도가 있고[進退有度] 이렇게 하고 저렇게 하는데 형세가 있는 것[左右有局]이다. 武功成은 군대로 인하여 세운 공로를 이른다. 일에 대해서 표현하면 戎事라고 하며[於事則戎] 공로를 갖고 말하면 武功이라하니[於功則武], 융사(戎事)가 숙달이 되면 무공(武功)을 이루는 것은 당연한 일이다.

· 출 전 ·

《예기(禮記)》 仲尼燕居篇

❷ 晏子曰 上無禮면 無以使下하고 下無禮면 無以侍上이니라.

※ 안자(晏子)가 말하기를,
"윗사람이 무례(無禮)하면 아랫사람을 부릴 수 없고, 아랫사람이 무례하면 윗사람을 모실 수 없느니라." 하였다.

· 문장의 구조 ·

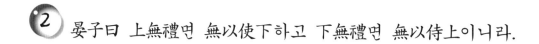

晏子曰 上 ‖ 無 / 禮면 無以 使 | 下하고

下 ‖ 無 / 禮면 無以 侍 | 上이니라.

無以는 '~할 수 없다', '방법이 없다.', '~할 것이 없다.'로 해석하는데, '~할 수 없다'로 해석하는 것이 맞는 듯하다.

풀 이

1) 晏子曰 : 안자(晏子)가 말하기를,

● 晏子 : 이름은 영(嬰)이고 평중은 그의 자(字)이다. 태어난 해는 미상(未詳)이며 기원전 500년에 죽었다. 지금의 산동성 이유(夷維) 사람이다. 제 영공(齊靈公) 26년(기원전 556년)에 그의 부친 안 환자(晏桓子)가 죽으니, 그 부친이 갖고 있던 제나라 경상(卿相)의 직을 이어받았다. 이어서 장공(莊公), 경공(景公)에 이르기까지 3대에 이르기까지 재상을 역임하며 50여 년간 제나라의 정사를 맡아 제환공 이후 약소국의 위치로 전락한 제나라를 일약 패자(霸者)의 위치로 끌어올렸다. 근검절약 정신으로 힘써 노력하고, 스스로를 낮춰 선비들을 공경했으며 직간을 주저하지 않아 중국의 패업을 일으킨 유명한 인사였다. 경공에게 세금을 줄이고 행형을 가볍게 하라고 권하고 백성들의 생활에 깊은 관심을 갖고 그들의 의견에 귀를 기울였다. 전국 중엽 때의 어떤 사람이 안영(安嬰)의 행적을 기록한 책을 지어 《안자춘추》라고 이름을 붙였다.

2) 上無禮면 無以使下하고 下無禮면 無以侍上이니라. : 윗사람이 무례(無禮)하면 아랫사람을 부릴 수 없고, 아랫사람이 무례하면 윗사람을 모실 수 없느니라.

● 禮는 질서이니 등급에 맞는 법도를 뜻한다. 上無禮는 上者無禮之行과 같은 문장이니, '윗사람이 무례한 행실이 있다면'이라는 가정문이다. 無以使下는 아랫사람을 부릴 수 없다. 下無禮는 가정문에서 조건절이니, '아랫사람이 무례한 행실을 지니고 있다면.'이다. 無以侍上은 윗사람을 모실 수 없다.

출 전

《안자춘추(晏子春秋)》卷七

3 子曰 恭而無禮則勞하고 愼而無禮則葸하고 勇而無禮則亂하고 直而無禮則絞니라.

※ 공자가 말씀하시기를,
"공손하되 예(禮)로 절제하지 않으면 피로하고, 삼가하되 예로 절제하지 않으면 겁쟁이가 되고 용감하되 예로 절제하지 않으면 난폭하게 되고 강직하되 예로 절제하지 않으면 야박하게 되느니라." 하였다.

· 문장의 구조 ·

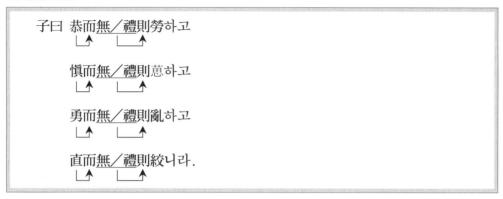

禮는 등급에 맞는 법도를 말한다. 無禮는 不以禮節之를 가리키니, 禮를 가지고 절제하지 않는 것이다.

· 풀 이 ·

1) 恭而無禮則勞하고 愼而無禮則葸하고 : 공손하되 예(禮)로 절제하지 않으면 피로하고, 삼가하되 예로 절제하지 않으면 겁쟁이가 되고

❀ 恭은 몸가짐을 공손히 하는 것이다. 而는 역접의 접속사이므로, '~하되'의 토씨를 붙인다. 無禮의 無는 不과 같으니, 예를 갖고 절제하지 않음이다. 勞는 공손을 절제하지 않으므로 피로하게 된다. 愼은 몸가짐을 신중히 하는 것이다. 葸는 신중함이 지나쳐서 모든 일을 두려워하는 겁쟁이가 된다.

2) 勇而無禮則亂하고 直而無禮則絞니라. : 용감하되 예로 절제하지 않으면 난폭하게 되고 강직하되 예로 절제하지 않으면 야박하게 되느니라.

❀ 勇은 용감한 것이다. 亂은 용감하지만 절제하지 않으면 윗사람을 능범(陵犯)하여 난폭하게 된다. 直은 언행이 강직한 것이다. 絞는 강직함을 절제하지 않으면 급박하게 되어 야박하게 된다.

· 출 전 ·

《논어(論語)》 泰伯篇

④ 子曰 君子有勇而無禮면 爲亂하고 小人이 有勇而無禮면 爲盜니라.

※ 공자(孔子)가 말씀하시기를,
"군자가 용기만 있고 예(禮)가 없으면 난(亂)을 일으키게 되고, 소인이 용기만 있고 예(禮)가 없으면 도둑이 되느니라." 하였다.

문장의 구조

子曰 君子∥有／勇而無／禮면 爲亂하고

小人∥有／勇而無／禮면 爲盜니라.

禮가 없다는 것은 義가 없다는 말과 같다. 《논어(論語)》 陽貨篇에는 義로 되어있는데, 바꾸어 쓴 듯하다.

풀 이

1) 子曰 君子有勇而無禮면 爲亂하고 小人有勇而無禮면 爲盜니라. : 군자가 용기만 있고 예(禮)가 없으면 난(亂)을 일으키게 되고, 소인이 용기만 있고 예(禮)가 없으면 도둑이 되느니라
   - 君子와 小人은 지위를 갖고 말함이니, 君子는 권력을 갖고 있는 지위가 높은 사람이며 小人은 지위가 없는 일반 백성을 뜻한다.
   - 有勇而無禮는 용기만 있고 禮가 없는 것이니, 혈기(血氣)의 용기를 지니고 있는 것이다. 爲亂은 作亂과 같으니, 난을 일으키는 것이다.
   - 爲盜는 도적이 되다. 爲亂과 爲盜의 爲는 글자는 같으나 의미는 다른 글자이다.

출 전

《논어(論語)》 陽貨篇에, 子路曰 君子尙勇乎 子曰 君子 義以爲上 君子有勇而無義 爲亂 小人有勇而無義 爲盜.

譯 《논어(論語)》 陽貨篇에, 자로(子路)가 말하기를,
"군자는 용기를 숭상합니까?" 하니, 공자가 말씀하기를, "군자는 의(義)를 으뜸으로 여긴다. 군자가 용기만 있고 의(義)가 없으면 난(亂)을 일으키게 되고, 소인이 용기만 있고 의(義)가 없으면 도둑이 되느니라." 하였다.

5 孟子曰 君子 所以異於人者는 以其存心也니 君子는 以仁

存心하며 以禮存心이니라. 仁者는 愛人하고 有禮者는 敬
人하나니 愛人者는 人恒愛之하고 敬人者는 人恒敬之니라.

※ 맹자가 말하기를,
"군자가 보통 사람들과 다른 이유는 그것을 마음에 담아두기 때문이니, 군자는 인(仁)을 마음에 담아두고 예(禮)를 마음에 담아두느니라. 인(仁)한 사람은 다른 사람을 사랑하고 예(禮)를 지닌 사람은 다른 사람을 공경하나니, 다른 사람을 사랑하는 사람은 다른 사람도 항상 그를 사랑하고 다른 사람을 공경하는 사람은 다른 사람도 항상 그를 공경하느니라." 하였다.

⟨문장의 구조⟩

孟子曰 君子‖ 所以異／於人者는 以其存心也니

君子‖는 以仁存／心하며 以禮存／心이니라.

仁者‖는 愛｜人하고

有／禮者‖는 敬｜人하나니

愛｜人者‖는 人恒愛｜之하고

敬｜人者‖는 人恒敬｜之니라.

⟨풀 이⟩

1) 君子 所以異於人者는 以其存心也니 君子는 以仁存心하며 以禮存心이니라. : 군자가 보통 사람들과 다른 이유는 그것을 마음에 담아두기 때문이니, 군자는 인(仁)을 마음에 담아두고 예(禮)를 마음에 담아두느니라.

❀ 君子는 덕을 완성한 사람이다. 所以는 이유, 까닭이다. 異於人者는 보통 사람들과 다른 것이다. 以는 때문이다. 其는 인(仁)과 예(禮)를 가리키는 대명사이다. 存心은 存於心과 같은 말이니, 마음속에 담아두는 것이다. 以仁存心은 인(仁)을 마음속에 담아두는 것이다. 以禮存心은 예(禮)를 마음속에 담아두는 것이다.

2) 仁者는 愛人하고 有禮者는 敬人하나니 愛人者는 人恒愛之하고 敬人者는 人恒敬之니라. : 인(仁)한 사람은 다른 사람을 사랑하고 예(禮)를 지닌 사람은 다른 사람을 공경하나니, 다른 사람을 사랑하는 사람은 다른 사람도 항상 그를 사랑하고 다른 사람을 공경하는 사람은 다른 사람도 항상 그를 공경하느니라.

　❀ 仁者는 인(仁)을 지닌 사람이다. 愛人은 다른 사람을 사랑하는 것이다. 有禮者는 예(禮)를 지니고 있는 사람이다. 敬人은 다른 사람을 공경하는 것이니, 인례(仁禮)를 베푸는 것이다. 愛人者는 다른 사람을 사랑하는 인자(仁者)를 가리킨다. 人恒愛之는 다른 사람들도 항상 인자(仁者)를 사랑하는 것이다. 敬人者는 다른 사람을 공경하는 유례자(有禮者)를 가리킨다. 人恒敬之는 다른 사람들도 항상 유례자(有禮者)를 공경하는 것이다.

출 전

《맹자(孟子)》 離婁下篇

6 有子曰 信近於義면 言可復也며 恭近於禮면 遠恥辱也니라.

> ※ 유자(有子)가 말하기를,
> "약조(約條)가 의(義)에 가까우면 말을 실천할 수 있고, 공손(恭遜)이 예(禮)에 가까우면 치욕을 멀리할 수 있느니라." 하였다.

문장의 구조

有子曰 信‖近／於義면 言可復也며

　　恭‖近／於禮면 遠│恥辱也니라

　言可復은 목적어+서술어의 구성이므로 言之可復과 같은 문장이다. 목술관계에 오는 之는 토씨를 '~을'을 붙인다.

풀 이

1) 有子曰 : 유자(有子)가 말하기를,

　❀ 有子 : 춘추시대 말기의 노(魯) 나라 사람, 이름은 약(若), 공자의 제자로 용모

가 공자와 흡사하여 공자가 돌아간 뒤에 제자들이 공자를 섬기는 도리로 유자(有子)를 섬기자고 하였으나 증자(曾子)가 반대하여 뜻을 이루지 못하였다.

2) 信近於義면 言可復也며 恭近於禮면 遠恥辱也니라 : 약조(約條)가 의(義)에 가까우면 말을 실천할 수 있고, 공손(恭遜)이 예(禮)에 가까우면 치욕을 멀리할 수 있느니라

　❀ 信은 약조를 맺은 것이다. 義는 일의 이치에 맞게 하는 것[宜事之理]이다. 信近於義는 약조한 말이 일의 이치에 맞게 하는 데에 가깝게 하는 것이다. 言可復의 復은 실천하는 것이니, 言必可踐과 같은 의미이므로, 약조한 말을 실천할 수 있는 것이다. 恭은 공경을 다하는 것[致敬]이다. 禮는 등급에 맞는 법도이다. 恭近於禮는 공손함이 법도에 맞게 하는 데에 가깝게 하는 것이다. 遠恥辱은 能遠恥辱의 의미이니, 치욕을 멀리 할 수 있다.

⌐ 출 전 ¬

《논어(論語)》 學而篇

⌐ 참 고 ¬

《명심보감(明心寶鑑)》淸州本은 恭近於禮 遠恥辱也만 있고 信近於義 言可復也의 글귀가 누락되어 있다.

⑦ 曾子曰 朝廷엔 莫如爵이요 鄕黨엔 莫如齒요 輔世長民엔 莫如德이니라.

> ※ 증자(曾子)가 말하기를,
> "조정(朝廷)에는 관작(官爵)만한 것이 없고, 향당(鄕黨)에는 연치(年齒)만한 것이 없고, 세상을 돕고 백성을 생장(生長)하게 하는 데는 덕망(德望)만한 것이 없느니라." 하였다.

⌐ 문장의 구조 ¬

曾子曰 朝廷엔 莫如爵이요
　　　　　　　　▲──┘

　　鄕黨엔 莫如齒요
　　　　　　　▲──┘

輔 | 世長 | 民엔 莫如德이니라.

세상 사람들이 공통으로 존중하는 세 가지[三達尊] 작(爵)·치(齒)·덕(德)을 밝혔다.

풀 이

1) 曾子曰 : 증자(曾子)가 말하기를,
   - ❀ 曾子 : 노(魯) 학자. 이름은 삼(參). 자 자여(子輿). 산동성(山東省) 출신. 증점(曾點)의 아들이다. 공자(孔子)의 고제(高弟)로 효심이 두텁고 자신을 반성하고 실천을 힘썼으며, 제자들의 교육에 주력하였다. 공자가, "나의 도는 하나의 이치로 관통되었다.[吾道一以貫之]"고 하였을 때 서슴없이 "예[惟]"라고 대답하고, '선생님의 도는 충서(忠恕)일뿐이다.'라고 해설한 일화가 있다. 《효경(孝經)》을 찬술하였다고 하나 확실한 근거는 없다. 증자의 사상은 《증자(曾子)》 18편(篇) 가운데 10편이 《대대례기(大戴禮記)》에 남아 전하는데, 효(孝)와 신(信)을 도덕행위의 근본으로 한다. 또 《대학(大學)》 저술하여 공자의 도(道)를 계승하였으며, 그의 가르침은 공자의 손자 자사(子思)를 거쳐 맹자(孟子)에게 전해져 유학(儒學)의 사상사(思想史)에서 중요한 위치를 차지한다.

2) 朝廷엔 莫如爵이요 鄕黨엔 莫如齒요 輔世長民엔 莫如德이니라. : 조정(朝廷)에는 관작(官爵)만한 것이 없고, 향당(鄕黨)에는 연치(年齒)만한 것이 없고, 세상을 돕고 백성을 생장(生長)하게 하는 데는 덕망(德望)만한 것이 없느니라.
   - ❀ 朝廷은 국가에서 정사를 듣고 단안(斷案)을 내리는 곳이다. 莫如는 '~같은 것이 없다'이니, 가장 좋다는 뜻이다. 爵은 관직과 작위를 뜻한다.
   - ❀ 鄕黨은 자신이 살고 있는 지방이나 고향을 뜻한다. 齒는 나이[年齒]이다. 《주례(周禮)》에 25가(家)를 려(閭), 4려(旅)는 족(族)이니 1백가(家)이며, 5족(族)은 당(黨)이니 5백가(家)이며, 5당(黨)은 주(州)이니 2천 5백가(家)이며, 5주(州)는 향(鄕)이니 1만 2천 5백가(家)이다.
   - ❀ 輔世長民은 세상을 돕고 백성들을 보호하여 생장(生長)시키는 것이다. 德은 덕성을 함양하여 완성한 마음이니, 덕망(德望)을 가리킨다.

출 전

《맹자(孟子)》公孫丑篇에 曾子曰 天下 達尊三 爵一齒一德一 朝廷莫如爵 鄕黨莫如齒 輔世長民莫如德.

譯 맹자(孟子)》公孫丑篇에, 증자가 말하기를,

"천하 사람들이 공통으로 존중(尊重)하는 것이 셋이 있는데, 관작(官爵)이 하나요, 연치(年齒)가 하나요, 덕망(德望)이 하나이다. 조정(朝廷)에는 관작(官爵)만한 것이 없고, 향당(鄕黨)에는 연치(年齒)만한 것이 없고, 세상을 돕고 백성을 자라게 하는 데는 덕망(德望)만한 것이 없느니라." 하였다.

 孟子曰 徐行後長者를 謂之弟오 疾行先長者를 謂之不弟니라.

※ 맹자가 말하기를,
"천천히 걸어서 어른보다 뒤에 가는 것을 공경한다고 말하고, 빨리 걸어서 어른보다 앞서 가는 것을 공경하지 않는다고 말하느니라." 하였다.

・문장의 구조・

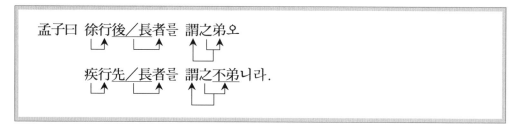

・풀 이・

1) 徐行後長者를 謂之弟오 疾行先長者를 謂之不弟니라. : 천천히 걸어서 어른보다 뒤에 가는 것을 공경한다고 말하고, 빨리 걸어서 어른보다 앞서 가는 것을 공경하지 않는다고 말하느니라.
   ❂ 徐行은 수식관계의 문장이니, 천천히 걸어감이다. 後長者는 後於長者와 같으니, 어른보다 뒤에 가는 것이다. 謂之弟의 之는 대명사이니, 천천히 걸어가는 사람을 가리키므로 그러한 사람을 공경한다고 말한다. 疾行은 빨리 걸어감이다. 先長者는 어른보다 앞서 가는 것이다. 謂之不弟는 그러한 사람을 공경하지 않는다고 말한다.

・출 전・

《맹자(孟子)》 告子篇

老少長幼는 天分秩序니 不可悖理而傷道也이니라.

> ※ 늙은이와 젊은이, 어른과 어린이는 하늘이 나누어 놓은 질서이니, 이치를 어기고
> 서 도(道)를 해쳐서는 안 되느니라.

·문장의 구조·

老少長幼‖는 天分 秩序니 不可 悖｜理而傷｜道也이니라.

주어+서술어 확장 구조의 문장이다.

· 풀 이 ·

1) 老少長幼는 天分秩序니 不可悖理而傷道也이니라 : 늙은이와 젊은이, 어른과 어린이
   는 하늘이 나누어 놓은 질서이니, 이치를 어기고서 도(道)를 해쳐서는 안 되느니라.
   ◎ 老少는 노인과 젊은이이다. 長幼는 어른과 어린이다. 天分秩序는 하늘이 나누
   어 놓은 질서이니, 자연적으로 정해진 질서를 뜻한다. 不可는 안 되다. 悖理而
   傷道는 이치를 어기고 도를 해치다. 也는 어미 종결사이니, '~이다'이다.

10 子曰 出門如見大賓하고 使民如承大祭니라.

> ※ 공자가 말씀하시기를,
> "문을 나설 때는 큰 손님을 만나는 듯이 하고 백성을 부릴 때에는 큰 제
> 사를 받드는 듯이 할 것이니라." 하였다.

·문장의 구조·

出｜門 如見｜大賓하고

使｜民 如承／大祭니라.

出門과 使民 뒤에 則이 생략된 가정문이다.

· 풀 이 ·

1) 出門如見大賓하고 使民如承大祭니라. : 문을 나설 때는 큰 손님을 만나는 듯이 하고 백성을 부릴 때에는 큰 제사를 받드는 듯이 할 것이니라

　❀ 出門은 대문을 나섰을 때이니, 외부 사람들과 대하는 때를 가리킨다. 如는 '~과 같다', '~하는 듯이 하다'의 뜻을 갖는 비교형에 쓰이는 글자이다. 見大賓은 큰 손님을 만나다.

　❀ 使民은 백성을 부리는 것이다. 承大祭는 큰 제사를 지낼 때의 마음을 갖는 것이다.

· 출 전 ·

《논어(論語)》顔淵篇

· 참 고 ·

《명심보감》淸州本과 通行本은 '出門如見大賓 入室如有人'이라고 하였는데, 潭陽本은 《논어(論語)》와 같은 문장으로 되어 있다.

 若要人重我인대 無過我重人이니라.

　※ 만약 다른 사람이 나를 중(重)히 여기기를 바란다면 내가 다른 사람을 중(重)하게 여기는 것 보다 나은 것이 없느니라.

·문장의 구조·

　若要 人‖重｜我인대

　無／過 我‖重｜人이니라.

若은 만일, 만약 등 가정형의 뜻을 갖는 품사다.

· 풀 이 ·

1) 若要人重我인대 無過我重人이니라. : 만약 다른 사람이 나를 중(重)히 여기기를 바

란다면 내가 다른 사람을 중(重)하게 여기는 것 보다 나은 것이 없느니라.

◉ 若은 '만약', '만일'이다. 要는 '~을 바라다.', '~을 요구하다.'이다. 人重我는 사람들이 자신을 중하게 여기는 것이다. 無過는 無出과 같으니, 나음이 없다. 我重人은 내가 다른 사람을 중요하게 여기는 것이다.

⑫ 父不言子之德하며 子不談父之過니라.

※ 부모는 자식의 덕을 말하지 않는 것이며, 자식은 부모의 허물을 말하지 않는 것이니라.

문장의 구조

父 ‖ 不言 │ 子之德하며
　↑┘　　┗↑

子 ‖ 不談 │ 父之過니라.
　↑┘　　┗↑

주어+서술어+목적어의 구성이므로 ~은 ~을 ~하다로 해석하되 서술어와 목적어는 우리말과 어순(語順)이 다르다.

풀 이

1) 父不言子之德하며 子不談父之過니라. 부모는 자식의 덕을 말하지 않는 것이며, 자식은 부모의 허물을 말하지 않는 것이니라.
　◉ 父는 부모를 가리키는 말이다. 不言은 말하지 않는다. 子之德은 자식의 덕(德)을 가리킨다. 子는 아들과 딸을 포함하여 지칭하였다.
　◉ 不談은 말하지 않는 것이니, 소문내지 않음이다. 父之過는 부모가 행한 실수를 뜻한다. 言은 자신이 하는 말이며 談은 많은 사람들에게 하는 말이다.

⑬ 欒共子曰 民生於三이니 事之如一이라. 父生之하고 師敎之하고 君食之하나니 非父不生이요 非食不長이요 非敎不知니 生之族也니라.

> ※ 난공자(欒共子)가 말하기를,
> "사람은 세 분에게서 생존하는 것이니 한결같이 섬겨야 하느니라. 부모는 낳아
> 주었고 스승은 가르쳐 주었으며 임금은 먹여 주었으니, 부모가 아니면 태어나
> 지 못하고 먹여주지 아니하면 자라지 못하고 가르쳐 주지 아니하면 알지 못하
> 는 것이니, 생존시켜주는 것은 같으니라." 하였다.

⟨문장의 구조⟩

> 欒共子曰 民∥生／於三이니 事之如一이라.
>
> 父∥生之하고 師∥敎之하고 君∥食之하나니
>
> 非父不生이요 非食不長이요 非敎不知니 生之族也니라.

之는 조동사이니, 서술어에 조동사가 있으면 타동사나 피동사가 되고 명사에 조동사
가 있으면 동사로 바뀐다.

⟨풀 이⟩

1) 欒共子曰 : 난공자(欒共子)가 말하기를,
   ◎ 欒共子 : 춘추시대 진(晉) 나라 대부이니, 이름은 성(成). 시호(諡號)는 공(共)이다.

2) 民生於三이니 事之如一이라. 父生之하고 師敎之하고 君食之하나니 : 사람은 세 분
   에게서 생존하는 것이니 한결같이 섬겨야 하느니라. 부모는 낳아 주었고 스승은
   가르쳐 주었으며 임금은 먹여 주었으니,
   ◎ 民生於三의 民은 人과 같으니, 사람은 세 분에게서 사람의 도리를 행하며 살
   게 된다는 것이다. 事之의 之는 대명사이니, 君師父를 가리킨다. 如一은 한결
   같음이니, 君師父를 섬기는 방법은 동일하다는 뜻이다. 父生之는 부모는 낳아
   주었다. 師敎之는 스승은 가르쳐 주었다. 君食之는 임금은 먹여 주었다.

3) 非父不生이요 非食不長이요 非敎不知니 生之族也니라. : 부모가 아니면 태어나지
   못하고 먹여주지 아니하면 자라지 못하고 가르쳐 주지 아니하면 알지 못하는 것
   이니, 생존시켜주는 것은 같으니라.
   ◎ 非는 명사부정에 쓰이고 不은 동사부정에 쓰인다. 不生은 不生之와 같은 의미
   이니, 非父不生은 아버지가 아니면 낳아주지 못하다. 非食은 非食之와 같으니,

非食不長은 먹여 주지 않으면 장성하지 못함이다. 非敎不知는 가르쳐 주지 않으면 알지 못하는 것이다. 生之族의 族은 같은 부류(部類)를 뜻하니, 생존시켜 주신 것은 같다.

출 전

《국어(國語)》晉語, 《소학(小學)》明倫篇

言 語 篇

언어(言語)는 사회 생활의 성패(成敗)를 가름할 수 있고 그 사람의 인격을 좌우할 수 있는 추기(樞機)라 할 수 있다. 그러므로 한마디 말이라도 신중하게 생각한 후에 표출하여야 한다. 言은 자신이 하는 말[自言曰言]이며 語는 상대방과 답하며 말하는[答述曰語] 것이니, 자신의 말은 물론 다른 사람과 대화를 할 때에도 신중하게 해야 한다.

劉會曰 言不中理면 不如不言이니라.

※ 유회(劉會)가 말하기를,
"말이 이치에 맞지 않으면 말하지 않는 것만 못하느니라." 하였다.

· 문장의 구조 ·

劉會曰 言∥不中／理면 不如不言이니라.

가정문으로 조건절은 주어＋서술어＋목적의 구성으로 되어있다.

· 풀 이 ·

1) 劉會曰 言不中理면 不如不言이니라. : 유회(劉會)가 말하기를, "말이 이치에 맞지 않으면 말하지 않는 것만 못하느니라."
　❂ 劉會 : 어느 시대 누구인지 자세하지 않다.
　❂ 言不中理는 자신의 말이 사리(事理)에 맞지 않음이다. 不如는 '~하는 것만 같지 못하다.'이니, 하지 않는 것이 낫다는 뜻이다. 言은 자신이 하는 말을 가리킨다.

② 一言不中이면 千語無用이니라.

※ 한 마디 말이 사리(事理)에 맞지 않으면 천 마디 말이 쓸데가 없느니라.

· 문장의 구조 ·

一言∥不中이면 千語∥無／用이니라.

숫자가 있는 단어는 수식관계이다.

· 풀 이 ·

1) 一言不中이면 千語無用이니라. : 한 마디 말이 사리(事理)에 맞지 않으면 천 마디 말이 쓸데가 없느니라.

● 一言不中은 '한마디 하는 말이 사리(事理)에 맞지 않으면'이니, 자신이 말을 할 때는 반드시 이치에 맞는 말을 해야 한다. 千語는 수많은 오고가는 대화를 가리킨다. 無用은 無所用과 같으니, 쓸 데가 없는 것이다.

❸ 君平曰 口舌者는 禍患之門이요 滅身之斧也이니라.

> ※ 군평(君平)이 말하기를,
> "입과 혀는 화해(禍害)와 우환(憂患)이 오는 문이며, 몸을 망치는 도끼와 같으니라." 하였다.

문장의 구조

君平曰 口舌者‖는 禍患之門이요 滅身之斧也이니라.

주어+서술어의 구성인데 술어절이 확장되었다.

풀 이

1) **君平曰** : 군평(君平)이 말하기를,
   - 君平 : 서한(西漢) 사람. 이름은 엄준(嚴遵). 자가 군평이다. 원래의 성(姓)은 장(莊)이었으나, 명제(明帝)의 이름을 피하여 엄(嚴)이 되었으므로, 사람들이 자를 더 많이 호칭하였다. 성제(成帝) 때에 성도(成都)에서 점을 쳐서 사람들의 이해(利害)를 말해 주며 생업을 하였는데, 백전(百錢)이 되면 가게 문을 닫고 《노자(老子)》를 읽고 벼슬하지 않았다. 양웅(揚雄)이 젊었을 때 그를 사사(事師)하였다. 저서에 《도덕진경지귀(道德眞經志歸)》가 있는데, 《노자지귀(老子志歸)》라고도 한다.

2) **口舌者는 禍患之門이요 滅身之斧也이니라** : 입과 혀는 화해(禍害)와 우환(憂患)이 오는 문이며, 몸을 망치는 도끼와 같으니라.
   - 口舌者는 '입과 혀라는 것은' 말이 나오게 되는 기관을 뜻하므로, 말을 가리킨다. 禍患之門은 자신을 해치고 근심이 오도록 만드는 문이다. 滅身之斧는 자신을 죽도록 만드는 도끼와 같다는 뜻이다. 대문을 통해야 집안으로 들어올 수 있듯이 말은 재해와 우환을 오게 되는 시발점이며 사람을 죽이는 형구(刑具)가 된다는 뜻이다.

荀子云 與人善言은 煖於布帛하고 傷人之言은 深於矛戟이라.

※《순자(荀子)》에 이르기를,
"다른 사람에게 선한 말을 해주는 것은 옷감보다도 따뜻하고, 다른 사람을
해치는 말은 창끝보다도 깊이 들어가느니라." 하였다.

・문장의 구조・

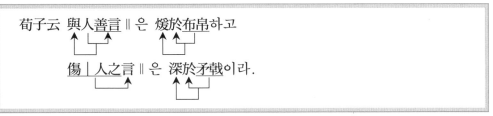

주어＋서술어 확장 구조이다.

（ 풀 이 ）

1) 與人善言은 煖於布帛하고 傷人之言은 深於矛戟이라. : 다른 사람에게 선한 말을
   해주는 것은 옷감보다도 따뜻하고, 다른 사람을 해치는 말은 창보다도 깊이 들어
   가느니라.
   ❂ 與人善言은 다른 사람에게 좋은 말을 건네는 것이다. 煖於布帛의 於는 비교격
   으로 쓰인 조사이니, 좋은 말이 사람을 따뜻하게 해주는 것이 베옷이나, 비단
   옷보다도 따뜻하게 느껴지는 것이다. 傷人之言은 다른 사람을 해치는 말을 하
   는 것이다. 矛는 갈래가 없는 창이고 戟은 갈래가 있는 창이니, 深於矛戟은
   창보다도 깊이 아픔이 스며든다는 말이다.

（ 출 전 ）

《순자(荀子)》榮辱篇

5 利人之言은 煖如綿絮하고 傷人之語는 利如荊棘하야 一言
利人에 重値千金이요 一語傷人에 痛如刀割이니라.

※ 사람을 이롭게 하는 말은 따뜻하기가 솜과 같고 사람을 해치는 말은 예리하기가 가시와 같아서 한마디 말이 사람을 이롭게 함은 소중함이 천금과 같고 한 마디 말이 사람을 해치는 것은 아픔이 칼로 베어내는 것과 같으니라.

· 문장의 구조 ·

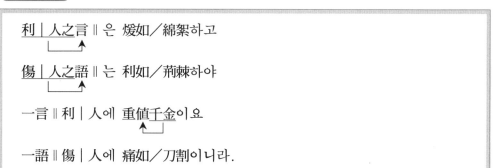

利∣人之言∥은 煖如／綿絮하고

傷∣人之語∥는 利如／荊棘하야

一言∥利∣人에 重値千金이요

一語∥傷∣人에 痛如／刀割이니라.

서술형의 문장으로 제 1, 2구는 주어+서술어+보어의 구성으로 비유를 들고, 제 3, 4구는 그에 대한 결론을 제시하였다.

· 풀 이 ·

1) 利人之言은 煖如綿絮하고 傷人之語는 利如荊棘하야 : 사람을 이롭게 하는 말은 따뜻하기가 솜과 같고 사람을 해치는 말은 예리하기가 가시와 같아서

   ◉ 利人之言은 다른 사람을 이롭게 하는 말이니, 주어절이다. 煖如綿絮는 따뜻하기가 솜과 같다고 비유한 것이다. 傷人之語는 남을 해치는 말이니, 語는 다른 사람과 더불어 하는 말을 가리킨다. 利如荊棘은 예리하기가 가시와 같으니, 무심코 하는 말도 남을 해치는 것은 날카롭다는 뜻이다.

2) 一言利人에 重値千金이요 ― 語傷人에 痛如刀割이니라. : 한마디 말이 사람을 이롭게 함은 소중함이 천금과 같고 한 마디 말이 사람을 해치는 것은 아픔이 칼로 베어내는 것과 같으니라.

   ◉ 一言利人은 자신이 한마디 말로 사람을 이롭게 하는 것이다. 重値千金은 重如値千金과 같은 말이니, 소중하기가 천금의 값어치와 같음이다. 一語傷人은 한 마디 대화(對話)로 다른 사람을 해침이다. 痛如刀割은 아픔이 칼로 살을 베는 것과 같음이다.

· 참 고 ·

《명심보감》通行本에, 一言利人이 一言半句로 되어있는 판본이 있는데, 《명심보감》淸

州本은 一言利人으로 되어 있다.

 6 口是傷人斧요 言是割舌刀니 閉口深藏舌이면 安身處處牢니라.

> ※ 입은 사람을 해치는 도끼와 같으며, 말은 혀를 베는 칼과 같으니, 입을 닫고 혀를
> 깊이 갈무리하면 몸이 편안하여 어느 곳에 있으나 편안할 것이니라.

· 문장의 구조 ·

5언 절구의 형식으로 되어있는 문장이다. 刀와 牢가 운(韻)이다.

· 풀 이 ·

1) 口是傷人斧요 言是割舌刀니 : 입은 사람을 해치는 도끼와 같으며, 말은 혀를 베는
칼과 같으니,

　❖ 是는 명사 뒤에 붙는 계사(繫辭)로 '~이다'의 뜻이다. 口是는 입은 ~이다. 傷
人斧는 傷人之斧와 같으니, 사람을 해치는 도끼이다. 割舌刀는 割舌之刀와 같
으니, 혀를 베는 칼이다.

2) 閉口深藏舌이면 安身處處牢니라 : 입을 닫고 혀를 깊이 갈무리하면 몸이 편안하여
어느 곳에 있으나 편안할 것이니라.

　❖ 閉口는 입을 다물고 있는 것이다. 深藏舌은 깊숙이 혀를 갈무리함이니, 입을
다물고 말하지 않음이다. 安身은 서술어+보어의 짜임으로 몸이 편안함이다. 處
處는 곳곳마다이니, 가는 곳마다를 가리킨다. 牢는 우리이니, 동물은 우리 속
에 들어가는 것이 안전하므로, 轉하여 편안하다는 뜻이다.

⑦ 逢人且說三分話하되　未可全抛一片心이니　不怕虎生三個口
요　只恐人情兩樣心이니라.

※ 사람을 만나거든 짐짓 3푼(三分)의 말만 말하고 자신의 마음을 모두 쏟아서는 안
될 것이니, 호랑이가 세 번 입을 벌리고 으르렁 거리는 것이 두렵지 않고 다만
사람의 마음이 두 모양으로 마음을 쓰는 것이 두려우니라.

· 문장의 구조 ·

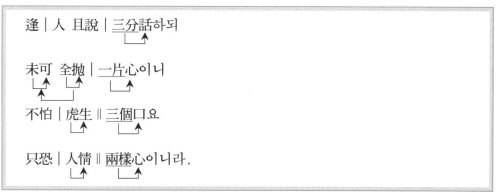

　　처음 사람을 만났을 때 자신의 속마음을 털어놓지 말고 숨겨야 한다는 중국인의 처
세술을 5언 시의 형식으로 표현하였다.

· 풀　이 ·

1) 逢人且說三分話하되　未可全抛一片心이니 : 사람을 만나거든 짐짓 3푼(三分)의 말만
　말하고 자신의 마음을 모두 쏟아서는 안될 것이니,
　❀ 逢人은 逢人之時와 같으니, 사람을 만났을 때이다. 且는 짐짓이니, 고의적임을
　　나타낸다. 說은 동사로 말하다. 三分話은 三分之言과 같으니, 30%의 말을 함
　　이다. 分은 割과 같은 개념으로 쓰인 뜻이다. 未可는 안되다. 全抛는 '모두 던
　　지다'이니, 모두 털어놓는다는 말이다. 一片心은 자신의 마음이다.

2) 不怕虎生三個口요　只恐人情兩樣心이니라. : 호랑이가 세 번 입을 벌리고 으르렁
　거리는 것이 두렵지 않고 다만 사람의 마음이 두　모양으로 마음을 쓰는 것이 두
　려우니라.
　❀ 不怕는 不恐과 같으니, 두렵지 않다. 虎生은 범을 의인화(擬人化)한 호칭인데,
　　일반적으로 유학(儒學)을 하는 사람에게 生을 붙인다. 三個口는 세 개의 입이
　　라는 뜻이나, 이 장에서는 세 번 입을 벌리고 으르렁대는 것을 나타낸다. 只

恐은 다만 ~이 두렵기만 하다. 人情은 사람의 마음이다. 兩樣心은 두 가지 모
양으로 마음을 씀이다.

⑧ 酒逢知己千鍾少요 話不投機一句多라.

> ※ 술은 자신을 알아주는 사람을 만나면 천 잔도 적다고 여기고, 말은 알맞을 때에
> 하지 않으면 한마디도 많다고 여기느니라.

· 문장의 구조 ·

```
酒‖逢│知己 千鍾少요
        └─↑

話‖不投／機 一句多라.
  ↑  ↑   └─↑
```

· 풀 이 ·

1) 酒逢知己千鍾少요 話不投機一句多라. : 술은 자신을 알아주는 사람을 만나면 천
   잔도 적다고 여기고, 말은 알맞을 때에 하지 않으면 한마디도 많다고 여기느니라.
   ❁ 知己는 자신을 알아주는 사람을 통칭하니, 벗으로 국한되지 않는다. 《사기(史
   記)》에, "선비는 자신을 알아주는 사람을 위하여 죽는다.[士爲知己者死]" 하였
   다. 酒逢知己는 '술은 자신을 알아주는 사람을 만나면'의 뜻이다. 千鍾少는 千
   盃亦少之와 같은 말이니, 천 잔일지라도 적다고 여기다.
   ❁ 投機는 알맞은 때이니, 話不投機는 말은 알맞은 시기에 하지 않다. 一句多는
   一句亦多之와 같으니, 한 마디 말일지라도 많다고 여기는 것이다.

⑨ 荀子云 贈人以言은 重於金銀珠玉하고 觀人以言은 美於詩
賦文章하고 聽人以言은 樂於鐘鼓琴瑟이니라.

> ※ 《순자(荀子)》에 이르기를,
> "남에게 말을 해줄 때는 금은(金銀)과 주옥(珠玉)보다 무겁게 여기고, 남에게
> 말을 보여 줄 때는 시부(詩賦)나 문장(文章)보다 아름답게 하고, 남에게 말을
> 듣게 할 때는 종고(鐘鼓)나 금슬(琴瑟)보다 즐겁게 들게 할 것이니라." 하였다.

512 ∎

·문장의 구조··문장의 구조·

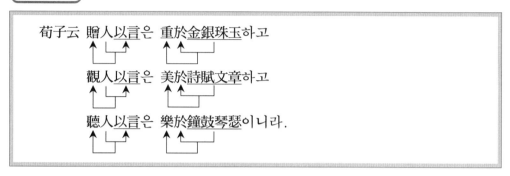

荀子云 贈人以言은 重於金銀珠玉하고

觀人以言은 美於詩賦文章하고

聽人以言은 樂於鐘鼓琴瑟이니라.

·풀 이·

1) 贈人以言은 重於金銀珠玉하고 觀人以言은 美於詩賦文章하고 聽人以言은 樂於鐘鼓
琴瑟이니라. : 남에게 말을 해줄 때는 금은(金銀)과 주옥(珠玉)보다 무겁게 여기고,
남에게 말을 보여 줄 때는 시부(詩賦)나 문장(文章)보다 아름답게 하고, 남에게 말
을 듣게 할 때는 종고(鐘鼓)나 금슬(琴瑟)보다 즐겁게 듣게 할 것이니라.

● 贈人以言의 以는 '~을 가지고'의 의미이니, 남에게 선언(善言)을 가지고 말해
주는 것이다. 重於金銀珠玉은 금은이나 주옥처럼 무겁게 여겨서 신중하게 말
하는 것이다.

● 觀人以言은 남에게 선언(善言)을 가지고 주의깊게 살펴보도록 하는 것이다. 美
於詩賦文章은 시(詩), 부(賦), 문장(文章)에서 표현한 말보다 아름답게 하는 것
이다.

● 聽人以言은 남에게 선언(善言)을 듣게 하는 것이다. 樂於鐘鼓琴瑟은 금슬(琴瑟)
과 종고(鐘鼓)를 연주하는 것처럼 듣기 좋게 여건을 만드는 것이다.

·출 전·

《순자(荀子)》 非相篇에, 贈人以言 重于金石珠玉 觀人以言 美于黼黻文章 聽人以言 樂
于鐘鼓琴瑟로 되어있다.

 子曰 道聽而塗說이면 德之棄也니라.

※ 공자가 말씀하시기를,
"길에서 듣고 길에서 말한다면 덕(德)을 버리는 것이니라." 하였다.

·문장의 구조·

子曰 道聽而塗說이면

德之棄也니라.

·풀 이·

1) 道聽而塗說이면 德之棄也니라. : 길에서 듣고 길에서 말한다면 덕(德)을 버리는 것
   이니라.

   ❀ 道聽은 길에서 선현(先賢)의 말을 들은 것이다. 塗說은 선현의 말을 실천하지
   않고 바로 남에게 그 말을 하는 것이다. 德之棄의 之는 목적어+서술어의 구성
   일 경우에 쓰이는 조사이므로 토씨는 '~을'을 붙이니, 덕을 버리다. 덕을 버린
   다는 것은 덕을 기르지 않고 방치한다는 뜻이다.

·출 전·

《논어(論語)》 陽貨篇

交友篇

友는 목표가 같고 방도가 같은 사람[志同道合]을 뜻하니, 朋도 포함한 말이다. 공자가 말씀하시기를, "유익한 것이 세 가지 벗이며 해로운 것이 세 가지 벗이니, 벗이 정직하며 벗이 성실하며 벗이 견문이 많으면 유익하고, 벗이 외모만을 꾸미며 벗이 아첨을 잘하며 벗이 말만 잘하면 해롭다.[子曰 益者三友 損者三友 友直 友諒 友多聞 益矣. 友便辟 友善柔 友便佞 損矣.]"하였다. 대체로 벗은 익우(益友)만을 거론한다.

① 子曰 與善人居면 如入芝蘭之室하여 久而不聞其香이나 卽
與之化矣요 與不善人居면 如入鮑魚之肆하여 久而不聞其
臭이나 亦與之化矣니, 丹之所藏者는 赤하고 漆之所藏者
는 黑이라. 是以로 君子는 必愼其所與處者焉이니라.

※ 공자가 말씀하시기를,

"선한 사람과 있으면 지란(芝蘭)이 있는 방에 들어간 것과 같아서 오래
있으면 그 향기를 자각하지 못하나 바로 그 향기와 더불어 동화되고, 선하
지 못한 사람과 있으면 생선 가게에 들어간 것과 같아서 오래 있으면 그
냄새를 자각하지 못하나 역시 그 냄새와 더불어 동화되나니, 붉은 단사(丹
沙)를 간직한 사람은 붉게 물들고 검은 옻칠을 간직한 사람은 검게 물들
게 되느니라. 이 때문에 군자는 반드시 함께 있는 사람에 대해 삼가느니
라." 하였다.

·문장의 구조·

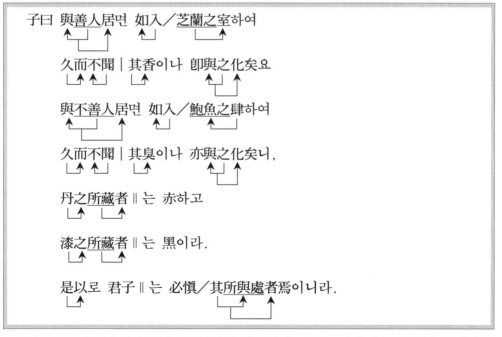

교우(交友)의 중요성은 택우(擇友)에서 가름한다고 하고 아울러 그 효과에 대해 언급
하였다.

1) 與善人居면 如入芝蘭之室하여 久而不聞其香이나 卽與之化矣요 : 선한 사람과 있으면 지란(芝蘭)이 있는 방에 들어간 것과 같아서 오래 있으면 그 향기를 자각하지 못하나 바로 그 향기와 더불어 동화되고,

- ❧ 與善人居는 '선한 사람과 더불어 있으면'이다. 與는 '함께', '더불어'이니, 토씨를 '과'라고 붙이면 그 의미를 내포하게 되므로 '더불어'를 생략하기도 한다. 善人은 심성이 착한 사람은 물론, 일을 잘 처리하는 사람도 포함된다. 居는 '살다'의 의미보다는 '있다'의 뜻이 더 타당하다. 芝蘭之室은 지초(芝草)와 난초(蘭草)의 꽃이 피어 향기가 가득한 방을 가리킨다. 久而不聞其香은 久居則不覺其香과 같은 말이니, 오래 있으면 지란의 향기를 자각(自覺)하지 못하게 된다. 卽은 '바로', '곧'이다. 與之化는 지란(芝蘭)의 향기와 함께 동화가 되다.

2) 與不善人居면 如入鮑魚之肆하여 久而不聞其臭이나 亦與之化矣니 : 선하지 못한 사람과 있으면 생선 가게에 들어간 것과 같아서 오래 있으면 그 냄새를 자각하지 못하나 역시 그 냄새와 더불어 동화 되나니,

- ❧ 與不善人居는 '불선(不善)한 사람들과 더불어 있으면'이다. 鮑魚之肆는 생선을 파는 가게이다. 久而不聞其臭은 오래 있으면 생선의 비린내를 자각하지 못하다. 亦與之化矣는 그도 역시 생선의 비린내와 동화가 되다. 같은 냄새라도 좋으면 香을 쓰고 나쁘면 臭를 쓴다.

3) 丹之所藏者는 赤하고 漆之所藏者는 黑이라. : 붉은 단사(丹沙)를 간직한 사람은 붉게 물들고 검은 옻칠을 간직한 사람은 검게 물들게 되느니라.

- ❧ 丹之所藏者의 之는 목적격조사이니, 목적어+서술어의 구성일 때 사용되며 토씨는 '을'을 붙인다. 丹은 붉은 염료인 단사(丹砂)를 가리킨다. 丹之所藏者赤은 단사를 간직한 사람은 붉은 물이 들게 되다. 漆은 검은 염료인 옻칠을 가리킨다. 漆之所藏者黑은 옻칠을 간직한 사람은 검은 물이 들게 되다.

4) 是以로 君子는 必愼其所與處者焉이니라. : 이 때문에 군자는 반드시 함께 있는 사람에 대해 삼가느니라.

- ❧ 是以는 '이 때문에'이다. 君子는 덕의 문으로 들어가려는 사람을[入德之人] 가리킨다. 必愼其所與處者焉은 '반드시 자신이 함께 있는 사람들에 대해 신중히 한다.'이니, 더불어 교제를 맺을 사람들에 대하여 신중하게 선택한다는 뜻이다.

《공자가어(孔子家語)》六本篇,《설원(說苑)》雜言篇.

② 家語云 與好學人同行이면 如霧露中行하여 雖不濕衣라도
時時有潤하고 與無識人同行이면 如厠中坐하야 雖不汚衣
라도 時時聞臭하고 與不善人同行이면 如刀劍中하여 雖不
傷人이라도 時時警恐이니라.

※《가어(家語)》에 이르기를,
"학문을 좋아하는 사람과 동행하면 안개나 이슬 속을 가는 것과 같아서
비록 옷을 적시지 않더라도 그 때마다 윤택함이 있고, 무식한 사람과 동행
하면 뒷간 안에 앉은 것과 같아서 비록 옷을 더럽히지 않더라도 그 때마
다 그 냄새를 맡게 되고, 불선(不善)한 사람과 동행하면 도검(刀劍) 속에
앉은 것과 같아서 비록 사람을 해치지 않더라도 그 때마다 경계하는 두려
움이 있느니라." 하였다.

문장의 구조

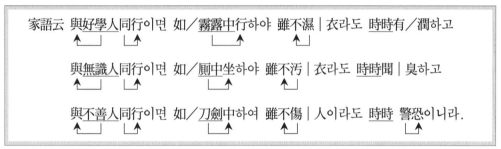

동행하는 대상에게 저도 모르는 사이에 동화가 되는 것을 나타내었다.

풀 이

1) 家語 :《가어(家語)》에 이르기를,
   ● 家語 :《공자가어(孔子家語)》를 가리키니, 공자의 언행(言行)과 제자들과 문답
   한 내용을 기록한 책이다.

2) 與好學人同行이면 如霧露中行하야 雖不濕衣라도 時時有潤하고 : 학문을 좋아하는
   사람과 동행하면 안개나 이슬 속을 가는 것과 같아서 비록 옷을 적시지 않더라도
   그 때마다 윤택함이 있고,
   ● 與好學人은 '학문을 좋아하는 사람과 더불어'이니, 학문을 좋아하는 사람과 어
   울리는 것이다. 同行은 '함께 가다', '함께 실행하다'이다. 如霧露中行은 如行霧

露之中과 같은 말이니, 안개와 이슬 속을 가는 것과 같다. 雖不濕衣는 '비록
옷을 적시지는 않을지라도'이다. 時時는 '그 때마다', '항상'이다. 有潤은 윤택
함이 있다.

3) 與無識人同行이면　如厠中坐하야　雖不汚衣라도　時時聞臭니라. : 무식한 사람과 동
　행하면 뒷간 안에 앉은 것과 같아서 비록 옷을 더럽히지 않더라도 그 때마다 그
　냄새를 맡게 되느니라.

　　❂ 與無識人同行은 '무식한 사람과 더불어 함께 가면'이니, 학문을 하지 않아 견
　　　문이 없는 사람과 어울리는 것을 가리킨다. 如厠中坐는 如坐厠中과 같은 말이
　　　니, 측간 속에 앉은 것과 같다. 雖不汚衣는 '비록 옷을 더럽히지 않았더라도'
　　　이다. 時時聞臭는 그 때마다 냄새를 맡게 되다. 聞은 냄새를 맡다.

4) 與不善人同行이면　如刀劍中하여　雖不傷人이라도　時時警恐이니라. : 불선(不善)한
　사람과 동행하면 도검(刀劍) 속에 앉은 것과 같아서 비록 사람을 해치지 않더라도
　그 때마다 경계하는 두려움이 있느니라.

　　❂ 與不善人은 품성이 좋지 않은 사람과 더불어 있는 것이다. 如刀劍中은 如刀劍
　　　之中과 같은 말이니, 사람을 해치는 칼날 속에 앉아 있는 것과 같음이다. 雖
　　　不傷人은 '그 칼들이 사람을 직접 해치지는 않을 지라도'이다. 時時警恐은 언
　　　제나 경계하며 두려워하는 마음이 있게 함이다.

┌─ 참　고 ─┐

1. 《명심보감》 通行本에, 與好學人이 與好人으로 되어 있고, 如霧露中行이 如霧中行
　으로 되어 있는 本이 있다.
2. 《명심보감》 통행본에, 與不善人同行 如刀劍中 雖不傷人 時時警恐의 구절이 탈루
　(脫漏)되어 있어서 《명심보감》 淸州本에 의거하여 보충하였다.

③ 太公曰　近朱者赤하며　近墨者黑하며　近賢者明하며　近才者
　　　智하며　近癡者愚하며　近良者德하며　近智者賢하며　近愚者
　　　暗하며　近佞者諂하며　近偸者賊이니라.

※ 태공(太公)이 말하기를,
"붉은 것을 가까이 하는 사람은 붉게 되며, 먹을 가까이 하는 사람은 검게 되며,
어진 사람을 가까이 하는 사람은 밝게 되며, 재주있는 사람을 가까이 하는 사람
은 지혜롭게 되며, 어리석은 사람을 가까이 하는 사람은 어리석게 되며, 선량한

사람을 가까이 하는 사람은 덕을 지니게 되며, 지혜로운 사람을 가까이 하
는 사람은 현명하게 되며, 우매한 사람을 가까이 하는 사람은 어둡게 되며,
말만 잘하는 사람을 가까이 하는 사람은 아첨하는 사람이 되며, 훔치는 사
람을 가까이 하는 사람은 도적이 되느니라." 하였다.

문장의 구조

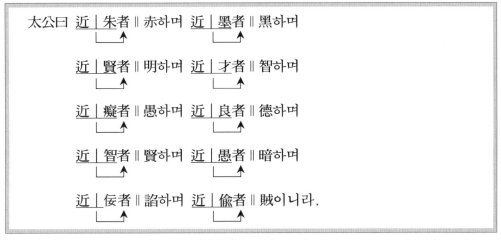

太公曰 近│朱者∥赤하며 近│墨者∥黑하며

近│賢者∥明하며 近│才者∥智하며

近│癡者∥愚하며 近│良者∥德하며

近│智者∥賢하며 近│愚者∥暗하며

近│侫者∥諂하며 近│偸者∥賊이니라.

유유상종(類類相從)이므로 함께 어울리면 그와 같은 종류의 사람이 된다.

풀 이

1) 近朱者赤하며 近墨者黑하며 近賢者明하며 近才者智하며 近癡者愚하며 : 붉은 것을
가까이 하는 사람은 붉게 되며, 먹을 가까이 하는 사람은 검게 되며, 어진 사람
을 가까이 하는 사람은 밝게 되며, 재주있는 사람을 가까이 하는 사람은 지혜롭
게 되며, 어리석은 사람을 가까이 하는 사람은 어리석게 되며,
  ● 近朱者는 주사(朱砂)를 가까이 하거나 다루는 사람이다. 赤은 붉은 물이 들게
  된다. 近墨者黑은 먹을 가까이 하는 사람은 역시 검은 물이 저도 모르는 사이
  에 물들게 된다. 近賢者는 타고난 자질이 훌륭한 사람을 가까이 하는 사람이
  다. 明은 사리에 밝은 사람이 되는 것이다. 近才者는 어떠한 일에 재능이 있
  는 사람을 가까이 함이다. 智는 그 일들을 이치대로 처리하는 사람이 됨이다.
  近癡者는 일의 두서(頭緒)나 이치를 모르고 무턱대고 하는 사람을 가까이 함이
  다. 愚는 역시 이치를 모르는 어리석은 사람이 됨이다.

2) 近良者德하며 近智者賢하며 近愚者暗하며 近侫者諂하며 近偸者賊이니라. : 선량한
사람을 가까이 하는 사람은 덕을 지니게 되며, 지혜로운 사람을 가까이 하는 사
람은 현명하게 되며, 우매한 사람을 가까이 하는 사람은 어둡게 되며, 말만 잘하

는 사람을 가까이 하는 사람은 아첨하는 사람이 되며, 훔치는 사람을 가까이 하는 사람은 도적이 되느니라.

❉ 近良者는 선량한 마음씨를 지닌 사람을 가까이 함이다. 德은 내면에 선량한 마음을 지니게 됨이다. 近智者賢은 近才者智과 비슷한 말이니, 지혜로운 사람을 가까이 하면 현명하게 일을 처리하게 된다. 近愚者暗은 近癡者愚와 역시 비슷한 말인데, 우매한 사람을 가까이 하게 되면 사리를 모르는 어두운 사람이 된다. 近佞者는 말만 잘하는 사람을 가까이 하는 것이며, 諂은 남에게 잘 보이려고 아첨하는 것이다. 近偸者賊은 도둑질하는 사람을 가까이 하게 되면 도둑이 된다.

 子曰 晏平仲은 善與人交로다 久而敬之온여.

> ※ 공자가 말씀하시기를,
> "안평중(晏平仲)은 사람들과 교제를 잘하는구나. 오래되었는데도 공경하고 있도다." 하였다.

◦문장의 구조◦

子曰 晏平仲∥은 善│與人交로다 久而敬之온여.

주어+서술어+목적어의 확장 구조이다.

◦ 풀 이 ◦

1) 子曰 晏平仲은 善與人交로다 久而敬之온여. : 안평중(晏平仲)은 사람들과 교제를 잘하는구나. 오래되었는데도 공경하고 있도다.

❉ 晏平仲 : 춘추 시대 제(齊) 정치가. 이름은 영(嬰). 자는 평중(平仲)이다. 영공(靈公), 장공(莊公), 경공(景公)에 걸쳐 경(卿)을 지냈다. 외교에 능하였고 검소하였으며 충직하고 직간(直諫)을 잘하였다. 세금을 경감하고 형벌을 줄여 제후들에게 이름이 알려졌다. 그의 언행을 모아 후인들이 《안자춘추(晏子春秋)》를 엮었다.

❉ 善與人交는 사람들과 교제를 잘하는 것이다. 久而敬之는 오래 되었는데도 공경하고 있다. 敬之의 之는 조동사이다. 교제를 한 지 오랜 시간이 지나면 사람들이 대부분 편하게 여겨 공경하는 마음이 적어지는데 안평중은 처음처럼 공경하고 있기 때문에 공자가 한 말이다.

· 출 전 ·

《논어(論語)》 公冶長篇

 相識이 滿天下하되 知心能幾人고.

> ※ 얼굴을 아는 사람은 천하에 가득하여도 마음을 알아주는 사람은 몇 사람이 되겠
> 는가.

· 문장의 구조 ·

相識‖이 滿／天下하되

知｜心‖ 能幾人고.

주어+서술어의 구성이다.

· 풀 이 ·

1) 相識이 滿天下하되 知心能幾人고 : 얼굴을 아는 사람은 천하에 가득하여도 마음을
   알아주는 사람은 몇 사람이 되겠는가.
   ❂ 相識은 相識之人이니, 서로 얼굴을 알고 있는 사람을 뜻한다. 滿天下는 천하에
   가득하다. 知心은 知心之人이니, 자신의 마음을 알아주는 사람이다. 能幾人은
   '몇 사람이나 되겠는가.' 반문하는 것이다. 能은 가능조사로 '~될 수 있겠는가'
   로 해석하는 것이 좋다.

· 출 전 ·

《증광현문(增廣賢文)》

 酒食兄弟는 千個有로되 急難之朋은 一個無니라.

> ※ 술이나 음식을 먹을 때에는 형, 동생하는 친구는 매우 많으나, 급하고 어려운 일
> 을 당하였을 때에 도와줄 친구는 하나도 없느니라.

酒食 兄弟는 千個有로되

急難之朋은 一個無니라.

個는 어류(語類)에서 수량을 나타낼 때 쓰는 수사(數詞)로써, 箇, 介와 통용이 된다.

· 풀　이 ·

1) 酒食兄弟는 千個有로되 急難之朋은 一個無니라. : 술이나 음식을 먹을 때에는 형, 동생하는 친구는 매우 많으나, 급하고 어려운 일을 당하였을 때에 도와줄 친구는 하나도 없느니라.

　❂ 酒食兄弟는 술이나 음식을 먹을 때 형이니 아우이니 하며 절친하게 지내는 친구를 뜻한다.千個有는 고문(古文)에서 有千人과 같으니, 그러한 친구가 매우 많음을 뜻하는 대수(大數)이지 반드시 일천명을 가리키는 것은 아니다.

　❂ 急難之朋은 위급하거나 곤란한 일을 만났을 때 도와주는 친구를 가리킨다. 一個無는 고문(古文)의 無一人과 같은 말이니, 1명도 없다고 극단적으로 표현한 말이다.

· 출　전 ·

《증광현문(增廣賢文)》에, 有茶有肉多兄弟 急難何曾見一人

　　譯 《증광현문(增廣賢文)》에,

　"차가 있고 고기가 있을 때는 형제와 같은 사람이 많으나 급하고 어려운 일이 있을 때 언제 한 사람이라도 본적이 있는가?" 하였다.

 不結子花는 休要種이요 無義之朋은 不可交니라.

※ 열매를 맺지 못하는 꽃은 심으려 말고 의리가 없는 무리는 사귀지 말 것이니라.

不結 | 子花 ‖ 는 休要種이요

無／義之朋∥은 不可交니라.
└──┘↑   ↑┘

주어＋서술어의 문장이다.

◦ 풀 이 ◦

1) 不結子花는 休要種이요 無義之朋은 不可交니라. : 열매를 맺지 못하는 꽃은 심으
   려 말고 의리가 없는 무리는 사귀지 말 것이니라.
   ❀ 子는 '씨'이니, 종자(種子)이다. 不結子花는 씨를 맺지 못하는 꽃이니, 꽃을 피
      웠으나 열매를 맺지 못하는 것이다. 休要種의 休는 금지사 勿과 같고, 要는
      欲과 같으니, '심으려고 하지 말라.'이다.
   ❀ 無義之朋은 의리가 없는 사람들이니, 이 장의 朋은 정도(正道)가 없으면서 같
      은 목적을 위하여 무리를 이룬 사람들을 뜻한다. 不可交의 不은 금지사 莫의
      뜻이니, 사귀지 말라는 말이다.

8 君子之交는 淡如水하고 小人之交는 甘若醴니라.

※ 군자의 사귐은 담백하기가 물과 같고, 소인의 사귐은 달콤하기가 단술과 같으니라.

◦ 문장의 구조 ◦

君子之交∥는 淡如／水하고
└───┘↑ └─┘

小人之交∥는 甘若／醴니라.
└───┘↑ └─┘

주어＋서술어의 구성으로 군자와 소인을 대구로 놓아 교제에 대하여 설명하였다.

◦ 풀 이 ◦

1) 君子之交는 淡如水하고 小人之交는 甘若醴니라. : 군자의 사귐은 담백하기가 물과
   같고, 소인의 사귐은 달콤하기가 단술과 같으니라.
   ❀ 君子之交는 덕을 완성한 사람[成德之人]의 교제를 뜻한다. 淡如水는 비유하면
      담백하여 물과 같음이니, 이해가 결부되지 않았으므로 언제나 맑은 물맛처럼
      변함이 없는 것이다.

◉ 小人之交는 이익을 추구하는 사람들의 교제를 가리킨다. 甘若醴는 달콤하기가 단술과 같음이니, 이익이 있을 때는 달콤한 관계를 유지하나, 단술이 며칠이 가지 않아 맛이 변하듯이 이익이 종결(終結)되면 원수가 되는 것과 같다.

・ 출 전 ・

1. 《명심보감》淸州本에, 莊子云 君子之交는 淡若水하고 小人之交는 甘若醴

   譯 《명심보감》淸州本에, 장자(莊子)에 이르기를,

   "군자의 사귐은 담백하기가 물과 같고, 소인의 사귐은 달콤하기가 단술과 같으니라." 하였다.

2. 《장자(莊子)》山木篇에, 君子之交淡若水 小人之交甘若醴 君子淡以親 小人甘以絶

   譯 《장자(莊子)》山木篇에,

   "군자의 사귐은 담백하기가 물과 같고, 소인의 사귐은 달콤하기가 단술과 같으니라. 군자는 담백하기 때문에 친해지고 소인은 달기 때문에 끊어지게 되느니라." 하였다.

 路遙知馬力이요 日久見人心이니라.

※ 길이 멀어야 말의 힘을 알고, 시일이 오래 지나야 사람의 마음을 아느니라.

・문장의 구조・

路 ∥ 遙 知 │ 馬力이요
         └→↑

日 ∥ 久 見 │ 人心이니라.
         └→↑

2,3으로 끊어서 읽고 해석한다. 이 글귀를 인용한 문장이 많은데, <염양천(艶陽天)> 에서는 속담이라고 지칭하였다. 또 《명심보감》淸州本에는 《통속편(通俗篇)》 의 말이라고 하였다.

・ 풀 이 ・

1) 路遙知馬力이요 日久見人心이니라. : 길이 멀어야 말의 힘을 알고, 시일이 오래 지나야 사람의 마음을 아느니라.

❀ 路遙는 '길이 멀다'이니, 말을 타고서 지나온 길이 먼 것을 뜻한다. 知馬力은 말의 힘을 알다. 日久는 교제한 시일이 오래 지남이다. 見人心의 見은 '알다'이니, 사람의 마음을 알다.

출 전

1. 《사림광기(事林廣記)》에, 路遙知馬力 事久見人心.

   ㊉《사림광기(事林廣記)》에
   "길이 멀어야 말의 힘을 알고, 일이 오래 지나야 그 사람의 마음을 아느니라."하였다.

2. 《성세항언(醒世恒言)에, 雲端看厮殺 畢竟孰輸贏 路遙知馬力 日久見人心.

   ㊉《성세항언(醒世恒言)에,
   "자욱한 구름 속에서 서로 죽이는 것을 보니, 마침내 누가 승리를 이루려는가. 길이 멀어야 말의 힘을 알 수 있고 시일이 오래 지나야 사람의 마음을 아느니라." 하였다.

婦行篇

부인은 가정의 근간(根幹)이 되므로 그 행실에 대하여 논한 것이다. 현대의 부덕(婦德)과는 거리가 있는 말도 있으나, 옛 사람들은 어떠한 행실을 지니려고 했는지 살펴보고 자신을 돌이켜 본다면 좋을 것이다.

1 益智書云 女有四德之譽하니 一曰 婦德이요 二曰 婦容이
요 三曰 婦言이요 四曰 婦工也니라.

※《익지서(益智書)》에 이르기를,
"여자는 네 가지 덕목(德目)의 기릴 것이 있으니, 첫째는 부덕(婦德)이요, 둘째
는 부용(婦容)이요, 셋째는 부언(婦言)이요, 넷째는 부공(婦工)이니라." 하였다.

문장의 구조

益智書云 女∥有／四德之譽하니

一曰 婦德이요 二曰 婦容이요 三曰 婦言이요 四曰 婦工也니라.

曰은 동일한 항목을 나열할 때 사용되는 조사(助辭)이다.

· 풀 이 ·

1) 女有四德之譽하니 一曰 婦德이요 二曰 婦容이요 三曰 婦言이요 四曰 婦工也니
라. : 여자는 네 가지 덕목(德目)의 기릴 것이 있으니, 첫째는 부덕(婦德)이요, 둘
째는 부용(婦容)이요, 셋째는 부언(婦言)이요, 넷째는 부공(婦工)이니라
  ◈ 女는 부인을 가리킨다. 有四德之譽는 네 가지 덕목(德目)의 칭찬할 것이 있음
  이다. 婦德은 부인으로서 지녀야할 마음이며, 婦容은 부인으로서 갖추어야할
  용모를 말하며, 婦言은 부인이 말에 대해 조심하는 것이며 婦工은 부인이 지
  녀야할 여러 가지 솜씨를 뜻한다.

2 婦德者는 不必才名絶異요 婦容者는 不必顔色美麗요 婦言
者는 不必辯口利詞요 婦工者는 不必技巧過人也니라.

※ 부덕(婦德)이라는 것은 재주와 이름이 매우 뛰어날 필요가 없고, 부용(婦容)이라는
것은 얼굴이 매우 아름답고 고울 필요가 없고, 부언(婦言)이라는 것은 입담이 좋
고 말을 잘할 필요가 없고, 부공(婦工)이라는 것은 손재주가 다른 사람보다 뛰어
날 필요가 없느니라.

· 문장의 구조 ·

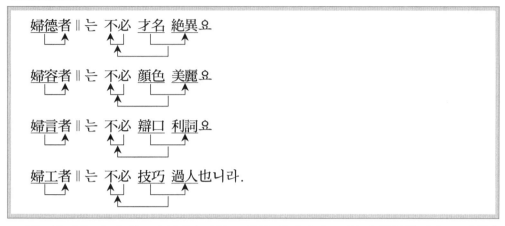

者는 물질을 가리키는 말인데 '~하는 것'의 의미이다. 不必이 부분부정으로 쓰였을 때는 '반드시 ~하지 않고[未必]'의 뜻이 되고, 절대부정으로 쓰면 '~할 필요는 없다'이다. 어류(語類)에서 不必은 관용구가 되어 대부분 절대부정으로 쓰인다.

· 풀 이 ·

1) 婦德者는 不必才名絕異요 : 부덕(婦德)이라는 것은 재주와 이름이 매우 뛰어날 필요가 없고,
   ❁ 婦德者는 '부덕이라는 것은'이니, 줄여서 '부덕은'이라고 해석해도 의미가 통한다. 婦德은 부인이 지니고 있는 마음을 뜻한다. 才名은 재주와 명망이다. 絕異는 매우 뛰어남이다.

2) 婦容者는 不必顏色美麗요 : 부용(婦容)이라는 것은 얼굴이 매우 아름답고 고울 필요가 없고,
   ❁ 婦容者는 부인의 용모를 가리킨다. 顏色은 얼굴만을 거론하였는데, 몸 전체를 포함하여 거론하였다. 美麗는 아름답고 고움이다.

3) 婦言者는 不必辯口利詞요 : 부언(婦言)이라는 것은 입담이 좋고 말을 잘할 필요가 없고,
   ❁ 婦言者는 부인의 말을 하는 모습을 뜻한다. 辯口는 입담이 좋아서 말을 잘하는 것이다. 利詞는 利辭와 같은 말이니, 듣기 좋게 말하며 약삭빠르게 대처하는 말이다.

4) 婦工者는 不必技巧過人也니라. : 부공(婦工)이라는 것은 손재주가 다른 사람보다 뛰어날 필요가 없느니라.
   ❁ 婦工者는 부인의 솜씨이다. 技巧는 몸에 습득하고 있는 솜씨이다. 過人은 다른

사람보다 뛰어남이다.

③ 其婦德者는 淸貞廉節하여 守分整齊하고 行止有恥하야 動
靜有法이니 此爲婦德也요 婦容者는 洗浣塵垢하여 衣服鮮
潔하며 沐浴及時하여 一身無穢니 此爲婦容也요 婦言者는
擇師而說하여 不談非禮하고 時然後言하여 人不厭其言이
니 此爲婦言也요 婦工者는 專勤紡積하고 勿好暈酒하며
供具甘旨하여 以奉賓客이니 此爲婦工也니라. 此四德者는
是婦人之所不可缺者라 爲之甚易하고 務之在正하니 依此
而行이면 是爲婦節이니라.

※ 그 부덕(婦德)이라는 것은 정조(貞操)가 순결하며 절개(節介)가 곧아서 분수를 지
키며 몸가짐을 바르게 하고 행동거지가 염치가 있으며 일상생활에 법도가 있는
것이니, 이것이 부덕이요, 부용(婦容)이라는 것은 먼지와 때를 깨끗이 빨아서 의복
을 정결하게 하며, 목욕을 제 때에 하여 온 몸에 더러움이 없게 하는 것이니, 이
것이 부용이요, 부언(婦言)이라는 것은 본받을 만한 것을 가려서 말하며 예(禮)가
아닌 말은 말하지 않고 알맞은 때가 된 뒤에 말해서 사람들이 그 말을 싫어하지
않는 것이니, 이것이 부언이요, 부공(婦工)이라는 것은 오로지 길쌈을 부지런히 하
고 술을 빚어내기를 좋아하지 않으며 맛있는 음식을 갖추어 이바지하여 빈객(賓
客)을 접대하는 것이니, 이것이 부공이니라. 이 네 가지 덕목(德目)은 바로 부인의
행실에 빠질 수 없는 것들이니, 실행하기가 매우 쉽고 힘을 쓰는 것이 바른 데에
달려있느니라. 이것에 의지하여 실천한다면 바로 부절(婦節)이니라.

◦ 문장의 구조 ◦

其婦德者‖는 淸貞廉節하여 守│分整齊하고

　　　　　　　行止有╱恥하야 動靜有╱法이니 此爲婦德也요

婦容者‖는 洗浣│塵垢하여 衣服 鮮潔하며

　　　　　　　沐浴 及時하여 一身無╱穢니 此爲婦容也요

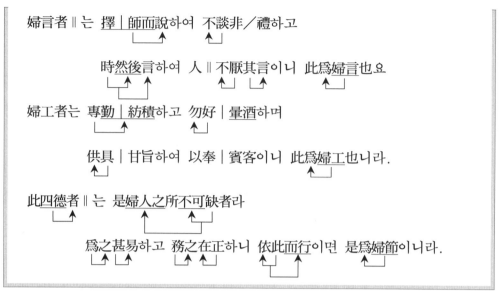

부인(婦人)의 덕목(德目)에 대해 세부적으로 설명하였다.

풀 이

1) **其婦德者는 淸貞廉節하여 守分整齋하고 行止有恥하야 動靜有法이니 此爲婦德也요 :** 그 부덕(婦德)이라는 것은 정조(貞操)가 순결하며 절개(節介)가 곧아서 분수를 지키며 몸가짐을 바르게 하고 행동거지가 염치가 있으며 일상생활에 법도가 있는 것이니, 이것이 부덕이요,

　● 其婦德者는 '그 부덕이라는 것은'이다. 淸貞廉節은 정조(貞操)가 순결하며 절개 (節介)가 곧음이다. 守分整齊는 분수를 지키며 몸가짐을 바르게 하는 것이다. 行止有恥 動靜有法은 행동거지가 염치가 있으며 일상생활에 법도가 있는 것이 다. 此爲婦德也는 '이것이 부덕이 된다.'인데, 爲를 계사(繫辭)로 보면 '~이다' 에 해당하므로 '이것이 부덕이다'로 해석해도 무방하다.

2) **婦容者는 洗浣塵垢하여 衣服鮮潔하며 沐浴及時하여 一身無穢니 此爲婦容也요 :** 부용(婦容)이라는 것은 먼지와 때를 깨끗이 빨아서 의복을 정결하게 하며, 목욕을 제 때에 하여 온 몸에 더러움이 없게 하는 것이니, 이것이 부용이요,

　● 洗浣塵垢 衣服鮮潔은 먼지와 때를 깨끗이 빨아서 의복을 정결하게 함이다. 沐 浴及時 一身無穢는 목욕을 제 때에 하여 온 몸에 더러움이 없게 하는 것이니, 자신이 옷차림과 몸을 깨끗하게 하는 것을 가리킨다.

3) **婦言者는 擇師而說하여 不談非禮하고 時然後言하여 人不厭其言이니 此爲婦言也요 :** 부언(婦言)이라는 것은 본받을 만한 것을 가려서 말하며 예(禮)가 아닌 말은 말하

지 않고 알맞은 때가 된 뒤에 말해서 사람들이 그 말을 싫어하지 않는 것이니, 이것이 부언이요,

● 擇師而說 不談非禮는 본받을 만한 것을 가려서 말하며 예(禮)가 아닌 말은 말하지 않는 것이다. 時然後言 人不厭其言은 알맞은 때에 말해서 사람들이 그 말을 싫어하지 않는 것이니, 말은 항상 넘치는 것이므로 조심해야 함을 말한 것이다.

4) 婦工者는 專勤紡積하고 勿好暈酒하며 供具甘旨하여 以奉賓客이니 此爲婦工也니라. : 부공(婦工)이라는 것은 오로지 길쌈을 부지런히 하고 술을 빚어내기를 좋아하지 않으며 맛있는 음식을 갖추어 이바지하여 빈객(賓客)을 접대하는 것이니, 이것이 부공이니라.

● 專勤紡積은 오로지 길쌈을 부지런히 함이다. 勿好暈酒는 술을 빚어내기를 좋아하는 것이다. 供具甘旨以奉賓客은 맛있는 음식을 갖추어 이바지하여 빈객(賓客)을 접대하는 것이니, 음식을 맛있게 장만하여 빈객을 잘 접대함이다.

5) 此四德者는 是婦人之所不可缺者라 爲之甚易하고 務之在正하니 依此而行이면 是爲婦節이니라. : 이 네 가지 덕목(德目)은 바로 부인의 행실에 빠질 수 없는 것들이니, 실행하기가 매우 쉽고 힘을 쓰는 것이 바른 데에 달려 있느니라. 이것에 의지하여 실천한다면 바로 부절(婦節)이니라.

● 此四德者는 '이 네 가지 덕목(德目)이라는 것은'이다. 是는 '바로'이다. 婦人之所不可缺者의 所~者는 대상을 지정하는 조사이니, 부녀자로서 빠질 수 없는 것을 말한다. 爲之甚易 務之在正은 실행하기가 매우 쉽고 힘을 쓰는 것이 바른 데에 달려 있음이니, 之는 주격조사이다. 依此而行은 이것에 의거하여 행함이다. 是爲婦節은 이것이 부절(婦節)이다.

 太公曰 婦人之禮는 語必細니라.

※ 태공이 말하기를,
"부인의 예법은 대화를 할 때 반드시 조용하게 하여야 하느니라." 하였다.

문장의 구조

太公曰 婦人之禮∥는 語必細니라.

주어+서술어의 구성이므로 '~은 ~하다'로 해석하고 어순은 우리말과 같다.

1) 婦人之禮는 語必細니라. : 부인의 예법은 대화를 할 때 반드시 조용하게 하여야 하느니라.

❀ 婦人之禮는 부인으로서 지켜야할 예법이다. 語는 상대방과 더불어 대화를 나누는 것[答述]이다. 必細는 반드시 작고 조용하게 말소리를 내는 것이다.

5 賢婦는 令夫貴요 佞婦는 令夫賤이라.

※ 어진 부인은 남편을 존귀하게 하고, 간악한 부인은 남편을 비천하게 만드느니라.

【 문장의 구조 】

令은 사역동사로 欲令과 같으니, ~으로 하여금 ~하게 하다의 뜻이다.

【 풀 이 】

1) 賢婦는 令夫貴요 佞婦는 令夫賤이라. : 어진 부인은 남편을 존귀하게 하고, 간악한 부인은 남편을 비천하게 만드느니라.

❀ 賢婦는 덕성이 어질고 지혜로운 부인이다. 令夫貴는 남편으로 하여금 존귀하게 하다. 佞婦는 아첨을 잘하고 말만 잘하는 부인이다. 令夫賤은 남편으로 하여금 비천하게 만들다. 남편의 귀천(貴賤)은 부인의 내조에 따라 결정이 됨을 나타내었다.

【 출 전 】

《증광현문(增廣賢文)》에, 賢婦令夫貴 惡婦令夫敗.

譯 《증광현문(增廣賢文)》에,

"어진 부인은 남편을 존귀하게 하고, 나쁜 부인은 남편을 실패하게 만드느니라." 하였다.

6 家有賢妻면 夫不遭橫禍니라.

> ※ 집에 어진 아내가 있으면 그 남편은 뜻밖의 화(禍)를 만나지 않느니라.

·문장의 구조·

```
家有╱賢妻면  夫∥不遭│橫禍니라.
  ↰↑        ↰↑  ↰↑
```

가정문이다. 부인의 내조가 있으면 남편이 자신의 일에 집중하여 뜻밖의 화를 만나지 않게 된다.

·풀 이·

1) **家有賢妻면 夫不遭橫禍니라.** : 집에 어진 아내가 있으면 그 남편은 뜻밖의 화(禍)를 만나지 않느니라.

   ◎ 家有賢妻는 집에 어진 아내가 있는 것이다. 夫不遭橫禍는 남편이 뜻밖에 오는 화(禍)를 만나지 않는 것이다.

7 賢婦는 和六親하고 佞婦는 破六親이니라.

> ※ 어진 부인은 육친(六親)을 화목하게 하고, 간악한 부인은 육친의 화목을 깨뜨리느니라.

·문장의 구조·

```
賢婦∥는 和│六親하고
 ↰↑      ↰↑

佞婦∥는 破│六親이니라.
 ↰↑      ↰↑
```

주어+서술어+목적어의 구성이다. 한 집안의 화목은 아내에게 달려있음을 나타내었다.

· 풀 이 ·

1) **賢婦**는 **和六親**하고 **佞婦**는 **破六親**이니라 : 어진 부인은 육친(六親)을 화목하게 하고, 간악한 부인은 육친의 화목을 깨뜨리느니라.

　● 賢婦는 수식+피수식의 짜임이니, 덕성과 행실이 뛰어난 아내를 뜻한다. 和六親은 육친(六親)의 화목을 이루는 것이다. 佞婦는 말만 잘하고 품행이 방정하지 못한 아내이다. 破六親은 육친의 화목을 저해하는 것이다.

增 補 篇

증보(增補)는 원본(原本)에 부족한 내용을 보충한다는 말이니, 이 편부터
는 우리나라 선현들이 보충하여 만든 것으로 淸州本에는 없는 내용으로
抄略本에 실려있는 부분이다.

1 周易曰 善不積이면 不足以成名이요 惡不積이면 不足以滅身이어늘 小人은 以小善爲無益而弗爲也하고 以小惡爲無傷而弗去也니라 故로 惡積而不可掩이요 罪大而不可解니라.

※《주역(周易)》에 말하기를,
"선(善)을 쌓지 않으면 이름을 이룰 수 없고, 악(惡)을 쌓지 않으면 몸을 망칠 수 없는데, 소인은 작은 선은 무익(無益)하다고 여겨서 행하지 않고 작은 악을 무방(無妨)하다고 여겨서 버리지 않느니라. 그러므로 악이 쌓여져서 가릴 수 없게 되고 죄가 커져서 용서받지 못하게 되느니라." 하였다.

문장의 구조

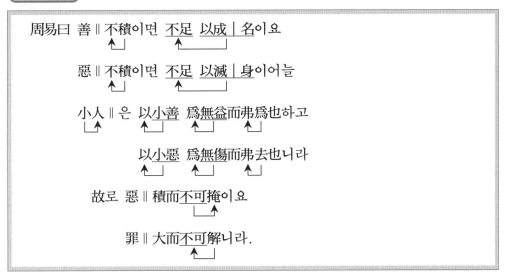

작은 선과 악을 작게 여기지 말라는 교훈이니, 그 결과가 결코 작지 않기 때문이다.

풀 이

1) 周易曰 : 《주역(周易)》에 말하기를,
◉ 周易 : 《역경(易經)》을 말하는데 주(周) 나라 때 완성되었으므로 《주역(周易)》이라 한다. 《주역》은 8괘(八卦)와 64괘, 그리고 <괘사(卦辭)>·<효사(爻辭)>·<십익(十翼)>으로 되어 있다. 복희씨(伏羲氏)가 황하(黃河)에서 나온 용마(龍馬)의 등에 있는 도형(圖形)을 보고 계시(啓示)를 얻어 8괘를 만들고, 문왕(文王)이 64괘와 괘사를 만들고, 효사는 주공(周公)이, 십익은 공자(孔子)가 만

들었다고 한다. 십익은 새의 날개처럼 해석을 돕는 열 가지라는 뜻이다. 단전 (彖傳) 상하, 상전(象傳) 상하, 계사전(繫辭傳) 상하, 문언전(文言傳), 설괘전(說 卦傳), 서괘전(序卦傳), 잡괘전(雜卦傳)이 십익이다.

2) 善不積이면 不足以成名이요 惡不積이면 不足以滅身이어늘 : 선(善)을 쌓지 않으면 이름을 이룰 수 없고, 악(惡)을 쌓지 않으면 몸을 망칠 수 없는데,

　❀ 善不積은 가정형의 문장에서 조건절에 해당하므로 '선을 쌓지 않으면'이다. 不 足以는 그것 때문에[以] ~할 수 없다. 成名은 명예를 이루는 것이다. 惡不積은 '악을 쌓지 않으면'이다. 不足以滅身은 그 때문에 몸을 망칠 수 없다.

3) 小人은 以小善爲無益而弗爲也하고 以小惡爲無傷而弗去也니라 : 소인은 작은 선은 무익(無益)하다고 여겨서 행하지 않고 작은 악을 무방(無妨)하다고 여겨서 버리지 않느니라.

　❀ 小人은 덕을 완성하지 못한 사람이다. 以~爲는 '~을 가지고 ~으로 여기다'이 니, 以小善爲無益은 작은 선을 가지고 무익하다고 여기다. 而는 접속사로 순접 (順接)에 해당되므로 '~하여서'에 해당된다. 弗爲는 실행하지 않다. 無傷은 無 妨과 같으니, 해롭지 않다. 弗去는 버리지 않다.

3) 故로 惡積而不可掩이요 罪大而不可解니라. : 그러므로 악이 쌓여져서 가릴 수 없 게 되고 죄가 커져서 용서받지 못하게 되느니라.

　❀ 故는 '그러므로'이다. 惡積而不可掩은 악이 쌓여져서 가릴 수 없는 것이니, 악 인(惡人)이 악행을 저질렀을 때 선인(善人)이 보게 되면 엄폐(掩蔽)하려고 하는 데 너무 커지면 가릴 수 없는 지경에 이른다. 罪大而不可解는 죄가 커져서 용 서할 수 없는 것이다.

・ 출 전 ・

《주역(周易)》 繫辭傳 下篇

② 履霜하면 堅氷至라하니 臣弒其君하며 子弒其父는 非一旦 一夕之事니라 其所由來者漸矣니라.

※ 서리를 밟으면 단단한 얼음이 어는 계절이 이른다고 하였으니, 신하가 그 임금을 죽이며 자식이 그 아비를 죽이는 것은 하루 아침이나 하루 저녁에 일어나는 일이 아니다. 그 유래(由來)됨은 점진적인 것이니라.

· 문장의 구조 ·

履 | 霜하면 堅氷 ‖ 至라하니

臣 ‖ 弑 | 其君하며 子 ‖ 弑 | 其父는

非／一旦一夕之事니라

其所由來者 ‖ 漸矣니라.

신하가 임금을 죽이고 자식이 부모를 죽이는 일은 큰 사건이나 그 원인은 작은 일에서 발단이 되어 점진적으로 커지게 된다.

· 풀 이 ·

1) 履霜하면 堅氷至라하니 : 서리를 밟으면 단단한 얼음이 어는 계절이 이른다고 하였으니,
   - 《역경(易經)》 坤卦 初六의 효사(爻辭)에 나오는 말이다. 서리는 음기(陰氣)가 맺혀서 생기는데 이 때는 음기가 매우 미약하지만 점점 성대하게 되면 단단한 얼음이 어는 계절이 되어 천지에 음기(陰氣)가 가득차게 되는 것은 당연하다.

2) 臣弑其君하며 子弑其父는 非一旦一夕之事니라 : 신하가 그 임금을 죽이며 자식이 그 아비를 죽이는 것은 하루 아침이나 하루 저녁에 일어나는 일이 아니다.
   - 臣弑其君은 신하가 자신의 임금을 시해(弑害)하는 것이다. 子弑其父는 자식이 자신의 부모를 죽이는 것이다. 臣弑其君 子弑其父는 《맹자(孟子)》 滕文公篇에 나오는 말이다. 非는 명사 부정이다. 一旦一夕은 매우 짧은 시간을 나타내는 말이니, 일생을 놓고 朝夕을 비유한 것이다. 一旦一夕之事는 어느 날 한순간에 일어난 일을 뜻한다.

3) 其所由來者漸矣니라. : 그 유래(由來)됨은 점진적인 것이니라.
   - 其는 지시대명사로 臣弑其君 子弑其父를 가리킨다. 所~者는 대상을 지정할 때 쓰는 조사이니, '~하는 것'이다. 所由來者는 '유래된 것은'이다. 漸矣는 '점차적이다'라는 뜻이니, 점진적으로 크게 되어 일어난 일이다.

八反歌 八首

22

부모를 봉양하고 자식을 양육하는 마음이 서로 상반되고 또 이것을 반성하는 의미를 8편의 노래로 읊은 것인데,《명심보감》抄略本에서《계궁지(桂宮誌)》에서 절록(節錄)하였다고 되어있다.《계궁지(桂宮誌)》는 청(靑) 나라 서정(徐珽)이 여동빈(呂洞賓)의 말을 빌어 편찬한 도교(道敎) 사상을 바탕에 둔 책이다.

①　幼兒 或詈我하면 我心에 覺懽喜하고 父母 嗔怒我하면 我
心에 反不甘이라 一喜懽一不甘하니 待兒待父心何懸고 勸
君今日逢親怒어든 也應將親作兒看이니라.

> ※ 어린 아이가 나를 꾸짖을 때마다 나의 마음은 기쁨을 느끼고, 부모님이 나에게 진
> 노하여 꾸짖으면 나의 마음에 도리어 달갑지 않네. 하나는 기쁘고 하나는 달갑지
> 않으니, 아이를 대하는 마음과 부모를 대하는 마음이 어찌 그리도 현격한가! 그대
> 에게 권하노니, 지금 어버이의 진노를 만나거든 또한 응당 어버이를 대하는 마음
> 을 자식을 보는 듯이 여겨야 된다네.

· 문장의 구조 ·

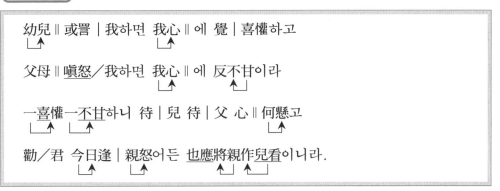

君은 '그대'이다. 覺喜懽이 통행본에 覺懽喜로 되어 있는데 韻을 맞추려면 覺喜懽이
맞는다.

· 풀 이 ·

1) 幼兒 或詈我하면 我心에 覺喜懽하고 : 어린 아이가 나를 꾸짖을 때마다 나의 마
음은 기쁨을 느끼고,
　❂ 幼兒는 어린 자식을 뜻한다. 或은 '간혹', '혹여'의 뜻도 있으나, 시간을 나타
　　낼 때는 '할 때 마다'의 뜻을 갖는다. 或詈我는 '나를 꾸짖을 때마다'이다. 我
　　心은 부모인 자신의 마음이다. 覺喜懽은 기쁨을 느끼는 것이니, 대견해하며 흐
　　뭇하게 여기는 것이다.

2) 父母 嗔怒我하면 我心에 反不甘이라 : 부모님이 나에게 진노하여 꾸짖으면 나의
마음에 도리어 달갑지 않네.
　❂ 父母는 자신의 부모님이다. 嗔怒我는 나에게 진노하여 꾸짖음이다. 我心은 자

식인 자신의 마음이다. 反不甘은 도리어 달갑게 여기지 않음이다.

3) 一喜懽一不甘하니 待兒待父心何懸고 : 하나는 기쁘고 하나는 달갑지 않으니, 아이를 대하는 마음과 부모를 대하는 마음이 어찌 그리도 현격한가!

❀ 一喜懽는 하나는 기뻐함을 느끼는 것이니, 자식이 자신을 꾸짖는 경우이다. 一不甘은 하나는 달갑지 않게 여김이니, 부모가 자신을 꾸짖을 때이다. 待兒待父는 아이를 대하는 마음과 부모를 대하는 마음이다. 心何懸은 心何其懸의 뜻이니, '마음이 어쩌면 그리도 현격한가.'라고 반문하는 것이다.

4) 勸君今日逢親怒어든 也應將親作兒看이니라. : 그대에게 권하노니, 지금 어버이의 진노를 만나거든 또한 응당 어버이를 대하는 마음을 자식을 보는 듯이 여겨야 된다네.

❀ 勸君은 그대에게 권하다. 今日은 '오늘', '이제'이다. 逢親怒는 어버이가 노하여 꾸짖는 일을 만나다. 也應은 부사로 '또한 응당 ~해야 되다'이다. 將親의 將은 以와 같은 뜻이니, '어버이를 대하는 마음을 가지고'이다. 作兒看의 作은 爲와 같으니, 아이를 보는 듯이 여기다.

❷ 兒曹 出千言하되 君聽常不厭하고 父母 一開口하면 便道多閑管이라 非閑管親掛牽이니 皓首白頭에 多諳練이라 勸君敬奉老人言하고 莫敎乳口爭長短하라.

> ※ 아이들이 많은 말을 하여도 그대가 듣기에 늘 싫지 않고, 부모님이 한 번 말을 해도 바로 쓸데없는 참견이라고 말하네. 쓸데없는 참견이 아니라 어버이는 마음에 걸리고 끌려서이니, 흰 머리가 되도록 긴 세월에 깨닫고 겪은 일이 많아서라네. 그대에게 권하노니, 연세 많은 부모의 말을 공경하여 받들고 젖 냄새나는 입으로 장점이니 단점이니 쟁론하지 말게.

· 문장의 구조 ·

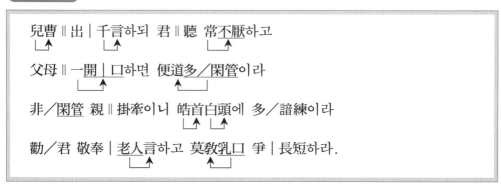

1) **兒曹 出千言**하되 **君聽常不厭**하고 : 아이들이 많은 말을 하여도 그대가 듣기에 늘 싫지 않고,
   - ◉ 兒曹는 아이들이니, 曹는 복수를 나타내는 접미사이다. 出千言은 많은 말을 하는 것이니, 千言은 많은 수를 나타내는 대수(大數)이다. 君聽은 '그대가 듣기에'이다. 常不厭은 항상 싫지 않음이니, 듣기 싫은 마음이 들지 않는 것이다.

2) **父母 一開口**하면 **便道多閑管**이라 : 부모님이 한 번 말을 해도 바로 쓸데없는 참견이라고 말하네.
   - ◉ 父母一開口는 '부모님이 한 번 입을 열면'이니, 부모님이 한마디라도 말씀을 하는 때를 가리킨다. 便道는 바로 말하다. 多閑管은 쓸데없는 간섭이 많다고 여기다.

3) **非閑管親掛牽**이니 **皓首白頭**에 **多諳練**이라 : 쓸데없는 참견이 아니라 어버이는 마음에 걸리고 끌려서이니, 흰 머리가 되도록 긴 세월에 깨닫고 겪은 일이 많아서라네.
   - ◉ 非는 명사 부정이니, '~이 아니다'이다. 非閑管은 쓸데없이 간섭하는 것이 아니다. 親掛牽은 어버이는 마음에 걸리고 끌려서이다. 皓首白頭는 검은 머리가 하얗게 되도록 긴 세월이 지났음을 강조하려고 거듭 표현한 말이니, '흰머리가 되도록 긴 세월 동안'이라고 표현하면 된다. 多諳練은 깨닫고 겪은 일이 많다.

4) **勸君敬奉老人言**하고 **莫敎乳口爭長短**하라. : 그대에게 권하노니, 연세 많은 부모의 말을 공경하여 받들고 젖 냄새나는 입으로 장점이니 단점이니 쟁론하지 말게.
   - ◉ 敬奉老人言은 늙은 부모님의 말씀을 공경히 받들라는 뜻이다. 莫敎는 금지사 역동사이니, '~하여금 ~하지 말라'이다. 乳口는 젖 냄새가 나는 입이니, 세상을 지나온 경륜이 짧은 자신을 뜻한다. 爭長短은 부모님의 장단점과 잘잘못에 대해 쟁론(爭論)하는 것이다.

③ 幼兒尿糞穢는 君心에 無厭忌로되 老親涕唾零에 反有憎嫌意니라 六尺軀來何處오 父精母血成汝體라 勸君敬待老來人하라 壯時爲爾筋骨敝니라.

> ※ 어린아이의 더러운 오줌과 똥은 그대의 마음에 싫어하거나 꺼리는 마음이 없고, 늙은 어버이가 눈물과 침을 떨어뜨리면 도리어 미워하고 싫어하는 마음이 있네. 여섯 자 되는 이 몸이 어디에서 왔는고. 아버지의 정기(精氣)와 어머니의 정혈(精

血)로 그대의 몸이 이루어졌네. 그대에게 권하노니, 늙어가는 부모님을 공경히 대접하게. 젊었을 때 그대를 위하여 뼈와 살이 헤졌다네.

【 문장의 구조 】

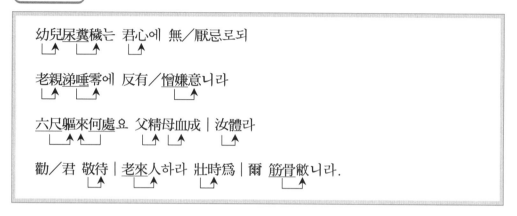

【 풀 이 】

1) 幼兒尿糞穢는 君心에 無厭忌로되 : 어린아이의 더러운 오줌과 똥은 그대의 마음에 싫어하거나 꺼리는 마음이 없고,

　❀ 幼兒尿糞穢는 '어린 아이가 오줌과 똥을 싸놓은 더러운 것은'이라고 해야 맞는 해석이나, '어린아이의 더러운 오줌과 똥은'이라고 도치해도 된다. 君心은 그대의 마음이니, 부모된 자신의 마음이다. 無厭忌는 싫거나 꺼리는 마음이 없음이다.

2) 老親涕唾零에 反有憎嫌意니라 : 늙은 어버이가 눈물과 침을 떨어뜨리면 도리어 미워하고 싫어하는 마음이 있네.

　❀ 老親은 늙으신 어버이이다. 涕唾零은 零涕唾가 도치된 것과 같으니, 눈물과 침을 떨어뜨리다. 反有憎嫌意는 도리어 미워하고 싫어하는 마음이 있다.

3) 六尺軀來何處요 父精母血成汝體라 : 여섯 자 되는 이 몸이 어디에서 왔는고. 아버지의 정기(精氣)와 어머니의 정혈(精血)로 그대의 몸이 이루어졌네.

　❀ 六尺軀는 여섯 자나 되는 몸이니, 성인으로 성장한 자신을 뜻한다. 來何處는 어느 곳에서 왔는가? 父精母血은 아버지의 정기(精氣)와 어머니의 정혈(精血)이다. 成汝體는 너의 몸을 이루었다.

4) 勸君敬待老來人하라 壯時爲爾筋骨敝니라. : 그대에게 권하노니, 늙어가는 부모님을 공경히 대접하게. 젊었을 때 그대를 위하여 뼈와 살이 헤졌다네.

❀ 敬待老來人은 늙어가는 사람을 공경히 접대하라는 뜻이니, 늙어가는 사람은 늙은 부모를 가리킨다. 壯時는 한창 젊었을 때이니, 부모님이 젊었을 때를 가리킨다. 爲爾는 '너를 위하여'이다. 筋骨敝는 뼈와 살이 헤지다. 筋骨은 힘줄과 뼈를 가리키는 말이 아니라 살과 뼈를 뜻한다.

❹ 看君晨入市하여 買餅又買餻하니 少聞供父母하고 多說供兒曹라 親未啖兒先飽하니 子心이 不比親心好라 勸君多出買餅錢하여 供養白頭光陰少하라.

> ※ 그대가 새벽에 시장에 들어가서 과자를 사고 또 떡을 사는 것을 보았더니, 부모에게 드린다는 말은 들은 것이 적고 대부분 자식들에게 준다는 말을 하였노라. 어버이는 아직 맛보지 아니하였는데 자식들이 먼저 배가 부르니, 자식을 사랑하는 마음은 부모를 좋아하는 마음에 비할 수 없도다. 그대에게 권하노니, 떡을 살 돈을 많이 내어 흰머리에 여생이 얼마 남지 않은 어버이를 잘 받들어 봉양하라.

• 문장의 구조 •

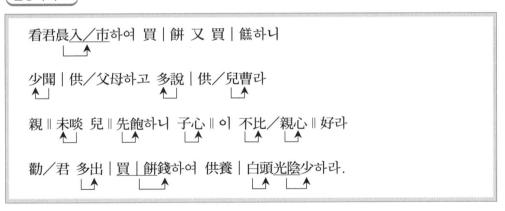

• 풀 이 •

1) **看君晨入市하여 買餅又買餻하니** : 그대가 새벽에 시장에 들어가서 과자를 사고 또 떡을 사는 것을 보았더니,
   ❀ 看은 買餻에 걸어서 해석하는 것이 좋다. 君晨入市는 그대가 새벽에 시장에 들어가다. 買餅은 과자를 사다. 又買餻는 또 떡을 사다.

2) **少聞供父母하고 多說供兒曹라** : 부모에게 드린다는 말은 들은 것이 적고 대부분

자식들에게 준다는 말을 하였노라.

◉ 供은 이바지하는 것이니, 음식을 접대함이다. 少聞供父母를 접대하였다는 말을 들은 것이 적다. 多說供兒曹는 대부분 아이들에게 주려한다고 말을 하다.

3) 親未啖兒先飽하니 子心이 不比親心好라 : 어버이는 아직 맛보지 아니하였는데 자식들이 먼저 배가 부르니, 자식을 사랑하는 마음은 부모를 좋아하는 마음에 비할 수 없도다.

◉ 親未啖은 어버이는 음식의 맛을 아직 보지 아니하다. 兒先飽는 아이는 맛보기에 앞서서 배가 부르다. 子心은 愛子之心이니, 자식을 사랑하는 마음이다. 不比는 비교하지 못한다. 親心好는 好親之心이니, 부모를 좋아하는 마음이다.

4) 勸君多出買餠錢하여 供養白頭光陰少하라. : 그대에게 권하노니, 떡을 살 돈을 많이 내어 흰머리에 여생이 얼마 남지 않은 어버이를 잘 받들어 봉양하라.

◉ 多出買餠錢은 과자와 떡을 살 돈을 많이 출연(出捐)하다. 供養白頭光陰少는 흰머리를 하고 앞으로 살 세월이 적은 사람을 받들고 봉양하다.

⑤ 市間賣藥肆에 惟有肥兒丸하고 未有壯親者하니 何故兩般看고 兒亦病親亦病에 醫兒不比醫親症이라 割股還是親的肉러니 勸君亟保雙親命하라.

> ※ 시정(市井)에 약을 파는 가게에는 오직 아이를 살찌게 하는 환약만 있고, 어버이를 튼튼하게 하는 약은 없으니 무슨 까닭으로 두 가지로 보는가. 아이도 병이 들고 어버이도 병이 났을 때 아이의 병을 고치는 것이 어버이 병환을 고치는 것에 비교하지 못하니라. 넓적다리를 베어내도 도로 어버이의 살이니, 그대에게 권하노니 서둘러 양친의 생명을 보전할 것이니라.

문장의 구조

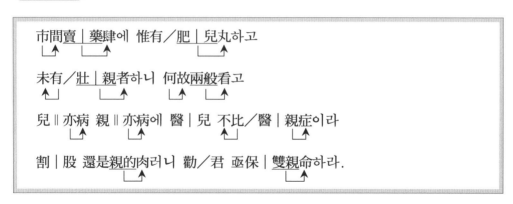

어류(語類)의 문법이 많이 포함된 문장이므로 고문(古文)과 다른 문법에 유의해야
한다.

· 풀 이 ·

1) **市間賣藥肆에 惟有肥兒丸하고** : 시정(市井)에 약을 파는 가게에는 오직 아이를 살
찌게 하는 환약만 있고,
   ◉ 市間은 市井과 같은 말이니, 시장(市場)을 가리킨다. 賣藥肆는 약을 파는 가게
   이다. 惟有肥兒丸은 오직 아이를 살찌게 하는 환약만 있다.

2) **未有壯親者하니 何故兩般看고** : 어버이를 튼튼하게 하는 약은 없으니 무슨 까닭으
로 두 가지로 보는가.
   ◉ 未有는 無有와 같은 말이니, '없다[無]'이다. 壯親者는 어버이를 튼튼하게 하는
   것[者]이니, 어버이의 건강을 좋게 하는 약을 가리킨다. 何故는 '무엇 때문에'
   이다. 兩般의 般은 종류, 방법, 가지를 나타내는 조사이니, 두 가지 종류를 가
   리킨다.

3) **兒亦病親亦病에 醫兒不比醫親症이라** : 아이도 병이 들고 어버이도 병이 났을 때
아이의 병을 고치는 것이 어버이 병환을 고치는 것에 비교하지 못하니라.
   ◉ 兒亦病親亦病의 亦은 우리말의 '도'에 해당하니, 아이도 병이 들고 어버이도
   병이 들다. 醫兒는 醫兒之症이니, 아이의 병을 고치다. 不比醫親症은 어버이의
   병환을 치료하는 것에 비교하지 못한다.

4) **割股還是親的肉러니 勸君亟保雙親命하라.** : 넓적다리를 베어내도 도로 어버이의
살이니, 그대에게 권하노니 서둘러 양친의 생명을 보전할 것이니라.
   ◉ 割股는 다리의 살을 베어 내는 것이니, 어버이가 병이 들거나 임금이 굶주렸
   을 때 자신의 넓적다리 살을 베어 들게 하였다. 《장자(莊子)》 盜跖篇에 옛날
   춘추시대 진(晉) 나라 충신 개자추(介子推)가 문공(文公)이 굶주리고 있을 때
   넓적다리 살을 베어 먹게 하였고, 《시오대사(新五代史)》 何澤篇에 五代의 각
   국가들이 전쟁을 벌이므로 백성들이 굶주리고 있을 때 어버이가 병이 나면 넓
   적다리 살을 베어 들게 하였다고 한다. 還是는 '도로 ~이다'이다. 親的肉의 的
   은 之의 의미로 쓰인 관형격의 조사이니, 우리말의 ~의에 해당한다. 亟保는
   속히 보전(保全)하다. 雙親命은 두 어버이의 목숨이다.

⑥ 富貴엔 養親易로되 親常有未安하고 貧賤엔 養兒難하되
兒不受饑寒이라 一條心兩條路에 爲兒終不如爲父라 勸君

兩親如養兒하고 凡事를 莫推家不富하라.

> ※ 부귀(富貴)하면 어버이를 봉양하기가 쉬우나 어버이는 항상 편치 못한 마음이 있
> 고, 빈천(貧賤)하면 아이를 기르기가 어려우나 아이는 굶주림과 추위를 받지 않느
> 니라. 하나의 마음인데 두 모양으로 쓰고 있으니 아이를 위함이 마침내 어버이를
> 위함과 같지 않느니라. 그대에게 권하노니, 어버이를 봉양하기를 아이를 기르는
> 것과 같이 하고 모든 일을 집이 부유하지 못하다고 미루지 말라.

· 문장의 구조 ·

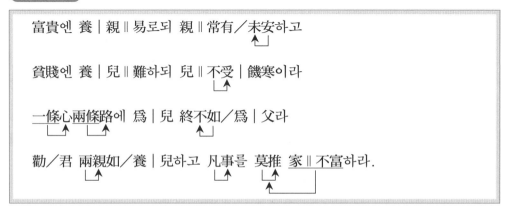

養은 부모 등 웃어른에게 표기되었으면 '봉양하다'이고, 자식이나 아랫사람에게 표기
할 때는 '기른다.'라고 한다.

· 풀 이 ·

1) **富貴엔 養親易로되 親常有未安하고** : 부귀(富貴)하면 어버이를 봉양하기가 쉬우나
   어버이는 항상 편치 못한 마음이 있고,
   ❖ 富貴는 부유하고[富] 지위가 높은[貴] 것이다. 養親易는 어버이를 봉양하는 것
     이 쉽다. 未安은 未安之心이니, 편치 않은 마음을 갖고 있다. 親常有未安은 어
     버이는 항상 편치 못한 마음이 있다.

2) **貧賤엔 養兒難하되 兒不受饑寒이라** : 빈천(貧賤)하면 아이를 기르기가 어려우나 아
   이는 굶주림과 추위를 받지 않느니라.
   ❖ 貧賤은 가난하고[貧] 지위가 낮을[賤] 때이다. 養兒難은 자식을 기르기가 어렵
     다. 兒不受饑寒은 자시들은 굶주리고 추운 것을 받지 않는다.

3) **一條心兩條路에 爲兒終不如爲父라** : 하나의 마음인데 두 모양으로 쓰고 있으니 아
   이를 위함이 마침내 어버이를 위함과 같지 않느니라.

❂ 條는 조목이나 모양을 나눈 것을 표현할 때 쓰는 조사이니, 一條心兩條路는 하나의 모양을 한 마음인데 두 모양으로 마음을 쓰는 것이다. 爲兒와 爲父의 爲는 위하다. 不如는 'A는 B만 같지 못하다', 'A는 B와 같지 않다'의 뜻으로 해석하는데, 終不如爲父는 마침내 부모를 위하는 것과 같지 아니하다.

4) **勸君兩親如養兒하고 凡事를 莫推家不富하라** : 그대에게 권하노니, 어버이를 봉양하기를 아이를 기르는 것과 같이 하고 모든 일을 집이 부유하지 못하다고 미루지 말라.

❂ 兩親은 養兩親과 같으니, 양친을 봉양하다. 如養兒는 자식을 기르는 것과 같이 하다. 凡事는 모든 일이다. 莫推는 미루지 말라. 家不富는 집이 부유하지 못하다.

⑦ 養親엔 只有二人이로되 常與兄弟爭하고 養兒엔 雖十人이나 君皆獨自任이라 兒飽煖親常問하되 父母饑寒不在心이라 勸君養親須竭力하라 當初衣食이 被君侵이니라.

> ※ 어버이를 봉양함은 다만 두 사람뿐인데 늘 형제들과 다투고 있고, 아이를 기름은 비록 많을지라도 그대가 모두 홀로 자임(自任)하느니라. 아이들이 배부르고 따뜻한가를 어버이는 항상 물어보나, 부모님이 배고픈지 추운지는 마음에 두지 않느니라. 그대에게 권하노니, 어버이를 봉양하는데 모름지기 힘을 다하라. 당초에 입을 것과 먹을 것을 그대에게 빼앗겼느니라.

◦ 문장의 구조 ◦

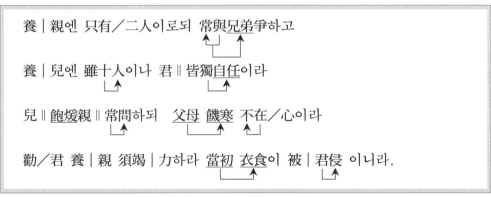

부사인 只, 常, 雖, 皆, 須 등은 놓여있는 위치에 가서 해석한다.

◦ 풀 이 ◦

1) **養親엔 只有二人이로되 常與兄弟爭하고** : 어버이를 봉양함은 다만 두 사람뿐인데

늘 형제들과 다투고 있고,

- 養親은 於養親則과 같은 말이니, '어버이를 봉양하는데 있어서는'이다. 只有二人은 다만 두 사람일뿐이다. 常與兄弟爭은 항상 형제들과 다투는 것이니, 늘 형제들과 서로 모시라고 다투는 것이다.

2) 養兒엔 雖十人이나 君皆獨自任이라 : 아이를 기름은 비록 많을지라도 그대가 모두 홀로 자임(自任) 하느니라.

- 養兒는 於養兒則과 같으니, '아이들을 기르는데 있어서는'이다. 雖十人은 '비록 열사람'이나, 반드시 열 명을 가리키지 않고 많은 사람들을 지칭하는 말이다. 君은 그대이다. 皆獨自任은 자식을 기르는 일에 대한 모든 것을 홀로 스스로 맡는다.

3) 兒飽煖親常問하되 父母饑寒不在心이라 : 아이들이 배부르고 따뜻한가를 어버이는 항상 물어보나, 부모님이 배고픈지 추운지는 마음에 두지 않느니라.

- 兒는 아이들이니, 자식을 가리킨다. 飽煖은 飽之暖之이니, '배부르게 먹었는가. 따뜻하게 입었는가.'이다. 親常問은 어버이는 항상 물어보다. 父母饑寒은 '부모님이 배가 고픈지 춥게 옷을 입었는지'이다. 不在心은 자신의 마음에 두지 않음이다.

4) 勸君養親須竭力하라 當初衣食이 被君侵이니라. : 그대에게 권하노니, 어버이를 봉양하는데 모름지기 힘을 다하라. 당초에 입을 것과 먹을 것을 그대에게 빼앗겼느니라.

- 養親須竭力은 어버이를 봉양하는 데 모름지기 자신의 힘을 다하라. 當初衣食은 애당초에 부모님이 입고 먹을 것들이다. 被君侵의 被는 '받다', '당하다'의 뜻을 갖는 피동사이니, 그대에게 빼앗김을 당하다.

⑧ 親有十分慈하되 君不念其恩하고 兒有一分孝하되 君就揚其名이라 待親暗待兒明하니 誰識高堂養子心고 勸君漫信兒曹孝하라 兒曹親子在君身이니라.

※ 어버이는 지극히 사랑해 주시는데 그대는 그 은혜를 생각하지 아니하고, 자식이 조금 효도하면 그대는 곧 그 이름을 빛내려 하느니라. 어버이를 모시는 데는 어둡고 자식을 대하는 데는 밝으니 누가 어버이의 자식을 기르는 마음을 알 것인고. 그대에게 권하노니 아이들의 효도를 지나치게 믿지 말라. 아이들의 어버이와 부모의 자식은 모두 그대 몸에 있느니라.

·문장의 구조·

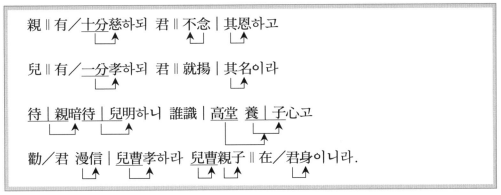

十分과 一分은 대수(大數)로 매우 많은 것과 매우 적은 것을 나타낸다.

· 풀 이 ·

1) 親有十分慈하되 君不念其恩하고 : 어버이는 지극히 사랑해 주시는데 그대는 그 은혜를 생각하지 아니하고,
  ❀ 親은 양친이다. 十分은 100%와 같으니, 有十分慈는 양친은 나에게 100%의 사랑이 있다. 君은 그대이다. 不念其恩은 부모님의 지극한 은혜를 생각하지 않는 것이다.

2) 兒有一分孝하되 君就揚其名이라 : 자식이 조금 효도하면 그대는 곧 그 이름을 빛내려 하느니라.
  ❀ 兒는 자신의 자식이다. 一分은 十分의 상대 개념이니, 매우 작은 것을 가리킨다. 有一分孝는 매우 작은 효행이 있는 것이다. 就는 便是와 같은 말이니, '바로 ~이다'의 뜻이다. 揚其名은 자식의 이름을 드날림이니, 자식의 이름을 빛내려는 것이다.

3) 待親暗待兒明하니 誰識高堂養子心고 : 어버이를 모시는 데는 어둡고 자식을 대하는 데는 밝으니 누가 어버이의 자식을 기르는 마음을 알 것인고.
  ❀ 待親暗은 待親則暗이니, 어버이를 모시는 것은 어두운 것이다. 待兒明은 자식을 대하는 데는 밝은 것이다. 高堂은 부모님을 가리키는 말이다. 誰識高堂養子心은 누가 부모님이 자식을 기르는 마음을 알겠는가.

4) 勸君漫信兒曹孝하라 兒曹親子在君身이니라. : 그대에게 권하노니 아이들의 효도를 지나치게 믿지 말라. 아이들의 어버이와 부모의 자식은 모두 그대 몸에 있느니라.
  ❀ 漫信은 空不信의 뜻과 같으니, 부질없이 믿지 말라. 漫信兒曹孝는 부질없이 아이들의 효도를 믿지 말라. 兒曹親子는 兒曹之親과 親之子를 합친 말이니, 아이들의 어버이와 어버이의 자식을 가리킨다. 在君身은 그대의 몸에 있다. 즉 자신은 아이들의 부모이면서 부모에게는 자식이라는 말이다.

孝行篇　續篇

孝行篇은 우리나라 효행에 대하여 기재하였는데, 조선시대 후기의 인물
이 포함된 것을 미루어 조선 말까지 점차로 추록하여 실은 듯하다.

① 孫順이 家貧하여 與其妻로 傭作人家以養母할새 有兒每奪
母食이라 順이 謂妻曰 兒奪母食하니 兒는 可得이어니와
母難再求라하고 乃負兒往歸醉山北郊하여 欲埋掘地러니
忽有甚奇石鐘이어늘 驚怪試撞之하니 舂容可愛라 妻曰得
此奇物은 殆兒之福이라 埋之不可라하니 順이 以爲然하여
將兒與鐘還家하여 懸於樑撞之러니 王이 聞鐘聲이 淸遠異
常而覈聞其實하고 曰 昔에 郭巨埋子엔 天賜金釜러니 今
孫順이 埋兒엔 地出石鐘하니 前後符同이라하고 賜家一區
하고 歲給米五十石하니라.

※ 손순(孫順)이 집이 가난하여 그의 아내와 함께 남의 집에 품팔이를 하여서 어머니
를 봉양할 때 아이가 있었는데 언제나 어머니의 잡수시는 것을 빼앗아 먹었다. 손
순이 아내에게 이르기를,
"아이가 어머니의 잡수시는 것을 빼앗아 먹으니, 아이는 얻을 수 있으나 어머니는
다시 구하기 어렵습니다."하고, 마침내 아이를 업고 귀취산(歸醉山) 북쪽 교외(郊
外)로 가서 묻으려고 땅을 팠는데, 홀연 매우 특이한 석종(石鐘)이 있거늘 놀랍고
이상하게 여기어 시험삼아 두드려 보니 은은한 종소리가 사랑할 만하였다. 아내가
말하기를, "이렇게 특이한 물건을 얻은 것은 아마도 아이의 복인 듯하니, 아이를
묻는 것은 옳지 못합니다."하니, 손순도 그렇게 생각해서 아이와 종을 가지고 집
으로 돌아와서 대들보에 매달고 종을 울렸다. 임금이 종소리가 맑게 멀리까지 울
려 퍼지는 것을 듣고 특별하게 여겨서 그 사실을 자세히 물어서 알고 말하기를,
"옛날 곽거(郭巨)가 아들을 묻었을 때는 하늘이 금솥[金釜]을 내려 주었는데, 이
제 손순이 아들을 묻음에는 땅에서 석종(石鐘)이 나왔으니, 전후의 일이 부절(符
節)을 맞춘 듯하다."하고, 집 한 채를 내려주고 해마다 쌀 50석을 주었다.

문장의 구조

孫順‖이 家‖貧하여 與其妻로 傭作 人家以養∣母할새 有/兒‖每奪∣母食이라

順‖이 謂妻曰 兒‖奪∣母食하니 兒는 可得이어니와 母難/再求라하고

乃負┃兒 往／歸醉山 北郊하여 欲埋掘┃地러니 忽有／甚奇 石鐘이어늘

驚怪 試撞之하니 春容∥可愛라 妻曰 得┃此奇物은 殆兒之福이라 埋之不可라하니

順∥이 以爲然하여 將兒與鐘還／家하여 懸於／樑撞之러니

王∥이 聞┃鐘聲이 淸遠異常而覈聞┃其實하고 曰 昔에 郭巨∥埋┃子엔

天∥賜┃金釜러니 今孫順∥이 埋┃兒엔 地∥出┃石鐘하니 前後∥符同이라하고

賜┃家一區하고 歲給┃米五十石하니라.

지극한 효성이 있으면 하늘이 감동하여 기적을 나타낸다는 설화이다.

풀 이

1) **孫順이 家貧하여 與其妻로 傭作人家以養母할새 有兒每奪母食이라** : 손순(孫順)이 집이 가난하여 그의 아내와 함께 남의 집에 품팔이를 하여서 어머니를 봉양할 때 아이가 있었는데 언제나 어머니의 잡수시는 것을 빼앗아 먹었다.
   - ❀ 孫順 : 이름을 손순(孫舜)이라고도 하며, 신라 42대 흥덕왕(興德王) 때 사람으로 지극한 효성으로 명망이 높았다. 왕에게 집을 하사 받은 후에 살던 집을 절에 희사(喜捨)하여 홍효사(弘孝寺)라 하였고 석종을 그 절에 달아 놓았다. 진성왕(眞聖王) 때 도적들이 침입하여 종을 가져갔고 절만 남아 있었다고 《삼국유사(三國遺事)》에 전한다. 후에 慶州孫氏의 시조(始祖)가 되었다.
   - ❀ 家貧은 주어+서술어의 구성이므로 '~이 ~하다'로 해석하니, 집이 가난하다. 與其妻는 '그의 아내와 더불어'로 해석하는데, 토씨 '와'는 '더불어'의 뜻을 내포하므로 생략하여 '그의 아내와'로 해석한다. 傭作은 作傭과 같으니, 傭作人家는 남의 집에 품팔이를 하다. 以養母는 傭作人家를 가지고서[以] 어머니를 봉양하다. 有兒每奪母食은 아이가 있었는데, 언제나 어머니가 드시는 음식을 빼앗아 먹다.

2) **順이 謂妻曰 兒奪母食하니 兒는 可得이어니와 母難再求라하고** : 손순이 아내에게 이르기를, "아이가 어머니의 잡수시는 것을 빼앗아 먹으니, 아이는 얻을 수 있으나 어머니는 다시 구하기 어렵습니다." 하고,
   - ❀ 謂妻曰의 謂와 曰은 한번만 해석하면 되니, '아내에게 이르기를'이다. 兒奪母

食은 아이가 어머니의 음식을 빼앗아 먹다. 兒可得은 아이는 얻을 수 있다는 것이니, 다시 낳으면 된다는 말이다. 母難再求는 어머니는 다시 구하기 어렵다는 것이니, 어머니는 다시 살지 못한다는 말이다.

3) 乃負兒往歸醉山北郊하여 欲埋掘地러니 忽有甚奇石鐘이어늘 驚怪試撞之하니 春容可愛라 : 마침내 아이를 업고 귀취산(歸醉山) 북쪽 교외(郊外)로 가서 묻으려고 땅을 팠는데, 홀연 매우 특이한 석종(石鐘)이 있거늘 놀랍고 이상하게 여기어 시험삼아 두드려 보니 은은한 종소리가 사랑할 만하였다.

❀ 乃는 '이에'이다. 負兒는 아이를 등에 업다. 往歸醉山은 논란이 많은 문장이니, 산의 명칭이 醉山인지 歸醉山인지 분명하지 않다. 산 이름이 醉山이면 往歸는 '가다'의 뜻이고, 歸醉山이면 往이 '가다'의 뜻이 된다. 北郊는 도성에서 10리(里) 밖에 떨어진 북쪽 교외(郊外)이다. 欲埋掘地는 묻으려고 땅을 파다. 忽有甚奇石種은 홀연히 매우 특이한 석종이 있었다. 驚怪는 놀랍고 괴이하다. 試撞之는 시험삼아 종을 울리다. 春容은 종소리가 울려 퍼지는 모습이다. 可愛는 사랑할 만하다.

4) 妻曰 得此奇物은 殆兒之福이라 埋之不可라하니 順이 以爲然하여 將兒與鐘還家하여 懸於樑撞之러니 : 아내가 말하기를, "이렇게 특이한 물건을 얻은 것은 아마도 아이의 복인 듯하니, 아이를 묻는 것은 옳지 못합니다." 하니, 손순도 그렇게 생각해서 아이와 종을 가지고 집으로 돌아와서 대들보에 매달고 종을 울렸다.

❀ 得此奇物은 이렇게 특이한 물건을 얻음이다. 殆는 의문사로 '아마도 ~인듯하다.'이니, 殆 兒之福은 아마도 아이의 복인 듯하다. 埋之의 之는 대명사이니, '아이'를 가리킨다. 埋之不可는 아이를 묻는 것을 옳지 않다. 順以爲然의 以爲然은 '그것을 옳게 여기다.'이니, 손순이 아내의 말을 옳다고 여기다. 將兒與鐘의 將은 以의 용법이니, '아이와 종을 가지고'이다. 還家는 집에 돌아오다. 懸於樑은 들보에 매달다. 撞之는 종을 치다.

5) 王이 聞鐘聲이 淸遠異常而覈聞其實하고 曰 昔에 郭巨埋子엔 天賜金釜러니 今孫順이 埋兒엔 地出石鐘하니 前後符同이라하고 賜家一區하고 歲給米五十石하니라. : 임금이 종소리가 맑게 멀리까지 울려 퍼지는 것을 듣고 특별하게 여겨서 그 사실을 자세히 물어서 알고 말하기를,
"옛날 곽거(郭巨)가 아들을 묻었을 때는 하늘이 금솥[金釜]을 내려 주었는데, 이제 손순이 아들을 묻음에는 땅에서 석종(石鐘)이 나왔으니, 전후의 일이 부절(符節)을 맞춘 듯하다." 하고, 집 한 채를 내려주고 해마다 쌀 50석을 주었다.

❀ 聞鐘聲은 종소리를 듣다. 淸遠異常은 종소리를 표현함이니, 깨끗하게 멀리까지 들려서 특별하게 여기다. 覈聞其實은 그 사실을 조사하여 아뢰다.

◉ 郭巨는 중국 한(漢) 나라 사람으로 효성이 지극하였다. 언제나 어머니가 음식을 손자에게 나누어 주기 때문에 자식을 땅에 묻으려고 하였는데, 금으로 된 솥이 나왔다고 한다. 埋子는 자식을 묻다. 天賜金釜는 하늘이 금 솥을 내려주다. 埋兒는 아이를 묻다. 地出石鐘은 땅에서 석종이 나오다. 前後符同은 앞에 일어난 郭巨의 일과 뒤에 일어난 孫順의 일이 병부(兵符)를 맞춘 듯이 똑같다. 賜家一區는 집 한 채를 내려주다. 歲給米五十石은 해마다 쌀 50석을 주게 하다.

────────
· 출 전 ·
────────

《삼국유사(三國遺事)》 孝善篇

② 尚德이 値年荒癘疫하여 父母飢病濱死라 尚德이 日夜不解衣하고 盡誠安慰하되 無以爲養이면 則割髀肉食之하고 母發癰에 吮之卽癒라 王이 嘉之하여 賜賚甚厚하고 命旌其門하고 立石紀事하니라.

※ 상덕(尚德)이 농사는 흉년이 들고 전염병이 창궐하는 때를 만나서 부모님이 굶주리고 병이 들어 거의 죽게 되었다. 상덕이 낮이나 밤이나 옷을 벗지 않고 정성을 다하여 위안(慰安)하였는데, 봉양할 것이 없으면 넓적다리 살을 베어 드시도록 하였고 어머니가 종기가 났을 때 종기를 빨아내어 곧 낫게 하였다. 임금께서 이 소식을 듣고 가상하게 여겨서 매우 후하게 물건을 내려주고 그 마을에 정려문(旌閭門)을 세우라고 명을 내리고 비석을 세워 그 사실을 기록하게 하였다.

────────
· 문장의 구조 ·
────────

尚德‖이 値│年荒癘疫하여 父母‖飢病 濱╱死라

尚德‖이 日夜不解│衣하고 盡│誠 安慰하되

無╱以爲養이면 則割│髀肉食之하고 母‖發╱癰에 吮之卽癒라

王‖이 嘉之하여 賜│賚 甚厚하고 命│旌╱其門하고 立│石 紀│事하니라.

┌─────────┐
│ · 풀 이 · │
└─────────┘

1) **尙德이 値年荒癘疫하여 父母飢病濱死라** : 상덕(尙德)이 농사는 흉년이 들고 전염병이 창궐하는 때를 만나서 부모님이 굶주리고 병이 들어 거의 죽게 되었다.

　❀ 尙德 : 《삼국유사(三國遺事)》 孝善篇에 상득(向得)이라고 되어 있다. 向이 성(姓)으로 되면 음(音)을 '상'이라고 하고, 德의 음은 '득'에 가깝기 때문에 向得이 尙德으로 잘못 전해진 듯하다. 신라 경덕왕(景德王) 때 웅천(熊川 : 公州) 사람으로 관직은 사지(舍知)였으며 割髀供親의 효도로 이름이 났다.

　❀ 値年荒癘疫은 농사는 흉작이며[年荒] 전염병이 창궐하는[癘疫] 때를 만나다. 父母飢病濱死는 부모님이 굶주리고 병이 들어 죽음에 가까운 것이니, 거의 죽을 지경에 이른 것이다.

2) **尙德이 日夜不解衣하고 盡誠安慰하되** : 상덕이 낮이나 밤이나 옷을 벗지 않고 정성을 다하여 위안(慰安)하였는데,

　❀ 日夜不解衣는 낮이나 밤이나 옷을 벗지 않다. 盡誠安慰는 정성을 다하여 위안을 드리다.

3) **無以爲養이면 則刲髀肉食之하고 母發癰에 吮之卽癒라** : 봉양할 것이 없으면 넓적다리 살을 베어 드시도록 하였고 어머니가 종기가 났을 때 종기를 빨아내어 곧 낫게 하였다.

　❀ 無以는 '~할 것이 없다'이니, 無以爲養은 봉양할 것이 없다. 則은 윗글을 받는 조사이니, '~한다면'의 뜻이다. 刲髀肉은 넓적다리의 살을 베다. 食之의 之는 명사를 동사로 전환시키므로 '드시게 하다'의 뜻이 되고, 食의 음은 '사'가 된다. 母發癰은 어머니에게 종기가 발병하다. 吮之의 之는 조동사가 되므로 '빨아내다'이다. 卽癒는 즉시 병이 낫다.

4) **王이 嘉之하여 賜賚甚厚하고 命旌其門하고 立石紀事하니라.** : 임금께서 이 소식을 듣고 가상하게 여겨서 매우 후하게 물건을 내려주고 그 마을에 정려문(旌閭門)을 세우라고 명을 내리고 비석을 세워 그 사실을 기록하게 하였다.

　❀ 嘉之의 之도 역시 조동사이니, 가상하게 여기다. 賜賚甚厚는 甚厚賜賚와 같은 말이니, '상을 내려줌이 매우 많다'로 해석하고, '매우 많은 상을 내려 주었다.'로 번역하는 것이 우리말과 부합된다. 命旌其門은 '그 문에 정려를 세우라고 명을 내리다.'이다. 門은 마을의 입구인 閭門을 가리키므로 '그 마을의 입구에 정려문(旌閭門)을 세우라고 명을 내리다.'의 뜻이 된다. 立石紀事는 비석을 세우고 그 사실을 기록하다.

· 출 전 ·

《삼국유사(三國遺事)》 孝善篇

3 都氏家貧至孝라 賣炭買肉하여 無闕母饌이러라 一日은 於市에 晩而忙歸러니 鳶忽攫肉이어늘 都悲號至家하니 鳶旣投肉於庭이러라 一日 母病索非時之紅杮어늘 都彷徨杮林하야 不覺日昏이러니 有虎屢遮前路하고 以示乘意라 都乘至百餘里山村하야 訪人家投宿이러니 俄而主人이 饋祭飯而有紅杮라 都喜하여 問杮之來歷하고 且述己意한대 答曰亡父嗜杮라 故로 每秋에 擇杮二百個하야 藏諸窟中하여而至此五月이면 則完者不過七八이라가 今得五十個完者라故로 心異之러니 是天感君孝라하고 遺以二十顆어늘 都謝出門外하니 虎尙俟伏이라 乘至家하니 曉鷄喔喔이러라 後에 母以天命으로 終에 都有血淚러라.

※ 도씨(都氏)는 집이 가난하였으나 효성이 지극하였다. 숯을 팔아 고기를 사서 어머니의 반찬에 빠뜨린 적이 없었다. 하루는 시장에 갔다가 늦어서 바삐 돌아오는데 솔개가 갑자기 고기를 채 가거늘 도씨가 슬피 울부짖으며 집에 돌아와 보니 솔개가 이미 고기를 집안 뜰에 던져 놓았다. 하루는 어머니가 병이 나서 제철이 아닌 홍시를 찾거늘 도씨가 감나무 숲을 방황하면서 날이 저문 것도 모르고 있었는데, 호랑이가 있어 여러 번 앞길을 가로막고 타라는 뜻을 보여 주었다. 도씨가 호랑이를 타고 백 여리나 되는 산동네에 이르러 인가(人家)를 찾아 투숙하였다. 얼마 후에 주인이 제삿밥을 내오는데 홍시가 있기에, 도씨가 기뻐하여 감의 내력을 묻고 또 자신의 뜻을 말하였다. 대답하기를, "돌아가신 아버지께서 감을 좋아하셨기 때문에 언제나 가을이 되면 감 200개를 골라서 굴 속에 저장하여 이렇게 5월이 되면 완전한 것이 7~8개에 지나지 않았습니다. 올해는 50개의 완전한 것을 얻었으므로 마음속으로 이상하게 여겼더니, 이것은 하늘이 그대의 효성에 감동한 것입니다."하고, 20개를 내주었다. 도씨가 사례하고 문밖에 나오니, 호랑이가 아직도 엎드려 기다리고 있었다. 호랑이를 타고 집에 돌아오니 새벽닭이 "꼬끼오"하고 울었다. 그 뒤에 어머니가 천명(天命)으로 돌아가니 도씨는 피눈물을 흘렸다.

· 문장의 구조 ·

都氏∥家∥貧至孝라 賣│炭買│肉하여 無闕│母饌이러라 一日은 於市에 晚而忙歸러니

鳶∥忽攫│肉이어늘 都∥悲號至／家하니 鳶∥既投│肉於庭이러라

一日은 母∥病 索│非／時之紅柹어늘 都∥彷徨│柹林하야 不覺│日昏이러니

有／虎 屢遮│前路하고 以示│乘意라 都∥乘 至／百餘里山村하야 訪│人家 投宿이러니

俄而主人∥이 饋│祭飯而有／紅柹라 都∥喜하여 問│柹之 來歷하고 且述│己意한대

答曰 亡父∥嗜│柹故로 每秋에 擇│柹二百個하야 藏諸／窟中하여 而至／此五月이면

則完者不過／七八이라가 今得│五十個完者라 故로 心異之러니 是天∥感／君孝라하고

遺以二十顆어늘 都∥謝 出│門外하니 虎∥尙俟伏이라 乘至／家하니 曉鷄∥喔喔이러라

後에 母∥以天命으로 終에 都∥有／血淚러라.

· 풀 이 ·

1) 都氏家貧至孝라 賣炭買肉하여 無闕母饌이러라 : 도씨(都氏)는 집이 가난하였으나 효성이 지극하였다. 숯을 팔아 고기를 사서 어머니의 반찬에 빠뜨린 적이 없었다.

 ◉ 都氏 : 조선 철종(哲宗) 때 예천(醴泉) 사람인데 그 이름과 자세한 전기는 전해 지지 않는다.

 ◉ 家貧至孝는 家貧而至孝와 같은 말이니, 집이 가난하였으나 지극한 효자이다. 賣炭買肉은 숯을 팔아서 고기를 사다. 無闕母饌은 어머니의 반찬에 고기를 빠 뜨린 적이 없었다고 한다.

2) 一日은 於市에 晚而忙歸러니 鳶忽攫肉이어늘 都悲號至家하니 鳶既投肉於庭이러 라 : 하루는 시장에 갔다가 늦어서 바삐 돌아오는데 솔개가 갑자기 고기를 채 가 거늘 도씨가 슬피 울부짖으며 집에 돌아와 보니 솔개가 이미 고기를 집안 뜰에 던져 놓았다.

 ◉ 一日은 '어느 날', '하루는'이다. 於市의 於는 처소격(處所格)이니, '시장에서'이 다. 晚而忙歸는 늦어서 바쁘게 돌아오다. 鳶忽攫肉은 솔개가 홀연히 고기를 채

어 가다. 悲號至家는 슬피 울부짖으며 집에 도착하다. 鳶旣投肉於庭은 솔개가
이미 뜰에 고기를 던져 놓았다.

3) 一日 母病索非時之紅柿어늘 都彷徨柿林하야 不覺日昏이러니 有虎屢遮前路하고 以
示乘意라 : 하루는 어머니가 병이 나서 제철이 아닌 홍시를 찾거늘 도씨가 감나무
숲을 방황하면서 날이 저문 것도 모르고 있었는데, 호랑이가 있어 여러 번 앞길
을 가로막고 타라는 뜻을 보여 주었다.

    ❂ 母病은 어머니가 병이 들다. 索非時之紅柿는 제철이 아닌 홍시를 찾다. 彷徨柿
      林은 감나무 숲에서 서성거리다. 不覺日昏은 날이 저문 줄을 깨닫지 못하다.
      有虎屢遮前路以示乘意는 호랑이가 여러 번 앞길을 막고서 타라는 뜻을 보이다.

4) 都乘至百餘里山村하야 訪人家投宿이러니 俄而主人이 饋祭飯而有紅柿라 都喜問柿
之來歷하고 且述己意한대 : 도씨가 호랑이를 타고 백 여리나 되는 산동네에 이르
러 인가(人家)를 찾아 투숙하였다. 얼마 후에 주인이 제삿밥을 내오는데 홍시가
있기에, 도씨가 기뻐하여 감의 내력을 묻고 또 자신의 뜻을 말하였다.

    ❂ 都乘은 도씨가 호랑이를 타다. 至百餘里山村은 백여 리나 되는 산마을에 이르
      다. 訪人家投宿은 인가를 찾아 투숙하다. 俄而는 '조금 지난 뒤에'이다. 主人
      饋祭飯而有紅柿는 집주인이 제삿밥을 차려주는데 홍시가 있다. 都喜問柿之來歷
      은 도씨가 기뻐하면서 홍시가 있는 이유를 물어보다. 且述己意는 한편으로 자
      신의 생각을 말하다.

5) 答曰 亡父嗜柿故로 每秋擇柿二百個하야 藏諸窟中而至此五月則完者 不過七八이라
今得五十個完者故로 心異之러니 是天感君孝라하고 : 대답하기를, "돌아가신 아버지
께서 감을 좋아하셨기 때문에 언제나 가을이 되면 감 200개를 골라서 굴 속에
저장하여 이렇게 5월이 되면 완전한 것이 7~8개에 지나지 않았습니다. 올해는 50
개의 완전한 것을 얻었으므로 마음속으로 이상하게 여겼더니, 이것은 하늘이 그
대의 효성에 감동한 것입니다."하고,

    ❂ 答曰은 '주인이 답하기를'이다. 亡父嗜柿故는 '돌아가신 아버지가 홍시를 좋아
      하였기 때문에'이다. 每秋擇柿二百個는 매번 가을이 되면 홍시 200개를 골라
      놓다. 藏諸窟中은 홍시를 굴 속에 갈무리하다. 諸가 문장 가운데 있는 조사가
      되면 之於를 줄인 말이 되고 음(音)은 '저'가 된다. 至此五月則完者不過七八은
      이렇게 5월이 되면 완전한 홍시가 7~8개에 지나지 않았다. 今得五十個完者
      故는 '금년에는 50개의 완전한 홍시를 얻었기 때문에'이다. 心異之는 마음속에
      이상하게 여기다. 是天感君孝는 바로 하늘이 그대의 효성에 감동한 것이다.

6) 遺以二十顆어늘 都謝出門外하니 虎尙俟伏이라 乘至家하니 曉鷄喔喔이러라 後에
母以天命으로 終에 都有血淚러라. : 20개를 내주었다. 도씨가 사례하고 문밖에 나

오니, 호랑이가 아직도 엎드려 기다리고 있었다. 호랑이를 타고 집에 돌아오니 새벽닭이 "꼬끼오"하고 울었다. 그 뒤에 어머니가 천명(天命)으로 돌아가니 도씨는 피눈물을 흘렸다.

● 遺以二十顆는 홍시 20개를 주다. 都謝出門外는 도씨가 사례하고 대문 밖을 나서다. 虎尙俟伏은 호랑이가 아직도 기다리며 엎드려 있었다. 乘至家는 호랑이를 타고서 집에 도착하다. 曉鷄喔喔은 새벽닭이 "꼬끼오"하고 울다. 母以天命終은 어머니가 천명으로 돌아가다. 都有血淚는 도씨가 피눈물을 흘리다. 血淚는 눈에서 피가 나는 것이 아니라, 상처가 생겼을 때 피가 줄줄 흐르듯이 울음소리는 목이 쉬어 나지 않으나 눈물만 하염없이 줄줄 흐르는 것을 뜻한다.

廉 義 篇

24

염의(廉義)는 대체로 가난하고 불우한 환경이지만 염치를 알고 사리에 맞는 생활을 하는 것을 뜻한다. 청렴한 사람과 선비의 꼿꼿한 도를 지키는 사람과 부귀영화를 마다않고 평소의 말을 실천하는 사람 등을 설화로 예시하여 일깨우는 편이다.

① 印觀이 賣綿於市할새 有署調者 以穀買之而還이러니 有鳶
이 攫其綿하야 墮印觀家어늘 印觀이 歸于署調曰 鳶墮汝
綿於吾家라 故로 還汝하노라 署調曰 鳶이 攫綿與汝는 天
也라 吾何爲受리오 印觀曰 然則還汝穀하리라 署調曰 吾
與汝者 市二日이니 穀已屬汝矣라하고 二人이 相讓이라가
幷棄於市하니 掌市官이 以聞王하야 竝賜爵하니라.

※ 인관(印觀)이 시장에서 솜을 팔 때 서조(署調)라는 사람이 곡식을 가지고 솜을 사
   서 돌아오는데, 솔개가 그 솜을 채 가지고 인관의 집에 떨어뜨렸다. 인관이 서조
   에게 돌아가서 말하기를,
 "솔개가 그대의 솜을 내 집에 떨어뜨렸기 때문에 그대에게 돌려줍니다."하
 니, 서조가 말하기를, "솔개가 솜을 채다가 그대에게 준 것은 하늘이 한
 것입니다. 내가 어떻게 받을 수 있겠습니까?" 하였다. 인관이 말하기를,
 "그렇다면 그대의 곡식을 돌려보내겠습니다."하니, 서조가 말하기를, "내가
 그대에게 준 것이 벌써 시장이 선 지 이틀이 지났으니, 곡식은 이미 그대
 에게 속한 것입니다." 하였다. 두 사람이 서로 사양하다가 솜과 곡식을 함
 께 시장에 버렸다. 시장을 관장하는 관원이 이 사실을 임금께 아뢰어서 모
 두 벼슬을 주었다.

문장의 구조

印觀∥이 賣│綿／於市할새 有署調者∥ 以穀買之而還이러니

有鳶∥이 攫│其綿하야 墮／印觀家어늘

印觀∥이 歸／于署調曰 鳶∥墮│汝綿／於吾家라 故로 還／汝하노라

署調曰 鳶이 攫│綿與／汝는 天也라 吾∥何爲受리오

印觀曰 然則還│汝穀하리라

署調曰 吾∥與／汝者 市二日이니 穀∥已屬／汝矣라하고

二人∥이 相讓이라가 幷棄／於市하니 掌│市官∥이 以聞／王하야 竝賜│爵하니라.

有署調와 有鳶의 有는 명사에 관형어로 붙는 조사이므로 해석하지 않는다.

· 풀 이 ·

1) 印觀이 賣綿於市할새 有署調者以穀買之而還이러니 有鳶이 攫其綿하야 墮印觀家어
늘 : 인관(印觀)이 시장에서 솜을 팔 때 서조(署調)라는 사람이 곡식을 가지고 솜
을 사서 돌아오는데, 솔개가 그 솜을 채 가지고 인관의 집에 떨어뜨렸다.

❀ 印觀과 署調는 모두 신라 때 사람이다.

❀ 賣綿於市는 시장에서 솜을 팔다. 有署調者는 '서조라는 사람이'이다. 以穀買之
而還는 곡식을 가지고 솜을 사서 돌아오다. 有鳶攫其綿는 솔개가 서조의 솜을
채다. 墮印觀家는 인관의 집에 떨어뜨리다.

2) 印觀이 歸于署調曰 鳶墮汝綿於吾家라 故로 還汝하노라 署調曰 鳶이 攫綿與 汝는
天也라 吾何爲受리오 : 인관이 서조에게 돌아가서 말하기를, "솔개가 그대의 솜을
내 집에 떨어뜨렸기 때문에 그대에게 돌려줍니다." 하니, 서조가 말하기를, "솔개
가 솜을 채다가 그대에게 준 것은 하늘이 한 것입니다. 내가 어떻게 받을 수 있
겠습니까?" 하였다.

❀ 印觀 歸于署調는 인관이 서조에게 돌려주다. 鳶墮汝綿於吾家는 솔개가 그대의
솜을 나의 집에 떨어뜨렸다. 還汝는 그대에게 돌려주겠다. 鳶攫綿與汝는 솔개
가 솜을 채서 그대에게 주다. 天也는 천리이다. 吾何爲受는 내가 무엇 때문에
받아들이겠는가? 何는 의문 조사이다.

3) 印觀曰 然則還汝穀하리라 署調曰 吾與汝者 市二日이니 穀已屬汝矣라하고 : 인관이
말하기를, "그렇다면 그대의 곡식을 돌려보내겠습니다." 하니, 서조가 말하기를,
"내가 그대에게 준 것이 벌써 시장이 선 지 이틀이 지났으니, 곡식은 이미 그대
에게 속한 것입니다." 하였다.

❀ 然則還汝穀은 그렇다면 그대의 곡식을 돌려주겠다. 吾與汝者 市二日은 내가
그대에게 준 것이 시장이 선 지 이틀이 지났다. 市二日을 시장이 두 번 서는
날이 지난 것으로 여겨 10일이 지났다고 해석하기도 하는데 조금 무리인 듯하
다. 穀已屬汝矣는 곡식은 이미 그대의 것이 되다. 屬汝는 너에게 소속이 된
것이라는 말이다.

4) 二人이 相讓이라가 幷棄於市하니 掌市官이 以聞王하야 竝賜爵하니라. : 두 사람
이 서로 사양하다가 솜과 곡식을 함께 시장에 버렸다. 시장을 관장하는 관원이
이 사실을 임금께 아뢰어서 모두 벼슬을 주었다.

❀ 二人相讓은 인관과 서조가 서로 양보하다. 幷棄於市는 시장에 솜과 곡식을 모
두 버리다. 掌市官은 시장을 관장하는 관리이다. 以聞王의 이는 '그 사실을 가
지고'의 뜻이니, 인관과 서조의 사실을 갖고 왕에게 계문(啓聞)하다. 竝賜爵은
두 사람 모두에게 벼슬을 내려주다.

출 전

《삼국사절요(三國史節要)》

② 洪公耆燮이 少貧甚無聊러니 一日朝에 婢兒踊躍獻七兩錢
曰 此在鼎中하니 米可數石이요 柴可數馱니 天賜天賜니다
公驚曰 是何金고 卽書失金人推去等字하야 付之門楣而待
러니 俄而姓劉者 來問書意어늘 公悉言之한대 劉曰 理無
失金於人之鼎內하니 果天賜也라 盍取之닛고 公曰 非吾物
에 何오 劉俯伏曰 小的이 昨夜에 爲竊鼎來라가 還憐家勢
蕭條而施之러니 今感公之廉价하고 良心自發하야 誓不更
盜하고 願欲常侍하오니 勿慮取之하소서 公이 卽還金曰
汝之爲良則善矣나 金不可取라하고 終不受하니라 後에 公
爲判書하고 其子在龍이 爲憲宗國舅하며 劉亦見信하야 身
家大昌하니라.

※ 홍기섭(洪耆燮) 공이 젊었을 때 가난하여 매우 무료(無聊)하였는데, 어느 날 아침
　에 계집종 아이가 팔짝팔짝 뛰어와서 일곱 냥의 돈을 바치며 말하기를,
"이 돈이 솥 안에 있었습니다. 이만하면 쌀로는 몇 섬을 살 수 있고 나무로는
몇 바리를 살 수 있습니다. 이 돈은 정말로 하느님이 주신 것입니다."하니, 공이
놀라 말하기를, "이것이 어떻게 된 돈인가?"하고는 즉시 돈을 잃어버린 사람은
찾아 가라는 등의 글자를 써서 대문 문설주에 붙이고서 기다렸다. 얼마 지난 후
에 성(姓)이 유(劉)라는 사람이 찾아와 글 뜻을 묻거늘 공이 모든 것을 말해
주었다. 유(劉)가 말하기를, "이치로 보아 남의 솥 안에 돈을 잃을 리가 없습니
다. 과연 하느님이 주신 것인데 어찌하여 돈을 갖지 않으십니까."하니, 공이 말
하기를, "나의 물건이 아닌데 어떻게 그렇게 하겠는가." 하였다. 유씨가 꿇어 엎
드리며 말하기를, "소인이 어제 밤에 솥을 훔치기 위하여 왔다가 도리어 집안
형편이 너무 쓸쓸한 것을 불쌍하게 여겨 놓아두었는데, 지금 공(公)의 청렴결백
한 마음에 감동을 받아 양심(良心)이 저절로 우러나서 맹세코 다시는 도둑질을
하지 않고, 항상 모시고 싶습니다. 염려하지 말고 갖기를 바랍니다."하니, 공이 돈

을 돌려주며 말하기를, "네가 양인(良人)이 된 것은 좋으나, 돈은 가질 수 없네."하고는 끝내 받지 않았다. 뒤에 공(公)은 판서가 되었고, 그의 아들 재룡(在龍)이 헌종(獻宗)의 국구(國舅 : 임금의 장인)가 되었으며, 유(劉)씨도 역시 신임을 얻어서 자신과 집안이 크게 번영을 하였다.

· 문장의 구조 ·

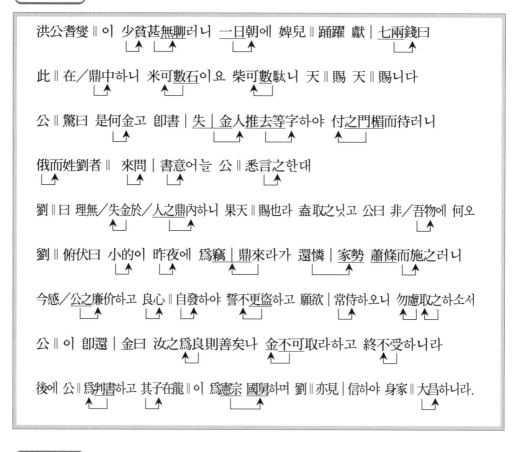

· 풀 이 ·

1) 洪公耆燮이 少貧甚無聊러니 一日朝에 婢兒踊躍獻七兩錢曰 此在鼎中하니 米可數石이요 柴可數馱니 天賜天賜니다 : 홍기섭(洪耆燮) 공이 젊었을 때 가난하여 매우 무료(無聊)하였는데, 어느 날 아침에 계집종 아이가 팔짝팔짝 뛰어와서 일곱 냥의 돈을 바치며 말하기를, "이 돈이 솥 안에 있었습니다. 이만하면 쌀로는 몇 섬을 살 수 있고 나무로는 몇 바리를 살 수 있습니다. 이 돈은 정말로 하느님이 주신 것입니다."하니,

● 洪公耆燮 : 公은 성과 이름 사이에 존칭을 넣은 것이다. 洪耆燮은 조선 영조(英祖) 때 공조판서를 지냈고, 보국숭록대부로 영의정에 추증되고 시호는 헌간(獻簡)이다. 청백리로 이름이 높았다.

● 少貧은 젊어서 가난하였다. 甚無聊는 매우 하는 일이 없고 한가함이니, 특별한 일이 없이 날이 지남을 뜻한다. 一日朝는 어느 날 아침이다. 婢兒는 어린 계집종이다. 踊躍은 팔짝팔짝 뛰는 모습이다. 獻七兩錢은 7냥의 돈을 드리는 것이니, 獻은 아랫사람이 윗사람에게 물건을 줄 때 쓰는 말이다. 此는 돈을 가리키는 지시대명사이다. 在鼎中은 솥 안에 있다. 米可數石은 米可買數石과 같은 말이니, 쌀로는 몇 섬을 살 수 있다. 柴可數馱도 柴可買數馱와 같은 말이니, 땔나무로는 몇 바리[馱]를 살 수 있다. 數는 둘부터 아홉에 해당될 때 쓰는 글자이므로 '몇'이라고 표현하면 무리가 없다. 天賜天賜는 하늘이 내려주었다고 강조하려고 거듭 쓴 것이다. 賜는 윗사람이 아랫사람에게 물건을 줄 때 사용하는 글자이다.

2) 公驚日 是何金고 卽書失金人推去等字하야 付之門楣而待러니 俄而姓劉者 來問書意어늘 公悉言之한대 : 공이 놀라 말하기를, "이것이 어떻게 된 돈인가?" 하고는 즉시 돈을 잃어버린 사람은 찾아 가라는 등의 글자를 써서 대문 문설주에 붙이고서 기다렸다. 얼마 지난 후에 성(姓)이 유(劉)라는 사람이 찾아와 글 뜻을 묻거늘 공이 모든 것을 말해 주었다.

● 是는 돈을 가리키는 대명사이다. 何金은 어떻게 된 돈인가? 何는 의문사이다. 卽書는 즉시 쓰다. 失金人推去等字는 돈을 잃어버린 사람은 찾아가라는 등등의 글자이다. 推去는 '찾아가지고 가라'는 우리말 투로 된 한문이다. 付之門楣而待의 之는 지시대명사로 써놓은 글을 가리키니, 그것을 문설주에 붙여 놓고서 기다리다. 俄而는 '조금 지난 후에'이다. 姓劉者는 '성(姓)이 유씨라는 사람'이다. 來問書意는 찾아와서 글의 의미를 묻다. 公悉言之의 之는 조동사이므로, 공이 모든 것을 말해주다.

3) 劉日 理無失金於人之鼎內하니 果天賜也라 盍取之닛고 公日 非吾物에 何오 : 유(劉)가 말하기를, "이치로 보아 남의 솥 안에 돈을 잃을 리가 없습니다. 과연 하느님이 주신 것인데 어찌하여 돈을 갖지 않으십니까." 하니, 공이 말하기를, "나의 물건이 아닌데 어떻게 그렇게 하겠는가." 하였다.

● 理는 於理를 뜻하니, '이치에 있어서'이다. 無失金於人之鼎內는 남의 솥 안에 돈을 잃어버리는 것은 없다. 果天賜也는 과연 하늘이 내려주었다고 말함이니, 果는 계집종의 말과 자신의 의견이 같음을 나타낸다. 盍取之의 盍은 何不이니, 어찌하여 그 돈을 갖지 않습니까? 非吾物何는 나의 물건이 아닌데 어떻게 갖겠는가.

4) 劉俯伏日 小的이 昨夜에 爲竊鼎來라가 還憐家勢蕭條而施之러니 今感公之廉价하고
良心自發하야 誓不更盜하고 願欲常侍하오니 勿慮取之하소서 : 유가가 꿇어 엎드리
며 말하기를, "소인이 어제 밤에 솥을 훔치기 위하여 왔다가 도리어 집안 형편이
너무 쓸쓸한 것을 불쌍하게 여겨 놓아두었는데, 지금 공(公)의 청렴결백한 마음에
감동을 받아 양심(良心)이 저절로 우러나서 맹세코 다시는 도둑질을 하지 않고,
항상 모시고 싶습니다. 염려하지 말고 갖기를 바랍니다."하니,

❁ 俯伏은 엎드리다. 小的의 的은 之의 의미를 지닌 글자이니 주격조사의 성격을
갖고 있으므로 '소인이'라고 해석한다. 昨夜는 어젯밤이다. 爲竊鼎來는 솥을
훔치기 위하여 오다. 還은 부사이니, '도리어'이다. 憐家勢蕭條은 집안의 형편
이 너무 쓸쓸한 것을 가련하게 여기다. 施之의 之는 조동사이므로, 베풀어 놓
다. 感公之廉价의 廉介는 廉潔과 같은 말이니, 공(公)의 청렴결백함에 감동하
다. 良心自發은 양심이 저절로 발현되다. 誓不更盜는 맹세코 도적질을 다시는
하지 않겠다. 願欲은 바라다의 뜻을 갖는 부사이다. 願欲常侍는 항상 모시기를
바란다. 勿慮取之는 염려하지 말고 그 돈을 갖다.

5) 公이 卽還金日 汝之爲良則善矣나 金不可取라하고 終不受하니라 : 공이 돈을 돌려
주며 말하기를, "네가 양인(良人)이 된 것은 좋으나, 돈은 가질 수 없네." 하고는
끝내 받지 않았다.

❁ 卽還金은 즉시 돈을 돌려주다. 汝之爲良은 네가 양인(良人)이 되다. 金不可取
는 돈은 가질 수 없다. 終不受는 끝끝내 받지 않다.

6) 後에 公爲判書하고 其子在龍이 爲憲宗國舅하며 劉亦見信하야 身家大昌하니라. :
뒤에 공(公)은 판서가 되었고, 그의 아들 재룡(在龍)이 현종(顯宗)의 국구(國舅 : 임
금의 장인)가 되었으며, 유(劉)씨도 역시 신임을 얻어서 자신과 집안이 크게 번영
을 하였다.

❁ 公爲判書는 '공은 판서가 되다'이니, 공조판서를 지냈다. 其子在龍은 홍기섭의
아들 재룡(在龍)이니, 자(字)는 경천(景天)으로 익풍부원군(益豊府院君)에 봉해
졌다. 爲憲宗國舅은 현종의 국구(國舅 : 임금의 장인)가 되다. 劉亦見信의 見은
피동격으로 '받다', '당하다'의 뜻이니, 유씨도 신임을 받다. 身家大昌은 자신과
집안이 크게 번창하다.

◦ 출 전 ◦

《대동기문(大東奇聞)》 洪耆燮 因劉君見賴篇

③ 高句麗平原王之女 幼時에 好啼러니 王戱曰 以汝로 將歸
愚溫達하리라 及長에 欲下嫁于上部高氏한대 女以王不可
食言이라하여 固辭하고 終爲溫達之妻하니라 蓋溫達이 家
貧하여 行乞養母하니 時人이 目爲愚溫達也러라 一日은
溫達이 自山中으로 負楡皮而來하니 王女訪見曰 吾乃子之
匹也라하고 乃賣首飾하여 而買田宅器物頗富하고 多養馬
以資溫達하여 終爲顯榮하니라

※ 고구려(高句麗) 평원왕(平原王)의 딸이 어렸을 때 울기를 잘하였다. 왕이 놀리면서
   말하기를,
"너를 바보 온달(溫達)에게 시집보내리라." 하였다. 딸이 장성하여 상부
고씨(上部高氏)에게 시집을 보내려고 하니, 딸이 '임금은 식언(食言)을 해
서는 안 된다.'는 이유로 굳이 사양하고 마침내 온달의 아내가 되었다. 아
마도 온달이 집이 가난하여 돌아다니며 빌어다가 어머니를 봉양하니, 당시
사람들이 지목하여 '바보 온달'이라고 한 듯하였다. 어느 날 온달이 산 속
에서 느릅나무 껍질을 짊어지고 돌아오니, 임금의 딸이 찾아와 만나서 말
하기를, "나는 바로 그대의 아내입니다." 하였다. 이윽고 머리의 장식물을
팔아 전지(田地), 주택(住宅)과 기물 등을 매우 넉넉하게 사들였고, 많은
말을 길러서 온달을 도와 마침내 현달하여 영화롭게 되었다.

·문장의 구조·

高句麗平原王之女 ‖ 幼時에 好 | 啼러니 王 ‖ 戱曰 以汝로 將歸／愚溫達하리라

及長에 欲下嫁于／上部高氏한대 女 ‖ 以王不可 食言이라하여 固辭하고 終爲／溫達之妻하니라

蓋溫達 ‖ 이 家 ‖ 貧하여 行乞養 | 母하니 時人 ‖ 이 目爲愚溫達也러라

一日은 溫達 ‖ 이 自山中으로 負 | 楡皮而來하니 王女 ‖ 訪見曰 吾 ‖ 乃子之匹也라하고

乃賣 | 首飾하여 而買 | 田宅器物頗富하고 多養 | 馬以資 | 溫達하여 終爲顯榮하니라

· 풀 이 ·

1) 高句麗平原王之女가 幼時에 好啼러니 王戲曰 以汝로 將歸愚溫達하리라 : 고구려 (高句麗) 평원왕(平原王)의 딸이 어렸을 때 울기를 잘하였다. 왕이 놀리면서 말하기를, "너를 바보 온달(溫達)에게 시집보내리라." 하였다.

 ❂ 高句麗平原王之女 : 高句麗 平原王은 고구려 25대[서기 559~590] 임금이며, 딸은 평강공주(平康公主)이다.

 ❂ 幼時는 어렸을 때, 好啼의 好는 잘하는 것[善]이니, 울기를 잘하였다. 王戲曰은 왕이 놀리면서 말하다. 以汝의 以는 전치사가 되어 '~을 가지고'의 의미이니, '너를'이라는 뜻이다. 將歸愚溫達은 바보 온달에게 시집을 보낼 것이다. 將은 미래사로 '할 것이다', '하려 한다'이며, 歸는 시집보내는 것을 뜻한다.

2) 及長에 欲下嫁于上部高氏한대 女以王不可食言이라하여 固辭하고 終爲溫達之妻하니라 : 딸이 장성하여 상부 고씨(上部高氏)에게 시집을 보내려고 하니, 딸이 '임금은 식언(食言)을 해서는 안 된다.'는 이유로 굳이 사양하고 마침내 온달의 아내가 되었다.

 ❂ 及長은 '장성함에 미치어서'이니, '장성하여'라고 해석한다. 下嫁는 왕실에서 공주나 옹주를 시집보내는 것을 말하니, 欲下嫁于上部高氏는 상부 고씨(上部高氏)에게 시집보내려고 하였다. 上部는 고구려 때 귀족들을 오부(五部 : 上部東部·下部西部·南部·北部·中部)로 나누었다. 以王不可食言은 '왕은 식언(食言)을 할 수 없다는 이유로[以]'이다. 固辭는 굳이 사양하다. 終爲溫達之妻는 마침내 온달의 아내가 되다.

3) 蓋溫達이 家貧하여 行乞養母하니 時人이 目爲愚溫達也러라 : 아마도 온달이 집이 가난하여 돌아다니며 빌어다가 어머니를 봉양하니, 당시 사람들이 지목하여 '바보 온달'이라고 한 듯하였다.

 ❂ 蓋는 의문사로 '아마도'이니, 바보 온달이라고 불리게 된 연유를 설명하려고 붙인 것이다. 行乞養母는 돌아다니며 구걸하여 어머니를 봉양하다. 時人은 당시 사람들이, 目爲愚溫達也는 지목하여 바보 온달이라고 하였다.

4) 一日은 溫達이 自山中으로 負楡皮而來하니 王女訪見曰 吾乃子之匹也라하고 : 어느 날 온달이 산 속에서 느릅나무 껍질을 짊어지고 돌아오니, 임금의 딸이 찾아와 만나서 말하기를, "나는 바로 그대의 아내입니다." 하였다.

 ❂ 一日은 '어느 날', '하루는'이다. 自山中은 '산 속에서', '산 속으로부터'이다. 負楡皮而來는 느릅나무 껍질을 지고서 오다. 王女訪見은 왕의 딸이 찾아와서 만나다. 吾乃子之匹也는 내가 바로[乃] 그대[子]의 배필이다.

5) 乃賣首飾하여 而買田宅器物頗富하고 多養馬以資溫達하여 終爲顯榮하니라 : 이윽고 머리의 장식물을 팔아 전지(田地), 주택(住宅)과 기물 등을 매우 넉넉하게 사들였고, 많은 말을 길러서 온달을 도와 마침내 현달하여 영화롭게 되었다.

     ● 乃는 '마침내', '이윽고'이다. 賣首飾은 머리의 장신구를 팔다. 買田宅器物頗富는 해석을 두 가지로 할 수 있으니, '전지와 주택과 기물을 사서 상당한 부자가 되었다.'와 '전지와 주택과 기물을 상당히 많이 샀다.'이다. 多養馬以資溫達은 많은 말을 길러서 온달을 도와주다. 終爲顯榮은 마침내 현달하여 영화롭게 되다.

◦ 출 전 ◦

《삼국사기(三國史記)》列傳溫達篇

◦ 참 고 ◦

《명심보감》抄略本의 협주(夾註)에, 王嘗出獵 溫達乘騰隨行 馳騁於前 王召問姓名 驚異之 乃大建戰功 爵爲大兄 威權隆盛 後與新羅戰 臨行誓曰 吾不勝戰不返 中流矢而死 欲葬柩不肯動 妻來撫之曰 死生決矣 嗚呼歸矣 遂動而窆

   [譯] 《명심보감》抄略本의 협주(夾註)에,

왕이 일찍이 사냥을 나갔었는데, 온달이 말을 타고 달리며 수행하며 왕의 앞에서 내달았다. 왕이 불러서 성명을 물어보고 놀라며 특별하게 여기었다. 마침내 큰 전공(戰功)을 세워 작위가 대형(大兄)이 되니 권위가 매우 융성하였다. 뒤에 신라와 전쟁이 일어나서 떠날 때 맹세하기를, "내가 전쟁에 승리하지 않으면 돌아오지 않을 것이다." 하였는데, 유시(流矢)에 맞아서 죽었다. 장례를 지내려고 하니, 관(棺)이 움직이려 하지 않으니, 그의 아내가 와서 관을 어루만지며 말하기를, "운명이 결정이 났습니다. 아! 돌아가시지요." 하니, 이윽고 관이 움직여서 하관(下棺)하게 되었다.

勸 學 篇

이 책을 마무리하면서 학문을 해야 하는 필요(必要)와 당위(當爲)를 실어놓은 것이니, 우리나라 선현들이 후학들에게 언제나 학문을 하도록 권면하는 간절함이 엿보인다.

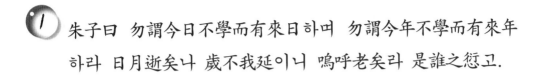

朱子曰 勿謂今日不學而有來日하며 勿謂今年不學而有來年
하라 日月逝矣나 歲不我延이니 嗚呼老矣라 是誰之愆고.

※ 주자(朱子)가 말하기를,
"오늘 배우지 않고서 내일이 있다고 여기지 말며, 금년에 배우지 않고서
내년이 있다고 여기지 말라. 날과 달은 흘러가나 세월은 나를 위해서 기다
리지 않으니, 아! 늙었도다. 이는 누구의 허물인가." 하였다.

문장의 구조

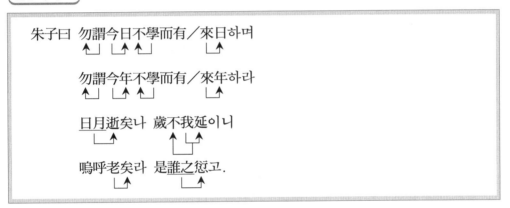

풀 이

1) 朱子曰 勿謂今日不學而有來日하며 勿謂今年不學而有來年하라 : 오늘 배우지 않고서
내일이 있다고 여기지 말며, 금년에 배우지 않고서 내년이 있다고 여기지 말라.
● 朱子 : 송(宋) 학자 주자(朱子 : 朱熹)이니, 시호가 문공(文公)이다.
● 勿謂는 '여기지 말라', '말하지 말라'이다. 今日不學은 오늘 배우지 않다. 而有
來日의 而는 윗말을 받는 접속사로 以의 의미를 갖고 있으니, 그러면서 내일
이 있다고 여기지 말라. 今年不學而有來年은 기구(起句)에 비해 더욱 심하게
표현한 것이다.

2) 日月逝矣나 歲不我延이니 嗚呼老矣라 是誰之愆고. : 날과 달은 흘러가나 세월은
나를 위해서 기다리지 않으니, 아! 늙었도다. 이는 누구의 허물인가.
● 日月逝矣은 날과 달은 저절로 지나간다. 歲不我延은 세월은 나를 위해 더디
가지 않는다는 말이니, 기다려주지 않음이다. 嗚呼는 감탄사이니, '아!'이다.
老矣는 현재 자신의 상태를 말함이니, 배우지 않고 허송세월을 지나다보니 어

느새 늙었다고 탄식하는 것이다. 是誰之愆은 이렇게 무지(無知)하게 된 것이 누구의 허물인가 반문하는 것이다.

· 출 전 ·

《주자권학문(朱子勸學文)》

② 少年易老學難成하니 一寸光陰不可輕이라 未覺池塘春草夢 인대 階前梧葉已秋聲이라.

※ 소년은 늙기 쉬우나 학문은 이루기 어려우니 짧은 시간이라도 가벼이 여기지 말라. 못가의 봄풀은 꿈에서 아직 깨어나지 않았는데 섬돌 앞의 오동잎은 이미 가을 소리를 내느니라.

· 문장의 구조 ·

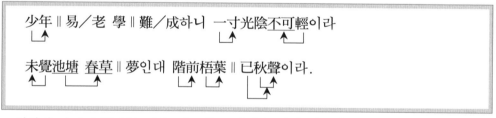

세월이 나이가 들수록 더욱 빠르게 느껴져 못가에 봄풀이 돋을 것을 느끼나 싶었는데 어느새 가을이 되었다고 한탄하는 것이다.

· 풀 이 ·

1) 少年易老學難成하니 一寸光陰不可輕하라 : 소년은 늙기 쉬우나 학문은 이루기 어려우니 짧은 시간이라도 가벼이 여기지 말라.
   ❀ 少年은 나이가 적은 사람이다. 易老는 술어+목적어의 구성이니, 노년이 되기 쉽다. 學難成은 학문은 완성하기 어렵다. 成은 목표로 한 것을 끝맺는 것을 뜻한다. 一寸光陰은 해시계의 그늘은 빛에 의하여 생기는데[光陰] 눈금이 한 마디[一寸] 지나간 것이므로 매우 짧은 시간을 뜻한다. 不可輕은 가볍게 여겨서는 안된다. 또는 소홀하게 여기지 말라.

2) 未覺池塘春草夢인대 階前梧葉已秋聲이라. : 못가의 봄풀은 꿈에서 아직 깨어나지

않았는데 섬돌 앞의 오동잎은 이미 가을 소리를 내느니라.

❖ 未覺의 覺는 잠이나 꿈에서 깰 때는 음을 '교'라고 지칭하니, '아직 꿈에서 깨지 않다.'이다. 池塘春草夢은 못가에 있는 풀들은 아직도 봄인지 알고 꿈에 겨워 있는 것이다. 池塘은 내려오는 물을 막아서 만든 집안에 있는 작은 못이다. 階前梧葉은 섬돌 앞에 있는 오동나무의 잎이다. 已秋聲은 이미 가을 소리를 내다.

출 전

주자(朱子)의 〈우성(偶成)〉詩

③ 陶淵明詩云 盛年不重來하고 一日難再晨이니 及時當勉勵하라 歲月不待人이니라.

※ 도연명(陶淵明)의 시에 이르기를,
"젊었을 때는 거듭 오지 않고 하루에 두 번 새벽은 없으니, 때에 미치어 마땅히 학문에 힘써야 되느니라. 세월은 사람을 기다리지 않느니라." 하였다.

문장의 구조

풀 이

1) 陶淵明詩云 : 도연명(陶淵明)의 시에 이르기를,

❖ 陶淵明 : 이름 잠(潛). 자(字) 연명 또는 원량(元亮). 호를 오류(五柳) 선생이라 하였다. 진군참군(鎭軍參軍)·건위참군(建衛參軍) 등의 관직을 역임하였으나 항상 전원생활에 대한 사모의 정을 달래지 못한 그는 41세 때에 누이의 죽음을 구실로 팽택현(彭澤縣) 현령(縣令)을 사임한 후 관계(官界)에 나가지 않았다. 이때에 <귀거래사(歸去來辭)>를 지었다. 사전(史傳)에는 상관의 순시 때에 출영(出迎)을 거절하고, "나는 5두미(五斗米)를 위하여 향리의 소인(小人)에게 허리를 굽힐 수 없다"라고 개탄하였다고 하였다. 향리의 전원에 퇴거하여 스스로

팽이를 들고 농경생활을 영위하여 가난과 병의 괴로움을 당하면서도 62세에 깨달음의 경지에 도달한 것처럼 그 생애를 마쳤다. 후에 그의 시호를 정절선생(靖節先生)이라 칭하였다. 시는 4언체(四言體) 9편과 5언체(五言體) 47편이 전해진다. 종영(鍾嶸)의 《시품(詩品)》에서 "고금 은일시인(隱逸詩人)의 종(宗)"이라 평가하였다. 시 외에 <오류선생전(五柳先生傳)>, <도화원기(桃花源記)>, <지괴소설집(志怪小說集)>, <수신후기(搜神後記)>가 있다.

2) 盛年不重來하고 一日難再晨이니 : 젊었을 때는 거듭 오지 않고 하루에 두 번 새벽은 없으니,

❀ 詩云 : 도연명이 지은 잡시(雜詩)이다. 盛年은 젊었을 때를 가리키는 말이다.↔衰年. 不重來는 거듭 오지 않는다. 一日은 하루이다. 難再晨은 새벽이 두 번 있기는 어렵다는 말인데, 어렵다는 것은 없다는 것을 우회하는 표현이므로 無再晨과 같은 의미이다.

2) 及時當勉勵하라 歲月不待人이니라. : 때에 미치어 마땅히 학문에 힘써야 되느니라. 세월은 사람을 기다리지 않느니라.

❀ 及時는 '때에 이르러'이니, 젊었을 때를 가리킨다. 當勉勵는 마땅히 (학문)에 힘을 써야 된다. 歲月不待人은 세월은 인간의 성쇠(盛衰)와 관계없이 흘러가므로 '세월은 사람을 기다려주지 않는다.'이다.

─(출 전)─

도연명(陶淵明)의 시 〈잡시(雜詩)〉

　荀子曰 不積蹞步면 無以至千里요 不積小流면 無以成江河니라.

※ 순자(荀子)가 말하기를,
"반걸음을 쌓아놓지 않으면 천리에 이를 수 없고 작은 지류(支流)가 모여지지 않으면 강하(江河)를 이룰 수 없느니라." 하였다.

─ 문장의 구조 ─

荀子曰 不積 | 蹞步면 無以至／千里요
　　　 ↑─┘　↑─┘　　 ↑──────┘

　　　 不積 | 小流면 無以成 | 江河니라.
　　　 ↑─┘　↑─┘　↑───┘

서술어+목적어(보어)로 구성되어 있는 가정형의 문장이다.

· 풀 이 ·

1) 荀子曰 : 순자(荀子)가 말하기를,
   ❂ 荀子 : 이름은 황(況). 조(趙)나라 사람이다. 순경(荀卿)·손경자(孫卿子) 등으로
   존칭된다. 《사기(史記)》에 전하는 그의 전기는 정확성이 없으나, 50세(일설에
   는 15세) 무렵에 제(齊)나라에 유학(遊學)하고, 진(秦)나라와 조나라에 유세(遊
   說)하였다. 제나라의 왕건(王建 : 재위 BC 264~BC 221) 때 다시 제나라로 돌
   아가 직하(稷下)의 학사(學士) 중 최장로(最長老)로 존경받았다. 그러나 훗날
   그 곳을 떠나 초(楚)나라의 재상 춘신군(春申君)의 천거로 난릉(蘭陵 : 山東省)
   의 수령이 되었다. 춘신군이 암살되자(BC 238), 벼슬에서 물러나 교육과 저술
   에 전념하며 여생을 마쳤다.

2) 不積蹞步면 無以至千里요 : 반걸음을 쌓아놓지 않으면 천리에 이를 수 없고
   ❂ 不積蹞步는 조건절이니, '반걸음을 쌓아놓지 않으면'의 뜻이다. 一步는 왼발과
   오른발을 한 번씩 떼어 놓는 것이니, 반걸음은 한쪽 발만 사용하여 떼어 놓은
   거리이다. 無以는 '방법이 없다', '~할 수 없다'의 뜻이다. 至千里는 천리에 이
   르다.

2) 不積小流면 無以成江河니라. : 작은 지류(支流)가 모여지지 않으면 강하(江河)를 이
   룰 수 없느니라.
   ❂ 不積의 積은 쌓는다는 뜻으로 많이 쓰이나 수평적인 상황일 때는 모아놓다로
   해석하므로, '모여지지 않다'로 해석하는 것이 좋다. 小流는 작은 지류(支流)이
   다. 江河는 장강(長江)과 황하(黃河)를 뜻하니, 큰 강물을 가리킨다.

· 출 전 ·

《순자(荀子)》勸學篇에, 積土成山 風雨興焉 積水成淵 蛟龍生焉 積善成德 而神明自得
聖心備焉 故不積蹞步 無以至千里 不積小流 無以成江河.

譯 《순자(荀子)》勸學篇에,
   "작은 흙이 쌓여져 산이 되면 비바람이 일어나게 되고, 작은 지류가 모여져 깊은
못이 되면 교룡(蛟龍)들이 살아가게 되나니, 선을 쌓고 덕을 이루면 신명(神明)의 지혜
가 저절로 깨우치게 되어 성인(聖人)의 마음을 갖추게 된다. 그러므로 반 걸음을 쌓지
않으면 천리에 이를 수 없고 작은 지류(支流)가 모이지 않으면 강하(江河)를 이룰 수
없는 것이다." 하였다.

저자 權 卿 相 호 月泉, 石松亭, 文吐山房
- 경기 이천 가곡서당에서 한문 수학(佳林 李達浩先生 師事)
- 동방연서회에서 서예 수학(如初 金膺顯 先生 師事)
- 한국고전번역원 상임연구원

經歷
- 사단법인 한자교육진흥회 전임교수 및 한국한문진흥학회 회장
- 한국고전번역원 국역위원
- 단국대학교 동양학연구소 한한사전 편찬위원
- 사단법인 전통문화연구회 강사
- 동방서법아카데미 강사
- 대한민국 미술대전 초대작가. 전국휘호대회 초대작가
- 전국인터넷서예대전, 전국학생미술대전, 여성서예대전, 소사벌서예대전, 추사휘호대회 심사위원, 전국휘호대회 감수위원
- 국역서 : 승정원일기, 사변록 변설, 법주사지, 동인시화.

저   자 ┃ 권경상
감   수 ┃ (사)한자교육진흥회
펴 낸 곳 ┃ 주식회사 형민사
펴 낸 이 ┃ 김정덕
초판인쇄 ┃ 2009. 5. 11
초판2쇄 ┃ 2017. 3. 10
인터넷구매 ┃ www.hanja114.co.kr
구입문의 ┃ TEL. 02-736-7693~4,   FAX. 02-736-7692
주   소 ┃ 04551 서울특별시 중구 수표로 45 (저동2가 78번지) 비즈센터 505호
등록번호 ┃ 제2016-000003호
정   가 ┃ 25,000원
I S B N ┃ 978-89-91325-32-6